21世纪高等院校经济管理类规划教材

中级财务会计教程

□ 裴永浩 编著

人民邮电出版社

北京

图书在版编目（CIP）数据

中级财务会计教程 / 裴永浩编著. -- 北京 : 人民邮电出版社, 2014.8
21世纪高等院校经济管理类规划教材
ISBN 978-7-115-35981-0

Ⅰ. ①中… Ⅱ. ①裴… Ⅲ. ①财务会计－高等学校－教材 Ⅳ. ①F234.4

中国版本图书馆CIP数据核字(2014)第138644号

内容提要

本书共十四章，主要介绍了货币资金，应收款项，存货，固定资产，无形资产，投资性房地产，投资，非货币性资产交换，流动负债，非流动负债，债务重组，收入、费用和利润，所有者权益，财务报表等内容。每章结合现行财经法规和具体案例，对企业日常会计实务和新形势下出现的会计事项进行了重点分析讲解。

本书以《企业会计准则》为框架，以财务报表构成要素为主线，根据我国近年来颁布的企业会计准则解释、企业会计准则讲解的新变化，以及税制改革新举措编写而成，对概念与理论的阐述深入透彻，案例内容新颖、材料充实，全书知识体系较为完整，贴近企业会计实务。

为方便教师授课和读者学习，本书提供电子课件、同步练习、自测试卷及其参考答案和模拟试卷及其参考答案等配套教学资源，索取方式参见“配套资料索取说明”。《财务会计实训教程》可作为本书配套实训教材。

本书可作为高等院校会计学、审计学、投资与理财、会计电算化等专业的教学用书，也可作为在职会计人员的培训和自学用书。

◆ 编　　著　裴永浩
责任编辑　万国清
责任印制　彭志环　焦志炜

◆ 人民邮电出版社出版发行　　北京市丰台区成寿寺路 11 号
邮编　100164　　电子邮件　315@ptpress.com.cn
网址　http://www.ptpress.com.cn
大厂聚鑫印刷有限责任公司印刷

◆ 开本：787×1092　1/16
印张：26.25　　　　2014 年 8 月第 1 版
字数：643 千字　　　　2014 年 8 月河北第 1 次印刷

定价：56.00 元

读者服务热线：(010)81055256　印装质量热线：(010)81055316
反盗版热线：(010)81055315
广告经营许可证：京崇工商广字第 0021 号

前　言

会计学是一门政策性、实践性和操作性都很强的学科，其内容涉及会计、税收、公司法等众多领域的法规，因而经济改革的形势和进程必然会影响会计学科的教学内容。为了及时充实和更新教学内容，实现会计理论教学与会计实务的有机结合，提高会计教学质量，依据财税制度变迁和政策更迭，作者结合多年来会计理论研究和会计教学过程中的经验及体会，编写了本书。

本书以企业会计准则为框架，以财务报表构成要素为主线，着重阐述了企业在持续经营的情况下，对资产、负债、收入、费用、利润和所有者权益六大会计要素进行确认和计量的理论与方法，以及各种财务报表的编制要求、编制依据、编制程序和编制方法，旨在培养读者运用财务会计基本理论处理企业会计实务的能力，也为进一步学习其他会计专业知识奠定基础。为达到实用、易用的创作目标，编写中本书试图突出以下几个特点。

（1）与时俱进，注重时效。本书是根据我国近年来颁布的企业会计准则解释、企业会计准则讲解的新变化，以及增值税转型改革、资源税改革、营业税改征增值税试点改革等政策精神编写的。在编写过程中，引入和阐明了许多新形势下会计实务中发生的典型事项和处理方法，体现了贴近当今经济发展实务的原则，内容新颖，信息量大，具有一定的前瞻性。

（2）立足实务，注重理论。相对于管理学中的其他学科而言，会计学是一门更注重实务性和操作性的学科。基于这一特点，在本书的编写过程中，始终把解答财务会计的基本理论和会计实务中的基本问题作为立足点和出发点，紧密结合现行财经法规和企业会计实务，系统介绍了企业日常活动的会计核算与会计报表的内容和编制方法，实现了理论与实践的有机结合，融知识传授、能力培养于一体，便于引导读者理论联系实际，强化其实践能力和应用创新能力。

（3）理论与案例结合，通俗易懂，便于自学。在本书的编写过程中，没有拘泥于理论上的解释，而是通过精选的案例诠释枯燥的理论，在案例分析方面力求选材合理、内容翔实、结构严谨、条理清晰、深入浅出，让读者明白其中的所以然，掌握其中的规律性。

（4）便于检验和巩固所学知识。为了满足读者边学边练的需要，让读者能够及时检查自己的学习状况和效果，各章配有题型齐全的同步练习题和参考答案，并对部分练习题的参考答案做了详细的解析。

（5）提供相关配套资料。为方便教师授课和读者学习，本书提供电子课件、同步练习、自测试卷及其参考答案和模拟试卷及其参考答案等配套教学资源，索取方式参见“配套资料索取说明”。

（6）配有实训教材。如果授课学时充足，教学计划中可以安排相应实训课程，由作者主编，人民邮电出版社出版的《财务会计实训教程》可作为本书配套实训教材使用。

本书由辽宁石油化工大学副教授裴永浩编著，辽宁石油化工大学副教授宋锦玉参与部分资料的收集与整理，以及对书稿的审阅。

本书在编写过程中参考了大量文献，在此对相关文献的作者表示衷心感谢。

由于编者水平和时间有限，书中难免存在不足之处，敬请广大读者批评、指正。

编　者

2014 年 3 月

目　录

导 论

财务会计又称为对外报告会计，是以货币为主要计量单位，依据企业会计准则和企业会计制度，对企业已发生的交易或事项，运用专门的方法进行确认、计量和记录，并以财务报告为主要形式，定期向各经济利益相关者提供财务信息，旨在管好、用好企业资金的一种管理活动。其特征主要有：①以货币作为主要计量单位，运用财务会计的基本原理和专门方法，反映会计主体生产经营活动的过程和结果；②财务会计的核算对象是已经发生或已经完成的交易或事项；③财务会计的整个处理程序必须遵循“凭证—账簿—报表”这一基本模式；④财务会计必须遵循公认会计原则、企业会计准则和企业会计制度；⑤财务会计是一个经济信息系统；⑥财务会计主要为外部信息使用者提供财务信息；⑦财务会计以财务报告形式提供的财务信息，应当有助于财务报告使用者做出经济决策，同时反映企业管理层受托责任的履行情况；⑧对外财务报告必须送经独立、客观、公正的注册会计师进行审计。

本课程作为会计学专业的基础课程，以财务会计的目标为导向，以对外报告的会计信息生成为主线，以四项会计假设为前提，以会计学原理为基础，按照会计信息质量要求，全面阐述资产、负债、所有者权益以及收入、费用、利润六大会计要素的确认、计量、记录与报告的基本原理与方法，系统讲解企业持续经营条件下引起会计要素变动的主要交易和事项的会计处理程序和方法，力求理论性与实践性相统一，并与“公司理财”、“成本会计”、“管理会计”、“财经法规与会计职业道德”、“审计学”、“会计电算化”等后续专业课程的内容互为补充、相互协调。本课程内容大致分为以下三个部分。

第一部分为基本准则。这部分内容简要介绍财务会计的概念、特征与目标，重点阐述会计的基本假设和会计信息质量要求，概括说明会计确认的原则、会计计量属性和财务报告的构成，旨在使学生对财务会计和会计准则形成一个总体认识。由于篇幅所限，同时为了避免重复，本课程对于财务会计的概念、特征与目标以外的内容不再赘述，相关内容参见基础会计课程。

第二部分为具体准则（第一章至第十三章）。这部分内容具体介绍货币资金、应收款项、存货、固定资产、无形资产、投资性房地产、投资、非货币性资产交换、流动负债、非流动负债、债务重组、收入、费用、利润、所有者权益等具体准则和核算方法，旨在使学生掌握会计核算的基本知识和基本技能。

第三部分为财务报表（第十四章）。这部分内容介绍财务报表的构成、分类和列报要求，重点阐述资产负债表、利润表、现金流量表、所有者权益变动表的格式及编制方法，旨在使学生掌握财务报表的编制要求、编制依据、编制程序和编制方法以及财务会计信息发布的基本手段。

财务会计主要解决企业经常性业务发生时会计处理的基本方法和基本技能，具有很强的政策性和实操性，是会计学专业学生毕业后选择就业，参加国家会计从业资格考试的重要基础，是会计知识最丰富，理论知识和实务知识结合最紧密，运用职业判断最多的课程，是培养学生会计职业判断能力的切入点和重点。其功能在于培养学生具有熟练按照《企业会计准则》等政策法规处理企业日常会计实务的能力，为学生学习后续专业课程奠定基础，并有助于获取会计从业资格及初级会计专业技术资格证书，实现毕业证书与职业资格证书的“双证融通”。本课程对学生职业能力的培养和职业素质的养成起到主要支撑或明显促进作用，培养学生具有团队协作、人际交流、自信心、社会责任心、职业道德等素养，以及自我控制与管理、再学习、独立思考、分析问题和解决问题的能力。

本课程的教学目的是使学生能够系统、全面地掌握企业会计准则与企业会计核算的基本程序和具体方法，加强学生对会计基本理论的理解，对会计基本方法的运用和对会计基本技能的训练，实现会计专业知识和会计实务的有机结合，使学生真正掌握原始凭证和记账凭证的填写方法、账簿的登记方法、各种报表的编制方法。同时，使学生通过与岗位要求完全相同的实训操作，培养职业意识，初步具有一定职业判断能力，提高职业素质，形成工作能力，为学生即将从事的会计工作打下坚实的基础，使他们成为理论与实际相结合的高素质应用型会计专业人才，以完成本专业相关岗位的工作任务。然而，根据我国近期毕业及在校学生来看，不论是会计从业资格证、会计专业技术资格证、注册会计师证、在校期间期末考核等考试通过率，还是就业后实际操作能力，都没有达到预期的教学目的，学生普遍掌握知识不够理想。究其原因，一是学生的学习态度不够端正，缺乏明确的学习目标和学习主动性，将大部分时间花在学习之外的事情上，将最该抓紧学习的时间荒废掉；二是虽然多数学生已认识到该课程的重要性，学习也比较努力、刻苦，但由于现在的在校学生是“从校园到校园”，缺乏对经济实体和经济现象的了解，更没有从事过会计工作，财务会计离他们的日常生活都比较远，因而学生无法获得对财务会计所表达内容的比较具体的、贴近的体验，理解其实质内容有一定的难度，感觉其所述内容大多抽象、深奥，甚至有些迷茫，在学习过程中，遇到部分内容没有跟上或比较吃力时，就会丧失学习的自信心和积极性；三是与实际联系不足，对有些内容不是想尽办法去理解和消化，而是死记硬背，学习方法不科学。由此可见，学生要学好财务会计，熟练掌握会计核算的基本理论、基本方法和基本技能，必须做到以下几点。

（1）端正学习态度，明确学习目标，认真规划大学生活，培养自主学习的能力和习惯，珍惜在校学习机会。

（2）做好课前预习。预习是上课前对即将要上的课程内容进行阅读，了解其知识结构，做到心中有数，以便于掌握听课的主动权。预习是独立学习的尝试，对学习内容是否正确理解，能否把握其重点、关键，能否洞察到隐含的思想方法等，都能及时在听课中得到检验，并在课堂学习的过程中得到加强或矫正，预习有利于提高学习能力和听课效果，有助于养成自学的习惯，所以它是学习中的重要一环。

（3）理论与实际相结合，将会计学习生活化，激发兴趣。会计知识来源于实践，又服务于实践，它与实际生活联系十分密切。会计思维的最大特点是会计实例与会计理论的不可分离性。因此，在理解会计理论和处理会计业务时，要注意联系实际，千方百计地在生活实际情景中引出会计问题，自觉地运用会计知识解决生活情景中的各种会计问题，让会计知识贴近生活，体会到会计就在身边，感受到会计的趣味和价值，体验到会计的魅力，实现会计学习生活化，使自己在轻松愉快的气氛中，对会计产生浓厚的兴趣，将会计学习当作一种愉快的享受，产生一种身临其境的感觉。比如，就学习而言，课本、笔、笔记本等属于原材料，网购的书籍在收到之前属于在途材料，存放在书架或书柜内的书籍属于库存的原材料，上课时使用的书籍属于领用的原材料，等等。

（4）理解与记忆相结合，形成正确的学习方法。回想我们学过的课程，凡是学得好的，学得顺利的，都是由于采用或是找到了适应自己和课程的、具体的、有效的学习方法；反之，亦然。所以，我们应该根据自身的实际情况，寻找、摸索和逐渐形成适合自己的一套学习方法。适合自己的学习方法的运用和形成过程，也是学习习惯的养成过程。好的学习习惯使人终身受益，就像资本，加上劳动，每年收到红利的报酬；坏的学习习惯则是负债，年年都要付出利息费用，没完没了。

（5）课上与课下相结合的原则。学习往往从听课开始，听得明明白白，在后面的每个环节，一步一个脚印，将会走向成功。因此，不论学习什么课程，都应当以课上为主，以课下为辅。课上提高听课效果，学懂学会，不能幻想课上听不懂，课下自己去看懂，那将付出更多的时间，且更费劲；更不能幻想到期末去突击，要突击，现在就突击，等到期末，所有课程都压下来，根本没有时间。提高听课效率和效果要做到以下四点：一是耳到，即听清楚、听明白，听懂、听会；二是眼到，即边听边看教材，看教师的课件或板书；三是手到，即要动手、动笔，在书上写，书上画，画重点，画要点，抄课件或板书；四是心到，即思路跟上教师的讲解，边听边想。通过耳、眼、手的感知，经过大脑的思考和存储，形成知识和技能。课下及时反复复习、完成作业，融会贯通，巩固提高。复习的作用起码有三个：一是有利于记忆，学习之后的复习，赶早不赶晚，晚了忘得多，在相对较早的时间内的反复重复，记忆效果好得多，因而每节课的课后，应及时安排时间进行复习，而不能等到期末再复习；二是有利于对所学知识的消化理解，知识转化为能力主要是在复习阶段完成的；三是有利于知识的融会贯通、巩固提高。在每章每节的学习过程中，主要强调它们各自的特性，在复习中，可通过比较和分析掌握它们与其他内容的联系和共性以及区别，站在更高的角度和位置，具有更加宽阔的视野，形成完整的知识结构。复习要经常化、规律化，在具体做法上，也应该是多样化的。在课后，先复习，后做作业，做完作业还应进行再复习。复习可以是全面的复习，也可以是章节的复习，还可以是对重点的复习。总之，复习的最终目的就是要提高学习的实效，在相对短的时间内掌握相对多的财务会计知识和技能。

（6）想与练相结合。想是指思考，沉思默想。学习要勤于思考，课上边听边想；课下，先默想、回顾，再看书，再做作业，再小结，再默想，铭刻在脑海里。想是消化、理解、记忆、提高，是知识转化为能力的第一个环节。练是指做作业、做练习，包括实验手册上的作业和课外布置的作业，练是知识转化为能力的第二个环节。多练，反复练，加快速度，熟能生巧，把专业技能转化为自己的专业素质。

（7）重视细节，把握成功机会。知识说到底，是由一个个具体的细节构成的。学习中要重视细节，细节决定成败。在我们的经验中，哪门课程考得好，原因可以有许多，但其中之一是细节掌握得好，处理得好。反过来，忽视细节将导致失败，甚至灾难。细节的掌握应区别不同的情况。比如，现金使用范围、银行结算方式等，并不要求一字不错地背下来，但要知道会处理。又如，短期借款利息与长期借款利息的处理，专门借款利息与一般借款利息的处理，同一控制下企业合并与非同一控制下企业合并形成的长期股权投资初始投资成本的确定，长期股权投资核算的成本法与权益法投资收益的确认等，要加倍注意、要准确掌握。

（8）做好笔记，为今后学习提供便利。古人有“不动笔墨不读书”的说法，强调的就是动笔对读书的重要性。因此，在财务会计的学习过程中，要养成一种良好的做笔记习惯，每章学完后应当对每章的结构、内容、重点、难点、理解、体会、习题的解析、与前面章节的关联以及其他相关知识等进行认真记录。当然，做笔记的形式和笔记的内容可以是多种多样的，可在书上做标记、眉批、尾批等，也可准备一本笔记本；可成文，也可不成文；可以是预习笔记，也可以是课堂笔记和复习笔记。其中，最为重要的当然是课堂笔记，课堂笔记应当记录教师讲的，需要记住的难点问题、重点问题。课堂笔记应重内容，不重形式，充分利用课本上的空白处，边听边画，边听边写，边听边记。

（9）积极参与“实践”教学环节和社会实践活动，了解企业的生产经营运作及财务流程。学生获取知识的过程始终都与具体的会计实践相对应。因此，“实践”教学环节和社会实践活动是将学生所学的理论知识与实践相结合的重要环节，是培养学生实际动手能力的一个重要手段。通过参与会计模拟实验课程、认识实习、专业实习等实践教学环节以及社会调查等社会实践活动，不仅可以加深对经济实体和经济现象的了解，还可以加强对会计专业内容、工作环境、企业生产经营运作及财务流程的感性认识，获得与工作岗位和工作过程相关的知识，有助于提高对会计基本理论与会计处理方法的认知和感悟能力，加强对会计基本理论的理解，增强对实际业务的理解和体验，熟练掌握会计实务的处理技能，更好地把握企业经济业务的实质并能熟练处理、管理企业日常会计业务。

（10）拓展知识，开阔视野。在知识经济的时代，知识的更新和拓展显得尤为重要。财务会计知识的更新和拓展的方法，有以下几个途径：一是看其他院校和出版社出版的同类同名或同类不同名教材、会计专业相关考试指定辅导教材等；二是看期刊杂志，如《会计研究》、《财会与会计》、《财会通讯》、《会计之友》、人民大学报刊资料中心的《财务会计》资料等；三是上网查看财政部和国家税务总局最新颁布的有关通知和法规。

同步练习

一、单项选择题

1. 下列各项中，符合资产会计要素定义的是（　　）。

A. 计划购买的原材料　B. 待处理财产损失　C. 委托加工物资　D. 预收账款

2. 下列项目中，使负债增加的是（　　）。

A. 发行债券　B. 购买债券　C. 发行股票　D. 支付现金股利

3. 下列各项中，引起资产和所有者权益同时发生变化的是（　　）。

A. 用税前利润弥补亏损　B. 权益法下确认损益

C. 将房产用于抵押贷款　D. 资本公积转增资本

4. 会计分期的前提是（　　）。

A. 持续经营　B. 会计主体　C. 货币计量　D. 会计分期

5. 企业提供的会计信息应有助于财务会计报告使用者对企业过去、现在或者未来的情况做出评价或者预测，这体现了（　　）会计信息质量要求。

A. 相关性　B. 可靠性　C. 可理解性　D. 可比性

6. 强调某一企业各期提供的会计信息应当采用一致的会计政策，不得随意变更，这体现了（　　）会计信息质量要求。

A. 可靠性　B. 相关性　C. 可比性　D. 可理解性

7. 企业会计核算必须符合国家的统一规定，这是为了满足（　　）会计信息质量要求。

A. 可靠性　　B. 可比性　　C. 相关性　　D. 重要性

8. 企业对于已经发生的交易或者事项，应当及时进行会计确认、计量和报告，不得提前或者延后。这体现的是（　　）会计信息质量要求。

A. 及时性　　B. 相关性　　C. 谨慎性　　D. 重要性

9. 企业提供的会计信息应当清晰明了，便于财务会计报告使用者理解和使用。这体现的是（　　）会计信息质量要求。

A. 相关性　　B. 可靠性　　C. 及时性　　D. 可理解性

10. 企业将劳动资料划分为固定资产和低值易耗品，是基于（　　）会计信息质量要求。

A. 重要性　　B. 可比性　　C. 谨慎性　　D. 可理解性

11. 我国企业会计准则规定，企业的会计核算应当以（　　）为记账基础。

A. 权责发生制　　B. 实地盘存制　　C. 永续盘存制　　D. 收付实现制

12. 销售收入应计入当期利润表，这体现的会计基本假设是（　　）。

A. 会计主体　　B. 持续经营　　C. 会计分期　　D. 货币计量

13. 企业确认资产或负债应满足有关的经济利益（　　）流入或流出企业的条件。

A. 可能　　B. 基本确定　　C. 很可能　　D. 极小可能

14. 把企业集团作为会计主体并编制合并报表主要体现了（　　）会计信息质量要求。

A. 谨慎性　　B. 实质重于形式　　C. 可理解性　　D. 可比性

15. 下列各项中，不符合资产会计要素定义的是（　　）。

A. 委托代销商品　　B. 委托加工物资　　C. 待处理财产损失　　D. 尚待加工的半成品

16. 明确会计核算的对象，界定会计核算范围的会计基本假设是（　　）。

A. 会计主体　　B. 持续经营　　C. 会计分期　　D. 货币计量

17. 计提固定资产折旧主要依据的是下列哪一会计基本假设或会计信息质量要求（　　）。

A. 谨慎性　　B. 可比性　　C. 持续经营　　D. 货币计量

18. 对会计要素进行计量一般采用（　　）的计量属性。

A. 历史成本　　B. 公允价值　　C. 重置成本　　D. 可变现净值

19. 最关心企业的内在风险和报酬的财务报告使用者是（　　）。

A. 股东　　B. 债权人　　C. 潜在投资者　　D. 企业职工

二、多项选择题

1. 会计基本假设包括（　　）。

A. 持续经营　　B. 会计主体　　C. 货币计量　　D. 会计分期

2. 下列事项符合谨慎性的做法是（　　）。

A. 合理估计可能发生的损失和费用　　B. 设置秘密准备

C. 充分估计可能取得的收益和利润　　D. 不要高估资产和预计收益

3. 会计计量属性主要包括（　　）。

A. 历史成本　　B. 重置成本　　C. 可变现净值　　D. 现值

4. 下列属于中期财务报告的是（　　）。

A. 年度财务会计报告　　B. 半年度财务会计报告

C. 季度财务会计报告　　D. 月度财务会计报告

5. 会计主体可以是（　　）。

A. 法人　　B. 非法人

C. 企业中的某一特定部分　　D. 企业集团

6. 下列项目中，属于费用要素的有（　　）。

A. 主营业务成本　　B. 其他业务成本　　C. 营业外支出　　D. 利润分配支出

7. 某项收入的实现可能导致（　　）。

A. 资产增加　　B. 费用增加　　C. 负债减少　　D. 所有者权益增加

8. 反映财务状况的会计要素包括（　　）。

A. 资产　　B. 负债　　C. 收入　　D. 所有者权益

9. 所有者权益包括（　　）。

A. 应收股利　　B. 直接计入所有者权益的利得和损失

C. 留存收益　　D. 所有者投入资本

10. 留存收益包括（　　）。

A. 盈余公积　　B. 未分配利润　　C. 主营业务收入　　D. 其他业务收入

11. 反映经营成果的会计要素包括（　　）。

A. 收入　　B. 费用　　C. 负债　　D. 利润

12. 下列业务事项中，可以引起资产和负债同时变化的有（　　）。

A. 融资租入固定资产　　B. 计提存货跌价准备

C. 收回欠款　　D. 取得借款

三、判断题

1. 负债增加则资产一定增加。（　　）

2. 按照谨慎性原则，企业可以合理估计可能发生的损失和费用，可以任意提取各种准备。（　　）

3. 出售无形资产导致的经济利益的流入，属于准则定义的"收入"范畴。（　　）

4. 利润是在日常活动中取得的经营成果，不包括在偶发事件中产生的利得和损失。（　　）

5. 在负债金额既定的情况下，本期净资产的增减额是当期实现的利润或发生的亏损。（　　）

6. 如果某项资产不能再为企业带来经济利益，即使是由企业拥有或者控制，也不能作为企业的资产在资产负债表中列示。（　　）

7. 企业采用的会计政策前后各期应当保持一致，一经选定不得变更。（　　）

8. 法律主体必定是会计主体，但会计主体不一定是法律主体。（　　）

9. 企业在某一会计期间发生亏损，则该期间的所有者权益一定会减少。（　　）

10. 所有的会计核算原则和会计处理方法都建立在会计主体和持续经营的基础上。（　　）

11. 货币计量以币值稳定为条件。若出现恶性通货膨胀，货币计量就不再是会计基本假设。（　　）

12. 符合资产定义的项目，应当列入资产负债表。（　　）

13. 会计报表又称财务报表，它们包括的内容相同。（　　）

14. 凡是利得和损失都应计入当期损益。（　　）

15. 收入能够导致企业所有者权益增加，但导致所有者权益增加的不一定都是收入。（　　）

第一章　货币资金

【内容简介与学习目标】

本章简要介绍货币资金的概念及内部控制制度的目标和内容，强调库存现金、银行存款和其他货币资金的管理与会计处理，阐明银行转账结算的“四票”、“三结算”、“一卡”及“一证”的含义、种类、使用范围、主要规定、结算程序及收付双方的会计处理。

通过学习本章，应该明确货币资金的含义与范围；理解货币资金内部控制制度、库存现金与银行存款管理的主要内容；掌握库存现金收支与清查的会计处理；掌握银行存款收付的会计处理与核对方法以及九种转账结算方式的相关内容和其他货币资金的会计处理。

第一节　货币资金概述

一、货币资金内容

货币资金是企业的生产经营资金在循环周转过程中，处于货币形态的那部分资金。货币资金是企业中最活跃的资金，也是企业的重要支付手段和流通手段，因此，企业货币资金拥有量的多少是企业偿债能力与支付能力大小的标志，也是企业财务状况好坏的重要标志。根据存放地点和用途的不同，货币资金分为库存现金、银行存款和其他货币资金。

库存现金是指存放在企业财务部门、由出纳人员经管、用于日常零星开支的货币资金，包括库存的人民币和外币。

银行存款是指企业存放在银行和其他金融机构的货币资金。

其他货币资金是指企业除库存现金、银行存款以外的其他各种货币资金，包括外埠存款、银行汇票存款、银行本票存款、信用证保证金存款、信用卡存款和存出投资款等。外埠存款是指企业到外地进行临时或零星采购时，汇往采购地银行开立采购账户的款项；银行汇票存款是指企业为取得银行汇票按规定存入银行的款项；银行本票存款是指企业为取得银行本票按规定存入银行的款项；信用卡存款是指企业为取得信用卡按规定存入银行的款项，属于银行卡的一种；信用证保证金存款是指企业为取得信用证按规定存入银行的保证金；存出投资款是指企业已存入证券公司但尚未进行短期投资的现金。

二、货币资金的内部控制

企业应当遵循职责分工、交易分开、内部稽核、定期换岗等原则，建立适合本企业业务特点和管理要求的货币资金内部控制制度，做好货币资金的控制工作。

（1）严格岗位分工，执行授权批准制度。企业应当建立货币资金业务的岗位责任制，在企业内部实行不相容职务相互分离，钱账分管，相互制约和监督的内部牵制制度。负责办理现金收付、保管库存现金及登记日记账的出纳员，不得经管“库存现金”总账，不得兼管会计档案的保管和收入、费用、债权、债务账目的登记工作；而负责“库存现金”总账的记录和计算的会计人员，则不得经管现金。也就是说，出纳、记账、采购或销售三方面的工作，应当由不同人员分别担任，不能由一人兼职，签发支票和付出款项要由两人分别签章。另外，企业还应当建立严格的货币资金授权批准制度，经办人应当在职责范围内，按照审批人的批准意见办理货币资金业务；未经授权的部门和人员一律不得办理货币资金业务。

（2）加强现金和银行存款的管理。企业应当按照规定在银行开立账户，办理存款、取款和转账业务。企业取得的货币资金收入必须及时入账，不得私设“小金库”，不得账外设账。

（3）加强票据及有关印章的管理。企业应当明确各种货币资金票据的购买、保管、领用、注销等环节的职责权限和程序，并专设登记簿进行记录，防止空白票据的遗失和盗用。同时要加强银行预留印鉴的管理，财务专用章应当由专人保管。

（4）实施内部稽核，加强监督检查。企业应当建立对货币资金业务的监督检查制度，设置内部稽核单位和人员，对货币资金实施经常性和突击性检查，以确定账实是否相符。

第二节　库 存 现 金

一、现金管理的主要内容

1. 现金的使用范围

根据国务院颁布的《现金管理暂行条例》规定，企业可以在下列范围内使用现金：①职工工资和津贴；②个人劳务报酬；③按规定发放给个人的各种奖金；④各种劳保、福利费用以及国家规定的对个人的其他支出；⑤向个人收购农副产品和其他物资的价款；⑥出差人员必须随身携带的差旅费；⑦结算起点（1 000 元）以下的零星支出；⑧中国人民银行确定需要支付现金的其他支出。

2. 库存现金限额

企业的库存现金限额，由开户银行根据企业的实际需要核定，一般为 3～5 天的日常零星开支所需现金。边远地区和交通不便地区的企业，库存现金限额可以多于 5 天日常零星开支所需现金，但不能超过 15 天日常零星开支所需现金，超出部分必须在当日送存银行。

3. 日常现金收支管理

现金的日常管理包括现金收入和现金支出两部分。现金收入的管理主要包括以现金收取的货款和其他营业收入等。现金支出的管理主要是按照国家的规定使用现金，并对现金的支出内容进行审核，检查其是否符合国家有关的财经纪律，是否符合企业的财务收支计划等。因此，日常现金收支管理的内容主要有以下几个方面。

（1）现金收入应当在当日送存银行，如当日送存银行确有困难，由银行确定送存时间。

（2）支付现金可以从本单位库存现金限额中支付或从开户银行提取支付，但不得从本单位的现金收入中直接支付。用收入的现金直接支付支出的，叫作“坐支现金”。因特殊情况需要坐支现金的，应当事先报经开户银行审查批准，由开户银行核定坐支范围和限额，坐支单位应当定期向开户银行报送坐支金额和使用情况。

（3）从银行提取现金时，应当在取款凭证上写明具体用途，由财务部门负责人签字盖章，经开户银行审核后方可支取。

二、库存现金的核算

1. 库存现金的核算凭证

为了加强现金收付管理，现金的收入、支出和保管应当由出纳人员负责办理。企业所有现金收付，首先都必须办理凭证手续，取得或填制证明收付款的原始凭证，并由主管会计人员或其指定人员审核后，方可据以填制现金收款凭证或现金付款凭证。对于不真实、不合法的原始凭证不予受理；对于记载不明确、手续不完备的原始凭证应当退给经办人，要求其更正或补办手续。

出纳人员应当根据现金收款凭证和现金付款凭证办理现金的收付，并在凭证上加盖“现金收讫”或“现金付讫”戳记，以免重收重付，防止差错，然后将办理完收付款手续的现金收款凭证和现金付款凭证以及所附的原始凭证交给会计人员，据以登记现金总账和有关明细账。为了避免重复记账，企业将现金存入银行或从银行提取现金时，只能填制付款凭证。

2. 库存现金的序时核算

企业每天都会发生现金收付，为了能按照现金收付的时间顺序，全面、连续、系统地进行记录，为现金管理提供详细资料，掌握现金收支动态和结存情况，并防止现金收支差错和产生弊端，企业应当分人民币和外币现金设置和登记现金日记账，进行库存现金的序时核算。现金日记账一般采用收付余三栏式日记账。为了归类反映企业一定日期内的全部现金收付的来龙去脉，也可以采用按现金收入和现金付出的对应科目分设专栏的多栏式日记账。现金日记账应当由出纳人员根据办理完收付款手续的现金收款凭证、现金付款凭证和银行存款付款凭证逐日逐笔序时登记。每日终了，应当计算本日收入合计数、支出合计数和结存数，并同库存现金核对，做到日清月结，保证账款相符。库存现金不包括借条、收据等，不允许用白条抵充现金。

3. 库存现金的总分类核算

为了反映库存现金的收入、支出和结存情况，企业应当设置资产类的“库存现金”账户，借方登记库存现金的增加，贷方登记库存现金的减少，期末借方余额为库存现金的账面结存数。“库存现金”总账应当由会计人员定期或于月末根据汇总收付款凭证汇总登记。

【例 1-1】 销售产品收到现金 117 元，售价为 100 元，应收取的增值税税额为 17 元。其账务处理如下：

借：库存现金　117

　　贷：主营业务收入　100

　　　　应交税费——应交增值税（销项税额）　17

【例 1-2】 行政人员李林预借差旅费 2 000 元，以现金支付。其账务处理如下：

借：其他应收款——李林　2 000

　　贷：库存现金　2 000

4. 库存现金的清查

为了保证现金的安全、完整，企业应当对库存现金进行定期和不定期清查。库存现金清查的主要手段是实地盘点。清查工作一般由清查小组主持，出纳人员在场进行库存现金实地盘点，与库存现金账进行核对。清查后，根据盘点结果编制“库存现金盘点报告表”，列明账存、实存与盈亏金额。如有盈亏，应当查明原因，及时报请领导审批后，再做现金溢缺的账务处理。

库存现金发生短缺或溢余时，一方面应当设法查明原因，另一方面应当通过“待处理财产损溢——待处理流动资产损溢”账户及时调账，待查明原因后，再根据不同原因及处理结果将其转入有关账户。

对于现金短缺，应当按照以下情况处理：属于应当由过失人和保险公司负责赔偿的，转入“其他应收款”账户；属于无法查明原因的，经批准后转入“管理费用”账户。

对于现金溢余，应当按照以下情况处理：属于应当支付给有关人员和单位的，转入“其他应付款”账户；属于因某种原因尚未入账的，应当补办手续登记入账；属于无法查明原因的，经批准后转入“营业外收入”账户。

【例 1-3】 在财产清查中，发现现金长款200元，原因待查。其账务处理如下：

借：库存现金　200

　　贷：待处理财产损溢——待处理流动资产损溢　200

【例 1-4】 在财产清查中，发现现金短款100元，原因待查。其账务处理如下：

借：待处理财产损溢——待处理流动资产损溢　100

　　贷：库存现金　100

【例 1-5】 经查长款属于B公司交来的前欠账款，因收款收据遗失未入账，应当补办手续登记入账；短款属于出纳人员李艳的责任，应当向其索赔。其账务处理如下：

借：待处理财产损溢——待处理流动资产损溢　200

　　贷：应收账款——B公司　200

借：其他应收款——李艳　100

　　贷：待处理财产损溢——待处理流动资产损溢　100

对于库存现金的长款与短款，应当在期末结账前处理完毕。期末结账前尚未经批准的，在对外提供财务报告时先按上述规定进行处理，并在会计报表附注中说明。其后批准处理的金额与已处理的金额不一致的，应当按其差额调整会计报表相关项目的年初数。

第三节 银行存款

一、银行存款管理的主要内容

银行存款管理主要涉及以下几项内容。

（1）按照《支付结算办法》的规定，凡是独立核算的单位都必须在注册地或所在地银行开立账户。企业在银行开立的账户可分为基本存款账户、一般存款账户、临时存款账户和专用存款账户。

1）基本存款账户是企业办理日常转账结算和现金收付的账户。企业职工工资和奖金等现金的支取，只能通过基本存款账户办理。一个企业只能选择一家银行的一个营业机构开立一个基本存款账户。

2）一般存款账户是企业在基本存款账户以外的银行借款转存，与基本存款账户的企业不在同一地点的附属非独立核算单位开立的账户。该账户用于办理存款人借款转存、借款归还和其他结算的资金收付。该账户可以办理现金缴存，但不能办理现金支取。一个企业不得在同一家银行的几个分支机构开立一般存款账户。

3）临时存款账户是企业因临时经营活动需要而开立的账户，有效期最长不得超过 2 年。通过本账户可以办理转账结算和根据国家现金管理的规定办理现金收付。

4）专用存款账户是对特定用途的资金，由存款人向开户行出具相应证明即可开立的账户。特定用途资金主要包括以下三部分：①基本建设资金；②更新改造资金；③具有特定用途，需要专户管理的资金，如预算外资金、信托基金、专项拨款、政策性房地产开发资金等。

（2）企业除了按规定留存的库存现金外，所有货币资金都必须存入银行，企业的一切收付款项，除了可以用现金直接收付的款项外，都必须通过银行办理转账结算。

（3）企业应当严格遵守银行结算纪律，单位和个人办理支付结算，不准签发没有资金保证的空头票据或远期支票，套取银行信用；不准签发、取得和转让没有真实交易和债权债务的票据，套取银行和他人资金；不准无理拒绝付款，任意占用他人资金；不准违反规定开立和使用银行账户；不得出租、出借银行账户。

（4）企业应当及时核对银行账户，确保银行存款账面余额与银行对账单相符。

二、银行存款的核算

1. 银行存款的序时核算与总分类核算

银行存款的序时核算和总分类核算与库存现金基本相同，只是在以下两个方面有别于库存现金。

（1）银行存款日记账是按照金融机构、存款和货币种类设置，并根据银行存款收款凭证、银行存款付款凭证和现金付款凭证登记的。

（2）银行存款的总分类核算是通过设置“银行存款”账户进行的。

2. 银行存款的核对

为了防止银行存款账目发生差错，准确掌握银行存款实际金额，企业应当按期对账。银行存款日记账的核对主要包括三个环节：①银行存款日记账与银行存款收付款凭证互相核对，做到账证相符；②银行存款日记账与银行存款总账互相核对，做到账账相符；③银行存款日记账与银行对账单互相核对，准确掌握银行存款实际金额。

银行存款日记账与银行对账单核对时，如果发现双方余额不一致，要及时查找原因，属于记账差错的，应当立即更正。除记账错误外，还可能是由于未达账项引起的。所谓未达账项是指企业与银行之间，由于凭证传递上的时间差，一方已登记入账，而另一方尚未登记入账的账项。由于企业银行存款收支凭证的传递需要一定的时间，同一笔业务企业和银行各自入账的时间不一定相同，在同一日期，企业账上银行存款的余额与银行账上企业存款的余额往往不一致。

在核对账目过程中，发现未达账项时，应当编制“银行存款余额调节表”进行调节。调节后的银行存款余额，表示企业可动用的银行存款数额。银行存款余额调节表主要是用来核对企业与银行双方的记账有无差错，不能作为记账的依据。对于因未达账项而使双方账面余额出现的差异，无须做账面调整，待结算凭证到达后再进行账务处理，登记入账。

三、结算方式与其他货币资金的核算

企业与其他单位或个人之间往来款项的结算有两种形式，一种是现金结算，即直接用现金收付款项；另一种是非现金结算，即通过银行划拨款项的转账结算。转账结算按结算双方所在地区的不同分为同城结算和异地结算。结算双方在同一城市范围内的转账结算为同城结算；结算双方不在同一城市的转账结算为异地结算。根据《支付结算办法》的规定，转账结算方式主要有银行汇票、银行本票、商业汇票、支票、信用卡、汇兑、托收承付、委托收款和信用证，即四票、一证、一卡、三结算。

1. 银行汇票

银行汇票是出票银行签发的，由其在见票时按照实际结算金额无条件支付给收款人或持票人的票据。

单位和个人各种款项结算均可使用银行汇票。银行汇票的提示付款期限自出票日起 1 个月内。

申请人使用银行汇票，应当向出票银行提交“银行汇票申请书”，填明收款人名称、汇票金额、申请人名称、申请日期等事项并签章。出票银行受理银行汇票申请书，收妥款项后签发银行汇票，并用压数机压印出票金额，将银行汇票和解讫通知一并交给申请人。签发转账银行汇票，不得填写代理付款人名称，但由人民银行代理兑付银行汇票的商业银行，向设有分支机构地区签发转账银行汇票的除外。签发现金银行汇票，申请人和收款人必须均为个人，收妥申请人交存的现金后，在银行汇票“出票金额”栏内先填写“现金”字样，后填写出票金额，并填写代理付款人名称。申请人或收款人为单位的，银行不得为其签发现金银行汇票。

申请人应当根据“银行汇票申请书”存根联填制付款凭证，进行账务处理。申请人为取得银行汇票交存当地银行的款项已具有一定用途，属于其他货币资金。

申请人因银行汇票超过提示付款期限或其他原因要求退款时，应当将银行汇票和解讫通知同时提交到出票银行，并出具本单位的证明或本人的身份证件。

申请人应当将银行汇票和解讫通知一并交付给汇票上记明的收款人。收款人受理申请人交付的银行汇票时，应当在出票金额以内，根据实际需要的款项办理结算，并将实际结算金额和多余金额准确、清晰地填入银行汇票和解讫通知的有关栏内。未填写实际结算金额和多余金额或实际结算金额超过出票金额的，银行不予受理。银行汇票的实际结算金额低于出票金额的，多余金额由出票银行退交申请人。

收款人可以将银行汇票背书转让给被背书人，但背书转让以不超过出票金额的实际结算金额为准。未填写实际结算金额或实际结算金额超过出票金额的银行汇票不得背书转让。

在银行开立存款账户的持票人向银行提示付款时，应当在汇票背面“持票人向银行提示付款签章”处签章，并将银行汇票和解讫通知、进账单送交开户银行办理转账收款，根据银行盖章退回的进账单和有关原始凭证填制收款凭证，进行账务处理。未在银行开立存款账户的个人持票人，向选择的任何一家银行机构提示付款时，应当在汇票背面“持票人向银行提示付款签章”处签章，并填明本人身份证件名称、号码及发证机关，并交验本人身份证件及复印件。

持票人对填明“现金”字样的银行汇票，需要委托他人向银行提示付款的，应当在银行汇票背面“持票人向银行提示付款签章”处签章，记载“委托收款”字样、被委托人姓名和背书日期以及委托人身份证件名称、号码、发证机关。被委托人向银行提示付款时，也应当在银行汇票背面“持票人向银行提示付款签章”处签章，记载证件名称、号码及发证机关，并同时交验委托人和被委托人的身份证件及复印件。

持票人超过付款期限提示付款的，代理付款人不予受理，持票人须在票据权利时效期内向出票银行做出说明，并提供本人身份证件或单位证明，持银行汇票和解讫通知向出票银行请求付款。

银行汇票丧失，失票人可以凭人民法院出具的其享有票据权利的证明，向出票银行请求付款或退款。

【例 1-6】 A 公司向其开户银行提交“银行汇票委托书”要求银行办理银行汇票 4 800 元，并收到银行盖章退回的银行汇票委托书回单。取得银行汇票时，根据银行退回的委托书存根联，编制会计分录如下：

借：其他货币资金——银行汇票存款	4 800	
贷：银行存款		4 800

【例 1-7】 A 公司向 B 公司购入材料一批，价款为 4 000 元，可抵扣增值税税额为 680 元，用银行汇票办理结算，银行汇票多余款项 120 元由签发银行退交企业。使用银行汇票后，根据发票账单及开户行转来的银行汇票第四联等凭证，编制会计分录如下：

借：材料采购	4 000	
应交税费——应交增值税（进项税额）	680	
银行存款	120	
贷：其他货币资金——银行汇票存款		4 800

2. 银行本票

银行本票是银行签发的，承诺其在见票时无条件支付确定的金额给收款人或持票人的票据。银行本票分为定额本票和不定额本票两种。定额银行本票面额为 1 000 元、5 000 元、10 000 元和 50 000 元。

单位和个人在同一票据交换区域需要支付的各种款项均可以使用银行本票。银行本票的提示付款期限自出票日起最长不得超过 2 个月。

申请人使用银行本票，应当向银行填写“银行本票申请书”，填明收款人名称、申请人名称、支付金额、申请日期等事项并签章。出票银行受理银行本票申请书，收妥款项后签发银行本票。用于转账的，在银行本票上划去“现金”字样；申请人和收款人均为个人需要支取现金的，在银行本票上划去“转账”字样。申请人或收款人为单位的，银行不得为其签发现金银行本票。不定额银行本票用压数机压印出票金额。出票银行在银行本票上签章后交给申请人。

申请人应当根据“银行本票申请书”存根联填制付款凭证，进行账务处理。企业为取得银行本票而交存当地银行的款项，已经具有一定的用途，属于其他货币资金。

申请人因银行本票超过提示付款期限或其他原因要求退款时，应当将银行本票提交到出票银行，并出具本单位的证明或本人的身份证件。

收款人可以将银行本票背书转让给被背书人。

在银行开立存款账户的持票人向银行提示付款时，应当在本票背面“持票人向银行提示付款签章”处签章，并将银行本票、进账单送交开户银行办理转账收款，根据银行盖章退回的进账单和有关原始凭证填制收款凭证，进行账务处理。未在银行开立存款账户的个人持票人，凭注明“现金”字样的银行本票向出票银行支取现金的，应当在本票背面“持票人向银行提示付款签章”处签章，记载本人身份证件名称、号码及发证机关，并交验本人身份证件及复印件。

持票人对填明“现金”字样的银行本票委托他人向银行提示付款或超过付款期限提示付款的、被委托人向银行提示付款以及银行本票丧失后的处理与银行汇票相同。

【例 1-8】 A 公司向其开户银行提交“银行本票申请书”申请办理银行本票 900 元，并收到银行盖章退回的银行本票申请书回单。取得银行本票时，根据银行退回的申请书存根联，编制会计分录如下：

借：其他货币资金——银行本票存款 900

　　贷：银行存款 900

【例 1-9】 A 公司向 B 公司购入材料，取得的普通发票注明的价款为 900 元，用银行本票办理结算。使用银行本票后，根据发票账单等有关凭证，编制会计分录如下：

借：材料采购等 900

　　贷：其他货币资金——银行本票存款 900

【例 1-10】 上月 A 公司为向 B 公司购货而取得的银行本票 2 000 元，因超过付款期限，已将本票连同进账单送交开户银行办理退款，并收到银行盖章退回的进账单回单。办理退款手续后，根据进账单回单，编制会计分录如下：

借：银行存款 2 000

　　贷：其他货币资金——银行本票存款 2 000

3. 商业汇票

商业汇票是出票人签发的，委托付款人在指定日期无条件支付确定的金额给收款人或持票人的票据。它是交易双方以商品购销业务为基础而使用的一种信用凭证。

商业汇票结算方式适用于企业先发货后收款，或者双方约定延期付款的商品交易，同城和异地均可使用。我国现阶段通行的商业汇票一般是无息票据。在银行开立存款账户的法人以及其他经济组织之间，必须具有真实的交易关系或债权债务关系，才能使用商业汇票。

商业汇票可以背书转让、贴现，其承兑期限由交易双方商定，最长不得超过 6 个月。

商业汇票按照承兑人的不同分为商业承兑汇票和银行承兑汇票。商业承兑汇票是指由收款人或付款人签发，由付款人承兑的票据。商业承兑汇票只能由付款人承兑，付款人必须在汇票上签署“承兑”字样并加盖印章后，将商业承兑汇票交给收款人。付款人应当在汇票到期前将票款足额交存其开户银行，以便银行于到期日凭票将款项从付款人账户划转给收款人或贴现银行。付款人对其承兑的汇票负有到期无条件支付票款的责任，汇票到期时，如果付款人银行存款账户余额不足支付票款，银行不承担付款责任，只负责将汇票退还收款人。银行承兑汇票是指由承兑申请人（在承兑银行开立存款账户的存款人）签发，并由承兑申请人持汇票和购销合同向其开户银行申请承兑，经银行审查同意承兑的票据。双方签订承兑协议时，承兑银行应当按照票面金额向承兑申请人收取 0.5‰的手续费。银行承兑汇票的出票人应当在汇票到期前将票款足额交存其开户银行。承兑银行应当在汇票到期日或到期日后的见票当日支付票款。银行承兑汇票的出票人于汇票到期日未能足额交存票款时，承兑银行除凭票向持票人无条件付款外，对出票人尚未支付的汇票金额按每天 0.5‰计收利息。

商业汇票按照是否计息分为不带息商业汇票和带息商业汇票。不带息商业汇票是指汇票到期时，承兑人只按面值向收款人或被背书人支付款项的票据，其到期价值等于面值；带息商业汇票是指汇票到期时，承兑人须按面值加上利息向收款人或被背书人支付款项的票据，其到期价值等于面值加上利息。

商业汇票可以按面值入账，也可以按到期价值的现值入账。按面值入账比较简单、实用；按到期价值的现值入账比较科学、合理。在我国，为了简化核算手续，商业汇票无论是否计息，初始确认时一律按面值入账。对于带息商业汇票，应当在中期期末或年度终了，按照面值和票面利率计提利息，计提的利息增加应收票据或应付票据的账面余额，并冲减或计入财务费用。

存款人领购商业汇票，必须填写"票据和结算凭证领用单"并签章，签章应当与预留银行签章相符。存款账户结清时，必须将全部剩余空白商业汇票交回银行注销。

4. 支票

支票是出票人签发的，委托办理支票存款业务的银行在见票时无条件支付确定的金额给收款人或持票人的票据。

支票结算为同城结算,单位和个人在同一票据交换区域的各种款项结算均可以使用支票。支票分为现金支票、转账支票、普通支票和划线支票。支票上印有"现金"字样的为现金支票，现金支票只能用于支取现金；支票上印有"转账"字样的为转账支票，转账支票只能用于转账；支票上未印有"现金"或"转账"字样的为普通支票，普通支票可以用于支取现金，也可以用于转账；在支票左上角划两条平行线的为划线支票，划线支票只能用于转账，不得支取现金。转账支票可以根据需要在票据交换区域内背书转让。

支票的提示付款期限自出票日期起 10 日内，持票人可以委托开户银行收款或直接向付款人提示付款，但超过提示付款期限提示付款的，持票人开户银行不予受理，付款人不予付款。

存款人领购支票的处理与商业汇票相同。

出票人不得签发与其预留银行签章不符的支票；使用支付密码，出票人不得签发支付密码错误的支票。出票人签发支票的金额不得超过付款时在付款人处实有的存款金额，禁止签发空头支票。出票人签发空头支票、签章与预留银行签章不符的支票、支付密码错误的支票，银行应当予以退票，并按照票面金额处以 5%但不低于 1 000 元的罚款；持票人有权要求出票人赔偿支票金额 2%的赔偿金。

出票人应当根据支票存根和有关原始凭证填制付款凭证，进行账务处理。持票人持用于转账的支票向付款人提示付款时，应当在支票背面"背书人签章"处签章，并将支票和填制的进账单送交开户银行办理转账收款，根据银行盖章退回的进账单和有关原始凭证填制收款凭证，进行账务处理；持票人持用于支取现金的支票向付款人提示付款时，应当在支票背面"收款人签章"处签章，持票人为个人的，还须交验本人身份证件，并在支票背面注明证件名称、号码及发证机关，然后根据有关原始凭证填制收款凭证，进行账务处理。

【例 1-11】 A 公司收回 B 公司所欠货款 4 000 元，收到 B 公司交来的转账支票一张。A 公司收到转账支票后，连同进账单一并送交其开户银行，并根据开户银行盖有"转讫"章退回的进账单第一联进行账务处理，编制会计分录如下：

借：银行存款　　　4 000

　贷：应收账款——B 公司　　　4 000

【例 1-12】 签发一张转账支票支付电话费 1 200 元。其账务处理如下：

借：管理费用——办公费 1 200

贷：银行存款 1 200

5. 信用卡

信用卡是指商业银行向个人和单位发行的，凭其向特约单位购物、消费和向银行存取现金，且具有消费信用的特制载体卡片。信用卡按使用对象分为单位卡和个人卡，按信誉等级分为金卡和普通卡。

商业银行、非银行金融机构开办信用卡业务须报经中国人民银行总行批准。凡在中国境内金融机构开立基本存款账户的单位可申领单位卡。单位卡账户的资金一律从其基本存款账户转账存入，不得交存现金，不得将销货收入的款项存入其账户，严禁将单位的款项存入个人卡账户。企业为取得信用卡而交存当地银行的款项，已经具有一定的用途，属于其他货币资金。单位卡不得用于 10 万元以上的商品交易、劳务供应款项的结算。单位卡一律不得支取现金。信用卡备用金存款利息，按照中国人民银行规定的活期存款利率及计息办法计算。

信用卡在规定的限额或期限内允许善意透支，金卡最高不得超过 10 000 元，普通卡最高不得超过 5 000 元，透支期限最长为 60 天。持卡人超过规定期限或限额，并且经发卡行催收无效的透支行为称为恶意透支，持卡人不得恶意透支。信用卡透支利息，自签单日或银行记账日起 15 天内按日息万分之五计算，超过 15 日按日息万分之十计算，超过 30 日或透支金额超过规定限额的，按日息万分之十五计算。透支利息不分段，按照最后期限或最高透支额的最高利息档次计息。

特约单位在每日营业终了，应当将当日受理的信用卡签购单汇总，计算手续费和净计金额，并填写汇（总）计单和进账单，连同签购单一并送交收单银行办理进账，根据银行盖章退回的进账单和有关原始凭证填制收款凭证，进行账务处理；持卡单位根据银行转来的付款通知单、信用卡签购单第一联和发票等有关原始凭证填制付款凭证，进行账务处理。

【例 1-13】 A 公司在中国建设银行申请领用信用卡，按要求于 3 月 8 日向银行交存备用金 5 万元，银行为 A 公司开立信用卡存款账户，发给信用卡。A 公司根据银行盖章退回的交存备用金的进账单，编制会计分录如下：

借：其他货币资金——信用卡存款 50 000

贷：银行存款 50 000

【例 1-14】 3 月 10 日 A 公司使用信用卡支付 2 月份的电话费 1 500 元。A 公司收到开户银行转来的信用卡存款的付款凭证及账单，经核对无误后，编制会计分录如下：

借：管理费用 1 500

贷：其他货币资金——信用卡存款 1 500

【例 1-15】 收到信用卡存款利息 100 元。A 公司根据银行的通知单，编制会计分录如下：

借：其他货币资金——信用卡存款 100

贷：财务费用——利息收入 100

6. 汇兑

汇兑是汇款人委托银行将其款项支付给收款人的结算方式。单位和个人的各种款项结算均可使用汇兑结算方式。汇兑分为信汇和电汇两种，由汇款人选择使用。信汇是指汇款人委托银行通过邮寄方式将款项划给收款人；电汇是指汇款人委托银行通过电报将款项划给收款人。

汇入银行对开立存款账户的收款人应当将汇给其的款项直接转入收款人账户，并向其发出收款通知。未开立存款账户的收款人，凭信、电汇的取款通知或“留行待取”的，向汇入银行支取款项时，必须交验本人的身份证件，在信、电汇凭证上注明证件名称、号码及发证机关，并在“收款人签证”处签章。支取现金的，信、电汇凭证上必须有按规定填明的“现金”字样才能办理。

收款人需要委托他人向汇入银行支取款项的，应当在取款通知上签章，注明本人身份证件名称、号码、发证机关和“代理”字样以及代理人姓名。代理人代理取款时，也应当在取款通知上签章，注明其身份证件名称、号码、发证机关，并同时交验代理人和被代理人的身份证件。

转账支付的，应当由原收款人向银行填制支付凭证，并由本人交验身份证件办理支付款项。该账户的款项只能转入单位或个体工商户的存款账户，严禁转入储蓄和信用卡账户。

转汇的，应当由原收款人向银行填制信、电汇凭证，并由本人交验身份证件。转汇的收款人必须是原收款人。原汇入银行必须在信、电汇凭证上加盖“转汇”戳记。

汇款人委托银行汇出款项时，应当填写银行印发的“信汇凭证”或“电汇凭证”，列明收款单位名称、汇款金额及汇款的用途等项目，送达开户银行，委托银行将款项汇往收款银行，并根据汇款回单和有关原始凭证填制付款凭证，进行账务处理；收款单位对于汇入款项，应当根据银行转来的收账通知和有关原始凭证填制收款凭证，进行账务处理。

汇款人对汇出银行已经汇出的款项可以申请退汇。对在汇入银行开立存款账户的收款人，由汇款人与收款人自行联系退汇，对未在汇入银行开立存款账户的收款人，汇款人应当出具正式函件或本人身份证件以及原信、电汇回单，由汇出银行通知汇入银行，经汇入银行核实汇款确未支付，并将款项汇回汇出银行，方可办理退汇。

汇入银行对于收款人拒绝接受的汇款，应当立即办理退汇。汇入银行对于向收款人发出取款通知，经过2个月无法交付的汇款，应当主动办理退汇。

【例1-16】 A公司委托其开户银行以信汇方式向外地的C公司汇款2 500 000元偿还前欠购货款，并向银行支付手续费75元，从企业存款账户中扣收。

（1）A公司根据信汇凭证第一联，编制会计分录如下：

借：应付账款——C公司　　2 500 000
　　财务费用——手续费　　75
　贷：银行存款　　2 500 075

（2）C公司根据开户银行转来的信汇凭证第四联，编制会计分录如下：

借：银行存款　　2 500 000
　贷：应收账款——A公司　　2 500 000

【例1-17】 A公司销售甲产品一批，售价为1 500 000元，应收取的增值税税额为255 000元，产品已发运，同时收到银行转来的电汇凭证第三联。据此A公司编制会计分录如下：

借：银行存款　　1 755 000
　贷：主营业务收入——甲产品　　1 500 000
　　　应交税费——应交增值税（销项税额）　　255 000

【例1-18】 ×8年6月7日A公司委托其开户银行以电汇方式向某市汇款10 000元设立临时采购账户，并向银行支付手续费30元，从企业存款账户中扣收，编制会计分录如下：

借：其他货币资金——外埠存款　　10 000
　　财务费用——手续费　　30
　贷：银行存款　　10 030

【例 1-19】×8 年 6 月 15 日 A 公司收到采购员交来的供货单位发票，价款为 8 000 元，可抵扣增值税税额为 1 360 元，货物尚未收到，多余资金 640 元已转入企业存款账户，编制会计分录如下：

借：银行存款 640

　　材料采购等 8 000

　　应交税费——应交增值税（进项税额） 1 360

　　贷：其他货币资金——外埠存款 10 000

7. 托收承付

托收承付是根据购销合同由收款人发货后委托银行向异地付款人收取款项，由付款人向银行承认付款的结算方式。使用托收承付结算方式的收款单位和付款单位，必须是国有企业、供销合作社以及经营管理较好，并经开户银行审查同意的城乡集体所有制工业企业。

办理托收承付结算的款项必须是商品交易以及因商品交易而产生的劳务供应的款项。代销、寄销、赊销商品的款项不得办理托收承付结算。

托收承付结算款项的划回方法分邮寄和电报两种，由收款人选用。托收承付结算每笔的金额起点为 10 000 元，新华书店系统每笔的金额起点为 1 000 元。

收付双方使用托收承付结算必须签有符合《经济合同法》的购销合同，并在合同上订明使用托收承付结算方式。收款人根据购销合同发货后，填写托收凭证，盖章后连同发运证件或其他符合托收承付结算的有关证明和交易单证送交开户银行办理托收手续。收款人开户银行接受委托后，将托收结算凭证回单退给企业，作为企业进行账务处理的依据，并将其他结算凭证寄往购货单位开户银行，由购货单位开户银行通知购货单位承兑付款。

付款人开户银行收到托收凭证及其附件后，应当及时通知付款人。通知的方法可以根据具体情况与付款人签订协议，采取付款人来行自取、派人送达、邮寄等。付款人应当在承付期内审查核对，安排资金。

承付货款分为验单付款和验货付款两种，由收付双方商量选用，并在合同中明确规定。验单付款是购货企业根据经济合同对银行转来的托收凭证、发票账单、托运单等单据审查无误后予以承付。为了便于购货企业对凭证的审核和筹措资金，结算办法规定承付期为 3 天，从付款人开户银行发出承付通知的次日算起（遇法定休假日顺延）。付款人在承付期内未向银行表示拒绝付款，银行即视作承付，并在承付期满的次日（遇法定休假日顺延）上午银行开始营业时，将款项主动从付款人的账户内划出，按收款人指定的划款方式划给收款人。验货付款是付款人将货物运达企业，对其进行检验，与合同完全相符后才承认付款。为了满足付款人组织验货的需要，结算办法规定承付期为 10 天，从运输部门向付款人发出提货通知单的次日算起。采用验货付款的，收款人必须在托收凭证上加盖明显的“验货付款”字样戳记，托收凭证未注明验货付款，经付款人提出合同证明是验货付款的，银行可按验货付款处理。

不论验单付款还是验货付款，付款人都可以在承付期内提前向银行表示承付，并通知银行提前付款，银行应当立即划款。付款人不得在承付货款中抵扣其他款项或以前托收的货款。

付款人开户银行对付款人逾期支付的款项，应当根据逾期付款金额和逾期天数，按照每天 0.5‰计算逾期付款赔偿金。赔偿金实行定期扣付，每月计算一次，于次月 3 日内划给收款人。

付款人开户银行要随时掌握付款人账户逾期未付的资金情况，待账户有款时，必须将逾期未付款项和应付的赔偿金及时扣划给收款人，不得拖延扣划。赔偿金的扣付列为企业销货收入扣款顺序的首位。付款人账户余额不足全额支付的，银行对该账户采取“只收不付”的控制办法，待一次足额扣付赔偿金后，才准予办理其他款项的支付。付款人开户银行对逾期未付的托收凭证，负责进行扣款的期限为 3 个月（从承付期满日算起）。期满时，付款人仍无足够资金支付该笔尚未付清的欠款，银行应当在次日通知付款人将有关交易单证（单证已做账务处理或已部分支付的，可以填制应付款项证明单）在 2 日内退回银行。银行将有关结算凭证连同交易单证或应付款项证明单退回收款人开户银行转交收款人，并将应付的赔偿金划给收款人。

对付款人逾期不退回单证的，开户银行应当自发出通知的第 3 天起，按照该笔尚未付清的欠款，每天处以 0.5‰但不低于 50 元的罚款，并暂停付款人向外办理结算业务，直到退回单证时止。

付款人在承付期内，因某种原因向银行提出拒绝付款时，必须填写“拒绝付款理由书”并签章，注明拒绝付款理由。银行同意部分或全部拒绝付款的，应当在拒绝付款理由书上签注意见，并将拒绝付款理由书连同拒付证明和有关单证邮寄收款人开户银行转交收款人。

收款人对于托收款项，应当根据托收凭证回联、银行的收账通知及有关单据填制收款凭证，进行账务处理；付款人对于承付的款项，应当根据承付通知和所附的发票账单、托运单等单据填制付款凭证，进行账务处理。

【例 1-20】 A 公司向 B 公司销售乙产品一批，售价为 200 万元，应收取的增值税税额为 34 万元，产品已发运，双方商定以托收承付方式办理货款结算。B 公司收到银行的承付通知后，经审核同意付款。

（1）A 公司向银行办妥托收手续后，编制会计分录如下：

	借方	贷方
借：应收账款——B 公司	2 340 000	
贷：主营业务收入——乙产品		2 000 000
应交税费——应交增值税（销项税额）		340 000

（2）A 公司收到银行的收账通知后，编制会计分录如下：

	借方	贷方
借：银行存款	2 340 000	
贷：应收账款——B 公司		2 340 000

（3）B 公司收到银行的承付通知，经审核同意付款后，编制会计分录如下：

	借方	贷方
借：材料采购等	2 000 000	
应交税费——应交增值税（进项税额）	340 000	
贷：银行存款		2 340 000

8. 委托收款

委托收款是收款人委托银行向付款人收取款项的结算方式。委托收款在同城和异地均可使用。委托收款结算款项的划回方法分邮寄和电报两种，由收款人选用。

收取公用事业费必须具有收付双方事先签订的经济合同，由付款人开户银行授权，并经开户银行同意，报经中国人民银行当地分支机构批准。

企业委托银行收款时，应当填写银行印制的“委托收款凭证”，写明付款单位名称、账号和委托收款金额等，并向银行提交委托收款凭证和有关的债务证明。收款单位的开户银行受理委托收款以后，将委托收款凭证寄交付款单位开户银行，由付款单位开户银行审核，并通知付款单位。付款单位接到通知和有关附件后，应当在付款期内（3 天）付款。如果付款单位在付款期内未向银行提出异议，银行视作付款人同意付款，在付款期满的次日将款项划给收款人。

付款人在审查有关债务证明后，对收款人委托收取的款项需要拒绝付款的，应当在付款期内出具拒绝证明，连同债务证明和有关凭证送交开户银行，并由开户银行寄给被委托银行，转交收款人。

收款单位在收到银行转来的收账通知时填制收款凭证，进行账务处理。付款单位根据委托收款凭证的付款通知和有关的原始凭证填制付款凭证，进行账务处理；如在付款期满前提前付款，应当在通知银行付款之日填制付款凭证，进行账务处理。

【例 1-21】 A 公司采用委托收款结算方式收取本市 B 公司所欠货款 2 万元。其账务处理如下。

（1）A 公司：

借：银行存款　　20 000

　贷：应收账款——B 公司　　20 000

（2）B 公司：

借：应付账款——A 公司　　20 000

　贷：银行存款　　20 000

【例 1-22】 A 公司向 B 公司销售甲产品一批，售价为 600 万元，应收取的增值税税额为 102 万元，产品已发运，双方商定以委托收款方式办理货款结算。B 公司收到银行转来的 A 公司委托收款凭证及有关账单后，经审查发现货款多计 10 万元，增值税税额多计 1.7 万元。B 公司填写拒绝付款理由书，对多计部分拒付。

（1）A 公司根据发票、账单等凭证向银行办理委托收款手续，收到银行盖章退回的委托收款凭证第一联后，根据有关原始凭证，编制会计分录如下：

借：应收账款——B 公司　　7 020 000

　贷：主营业务收入——甲产品　　6 000 000

　　　应交税费——应交增值税（销项税额）　　1 020 000

（2）A 公司收到银行转来的 B 公司的拒绝付款理由书和委托收款凭证第四联等单证时，编制会计分录如下：

借：银行存款　　6 903 000

　　主营业务收入——甲产品　　100 000

　　应交税费——应交增值税（进项税额）　　17 000

　贷：应收账款——B 公司　　7 020 000

（3）B 公司根据银行盖章退回的拒绝付款理由书第一联和支付的货款，编制会计分录如下：

借：材料采购等　　5 900 000

　　应交税费——应交增值税（进项税额）　　1 003 000

　贷：银行存款　　6 903 000

9. 信用证

信用证是进口方银行应进口方的要求，开给出口方的一种保证付款责任的凭证。信用证结算是国际结算的一种主要方式。信用证只限于转账结算，不得支取现金。信用证与作为其依据的购销合同相互独立，银行在处理信用证业务时，不受购销合同的约束。在信用证结算中，各有关当事人处理的只是单据，而不是与单据有关的货物及劳务。开证行根据开证申请办理开证业务时，应当向开证申请人收取不低于开证金额 20%的保证金，并可根据申请人资信情况要求其提供抵押、质押或由其他金融机构出具保函。企业为取得信用证按规定存入银行的保证金，已经具有一定的用途，属于其他货币资金。

经中国人民银行批准经营结算业务的商业银行总行以及经商业银行总行批准开办信用证结算业务的分支机构，可以办理信用证结算业务。未经批准的银行机构和城市信用合作社、农村信用合作社及其他非银行金融机构不得办理信用证结算业务。

进口方在接到开证行的有关通知时，根据付款的有关单据填制付款凭证，进行账务处理；出口方收到信用证后送交银行，根据已付单据及退还的信用证等有关凭证填制收款凭证，进行账务处理。

【例 1-23】×9 年 6 月 7 日 A 公司委托中国银行开出 5 000 美元信用证，向美国 H 公司购买材料，并将款项从银行美元户转存信用证保证金专户，即期汇率为 1 美元 = 6.4 元人民币。A 公司根据开户银行盖章退回的"信用证委托书"回单，编制会计分录如下：

借：其他货币资金——信用证存款　　32 000

　　贷：银行存款——美元户　　32 000

【例 1-24】×9 年 7 月 8 日 A 公司收到中国银行转来的 H 公司信用证结算凭证及所附发票账单等有关凭证，价款为 4 000 美元，可抵扣增值税额为 680 美元，即期汇率为 1 美元 = 6.4 元人民币。A 公司的账务处理如下：

借：材料采购等　　25 600

　　应交税费——应交增值税（进项税额）　　4 352

　　贷：其他货币资金——信用证存款　　29 952

【例 1-25】×9 年 7 月 8 日 A 公司收到中国银行收账通知，对 H 公司开出的信用证余款 320 美元已转回银行美元户，即期汇率为 1 美元 = 6.4 元人民币。A 公司的账务处理如下：

借：银行存款——美元户　　2 048

　　贷：其他货币资金——信用证存款　　2 048

同步练习

一、单项选择题

1. 已存入证券公司但尚未进行短期投资的现金，先作为（　　）。

A. 银行存款　　B. 其他货币资金　　C. 委托贷款　　D. 其他应收款

2. 企业一般不能从本企业的现金收入中直接支付现金，因特殊情况需要支付现金的，应当事先报经（　　）审查批准。

A. 本单位负责人　　B. 财政部门　　C. 开户银行　　D. 主管部门

3. 企业可以直接用现金支付的款项有（　　）。

A. 购买固定资产　　B. 支付职工退休金　　C. 上缴税金　　D. 年终结转利润

4. （　　）到期前，收款人需要资金时可以向银行申请贴现。

A. 现金支票　　B. 银行汇票　　C. 银行本票　　D. 商业汇票

5. 在记账无误的情况下，银行对账单与银行存款日记账账面余额不一致的原因是（　　）。

A. 应付款项　　B. 未达账项　　C. 外埠存款　　D. 应收款项

6. 企业在资金暂时不足的情况下，仍可继续使用的结算方式是（ ）。

A. 银行本票　B. 支票　C. 银行汇票　D. 商业汇票

7. 采用商业汇票结算时，承兑期限由交易双方商定，但最长不得超过（ ）个月。

A. 1　B. 6　C. 2　D. 9

8. 企业职工的工资、奖金、津贴等现金的支取，只能通过（ ）账户办理。

A. 基本存款　B. 一般存款　C. 临时存款　D. 专用存款

9. 我国会计上所说的现金是指（ ）。

A. 备用金　B. 库存的人民币和外币

C. 信用证存款　D. 其他符合现金定义的票证

10. 企业发现现金溢缺时，除了设法查明原因外，还应当通过（ ）账户及时调账。

A. 其他应付款　B. 待处理财产损溢　C. 管理费用　D. 其他应收款

11. 存放在银行的信用卡存款，应当作为（ ）。

A. 其他货币资金　B. 银行存款　C. 在途货币资金　D. 现金

12. 库存现金的限额，由开户银行根据（ ）核定。

A. 单位的实际需要　B. 单位负责人的要求

C. 单位债权债务的差额　D. 单位的生产能力

13. 企业将款项委托开户银行汇往采购地银行，开立采购专户时，应当借记（ ）账户。

A. 银行存款　B. 材料采购　C. 其他货币资金　D. 其他应收款

14. 经过“银行存款余额调节表”调节后的银行存款余额为（ ）。

A. 企业账上的银行存款余额　B. 银行账上的企业存款余额

C. 企业可动用的银行存款数额　D. 在会计报表中反映的银行存款余额

15. 无法查明原因的现金短缺，经批准后应当转入（ ）账户。

A. 其他应收款　B. 营业外支出　C. 管理费用　D. 财务费用

16. 无法查明原因的现金溢余，经批准后应当转入（ ）账户。

A. 其他业务收入　B. 管理费用　C. 营业外收入　D. 营业外支出

17. 只适用于商品交易以及因商品交易产生的劳务供应款项结算的是（ ）。

A. 支票　B. 银行汇票　C. 汇兑　D. 托收承付

18. 临时存款账户的有效期限最长不得超过（ ）年。

A. 1　B. 2　C. 3　D. 5

二、多项选择题

1. 银行承兑汇票到期后，如果承兑申请人无力支付票款，应当由（ ）。

A. 承兑银行付款　B. 银行对承兑申请人执行扣款

C. 承兑申请人付款　D. 承兑银行对承兑申请人计收罚息

2. 下列各项中，属于“其他货币资金”核算范围的有（ ）。

A. 外埠存款　B. 银行汇票存款　C. 银行本票存款　D. 信用卡存款

3. 货币资金包括（ ）。

A. 库存现金　B. 银行存款　C. 其他货币资金　D. 备用金

4. 下列票据中，可以背书转让的有（　　）。

A. 银行本票　　B. 商业汇票　　C. 银行汇票　　D. 转账支票

5. 下列结算方式中，可以进行异地结算的有（　　）。

A. 信用卡　　B. 银行汇票　　C. 汇兑　　D. 托收承付

6. 下列结算方式中，适用于同城结算的有（　　）。

A. 委托收款　　B. 银行本票　　C. 信用卡　　D. 支票

7. 商业汇票按承兑人不同，可以分为（　　）。

A. 商业承兑汇票　　B. 银行汇票　　C. 银行承兑汇票　　D. 银行本票

8. 下列结算方式中，既可以用于同城结算，又可以用于异地结算的是（　　）。

A. 委托收款　　B. 托收承付　　C. 信用卡　　D. 商业汇票

9. 下列各项中，不通过“其他货币资金”账户核算的有（　　）。

A. 银行汇票存款　　B. 银行承兑汇票　　C. 备用金　　D. 外埠存款

10. 出纳人员不能兼任下列（　　）工作。

A. 会计档案保管　　B. 应收账款明细账　　C. 管理费用明细账　　D. 固定资产明细账

三、判断题

1. 企业的各种存款都应当通过“银行存款”账户核算。（　　）

2. 为简化现金存取手续，企业可以用收入的现金直接支付有关款项。（　　）

3. 企业将现金存入银行或从银行提取现金，为了避免重复记账，一般只编制收款凭证，不编制付款凭证。（　　）

4. 企业可以根据单位的实际需要自行确定库存现金的限额。（　　）

5. 银行存款日记账的记录应当定期与银行对账单核对，至少每月一次。（　　）

6. 企业编制银行存款余额调节表后，应当据以调整银行存款的账面余额。（　　）

7. 确认坏账的标准与坏账损失核算方法无关。（　　）

8. 企业可以根据经营需要，在一家或几家银行开立基本存款账户。（　　）

四、业务题

甲公司为增值税一般纳税人，×8 年 8 月份发生以下经济业务。

（1）8 月 1 日将款项 60 000 元汇往外地开立采购专户。

（2）8 月 5 日购进材料一批，价款为 35 000 元，可抵扣增值税税额为 5 950 元，款项通过采购专户办理结算。

（3）8 月 10 日申请办理银行汇票，将款项 27 500 元交存银行，银行签发汇票。

（4）8 月 12 日购入材料一批，价款为 15 000 元，可抵扣增值税税额为 2 550 元，款项以银行汇票办理结算，并收到剩余款项。

要求：根据以上经济业务编制会计分录。

第二章 应收款项

【内容简介与学习目标】

本章阐述应收账款、应收票据、预付账款、其他应收款等应收款项的确认、计价和会计处理，以及坏账的确认条件和会计处理。通过学习本章，应该明确应收账款、应收票据、预付账款和其他应收款的性质、确认和计价原则；了解坏账的确认条件；熟悉存在商业折扣和现金折扣情况下应收账款的计价方法；掌握应收账款发生、收回与出售的会计处理；掌握坏账损失的会计处理；掌握应收票据的取得、计息、到期及贴现的会计处理以及预付账款和其他应收款的会计处理。

应收款项是指在活跃市场中没有报价、回收金额固定或可确定的非衍生金融资产。企业在日常生产经营过程中发生的各种债权，如应收账款、应收票据、预付账款、其他应收款等，由于在活跃的市场上没有报价、回收金额固定或可确定，可以划分为此类。

应收款项与持有至到期投资的主要差别在于前者是在活跃市场上没有报价的金融资产，并且不像持有至到期投资那样在出售或重分类方面受到较多限制。

第一节 应收账款

一、应收账款的确认与计价

应收账款是指企业因销售商品、材料或提供劳务等业务，应当向购货单位或接受劳务单位收取的款项，又可称为应收销货款。应收账款的预计正常收回期一般不超过 2 个月，最多不超过 1 年。作为企业的一种短期债权，应收账款在资产负债表上应当列为流动资产。

（一）应收账款的确认

应收账款是由于赊销业务而产生的，所以应收账款应当在收入实现时予以确认，并以收入确认日作为其入账时间。应收账款的确认还与企业采用的结算方式有关。在采用商业汇票结算方式的情况下，对于尚未收回的款项，应当确认为应收票据；在采用商业汇票以外的其他结算方式的情况下，对于尚未收回的款项，才能确认为应收账款。

（二）应收账款的计价

应收账款的计价就是确定应收账款的入账金额，并合理估计其可收回的金额。应收账款应当按照实际发生额计价，包括销售货物或提供劳务的价款、代税务部门征收的增值税，以及代购货单位垫付的运杂费等。由于企业在销售货物时往往实行折扣的办法，对应收账款进行计价时，应当考虑有关的折扣因素。

1. 商业折扣

商业折扣是指企业根据市场供需情况，或者针对不同的顾客，在商品标价上给予的价格扣除。商业折扣是确定发票价格的手段，商品是按照扣除折扣后的价格成交的，因而在有商业折扣的情况下，应收账款应当按照折扣后的实际售价入账，商业折扣对应收账款的计价无实质性影响。因为：①商业折扣通常在交易时发生，并有确定的金额；②在有商业折扣的情况下，不一定形成应收账款；③即使形成应收账款，发票上也会列出折扣后的金额。

2. 现金折扣

现金折扣是指债权人为鼓励债务人在规定的期限内尽早付款而向债务人提供的债务扣除。由于现金折扣发生在以赊销方式销售货物及提供劳务的交易中，现金折扣会产生应收账款。现金折扣使得企业应收账款的实收数随着客户付款是否及时而发生变化。在有现金折扣的情况下，应收账款的计价有两种方法，一种是总价法，另一种是净价法。在我国会计实务中，只能采用总价法对应收账款进行计价，即将减去现金折扣前的价款作为应收账款的入账金额，现金折扣只有在折扣期内付款时，才能予以确认，计入当期财务费用。

3. 商业折扣与现金折扣的区别

商业折扣与现金折扣有明显不同，表现在以下两方面。

（1）目的不同。现金折扣是为鼓励客户提前付款而给予的债务扣除；商业折扣是为促进货物销售而给予的价格扣除。

（2）发生的时间不同。现金折扣在商品销售以后发生，在销售商品时不能确定相关的现金折扣，销售后现金折扣的发生与否还应当视买方的付款情况而定；商业折扣在商品销售时即已发生，企业只要按扣除折扣后的净额确认销售收入和应收账款即可，商业折扣无须入账。

二、应收账款的核算

为了反映应收账款的增减变动及资金占用情况，企业应当设置资产类的“应收账款”账户，借方登记企业因销售材料、商品或提供劳务而发生的应收未收款项，以及因到期无法收回而转入的应收票据的本息，贷方登记收回的应收账款、改用商业汇票结算的应收账款，以及确认为坏账的应收账款，期末借方余额为尚未收回的应收账款，若为贷方余额则为预收账款。本账户按照购货单位或接受劳务的单位名称设置明细账进行明细核算。

期末编制资产负债表时，应当根据明细账分清应收与预收，分别列为资产和负债。

（一）应收销货款

销售商品、材料和提供劳务时，按应收的款项，借记“应收账款”账户，按不含税销售额，贷记“主营业务收入”、“其他业务收入”等账户，按应收取的增值税税额，贷记“应交税费——应交增值税（销项税额）”账户，按代垫的包装费、运输费等，贷记“银行存款”等账户。收回货款和代垫费用时，借记“银行存款”账户，贷记“应收账款”账户。

【例 2-1】 A 公司向 B 公司销售甲产品一批，售价为 40 000 元，应收取的增值税税额为 6 800 元，并以银行存款为 B 公司代垫运输费 600 元。A 公司的账务处理如下。

（1）收入实现时：

借：应收账款——B 公司　　47 400

　　贷：主营业务收入——甲产品　　40 000

应交税费——应交增值税（销项税额）　6 800
银行存款　600

（2）收回款项时：

借：银行存款　47 400
　贷：应收账款——B公司　47 400

【例 2-2】 乙商品标价为 1 000 元，现按 3%的商业折扣出售，适用的增值税税率为 17%，款项尚未收到。其账务处理如下。

借：应收账款——××公司　1 134.90
　贷：主营业务收入——乙产品　970.00
　　应交税费——应交增值税（销项税额）　164.90

【例 2-3】 乙商品的售价为 10 000 元，应收取的增值税税额为 1 700 元，现金折扣条件为 2/10、N/30。假定采用总价法核算，则其账务处理如下。

（1）赊销时：

借：应收账款——××公司　11 700
　贷：主营业务收入——乙商品　10 000
　　应交税费——应交增值税（销项税额）　1 700

（2）如果 10 天之内收款：

借：银行存款　11 466
　财务费用——现金折扣　234
　贷：应收账款——××公司　11 700

（3）如果 10 天以后收款：

借：银行存款　11 700
　贷：应收账款——××公司　11 700

【例 2-4】 A 公司为 B 公司加工丙产品一批，加工费为 5 000 元，应收取的增值税税额为 850 元，款项尚未收到。A 公司的账务处理如下：

借：应收账款——B公司　5 850
　贷：主营业务收入——丙产品　5 000
　　应交税费——应交增值税（销项税额）　850

（二）应收账款转为应收票据

由于应收账款改用商业汇票结算而收到经承兑的商业汇票时，借记“应收票据”账户，贷记“应收账款”账户。

【例 2-5】 经协商，A 公司应收 B 公司的账款 25 000 元改用商业承兑汇票结算，收到经承兑的商业汇票一张，面值为 25 000 元，期限为 3 个月。A 公司的账务处理如下：

借：应收票据——B公司　25 000
　贷：应收账款——B公司　25 000

（三）应收账款出售

1. 应收债权出售的核算原则

企业将应收债权出售给银行等金融机构时，应当按照实质重于形式原则进行会计核算。对于有确凿证据表明与应收债权有关的风险和报酬实质上已经发生转移的，应当按照出售应收债权处理，并确认相关损益。否则，以应收债权为质押取得借款处理。

2. 不附追索权的应收账款出售

根据企业、债务人及银行等金融机构之间的协议，在所售应收账款到期无法收回时，银行等金融机构不能向出售应收账款的企业进行追偿的，由银行等金融机构承担应收账款可能产生的坏账风险，而出售方则承担销售折让、销售退回或现金折扣的损失。因此，企业将应收账款出售给银行等金融机构时，应当将所售应收账款予以转销，结转已计提的坏账准备，并确认预计将发生的销售折让、销售退回或现金折扣及出售损益；而银行等金融机构要按一定比例预留一部分账款，以备抵应当由出售方承担的销售折让、销售退回或现金折扣的损失。

企业将应收账款出售给银行等金融机构时，按收到的款项，借记“银行存款”账户，按预计将发生的销售折让、销售退回或现金折扣，借记“其他应收款”账户，按售出应收账款已计提的坏账准备，借记“坏账准备”账户，按支付的手续费，借记“财务费用”账户，按售出应收账款的账面余额，贷记“应收账款”账户，按借贷差额，借记“营业外支出——应收债权融资损失”或贷记“营业外收入——应收债权融资利得”账户。

如果与所售应收账款相关的销售折让、销售退回或现金折扣的实际发生额等于原预计金额，则按实际发生额，借记“主营业务收入”、“应交税费——应交增值税（销项税额）”、“财务费用”等账户，按原预计金额，贷记“其他应收款”账户。

如果与所售应收账款相关的销售折让、销售退回或现金折扣的实际发生额不等于原预计金额，则除按上述规定进行账务处理外，还要将应当补付给银行等金融机构的金额，通过“其他应付款”或“银行存款”账户核算；将应当向银行等金融机构收回的金额，通过“其他应收款”或“银行存款”账户核算。

【例 2-6】×8 年 3 月 15 日 A 公司将 500 000 元的应收账款以无追索权方式出售给当地某家工商银行，价款为 453 000 元，银行分别按应收账款余额的 4%和 5%收取手续费和预留账款。×8 年 5 月 10 日工商银行收回账款 480 000 元，发生销售退回 17 550 元（含增值税 2 550 元）。×8 年 6 月 1 日该企业与工商银行进行最后结算，不考虑其他因素，A 公司的账务处理如下。

（1）×8 年 3 月 15 日：

借：银行存款	453 000
其他应收款——工商银行	25 000
财务费用——手续费	20 000
营业外支出——应收账款出售损失	2 000
贷：应收账款	500 000

（2）×8 年 5 月 10 日：

借：主营业务收入——××产品	15 000
应交税费——应交增值税（销项税额）	2 550
贷：其他应收款——工商银行	17 550

（3）×8 年 6 月 1 日：

借：银行存款	7 450
贷：其他应收款——工商银行	7 450

3. 附追索权的应收账款出售

根据企业、债务人及银行等金融机构之间的协议，在所售应收账款到期无法收回时，银行等金融机构有权向出售应收账款的企业追偿的，应收账款可能产生的坏账风险由出售应收账款的企业承担，企业不能转销所售应收账款，应当按照以应收账款为质押取得借款进行会计处理。

企业以应收账款为质押取得银行借款时，按收到的款项，借记“银行存款”账户，按支付的手续费，借记“财务费用”账户，按借款本金并考虑借款期限，贷记“短期借款”等账户。同时在备查簿中详细记录质押的应收债权的账面金额、质押期限及回款情况等。

【例2-7】×8年2月5日A公司销售乙商品一批给B公司，售价为200 000元，应收取的增值税税额为34 000元，款项尚未收到。双方约定，B公司于×8年9月30日付款。×8年4月1日A公司因急需流动资金，经与中国银行协商，以应收B公司货款为质押取得5个月期流动资金借款180 000万元，利率为6%，每月末偿付利息，假定不考虑其他因素，A公司的账务处理如下。

(1) 2月5日销售商品：

借：应收账款——B公司	234 000	
贷：主营业务收入——乙商品		200 000
应交税费——应交增值税（销项税额）		34 000

(2) 4月1日取得短期借款：

借：银行存款	180 000	
贷：短期借款——临时借款		180 000

(3) 4月30日偿付利息：

借：财务费用——利息支出	900	
贷：银行存款		900

(4) 8月31日偿付短期借款本金及最后一期利息：

借：财务费用——利息支出	900	
短期借款——临时借款	180 000	
贷：银行存款		180 900

第二节　应收票据

应收票据是指企业因采用商业汇票结算方式销售货物而收到的、尚未到期、尚未兑现的票据。应收票据与应收账款不同，应收账款是尚未结清的债权，而应收票据是一种期票，是延期收款的证明，有承诺的票据作为凭据。

为了反映应收票据的取得和收回情况，企业应当设置资产类的“应收票据”账户，借方登记企业因销售货物等而收到的应收票据的面值和应收利息，贷方登记到期收回的应收票据的账面余额，因到期无收回而转入应收账款的应收票据的账面余额以及未到期向银行贴现的应收票据的账面余额，期末借方余额为尚未收回的应收票据的账面余额。

为便于管理和分析各种应收票据的具体情况，企业应当设置“应收票据登记簿”，逐笔登记每一应收票据的种类、号数和出票日期、面值、到期日和利率、交易合同号、付款人、承兑人、背书人的姓名或单位名称、贴现日期、贴现率和贴现净额，以及收款日期和收款金额等资料。应收票据到期收清票款后，应当在“应收票据登记簿”内逐笔注销。

一、不带息应收票据的核算

企业因销售货物收到经承兑的商业汇票时，按汇票的面值，借记“应收票据”账户，按不含税销售额，贷记“主营业务收入”、“其他业务收入”等账户，按应收取的增值税税额，贷记“应交税费——应交增值税（销项税额）”账户；因应收账款改用商业汇票结算而收到经承兑的商业汇票时，按汇票的面值，借记“应收票据”账户，贷记“应收账款”等账户。汇票到期后，按已收或应收的票款，借记“银行存款”或“应收账款”账户，贷记“应收票据”账户。

【例 2-8】 A 公司向 B 公司销售乙商品一批，售价为 10 万元，应收取的增值税税额为 1.7 万元，收到 B 公司承兑的面值为 11.7 万元、期限为 3 个月的商业承兑汇票一张。3 个月后，应收票据到期收回票款。A 公司的账务处理如下。

（1）销售商品收到票据：

借：应收票据——B 公司	117 000	
贷：主营业务收入——乙商品		100 000
应交税费——应交增值税（销项税额）		17 000

（2）3 个月后收回票款：

借：银行存款	117 000	
贷：应收票据——B 公司		117 000

3 个月后，如果 B 公司无力支付票款，应当编制会计分录如下。

借：应收账款——B 公司	117 000	
贷：应收票据——B 公司		117 000

二、带息应收票据的核算

带息应收票据的到期价值为面值加上应计利息，即：

$$到期价值 = 面值 \times （1 + 票面利率 \times 期限）$$

公式中的期限是指从票据签发日起至到期日的时间间隔。票据期限可按月表示，也可按日表示。票据期限按月表示时，如果是月份中间签发的，以“日对日”的办法确定票据到期日，如 1 月 10 日签发的为期 3 个月的票据，其到期日为 4 月 10 日；如果是月末签发的，不论月份大小，均以“月末对月末”的办法确定票据到期日，如 1 月 31 日签发的期限分别为 1 个月、2 个月、3 个月的票据，其到期日分别为 2 月 28 日（闰年为 2 月 29 日）、3 月 31 日、4 月 30 日。票据期限按日表示时，统一按票据的实际天数计算，但在出票日和到期日这两天中只计算其中的一天，可以采用“算尾不算头”的办法确定票据到期日。

公式中的利率一般以年利率表示，因此，当票据期限按月表示时，要除以 12，将年利率换算为月利率；当票据期限按日表示时，要除以 360，将年利率换算为日利率。

企业收到带息票据的账务处理与不带息票据相同。企业在中期期末或年末计算的应收利息，借记“应收票据”账户，贷记“财务费用”账户。汇票到期后，按已收或应收的款项（即汇票的到期价值），借记“银行存款”或“应收账款”账户，按账面余额，贷记“应收票据”账户，按贷方差额，贷记“财务费用”账户。

【例 2-9】 A 公司持有面值为 40 000 元、利率为 8.4%、出票日为 1 月 31 日、期限为 90

天、到期日为 5 月 1 日的商业承兑汇票一张。A 公司的账务处理如下。

（1）票据到期，收回本息：

借：银行存款　　40 840

　　贷：应收票据——××公司　　40 000

　　　　财务费用——利息收入　　840

（2）汇票到期，付款人无力付款：

借：应收账款——××公司　　40 840

　　贷：应收票据——××公司　　40 000

　　　　财务费用——利息收入　　840

【例 2-10】 A 公司持有面值为 400 000 元、利率为 9.6%、出票日为 ×7 年 10 月 1 日、期限为 6 个月、到期日为 ×8 年 4 月 1 日的银行承兑汇票一张。其账务处理如下。

（1）×7 年 12 月 31 日：

借：应收票据——××公司　　9 600

　　贷：财务费用　　9 600

（2）×8 年 4 月 1 日：

借：银行存款　　419 200

　　贷：应收票据——××公司　　409 600

　　　　财务费用——利息收入　　9 600

三、应收票据转让的核算

应收票据转让是指持票人将未到期的应收票据背书后转让给其他单位或个人的行为。背书是指持票人在票据背面签字，将票据的收款权利转让给被背书人。

企业可以将自已持有的应收票据背书转让，以取得所需物资或抵偿债务。转让时，按取得物资的价值或偿还债务的金额，借记“材料采购”、“原材料”、“应付账款”等账户，按可抵扣的增值税税额，借记“应交税费——应交增值税（进项税额）”账户，按应收票据的账面余额，贷记“应收票据”账户，如有差额，借记或贷记“银行存款”等账户。如果企业背书转让的为带息应收票据，还应当按照应计未计利息，贷记“财务费用”账户。

【例 2-11】 A 公司向 C 公司采购材料一批，价款为 57 000 元，可抵扣增值税税额为 9 690 元，材料已验收入库。A 公司将一张面值为 60 000 元的不带息应收票据背书转让，以偿付 C 公司货款，差额 6 690 元当即通过银行转账支付。A 公司的账务处理如下：

借：原材料等　　57 000

　　应交税费——应交增值税（进项税额）　　9 690

　　贷：应收票据——××公司　　60 000

　　　　银行存款　　6 690

四、应收票据贴现的核算

应收票据贴现是一种票据的买卖关系，是企业融资的一种方式，实质上是银行对贴现申请人发放的一种短期贷款。贴现利息实行预扣，即银行在向贴现申请人支付贴现金额时预先将贴现利息扣除。

1. 不附追索权的应收票据贴现

企业与银行等金融机构签订的协议中规定，在贴现的应收票据到期，债务人未按期偿还时，申请贴现的企业不负有向银行等金融机构还款责任的，应当按照应收债权出售的核算原则进行账务处理。因此，企业持未到期的商业汇票向银行贴现时，按收到的款项（即到期价值减去贴现利息后的净额），借记“银行存款”账户，按应收票据的账面余额，贷记“应收票据”账户，按借贷差额，借记或贷记“财务费用”账户。汇票到期后，申请贴现的企业不进行账务处理。

【例 2-12】×8 年 7 月 1 日 A 公司将持有的面值为 10 000 元、出票日为×8 年 4 月 1 日、期限为 6 个月、票面利率为 10%的银行承兑汇票一张向银行申请贴现，贴现利率为 12%，银行不拥有追索权。假定至×8 年 6 月 31 日 A 公司已对该应收票据计提利息 250 元。A 公司的账务处理如下:

到期价值 = 10 000 × (1 + 10% × 6 ÷ 12) = 10 500（元）

贴现利息 = 10 500 × 12% × 3 ÷ 12 = 315（元）

贴现净额 = 10 500−315 = 10 185（元）

借：银行存款　　10 185

　　财务费用——贴现利息　　65

　　贷：应收票据——××公司　　10 250

若上述汇票为不带息汇票，则 A 公司的账务处理如下:

贴现利息 = 10 000 × 12% × 3 ÷ 12 = 300（元）

贴现净额 = 10 000 − 300 = 9 700（元）

借：银行存款　　9 700

　　财务费用——贴现利息　　300

　　贷：应收票据——××公司　　10 000

2. 附追索权的应收票据贴现

企业与银行等金融机构签订的协议中规定，在贴现的应收票据到期，债务人未按期偿还时，申请贴现的企业负有向银行等金融机构还款责任的，应当按照以应收债权为质押取得借款的核算原则进行账务处理。因此，企业持未到期的商业汇票向银行贴现时，按收到的款项，借记“银行存款”账户，按贴现利息，借记“财务费用”账户，按汇票的到期价值，贷记“短期借款”账户。如果汇票到期后债务人付款，则申请贴现的企业按汇票的到期价值，借记“短期借款”账户，按应收票据的账面余额，贷记“应收票据”账户，按贷方差额，贷记“财务费用”账户。如果汇票到期后债务人不能付款，则申请贴现的企业按汇票的到期价值，借记“短期借款”账户，贷记“银行存款”账户；同时按汇票的到期价值，借记“应收账款”账户，按应收票据的账面余额，借记“应收票据”账户，按贷方差额，贷记“财务费用”账户。

【例 2-13】×8 年 8 月 1 日 A 公司将持有的面值为 30 000 元、出票日为×8 年 7 月 1 日、期限为 3 个月、票面利率为 8%的商业承兑汇票一张向银行申请贴现，贴现利率为 12%，银行拥有追索权。假定至×8 年 7 月 31 日 A 公司未对该应收票据计提利息，且债务人到期未付款。A 公司的账务处理如下。

（1）票据贴现:

到期价值 = 30 000 × (1 + 8% × 3 ÷ 12) = 30 600（元）

贴现利息 = 30 600 × 12% × 2 ÷ 12 = 612（元）

贴现净额 = 30 600−612 = 29 988（元）

借：银行存款　　29 988

　　财务费用——贴现利息　　612

　　贷：短期借款——贴现借款　　30 600

（2）票据到期：

借：短期借款——贴现借款　　30 600

　　贷：银行存款　　30 600

借：应收账款　　30 600

　　贷：应收票据——××公司　　30 000

　　　　财务费用——利息收入　　600

若上述汇票为不带息汇票，且债务人到期付款，则 A 公司的账务处理如下。

（1）票据贴现：

贴现利息 = 30 000 × 12% × 2 ÷ 12 = 600（元）

贴现净额 = 30 000−600 = 29 400（元）

借：银行存款　　29 400

　　财务费用——贴现利息　　600

　　贷：短期借款　　30 000

（2）票据到期：

借：短期借款——贴现借款　　30 000

　　贷：应收票据——××公司　　30 000

第三节　预付账款

一、预付账款的概念

预付账款又称为订金，是指企业按购货合同或劳务合同规定，预付给供货方或提供劳务方的账款。它和应收账款一样也属于企业的短期经营债权，两者的区别在于前者是因购货或接受劳务引起的，后者是因销货或提供劳务引起的。

二、预付账款的核算

为了反映有关款项的预付和结算情况，企业应当设置资产类的“预付账款”账户，借方登记企业向供货方或提供劳务方预付的账款，贷方登记收到所购货物或接受劳务供应后应当结转的预付账款，期末借方余额为预付的账款，若为贷方余额则为应付账款。本账户按照供货单位或提供劳务单位的名称设置明细账进行明细核算。

企业按照合同预付账款时，借记“预付账款”账户，贷记“银行存款”账户；收到所购货物或接受劳务供应后，根据发票账单的金额，借记“原材料”、“材料采购”、“应交税费——应交增值税（进项税额）”等账户，贷记“预付账款”账户；补付款项时，借记“预付账款”账户，贷记“银行存款”账户；退回多付款项时编制相反的会计分录。

预付账款情况不多的企业，可以不设置“预付账款”账户，将预付的账款作为应付账款的减项，先记入“应付账款”账户的借方，待收到所购货物或接受劳务供应后，再在“应付账款”账户的贷方进行结算。

期末编制资产负债表时，应当根据明细账分清预付与应付，分别列为资产和负债。

【例 2-14】 A 公司从 C 公司订购半成品一批，预付货款 40 000 元。一个月后，收到 C 公司发来的半成品及退回的多余款，价款为 30 000 元，可抵扣增值税税额为 5 100 元。A 公司的账务处理如下。

（1）预付货款：

借：预付账款——C 公司　　40 000

　　贷：银行存款　　40 000

（2）收到所购半成品：

借：原材料等　　30 000

　　应交税费——应交增值税（进项税额）　　5 100

　　银行存款　　4 900

　　贷：预付账款——C 公司　　40 000

第四节　其他应收款

其他应收款是指除应收账款、应收票据、预付账款、应收股利和应收利息等以外，应收、暂付给其他单位和个人的款项。具体包括：①备用金；②应收的各种罚款；③应收的各种赔款；④应收的资产经营租赁费；⑤存出的保证金；⑥应当向职工个人收取的各种垫付款项；⑦应收或暂付上级单位、所属单位的款项。

为了反映其他各种应收款项的支出和收回或结转情况，企业应当设置资产类的“其他应收款”账户，借方登记发生的各种其他应收款，贷方登记收回或结转的各种其他应收款，期末借方余额为应收未收的各种其他应收款。本账户按照应收、暂付款项的类别和单位或个人进行明细核算。

一、备用金的核算

备用金是指企业预付给职工和内部有关单位用作差旅费、零星采购和零星开支，事后需要报销的款项。备用金采用先领后用、用后报销的办法，所以备用金是企业应当向领取的单位、职工收回或要求他们报销的款项，是企业结算中占用的资金。单位和个人预借备用金时，应当填写“借款单”，经所在部门领导批准后到财会部门领取，使用时要按规定用途支用，报销时应当填写“报销单”，经有关领导批准后到财会部门报销，并交回余款。

根据对备用金管理方式的不同，备用金可分为定额备用金和非定额备用金（随借随用）两种。不同形式的备用金其账务处理方法不尽相同。

1. 定额备用金

定额备用金是指用款单位按定额持有的备用金。其具体做法是，根据用款单位的实际需要，核定备用金定额，由财务部门按定额将备用金拨付给用款单位，待用款单位实际支用，经财务部门审核后，凭有效单据报账领款，以补足定额。这种方法适用于具有经常性费用开支的内部用款单位。财务部门拨付备用金时，借记“其他应收款”账户，贷记“库存现金”或“银行存款”账户；用款单位凭据报销领款时，借记“管理费用”等账户，贷记“库存现金”或“银行存款”账户。企业认为定额备用金没有继续设置的必要而予以取消时，借记“库存现金”、“管理费用”等账户，贷记“其他应收款”账户。

【例 2-15】 A 公司实行定额备用金制度，月初行政科领取备用金 3 000 元；月末报销日常开支 1 800 元。其账务处理如下。

（1）预付备用金时：

借：其他应收款——行政科　　3 000

　贷：库存现金　　3 000

（2）报销并补足备用金定额时：

借：管理费用——办公费　　1 800

　贷：库存现金　　1 800

该企业认为行政科的备用金没有继续设置的必要而予以取消时，该部门应当在报销的同时交回剩余的备用金，编制会计分录如下：

借：管理费用——办公费　　1 800

　库存现金　　1 200

　贷：其他应收款——行政科　　3 000

2. 非定额备用金

非定额备用金是指用款单位或个人不按定额持有的备用金。其具体做法是，根据实际需要，由财务部门预付用款单位或个人一定数额的备用金，待用款单位或个人实际支用，经财会部门审核后，凭有效单据报账核销。用款单位或个人凭据报销时，财务部门作为债权的收回，借记“管理费用”等账户，贷记“其他应收款”账户。

【例 2-16】 采购员张华预借差旅费 2 000 元，以现金支付。其账务处理如下：

借：其他应收款——张华　　2 000

　贷：库存现金　　2 000

【例 2-17】 采购员张华报销差旅费 1 800 元，并交回余款 200 元。其账务处理如下：

借：管理费用——差旅费　　1 800

　库存现金　　200

　贷：其他应收款——张华　　2 000

二、其他应收款项的核算

企业发生应收未收的赔款、罚款、租金，支付包装物押金以及其他各种应收、暂付款项时，借记“其他应收款”账户，贷记有关账户；收回或结转应收、暂付款项时，借记有关账户，贷记“其他应收款”账户。

【例 2-18】 库存材料因遭受水灾毁损，应当由保险公司赔偿 3 000 元。其账务处理如下：

借：其他应收款——××保险公司　　3 000

　贷：待处理财产损溢——待处理流动资产损溢　　3 000

【例 2-19】 以银行存款支付包装物押金 500 元。其账务处理如下：

借：其他应收款——存出保证金　500

　　贷：银行存款　500

【例 2-20】 以银行存款垫付应当由职工李明个人负担的住院费 3 000 元，拟从其工资中扣回。其账务处理如下：

借：其他应收款——李明　3 000

　　贷：银行存款　3 000

【例 2-21】 因职工王强违规对其处以罚款 200 元，拟从工资中扣回。其账务处理如下：

借：其他应收款——王强　200

　　贷：营业外收入——罚没利得　200

第五节　坏 账 损 失

一、坏账的确认

坏账是指企业无法收回或收回的可能性极小的应收款项。因发生坏账而造成的损失，称为坏账损失。

在市场经济条件下，由于商业信用的存在，不可避免地会带来坏账损失。符合下列条件之一的应收款项，应当确认为坏账：①债务人死亡，以其遗产清偿后仍然无法收回（无限责任）；②债务人破产，以其破产财产清偿后仍然无法收回（有限责任）；③债务人在较长时间内未能履行偿债义务（通常指 3 年以上），并有足够证据表明无法收回或收回的可能性很小（如债务单位已撤销、破产、资不抵债、现金流量严重不足、发生严重的自然灾害等导致停产或经营陷入困境）。

二、坏账损失的计量

企业应当定期或年度终了对应收款项进行减值测试，有客观证据表明应收款项发生减值的，应当确认减值损失，计提坏账准备。

按照现行会计制度的规定，计提坏账准备的方法由企业自行确定。企业应当制定计提坏账准备的政策，明确计提坏账准备的范围和计提比例。企业应当根据以往的经验、债务单位的实际财务状况和现金流量等相关信息合理估计坏账准备的计提比例。

常用的估计坏账损失（确定减值损失）的方法有余额百分比法、账龄分析法、赊销百分比法和个别认定法四种方法。余额百分比法是指按照期末应收款项余额的一定百分比估计坏账损失和计提坏账准备的方法；账龄分析法是指根据应收款项的账龄估计坏账损失和计提坏账准备的方法；赊销百分比法是指按照赊销净额的一定百分比估计坏账损失和计提坏账准备的方法；个别认定法是指分析各欠款客户的偿债能力和信用等级，根据各欠款客户的偿债概率估计坏账损失和计提坏账准备的方法。

三、坏账损失的核算

坏账损失的核算方法有直接转销法和备抵法两种。在我国会计实务中，只能采用备抵法。备抵法是指实际发生坏账前，根据应收款项的减值计提坏账准备，并计入当期损益，待实际发生坏账时转销应收款项和坏账准备的一种方法。

为了反映坏账准备的提取、转销和结转情况，企业应当设置资产类的“坏账准备”账户，借方登记转销或冲减的坏账准备，贷方登记计提的坏账准备和收回的前期转销的坏账，期末贷方余额为已经提取但尚未转销的坏账准备。

资产负债表日，企业应当采用合理的方法估计坏账损失，然后与“坏账准备”账户原账面贷方余额进行比较，当估计的坏账损失大于“坏账准备”账户原账面贷方余额时，按其差额补提坏账准备；当估计的坏账损失小于“坏账准备”账户原账面贷方余额时，按其差额冲回已计提坏账准备；当“坏账准备”账户原账面余额为借方余额时，按估计的坏账损失与“坏账准备”账户原账面借方余额之和计提坏账准备。提取坏账准备时，借记“资产减值损失——计提的坏账准备”账户，贷记“坏账准备”账户；冲回已计提坏账准备编制相反的会计分录。对于确实无法收回的应收款项，按照管理权限报经批准后作为坏账转销时，借记“坏账准备”账户，贷记“应收账款”等账户。已作为坏账转销的应收款项以后又收回的，有两种方法可供选择：一是按收回的款项，借记“银行存款”账户，贷记“应收账款”等账户，同时，借记“应收账款”等账户，贷记“坏账准备”账户；二是按收回的款项，借记“银行存款”账户，贷记“坏账准备”账户。

【例 2-22】 A 公司为一般纳税企业，对于单项金额非重大的应收款项以及经单独测试后未减值的单项金额重大的应收款项，按类似信用风险特征划分为若干组合，再按这些应收款项组合在资产负债表日余额的 5‰确认减值损失，计提坏账准备。有关资料如下。

（1）×6 年年初应收账款余额为 2 000 万元，坏账准备贷方余额为 10 万元；×6 年 8 月赊销商品一批，发生应收账款 2 015 万元；×6 年 12 月确认坏账 15 万元。

（2）×7 年 4 月收回以前年度的应收账款 1 000 万元存入银行；×7 年 6 月赊销商品一批，发生应收账款 2 005 万元；×7 年 12 月确认坏账 15 万元。

（3）×8 年 3 月收回以前年度的应收账款 2 500 万元存入银行；×8 年 7 月赊销商品一批，发生应收账款 4 000 万元；×8 年 9 月又收回已确认的坏账 12 万元。

A 公司与坏账准备有关的账务处理如下。

（1）×6 年 12 月：

借：坏账准备　　150 000

　　贷：应收账款　　150 000

（2）×6 年 12 月 31 日：

计提坏账准备 = (2 000 + 2 015 − 15) × 5‰ − (10 − 15) = 25（万元）

借：资产减值损失——计提的坏账准备　　250 000

　　贷：坏账准备　　250 000

（3）×7 年 12 月：

借：坏账准备　　150 000

　　贷：应收账款　　150 000

（4）×7 年 12 月 31 日：

计提坏账准备 = (4 000 − 1 000 + 2 005 − 15) × 5‰ − (20 − 15) = 19.95（万元）

借：资产减值损失——计提的坏账准备　　199 500

　　贷：坏账准备　　199 500

（5）×8 年 9 月：

借：应收账款　　120 000

　　贷：坏账准备　　120 000

借：银行存款　　120 000

　　贷：应收账款　　120 000

（6）×8 年 12 月 31 日：

$$计提坏账准备 = (4\,990 - 2\,500 + 4\,000) \times 5‰ - (24.95 + 12) = -4.5（万元）$$

借：坏账准备　　45 000

　　贷：资产减值损失——计提的坏账准备　　45 000

值得注意的是，下列应收款项不能全额计提坏账准备：①当年发生的应收款项；②计划重组的应收款项；③与关联方发生的应收款项；④其他已逾期，但无确凿证据表明不能收回的应收款项。

同步练习

一、单项选择题

1. ×8 年 5 月 2 日将面值为 100 000 元、已计提利息 1 000 元、尚未计提利息 1 200 元的带息应收票据一张送银行贴现，支付贴现利息 900 元，贴现时应当计入财务费用（　　）元。

A. 2 200　　B. 1 200　　C. −1 300　　D. −300

2. ×7 年 1 月 1 日“坏账准备”账户余额为 2 万元，×7 年 12 月 31 日应收账款余额为 1 000 万元。×8 年发生坏账 3 万元，收回已注销坏账 1 万元，×8 年 12 月 31 日应收账款余额为 800 万元。若按照应收账款余额的 5‰计提坏账准备，则 ×8 年 12 月 31 日计提坏账准备（　　）万元。

A. 4　　B. 2　　C. 1　　D. 0

3. 4 月 15 日签发为期 90 天的商业汇票一张，其到期日为（　　）。

A. 7 月 13 日　　B. 7 月 14 日　　C. 7 月 15 日　　D. 7 月 20 日

4. 企业出售不附追索权的应收债权发生的收益应当计入（　　）。

A. 管理费用　　B. 营业外收入　　C. 营业外支出　　D. 其他业务成本

5. ×8 年 8 月 1 日甲公司收到乙公司开具的面值为 234 000 元、利率为 4%、期限为 6 个月的商业汇票一张。×8 年 12 月 31 日资产负债表中的“应收票据”项目应当列示（　　）元。

A. 200 000　　B. 234 000　　C. 237 900　　D. 236 340

6. 采用总价法确认应收账款入账金额时，销售方给予客户的现金折扣计入（　　）。

A. 管理费用　　B. 销售费用　　C. 财务费用　　D. 营业外收入

7. 持有面值为 50 000 元、利率为 10%、期限为 6 个月的商业汇票一张，2 个月后向银行贴现，贴现利率为 12%，贴现净额为（　　）元。

A. 50 000　　B. 47 900　　C. 50 400　　D. 51 450

8. 因承兑人的银行账户不足支付，银行将已贴现的带息商业汇票退还给企业，并从贴现企业的银行账户中扣款，银行扣款的金额为（　　）。

A. 票面金额　　B. 到期价值　　C. 贴现净值　　D. 票面金额加贴现利息

9. 5 月 20 日签发为期 3 个月的商业汇票一张，其到期日为（　　）。

A. 8 月 18 日　　B. 8 月 19 日　　C. 8 月 20 日　　D. 8 月 21 日

10. 到期的商业汇票无法收回时，应收票据本息应当转入（ ）。

A. 应收账款　　B. 坏账准备　　C. 财务费用　　D. 其他应收款

11. 向银行贴现的带息应收票据，贴现时按（ ）计入财务费用。

A. 票据利息　　B. 贴现息与票据利息之差

C. 贴现息　　D. 票面金额与贴现息之差

12. 将所取得的商业汇票背书转让给其他企业，以取得所需物资时，贷记（ ）账户。

A. 应收账款　　B. 应收票据　　C. 应付票据　　D. 银行存款

13. 赊销商品一批，商品标价 10 000 元，商业折扣 20%，适用的增值税税率为 17%，代垫运费 200 元，现金折扣条件为 2/10，N/20。若应收账款按总价法计量，则应收账款入账金额为（ ）元。

A. 9 560　　B. 9 360　　C. 11 700　　D. 11 900

14. 将应收票据向银行申请贴现时，如果在协议中规定，付款人到期不能偿付时，申请贴现的企业负有向银行还款的责任，则贷记（ ）账户。

A. 应收账款　　B. 应付账款　　C. 短期借款　　D. 长期借款

二、多项选择题

1. 下列属于应收票据核算范围的有（ ）。

A. 商业承兑汇票　　B. 银行汇票　　C. 银行本票　　D. 银行承兑汇票

2. 与“应收票据”账户贷方对应的借方账户有（ ）。

A. 应收账款　　B. 银行存款　　C. 财务费用　　D. 应付票据

3. 下列各项中，应当在“坏账准备”账户贷方反映的有（ ）。

A. 提取坏账准备　　B. 收回前期转销的坏账

C. 本期确认坏账　　D. 冲销或转销的坏账准备

4. 在采用备抵法核算坏账损失的情况下，估计坏账损失的方法主要有（ ）。

A. 账龄分析法　　B. 余额百分比法　　C. 个别认定法　　D. 销货百分比法

5. “应收账款”账户的入账金额应当包括（ ）。

A. 货款　　B. 应收取的增值税额

C. 商业折扣　　D. 代垫的运杂费

6. 下列各项中，会引起应收账款账面价值发生变化的有（ ）。

A. 计提坏账准备　　B. 收回应收账款　　C. 确认坏账　　D. 收回已转销的坏账

7. 应收款项包括（ ）。

A. 应收账款　　B. 应收票据　　C. 其他应收款　　D. 预付账款

8. 企业将无息票据贴现时，影响贴现利息计算的因素有（ ）。

A. 票据面值　　B. 票据贴现期　　C. 银行存款利率　　D. 贴现利率

9. 将未到期的商业汇票向银行申请贴现，可能会导致（ ）。

A. 应收票据减少　　B. 货币资金增加　　C. 财务费用增加　　D. 短期借款增加

三、判断题

1. 贴现是指票据持有人通过背书手续向银行借入资金的行为，收取的金额相当于到期价值扣除银行贴现利息后的金额。（ ）

2. 预付货款可以在“应付账款”账户核算，因此，预付货款可以减少企业的负债。（ ）

3. 企业收到商业汇票时一律按面值计价入账。（ ）

4. 企业将带息票据向银行申请贴现时，贴现所得金额小于票据面值的差额，应当增加财务费用；贴现所得金额大于票据面值的差额，应当冲减财务费用。（ ）

5. 向关联方销售商品形成的应收账款不能计提坏账准备。（ ）

6. 应收账款的入账金额应当按照扣除商业折扣和现金折扣后的金额确认。（ ）

7. 由于票据贴现时要向银行支付贴现利息，所以贴现所得一定小于票面金额。（ ）

四、业务题

1. ×8 年 2 月 5 日甲公司向乙公司销售 500 件商品，售价为 800 00 元，应收取的增值税税额为 13 600 元，现金折扣条件为：2/10、N/30，假定计算现金折扣时考虑增值税因素。

要求：编制甲公司在以下三种情况下的会计分录。

（1）2 月 5 日销售实现时；

（2）乙公司在 2 月 15 日前付清货款；

（3）乙公司在 2 月 25 日以后付清货款。

2. 甲公司于×6 年 1 月 1 日开业，3 年来有关赊销的资料如表 2-1 所示。

表 2-1　甲公司 3 年来有关赊销的资料　（单位：元）

项目	×6 年	×7 年	×8 年
赊销金额	2 300 000	2 500 000	3 000 000
已收回金额	1 500 000	2 200 000	3 500 000
核销坏账		5 000	2 000

要求：

（1）该公司各年年末“应收账款”账户的余额是多少？

（2）如果坏账准备提取比例为应收账款余额的 5‰，则每年年末计提的坏账准备是多少？

（3）编制有关处理坏账和计提坏账准备的会计分录。

3. 甲公司为增值税一般纳税人，适用的增值税税率为 17%，采用备抵法核算坏账。×8 年 12 月 1 日“应收账款”账户借方余额为 5 000 万元，“坏账准备”账户贷方余额为 25 万元。12 月份甲公司发生如下相关业务。

（1）5 日向乙公司赊销商品一批，商品标价为 1 000 万元，由于是成批销售，给予乙公司 10%的商业折扣。

（2）9 日因客户破产，将一笔应收账款 40 万元确认为坏账。

（3）11 日收到乙公司的销货款 5 000 万元存入银行。

（4）21 日收到×7 年已作为坏账核销的应收账款 10 万元存入银行。

（5）经过减值测试，公司决定按年末应收账款余额的 5‰计提坏账准备。

要求：

（1）编制甲公司上述业务的会计分录；

（2）计算甲公司×8 年计提的坏账准备并编制会计分录。

4. 甲公司为增值税一般纳税人，发生以下经济业务。

（1）×8 年 2 月 12 日向乙公司销售产品一批，售价为 20 000 元，应收取的增值税税额为 3 400

元，共计23 400元，取得为期3个月的不带息银行承兑汇票一张，面值为23 400元。

（2）×8年3月1日收到丁公司交来的用来抵偿前欠购货款的期限为4个月、面值为52 650元的银行承兑汇票一张。

（3）×8年5月12日乙公司的商业汇票到期，收回票款23 400元存入银行。

（4）×8年6月11日将持有的丁公司不带息的银行承兑汇票一张到银行贴现，贴现利率为12%。协议约定，银行在票据到期日不能从丁公司收回票款时，不能向甲公司追偿。

（5）×8年11月1日向丙公司销售产品，货款为60 000元，应收取的增值税税额为10 200元，共计70 200元，取得为期3个月的带息商业承兑汇票一张，票面利率为10%。

（6）×8年11月18日将持有的账面余额为11 700元的商业汇票背书转让，以取得生产所需材料，价款为10 000元，可抵扣增值税税额为1 700元。

（7）×8年12月31日计提丙公司的商业汇票利息。

（8）×9年2月1日，丙公司承兑的商业汇票到期，丙公司无力偿还票款。

要求：编制甲公司上述经济业务的会计分录。

5. 甲公司为增值税一般纳税企业，商品销售均为正常的商品交易，销售价格均为公允价格，且不含增值税。除特别说明外，采用应收账款余额百分比法于每年6月30日和12月31日计提坏账准备，计提比例为1%。×8年5月31日“应收账款”账户借方余额为500万元，全部为向戊公司赊销商品应收的账款，“坏账准备”账户贷方余额为5万元。甲公司×8年6月至12月有关业务资料如下。

（1）6月1日向乙公司赊销商品一批，售价为1 000万元，应收取的增值税税额为170万元，合同规定的收款日期为×8年12月1日。该商品销售符合收入确认条件。

（2）6月10日向丙公司赊销商品一批，售价为200万元，应收取的增值税税额为34万元，合同规定的收款日期为×8年10月10日。该商品销售符合收入确认条件。

（3）6月20日向丁公司赊销商品一批，售价为500万元，应收取的增值税税额为85万元，收到丁公司开具的为期6个月的不带息商业承兑汇票一张。

（4）6月25日收回戊公司账款400万元，款项已存入银行。

（5）6月30日对各项应收账款计提坏账准备。对应收乙公司账款采用个别认定法计提坏账准备，计提比例为5%。

（6）9月1日将应收乙公司的账款质押给工商银行，取得为期3个月的流动资金借款1 080万元，利率为4%，到期一次还本付息。假定甲公司月末不计提借款利息。

（7）9月10日将应收丙公司的账款出售给工商银行，取得价款190万元。协议约定，工商银行在账款到期日不能从丙公司收回时，不得向甲公司追偿。

（8）10月20日将丁公司商业承兑汇票向工商银行贴现，贴现所得为580万元，贴现利息为5万元。协议约定，工商银行在票据到期日不能从丁公司收回票款时，可向甲公司追偿。

（9）12月1日向工商银行质押借入的流动资金借款到期，以银行存款支付借款本息。

（10）12月20日丁公司因财务困难未向工商银行支付票款。当日，甲公司收到工商银行退回的已贴现商业承兑汇票，并以银行存款支付全部票款。

（11）12月31日对各项应收账款计提坏账准备。对应收乙公司账款采用个别认定法计提坏账准备，计提比例为20%。

要求：编制甲公司与上述业务相关的会计分录。

第三章　存　　货

【内容简介与学习目标】

本章阐述存货的含义、分类和确认标准，以及存货基本业务的会计处理和存货的期末计量方法。通过学习本章，应该明确存货的含义、特点、范围、分类和确认条件；掌握各种途径取得存货入账价值的确定和存货发出的各种计价方法及特点；掌握存货按实际成本计价及按计划成本计价的会计处理；熟悉包装物、低值易耗品和委托加工材料的会计处理；理解并掌握定期盘存制和永续盘存制的含义、优缺点和适用范围以及成本与可变现净值孰低法的具体运用及会计处理；掌握存货清查的方法和清查结果的会计处理。

第一节　存货概述

存货是指企业在日常活动中持有以备出售的产成品或商品、处在生产过程中的在产品、在生产过程或提供劳务过程中将耗用的材料、物料等。

一、存货的范围

企业持有存货的最终目的是为了出售，包括可直接出售的产成品、商品，以及经过进一步加工后才能出售的原材料、在产品、半成品等。存货根据企业的性质和用途可分为以下几类。

（1）原材料，指经过加工后构成产品主要实体以及虽不构成产品主要实体，但有助于产品形成的各种原料及主要材料、辅助材料、外购半成品（外购件）、修理用备件（备品备件）、包装材料、燃料等。为建造固定资产等各项工程而储备的各种材料，虽然也具有存货的某些特征（如流动性），但不符合存货的定义，不属于企业的存货。

（2）在产品，指正在制造尚未完工的产品，包括正在各生产工序加工的产品和已加工完毕但尚未检验或已检验但尚未办理入库手续的产品。

（3）半成品，指已经经过一定生产过程并已检验合格交付半成品仓库保管，但尚未全部完工，在销售前还须进一步加工的中间产品。

（4）产成品，指已经完成全部生产过程并已验收入库，合乎标准规格和技术条件，可按合同规定的条件送交订货单位，或者可以作为商品对外销售的产品。企业接受外来原材料加工制造的代制品和为外单位加工修理的代修品，制造和修理完成验收入库后应当视同企业的产成品。企业可以降价出售的不合格品，也作为产成品核算，但应当与合格产品分开记账。

（5）商品，指商品流通企业外购或委托加工完成验收入库用于销售的各种物品。

（6）周转材料，指能够多次使用，逐渐转移其价值但仍保持原有形态不确认为固定资产的材料，如包装物和低值易耗品以及建造承包商的钢模板、木模板、脚手架等。

（7）发出商品，指未满足收入确认条件但已发出的商品，如采用支付手续费方式委托其他单位代销的商品。

（8）委托加工物资，指因技术或经济原因而委托外单位代为加工的各种物品。

需要注意的是，企业的特准储备物资和按国家指令专项储备的物资不符合存货的定义，不属于企业的存货。

二、存货的确认

确认一项货物是否属于企业存货，首先要看企业对其是否具有法定产权；其次要看其储存的目的和用途。凡在盘存日期法定产权属于企业的为了销售或耗用而储存的材料物资，不论其存放在何处还是处于何种状态，都应当确认为企业的存货；反之，凡是法定产权不属于企业的材料物资，即使存放于本企业，也不能确认为企业的存货。

第二节　存货的计价

一、存货入账价值的确定

存货应当按照取得时的成本入账。从理论上讲，存货无论是怎样取得的，凡与取得存货有关的支出都应当计入其成本。存货的取得主要有外购和自制两种途径，所以存货的成本包括采购成本、加工成本和其他成本。存货取得的途径不同，其实际成本的构成也有所不同。

（一）外购的存货

原材料、商品、包装物等通过购买而取得的存货的成本由采购成本构成。存货的采购成本是指企业存货从采购到入库前发生的全部支出，包括购买价款、相关税金、运输费、装卸费、保险费以及其他可归属于存货采购成本的费用。

1. 购买价款

购买价款，一般指发票价格（不包括按规定可以抵扣的增值税额）。

2. 相关税金

相关税金，指企业购入存货发生的进口关税、消费税、资源税和不能抵扣的增值税等应当计入存货采购成本的税金。

企业购入存货发生的税金，哪些构成存货成本，哪些不构成存货成本，是正确确定外购存货入账价值的重要方面。在货物交易中，对交易者缴纳的流转税是否包括在外购存货的入账价值中，我国采用了两种方法：一种是价内税，如消费税、资源税等；另一种是价外税，如增值税。除此以外，从国外进口货物还要缴纳关税。目前的规定如下。

（1）价内税是价格的组成部分，如前所述发票价格一般构成存货成本。

（2）价外征收的增值税，应当区别情况处理：①小规模纳税人采购货物支付的增值税税额，一律计入所购货物采购成本。②一般纳税人采购货物支付的增值税税额，按照规定允许抵扣的，不计入所购货物采购成本，而作为进项税额单独记账；按照规定不得抵扣的，应当计入所购货物采购成本。

（3）进口货物交纳的关税，一律计入进口货物采购成本。

3. *其他可归属于存货采购成本的费用*

其他可归属于存货采购成本的费用，指在存货采购过程中发生的仓储费、包装费、运输途中的合理损耗、入库前的整理挑选费用等。这些费用能够分清负担对象的，应当直接计入存货采购成本；不能够分清负担对象的，按所购存货的数量或采购价格比例进行分配，计入有关存货采购成本。

商品流通企业在采购商品过程中发生的运输费、装卸费、保险费以及其他可归属于存货采购成本的费用等进货费用，应当计入所购商品成本。在实务中，也可以将上述进货费用先进行归集，期末根据所购商品的存销比例进行分摊。对于已售商品的进货费用，计入主营业务成本；对于未售商品的进货费用，计入期末存货成本。

（二）加工取得的存货

自制原材料、在产品、半成品、产成品、委托加工物资等通过进一步加工而取得的存货的成本由采购成本、加工成本以及为使存货达到目前场所和状态发生的其他成本构成。通过进一步加工而取得的存货成本中采购成本是由使用或消耗的原材料采购成本转移而来的，因此，计量加工取得的存货成本，重点是确定存货的加工成本。

加工成本是指企业在进一步加工存货过程中发生的生产成本，包括直接人工和制造费用。直接人工是指企业在生产产品过程中直接从事产品生产的工人的薪酬；制造费用是指企业为生产产品和提供劳务而发生的各项间接费用，包括生产部门（如生产车间）管理人员的薪酬、折旧费、办公费、水电费、机物料消耗、劳动保护费、季节性和修理期间的停工损失等。

企业在加工存货过程中发生的直接人工和制造费用，如果能够直接计入有关的成本核算对象，则直接计入该成本核算对象。否则，按照合理方法分配计入有关成本核算对象。分配方法一经确定，不得随意变更。

【例 3-1】 A 公司生产车间分别以 J、K 两种材料生产甲和乙两种产品，×8 年 6 月投入 J 材料 40 000 元生产甲产品，投入 K 材料 25 000 元生产乙产品。当月生产甲产品发生直接人工费用 10 000 元，生产乙产品发生直接人工费用 5 000 元，该生产车间归集的制造费用总额为 15 000 元。假定当月投入生产的甲、乙两种产品均于当月完工，该企业生产车间的制造费用按生产工人工资比例进行分配，其甲、乙两种产品的成本计算如下：

甲产品分摊的制造费用 = 15 000 × [10 000 ÷ (10 000 + 5 000)] = 10 000（元）

乙产品分摊的制造费用 = 15 000 × [5 000 ÷ (10 000 + 5 000)] = 5 000（元）

甲产品完工成本 = 40 000 + 10 000 + 10 000 = 60 000（元）

乙产品完工成本 = 25 000 + 5 000 + 5 000 = 35 000（元）

其他成本是指除采购成本、加工成本以外，为了使存货达到目前场所和状态发生的其他支出。比如，某些需要经过相当长时间的生产活动才能达到预定可销售状态的存货（如造船厂制造的船舶）发生的符合资本化条件的借款费用。

值得注意的是，下列费用不应当计入存货成本，应当在发生时计入当期损益：①非正常消耗的直接材料、直接人工和制造费用；②在采购入库后发生的仓储费用，不包括在采购过程中发生的应当计入采购成本的仓储费用和在生产过程中为达到下一个生产阶段所必需的应当计入产品生产成本的仓储费用；③不能归属于使存货达到目前场所和状态的其他支出。

（三）接受捐赠的存货

接受捐赠的存货，按照捐赠方提供的有关凭据上标明的金额加上应当支付的相关税费，作为实际成本；捐赠方未提供有关凭据的，按同类或类似存货的市场价格估计的金额加上应当支付的相关税费，或者按接受捐赠存货的预计未来现金流量现值，作为实际成本。

（四）通过提供劳务取得的存货

通过提供劳务取得的存货，其成本按从事劳务提供人员的直接人工和其他直接费用以及可归属于该存货的间接费用确定。

（五）投资者投入的存货

投资者投入存货的成本应当按照投资合同或协议约定的价值确定，但合同或协议约定价值不公允的除外。投资合同或协议约定价值不公允的，应当以公允价值作为其入账基础。

（六）盘盈的存货

盘盈的存货应当以重置成本作为入账价值。

（七）通过非货币性资产交换、债务重组、企业合并等方式取得的存货

企业通过非货币性资产交换、债务重组、企业合并等方式取得的存货，其成本应当分别按照相关准则的规定确定。

二、发出存货的计价

企业应当根据各类存货的实物流转方式、企业管理的要求、存货的性质等实际情况，选择适当的发出存货成本的计算方法，以合理确定当期发出存货的实际成本。对于性质和用途相似的存货，应当采用相同的成本计算方法确定发出存货的成本。存货按实际成本核算的，可以采用个别计价法、先进先出法、加权平均法三种方法确定发出存货的成本；存货按计划成本核算的，应当按期结转发出存货应负担的成本差异，将计划成本调整为实际成本。商品流通企业发出存货的成本，通常采用毛利率法或售价金额法确定。

（一）个别计价法

个别计价法又称为个别认定法、具体辨认法、分批实际法，指逐一辨认各批发出存货和结存存货所属的购进批次或生产批别，分别按其购进批次或生产批别入账时的实际成本确定各批发出存货成本和结存存货成本的一种方法。

采用这种方法，可以比较合理、准确地计算发出存货成本和结存存货成本，但这种方法须详细记录存货的批次或批别、单价、数量及存放地点，实务操作的工作量繁重，困难较大。这种方法一般适用于不能替代使用的、为特定项目专门购入或制造的存货的计价，如珠宝、名画等贵重物品。

（二）先进先出法

先进先出法是以先入库的存货先发出（销售或耗用）这一存货实物流转假设为前提，对于先发出的存货按先入库的存货单位成本计价，后发出的存货按后入库的存货单位成本计价，据以确定本期发出存货成本和期末结存存货成本的一种方法。

采用这种方法，可以随时结算出发出存货成本和结存存货成本，使企业不能随意挑选存货计价以调整当期利润，但工作量较大，对于存货收发频繁的企业更是如此。采用这种方法，在物价上涨期间，会高估当期利润和结存存货价值，在物价下跌期间，会低估当期利润和结存存货价值。

【例 3-2】 A 公司按先进先出法计算材料的发出成本。×8 年 3 月 1 日结存 J 材料 1 000 公斤，单位成本为 150 元。3 月发生如下有关业务：

（1）4 日，购入 J 材料 500 公斤，单位成本为 157.5 元，材料已验收入库；

（2）6 日，发出 J 材料 800 公斤，用于产品生产；

（3）7 日，购入 J 材料 700 公斤，单位成本为 147 元，材料已验收入库；

（4）18 日，发出 J 材料 1 300 公斤，用于产品生产；

（5）20 日，购入 J 材料 800 公斤，单位成本为 165 元，材料已验收入库；

（6）26 日，发出 J 材料 300 公斤，用于产品生产。

要求：①计算 6 日发出成本；②计算 18 日发出成本；③计算 26 日发出成本；④计算期末结存成本。

计算过程如下：

（1）6 日发出成本 = 800 × 150 = 120 000（元）

（2）18 日发出成本 = 200 × 150 + 500 × 157.5 + 600 × 147 = 196 950（元）

（3）26 日发出成本 = 100 × 147 + 200 × 165 = 47 700（元）

（4）月末结存成本 = 600 × 165 = 99 000（元）

（三）加权平均法

1. 全月一次加权平均法

全月一次加权平均法又称为月末一次加权平均法，指以当月全部进货数量加上月初存货数量作为权数，去除当月全部进货成本与月初存货成本之和，计算出存货的加权平均单位成本，据此计算当月发出存货成本和月末结存存货成本的一种方法。计算公式如下：

存货单位成本 =（月初库存存货实际成本 + 本月各批进货实际成本）

÷（月初库存存货数量 + 本月各批进货数量）

=全月可供发出存货总成本 ÷ 全月可供发出存货总数量

本月发出存货成本 = 本月发出存货数量 × 加权平均单价

月末库存存货成本 = 月末库存存货数量 × 加权平均单价

因加权平均单位成本往往不能除尽，为了保证期末结存存货的数量、单位成本与总成本的一致，应当先按照加权平均单位成本计算月末结存存货成本，然后倒算出本月发出存货成本。

采用这种方法，只在月末计算一次加权平均单价，比较简单，而且在市场价格上涨或下跌时计算出来的单位成本平均化，对存货成本的分摊较为折中，但这种方法平时无法从账上提供发出存货和结存存货的单价及金额，不利于加强对存货的管理。

【例 3-3】 仍以【例 3-2】J 材料为例，采用加权平均法计算相关成本如下：

平均单位成本 = (150 000 + 78 750 + 102 900 + 132 000)

÷ (1 000 + 500 + 700 + 800) = 154.55（元）

本月发出成本 = 2 400 × 154.55 = 370 920（元）

月末结存成本 = 600 × 154.55 = 92 730（元）

2. 移动加权平均法

移动加权平均法是指在每次收入存货以后，立即根据库存存货的总成本和数量，计算出新的平均单位成本，据此计算在下次进货前各次发出存货成本的一种方法。

存货单位成本 = 现有存货总成本 ÷ 现有存货总数量

因加权平均单位成本往往不能除尽，为了保证每次发货后结存存货的数量、单位成本与总成本的一致，应当先按照加权平均单位成本计算每次发货后结存存货成本，然后倒算出每次发出存货成本。

采用这种方法，可以随时掌握发出存货成本和结存存货成本，为管理存货提供所需信息，而且计算的平均单位成本以及发出存货成本和结存存货成本都比较客观，但每次收货都要计算一次平均单价，计算工作量较大，对存货收发货较频繁的企业不适用。

【例 3-4】 仍以**【例 3-2】** J 材料为例，采用移动加权平均法计算相关成本如下：

4 日库存单位成本 = (150 000 + 78 750) ÷ (1 000 + 500) = 152.5（元）

6 日发出成本 = 800 × 152.5 = 122 000（元）

6 日库存成本 = 700 × 152.5 = 106 750（元）

7 日库存单位成本 = (106 750 + 102 900) ÷ (700 + 700) = 149.75（元）

18 日发出成本 = 1 300 × 149.75 = 194 675（元）

18 日库存成本 = 100 × 149.75 = 14 975（元）

20 日库存单位成本 = (14 975 + 132 000) ÷ (100 + 800) = 163.3056（元）

26 日发出成本 = 300 × 163.3056 = 48 991.67（元）

月末库存成本 = 600 × 163.3056 = 97 983.33（元）

（四）毛利率法

毛利率法是根据本期销售净额乘以前期实际（或本月计划）毛利率匡算本期销售毛利，并计算本期发出存货成本的一种方法。

毛利率法的计算步骤如下：①计算毛利率，以过去的毛利除以过去的销售净额而得；②估计本期销售毛利，将本期销售净额乘以过去的毛利率而得；③估计本期销售成本，以本期销售净额减去估计的本期销售毛利而得；④估计期末存货成本，以本期可供销售商品总成本减去估计的本期销售成本而得。计算公式如下：

毛利率 = 销售毛利 ÷ 销售净额 × 100%

销售净额 = 商品销售收入 − 销售退回及折让

销售毛利 = 销售净额 × 毛利率

销售成本 = 销售净额 − 销售毛利 = 销售净额 ×（1 − 毛利率）

期末存货成本 = 期初存货成本 + 本期购货成本 − 本期销售成本

【例 3-5】 某商场月初纺织品存货 146 000 元，本月购入 850 000 元，销售 1 200 000 元，发生销售退回及折让 10 000 元，上季度该类商品毛利率为 25%。本月已销存货和月末存货成本计算如下：

本期销售净额 = 1 200 000 − 10 000 = 1 190 000（元）

销售毛利 = 1 190 000 × 25% = 297 500（元）

销售成本 = 1 190 000 − 297 500 = 892 500（元）

月末存货成本 = 146 000 + 850 000 − 892 500 = 103 500（元）

（五）售价金额核算法

在我国会计实务中，商品零售企业广泛采用售价金额核算法。采用这种方法，平时商品存货的进、销、存都按售价记账，售价与进价的差额记入“商品进销差价”账户，期末计算进销差价率和本期已销商品应分摊的进销差价，并据以调整本期销售成本。进销差价率的计算公式如下：

进销差价率 =（期初库存商品进销差价 + 本期入库商品进销差价）

÷（期初库存商品售价 + 本期入库商品售价）× 100%

=（期初库存商品进销差价 + 本期入库商品进销差价）

÷（“库存商品”账户期末余额 +“发出商品”账户期末余额

+ 本期“主营业务收入”账户贷方发生额）× 100%

销售商品分摊的进销差价 = 主营业务收入”账户贷方发生额 × 进销差价率

销售成本 = 本期商品销售收入 ×（1 − 进销差价率）

期末存货成本 =（期初库存商品售价 + 本期入库商品售价）

−（期初库存商品进销差价 + 本期入库商品进销差价）− 本期销售成本

企业的商品进销差价率各期之间比较均衡的，也可以采用上期商品进销差价率计算分摊本期的商品进销差价。年度终了，再对商品进销差价进行核实调整。

【例 3-6】 某商场月初存货成本为 100 000 元，售价总额为 125 000 元；本月购货成本为 450 000 元，售价总额为 675 000 元；本月销售收入为 640 000 元。其账务处理如下（有关增值税的分录略）。

（1）购入商品：

借：库存商品　　675 000

　　贷：商品采购　　450 000

　　　　商品进销差价　　225 000

（2）销售商品：

借：银行存款　　640 000

　　贷：主营业务收入　　640 000

（3）结转商品销售成本：

借：主营业务成本　　640 000

　　贷：库存商品　　640 000

（4）根据已销商品分摊的进销差价冲转销售成本：

进销差价率 = $(2.5 + 22.5) \div (12.5 + 67.5) \times 100\% = 31.25\%$

已销商品分摊的进销差价 = $64 \times 31.25\% = 20$（万元）

借：商品进销差价　　200 000

　　贷：主营业务成本　　200 000

销售成本 = $64 - 20 = 44$（万元）

月末存货成本 = $(12.5 + 67.5) - (2.5 + 22.5) - 44 = 11$（万元）

第三节　原材料的核算

一、实际成本法

（一）账户设置

按实际成本进行材料的日常核算，意味着材料收发凭证的计价、明细核算和总分类核算，均按实际成本进行。实际成本法一般适用于材料品种简单、收发业务不多的小型企业。

在实际成本法下，企业应当设置资产类的“在途物资”、“原材料”等账户。“在途物资”账户是按照实际成本进行材料日常核算的企业设置和使用的账户。

（1）“在途物资”账户，核算企业已付款或已承兑商业汇票但尚未验收入库在途材料的采购成本，借方登记外购材料的采购成本，贷方登记验收入库材料的采购成本，期末借方余额为在途材料的采购成本。本账户按照供货单位和货物品种进行明细核算。

（2）“原材料”账户，核算企业库存的各种材料的实际成本，借方登记验收入库材料的实际成本，贷方登记出库材料的实际成本，期末借方余额为库存材料的实际成本。本账户按照材料的保管地点（仓库）、类别、品种和规格等进行明细核算。收到来料加工装配业务的原料、零件等，应当设置备查簿进行登记。

库存材料的明细核算包括数量和金额两个方面。材料收发结存的数量核算由仓库管理员负责，而金额方面则由财会部门负责。对此，可以采用账卡分设的形式，也可以采用账卡合一的形式。

（二）收入原材料的核算

1. 购入原材料

材料按实际成本核算的情况下，只有购入的材料尚未验收入库时，才通过“在途物资”账户核算。如果购入的材料已验收入库，就不需要通过“在途物资”账户核算，而直接记入“原材料”账户。

企业生产所需材料，可以从本地采购，也可以从外地采购，而且可以根据购货业务的不同特点采用不同的结算方式。由于采购地点和采用的结算方式等因素的影响，经常会出现材料入库和付款时间不一致的情况，因而其账务处理方法也不尽相同。

（1）单货均到。对于发票账单与材料均已收到的采购业务，在材料验收入库后，根据发票账单等结算凭证确定的成本，借记“原材料”账户，按可抵扣的增值税税额，借记“应交税费——应交增值税（进项税额）”（一般纳税人，下同）账户，按已付或应付的款项，贷记“银行存款”、“其他货币资金”、“应付账款”、“应付票据”等账户。

【例 3-7】 A 公司购入材料一批，价款为 20 000 元，可抵扣增值税税额为 3 400 元，发票等结算凭证已收到，货款及增值税已通过银行转账支付，材料已验收入库。其账务处理如下。

借：原材料——××材料	20 000
应交税费——应交增值税（进项税额）	3 400
贷：银行存款	23 400

（2）单到货未到。对于已经付款或已承兑商业汇票，但材料尚未到达或尚未验收入库的采购业务，根据发票账单等结算凭证确定的成本，借记“在途物资”账户，按可抵扣的增值税税额，借记“应交税费——应交增值税（进项税额）”账户，按已付或应付的款项，贷记“银行存款”、“其他货币资金”、“应付账款”、“应付票据”等账户。材料验收入库后，再根据收料单，借记“原材料”账户，贷记“在途物资”账户。

【例 3-8】 沿用**【例 3-7】**的资料，但假设材料到月末尚未运到。A 公司应当在月末编制会计分录如下：

借：在途物资——××材料	20 000
应交税费——应交增值税（进项税额）	3 400
贷：银行存款	23 400

以后月份材料到达企业并验收入库后，编制会计分录如下：

借：原材料——××材料　　20 000

　　贷：在途物资——××材料　　20 000

（3）货到单未到。对于材料已验收入库，但发票账单等结算凭证未收到，货款尚未支付的采购业务，应当在月末按合同价估价入账，借记“原材料”账户，贷记“应付账款——暂估应付账款”账户，下期期初编制相反的分录予以冲回。下期收到发票账单等结算凭证后，按单货均到处理。

【例 3-9】 假设企业购入的材料一批已经运到并已验收入库，但发票等结算凭证到月末尚未收到，货款尚未支付。月末，估价 18 000 元入账。其账务处理如下。

（1）月末估价入账：

借：原材料——××材料　　18 000

　　贷：应付账款——暂估应付账款　　18 000

（2）下月初编制相反的分录予以冲回：

借：应付账款——暂估应付账款　　18 000

　　贷：原材料——××材料　　18 000

（3）收到有关结算凭证，支付货款 20 000 元及可抵扣增值税税额 3 400 元：

借：原材料——××材料　　20 000

　　应交税费——应交增值税（进项税额）　　3 400

　　贷：银行存款　　23 400

（4）预付货款方式购料。在预付货款时，借记“预付账款”账户，贷记“银行存款”账户；购入的材料验收入库后，根据发票账单所列的价款、税金等，借记“原材料”、“应交税费——应交增值税（进项税额）”等账户，贷记“预付账款”账户；因预付货款不足，补付货款时，借记“预付账款”账户，贷记“银行存款”账户；退回多付的货款时，借记“银行存款”账户，贷记“预付账款”账户。

【例 3-10】 A 公司根据合同规定，于 2 月 23 日汇给 C 公司 1 300 元用于采购修理用备件，3 月 10 日修理用备件到达企业并验收入库，价款为 1 000 元，可抵扣增值税额为 170 元，余款 130 元已由 B 公司汇还。其账务处理如下。

（1）2 月 23 日：

借：预付账款　　1 300

　　贷：银行存款　　1 300

（2）3 月 10 日：

借：原材料——修理用备件　　1 000

　　应交税费——应交增值税（进项税额）　　170

　　银行存款　　130

　　贷：预付账款　　1 300

（5）短缺与损耗的处理。企业外购材料发生的短缺与损耗，必须认真查明原因，分清经济责任，区分不同情况进行如下处理。

1）运输途中的合理损耗，计入验收入库材料的采购成本，相应提高验收入库材料的单位成本，不再另做账务处理。

2）由供应单位少发货造成的短缺，应当区分两种情况处理：一是货款尚未支付的情况下，先根据短缺的数量和发票单价计算拒付金额，填写拒付理由书，向银行办理拒付手续，然后再根据发票账单、入库单、拒付理由书和银行结算凭证等单据，按实际支付金额记账；二是货款已付并已记入“在途物资”账户的情况下，按验收入库材料的成本，借记“原材料”账户，按短缺材料的成本，借记“应付账款”账户，按原已记入“在途物资”账户金额，贷记“在途物资”账户，而短缺材料的增值税进项税额根据与供应单位协商结果，或者不予调整，或者在取得供应单位开具的红字增值税专用发票后，再冲减原已登记的进项税额。

3）由运输单位造成的短缺或毁损，应当将短缺或毁损材料的成本及进项税额转入“其他应收款”账户。

4）需要查明原因和报经批准才能转销的短缺或毁损，先将短缺或毁损材料成本记入“待处理财产损溢”账户，待查明原因后再分别处理：①由供应单位少发货造成的，若对方决定近期内予以补货，则只将短缺材料的成本转入“应付账款”账户；若对方决定退款，则将短缺材料的成本及进项税额转入“应收账款”账户；②由运输单位造成的短缺或毁损，应当向运输单位索赔，并将短缺或毁损材料的成本及进项税额转入“其他应收款”账户；③自然灾害等造成的毁损，应当将毁损材料的成本扣除残余价值和过失人、保险公司赔款后的净损失转入“营业外支出——非常损失”账户；④无法收回的其他损失，应当将短缺材料的成本转入“管理费用”账户。

【例 3-11】 6 月 29 日 A 公司向 B 公司购入 J 材料 1 000 吨，价款为 500 000 元，可抵扣增值税税额为 85 000 元，运输费为 40 000 元（增值税扣除率为 7%），装卸费为 6 800 元，有关款项已通过银行转账支付。7 月 3 日 J 材料运达企业，验收入库 950 吨，短缺 50 吨（其中 2 吨为定额内合理损耗，其余 48 吨短缺原因不明，待查）。其账务处理如下。

（1）6 月 29 日付款：

借：在途物资——J 材料	544 000
应交税费——应交增值税（进项税额）	87 800
贷：银行存款	631 800

（2）7 月 3 日材料验收入库：

单位成本 = 544 000 ÷ 1 000 = 544（元）

总成本 = (1 000 − 48) × 544 = 517 888（元）

短缺部分的总成本 = 48 × 544 = 26 112（元）

短缺部分的增值税税额 = 48 × 85 + 48 × 40 × 7% = 4 214.4（元）

借：原材料——J 材料	517 888
待处理财产损溢——待处理流动资产损溢	26 112
贷：在途物资——J 材料	544 000

假定 48 吨材料的短缺由 B 公司少发货造成，且 B 公司承诺近期内补货，则其账务处理如下：

借：应付账款——B 公司	26 112
贷：待处理财产损溢——待处理流动资产损溢	26 112

假定 48 吨材料的短缺由 B 公司少发货造成，且 B 公司决定退款，则其账务处理如下：

借：应收账款——B 公司	30 326.40
贷：待处理财产损溢——待处理流动资产损溢	26 112.00

应交税费——应交增值税（进项税额） 4 214.40

假定48吨材料的短缺由运输单位造成，则其账务处理如下：

借：其他应收款 30 326.40

贷：待处理财产损溢——待处理流动资产损溢 26 112.00

应交税费——应交增值税（进项税额转出） 4 214.40

假定48吨材料的短缺由自然灾害造成，且变卖残料收取现金200元、保险公司理赔24 000元，则其账务处理如下：

借：库存现金 200

其他应收款 24 000

营业外支出——非常损失 1 912

贷：待处理财产损溢——待处理流动资产损溢 26 112

企业购进存货发生溢余时，未查明原因前一般只作为代保管物资在备查簿中登记。

2. 自制的原材料

自制并已验收入库的原材料，按实际成本，借记“原材料”账户，贷记“基本生产成本”账户。

【例3-12】 基本生产车间完工交库自制材料的实际成本为43 000元。其账务处理如下：

借：原材料——××材料 43 000

贷：基本生产成本 43 000

3. 投资者投入的原材料

投资者投入的原材料，按投资合同或协议约定的价值（或公允价值）为基础确定的实际成本，借记“原材料”账户，按可抵扣的增值税税额，借记“应交税费——应交增值税（进项税额）”账户，按其在注册资本中所占份额，贷记“实收资本”或“股本”账户，按贷方差额，贷记“资本公积——资本溢价（股本溢价）”账户。

【例3-13】 ×8年12月20日甲、乙、丙、丁、戊五方共同投资设立了某股份有限公司。甲以其生产的产品作为投资（该公司作为原材料管理和核算），协商确认价值为5 000 000元。该股份有限公司取得的增值税专用发票注明的价款为5 000 000元，增值税税额为850 000元。假定该股份有限公司的股本总额为30 000 000元，甲的持股比例为10%，则其账务处理如下：

借：原材料——××材料 5 000 000

应交税费——应交增值税（进项税额） 850 000

贷：股本——甲 3 000 000

资本公积——股本溢价 2 850 000

4. 接受捐赠的原材料

接受捐赠的原材料，按确定的实际成本，借记“原材料”账户，按可抵扣的增值税税额，借记“应交税费——应交增值税（进项税额）”账户，按实际价值，贷记“营业外收入——捐赠利得”账户。

【例3-14】 A公司接受其他单位捐赠材料一批，同类资产的市价为50 000元，可抵扣增值税税额为8 500元，通过银行转账支付运输费500元。假设不考虑所得税，则其账务处理如下：

借：原材料——××材料 50 465

应交税费——应交增值税（进项税额） 8 535

贷：营业外收入——捐赠利得　　58 500
　　银行存款　　500

5. 委托加工材料

企业委托外单位加工完成的材料，以实际耗用的物料成本、加工费、运输费、装卸费和保险费等费用以及按规定应当计入成本的税金作为实际成本。为了核算委托外单位加工的各种材料、商品等物资的实际成本，企业应当设置资产类的“委托加工物资”账户，借方登记发出物料的实际成本、支付的加工费和运杂费以及应当计入成本的税金，贷方登记加工完成验收入库物资和退回剩余物资的实际成本，期末借方余额为尚未加工完成物资的实际成本。本账户按照加工合同、受托加工单位以及加工物资的品种等进行明细核算。委托加工业务的账务处理主要包括以下三个环节。

（1）拨付的加工物资，按实际成本，借记“委托加工物资”账户，贷记“原材料”账户。

（2）支付的加工费、运杂费、增值税等，借记“委托加工物资”、“应交税费——应交增值税（进项税额）”、“应交税费——应交消费税”等账户，贷记“银行存款”账户。

（3）收回的已加工物资和剩余物资，按实际成本，借记“原材料”账户，贷记“委托加工物资”账户。

【例3-15】A公司委托C公司加工材料一批，发出材料成本为40 000元，加工费为14 000元，材料加工完成并已验收入库，加工费用等已通过银行转账支付，双方适用的增值税税率均为17%。其账务处理如下。

（1）发出委托加工材料：

借：委托加工物资——C公司　　40 000
　　贷：原材料——××材料　　40 000

（2）支付加工费用和税金：

增值税进项税税额 = 14 000 × 17% = 2 380（元）

借：委托加工物资——C公司　　14 000
　　应交税费——应交增值税（进项税额）　　2 380
　　贷：银行存款　　16 380

（3）收回已加工材料：

借：原材料——××材料　　40 000 + 14 000 = 54 000
　　贷：委托加工物资　　54 000

材料收入业务繁多的企业，为了简化核算工作，通常根据收料凭证，定期或于月末汇总编制“收料凭证汇总表”，据以填制材料收入业务的记账凭证，进行材料收入业务的总分类核算。

（三）发出原材料的核算

领发料凭证是进行材料发出业务总分类核算的依据，由于企业材料的日常领发业务频繁，为了简化日常核算工作，平时一般只登记材料明细账，反映各种材料的收发和结存金额，定期或于月末根据领发料凭证按领用部门和用途汇总编制“发料凭证汇总表”，据以填制材料发出业务的记账凭证，进行材料发出业务的总分类核算。生产经营领用的原材料，按实际成本，借记“基本生产成本”、“制造费用”、“销售费用”、“管理费用”等账户，贷记“原材料”账户；发出的委托外单位加工的原材料，按实际成本，借记“委托加工物资”账户，贷记“原材料”账户；基建工程领用的原材料，按实际成本加上不得抵扣的增值税税额，借记“在建工程”账户，按实际成本，贷记“原材料”账户，按不得抵扣的增值税税额，贷记“应交税费——应交增值税（进项税额转出）”账户；出售的原材料，按实际成本，借记“其他业务成本”账户，贷记“原材料”账户。

【例 3-16】 本月发出材料 58 000 元，其中产品生产消耗 52 000 元、车间一般消耗 3 000 元、管理部门消耗 1 000 元、对外出售 2 000 元。其账务处理如下：

借：基本生产成本——直接材料　　52 000
　　制造费用——物料消耗　　3 000
　　管理费用——办公费　　1 000
　　其他业务成本——××材料　　2 000
　　贷：原材料——××材料　　58 000

二、计划成本法

（一）账户设置

计划成本法是指材料的收入、发出和结余均按预先制定的计划成本计价，同时将实际成本与计划成本之间的差额，单独设置“材料成本差异”账户核算，期末将发出材料和结存材料由计划成本调整为实际成本。

按计划成本进行材料的日常核算，意味着材料收发凭证的计价、明细核算和总分类核算，均按计划成本进行。计划成本法一般适用于材料品种繁多、收发频繁的大中型企业。

材料的实际成本由计划成本和成本差异构成，是两者的代数之和，因而，收入材料的实际成本必须分解为计划成本和成本差异，而发出材料的计划成本则必须通过分配成本差异还原为实际成本。为此，原材料按计划成本核算时，除设置“原材料”账户外，还应当设置“材料采购”和“材料成本差异”账户。“材料采购”和“材料成本差异”账户是采用计划成本进行材料日常核算的企业设置和使用的账户。

（1）“原材料”账户，核算企业库存的各种材料的计划成本，借方登记验收入库材料的计划成本，贷方登记出库材料的计划成本，期末借方余额为库存材料的计划成本。

（2）“材料采购”账户，核算企业购入的各种材料的采购成本，借方登记外购材料的采购成本和结转的采购成本小于计划成本的节约差异，贷方登记验收入库材料的计划成本和结转的采购成本大于计划成本的超支差异，期末借方余额为在途材料的采购成本，应逐笔转入下月的材料采购明细账内，以便材料验收入库时进行账务处理。本账户按照供应单位和货物类别、品种设置明细账，采用横线登记法，根据审核后的有关凭证序时逐笔登记。

（3）“材料成本差异”账户，核算企业库存材料成本差异的形成、分配和结存情况，属于调整账户，借方登记验收入库材料的超支差异和发出材料应负担的节约差异，贷方登记验收入库材料的节约差异和发出材料应负担的超支差异，期末借方余额为库存材料的超支差异，若为贷方余额则为库存材料的节约差异。本账户按照原料及主要材料、辅助材料、燃料、周转材料等材料类别进行明细核算。

（二）收入原材料的核算

1. 购入原材料

材料按计划成本核算的情况下，不论购入的材料是否已验收入库，采购时都必须按采购成本通过“材料采购”账户核算，购入的材料验收入库后再按计划成本转入“原材料”账户，同时结转材料成本差异。

（1）对于单货均到和单到货未到的材料采购业务，按材料的采购成本，借记“材料采购”账户，按可抵扣的增值税税额，借记“应交税费——应交增值税（进项税额）”账户，按已付或应付的款项，贷记“银行存款”、“库存现金”、“其他货币资金”、“应付账款”、“应付票据”、“预付账款”等账户。

（2）为简化日常核算工作，企业平时可以不进行材料入库和结转材料成本差异的总分类核算，定期或于月末根据收料凭证汇总编制“收料凭证汇总表”，据以填制材料收入业务的记账凭证，进行材料收入业务的总分类核算。对于已收到发票账单的收料凭证，按计划成本总额，借记“原材料”账户，按采购成本总额，贷记“材料采购”账户，按采购成本总额与计划成本总额的差额，借记或贷记“材料成本差异”账户。

（3）月终，对于尚未收到发票账单的收料凭证，按计划成本估价入账，借记“原材料”账户，贷记“应付账款——暂估应付账款”账户，下期期初编制相反分录予以冲回。下期收到发票账单等结算凭证后，按单货均到处理。

【例3-17】 A公司为一般纳税人，于月末根据“收料凭证汇总表”进行材料入库和结转材料成本差异的总分类核算，5、6月份发生的材料采购业务和账务处理如下。

（1）5月2日购入材料一批，价款为8 000元，可抵扣增值税税额为1 360元，发票等结算凭证已收到，款项已通过银行转账支付，材料已验收入库，计划成本为7 000元：

借：材料采购——××材料	8 000
应交税费——应交增值税（进项税额）	1 360
贷：银行存款	9 360

（2）5月11日购入材料一批，价款为4 000元，可抵扣增值税税额为680元，发票等结算凭证已收到，货款尚未支付，材料已验收入库，计划成本为3 600元：

借：材料采购——××材料	4 000
应交税费——应交增值税（进项税额）	680
贷：应付账款	4 680

（3）5月18日购进材料一批，价款为10 000元，可抵扣增值税税额为1 700元，已按合同规定签发并承兑为期3个月的商业汇票一张，材料已验收入库，计划成本为9 000元：

借：材料采购——××材料	10 000
应交税费——应交增值税（进项税额）	1 700
贷：应付票据——××公司	11 700

（4）5月27日购入燃料一批，价款为16 000元，可抵扣增值税税额为2 720元，已按合同规定签发并承兑为期30天的商业汇票一张，燃料尚未运到：

借：材料采购——××材料	16 000
应交税费——应交增值税（进项税额）	2 720
贷：应付票据——××公司	18 720

（5）5月29日购入材料一批，材料已验收入库，但发票等结算凭证尚未收到，款未付：暂时不作账务处理。

（6）月末，于5月27日购入的燃料尚未运达企业；于5月29日购入材料的发票等结算凭证尚未收到，该材料的计划成本为5 000元：

借：原材料——××材料　24 600
　　材料成本差异——原料及主要材料　2 400
　　贷：材料采购——××材料　22 000
　　　　应付账款——暂估应付账款　5 000

（7）6月1日：

借：应付账款——暂估应付账款　5 000
　　贷：原材料——××材料　5 000

2. 自制的原材料

自制并已验收入库的原材料，按计划成本，借记“原材料”账户，按实际成本，贷记“基本生产成本”等账户，按借贷差额，借记或贷记“材料成本差异”账户。

【例3-18】 基本生产车间完工交库自制材料的计划成本为500元，实际成本为550元。其账务处理如下。

借：原材料——××材料　500
　　材料成本差异——原料及主要材料　50
　　贷：基本生产成本　550

3. 投资者投入的原材料

投资者投入的原材料，按计划成本，借记“原材料”账户，按可抵扣的增值税税额，借记“应交税费——应交增值税（进项税额）”账户，按计划成本与实际成本的差异，借记或贷记“材料成本差异”账户，按其在注册资本中所占份额，贷记“实收资本”或“股本”账户，按贷方差额，贷记“资本公积——资本溢价（股本溢价）”账户。

【例3-19】 A公司接受C公司的材料投资，双方确认的价值为15 000元，计划成本为16 000元，可抵扣增值税税额为2 550元。假定A公司的资本总额为310 000元，C公司持有A公司5%的股权。A公司的账务处理如下。

借：原材料——××材料　16 000
　　应交税费——应交增值税（进项税额）　2 550
　　贷：实收资本——C　15 500
　　　　资本公积——股本溢价　2 050
　　　　材料成本差异——原料及主要材料　1 000

4. 接受捐赠的原材料

接受捐赠的原材料，按计划成本，借记“原材料”账户，按可抵扣的增值税税额，借记“应交税费——应交增值税（进项税额）”账户，按计划成本与实际成本的差异，借记或贷记“材料成本差异”账户，按实际价值，贷记“营业外收入——捐赠利得”账户。

【例3-20】 A公司接受某单位捐赠材料一批，取得的增值税专用发票中注明的价款为50 000元，增值税税额为8 500元，该批材料的计划成本为51 000元。假设不考虑所得税，则其账务处理如下：

借：原材料——××材料　51 000
　　应交税费——应交增值税（进项税额）　8 500
　　贷：营业外收入——捐赠利得　58 500
　　　　材料成本差异——原料及主要材料　1 000

5. 委托加工材料

委托外单位加工完成并验收入库的材料，按计划成本，借记“原材料”账户，按实际成本，贷记“委托加工物资”账户，按借贷差额，借记或贷记“材料成本差异”账户。

【例 3-21】A 公司收回委托其他单位加工的材料一批并验收入库，其计划成本为 210 000 元，实际成本为 205 000 元。其账务处理如下：

借：原材料——××材料　　210 000

　　贷：委托加工物资——××公司　　205 000

　　　　材料成本差异——原料及主要材料　　5 000

（三）发出原材料的核算

材料按计划成本核算的情况下，材料成本差异因材料入库而形成，所以材料成本差异应当随着材料的发出而转出。为了将当期发出材料和期末库存材料的计划成本调整为实际成本，期初和当期形成的材料成本差异应当在当期发出材料和期末库存材料之间进行分配，发出材料应负担的成本差异从“材料成本差异”账户转入有关账户；期末库存材料应负担的成本差异仍保留在“材料成本差异”账户内，作为对期末库存材料计划成本的调整，以期末库存材料的计划成本加上或减去其成本差异，就可以计算出期末库存材料的实际成本。

企业应当按月结转发出材料应负担的成本差异，不得在季末或年末一次结转。发出材料应负担的成本差异，除发出的委托加工材料可以按照上期成本差异率计算外，其他的应当按照本期成本差异率计算。上期成本差异率与本期成本差异率相差不大的，也可以按照上期成本差异率计算。计算方法一经确定，不得随意变更。材料成本差异率的计算公式如下：

本期材料成本差异率 =（期初结存材料成本差异 + 本期入库材料成本差异）

÷（期初结存材料计划成本 + 本期入库材料计划成本）× 100%

发出材料的成本差异 = 发出材料的计划成本 × 材料成本差异率

需要说明的是，上述公式中“本期入库材料计划成本”不应包括月末估价入账材料的计划成本，超支用正号，节约用负号。

为简化日常核算工作，企业平时可以不进行材料发出业务的总分类核算，定期或于月末根据领发料凭证按领用部门和用途汇总编制“发料凭证汇总表”，据以填制材料发出业务的记账凭证，进行材料发出业务的总分类核算。材料发出业务的总分类核算包括两方面的内容：一是结转发出材料的计划成本，其账务处理参见实际成本法；二是结转发出材料应负担的成本差异，实际成本大于计划成本的差异，借记“基本生产成本”、“制造费用”、“管理费用”、“销售费用”、“其他业务成本”等账户，贷记“材料成本差异”账户；实际成本小于计划成本的差异编制相反的会计分录。

【例 3-22】A 公司按计划成本核算材料，于月末根据“收料凭证汇总表”和“发料凭证汇总表”结转本月验收入库材料计划成本、本月发出材料计划成本以及成本差异。1 月初“原材料”账户的借方余额为 56 000 元，“材料成本差异”账户的借方余额为 4 500 元，材料的单位计划成本为 12 元。1 月份发生的业务和账务处理如下。

（1）8 日采购材料 1 500 公斤，价款为 15 000 元，可抵扣增值税税额为 2 550 元，运输费为 500 元（增值税扣除率为 7%），款项已通过银行转账支付：

借：材料采购——××材料　　15 465

　　应交税费——应交增值税（进项税额）　　2 585

贷：银行存款 18 050

（2）11 日第一批材料 1 500 公斤验收入库：

暂时不作账务处理。

（3）15 日车间领料 2 000 公斤：

暂时不作账务处理。

（4）20 日采购材料 2 000 公斤，价款为 26 000 元，可抵扣增值税税额为 4 420 元，运输费为 1 000 元（增值税扣除率为 7%），款项已通过银行转账支付：

借：材料采购——××材料 26 930

应交税费——应交增值税（进项税额） 4 490

贷：银行存款 31 420

（5）22 日第二批材料 2 000 公斤验收入库：

暂时不作账务处理。

（6）25 日车间第二次领料 2 000 公斤：

暂时不作账务处理。

（7）31 日根据“收料凭证汇总表”结转本月验收入库材料的计划成本和成本差异：

借：原材料——××材料 42 000

材料成本差异——原料及主要材料 395

贷：材料采购——××材料 42 395

（8）31 日根据“发料凭证汇总表”结转本月发出材料的计划成本：

借：基本生产成本——直接材料 48 000

贷：原材料——××材料 48 000

（9）31 日计算并结转本月领用材料的成本差异：

本月材料成本差异率 = (4 500 + 395) ÷ (56 000 + 42 000) × 100% = 4.99%

本月发出材料的成本差异 = 48 000 × 4.99% = 2 395（元）

借：基本生产成本——直接材料 2 395

贷：材料成本差异——原料及主要材料 2 395

月末库存材料实际成本 = 50 000 + 2 500 = 52 500（元）

第四节 周转材料的核算

一、包装物和低值易耗品的内容

包装物是指为了包装本企业的产品而储备的各种包装容器，如桶、箱、瓶、坛、袋等，包括：①生产过程中用于包装产品作为产品组成部分的包装物；②随同产品出售而不单独计价的包装物；③随同产品出售而单独计价的包装物；④出租或出借给购买单位使用的包装物。

低值易耗品是指单位价值比较低，使用年限比较短，不能作为固定资产核算的各种用具物品，以及在经营过程中周转使用的包装容器等，包括：①一般工具，指生产中常用的各种工具；②专用工具，指专门用于制造某种特定产品，或者在某一特定工序上使用的工具；

③替换设备，指容易磨损或为制造不同产品需要替换使用的各种设备；④管理用具，指在经营管理中使用的各种办公用具、家具、文件柜等；⑤劳动保护用品，指为了安全生产而发给职工的工作服、工作鞋和各种劳动保护用品；⑥其他，指不属于以上各类的低值易耗品。

二、包装物和低值易耗品的核算原则

为了反映包装物和低值易耗品的收入、领用、摊销和结存情况，企业应当设置资产类的"包装物"和"低值易耗品"账户，借方登记验收入库包装物和低值易耗品的计划成本或实际成本，贷方登记出库包装物和低值易耗品的计划成本或实际成本，期末借方余额为在库包装物和低值易耗品的计划成本或实际成本以及在用包装物和低值易耗品的摊余价值。"包装物"和"低值易耗品"账户按照"在库"、"在用"和"摊销"进行明细核算。

企业购入、自制、委托外单位加工完成并验收入库的包装物和低值易耗品的核算，可比照原材料进行。

包装物和低值易耗品发出的核算，因其采用的摊销方法不同而不同。包装物和低值易耗品应当采用一次转销法、五五摊销法等方法进行摊销，计入相关资产成本或当期损益。

（1）一次转销法，指包装物或低值易耗品在领用时就将其全部账面价值计入有关成本费用，借记"生产成本"、"制造费用"、"管理费用"、"销售费用"、"工程施工"等账户，贷记"包装物"或"低值易耗品"账户。

（2）五五摊销法，指包装物或低值易耗品在第一次领用时先摊销其账面价值的一半，待报废时再摊销其账面价值的另一半。第一次领用时按实际成本，借记"包装物（低值易耗品）——在用"账户，贷记"包装物（低值易耗品）——在库"账户；同时按摊销的50%的账面价值，借记"基本生产成本"、"制造费用"、"其他业务成本"、"管理费用"、"销售费用"等账户，贷记"包装物（低值易耗品）——摊销"账户。报废时，先摊销剩余50%的账面价值，其账务处理与领用时相同；然后按报废包装物或低值易耗品取得的残余价值，冲减当期有关成本费用，借记"银行存款"、"原材料"等账户，贷记"基本生产成本"、"制造费用"、"其他业务成本"、"管理费用"、"销售费用"等账户；最后按已摊销的价值，借记"包装物（低值易耗品）——摊销"账户，贷记"包装物（低值易耗品）——在用"账户。

包装物和低值易耗品按计划成本核算的，发出包装物和低值易耗品时，还应当同时结转应负担的成本差异。

三、包装物发出的核算

包装物发出的核算主要有一次使用包装物和周转使用包装物两种。

1. 一次使用包装物的核算

一次使用的包装物，应当采用一次转销法进行摊销，将其价值一次性计入相关资产成本或当期损益。

（1）生产领用包装物。生产过程领用的包装物作为产品的组成部分和领用的原材料一样计入产品生产成本，借记"基本生产成本"账户，贷记"包装物"账户。

【例3-23】某生产车间为生产产品领用了实际成本为2 500元的包装物一批。其账务处理如下：

借：基本生产成本——直接材料　　2 500

　贷：包装物　　2 500

（2）随同产品出售不单独计价的包装物。销售过程领用的不单独计价的包装物，应当作为包装费用计入产品销售费用，借记“销售费用”账户，贷记“包装物”账户。

【例 3-24】 为销售产品领用了实际成本为 1 200 元的不单独计价的包装物一批。其账务处理如下：

借：销售费用——包装费　　1 200

　　贷：包装物　　1 200

（3）随同产品出售单独计价的包装物。销售过程领用的单独计价的包装物，需要单独反映其销售收入和销售成本，因而应当视同材料销售，借记“其他业务成本”账户，贷记“包装物”账户。

【例 3-25】 为销售产品领用了计划成本为 800 元的单独计价包装物一批。假定包装物的成本差异率为 -1%，则其账务处理如下：

借：其他业务成本——××包装物　　792

　　材料成本差异——包装物　　8

　　贷：包装物　　800

2. 周转使用包装物的核算

企业出租和出借的包装物，虽然在周转使用过程中仍保持原有实物形态，但其价值将随着使用而逐渐转移到有关的成本费用中，因而企业出租和出借的包装物，应当采用五五摊销法、分次摊销法等方法进行摊销，将其价值计入相关资产成本或当期损益。

出租包装物是指企业因销售产品的需要，租给购货单位使用，并要求按期归还的包装物。出租包装是有偿提供给购货单位使用的，因而有必要收取租金，用来补偿包装物在使用中因发生磨损而减少的价值。已收取或应收取的包装物租金，借记“银行存款”、“其他应收款”等账户，贷记“其他业务收入”、“应交税费——应交增值税（销项税额）”等账户。为了促使购货单位安全使用，按期归还，还要收取押金，归还时退还押金。收取的押金作为暂收款项，借记“银行存款”账户，贷记“其他应付款”账户，退还押金时编制相反的会计分录。出租包装物的价值损耗及修理费用，应当计入其他业务成本。

出借包装物是指企业因销售产品的需要，借给购货单位使用，并要求按期归还的包装物。包装物出借时也要收取押金，收回后退还押金。由于出借包装物是企业为销售产品无偿提供给购货单位使用的，因而出借包装物的价值损耗及修理费用，应当计入销售费用。

对于出租、出借的包装物，因购货单位逾期未退包装物而没收的押金，借记“其他应付款”账户，按应交的增值税税额，贷记“应交税费——应交增值税（销项税额）”账户，按贷方差额，贷记“其他业务收入”账户，同时按没收的押金应交的消费税税额，借记“营业税金及附加”账户，贷记“应交税费——应交消费税”账户；没收逾期未退出售包装物加收的押金，借记“其他应付款”账户，按应交的增值税、消费税等，贷记“应交税费——应交增值税（销项税额）”、“应交税费——应交消费税”等账户，按贷方差额，贷记“营业外收入”账户。

【例 3-26】 A 公司在销售产品的过程中租给 B 公司包装物一批，其中新包装物的计划成本为 8 000 元、旧包装物的计划成本为 7 000 元，通过银行收到押金 18 000 元。合同规定月租金为 700 元（不含增值税），租赁期 6 个月，包装物退回时，原收押金抵扣应收租金及税款后，余额退回。租给 B 公司的包装物已按期收回，其中 20%不能再使用而报废，报废包装物应当分摊成本差异 60 元，残料作价 100 元交库，其余入库的包装物须进行修理。通过银行支付押金余额以及包装物的修理费 200 元和可抵扣增值税税额 34 元。A 公司的账务处理如下。

（1）出租包装物：

借：包装物——在用（出租） 15 000

贷：包装物——在库 15 000

借：其他业务成本——包装物摊销 4 000

贷：包装物——摊销 4 000

（2）收取押金：

借：银行存款 18 000

贷：其他应付款——存入保证金 18 000

（3）应收未收租金：

借：其他应收款——B 公司 819

贷：其他业务收入——包装物租金 700

应交税费——应交增值税（销项税额） 119

（4）收回包装物入库：

借：包装物——在库 12 000

贷：包装物——在用（出租） 12 000

（5）包装物报废：

借：其他业务成本——包装物摊销 1 500

贷：包装物——摊销 1 500

借：原材料——××材料 100

贷：其他业务成本——包装物摊销 100

借：包装物——摊销 3 000

贷：包装物——在用（出租） 3 000

借：其他业务成本——包装物摊销 60

贷：材料成本差异——包装物 60

（6）原收押金抵扣应收租金后，余额退回：

借：其他应付款——存入保证金 18 000

贷：其他应收款——B 公司 4 914

其他业务收入——罚没收入 3 077

应交税费——应交增值税（销项税额） 523

银行存款 9 486

（7）支付修理费：

借：其他业务成本——包装物摊销 200

应交税费——应交增值税（进项税额） 34

贷：银行存款 234

四、低值易耗品发出的核算

企业在对低值易耗品的价值进行摊销时，应当根据低值易耗品的具体用途，做如下处理：管理部门领用的低值易耗品，应当将其成本结转为当期管理费用；生产领用的低值易耗品，由于没有专设成本项目，应当将其成本结转为当期制造费用（辅助生产车间除外）。

【例 3-27】 行政管理部门领用管理用具一批，实际成本为 4 500 元；基本生产车间领用专用工具一批，实际成本为 10 500 元，报废工具的残料作价 500 元（管理用具部分 150 元）入库，采用一次转销法。其账务处理如下。

（1）领用工具：

借：管理费用——低值易耗品摊销　　4 500

　　制造费用——低值易耗品摊销　　10 500

　　贷：低值易耗品　　15 000

（2）报废工具：

借：原材料——××材料　　500

　　贷：管理费用——低值易耗品摊销　　150

　　　　制造费用——低值易耗品摊销　　350

【例 3-28】 行政管理部门所用管理用具采用五五摊销法摊销。3 月份从仓库领用新管理用具一批，其计划成本为 1 400 元；报废以前领用的另一批管理用具，其计划成本为 800 元，回收残料作价 50 元入库，本月低值易耗品成本差异率为 5%。其账务处理如下。

（1）领用工具：

借：低值易耗品——在用　　1 400

　　贷：低值易耗品——在库　　1 400

借：管理费用——低值易耗品摊销　　700

　　贷：低值易耗品——摊销　　700

（2）报废工具：

借：管理费用——低值易耗品摊销　　400

　　贷：低值易耗品——摊销　　400

借：低值易耗品——摊销　　800

　　贷：低值易耗品——在用　　800

借：原材料——××材料　　50

　　贷：管理费用——低值易耗品摊销　　50

（3）结转成本差异：

借：管理费用——低值易耗品摊销　　40

　　贷：材料成本差异——低值易耗品　　40

第五节　库存商品的核算

库存商品包括库存的外购商品、产成品、代制品、代修品、存放在门市部准备出售的商品、发出展览的商品以及寄存在外库的商品等。

一、账户设置

为了进行库存商品的核算，企业应当设置资产类的“库存商品”和“发出商品”账户。

（1）“库存商品”账户，核算企业库存的各种商品的实际成本（或进价）或计划成本（或售价），借方登记验收入库商品的成本，贷方登记出库商品的成本，期末借方余额为库存商品的成本。本账户按照库存商品的种类、品种和规格等进行明细核算。

（2）“发出商品”账户，核算企业未满足收入确认条件但已发出商品的实际成本（或进价）或计划成本（或售价），借方登记未满足收入确认条件但已发出商品的成本，贷方登记退回商品的成本和满足收入确认条件的已发出商品的成本，期末借方余额为未满足收入确认条件的已发出商品的成本。本账户按照购货单位、商品类别和品种进行明细核算。

二、收入商品的核算

1. 加工制造企业

企业生产的产成品一般按实际成本进行日常核算，产成品的收入、发出和结余，平时只登记数量不登记金额，期末计算出完工入库产成品的实际成本后，再登记有关明细账。生产完成并已验收入库的产成品，按实际成本，借记“库存商品”账户，贷记“基本生产成本”账户。

产成品种类较多的，也可按计划成本进行日常核算，其实际成本与计划成本的差异可以单独设置“产品成本差异”账户进行核算。

2. 商品流通企业

商品采用进价核算的，在商品验收入库后，按进价，借记“库存商品”账户，贷记“银行存款”、“在途物资”、“委托加工物资”等账户。

商品采用售价核算的，在商品验收入库后，按售价，借记“库存商品”账户，按进价，贷记“商品采购”、“委托加工物资”等账户，按售价与进价的差额，贷记“商品进销差价”账户。

3. 房地产开发企业

房地产开发企业开发的产品，在达到预定可销售状态时，按实际成本，借记“开发产品”账户，贷记“开发成本”账户。

三、发出商品的核算

1. 未满足收入确认条件

对于未满足收入确认条件但已发出的商品，按实际成本（或进价）或计划成本（或售价），借记“发出商品”账户，贷记“库存商品”账户；发出商品退回时编制相反会计分录。

2. 满足收入确认条件

发出商品（包括采用分期收款方式销售商品）满足收入确认条件时，按实际成本或进价，借记“主营业务成本”账户，贷记“库存商品”、“发出商品”、“开发产品”等账户。采用计划成本或售价核算的，还应当同时结转应分摊的产品成本差异或商品进销差价，将计划成本或售价调整为实际成本或进价。对已售商品计提了存货跌价准备的，还应当同时结转已计提的存货跌价准备，冲减当期主营业务成本，实际上是按已售商品的账面价值结转主营业务成本。

第六节　期末存货的计量

为了客观反映期末存货的实际价值，企业在编制资产负债表时，应当准确计量“存货”项目的金额。然而，存货的计量结果取决于存货数量的确定是否准确和采用何种期末计价原则。

一、存货数量的盘存方法

企业存货的数量需要通过盘存来确定，常用的存货数量盘存方法主要有实地盘存制和永续盘存制两种。

1. 实地盘存制

实地盘存制又称为定期盘存制，指会计期末通过对全部存货进行实地盘点，以确定期末存货的结存数量，然后分别乘以各项存货的盘存单价，计算出期末存货的总金额，记入各有关存货账户，倒轧本期已耗用或已销售存货的成本。采用这种方法，平时对有关存货账户只记借方，不记贷方，每一期末，通过实地盘点确定期末存货数量，据以计算期末存货成本，然后计算出当期耗用或销售成本，记入有关存货账户的贷方。这一方法用于工业企业，称为“以存计耗”；用于商品流通企业，称为“以存计销”。“以存计耗”和“以存计销”以下列存货的基本等式为依据：

本期耗用或销售存货成本 = 期初存货成本 + 本期购货成本 − 期末存货成本

期末存货数量 = 盘点存货数量 + 已提未销存货数量 − 已销未提存货数量

2. 永续盘存制

永续盘存制又称为账面盘存制，指对各项存货设置明细账，逐笔或逐日登记收入、发出的存货，随时登记和反映结存存货。在没有发生丢失和被盗的情况下，存货账户的余额应当与实际库存相符。采用永续盘存制，并不排除对存货的实地盘点，为了核对存货账面记录，加强对存货的管理，每年至少应当对存货进行一次全面盘点。

3. 实地盘存制与永续盘存制的比较

实地盘存制和永续盘存制作为确定存货数量的两种方法，各有其优缺点和实用性。

实地盘存制的主要优点是简化了存货的日常核算工作，但增大了期末的工作量。不仅如此，还有以下缺点：①不能随时反映存货收入、发出和结存的动态，不便于管理人员掌握情况；②由于倒轧成本，从而使自然和人为的损失和差错，甚至偷盗等原因引起的短缺，全部挤入耗用或销货成本内，容易掩盖存货管理中存在的问题，削弱对存货的控制；③采用这种方法只能到期末盘点时结转耗用或销货成本，不能随时结转成本。所以，实地盘存制的实用性较差，仅适用于那些自然消耗大、数量不稳定的鲜活商品。

永续盘存制的优点是有利于加强对存货的管理。这是因为，各种存货明细账不仅可以随时反映每一项存货收入、发出和结存的状态以及是否过多或不足，便于及时、合理地组织货源，加速资金周转，还可以结合不定期的实地盘点，查明存货发生溢余或短缺的原因。永续盘存制的缺点是存货明细记录的工作量较大，存货品种规格繁多的企业更是如此。

企业可根据存货类别和管理要求，对有些存货实行永续盘存制，而对另一些存货实行实地盘存制，不论采用何种方法，前后各期应当保持一致。

二、存货的期末计量

（一）存货期末计量原则

期末存货应当按照成本与可变现净值孰低计量。成本与可变现净值孰低是指期末存货按照成本与可变现净值两者之中较低者计价。成本高于可变现净值时，存货按照可变现净值计量，并按照成本高于可变现净值的差额计提存货跌价准备，计入当期损益；成本低于可变现净值时，存货按照成本计量，并将已计提的存货跌价准备予以转回，计入当期损益。

成本是指期末存货的实际成本，如果存货的日常核算采用计划成本法，则成本为经调整后的实际成本；可变现净值是指在正常生产经营过程中，存货的估计售价减去至完工时估计将要发生的成本、估计的销售费用及相关税金后的金额。

“成本与可变现净值孰低”的理论基础主要是使存货符合资产的定义。当存货的可变现净值低于成本时，表明该存货给企业带来的未来经济利益低于其账面价值，因而应当将这部分损失从资产价值中扣除，计入当期损益，避免出现高估资产的现象。

（二）可变现净值的确定

1. 可变现净值的特征

可变现净值表现为存货的预计未来净现金流量，而不是存货的估计售价或合同价。企业预计的销售存货的现金流量并不完全等于存货的可变现净值，这是因为，存货在销售过程中，可能发生的销售费用和税金，以及为达到预定可销售状态还可能发生的加工成本等相关支出，构成现金流入的抵减项目，企业预计的销售存货的现金流量扣除这些抵减项目后，才能确定存货的可变现净值。

2. 确定可变现净值应当考虑的因素

确定可变现净值应当考虑以下几项因素。

（1）有无确凿证据。企业确定存货的可变现净值，应当以取得的确凿证据为基础。确凿证据是指对确定存货可变现净值有直接影响的客观证明，如产成品或商品的市场销售价格、与产成品或商品相同或类似商品的市场销售价格、销货方提供的有关资料和生产成本资料等。

（2）持有存货的目的。企业持有存货的目的不同，确定其可变现净值的方法也不同，因而企业在确定存货的可变现净值时，应当考虑持有存货的目的。企业持有存货的目的，通常可分为：①用来出售，如商品、产成品等，其中又分为有合同约定的存货和没有合同约定的存货；②在生产过程或提供劳务过程中耗用，如原材料等。

（3）资产负债表日后事项的影响。在确定存货的可变现净值时，不仅要考虑资产负债表日与该存货相关的价格与成本波动，还应当考虑未来的相关事项。

3. 不同存货可变现净值的确定

（1）直接用于出售的存货，如产成品、商品、材料等，其可变现净值为在正常生产经营过程中，各该存货的估计售价减去估计的销售费用及相关税金后的金额，不存在“至完工时估计将要发生的成本”的问题。

【例 3-29】×8 年 12 月 31 日乙产品的成本为 600 000 元，数量为 4 台，单位成本为 150 000 元，单位市场销售价格为 160 000 元，单位估计销售费用及税金为 7 500 元。

乙产品的可变现净值 = 160 000 × 4 − 7 500 × 4 = 610 000（元）

【例 3-30】×8 年 A 公司根据市场需求的变化，决定停止生产甲产品，并将专门用于生产甲产品的 J 材料全部出售。×8 年 12 月 31 日 J 材料的成本为 125 000 元，数量为 5 吨，单位市场销售价格为 20 000 元，单位估计销售费用及税金为 200 元。

J 材料的可变现净值 = 20 000 × 5 − 200 × 5 = 99 000（元）

（2）需要进一步加工的存货，如原材料、在产品、半成品、委托加工物资等，其可变现净值为在正常生产经营过程中，以各该存货生产的产成品的估计售价减去至完工时估计将要发生的成本、估计的销售费用及相关税金后的金额。这是因为，企业持有此类存货的目的是用来生产产品，而不是销售，其价值体现在用其生产的产成品上。

【例 3-31】×8 年 12 月 31 日 J 材料的成本为 120 000 元。由于 J 材料的市场销售价格下降，市场上用 J 材料生产的甲产品的市场售价下降了 10%，由此造成甲产品的市场售价总额由 300 000 元下降为 270 000 元，但其生产成本仍为 280 000 元，将 J 材料加工成甲产品尚须投入 160 000 元，估计销售费用及税金为 10 000 元。

J 材料的可变现净值 = 270 000 − 160 000 − 10 000 = 100 000（元）

（三）估计售价的确定

在确定存货的可变现净值时，最关键的问题是确定估计售价。企业与购买方已签订销售合同或劳务合同的情况下，企业持有的存货在合同订购数量以内的部分，应当以合同价格作为估计售价；企业持有的存货超出合同订购数量的部分，应当以市场销售价格作为估计售价。企业持有的专门用于生产销售合同规定的标的物的存货，也应当以合同价格作为估计售价。没有合同约定的存货，也应当以市场销售价格作为估计售价。

【例 3-32】×7 年 9 月 3 日 A 公司与 B 公司签订了一份销售合同，双方约定，×8 年 1 月 20 日 A 公司应当按每台 62 000 元的价格向 B 公司提供乙产品 6 台。×7 年 12 月 31 日乙产品的成本为 448 000 元，数量为 8 台，单位成本为 56 000 元，单位市场销售价格为 60 000 元。

本例中，对于销售合同订购数量以内的 6 台乙产品，应当以销售合同约定的售价总额 372 000 元（62 000 × 6）作为估计售价，而对于超出销售合同订购数量的 2 台乙产品，应当以市场销售价格总额 120 000 元（60 000 × 2）作为估计售价。

【例 3-33】×7 年 12 月 26 日 A 公司与 B 公司签订了一份销售合同，双方约定，×8 年 3 月 20 日 A 公司应当按每台 15 500 元的价格向 B 公司提供甲产品 5 台。×7 年 12 月 31 日 A 公司还没有生产该批甲产品，但持有的专门用于生产甲产品 5 台的 J 材料的成本为 46 000 元，市场销售价格为 42 000 元。

本例中，计算库存 J 材料的可变现净值时，应当以销售合同约定的甲产品的售价总额 77 500 元（15 500 × 5）作为估计售价。

【例 3-34】×8 年 12 月 31 日 A 公司乙产品的成本为 240 000 元，数量为 4 台，单位成本为 60 000 元，单位市场销售价格为 64 000 元，估计销售费用及税金为市场销售价格的 10%。A 公司没有签订有关乙产品的销售合同。

本例中，乙产品应当以市场销售价格总额 256 000 元（64 000 × 4）作为估计售价。

（四）存货跌价准备的核算

有迹象表明存货发生减值时，企业应当计算确定存货的可变现净值，计提存货跌价准备。

1. 存货减值迹象的判断

存货有下列情形之一的，表明存货的可变现净值低于成本：①该存货的市场价格持续下跌，且在可预见的未来无回升的希望；②企业使用该原材料生产的产品成本大于产品的销售价格；③因产品更新换代，库存原材料已不适应新产品的需要，且该原材料的市场价格又低于其账面成本；④因企业提供的商品或劳务过时或消费者偏好改变而使市场需求发生变化，导致市场价格逐渐下跌；⑤其他足以证明该项存货实质上已经发生减值的情形。

存货有下列情形之一的，表明存货的可变现净值为零：①已霉烂变质的存货；②已过期且无转让价值的存货；③生产中已不再需要，且已无使用价值和转让价值的存货；④其他足以证明已无使用价值和转让价值的存货。

2. *存货跌价准备的计提和转回*

存货跌价准备通常按照单个存货项目计提。但是，对于数量繁多、单价较低的存货，可以按照存货类别计提存货跌价准备。与在同一地区生产和销售的产品系列相关、具有相同或类似最终用途或目的，且难以与其他项目分开计量的存货，可合并计提存货跌价准备。

期末，企业持有的同一项存货的数量多于销售合同或劳务合同订购数量的，应当区分有合同价格约定的和没有合同价格约定的两个部分，分别确定其可变现净值，并与其相对应的成本进行比较，进而分别确定存货跌价准备的计提或转回金额。

资产负债表日，根据存货的可变现净值低于其成本的差额计算出应当计提的存货跌价准备，然后与“存货跌价准备”账户原账面余额进行比较，如果应当计提的存货跌价准备大于“存货跌价准备”账户原账面余额，则按其差额补提存货跌价准备；反之，按其差额转回已计提存货跌价准备。提取和补提存货跌价准备时，借记“资产减值损失——计提的存货跌价准备”账户，贷记“存货跌价准备”账户；转回已计提存货跌价准备，编制相反的会计分录。

3. *存货跌价准备的结转*

企业销售已计提跌价准备的存货并结转销售成本时，应当同时结转对其已计提的跌价准备，借记“存货跌价准备”账户，贷记“主营业务成本”等账户。

【例 3-35】 A 公司为一般纳税企业，按单项存货、按年计提跌价准备。×7 年 1 月 1 日“存货跌价准备——丙产品”账户的余额为 10 万元，对其他存货未计提存货跌价准备。×7 年和 ×8 年 A 公司与存货有关的资料如下。

（1）×7 年 9 月 26 日与 B 公司签订一份不可撤销的销售合同，约定在 ×8 年 3 月 6 日向 B 公司销售甲产品 2 000 台，单位合同价格为 1.5 万元。×7 年 12 月 31 日库存甲产品 2 600 台，单位成本为 1.41 万元，单位市场销售价格为 1.3 万元，单位预计销售税费为 0.05 万元。

（2）×7 年 12 月 31 日库存乙产品 56 台，单位成本为 5 万元，单位市场销售价格为 6 万元，单位预计销售税费为 0.25 万元。

（3）×7 年 12 月 31 日库存丙产品 200 台，单位成本为 0.8 万元，单位市场销售价格为 1 万元，单位预计销售税费为 0.07 万元。

（4）×7 年 12 月 31 日库存丁配件 80 件，单位成本为 0.7 万元，单位市场销售价格为 0.6 万元，丁配件用于丙产品的生产，可生产丙产品 80 台。

（5）×8 年 3 月 6 日向 B 公司销售甲产品 2 000 台，货款已存入银行。

（6）×8 年 4 月 6 日销售未签订销售合同的甲产品 20 台，单位市场销售价格为 1.2 万元，货款已存入银行。

A 公司的账务处理如下。

（1）甲产品。

1）有合同约定：

可变现净值 = 2 000 × (1.5 − 0.05) = 2 900（万元）

账面成本 = 2 000 × 1.41 = 2 820（万元）

因可变现净值大于成本不计提存货跌价准备。

2）没有合同约定：

可变现净值 = 600 × (1.3 − 0.05) = 750（万元）

账面成本 = 600 × 1.41 = 846（万元）

计提存货跌价准备 = 846 − 750 = 96（万元）

	借方	贷方
借：资产减值损失——计提的存货跌价准备	960 000	
贷：存货跌价准备——甲产品		960 000

（2）乙产品：

可变现净值 = 56 × (6 − 0.25) = 322（万元）

账面成本 = 56 × 5 = 280（万元）

因可变现净值高于成本不计提存货跌价准备。

（3）丙产品：

可变现净值 = 200 × (1 − 0.07) = 186（万元）

账面成本 = 200 × 0.8 = 160（万元）

因可变现净值高于成本转回已计提存货跌价准备 10 万元。

	借方	贷方
借：存货跌价准备——丙产品	100 000	
贷：资产减值损失		100 000

（4）丁配件：

可变现净值 = 80 × [1 − (0.8 − 0.7) − 0.07] = 66.4（万元）

账面成本 = 80 × 0.7 = 56（万元）

因可变现净值高于成本不计提存货跌价准备。

（5）×8 年 3 月 6 日：

	借方	贷方
借：银行存款	35 100 000	
贷：主营业务收入——甲产品		30 000 000
应交税费——应交增值税（销项税额）		5 100 000
借：主营业务成本——甲产品	28 200 000	
贷：库存商品——甲产品		28 200 000

（6）×8 年 4 月 6 日：

	借方	贷方
借：银行存款	280 800	
贷：主营业务收入——甲产品		240 000
应交税费——应交增值税（销项税额）		40 800
借：主营业务成本——甲产品	250 000	
存货跌价准备——甲产品	32 000	
贷：库存商品——甲产品		282 000

第七节 存货清查

一、存货清查方法

为了保证企业资产的安全与完整，做到账实相符，存货应当定期清查盘点，每年至少清查盘点一次，确定各种存货的实际库存数量，并与账面记录相核对，编制存货盘点报告表。若账面存货小于实际存货，为存货的盘盈；反之，为存货的盘亏。对于盘盈、盘亏和毁损的存货，应当及时查明原因，经董事会或类似机构批准后，在期末结账前处理完毕。

二、存货清查结果的核算

盘亏、毁损的存货，应当通过“待处理财产损溢”账户核算。批准前，按账面价值，借记“待处理财产损溢”、“存货跌价准备”等账户，贷记“原材料”、“基本生产成本”、“库存商品”等账户。存货采用计划成本（或售价）核算的，还应当同时结转应负担的成本差异（或商品进销差价）。非正常损失的购进材料、在产品、产成品、商品的增值税税额应当从当期发生的进项税额中转出，与其成本一并转入“待处理财产损溢”账户。非正常损失是指因管理不善造成被盗、丢失、霉烂变质的损失。经董事会或类似机构批准后，按残余价值，借记“银行存款”、“原材料”等账户，按可收回的保险赔偿或过失人赔偿，借记“其他应收款”账户，按本账户余额，贷记“待处理财产损溢”账户，按借方差额，借记“管理费用”（计量错误或管理不善等造成的存货短缺）或“营业外支出”（自然灾害等造成的存货毁损）账户。

从本质上讲，盘盈的存货属于前期差错，但存货盘盈通常金额较小，不会影响财务报告使用者对企业以前年度的财务状况、经营成果和现金流量进行判断，且存货由于流动快，不容易区别具体年份，因而盘盈的存货也通过“待处理财产损溢”账户核算，不作为前期差错调整以前年度的报表。批准前，按重置成本，借记“原材料”、“基本生产成本”、“库存商品”等账户，贷记“待处理财产损溢”账户。经董事会或类似机构批准后，借记“待处理财产损溢”账户，贷记“管理费用”账户。

【例 3-36】 圆钢盘盈 2 吨，单位成本为 3 000 元，计 6 000 元，属于计量错误。其账务处理如下。

（1）批准前：

借：原材料——圆钢	6 000	
贷：待处理财产损溢——待处理流动资产损溢		6 000

（2）批准后：

借：待处理财产损溢——待处理流动资产损溢	6 000	
贷：管理费用——存货盘盈		6 000

【例 3-37】 某化工材料盘亏 100 公斤，单位成本为 30 元，计 3 000 元，属于定额内合理损耗。其账务处理如下。

（1）批准前：

借：待处理财产损溢——待处理流动资产损溢	3 000	

贷：原材料——化工材料 3 000

（2）批准后：

借：管理费用——存货盘亏 3 000

贷：待处理财产损溢——待处理流动资产损溢 3 000

【例 3-38】 燃料盘亏 300 公斤，单位成本为 60 元，计 18 000 元，属于被盗，应当转出增值税进项税额 3 060 元。其账务处理如下。

（1）批准前：

借：待处理财产损溢——待处理流动资产损溢 21 060

贷：原材料——燃料 18 000

应交税费——应交增值税（进项税额转出） 3 060

（2）批准后：

借：管理费用 21 060

贷：待处理财产损溢——待处理流动资产损溢 21 060

盘盈、盘亏和毁损的存货，如在期末结账前尚未经批准，应当在对外提供财务报告时先按照上述规定进行处理，并在会计报表附注中做出说明。如果其后批准处理的金额与已处理的金额不一致，应当按其差额调整会计报表相关项目的年初数。

同步练习

一、单项选择题

1. 随同产品出售但不单独计价的包装物，应该在发出时将其实际成本计入（　　）。

A. 其他业务成本　B. 销售费用　C. 管理费用　D. 主营业务成本

2. 下列各项中，不会引起期末存货账面价值变动的是（　　）。

A. 已发出商品但未确认销售　B. 已确认销售但未发出商品

C. 未收到发票账单的入库材料　D. 本期购入的在途材料

3. 月初结存材料计划成本为 250 万元，成本差异为超支 45 万元；当月入库材料计划成本为 550 万元，成本差异为节约 85 万元；当月领用材料计划成本为 600 万元。当月领用材料应当负担的成本差异和实际成本分别为（　　）万元。

A. －97.5；502.5　B. －30；570　C. 30；630　D. 97.5；697.5

4. 月初结存材料计划成本为 200 万元，成本差异为超支 4 万元；本月入库材料计划成本为 800 万元，成本差异为节约 12 万元；本月发出材料计划成本为 600 万元。月末结存材料应当负担的成本差异和实际成本分别为（　　）万元。

A. －6.4；393.6　B. －3.2；396.8　C. 3.2；403.2　D. 6.4；406.4

5. 月初结存某材料 3 000 元，本月增加 4 000 元；月初结存数量 1 500 件，本月增加数量 2 500 件，则该材料本月的加权平均单位成本为（　　）元。

A. 2　B. 1.75　C. 1.6　D. 2.5

6. 某增值税一般纳税人，本期购进某材料 6 000 吨，价款为 102 000 元，可抵扣增值税额为 17 340

元，发生包装费 1 800 元，单位计划成本为 20 元。材料运抵企业后验收入库 5 995 吨，运输途中合理损耗 5 吨。购进该材料的实际成本和成本差异（节约）分别为（　　）元。

A. 102 000；17 900　　B. 103 713.5；16 186.5

C. 103 800；16 100　　D. 103 800；16 200

7. 某商场采用毛利率法计算期末存货成本。月初甲商品成本总额为 1 200 万元，当月购货成本为 2 800 万元，销售收入为 3 000 万元，销售退回为 300 万元。假设甲商品上月的毛利率为 30%，则月末结存甲商品的成本为（　　）万元。

A. 1 300　　B. 1 900　　C. 2 110　　D. 1 890

8. 某商场采用售价金额核算法对库存商品进行核算。月初库存商品的进价为 21 万元，售价为 30 万元；当月购进商品的进价为 31 万元，售价为 50 万元；当月销售商品的售价总额为 60 万元。当月商品销售成本和月末结存商品的成本分别为（　　）万元。

A. 21；7　　B. 39；13　　C. 18；6　　D. 42；14

9. 某企业 11 月 1 日存货结存数量为 200 件，单价 4 元；11 月 2 日发出存货 150 件；11 月 5 日购进存货 200 件，单价 4.4 元；11 月 7 日发出存货 100 件。若采用先进先出法计价，则 11 月 7 日发出存货的实际成本为（　　）元。

A. 400　　B. 420　　C. 430　　D. 440

10. ×8 年 3 月 31 日某存货的实际成本为 100 万元，将该存货加工至完工产品估计还将发生成本 20 万元，估计售价为 110 万元，估计销售税费为 2 万元。假定该企业首次确认存货减值损失，则 ×8 年 3 月 31 日该存货的可变现净值和计提的存货跌价准备分别为（　　）万元。

A. 110；－10　　B. 108；－8　　C. 90；10　　D. 88；12

11. 年末某公司决定将用于生产 Y 产品的 A 材料对外出售，A 材料库存 10 000 公斤，成本为 200 万元，市场销售价格为 190 万元。假设估计销售税费为 2 万元，则年末 A 材料的账面价值为（　　）万元。

A. 200　　B. 198　　C. 190　　D. 188

12. 因台风毁损材料一批，计划成本为 80 000 元，材料成本差异率为－1%。假定能够获得保险公司赔款 50 000 元，则因该批材料毁损计入营业外支出（　　）元。

A. 43 000　　B. 42 664　　C. 30 000　　D. 29 200

13. 甲公司为增值税一般纳税企业，因销售商品出租给乙公司包装物一批，收取押金 4 914 元。假定乙公司逾期未退还包装物，则甲公司记入“其他业务收入”账户（　　）元。

A. 4 680　　B. 4 200　　C. 3 884.4　　D. 680

14. 当出借的包装物不能继续使用而报废时，应当将其残值（　　）。

A. 计入营业外支出　B. 冲减营业外收入　C. 冲减销售费用　D. 冲减其他业务成本

15. 属于定额内损耗的材料盘亏，经批准后计入（　　）。

A. 生产成本　　B. 管理费用　　C. 营业外支出　　D. 其他应收款

16. 企业在确定发出存货的成本时，注重发出存货具体项目的实物流转与成本流转之间的联系方法是（　　）。

A. 个别计价法　　B. 先进先出法　　C. 移动加权平均法　　D. 一次加权平均法

17. 随同产品出售并单独计价的包装物，其成本计入（　　）。

A. 制造费用　　B. 生产成本　　C. 销售费用　　D. 其他业务成本

18. 存货的期初实际成本为200万元，期初“存货跌价准备”账户贷方余额为2.5万元，本期购入存货实际成本为45万元，领用150万元，期末库存存货的可变现净值为91万元。期末，该存货计提存货跌价准备（　　）万元。

A. 1.5　　B. 2.5　　C. 4　　D. 9

19. 甲公司期末库存X产品均为待售商品，原减值准备为0，账面余额为100万元，其中与乙公司签订合同的产品为60万元，约定售价为70万元，预计销售税费为7万元。另外40万元的X产品无订单，预计市场售价为42万元，预计销售税费为4.2万元。期末，甲公司计提减值准备（　　）万元。

A. 0.8　　B. 2.2　　C. 0　　D. 2.8

20. ×8年12月31日A、B、C三种存货的成本分别为10万元、12万元、18万元；可变现净值分别为8万元、15万元、15万元；已计提的跌价准备分别为1万元、2万元、1.5万元。×8年12月31日存货的账面价值和确认的资产减值损失分别为（　　）万元。

A. 38；－2.5　　B. 40；－4.5　　C. 35；0.5　　D. 37；－1.5

21. 下列商品中，不应当作为企业存货核算的有（　　）。

A. 发出商品　　B. 未收到发票账单的入库商品

C. 在途商品　　D. 约定未来购入的商品

22. 在存货采购过程中，因遭受意外灾害发生的损失和尚待查明原因的途中损耗先通过（　　）账户进行核算，在查明原因后再做处理。

A. 原材料　　B. 待处理财产损溢　　C. 管理费用　　D. 营业外支出

23. 销售原材料的价款计入（　　）。

A. 主营业务收入　　B. 其他业务收入　　C. 营业外收入　　D. 投资收益

24. 在物价持续上涨的情况下，下列各种计价方法中，能使企业当期利润最大的方法是（　　）。

A. 月末一次加权平均法　　B. 个别计价法

C. 先进先出法　　D. 移动平均法

25. 基本生产车间领用低值易耗品的价值记入（　　）账户。

A. 生产成本　　B. 制造费用　　C. 管理费用　　D. 销售费用

二、多项选择题

1. 下列项目中，计入存货成本的有（　　）。

A. 制造费用　　B. 关税

C. 入库前的挑选整理费用　　D. 运输途中的合理损耗

2. 下列项目中，记入“材料成本差异”账户贷方的是（　　）。

A. 入库材料的超支差　　B. 调整增加原材料的计划成本

C. 入库材料的节约差　　D. 调整减少原材料的计划成本

3. 期末通过比较发现存货的成本低于可变现净值，则可能（　　）。

A. 按差额首次计提存货跌价准备　　B. 冲减存货跌价准备

C. 按差额补提存货跌价准备　　D. 不进行账务处理

4. 下列各项存货中，属于周转材料的是（　　）。

A. 委托加工物资　　B. 包装物　　C. 低值易耗品　　D. 委托代销商品

5. 对存货实行定期盘存制的企业，确定当期耗用或销售存货成本时，主要依据（　　）。

A. 期初结存存货　　B. 本期购入存货　　C. 本期发出存货　　D. 期末结存存货

6. 期末存货成本如果计价过高，可能会引起（　　）。

A. 当期销售成本减少　　B. 当期利润增加

C. 当期所得税增加　　D. 当期所有者权益增加

7. 需要加工的存货，在计算其可变现净值时，应当从估计售价中扣除的项目有（　　）。

A. 账面成本　　B. 估计完工成本

C. 储存费用　　D. 估计销售发生的相关税费

8. 清查存货的方法有（　　）。

A. 实地盘点法　　B. 发函询证法　　C. 技术推算法　　D. 对账单核对法

9. 下列各项目余额中，包括在资产负债表“存货”项目中的有（　　）。

A. 库存商品　　B. 发出商品　　C. 生产成本　　D. 委托加工物资

10. 企业发生盘亏和毁损的存货，经有关部门批准后计入管理费用的是（　　）。

A. 保管中发生的定额内自然损耗　　B. 自然灾害造成的毁损净损失

C. 收发计量造成的盘亏损失　　D. 管理不善造成的盘亏损失

11. 确定存货的可变现净值时，应当考虑的因素包括（　　）。

A. 存货的成本　　B. 确凿证据

C. 持有存货的目的　　D. 资产负债表日后事项影响

12. 存货按实际成本计价的情况下，发出存货的计价方法包括（　　）。

A. 先进先出法　　B. 后进先出法　　C. 加权平均法　　D. 个别计价法

13. 通常采用个别计价法确定发出存货成本的情况有（　　）。

A. 单价较高的存货　　B. 不能替代使用的存货

C. 数量较少的存货　　D. 为特定项目专门购入的存货

14. 下列方法中，属于历史成本计价的有（　　）。

A. 售价法　　B. 计划成本法

C. 毛利率法　　D. 成本与可变现净值孰低法

15. 存货发生盘盈或盘亏，应当先记入“待处理财产损溢”账户，待查明原因后分别转入（　　）账户。

A. 营业外支出　　B. 营业外收入　　C. 管理费用　　D. 其他应收款

16. 下列项目中，通过“原材料”账户核算的有（　　）。

A. 外购半成品　　B. 自制半成品　　C. 修理用备件　　D. 包装材料

17. 下列项目中，通过“库存商品”' 账户核算的有（　　）。

A. 代制品　　B. 代修品　　C. 产成品　　D. 外购商品

三、判断题

1. 委托外单位加工的物资不会涉及材料成本差异或商品进销差价。（　　）

2. 商品流通企业在采购商品时，如果发生的进货费用金额较小，可以在发生时直接计入当期损益。（　　）

3. 某酒厂生产的白酒储存3个月后才符合质量标准，在该储存期间发生的储存费用应当计入当期

管理费用。 ( )

4. 购货时取得的现金折扣应当冲减所购货物成本。 ( )

5. 在物价持续下跌的情况下，采用先进先出法计量发出存货的成本，当月发出存货单位成本大于月末结存存货的单位成本。 ( )

6. 在物价持续上涨的情况下，采用先进先出法计算的发出存货的成本将低于采用加权平均法计算的发出存货成本。 ( )

7. 结转入库材料的成本差异时，只能记入“材料成本差异”账户的借方。 ( )

8. 已确认减值损失的存货价值得以恢复时，应当在原已计提的存货跌价准备金额范围内转回已计提的存货跌价准备。 ( )

9. 资产负债表上的“存货”项目只能按实际成本列示。 ( )

10. 凡是由受托方代扣代缴的消费税都应当计入委托加工物资成本。 ( )

11. 如果期末购买的材料已到并已验收入库，但发票账单未到，则企业可以先不进行会计处理，等到下月发票账单到达以后再进行会计处理。 ( )

12. 在计划成本法下，应当按月结转发出材料应当负担的成本差异，不得在季末或年末一次计算分摊。 ( )

13. 采用成本与可变现净值孰低法对期末存货进行计价，从存货的整个周转过程来看，只起着调节不同会计期间利润的作用，并不影响利润总额。 ( )

14. 购入存货在运输途中发生的合理损耗不需要单独进行账务处理。 ( )

15. 对于性质和用途相似的存货，应当采用相同的成本计算方法确定发出存货的成本。 ( )

16. 存货的可变现净值等于预计的销售存货现金流量。 ( )

17. 资产负债表日，存货应当按照成本与可变现净值孰低计量，其中存货成本，可以是期末存货的实际成本，也可以是期末存货的计划成本。 ( )

18. 如果存货的市场价格持续下跌，并且在可预见的未来无回升的希望，则表明存货的可变现净值为零，应当全额计提减值准备。 ( )

19. 如果持有存货的目的不同，则确定其可变现净值的方法也不同。 ( )

20. 存货跌价准备只能按单个存货项目的成本与可变现净值孰低计量。 ( )

21. 如果期末存货的可变现净值低于成本，则必须确认存货跌价损失。 ( )

22. 企业单独作为商品产品的自制包装物，应当作为产成品核算。 ( )

23. 企业已完成销售手续但购买方在月末尚未提取的商品，应当作为企业的库存商品核算。 ( )

24. 月末结转发出材料应当分摊的成本差异时，超支差异记入“材料成本差异”的借方，节约差异记入“材料成本差异”的贷方。 ( )

四、业务题

1. 甲公司为增值税一般纳税人，原材料采用实际成本法核算，采用月末一次加权平均法对发出原材料计价，并假定运输费不考虑增值税。3月31日“原材料——A材料”账户余额为20 000元（共2 000公斤，其中含3月末按合同价格估计入账的A材料200公斤，价值为2 000元）。4月份与A材料相关的资料如下。

（1）5日收到3月末按合同价格估计入账的A材料的发票账单，价款为1 800元，可抵扣增值税税额为306元，对方代垫运输费400元，款项已通过银行转账支付。

（2）8日购入A材料3 000公斤，发票账单已收到，价款为36 000元，可抵扣增值税税额为6 120元，运杂费1 000元，材料尚未到达，款项已通过银行转账支付。

（3）11日收到8日采购的A材料，验收时发现只有2 950公斤。经核查，短缺的50公斤属于运输途中的合理损耗。

（4）18日持银行汇票80 000元购入A材料5 000公斤，价款为49 500元，可抵扣增值税税额为8 415元，运输费用为2 000元，材料已验收入库，剩余票款已收存银行。

（5）21日基本生产车间自制A材料50公斤验收入库，总成本为600元。

（6）30日根据“发料凭证汇总表”的记录，4月份基本生产车间生产产品领用A材料6 000公斤，车间管理部门领用A材料1 000公斤，企业管理部门领用A材料1 000公斤。

要求：

（1）计算4月份发出A材料的单位成本；

（2）编制4月份与A材料有关的会计分录。

2. 甲公司为增值税一般纳税人，原材料采用计划成本核算。×8年1月1日“原材料”账户余额为100 000元，“材料成本差异”账户借方余额为3 000元。1月份发生下列业务。

（1）5日购入A材料一批，价款为200 000元，可抵扣增值税税额为34 000元，发票账单已收到，计划成本为220 000元，材料已验收入库，款项已通过银行转账支付。

（2）10日采用汇兑结算方式购入B材料一批，价款为32 000元，可抵扣增值税税额为5 440元，发票账单已收到，材料尚未入库。

（3）15日采用商业承兑汇票方式购入B材料一批，价款为60 000元，可抵扣增值税税额为10 200元，发票账单已收到，计划成本为61 000元，材料已验收入库。

（4）31日采用托收承付结算方式购入A材料一批，材料已验收入库，发票账单未到，按计划成本55 000元估价入账。

（5）31日汇总本月已付款、已开出并承兑商业汇票的入库材料的计划成本和材料成本差异并结转。

（6）31日根据“发料凭证汇总表”的记录，原材料的消耗（计划成本）为：基本生产车间领用200 000元，辅助生产车间领用30 000元，车间管理部门领用5 000元，企业行政管理部门领用2 000元，在建工程领用3 000元。

（7）计算本月材料成本差异率，结转发出材料应当负担的材料成本差异。

要求：

（1）编制上述业务会计分录；

（2）计算月末“原材料”账户余额；

（3）计算本月发出材料和月末库存材料的实际成本。

3. 甲公司对发出包装物采用一次转销法进行核算，有关包装物收发的经济业务如下。

（1）仓库发出新包装物一批，出租给购货单位，计划成本为5 000元，收到租金500元（含增值税额）存入银行。

（2）出借新包装物一批，计划成本为3 000元，收到押金1 000元存入银行。

（3）出借包装物逾期未退，按规定没收其押金1 000元。

（4）出租包装物收回后，不能继续使用而报废，收回残料入库，价值600元。

（5）月末计算结转出租、出借包装物应当分摊的成本差异，材料成本差异率为－5%。

要求：编制上述业务的相关会计分录。

4. ×8 年 1 月 1 日“存货跌价准备——X 产品”账户余额为 100 万元，A 料未计提跌价准备。×8 年 12 月 31 日“原材料——A 料”账户余额为 1 000 万元，“库存商品——X 产品”账户余额为 500 万元，库存 A 原材料将全部用于生产 100 件 Y 产品，每件 Y 产品直接材料费用为 10 万元，80 件 Y 产品已经签订销售合同，合同价格为每件 11.25 万元，其余 20 件 Y 产品未签订销售合同，预计 Y 产品的市场价格为每件 11 万元；预计生产 Y 产品还将发生加工成本每件 3 万元，预计为销售 Y 产品发生的相关税费每件为 5 500 元。X 产品无不可撤销合同，市场价格总额为 350 万元，预计销售 X 产品发生的相关税费总额为 18 万元。假定不考虑其他因素。

要求：

（1）计算 ×8 年 12 月 31 日 A 料计提的跌价准备；

（2）计算 ×8 年 12 月 31 日 X 产品计提的跌价准备；

（3）计算 ×8 年 12 月 31 日计提的跌价准备合计金额；

（4）编制会计分录。

5. 如表 3-1 所示，设盘亏的燃料可向保险公司索赔 50%的损失；被盗修理用备件应当由李强全部退赔；备件和在产品应当转出的增值税进项税额为 51 元，其中备件 34 元，在产品 17 元。

要求：根据上述资料，编制有关存货清查的会计分录。

表 3-1 存货盘点表 （单位：元）

存货名称	单位	结存数量		盘盈		盘亏		原因
		账存	实存	数量	金额	数量	金额	
C 燃料	吨	6.50	5.50			1.00	800.00	水灾
D 备件	箱	8.00	7.00			1.00	200.00	职工偷盗
A 原料	斤	2 000.00	2 100.00	100.00	700.00			计量错误
在产品	件	100.00	96.00			4.00	160.00	霉烂变质

第四章 固定资产

【内容简介与学习目标】

本章阐述固定资产的特征、确认、分类和计价，以及固定资产增减、折旧、后续支出、处置与清查的会计处理。通过学习本章，应该明确固定资产的含义、特征、分类和确认条件；掌握各种途经取得固定资产的计价方法及会计处理；理解并掌握折旧的性质、影响折旧的因素、计提折旧的范围和方法及选择、折旧的修订及会计处理；掌握固定资产后续支出及会计处理；掌握固定资产处置的会计处理；了解固定资产清查的意义；掌握固定资产清查及会计处理，尤其是固定资产盘盈的会计处理。

第一节 固定资产概述

一、固定资产的特征及确认

固定资产是指企业为生产商品、提供劳务、出租或经营管理而持有的，使用寿命超过一个会计年度的非货币性资产，包括房屋、建筑物、机器、机械、运输工具以及其他与生产经营活动有关的设备、器具、工具等。这里的出租主要指的是机器设备等的出租，房地产的出租属于投资性房地产。

固定资产作为企业的非流动资产，具有经济价值大、使用期限长和类型多样的特点。作为主要劳动资料的固定资产，一般具有以下特征：首先，使用期限超过规定期限，一般在 1 年以上，这一特征表明，企业为获得固定资产并把它投入生产经营而发生的支出，属于资本性支出而不是收益性支出；其次，使用寿命是有限的，这一特征表明，企业必须在固定资产的有效使用年限内计提一定的折旧费用，使企业将来有能力重置资产，维持再生产的进行，同时将购建固定资产的支出分配于各个受益期，实现收入与费用的正确配比；最后，用于生产经营活动而不是为了出售，这一特征是区别固定资产与商品等流动资产的重要标志。

固定资产的各组成部分具有不同使用寿命或以不同方式为企业提供经济利益，适用不同折旧率或折旧方法的，应当分别将各组成部分确认为单项固定资产，如与飞机机身具有不同使用寿命且适用不同折旧率或折旧方法的飞机引擎，应当确认为单项固定资产。

备品备件和维修设备通常确认为存货，但需要与相关固定资产组合发挥效用的备品备件和维修设备，应当确认为固定资产，如民用航空运输企业的高价周转件。

二、固定资产的计价

固定资产应当按照取得时的成本入账。固定资产的成本是指企业购建某项固定资产达到预定可使用状态前发生的一切合理、必要的支出。这些支出不仅包括直接发生的购买价款、相关税金、运杂费和安装费等，还包括间接发生的应当予以资本化的借款费用和应分摊的其他间接费用等。

一般纳税人购进（包括接受捐赠、实物投资）或自制（包括改造、安装）使用期限超过12个月的机器、机械、运输工具以及其他与生产经营活动有关的设备、工具、器具等固定资产发生的增值税税额，可凭增值税专用发票、海关进口增值税专用缴款书和运输费用结算单据等增值税扣税凭证从当期销项税额中抵扣。上述固定资产既用于增值税应税项目，又用于非增值税应税项目的进项税额允许抵扣。

上述所称非增值税应税项目是指提供非增值税应税劳务、转让无形资产、销售不动产和不动产在建工程。其中，非增值税应税劳务是指纳税人从事的属于应当缴纳营业税的交通运输业（不包括铁路运输）、建筑业、金融保险业、电信业、文化体育业、娱乐业以及服务业劳务；转让无形资产是指转让专利权、非专利技术、商标权、著作权、土地使用权等无形资产；不动产是指不能移动或移动后会引起性质、形状改变的财产，包括建筑物、构筑物和其他土地附着物；不动产在建工程是指新建、改建、扩建、修缮、装饰上述不动产的工程。

不允许抵扣进项税额的固定资产包括：①不动产；②不动产在建工程；③纳税人自用的应当征收消费税的摩托车、乘用车（含驾驶员座位在内最多不超过9个座位的在设计和技术特性上用于载运乘客和货物的各类乘用车）、中轻型商用客车（含驾驶员座位在内的座位数在10至23座的在设计和技术特性上用于载运乘客和货物的各类中轻型商用客车）、游艇等；④以建筑物或构筑物为载体的附属设备和配套设施，如给排水、采暖、卫生、通风、照明、通信、煤气、消防、中央空调、电梯、电气、智能化楼宇设备和配套设施等。

三、账户设置

为了核算固定资产，企业应当设置以下账户。

（1）“固定资产”账户，核算固定资产的原价，属于资产类账户，借方登记增加的固定资产原价，贷方登记减少的固定资产原价，期末借方余额为期末固定资产原价。为了反映固定资产的明细资料，企业应当设置“固定资产登记簿”和“固定资产卡片”，并按照固定资产的类别、使用部门和每项固定资产进行明细核算。经营租入的固定资产应当另设备查簿登记，不在本账户核算。

（2）“在建工程”账户，核算企业基建、更新改造等在建工程发生的实际支出，包括需要安装设备的价值，属于资产类账户，借方登记工程发生的实际支出，贷方登记结转的已完工工程的实际成本，期末借方余额为尚未完工工程的实际支出。本账户按照“建筑工程”、“安装工程”、“在安装设备”、“待摊支出”以及单项工程等进行明细核算。在建工程发生减值的，可单独设置“在建工程减值准备”账户核算。

（3）“工程物资”账户，核算企业为在建工程准备的各种物资的成本，包括工程用材料、尚未安装的设备以及为生产准备的工器具等，属于资产类账户，借方登记为在建工程购入的各种物资的成本，贷方登记为在建工程领用的各种物资的成本，期末借方余额为尚未领用物资的成本。本账户按照“专用材料”、“专用设备”、“工器具”等进行明细核算。工程物资发生减值的，可单独设置“工程物资减值准备”账户核算。

（4）“未确认融资费用”账户，核算企业应当分期确认的融资费用，除应当予以资本化的以外，确认为财务费用，计入当期损益。本账户按照债权人和长期付款项目进行明细核算。

（5）“累计折旧”账户，核算固定资产折旧的计提和转销情况，贷方登记计提的折旧，借方登记转销的折旧，期末贷方余额为累计折旧。某项固定资产的累计折旧，可根据固定资产卡片记载的该项固定资产的原值、折旧率和实际使用年数等资料进行计算，因而本账户只进行总分类核算，不进行明细分类核算。“累计折旧”账户是“固定资产”账户的备抵账户，将“固定资产”账户的借方余额减去“累计折旧”账户的贷方余额，反映固定资产净值。

（6）“固定资产清理”账户，核算因出售、报废、毁损等原因转入清理的固定资产净值及在清理中发生的清理费用和清理收入，借方登记转入清理的固定资产净值和发生的清理费用，贷方登记固定资产变价收入和赔偿损失的收入，期末借方或贷方余额为未清理完毕的固定资产收益或损失。

第二节　固定资产的取得

一、外购固定资产

外购固定资产的成本包括购买价款、相关税金、使固定资产达到预定可使用状态前发生的可归属于该项资产的运输费、装卸费、安装费和专业人员服务费等。

1. 购入不需要安装的固定资产

企业购入的不需要安装的固定资产，购入后即可达到预定可使用状态，因而在购入时，按确定的成本，借记“固定资产”账户，按可抵扣的增值税税额，借记“应交税费——应交增值税（进项税额）”账户，按已付或应付的款项，贷记“银行存款”、“ 应付票据”等账户。

【例 4-1】×8 年 3 月 12 日 A 公司购入不须安装就可以直接投入使用的设备一台，价款为 16 000 元，可抵扣增值税税额为 2 720 元，发生运输费 1 000 元，款项均已通过银行转账支付。假定不考虑其他相关税费，则其账务处理如下：

借：固定资产	16 930	
应交税费——应交增值税（进项税额）	2 790	
贷：银行存款		19 720

2. 购入需要安装的固定资产

企业购入的需要安装的固定资产，只有安装调试后才能达到预定可使用状态，才能发挥作用。因而在购入时，先记入“在建工程”账户，待安装完毕达到预定可使用状态时，再转入“固定资产”账户。

【例 4-2】×8 年 2 月 3 日 A 公司购入了需要安装的机器设备一台，价款为 52 000 元，可抵扣增值税税额为 8 840 元，发生运输费 1 000 元，款项均已通过银行转账支付。安装设备时，领用成本为 4 800 元的生产用材料一批，发生人工费 4 200 元。假定不考虑其他相关税费，则其账务处理如下。

（1）支付设备价款、增值税、运输费：

借：在建工程　52 930

　　应交税费——应交增值税（进项税额）　8 910

　　贷：银行存款　61 840

（2）领用生产用原材料，发生人工费：

借：在建工程　9 000

　　贷：原材料　4 800

　　　　应付职工薪酬——工资　4 200

（3）设备安装完毕达到预定可使用状态：

借：固定资产　61 930

　　贷：在建工程　61 930

3. 一揽子购买

以一笔款项购入多项没有单独标价的固定资产，应当按照每项固定资产的公允价值占各项固定资产公允价值总和的比例对总成本进行分配，分别确定各项固定资产的成本。

【例 4-3】 为降低采购成本，×8 年 4 月 1 日 C 公司向 D 公司一次购进了具有不同生产能力的设备甲、乙、丙。C 公司通过银行转账支付该批设备的买价 1 560 000 元、可抵扣增值税税额 265 200 元、包装费 8 400 元。假定上述设备的公允价值分别为 585 200、718 960 和 367 840 元，不考虑其他相关税费，则 C 公司的账务处理如下。

（1）确定购入设备总成本：

购入设备总成本 = 1 560 000 + 8 400 = 1 568 400（元）

（2）确定设备甲、乙和丙的价值分配比例：

设备甲的分配比例 = 585 200 ÷ (585 200 + 718 960 + 367 840) = 35%

设备乙的分配比例 = 718 960 ÷ (585 200 + 718 960 + 367 840) = 43%

设备丙的分配比例 = 367 840 ÷ (585 200 + 718 960 + 367 840) = 22%

（3）确定甲、乙和丙设备各自的入账价值：

设备甲的入账价值 = 1 568 400 × 35% = 548 940（元）

设备乙的入账价值 = 1 568 400 × 43% = 674 412（元）

设备丙的入账价值 = 1 568 400 × 22% = 345 048（元）

（4）编制会计分录如下：

借：固定资产——甲　548 940

　　固定资产——乙　674 412

　　固定资产——丙　345 048

　　应交税费——应交增值税（进项税额）　265 200

　　贷：银行存款　1 833 600

4. 分期付款方式购买

购买固定资产的价款超过正常信用条件延期支付，实质上具有融资性质的，固定资产的成本以购买价款的现值为基础确定，应支付的价款与购买价款现值之间的差额，确认为未确认融资费用，并在信用期间内采用实际利率法分期摊销，除应当予以资本化的以外，确认为财务费用，计入当期损益。因此，在购入时，按购买价款的现值，借记“固定资产”或“在建工程”账户，按应支付的价款，贷记“长期应付款”账户，按借方差额，借记“未确认融资费用”账户；分期摊销未确认融资费用时，借记“在建工程”或“财务费用”账户，贷记“未确认融资费用”账户。

【例 4-4】×7 年 1 月 1 日 A 公司从 D 公司购入不需要安装的设备 1 台，价款为 500 万元，分 3 年支付，×7 年 12 月 31 日支付 250 万元；×8 年 12 月 31 日支付 150 万元；×9 年 12 月 31 日支付 100 万元。假定 A 公司 3 年期银行借款利率为 6%，并不考虑增值税，则 A 公司的账务处理如下。

（1）计算总价款的现值：

$$总价款的现值 = 250 \div (1+6\%) + 150 \div (1+6\%)^2 + 100 \div (1+6\%)^3$$
$$= 235.85 + 133.5 + 83.96 = 453.31（万元）$$

（2）确定总价款与现值的差额：

$$总价款与现值的差额 = 500 - 453.31 = 46.69（万元）$$

（3）编制会计分录如下（未确认融资费用分摊如表 4-1 所示）。

表 4-1 未确认融资费用分摊表（实际利率法） （单位：万元）

日期	还本额	本期利息费用	归还本金	本金余额
	①	② = 期初④ × 6%	③ = ① - ②	④ = 期初④ - ③
×7.1.1				453.31
×7.12.31	250.00	27.20	222.80	230.51
×8.12.31	150.00	13.83	136.17	94.34
×9.12.31	100.00	5.66	94.34	0
合 计	500.00	46.69	453.31	

注：每期未确认融资费用摊销额 = 每期期初应付本金余额 × 实际利率

1）×7 年 1 月 1 日：

借：固定资产 4 533 100

　　未确认融资费用 466 900

　　贷：长期应付款——D 公司 5 000 000

2）×7 年 12 月 31 日：

借：长期应付款——D 公司 2 500 000

　　贷：银行存款 2 500 000

借：财务费用 272 000

　　贷：未确认融资费用 272 000

3）×8 年 12 月 31 日：

借：长期应付款——D 公司 1 500 000

　　贷：银行存款 1 500 000

借：财务费用 138 300

　　贷：未确认融资费用 138 300

4）×9 年 12 月 31 日：

借：长期应付款——D 公司 1 000 000

　　贷：银行存款 1 000 000

借：财务费用　　56 600
　　贷：未确认融资费用　　56 600

二、自行建造固定资产

企业自行建造的固定资产包括自制的固定资产和自建的固定资产。前者指企业自己制造生产经营需要的机器、设备等；后者指企业自行建造房屋、建筑物、各种设施以及进行大型机器设备的安装等，也称为在建工程。

自行建造固定资产的成本，由建造该项资产并达到预定可使用状态前发生的必要支出构成，包括工程用物资成本、人工成本、相关税费、应当予以资本化的借款费用以及应当分摊的间接费用等。

企业自行建造固定资产可以采用自营建造和出包建造两种方式。实务中，企业通常采用出包方式，较少采用自营方式。企业自行建造固定资产发生的支出，应当通过"在建工程"账户核算，待工程完工达到预定可使用状态时，从"在建工程"账户转入"固定资产"账户。

1. 自营方式建造固定资产

企业以自营方式建造固定资产，意味着企业自行组织工程物资采购，自行组织施工人员从事工程施工，其成本应当按照直接材料、直接人工、直接机械施工费等计量。

（1）为建造固定资产准备的各种物资，应当按买价、不能抵扣的增值税税额、运输费等作为实际成本，借记"工程物资"账户，贷记"银行存款"等账户；建造固定资产领用的工程物资，按实际成本，借记"在建工程——××工程"账户，贷记"工程物资"账户，剩余工程物资退库时，编制相反的会计分录；将剩余工程物资转为本企业存货时，按存货的实际成本或计划成本，借记"原材料"账户，按可抵扣的增值税税额，借记"应交税费——应交增值税（进项税额）"账户，按存货的实际成本与计划成本的差额，借记或贷记"材料成本差异"账户，按剩余工程物资的实际成本，贷记"工程物资"账户。建设期间发生的工程物资盘亏、报废及毁损的净损失，计入所建工程项目的成本；建设期间盘盈的工程物资或处置净收益，冲减所建工程项目的成本。工程完工后发生的工程物资盘盈、盘亏、报废及毁损净损益，计入当期营业外收支。

（2）建造固定资产领用的原材料或商品等存货，按账面价值和不得抵扣增值税进项税额或应交的增值税税额合计，借记"在建工程"账户，按已计提的减值准备，借记"存货跌价准备"账户，按账面余额，贷记"原材料"、"库存商品"等账户，按不得抵扣增值税进项税额或应交的增值税税额，贷记"应交税费——应交增值税（进项税额转出）"或"应交税费——应交增值税（销项税额）"账户。存货采用计划成本核算的，还应当同时结转应分摊的成本差异，借记或贷记"在建工程"账户，贷记或借记"材料成本差异"等账户。

（3）建造固定资产应负担的职工薪酬，借记"在建工程"账户，贷记"应付职工薪酬"账户；辅助生产部门为建造固定资产提供的水、电、设备安装、修理、运输等劳务，借记"在建工程——××工程"账户，贷记"辅助生产成本"账户。

（4）建造固定资产应负担的借款费用，借记"在建工程——待摊支出"账户，贷记"应付债券——应计利息"、"应付利息"等账户。

（5）为建造固定资产发生的管理费、征地费、可行性研究费、临时设施费、公证费、监理费等支出，借记"在建工程——待摊支出"账户，贷记"银行存款"账户。

（6）自然灾害等造成的固定资产建造工程报废或毁损净损失，借记“营业外支出——非常损失”账户，贷记“在建工程——××工程”账户。

（7）固定资产建造工程进行负荷联合试车或试运行发生的费用，借记“在建工程——待摊支出”账户，贷记“银行存款”、“原材料”等账户；试车形成的产品或副产品对外销售或转为库存商品的，按实际销售收入或预计售价冲减所建工程项目的成本，借记“银行存款”、“库存商品”等账户，贷记“在建工程——待摊支出”账户。

（8）固定资产建造工程达到预定可使用状态时，应当计算分配待摊支出，借记“在建工程——××工程”账户，贷记“在建工程——待摊支出”账户；同时结转所建工程项目成本，借记“固定资产”账户，贷记“在建工程——××工程”账户。已达到预定可使用状态但尚未办理竣工决算手续的固定资产，先按估计价值入账，待办理竣工决算手续后再按实际成本调整原来的暂估价值。

【例4-5】 A公司为了自行建造一座厂房，×8年1月4日购入专用物资一批，价款为250 000元，增值税税额为42 500元，款项已通过银行转账支付。1～6月，工程先后领用该批专用物资234 000元；领用成本为32 000元生产用材料一批，购进该材料的增值税进项税额为5 440元；辅助生产车间为工程提供有关劳务支出为35 000元；计提工程人员工资65 800元。6月底，工程达到预定可使用状态并交付使用，将剩余专用物资转为生产用材料。其账务处理如下。

（1）购入为工程准备的物资：

借：工程物资—专用材料　　292 500

　贷：银行存款　　292 500

（2）工程领用物资：

借：在建工程——建筑工程（厂房）　　234 000

　贷：工程物资——专用材料　　234 000

（3）工程领用原材料：

借：在建工程——建筑工程（厂房）　　37 440

　贷：原材料　　32 000

　　应交税费——应交增值税（进项税额转出）　　5 440

（4）辅助生产车间为工程提供劳务支出：

借：在建工程——建筑工程（厂房）　　35 000

　贷：生产成本——辅助生产成本　　35 000

（5）计提工程人员工资：

借：在建工程——建筑工程（厂房）　　65 800

　贷：应付职工薪酬——工资　　65 800

（6）6月底，工程达到预定可使用状态并交付使用：

借：固定资产——厂房　　372 240

　贷：在建工程——建筑工程（厂房）　　372 240

（7）剩余工程物资转作存货：

借：原材料　　50 000

　应交税费——应交增值税（进项税额）　　8 500

贷：工程物资 58 500

【例 4-6】 A 公司为一般纳税企业，×8 年自行建造生产线一条，相关业务如下。

（1）1 月 10 日购进专用物资一批，价款为 140 万元，可抵扣增值税税额为 23.8 万元，款项已通过银行转账支付，所购物资已验收入库。

（2）1 月 20 日工程领用专用物资一批，成本为 130 万元，工程进入实体建造阶段。

（3）2 月 25 日由于发生水灾，造成建造中生产线的某一单位工程发生损毁。经测算，工程毁损部分的实际成本为 17.5 万元，取得的残料变价收入 2.5 万元和保险赔款 5 万元已存入银行。

（4）3 月 16 日工程领用成本为 20 万元的生产用材料一批。

（5）4 月 20 日通过银行转账支付工程管理费和监理费 16.5 万元。

（6）建造该生产线累计分配工程人员工资 16 万元和辅助生产费用 7.5 万元。

（7）4 月 30 日该生产线达到预定可使用状态并交付使用，剩余的专用物资转为生产用材料。

A 公司的账务处理如下：

		借方	贷方
（1）借：	工程物资	1 400 000	
	应交税费——应交增值税（进项税额）	238 000	
	贷：银行存款		1 638 000
（2）借：	在建工程——生产线	1 300 000	
	贷：工程物资		1 300 000
（3）借：	银行存款	75 000	
	营业外支出	100 000	
	贷：在建工程——生产线		175 000
（4）借：	在建工程——生产线	200 000	
	贷：原材料		200 000
（5）借：	在建工程——生产线	165 000	
	贷：银行存款		165 000
（6）借：	在建工程——生产线	235 000	
	贷：应付职工薪酬——工资		160 000
	生产成本		75 000
（7）借：	原材料	100 000	
	贷：工程物资		100 000
借：	固定资产	1 725 000	
	贷：在建工程——生产线		1 725 000

2. 出包方式建造固定资产

企业采用出包方式建造固定资产时，应当通过招标方式将工程项目发包给建造承包商，然后由建造承包商组织工程项目施工，核算工程的具体支出。

在出包方式下，“在建工程”账户主要核算企业与建造承包商结算的工程价款，企业支付给建造承包商的工程价款应当作为工程成本通过“在建工程”账户核算。企业按合理估计的工程进度和合同规定结算的进度款，借记“在建工程——××工程”等账户，贷记“银行存款”、“预付账款”等账户。企业将设备交付给建造承包商建造安装时，借记“在建工程——在安装设备”账户，贷记“工程物资”账户。其余的账务处理可参照以自营方式建造的固定资产。

【例 4-7】 A公司经当地有关部门批准，新建一个火电厂。火电厂由3个单项工程组成，包括建造发电车间、冷却塔以及安装发电设备。×7年2月1日将该项目出包给W公司承建，按合同约定，建造发电车间的价款为500万元，建造冷却塔的价款为300万元，安装发电设备的安装费用为50万元。A公司建造期间发生的有关事项如下。

（1）×7年2月10日按合同约定向W公司预付备料款80万元。

（2）×7年8月2日建造发电车间和冷却塔的工程进度达到50%，与W公司办理工程价款结算400万元，其中发电车间为250万元、冷却塔为150万元。A公司抵扣了预付备料款后，将余款通过银行转账付讫。

（3）×7年10月8日购入需要安装的发电设备，价款为350万元，可抵扣增值税税额为59.5万元，已通过银行转账付讫。

（4）×8年3月10日建筑工程主体已完工，与W公司办理工程价款结算400万元，其中发电车间为250万元、冷却塔为150万元。A公司向W公司开具了一张为期3个月的商业汇票。

（5）×8年4月1日将发电设备运抵现场，交W公司安装。

（6）×8年5月10日发电设备安装到位，通过银行转账支付安装费50万元。

（7）通过银行转账支付工程项目的管理费、公证费、监理费等29万元。

（8）×8年5月进行负荷联合试车领用本企业生产用材料10万元，发生的其他试车费用5万元已通过银行转账支付，试车期间取得的发电收入20万元已存入银行。

（9）×8年6月1日完成试车，各项指标达到设计要求。

A公司的账务处理如下。

（1）×7年2月10日预付备料款：

借：预付账款　　800 000

　　贷：银行存款　　800 000

（2）×7年8月2日办理建筑工程价款结算：

借：在建工程——建筑工程（冷却塔）　　1 500 000

　　在建工程——建筑工程（发电车间）　　2 500 000

　　贷：银行存款　　3 200 000

　　　　预付账款　　800 000

（3）×7年10月8日购入发电设备：

借：工程物资——发电设备　　3 500 000

　　应交税费——应交增值税（进项税额）　　595 000

　　贷：银行存款　　4 095 000

（4）×8年3月10日办理建筑工程价款结算：

借：在建工程——建筑工程（冷却塔）　　1 500 000

　　在建工程——建筑工程（发电车间）　　2 500 000

　　贷：应付票据　　4 000 000

（5）×8年4月1日将发电设备交给乙公司安装：

借：在建工程——在安装设备（发电设备）　　3 500 000

　　贷：工程物资——发电设备　　3 500 000

（6）×8年5月10日办理安装工程价款结算：

借：在建工程——安装工程（发电设备） 500 000
贷：银行存款 500 000

（7）支付工程项目的管理费、公证费、监理费等：

借：在建工程——待摊支出 290 000
贷：银行存款 290 000

（8）进行负荷联合试车：

借：在建工程——待摊支出 150 000
贷：原材料 100 000
银行存款 50 000

借：银行存款 200 000
贷：在建工程——待摊支出 200 000

（9）计算分配待摊支出，结转工程成本：

待摊支出分配率 = (290 000 + 150 000 − 200 000) ÷ (5 000 000 + 3 000 000 + 500 000 + 3 500 000) × 100% = 240 000 ÷ 12 000 000 × 100% = 2%

发电车间分配的待摊支出 = 5 000 000 × 2% = 100 000（元）

冷却塔分配的待摊支出 = 3 000 000 × 2% = 60 000（元）

发电设备分配的待摊支出 = (3 500 000 + 500 000) × 2% = 80 000（元）

借：在建工程——建筑工程（发电车间） 100 000
在建工程——建筑工程（冷却塔） 60 000
在建工程——安装工程（发电设备） 10 000
在建工程——在安装设备（发电设备） 70 000
贷：在建工程——待摊支出 240 000

发电车间的成本 = 5 000 000 + 100 000 = 5 100 000（元）

冷却塔的成本 = 3 000 000 + 60 000 = 3 060 000（元）

发电设备的成本 = (3 500 000 + 500 000) + 80 000 = 4 080 000（元）

借：固定资产——发电车间 5 100 000
固定资产——冷却塔 3 060 000
固定资产——发电设备 4 080 000
贷：在建工程——建筑工程（发电车间） 5 100 000
在建工程——建筑工程（冷却塔） 3 060 000
在建工程——安装工程（发电设备） 510 000
在建工程——在安装设备（发电设备） 3 570 000

三、租入固定资产

固定资产的租赁业务按照其实质上是否转移与租赁资产所有权有关的全部风险和报酬，分为融资租赁和经营租赁。

1. 融资租赁

融资租赁是指实质上转移了与租赁资产所有权有关的全部风险和报酬的租赁，其所有权最终可能转移，也可能不转移。

企业采用融资租赁方式租入的固定资产，虽然在法律形式上资产的所有权在租赁期间仍属于出租人，但由于租赁期基本上涵盖了租赁资产的有效使用年限，承租企业实质上获得了租赁资产的使用权和所能提供的主要经济利益，同时承担了与租赁资产所有权有关的风险，承租企业应当将融资租入固定资产视同自有固定资产入账，同时确认相应的负债，并采用与自有固定资产相一致的折旧政策计提折旧。

为了与企业自有固定资产相区别，企业应当对融资租入固定资产单独设置“融资租入固定资产”明细账进行核算。企业应当将租赁开始日租赁资产的公允价值与最低租赁付款额的现值两者中较低者，加上在租赁谈判和签订租赁合同过程中发生的手续费、律师费、差旅费、印花税等初始直接费用，作为融资租入固定资产的入账价值，借记“固定资产”或“在建工程”账户，按最低租赁付款额，贷记“长期应付款”账户，按发生的初始直接费用，贷记“银行存款”等账户，按借方差额，借记“未确认融资费用”账户；每期支付租赁费时，借记“长期应付款”账户，贷记“银行存款”账户；每期采用实际利率法分摊未确认融资费用时，借记“在建工程”或“财务费用”账户，贷记“未确认融资费用”账户。租赁期届满，租赁资产的所有权转归承租企业的，应当将固定资产从“融资租入固定资产”明细账转入有关明细账。

所谓最低租赁付款额是指在租赁期内，承租人应当支付或可能被要求支付的各种款项（不包括或有租金和履约成本），加上由承租人或与其有关的第三方担保的资产余值（指租赁开始日预计的租赁期届满时租赁资产的公允价值）。如果承租人有购买租赁资产的选择权，且租赁合同订立的购买价款预计远低于租赁期届满时租赁资产的公允价值，因而在租赁开始日就可以合理确定承租人将会行使购买选择权的，购买价款也应当计入最低租赁付款额。

或有租金是指金额不固定，以时间长短以外的其他因素（如销售量、使用量、物价指数等）为依据计算的租金。

履约成本是指租赁期内为租赁资产支付的各种使用费用，如技术咨询和服务费、人员培训费、维修费、保险费等。支付的履约成本，借记“制造费用”、“管理费用”等账户，贷记“银行存款”账户。

最低租赁付款额现值 = 每期支付租赁费 × 年金现值系数
+（担保余值 + 购买价格）× 复利现值系数

企业以出租人的租赁内含利率、合同规定利率、银行同期贷款利率等利率作为折现率将最低租赁付款额进行折现，而且以该现值作为租赁资产入账价值的，应当将租赁内含利率、合同规定利率、银行同期贷款利率等利率作为未确认融资费用的分摊率；以租赁资产的公允价值作为入账价值的，应当将使最低租赁付款额的现值等于租赁资产公允价值的折现率作为未确认融资费用的分摊率。

【例 4-8】×6 年 12 月 1 日 A 公司与租赁公司签订了一份生产线融资租赁合同。租赁合同规定，租赁期开始日为 ×7 年 1 月 1 日，租赁期为 3 年，每年年末支付租金 400 000 元，租赁期届满，生产线的估计残余价值为 80 000 元，其中 A 公司担保余值为 60 000 元，未担保余值为 20 000 元。该生产线于 ×6 年 12 月 31 日运抵 A 公司，当日投入使用，A 公司采用年限平均法计提折旧。假定租赁开始日该生产线的公允价值为 1 200 000 元，租赁内含利率为 6%。×9 年 12 月 31 日 A 公司将该生产线归还给租赁公司。A 公司的账务处理如下。

（1）计算租赁开始日最低租赁付款额的现值，确定租赁资产入账价值：

最低租赁付款额 = 400 000 × 3 + 60 000 = 1 260 000（元）

最低租赁付款额现值 = 400 000 × 2.673 0 + 60 000 × 0.839 6 = 1 119 576（元）

根据孰低原则，租赁资产的入账价值为 1 119 576 元。

（2）计算未确认融资费用（未确认融资费用分摊如表 4-2 所示）:

未确认融资费用 = 1 260 000 − 1 119 576 = 140 424（元）

表 4-2　未确认融资费用分摊表　　（单位：元）

日期	租金	确认的融资费用	应付本金减少额	应付本金余额
	(1)	(2) = 期初(4) × 6%	(3) = (1) − (2)	(4) = 期初(4) − (3)
×7.1.1				1 119 576.00
×7.12.31	400 000.00	67 174.56	332 825.44	786 750.56
×8.12.31	400 000.00	47 205.03	352 794.97	433 955.59
×9.12.31	400 000.00	26 044.41*	373 955.59	60 000.00
合计	1200 000.00	140 424.00	1 059 576.00	

注：*尾数调整。

借：固定资产——融资租入固定资产　　1 119 576

　　未确认融资费用　　140 424

　　贷：长期应付款——应付租赁费　　1 260 000

（3）×7 年 12 月 31 日支付租金、分摊融资费用并计提折旧:

计提折旧 = (1 119 576 − 60 000) ÷ 3 = 353 192（元）

借：长期应付款——应付租赁费　　400 000

　　贷：银行存款　　400 000

借：财务费用　　67 174.56

　　贷：未确认融资费用　　67 174.56

借：制造费用　　353 192

　　贷：累计折旧　　353 192

×8 年及 ×9 年支付租金、分摊融资费用并计提折旧的账务处理，比照 ×7 年处理。

（4）×9 年 12 月 31 日归还生产线:

借：长期应付款——应付租赁费　　60 000

　　累计折旧　　1 059 576

　　贷：固定资产——融资租入固定资产　　1 119 576

【例 4-9】 ×4 年 12 月 1 日 A 公司以融资租赁方式向租赁公司租入生产设备一台，当日该设备的公允价值为 500 000 元。租赁合同规定，租赁期开始日为 ×5 年 1 月 1 日，租赁期为 4 年，每年年末支付租金 150 000 元，租赁合同规定的利率为 7%，租赁期届满时 A 公司有优惠购买该设备的权利，购买价为 100 元。A 公司 ×4 年 12 月 1 日因租赁交易通过银行转账支付律师费 1 000 元。假定该设备不需要安装，则 A 公司的账务处理如下。

（1）计算租赁开始日最低租赁付款额的现值，确定租赁资产入账价值:

最低租赁付款额 = 150 000 × 4 + 100 = 600 100（元）

最低租赁付款额现值 = 150 000 × 3.387 2 + 100 × 0.762 9 = 508 156.29（元）

根据孰低原则，租赁资产的入账价值为 500 000 元。

（2）计算未确认融资费用（未确认融资费用分摊如表 4-3 所示）。

表 4-3　未确认融资费用分摊表　（单位：元）

日期	租金	确认的融资费用	应付本金减少额	应付本金余额
×5.1.1				500 000.00
×5.12.31	150 000.00	38 600.00	111 400.00	388 600.00
×6.12.31	150 000.00	29 999.92	120 000.08	268 599.92
×7.12.31	150 000.00	20 735.91	129 264.09	139 335.83
×8.12.31	150 000.00	10 764.17*	139 235.83	100.00
×9.1.1	100.00			
合计	600 100.00	100 100.00	500 000.00	

注：*尾数调整。

未确认融资费用 = 600 100 − 500 000 = 100 100（元）

（3）确定融资费用分摊率。

当 $r = 8\%$时：

150 000 × 3.312 1 + 100 × 0.735 0 = 496 888.5 < 500 000（元）

因此，$7\% < r < 8\%$。用插值法计算如下：

现值	利率
508 156.29	7%
500 000.00	r
496 888.50	8%

（508 156.29 − 500 000）÷ (508 156.29 − 496 888.50) = (7% − r) ÷ (7% − 8%)

$r = 7.72\%$

（4）编制会计分录。

1）×5 年 1 月 1 日：

借：固定资产——融资租入固定资产　501 000
　　未确认融资费用　100 100
　贷：长期应付款——应付租赁费　600 100
　　　银行存款　1 000

2）×5 年 12 月 31 日：

借：长期应付款——应付租赁费　150 000
　贷：银行存款　150 000

借：财务费用　500 000 × 7.72% = 38 600
　贷：未确认融资费用　38 600

3）×6—×8 年的会计分录略。

4）×9 年 1 月 1 日：

借：长期应付款——应付租赁费　100
　贷：银行存款　100

借：固定资产——生产经营用固定资产　501 000
　贷：固定资产——融资租入固定资产　501 000

2. 经营租赁

经营租赁是指实质上没有转移与租赁资产所有权有关的全部风险和报酬的租赁。租赁期届满，承租人有退租或续租的选择权，而不存在购买选择权，租赁资产的所有权不转移。

由于承租企业不需要承担租赁资产的主要风险，其账务处理比较简单，只需将租入固定资产在“租入固定资产备查簿”中进行登记，并将发生的初始直接费用确认为管理费用，计入当期损益。

出租人提供免租期的，承租人应当将租金总额在不扣除免租期的整个租赁期内，按照直线法或其他合理的方法分摊，免租期内也应确认租金费用；出租人承担了承租人某些费用的，承租人应当按照扣除该费用后的租金余额在租赁期内分摊。

【例 4-10】×6 年 1 月 1 日 A 公司向 D 公司租入价值为 110 万元、预计使用年限为 10 年的办公设备一台，租赁期为 4 年，每年租金为 20 万元，一次性预付租金 45 万元，租赁期届满后 D 公司收回设备。A 公司的账务处理如下。

（1）×6 年 1 月 1 日：

借：长期待摊费用	450 000	
贷：银行存款		450 000

（2）×6 年 12 月 31 日和 ×7 年 12 月 31 日：

借：管理费用	200 000	
贷：长期待摊费用		200 000

（3）×8 年 12 月 31 日：

借：管理费用	200 000	
贷：长期待摊费用		50 000
银行存款		150 000

（4）×9 年 12 月 31 日：

借：管理费用	200 000	
贷：银行存款		200 000

四、存在弃置费用的固定资产

对于特殊行业的特定固定资产，确定其初始入账成本时还应当考虑弃置费用。弃置费用是根据企业承担的环境保护和生态恢复等义务确定的支出，如核电站核设施等的弃置和恢复环境等义务。

一般工商企业发生的固定资产报废清理费用，不属于弃置费用，属于固定资产处置费用。

企业应当按照《企业会计准则第 13 号——或有事项》的规定，按照现值计算确定应当计入固定资产成本的金额和相应的预计负债。在固定资产的使用寿命内，按照预计负债的摊余成本和实际利率计算的利息费用，应当计入财务费用。因此，在取得存在弃置义务的固定资产时，按预计弃置费用的现值，借记“固定资产”账户，贷记“预计负债”账户；在该项固定资产的使用寿命内，按各期应负担的利息费用，借记“财务费用”账户，贷记“预计负债”账户。

【例 4-11】某公司属于核电站发电企业，×8 年 1 月 1 日正式建造完成并交付使用一座核电站，成本为 20 000 万元，预计使用寿命为 40 年。根据国家法律规定，企业应当承担环境保护和生态恢复等义务，预计 40 年后使用寿命届满时将发生弃置费用 2 000 万元。在考虑货币的时间价值和相关期间通货膨胀等因素确定的折现率为 5%。该公司的账务处理如下。

（1）×8 年 1 月 1 日：

固定资产入账价值 $= 20\ 000 + 2\ 000 \div (1 + 5\%)^{40} = 20\ 284.09$（万元）

借：固定资产　　202 840 900

　　贷：在建工程　　200 000 000

　　　　预计负债　　2 840 900

（2）×8 年 12 月 31 日：

借：财务费用　　142 045

　　贷：预计负债　　142 045

五、其他方式取得的固定资产

投资者投入的固定资产和接受捐赠的固定资产，可比照按实际成本计价核算的原材料处理。企业通过非货币性资产交换、债务重组等方式取得的固定资产的成本，应当按照相关准则的规定确定。

第三节　固定资产折旧

一、影响固定资产折旧的因素

折旧是指在固定资产的使用寿命内，按照确定的方法对应计折旧额进行的系统分摊。应计折旧额是指应当计提折旧的固定资产的原价扣除其预计净残值和已计提的减值准备累计金额后的余额。由此可见，影响固定资产折旧的因素主要有以下四个方面。

（1）固定资产的原价，指固定资产的成本。

（2）固定资产的使用寿命，指使用固定资产的预计期间，或者该项固定资产能生产产品或提供劳务的数量。确定固定资产的使用寿命，应当考虑下列因素：①预计生产能力或实物产量；②预计有形损耗和无形损耗；③法律或类似规定对资产使用的限制。固定资产的使用寿命一经确定，不得随意变更。

（3）预计净残值，指假定固定资产预计使用寿命已满并处于使用寿命终了时的预期状态，企业目前从该项资产处置中获得的扣除预计处置费用后的金额。固定资产的预计净残值一经确定，不得随意变更。

（4）固定资产减值准备，指已计提的固定资产减值准备累计金额。

二、固定资产的折旧范围

计提折旧不仅要明确影响折旧的因素，而且要明确折旧的范围，即要解决哪些固定资产应当从什么时间开始计提折旧的问题。

企业应当对所有的固定资产计提折旧，但在实际操作中需要注意以下问题。

（1）已达到预定可使用状态但尚未办理竣工决算的固定资产，无论是否交付使用，应当先按照估计价值入账，并计提折旧，待办理竣工决算手续后，再按照实际成本调整原来的暂估价值，但不调整原已计提折旧。

（2）处于更新改造过程的固定资产，应当停止计提折旧。更新改造项目达到预定可使用状态转为固定资产后，再按照重新确定的账面价值、预计净残值、尚可使用寿命和折旧方法计提折旧。

（3）由于季节性或大修理等原因暂时停止使用的固定资产，照提折旧。

（4）已计提减值准备的固定资产，应当以其可收回金额为依据计提折旧；已全额计提减值准备的固定资产，不再计提折旧。

（5）固定资产提足折旧后，不论能否继续使用，均不再计提折旧；提前报废的固定资产，也不再补提折旧。提足折旧是指已经提足该项固定资产的应计折旧额。

（6）持有待售的固定资产从划归为持有待售之日起停止计提折旧。

（7）企业应当按月计提折旧，当月增加的固定资产，当月不计提折旧，从下月起计提折旧；当月减少的固定资产，当月照提折旧，从下月起停止计提折旧。

（8）融资租入的固定资产，在租赁开始日能够合理确定租赁期届满时取得其所有权的，应当在其尚可使用寿命内计提折旧；否则，应当在其租赁期与尚可使用寿命两者中较短的期间内计提折旧。

三、固定资产的折旧方法

企业应当根据与固定资产有关的经济利益的预期实现方式合理选择折旧方法。在我国会计实务中，企业可选用的折旧方法有年限平均法、工作量法、双倍余额递减法和年数总和法。企业选用的折旧方法，将影响不同时期的折旧费用，因而折旧方法一经确定，不得随意变更。

1. 年限平均法

年限平均法又称为直线法，指将固定资产的应计折旧额均衡地分摊到预计使用寿命内的一种方法。采用这种方法计算的各期折旧额均相等，计算公式如下：

年折旧率 = (1 − 预计净残值率) ÷ 预计使用寿命（年）

月折旧率 = 年折旧率 ÷ 12

月折旧额 = 固定资产原价 × 月折旧率

【例 4-12】 某项固定资产的原值为 10 000 元，预计净残值率为 5%，估计使用寿命为 5 年。每年折旧额计算如下：

年折旧率 = (1 − 5%) ÷ 5 = 19%

年折旧额 = 10 000 × 19% = 1 900（元）

2. 工作量法

工作量法是指根据固定资产能工作的数量平均计算折旧的一种方法，计算公式如下：

单位工作量折旧额 = 固定资产原价 ×（1 − 预计净残值率）÷ 预计总工作量

某项固定资产月折旧额 = 该项固定资产当月工作量 × 单位工作量折旧额

【例 4-13】 一台机器设备的原价为 680 000 元，预计可生产产品 2 000 000 件，预计净残值率为 3%，本月生产产品 34 000 件。月折旧额计算如下：

单件折旧额 = 680 000 × (1 − 3%) ÷ 2 000 000 = 0.329 8（元）

月折旧额 = 34 000 × 0.329 8 = 11 213.2（元）

3. 双倍余额递减法

双倍余额递减法是指在不考虑预计净残值的情况下，根据期初固定资产账面价值（原价减去已计提折旧及减值准备后的金额）和双倍的直线法折旧率计算各期折旧的一种方法。采用这种方法计算折旧时，由于期初固定资产账面价值没有扣除预计净残值，在其折旧年限到期前两年内，应当将固定资产账面价值扣除预计净残值后的净额平均分摊。计算公式如下：

年折旧率 = 2 ÷ 预计的使用年限 × 100%

年折旧额 = 年初固定资产账面价值 × 年折旧率

月折旧额 = 年折旧额 ÷ 12

【例 4-14】 一台机器设备原价为 600 000 元，预计使用寿命为 5 年，预计净残值率为 4%。每年折旧额计算如下：

年折旧率 = 2 ÷ 5 × 100% = 40%

第一年折旧额 = 600 000 × 40% = 240 000（元）

第二年折旧额 = 600 000 × 60% × 40% = 144 000（元）

第三年折旧额 = 600 000 × 60% × 60% × 40% = 86 400（元）

从第四年起改按年限平均法（直线法）计提折旧。

第四、五年折旧额 = 600 000 × (60% × 60% × 60% − 4%) ÷ 2 = 52 800（元）

4. 年数总和法

年数总和法又称为年限合计法，指将固定资产的原价减去预计净残值后的余额乘以一个逐年递减的分数计算折旧的一种方法。这个分数的分子代表固定资产尚可使用寿命，分母代表预计使用寿命逐年数字总和。计算公式如下：

年折旧率 = 尚可使用年限 ÷ 预计使用寿命的年数总和 × 100%

年折旧额 =（固定资产原价 − 预计净残值）× 年折旧率

确认减值损失后年折旧额 =（固定资产原价 − 已计提折旧及减值准备 − 预计净残值）× 年折旧率（按剩余折旧年限确定）

=（可收回金额 − 预计净残值）× 年折旧率

月折旧额 = 年折旧额 ÷ 12

【例 4-15】 沿用【例 4-14】，采用年数总和法计算的各年折旧额如下：

第一年折旧额 = 600 000 × (1 − 4%) × 5 ÷ 15 = 192 000（元）

第二年折旧额 = 600 000 × (1 − 4%) × 4 ÷ 15 = 153 600（元）

第三年折旧额 = 600 000 × (1 − 4%) × 3 ÷ 15 = 115 200（元）

第四年折旧额 = 600 000 × (1 − 4%) × 2 ÷ 15 = 76 800（元）

第五年折旧额 = 600 000 × (1 − 4%) × 1 ÷ 15 = 38 400（元）

应当说明的是，年度中间投入使用的固定资产，采用加速折旧法计提折旧时，首先要计算每一折旧年度应当计提的折旧额，然后除以 12 计算每月应当计提的折旧额。

【例 4-16】 A 公司为一般纳税企业，适用的增值税税率为 17%。×3 年 2 月购入设备一台，价款为 468.85 万元，可抵扣增值税税额为 79.704 5 万元，运杂费为 3.75 万元，立即投入安装。安装期间领用工程物资 22.4 万元和生产用材料 5 万元。该设备预计使用寿命为 5 年，预计净残值为 20 万元。

要求：①计算安装完毕投入使用的固定资产成本；②假定 ×3 年 4 月 10 日安装完毕并交付使用，采用年限平均法计算 ×3 年、×4 年和 ×8 年折旧额；③假定 ×3 年 9 月 10 日安装完毕并交付使用，采用年数总和法计算 ×3 年、×4 年和 ×8 年折旧额；④假定 ×3 年 3 月 10 日安装完毕并交付使用，采用双倍余额递减法计算 ×3 年—×8 年折旧额。

计算过程如下。

（1）固定资产成本 = 468.85 + 3.75 + 22.4 + 5 = 500（万元）。

（2）采用年限平均法计算 ×3 年、×4 年和 ×8 年折旧额。

×3 年折旧额 = (500 − 20) ÷ 5 × 8 ÷ 12 = 64（万元）

×4 年折旧额 = (500 − 20) ÷ 5 = 96（万元）

×8 年折旧额 = (500 − 20) ÷ 5 × 4 ÷ 12 = 32（万元）

（3）采用年数总和法计算 ×3 年、×4 年和 ×8 年折旧额。

×3 年折旧额 = (500 − 20) × 5 ÷ 15 × 3 ÷ 12 = 40（万元）

×4 年折旧额 = (500 − 20) × 5 ÷ 15 × 9 ÷ 12 + (500 − 20) × 4 ÷ 15 × 3 ÷ 12 = 152（万元）

×8 年折旧额 = (500 − 20) × 1 ÷ 15 × 9 ÷ 12 = 24（万元）

（4）采用双倍余额递减法计算 ×3—×8 年折旧额。

×3 年折旧额 = 500 × 40% × 9 ÷ 12 = 150（万元）

×4 年折旧额 = 500 × 40% × 3 ÷ 12 + 500 × 60% × 40% × 9 ÷ 12 = 140（万元）

×5 年折旧额 = 500 × 60% × 40% × 3 ÷ 12 + 500 × 60% × 60% × 40% × 9 ÷ 12 = 84（万元）

×6 年折旧额 = 500 × 60% × 60% × 40% × 3 ÷ 12 + (500 × 60% × 60% × 60% − 20) ÷ 2 × 9 ÷ 12 = 51（万元）

×7 年折旧额 = (500 × 60% × 60% × 60% − 20) ÷ 2 = 44（万元）

×8 年折旧额 = (500 × 60% × 60% × 60% − 20) ÷ 2 × 3 ÷ 12 = 11（万元）

四、固定资产折旧的账务处理

在实际工作中，企业采用年限平均法对固定资产计提折旧，是以月初应当计提折旧的固定资产账面原价为依据的，因而企业各月计提折旧时，可以在上月计提折旧的基础上，对上月固定资产的增减情况进行调整后计算当月应当计提的折旧。计算公式如下：

本月应计提折旧额 = 上月计提折旧额 + 上月增加固定资产计提折旧额 − 上月减少固定资产计提折旧额

企业每月计提的折旧，应当根据固定资产的用途计入相关资产成本或当期损益。其中，生产车间（部门）使用的固定资产折旧计入制造费用；管理部门使用的固定资产折旧和未使用的固定资产折旧计入管理费用；销售部门使用的固定资产折旧计入销售费用；以经营租赁方式租出的固定资产折旧计入其他业务成本；无形资产研发过程中使用的固定资产折旧计入研发支出。相关的账务处理为：借记“制造费用”、“销售费用”、“管理费用”、“其他业务成本”、“研发支出”等账户，贷记“累计折旧”账户。

【例 4-17】 本月生产车间计提折旧 8 万元，管理部门计提折旧 3 万元，销售部门计提折旧 5 万元，出租固定资产计提折旧 2 万元。其账务处理如下：

借：制造费用	80 000	
管理费用	30 000	
销售费用	50 000	
其他业务成本	20 000	
贷：累计折旧		180 000

五、固定资产预计使用寿命、预计净残值和折旧方法的复核

固定资产所处的经济环境、技术环境和其他环境有可能对固定资产的使用寿命和预计净残值产生较大影响。为了真实反映固定资产为企业提供经济利益的期间和每期实际的资产消耗，企业至少应当在每年年末，对固定资产的使用寿命、预计净残值和折旧方法进行复核。固定资产的使用寿命、预计净残值的预计数与原先估计数不同的，应相应调整固定资产使用寿命、预计净残值，并按照会计估计变更的有关规定进行处理；与固定资产有关的经济利益的预期实现方式有重大改变的，应相应改变固定资产折旧方法，并按照会计估计变更的有关规定进行处理。

【例 4-18】 A 公司有管理用设备 1 台，原价为 84 000 元，预计使用年限为 8 年，预计净残值为 4 000 元，×4 年 1 月 1 日起采用年限平均法计提折旧。×8 年 1 月 1 日由于新技术的出现，需要对原估计的使用年限和净残值做出修正，修改后的预计尚可使用年限为 2 年，预计净残值为 2 000 元。A 公司的所得税税率为 25%，税法允许按变更后的折旧额税前扣除。

A 公司对上述会计估计变更的处理如下。

（1）不调整以前各期折旧，也不计算累积影响数。

（2）按修改后的预计使用寿命提取折旧。

按原估计，每年折旧额为 10 000 元，已计提 4 年，共计 40 000 元，固定资产账面价值为 44 000 元。改变预计使用年限后，不必对以前年度已计提折旧进行调整，只需按重新预计的尚可使用年限和净残值计算确定年折旧费用。×8 年起每年计提的折旧费用为 21 000 元［(44 000 − 2 000) ÷ 2］，其账务处理如下：

借：管理费用　　21 000

　　贷：累计折旧　　21 000

（3）附注说明。

该公司管理用设备 1 台，成本为 84 000 元，原预计使用年限为 8 年，预计净残值为 4 000 元，按年限平均法计提折旧。由于新技术的出现，该设备已不能按原预计使用年限计提折旧，于是公司在 ×8 年年初将该设备的预计尚可使用年限变更为 2 年，预计净残值变更为 2 000 元，以反映该设备在目前情况下的预计尚可使用年限和净残值。此估计变更使本年度净利润减少 8 250 元［(21 000 − 10 000) × (1 − 25%)］。

第四节　固定资产的后续支出

固定资产后续支出是指固定资产在使用过程中发生的更新改造、修理、装修等各种支出。与固定资产有关的后续支出，如果使可能流入企业的经济利益超过了原先的估计，如延长了固定资产的使用寿命、使产品的质量实质性提高或使产品的成本实质性降低，则应当予以资本化，计入固定资产成本；否则，应当予以费用化，计入当期损益。

一、资本化的后续支出

固定资产发生应当予以资本化的后续支出时，应当将该项固定资产的账面价值转入在建

工程，并停止计提折旧。发生的后续支出，应当通过“在建工程”账户核算，计入固定资产成本，同时扣除被替换部分的账面价值。在固定资产发生的后续支出完工并达到预定可使用状态时，应当在不超过其预计可收回金额的范围内，从在建工程转为固定资产，并按重新确定的账面价值、使用寿命、预计净残值和折旧方法计提折旧。后续支出资本化后的固定资产账面价值超过其预计可收回金额的差额，应当计入当期营业外支出。但是，需要注意以下问题。

（1）经营租入固定资产发生的改良支出，应当予以资本化，通过“长期待摊费用”账户核算，并在剩余租赁期与尚可使用寿命两者中较短的期间内，采用合理的方法进行摊销。

（2）固定资产装修费用，符合固定资产确认条件的，应当在“固定资产”账户下单独设置“固定资产装修”明细账核算，并在两次装修间隔期间与尚可使用寿命两者中较短的期间内，采用合理的方法单独计提折旧。在下次装修时，该项固定资产的“固定资产装修”明细账仍有余额的，应当将其余额一次全部计入当期营业外支出。

（3）企业对固定资产进行定期维护发生的大修理费用，符合固定资产确认条件的，应当计入固定资产成本。

（4）融资租入固定资产发生的后续支出，比照上述原则处理。但是，应当予以资本化的装修费用，应当在两次装修间隔期间、剩余租赁期与尚可使用寿命三者中较短的期间内，采用合理的方法单独计提折旧。

【例4-19】 A公司为一般纳税企业，其有关业务资料如下。

（1）×5年12月该公司自行建成一条生产线并投入使用，建造成本为113 600元，采用年限平均法计提折旧，预计净残值率为3%，预计使用年限为6年。

（2）×6年12月31日A公司在对该生产线进行检查时发现其已经发生减值，预计可收回金额为93 600元，预计尚可使用年限为5年，预计净残值为3 600元，仍采用年限平均法计提折旧。

（3）由于生产的产品适销对路，现有生产线的生产能力已难以满足公司生产发展的需要，但若新建生产线则成本过高、周期过长，于是公司决定×8年1月1日起对现有生产线进行改造，以提高其生产能力。用3个月的时间完成了对该生产线的改造，共发生支出53 780元，均通过银行转账支付。

（4）该生产线改造工程达到预定可使用状态后，预计尚可使用7年9个月，预计可收回金额为120 000元，预计净残值率为3%，仍采用年限平均法计提折旧。为简化计算，不考虑其他相关税费，按年计提折旧。

A公司的账务处理如下。

（1）×6年12月31日计提折旧并确认减值损失：

借：制造费用	18 365.33	
贷：累计折旧		18 365.33

确认减值损失 =（113 600 − 18 365.33）− 93 600 = 1 634.67（元）

借：资产减值损失	1 634.67	
贷：固定资产减值准备		1 634.67

（2）×7年12月31日计提折旧：

借：制造费用	18 000	
贷：累计折旧		18 000

（3）×8年1月1日对该生产线进行改造：

借：在建工程　75 600.00
　　累计折旧　36 365.33
　　固定资产减值准备　1 634.67
　贷：固定资产——生产线　113 600.00

（4）×8年1月1日—3月31日发生后续支出：

借：在建工程　53 780
　贷：银行存款　53 780

（5）×8年3月31日生产线改造工程达到预定可使用状态：

借：固定资产——生产线　120 000
　　营业外支出　9 380
　贷：在建工程　129 380

（6）×8年计提折旧：

借：制造费用　11 264.52
　贷：累计折旧　11 264.52

（7）×9年起每年计提折旧：

借：制造费用　15 019.35
　贷：累计折旧　15 019.35

【例4-20】×0年12月A公司采用出包方式建造的营业厅达到预定可使用状态投入使用，建造成本为360 000元。该营业厅内有一部电梯，成本为40 000元，未单独确认为固定资产。为吸引顾客，×9年1月A公司决定更换一部观光电梯，新电梯购买价款为64 000元（含增值税税额），发生安装费用6 200元，款项均通过银行转账支付。旧电梯的回收价格为20 000元，款项尚未收到。假定营业厅的年折旧率为5%，采用年限平均法计提折旧，则其账务处理如下。

（1）将营业厅的账面价值转入在建工程：

营业厅的累计折旧额 = 360 000 × 5% × 8 = 144 000（元）

借：在建工程　216 000
　　累计折旧　144 000
　贷：固定资产　360 000

（2）转销旧电梯的账面价值：

旧电梯的账面价值 = 40 000 ×（1 − 5% × 8）= 24 000（元）

借：应收款项　20 000
　　营业外支出　4 000
　贷：在建工程　24 000

（3）购入并安装新电梯：

借：在建工程　70 200
　贷：银行存款　70 200

（4）电梯安装完毕达到预定可使用状态：

借：固定资产　262 200
　贷：在建工程　262 200

【例 4-21】×7 年 8 月 20 日 A 公司对采用经营租赁方式租入的一条生产线进行改良，发生如下有关支出：领用生产用材料 5 616 元；辅助生产车间为生产线改良提供的劳务支出 512 元；发生人工费 10 944 元。×7 年 12 月 31 日生产线改良工程完工，达到预定可使用状态。假定该生产线预计尚可使用年限为 6 年，剩余租赁期为 5 年，采用直线法摊销，则其账务处理如下。

（1）改良工程领用原材料：

借：在建工程　　5 616

　　贷：原材料　　5 616

（2）辅助生产车间为改良工提供劳务：

借：在建工程　　512

　　贷：辅助生产成本　　512

（3）发生人工费：

借：在建工程　　10 944

　　贷：应付职工薪酬——工资　　10 944

（4）改良工程达到预定可使用状态：

借：长期待摊费用　　17 072

　　贷：在建工程　　17 072

（5）生产线的预计尚可使用年限为 6 年，剩余租赁期为 5 年，因而按照剩余租赁期 5 年摊销。×8 年摊销的会计分录为

借：制造费用　　3 414.40

　　贷：长期待摊费用　　3 414.40

【例 4-22】×4 年 10 月 25 日 C 公司对所属一家商场进行装修，发生如下有关支出：领用生产用材料 8 000 元，购进该材料的增值税进项税额为 1 360 元；辅助生产车间为装修工程提供的劳务支出 2 932 元；发生人工费 5 928 元。×4 年 12 月 26 日商场装修完工达到预定可使用状态，C 公司预计下次装修时间为 ×9 年 12 月。×8 年 1 月 5 日 C 公司决定对该商场重新进行装修。假定该商场的装修支出符合固定资产确认条件，该商场预计尚可使用年限为 8 年，预计净残值为 220 元，采用年限平均法计提折旧，不考虑其他因素，则其账务处理如下。

（1）装修领用原材料：

借：在建工程　　9 360

　　贷：原材料　　8 000

　　　　应交税费——应交增值税（进项税转出）　　1 360

（2）辅助生产车间为装修工程提供劳务：

借：在建工程　　2 932

　　贷：生产成本——辅助生产成本　　2 932

（3）发生人工费：

借：在建工程　　5 928

　　贷：应付职工薪酬——工资　　5 928

（4）装修工程达到预定可使用状态交付使用：

借：固定资产——固定资产装修　　18 220

贷：在建工程　　18 220

（5）预计下次装修时间为×9年12月，两次装修间隔期间小于预计尚可使用年限，因而按照两次装修间隔期间计提折旧。×5—×7年计提折旧的会计分录为：

借：管理费用　　3 600

　　贷：累计折旧　　3 600

（6）×8年1月5日重新装修：

借：营业外支出　　7 420

　　累计折旧　　10 800

　　贷：固定资产——固定资产装修　　18 220

二、费用化的后续支出

固定资产投入使用后，由于磨损和各组成部分耐用程度不同，可能导致固定资产的局部损坏。为了确保固定资产的正常运转和使用，充分发挥其使用效能，企业将对固定资产进行必要的维护。企业对固定资产进行维护发生的不符合固定资产确认条件的大修理费用以及日常修理费用等后续支出，应当在发生时计入当期损益。企业生产车间（部门）和行政管理部门等发生的固定资产修理费用等后续支出，应当在发生时计入当期管理费用；专设销售机构发生的固定资产修理费用等后续支出，应当在发生时计入当期销售费用。

【例4-23】×8年1月20日A公司对某办公楼进行维修，维修过程中领用成本为24 000元的生产用材料一批，发生维修人员的薪酬8 664元。假定购进该批生产用材料的增值税进项税额为4 080元，则其账务处理如下：

借：管理费用　　36 744

　　贷：原材料　　24 000

　　　　应交税费——应交增值税（进项税额转出）　　4 080

　　　　应付职工薪酬——工资　　8 664

第五节　固定资产的处置

固定资产处置包括固定资产的出售、报废和毁损、对外投资、对外捐赠、非货币性资产交换、债务重组等。

一、固定资产终止确认的条件

固定资产满足下列条件之一的，应当终止确认。

（1）处于处置状态。处于处置状态的固定资产不再用于生产商品、提供劳务、出租或经营管理，不再符合固定资产的定义，应当终止确认。

（2）预期通过使用或处置不能产生经济利益。固定资产的确认条件之一是“与该项固定资产有关的经济利益很可能流入企业”，如果一项固定资产预期通过使用或处置不能产生经济利益，就不再符合固定资产的定义和确认条件，应当终止确认。

二、固定资产处置的核算

企业出售、转让、报废固定资产或发生固定资产毁损，应当将处置收入扣除账面价值和相关税费后的金额计入当期损益。处置的固定资产一般通过“固定资产清理”账户核算。

自 2009 年 1 月 1 日起，纳税人销售自己使用过的固定资产，区分不同情形征收增值税：①一般纳税人销售自己使用过的 2009 年 1 月 1 日以后购进或自制的固定资产，按适用税率征收增值税，即应纳税额 = 含税售价 ÷（1 + 17%）× 17%；②一般纳税人销售自己使用过的 2008 年 12 月 31 日以前购进或自制的固定资产，按 4%征收率减半征收增值税，即应纳税额 = 含税售价 ÷（1 + 4%）× 4% ÷ 2；③若为小规模纳税人，则不考虑购买时间，一律按 2%征收率征收增值税，即应纳税额 = 含税售价 ÷（1 + 3%）× 2%；④纳税人发生固定资产视同销售行为，对已使用过的固定资产无法确定销售额的，以固定资产净值作为销售额。

企业出售、报废或毁损的固定资产，其账务处理一般经过以下几个步骤。

（1）转入清理的处理。固定资产转入清理时，按账面价值，借记“固定资产清理”账户，按已计提折旧，借记“累计折旧”账户，按已计提减值准备，借记“固定资产减值准备”账户，按账面原价，贷记“固定资产”账户。

（2）清理费用的处理。清理发生的相关税费，借记“固定资产清理”账户，贷记“银行存款”、“应交税费”等账户。

（3）变价收入和残料等的处理。企业收回变价收入和残料等，借记“银行存款”、“原材料”等账户，贷记“固定资产清理”、“应交税费——应交增值税（销项税额）”等账户。

（4）各种赔偿的处理。企业计算或收到的保险公司或过失人的赔偿，借记“其他应收款”、“银行存款”等账户，贷记“固定资产清理”账户。

（5）清理净损益的处理。属于正常处理损失的，借记“营业外支出——处置非流动资产损失”账户，贷记“固定资产清理”账户；属于自然灾害等造成的非常损失的，借记“营业外支出——非常损失”账户，贷记“固定资产清理”账户；属于清理收益的，借记“固定资产清理”账户，贷记“营业外收入——处置非流动资产利得”账户。

固定资产用于对外捐赠、债务重组、非货币性资产交换等方面的，待清理完毕后，应当将“固定资产清理”账户的余额，或者作为捐赠额转入“营业外支出——捐赠支出”账户，或者作为清偿的债务金额转入“应付账款”等有关负债账户，或者作为换入资产成本的组成部分转入“长期股权投资”等有关资产账户。

【例 4-24】 2012 年 2 月 A 公司出售于 2009 年 2 月购入的设备一台，含税售价 210 600 元已存入银行。假定该设备的原价为 200 000 元，预计使用年限为 10 年，净残值率为 0，采用年限平均法计提折旧，则出售时的账务处理如下。

（1）转入清理：

3 年累计折旧 = (200 000 ÷ 10) × 3 = 60 000（元）

借：固定资产清理　　140 000

　　累计折旧　　60 000

　　贷：固定资产　　200 000

（2）收到出售价款：

增值税销项税额 = [210 600 ÷ (1 + 17%)] × 17% = 30 600（元）

借：银行存款　210 600
　贷：固定资产清理　180 000
　　应交税费——应交增值税（销项税额）　30 600

（3）结转清理净收益：

借：固定资产清理　40 000
　贷：营业外收入——处置非流动资产利得　40 000

假定该设备的购入时间为2008年2月，则出售时的账务处理如下。

（1）转入清理：

$$3年累计折旧 = (200\,000 \div 10) \times 4 = 80\,000（元）$$

借：固定资产清理　120 000
　累计折旧　80 000
　贷：固定资产　200 000

（2）收到出售价款：

$$增值税销项税额 = [210\,600 \div (1 + 4\%)] \times 4\% \div 2 = 4\,050（元）$$

借：银行存款　210 600
　贷：固定资产清理　206 550
　　应交税费——应交增值税（销项税额）　4 050

（3）结转清理净收益：

借：固定资产清理　86 550
　贷：营业外收入——处置非流动资产利得　86 550

【例4-25】 B企业为小规模纳税人，2012年10月出售一台已使用过的机器，原价为100 000元，已计提折旧38 000元，含税售价72 100元已存入银行。B企业的账务处理如下。

（1）转入清理：

借：固定资产清理　62 000
　累计折旧　38 000
　贷：固定资产　100 000

（2）收到出售价款：

$$应交增值税 = [72\,100 \div (1 + 3\%)] \times 2\% = 1\,400（元）$$

借：银行存款　72 100
　贷：固定资产清理　70 700
　　应交税费——应交增值税（销项税额）　1 400

（3）结转净损益：

借：固定资产清理　8 700
　贷：营业外收入——处置非流动资产利得　8 700

【例4-26】 一台设备因使用期满经批准报废，原价为186 400元，已计提折旧177 080元，已计提减值准备2 300元，通过银行转账支付清理费用4 000元，残料作价5 400元入库。其账务处理如下。

（1）转入清理：

借：固定资产清理　7 020

累计折旧　177 080
固定资产减值准备　2 300
贷：固定资产　186 400

（2）支付清理费用：

借：固定资产清理　4 000
贷：银行存款　4 000

（3）残料入库：

借：原材料　5 400
贷：固定资产清理　5 400

（4）结转清理净损失：

借：营业外支出——处置非流动资产损失　5 620
贷：固定资产清理　5 620

【例 4-27】 由于发生地震毁损设备 1 台，原价为 80 000 元，已计提折旧 35 000 元，通过银行转账支付清理费用 500 元，残料作价 800 元入库，应收保险赔款 30 000 元。其账务处理如下。

（1）转入清理：

借：固定资产清理　45 000
累计折旧　35 000
贷：固定资产　80 000

（2）支付清理费用：

借：固定资产清理　500
贷：银行存款　500

（3）残料入库：

借：原材料　800
贷：固定资产清理　800

（4）应收保险赔款：

借：其他应收款——保险公司　30 000
贷：固定资产清理　30 000

（5）结转清理净损失：

借：营业外支出——非常损失　14 700
贷：固定资产清理　14 700

【例 4-28】 A 公司将 1 台设备对外投资，原价为 200 000 元，已计提折旧 30 000 元，已计提减值准备 15 000 元，通过银行转账支付清理费 2 600 元。假定双方同意按该设备的公允价值作价，该设备的公允价值为 150 000 元，适用的增值税税率为 17%，则其账务处理如下。

（1）转入清理：

借：固定资产清理　155 000
累计折旧　30 000
固定资产减值准备　15 000
贷：固定资产　200 000

（2）支付清理费用：

借：固定资产清理　　2 600

　贷：银行存款　　2 600

（3）对外投资：

借：长期股权投资　　175 500

　营业外支出——处置非流动资产损失　　7 600

　贷：固定资产清理　　157 600

　　应交税费——应交增值税（销项税额）　　25 500

【例 4-29】 A 公司将 1 台设备捐赠给 B 公司，原价为 20 万元，已计提折旧 8 万元，已计提减值准备 6 万元，通过银行转账支付运输等费用 500 元。假定该设备的公允价值为 100 000 元，适用的增值税税率为 17%，则其账务处理如下。

（1）转入清理：

借：固定资产清理　　60 000

　累计折旧　　80 000

　固定资产减值准备　　60 000

　贷：固定资产　　200 000

（2）支付清理费用：

借：固定资产清理　　500

　贷：银行存款　　500

（3）对外捐赠：

借：营业外支出——捐赠支出　　77 500

　贷：固定资产清理　　60 500

　　应交税费——应交增值税（销项税额）　　17 000

三、持有待售的固定资产

持有待售的固定资产是指在当前状况下仅根据出售同类固定资产的惯例就可以直接出售且极可能出售的固定资产。同时满足下列条件的固定资产应当划分为持有待售：①企业已经就处置该非流动资产做出决议；②企业已经与受让方签订了不可撤销的转让协议；③该项转让将在一年内完成。

持有待售的固定资产应当按照原账面价值与其公允价值减去处置费用后的净额两者之中较低者计量。当持有待售固定资产的原账面价值高于其公允价值减去处置费用后的净额时，应当按其差额确认减值损失，计提减值准备，调整该项固定资产的预计净残值，使该项固定资产的预计净残值能够反映其公允价值减去处置费用后的净额；反之，不调整该项固定资产的原账面价值。

【例 4-30】 某项固定资产原价为 100 万元，已计提折旧 50 万元，已计提减值准备 20 万元，现准备将其出售。

如果该设备的公允价值减去处置费用后的净额为 32 万元，则不调账；如果该设备的公允价值减去处置费用后的净额为 25 万元，则计提减值准备 5 万元，调整后固定资产的账面价值和预计净残值均为 25 万元。

持有待售的固定资产从划归为持有待售之日起停止计提折旧和减值测试。在编制资产负债表时，企业应当将持有待售的固定资产列示在“固定资产”项目中，但须在报表附注中披露持有待售的固定资产名称、账面价值、公允价值、预计处置费用和预计处置时间等。

持有待售的固定资产不再满足持有待售条件的，应当按照下列两项金额中较低者计量：①被划归为持有待售前的账面价值减去假定在没有被划归为持有待售的情况下应当确认的折旧和减值后的金额；②决定不再出售之日的预计可收回金额。

第六节　固定资产的减值与清查

一、固定资产减值

固定资产在期末时应当逐项进行检查，看它是否有减值的迹象。固定资产减值是指固定资产的预计可收回金额低于其账面价值。预计可收回金额是指固定资产的公允价值减去处置费用后的净额与其预计未来现金流量的现值两者之中较高者。处置费用包括与资产处置有关的法律费用、相关税费以及为使资产达到可销售状态发生的直接费用等。

固定资产的公允价值减去处置费用后的净额与其预计未来现金流量的现值两者中，只要有一项超过了固定资产的账面价值，就表明固定资产没有发生减值，无须再估计另一项金额。

由于市价持续下跌，或者技术陈旧等原因导致固定资产的预计可收回金额低于其账面价值的，应当确认减值损失，计提减值准备，借记“资产减值损失”账户，贷记“固定资产减值准备”账户。固定资产减值损失一经确认，在以后会计期间不得转回。

【例 4-31】×3 年 12 月 31 日某出租汽车公司对购入的时间相同、型号相同、性能相似的出租汽车进行检查时，发现该类出租汽车可能发生减值。该类出租汽车公允价值总额为 240 000 元，尚可使用 5 年，预计在未来 4 年内产生的现金流量分别为 80 000、72 000、64 000 和 50 000 元。第 5 年产生的现金流量以及使用寿命届满时处置形成的现金流量合计为 40 000 元，在考虑相关风险的基础上，该公司决定采用 5%的折现率。假定×3 年 12 月 31 日该类出租车的账面价值为 300 000 元，以前年度没有计提固定资产减值准备。有关计算过程如表 4-4 所示。

表 4-4　固定资产未来现金流量现值计算表　（单位：元）

年度	预计未来现金流量	折现率	现值系数	现值
×4 年	80 000	5%	0.952 4	76 192
×5 年	72 000	5%	0.907 0	65 304
×6 年	64 000	5%	0.863 8	55 283
×7 年	50 000	5%	0.822 7	41 135
×8 年	40 000	5%	0.783 5	31 340
合计		5%		269 254

由表 4-4 可见，预期从该资产的持续使用和使用寿命结束时的处置中形成的现金流量现值为 269 254 元，大于公允价值 240 000 元，所以可收回金额为 269 254 元，账面价值大于可收回金额 30 746 元（300 000－269 254）。其账务处理如下：

借：资产减值损失　　30 746

　贷：固定资产减值准备　　30 746

二、固定资产清查

为保证固定资产核算的真实性，充分挖掘企业现有固定资产的潜力，企业应当定期对固定资产盘点清查，至少每年实地盘点一次。在固定资产清查过程中，如果有盘盈、盘亏的固定资产，应当查明原因，填制固定资产盘盈、盘亏报告表，根据企业的管理权限，经股东大会或董事会等类似机构批准后，在期末结账前处理完毕。

1. 固定资产盘亏

盘亏的固定资产，应当通过“待处理财产损溢——待处理固定资产损溢”账户核算，盘亏造成的损失，应当计入当期营业外支出。

盘亏的固定资产，在批准前，按账面价值，借记“待处理财产损溢——待处理固定资产损溢”账户，按已计提折旧，借记“累计折旧”账户，按已计提减值准备，借记“固定资产减值准备”账户，按账面原价，贷记“固定资产”账户；待批准后，按残余价值，借记“原材料”等账户，按可收回的保险赔偿或过失人赔偿，借记“其他应收款”账户，按本账户余额，贷记“待处理财产损溢——待处理固定资产损溢”账户，按借方差额，借记“营业外支出——盘亏损失”账户。

纳税人已抵扣进项税额的固定资产发生非正常损失，或者用于非增值税应税项目、免征增值税项目、集体福利或个人消费的，应当在当月按照固定资产净值和适用税率计算不得抵扣的进项税额。

【例 4-32】×8 年 12 月 31 日盘亏设备一台，属于非正常损失，原价为 2 800 元，已计提折旧 1 700 元。假定该设备适用的增值税税率为 17%，则其账务处理如下：

借：待处理财产损溢——待处理固定资产损溢	1 287	
累计折旧	1 700	
贷：固定资产		2 800
应交税费——应交增值税（进项税额转出）		187
借：营业外支出——盘亏损失	1 287	
贷：待处理财产损溢——待处理固定资产损溢		1 287

2. 固定资产盘盈

由于固定资产的单位价值较高、使用期限较长，固定资产的盘盈会影响财务报告使用者对企业以前年度的财务状况、经营成果和现金流量进行判断，而且对于管理规范的企业而言，在财产清查中发现盘盈的固定资产是比较少见的，也是不正常的，因而固定资产盘盈应当作为前期差错先记入“以前年度损益调整”账户，期末再将“以前年度损益调整”账户的余额转入“利润分配——未分配利润”账户，同时调整年初盈余公积。

【例 4-33】×8 年 12 月 31 日盘盈办公设备 1 台，价值 100 万元，货款未付，因某种原因尚未入账，应当补提折旧 10 万元。假设该公司的所得税税率为 25%，无其他纳税调整事项，按照净利润的 10%提取法定盈余公积，则其账务处理如下：

（1）登记入账：

借：固定资产——××设备	1 000 000	
贷：应付账款		1 000 000

（2）补提折旧：

借：以前年度损益调整　　100 000
　　贷：累计折旧　　100 000

（3）调整应交所得税：

借：应交税费——应交所得税　　25 000
　　贷：以前年度损益调整　　25 000

（4）将“以前年度损益调整”账户余额转入“利润分配”账户：

借：利润分配——未分配利润　　75 000
　　贷：以前年度损益调整　　75 000

（5）调整年初盈余公积：

借：盈余公积　　7 500
　　贷：利润分配——未分配利润　　7 500

同步练习

一、单项选择题

1. 购入需要安装的设备1台，价款为200 000元，可抵扣增值税税额为34 000元，支付相关费用6 000元。安装时支付有关人员的工资8 000元，领用产成品一批，成本为9 000元的计税价格为12 000元，适用的增值税税率为17%。该设备的入账价值为（　　）元。

A. 258 530　　B. 225 040　　C. 259 040　　D. 223 000

2. 原价为80 000元、预计使用年限为5年、预计净残值为5 000元的设备采用年数总和法计提折旧。第3年年末该设备的公允价值减去处置费用后的净额与预计未来现金流量现值分别为18 000元和16 000元。该设备在第3年年末计提的折旧和账面价值分别为（　　）元。

A. 15 000；20 000　　B. 16 000；18 000　　C. 16 000；16 000　　D. 15 000；18 000

3. ×8年2月对原价为1 600万元、已计提折旧700万元、已计提减值准备200万元的设备进行改造。在改造过程中，耗用辅助生产车间提供的劳务234万元，发生工资等费用840万元，符合固定资产确认条件，被更换部分的账面价值为40万元。该设备改造完成后的入账价值为（　　）万元。

A. 1 734　　B. 1 934　　C. 2 434　　D. 2 634

4. 采用融资租赁方式租入设备1台，预计尚可使用年限为20年，租赁期限为16年，在租赁期届满时按5万元的优惠价格购买该设备。该设备的折旧年限为（　　）年。

A. 4　　B. 8　　C. 10　　D. 20

5. 原价为50 000元、预计使用年限为4年、预计净残值率为4%的设备采用双倍余额递减法计提折旧。该设备在第3年计提的折旧额为（　　）元。

A. 5 250　　B. 6 000　　C. 6 250　　D. 9 600

6. 在建工程项目达到预定可使用状态前，试生产产品对外出售取得的收入（　　）。

A. 冲减工程成本　　B. 计入营业外收入

C. 冲减营业外支出　　D. 计入其他业务收入

7. 原价为200万元、预计生产产品200万件、预计净残值率为5%的设备采用工作量法计提折旧。

如果本月生产产品 5.1 万件，则该设备本月计提折旧（　　）万元。

A. 5.485　　B. 4.854　　C. 5.1　　D. 4.845

8. 出售原价为 150 万元、已计提折旧 40 万元、已计提减值准备 20 万元的设备一台，售价为 100 万元，支付清理费用 3 万元，应交营业税 5 万元。假定整个过程没有发生其他相关税费，则出售该项设备的净损益为（　　）元。

A. −500 000　　B. −550 000　　C. 20 000　　D. 180 000

9. 下列固定资产中，本月不计提折旧的是（　　）。

A. 本月季节性停用的设备　　B. 本月减少的固定资产

C. 本月大修理停用的设备　　D. 本月购入设备

10. 计提折旧时，可先不考虑固定资产残值的折旧方法是（　　）。

A. 年限平均法　　B. 工作量法　　C. 双倍余额递减法　　D. 年数总和法

11. 因出售、报废、毁损等原因转入清理的固定资产净值记入（　　）账户。

A. 营业外支出　　B. 管理费用　　C. 资本公积　　D. 固定资产清理

12. 出售固定资产的价款、残料价值和变价收入等，借记“银行存款”、“原材料”等账户，贷记（　　）账户。

A. 营业外收入　　B. 其他业务收入　　C. 固定资产清理　　D. 管理费用

13. 以经营方式租出的固定资产由（　　）折旧。

A. 出租方提取　　B. 租入方提取　　C. 双方均不提取　　D. 双方均可提取

14. “累计折旧”账户的贷方余额反映固定资产（　　）。

A. 折旧额的减少　　B. 折旧额的增加　　C. 累计已计提折旧　　D. 净值

15. 盘盈的固定资产，通过（　　）账户核算。

A. 固定资产清理　　B. 在建工程　　C. 待处理财产损溢　　D. 以前年度损益调整

16. 3 月 31 日应当计提折旧的固定资产原值为 200 万元，4 月 5 日增加 100 万元，4 月 20 日减少 80 万元，4 月 25 日减少 40 万元。4 月底应当计提折旧的固定资产原值为（　　）万元。

A. 200　　B. 300　　C. 260　　D. 220

17. 假定某项固定资产的原值为 10 万元，预计使用年限为 5 年，预计残值为 800 元，预计清理费用为 500 元，则该项固定资产的年折旧率为（　　）。

A. 0.85%　　B. 0.95%　　C. 10%　　D. 19.94%

18. 对固定资产多计提折旧，将使资产负债表中的（　　）。

A. 资产净值减少　　B. 资产净值增加　　C. 负债增加　　D. 负债减少

19. 某核电站以 10 000 万元购建一项核设施，现已达到预定可使用状态，预计使用寿命届满时将发生弃置费用 1 000 万元，该弃置费用按实际利率折现后的金额为 620 万元。该核设施的入账价值为（　　）万元。

A. 9 000　　B. 10 000　　C. 10 620　　D. 11 000

20. ×1 年 1 月 1 日采取融资租赁方式租入办公楼一栋，租赁期为 15 年，尚可使用年限为 20 年。×1 年 1 月 16 日对该办公楼进行装修，至 6 月 30 日装修工程完工并投入使用，共发生应当予以资本化支出 100 万元，预计下次装修时间为 ×8 年 6 月 30 日。装修后该办公楼的折旧年限是（　　）年。

A. 7　　B. 14.5　　C. 15　　D. 20

21. 下列各项中，不通过“固定资产清理”账户核算的是（　　）。

A. 固定资产报废　　B. 固定资产盘亏　　C. 固定资产毁损　　D. 固定资产出售

22. 采用（　　）计提折旧时，应当在其折旧年限到期前两年内，将固定资产的账面价值扣除预计净值残值后的净额平均摊销。

A. 工作量法　　B. 双倍余额递减法　　C. 年数总和法　　D. 年限平均法

23. 和年限平均法相比，采用年数总和法对固定资产计提折旧将使（　　）。

A. 计提折旧的初期，利润减少，固定资产净值减少

B. 计提折旧的初期，利润减少，固定资产原值减少

C. 计提折旧的后期，利润减少，固定资产净值减少

D. 计提折旧的后期，利润减少，固定资产原值减少

24. 融资租入生产线 1 条，租赁开始日公允价值为 410 万元，最低租赁付款额的现值为 420 万元，最低租赁付款额为 500 万元，发生的初始直接费用为 10 万元。在租赁开始日，租赁资产的入账价值、未确认融资费用分别是（　　）万元。

A. 420；80　　B. 410；100　　C. 420；90　　D. 430；80

25. ×8 年 6 月份对生产设备进行改良并于当月完工，改良时发生相关支出 20 万元，估计能延长使用寿命 2 年。×8 年 5 月末该设备的原价为 120 万元，已计提折旧为 57 万元，未计提减值准备。若该设备改良完工后的可收回金额为 78 万元，则 ×8 年 6 月份予以资本化的后续支出为（　　）万元。

A. 0　　B. 15　　C. 18　　D. 20

26. 由于自然灾害等原因造成的单项或单位工程报废或毁损，扣除残料价值和过失人或保险公司等赔款后的净损失，报经批准后计入（　　）。

A. 管理费用　　B. 在建工程的成本　　C. 长期待摊费用　　D. 营业外支出

二、多项选择题

1. 固定资产清理净损益，可能转入（　　）账户。

A. 应付账款　　B. 营业外收入　　C. 营业外支出　　D. 长期股权投资

2. 下列各项中，通过“固定资产清理”账户核算的有（　　）。

A. 固定资产报废　　B. 固定资产出售

C. 固定资产盘亏　　D. 以固定资产对外投资

3. 下列各项中，会引起固定资产账面价值发生变化的有（　　）。

A. 计提减值准备　　B. 计提折旧　　C. 进行改扩建　　D. 进行日常修理

4. 不满足固定资产确认条件的固定资产日常维护支出，可能记入的账户有（　　）。

A. 管理费用　　B. 在建工程　　C. 销售费用　　D. 制造费用

5. 为购建固定资产而支付的下列税金中，可能构成固定资产入账价值的有（　　）。

A. 增值税　　B. 进口关税　　C. 契税　　D. 车辆购置税

6. 下列固定资产中应当计提折旧的有（　　）。

A. 融资租入固定资产　　B. 大修理停用固定资产

C. 未使用房屋及建筑物　　D. 经营租出设备

7. “固定资产清理”账户借方核算的内容包括（　　）。

A. 发生的清理费用　　B. 结转的固定资产清理净收益

C. 结转的固定资产清理净损失　　　　D. 转入清理的固定资产的净值

8. 在计提折旧的初期，需要考虑固定资产净残值的折旧方法有（　　）。

A. 年限平均法　　B. 工作量法　　C. 双倍余额递减法　　D. 年数总和法

9. 固定资产清理发生的下列收支中，影响清理净损益的有（　　）。

A. 清理费用　　B. 变价收入　　C. 赔偿收入　　D. 营业税

10. 双倍余额递减法和年数总和法的共同点是（　　）。

A. 不考虑残值　　B. 前期折旧低　　C. 都属于加速折旧　　D. 前期折旧高

11. 下列折旧方法中，属于加速折旧法的是（　　）。

A. 年限平均法　　B. 年数总和法　　C. 双倍余额递减法　　D. 工作量法

12. 下列折旧方法中，不同时期的折旧率相同且相对稳定的是（　　）。

A. 年数总和法　　B. 工作量法　　C. 年限平均法　　D. 双倍余额递减法

13. 提取的固定资产折旧可能记入（　）账户。

A. 制造费用　　B. 销售费用　　C. 管理费用　　D. 营业外支出

14. 下列各项中，影响固定资产折旧的因素有（　　）。

A. 预计净残值　　B. 原价　　C. 已计提减值准备　　D. 使用寿命

15. 下列不能在"固定资产"账户核算的有（　　）。

A. 购入正在安装的设备　　　　B. 经营租入的设备

C. 融资租入的不需要安装的设备　　　　D. 购入的不需要安装的设备

16. 在确定固定资产的使用寿命时，应当考虑的因素有（　　）。

A. 预计有形损耗和无形损耗　　　　B. 预计清理净损益

C. 预计生产能力或实物产量　　　　D. 法律或类似规定对资产使用的限制

17. 融资租入的固定资产发生的装修费用，符合资本化条件的，应当在（　　）三者中较短期间内单独计提折旧。

A. 两次装修期间　　B. 整个租赁期　　C. 剩余租赁期　　D. 尚可使用年限

三、判断题

1. 固定资产建造期间盘盈的工程物资应当计入当期营业外收入。（　　）

2. 在建工程项目达到预定可使用状态前，试生产产品对外出售取得的收入应当计入主营业务收入。（　　）

3. 建造的固定资产已达到预定可使用状态，但尚未办理竣工结算手续的，先按估计价值转入固定资产，但不计提折旧。（　　）

4. 应计折旧额是指应当计提折旧的固定资产原价扣除其预计净残值后的金额。（　　）

5. 非正常原因造成的在建工程报废或毁损，应当将其净损失列入营业外支出。（　　）

6. 对于融资租入的固定资产，能够合理确定租赁期满时将会取得其所有权的，应当按照预计尚可使用年限计提折旧。（　　）

7. 当月增加的固定资产计提折旧；当月减少的固定资产不计提折旧。（　　）

8. 融资租入的固定资产从法律形式上看，其所有权在租赁期间属于出租人，所以不对其计提折旧。（　　）

9. 正常报废和非常报废的固定资产均通过"固定资产清理"账户核算。（　　）

10. 固定资产的预计报废清理费用，可作为弃置费用，按其现值计入固定资产成本，并确认为预计负债。（　　）

11. 毁损固定资产的净损失，应当计入营业外支出。（　　）

12. 企业对所有的固定资产均拥有所有权。（　　）

13. “累计折旧”不仅要进行总分类核算，而且还应当按照固定资产类别和使用部门进行明细核算，这样有助于随时查明某项固定资产的已计提折旧及净值。（　　）

14. 盘盈的固定资产先记入“待处理财产损溢”账户，经批准后再转入营业外收入。（　　）

15. 以经营租赁方式出租的固定资产由于租入单位使用，应当由租入单位提取折旧。（　　）

16. 在会计实务中，并不是把所有的劳动资料都确认为固定资产。（　　）

17. 固定资产减值准备应当按照单项资产计提，且在以后会计期间不能转回。（　　）

18. 已全额计提减值准备的固定资产，不再计提折旧。（　　）

19. 导致后续支出资本化后的固定资产账面价值不应当超过其预计可回收金额。（　　）

20. 因固定资产减值准备而调整固定资产折旧额时，对此前已计提的累计折旧不做调整。（　　）

四、业务题

1. ×5 年 12 月购入管理用设备 1 台，原价为 6 000 万元，预计使用年限为 10 年，预计净残值为 0，采用年限平均法计提折旧。×7 年 12 月 31 日该设备的可收回金额为 4 000 万元；×8 年 12 月 31 日该设备的可收回金额仍为 4 000 万元。

要求：

（1）计算 ×7 年该设备计提的减值准备，并编制相关会计分录；

（2）计算 ×8 年该设备计提的折旧额和减值准备，并编制相关会计分录。

2. ×8 年 9 月 5 日对原价为 2 000 万元、已计提折旧 500 万元、已计提减值准备 100 万元的厂房进行改扩建。在改扩建过程中领用工程物资 700 万元；领用生产用材料 100 万元，购进该材料的增值税进项税额为 17 万元；发生改扩建人员工资 200 万元；用银行存款支付其他费用 83 万元。该厂房于 ×8 年 11 月 20 日达到预定可使用状态，估计可收回金额为 2 400 万元，预计下一次改扩建的时间为 10 年后的 11 月份，尚可使用年限为 15 年，预计净残值为 50 万元，改扩建后的厂房采用双倍余额递减法计提折旧。

要求：

（1）编制上述与厂房改扩建有关业务的会计分录；

（2）计算改扩建后的厂房 ×8 和 ×9 年计提的折旧额。

3. ×3 年 9 月投入使用设备 1 台，原价为 20 000 元，预计使用年限为 5 年，预计净残值为 200 元。

要求：

（1）按照年限平均法和年数总额法计算 ×4 年计提的折旧额；

（2）按照双倍余额递减法计算 ×4 年、×7 和 ×8 年计提的折旧额。

4. ×6 年 9 月 1 日对当日以经营租赁方式租入的一条生产线进行改良，购入用于改良的物料一批，价款为 390 000 元，可抵扣增值税税额为 66 300 元，运杂费为 4 000 元，款项已通过银行转账支付。在改良过程中领用价值为 34 000 元的生产用原材料一批，购进该原材料的增值税进项税额为 5 780 元；领用产成品一批，成本为 48 000 元，计税价格为 50 000 元，适用的增值税税率为 17%、消费税税率为 10%；应付改良人员的工资为 2 000 元。生产线于 ×7 年 12 月份改良完工，租赁期为 10 年，尚可使用年限为 15 年，采用直线法进行摊销。

要求：

（1）编制有关会计分录；

（2）计算×8年摊销额并编制有关会计分录。

5. 甲公司为增值税一般纳税人，×4年～×8年与固定资产有关的业务资料如下。

（1）×4年12月12日购进不需要安装的设备一台，价款为585万元，可抵扣增值税税额为99.45万元，运杂费为20万元，款项以银行存款支付，没有发生其他相关税费。该设备于当日投入使用，预计使用年限为10年，预计净残值为5万元，采用年限平均法计提折旧。

（2）×5年12月31日对该设备进行检查时发现其已经发生减值，预计可收回金额为500万元。计提减值准备后，该设备原预计使用年限、预计净残值、折旧方法保持不变。

（3）×6年12月31日因生产经营方向调整，决定采用出包方式对该设备进行改良。

（4）×7年3月12日改良工程完工并验收合格，以银行存款支付工程款30万元，当日投入使用，预计尚可使用年限为8年，预计净残值为11万元，采用年限平均法计提折旧。×7年12月31日该设备未发生减值。

（5）×8年12月31日该设备因遭受自然灾害发生严重毁损，取得残料变价收入45万元，保险赔款28.5万元，支付清理费用5万元，不考虑其他相关税费。

要求：

（1）编制×4年12月12日取得该设备的会计分录；

（2）计算×5年该设备计提的折旧额；

（3）计算×5年12月31日该设备计提的减值准备，并编制相应的会计分录；

（4）计算×6年该设备计提的折旧额；

（5）编制×6年12月31日该设备转入改良的会计分录；

（6）编制×7年3月12日支付改良价款、结转改良后设备成本的会计分录；

（7）计算×7年该设备计提的折旧额；

（8）编制×8年12月31日处置该设备的会计分录。

6. 甲公司为增值税一般纳税人，以自营方式建造生产线1条。×8年1月至4月发生的有关经济业务如下。

（1）购入专用物资一批，价款为234万元，可抵扣增值税额为39.78万元，款项用银行存款支付。

（2）领用专用物资210.6万元。

（3）领用成本为117万元的生产用材料一批，未对该批材料计提存货跌价准备。

（4）应付工程人员薪酬114万元。

（5）建造过程中，由于非正常原因造成部分工程毁损，该部分工程实际成本为50万元，未计提在建工程减值准备，应收取保险赔款5万元。

（6）以银行存款支付工程其他支出40万元。

（7）工程达到预定可使用状态前进行试运转，领用未计提跌价准备的、成本为20万元的生产用原材料一批，以银行存款支付其他支出5万元。工程试运转生产的产品完工转为库存商品，其估计售价（不含增值税）为38.3万元。

（8）工程达到预定可使用状态并交付使用。

（9）剩余专用物资转为生产用原材料，并办妥相关手续。

要求：根据以上资料，逐笔编制相关业务的会计分录。

第五章　无 形 资 产

【内容简介与学习目标】

本章阐述无形资产的含义、特征、确认和计价，以及无形资产的取得、摊销、处置和报废的会计处理。通过学习本章，应该明确无形资产的含义、特征、内容和确认条件；掌握无形资产使用寿命的确定原则；掌握无形资产的计价及取得、摊销、处置、报废的会计处理，尤其是自行研发无形资产的计价与会计处理。

第一节　无形资产概述

一、无形资产的特征及确认

无形资产是指企业为生产产品、提供劳务、出租或经营管理而持有的，没有实物形态的可辨认的非货币性资产。相对于其他资产，无形资产具有以下特征。

1. 无形资产不具有实物形态，是隐形存在的资产

无形资产通常表现为某种权利、某项技术或某种获取超额利润的综合能力，它们不具有实物形态，如土地使用权、非专利技术等。某些无形资产的存在有赖于实物载体，如计算机软件需要存储在磁盘中，但这并不改变无形资产本身不具有实物形态的特性。

在确定一项包含无形和有形要素的资产是属于固定资产还是属于无形资产时，通常以哪个要素更重要作为判断的依据。例如，计算机控制的机械工具没有特定计算机软件就不能运行时，说明该软件是构成相关硬件不可缺少的组成部分，该软件应当作为固定资产核算；如果计算机软件不是相关硬件不可缺少的组成部分，则该软件应当作为无形资产核算。

2. 无形资产具有可辨认性

资产满足下列条件之一的，符合无形资产定义中的可辨认性标准。

（1）能够从企业中分离或划分出来，并能单独或与相关合同、资产或负债一起用于出售、转移、授予许可、租赁或交换等。

（2）产生于合同性权利或其他法定权利，无论这些权利是否可以从企业或其他权利和义务中转移或分离。例如，一方通过与另一方签订合同而获得的特许使用权以及通过法律程序申请获得的商标权、专利权等。

客户关系、人力资源等，由于企业无法控制其带来的未来经济利益，不符合无形资产的定义，不应当确认为无形资产；内部产生的品牌、客户名单等，由于不能与整个业务开发成本区分开来，不应当确认为无形资产；商誉是企业合并成本大于合并取得的被购买方可辨认净资产

公允价值份额的差额，其存在无法与企业自身分离，不具有可辨认性，不属于无形资产。

3. 无形资产属于非货币性资产

无形资产由于没有发达的交易市场，一般不容易转化成现金，在持有过程中为企业带来的经济利益具有不确定性，不属于以固定或可确定的金额收取的资产，属于非货币性资产。

企业应当在取得无形资产时分析判断其使用寿命，并区分为使用寿命有限的无形资产和使用寿命不确定的无形资产。使用寿命有限的无形资产，应当估计该使用寿命的年限或构成使用寿命的产量等类似计量单位数量；无法预见无形资产为企业带来经济利益期限的，应当视为使用寿命不确定的无形资产。

二、无形资产的内容

无形资产是具有货币价值的非流动资产，主要包括专利权、非专利技术、商标权、特许权、土地使用权等。

1. 专利权

专利权是指权利人在法定期限内对某一发明创造拥有的独占权和专有权。专利权包括发明专利权、实用新型专利权和外观设计专利权。我国专利法规定，发明专利权的法定有效期限为 20 年，实用新型和外观设计专利权的法定有效期限为 10 年。专利权可以申请获得，也可以向别人购买。需要注意的是，专利权并不保证一定能给持有者带来经济利益，有的专利可能没有经济价值或只有很小的经济价值，有的专利可能有较大的经济价值，但会被另外更有经济价值的专利淘汰等。因此，企业并不是将其拥有的一切专利权都作为无形资产核算，只有那些能够给企业带来较大经济利益，并且企业为此付出代价的专利权才能作为无形资产核算。

2. 商标权

商标是用来辨认特定的商品和劳务的标记。商标权是在某种指定的商品或劳务上使用特定的名称或图案的权利。根据我国商标法的规定，经商标局核准注册的商标称为注册商标，商标注册人享有商标专用权，受法律保护。我国商标法规定，商标权的法定有效期限为 10 年，期满前可继续申请延长注册期。有一定影响，能够给企业带来获利能力的商标，往往是通过多年的广告宣传和其他传播商标名称的手段，以及客户的信赖等逐渐树立起来的，但广告费等相关的支出不作为商标权的成本入账，而是在发生时作为销售费用计入当期损益。企业购买他人商标权，一次性支出较大的，应当将相关支出予以资本化作为无形资产核算。

3. 土地使用权

土地使用权是指国家准许某一企业或单位在一定期间内对国有土地享有开发、利用、经营的权利。我国土地实行公有制，土地归国家或集体所有，任何单位和个人不得侵占、买卖或以其他形式非法转让。企业占用的土地只有使用权，可依法转让。

企业取得土地使用权的方式有以下两种：一种是以支付土地出让金的方式取得；另一种是国有土地依法规定给企业使用，即通过行政划拨方式无偿取得。

企业取得的土地使用权通常确认为无形资产，但企业通过行政划拨方式取得的土地使用权，不能作为无形资产入账核算。

4. 经营特许权

经营特许权也称专营权，指在某一地区经营或销售某种特定商品的权利，或是一家企业经另一家企业的准许使用其商标、商号、技术秘密等的权利。前者是指由政府机构授权，准许企业使用或在一定地区享有经营某种业务的特权，如水、电、邮政通信等专营权和烟草专卖权；后者是指企业间按合同有期限或无期限使用另一家企业的某些权利，如麦当劳、肯德基授予在世界各地的特许人经营其生意的特权。

5. 非专利技术

非专利技术也称专有技术，指在生产经营活动的实践中已经采用了的，未经公开也未申请专利，不受法律保护的，具有使用价值的先进技术、资料、技能、诀窍或技术秘密等。非专利技术主要包括工业非专利技术、商业非专利技术和管理非专利技术。

非专利技术有别于专利技术。专利技术是专利法保护的，而非专利技术没有专门的法律予以保护；专利技术以公开为原则，专利技术只有公开以后，法律才保护发明人的专利权，而非专利技术是保密的；专利技术有一定的法律期限，而非专利技术没有法律规定的期限。

第二节　无形资产的取得

无形资产应当按照取得时的成本入账。从不同来源取得的无形资产，其成本构成不尽相同。

一、外购无形资产

外购无形资产的成本包括购买价款、相关税费以及直接归属于使该项资产达到预定用途发生的其他支出。其中，直接归属于使该项资产达到预定用途发生的其他支出包括无形资产达到预定用途前发生的专业服务费用、测试费用等。账务处理参见【例 5-2】、【例 5-3】、【例 5-4】。

购买无形资产的价款超过正常信用条件延期支付，实质上具有融资性质的，无形资产的成本应当以购买价款的现值为基础确定，应支付的价款与购买价款现值之间的差额，除应当予以资本化的以外，应当在信用期内采用实际利率法分期摊销，计入当期损益。账务处理参见【例 4-4】。

二、自行开发无形资产

自行开发的无形资产成本，由可直接归属于该资产的创造、生产并使该资产能够以管理层预定的方式运作的所有必要支出组成，既包括达到预定用途前发生的符合无形资产确认条件的开发阶段的有关支出，也包括为申请专利而发生的注册费、律师费等。对于以前期间已计入管理费用的研究阶段和开发阶段的有关支出不再调整。因此，企业自行开发的无形资产，应当区分研究与开发阶段。

（一）研究与开发阶段的划分

1. 研究阶段

研究是指为获取并理解新的科学或技术知识而进行的独创性的有计划调查，如研究成果或其他知识的应用研究、评价或最终选择。研究阶段是探索性的，是为进一步的开发活动进行资料及相关方面的准备，从已经进行的研究活动看，将来是否会转入开发，开发后是否会形成无形资产等具有较大的不确定性，在这一阶段不会形成阶段性成果。因此，研究阶段的有关支出，应当在发生时作为管理费用，计入当期损益。

2. 开发阶段

开发是指在进行商业性生产或使用前，将研究成果或其他知识应用于某项计划或设计，以生产出新的或具有实质性改进的材料、装置、产品等，如新的或经改造的材料、设备、产品、工序、系统或服务替代品的设计、建造和测试。开发阶段应当是已完成研究阶段的工作，在很大程度上具备了形成一项新产品或新技术的基本条件。因此，开发阶段的有关支出，符合无形资产确认条件的，计入无形资产成本；不符合无形资产确认条件的，计入当期管理费用。

需要强调的是，无法区分研究阶段和开发阶段的支出，应当在发生时作为管理费用，全部计入当期损益。

（二）开发阶段的有关支出资本化的条件

开发阶段的支出确认为无形资产，必须同时满足下列条件：①完成该无形资产以使其能够使用或出售在技术上具有可行性；②具有完成该无形资产并使用或出售的意图；③能够证明无形资产产生经济利益的方式；④有足够的技术、财务资源和其他资源支持，以完成该无形资产的开发，并有能力使用或出售该无形资产；⑤归属于该无形资产开发阶段的支出能够可靠地计量。

（三）研究开发费用的账务处理

企业自行开发无形资产发生的研发支出，无论是否满足资本化条件，都应当先在“研发支出”账户中归集，借记“研发支出——费用化支出、资本化支出”账户，贷记“原材料”、“银行存款”、“应付职工薪酬”等账户。期（月）末，对于不满足资本化条件的研发支出转入当期损益，借记“管理费用”账户，贷记“研发支出——费用化支出”账户；对于满足资本化条件但尚未完成的开发费用，继续留在“研发支出”账户中，待研究开发项目达到预定用途形成无形资产时，借记“无形资产”账户，贷记“研发支出——资本化支出”账户。

【例 5-1】 A 公司自行研究开发一项新产品专利技术，在研发过程中发生材料费 8 000 000 元、工资费用 2 000 000 元、其他费用 6 000 000 元，共 16 000 000 元，其中符合资本化条件的支出为 10 000 000 元。期末该专利技术已经达到预定用途。假定不考虑相关税费，则其账务处理如下。

（1）发生研发支出时：

借：研发支出——费用化支出　　6 000 000
　　研发支出——资本化支出　　10 000 000
　　贷：原材料　　8 000 000
　　　　应付职工薪酬——工资　　2 000 000
　　　　银行存款　　6 000 000

（2）期末结转研发支出时：

借：管理费用——研究费用　　6 000 000
　　无形资产　　10 000 000
　　贷：研发支出——费用化支出　　6 000 000
　　　　研发支出——资本化支出　　10 000 000

三、土地使用权

企业取得的土地使用权通常应当确认为无形资产。土地使用权用于自行开发建造厂房等地上建筑物时，土地使用权的账面价值不与地上建筑物合并计算其成本，而仍作为无形资产核算，土地使用权与地上建筑物分别进行摊销和提取折旧。但下列情况除外：①房地产开发企业取得的土地使用权用于建造对外出售的房屋建筑物的，相关的土地使用权的账面价值应当计入所建造的房屋建筑物成本；②外购房屋建筑物支付的价款应当在地上建筑物与土地使用权之间进行分配，难以合理分配的，应当全部作为固定资产核算；③改变土地使用权的用途，将其用于出租或增值目的时，应当将其转为投资性房地产。

【例 5-2】×8 年 1 月 1 日 A 公司通过银行转账支付 18 000 000 元购入一块土地的使用权，并在该土地上自行建造厂房，发生材料支出 20 000 000 元、工资费用 10 000 000 元、其他费用 20 000 000 元，×8 年 12 月 21 日该厂房达到预定可使用状态。假定土地使用权的使用年限为 50 年，厂房的使用年限为 25 年，两者都没有残值，都采用直线法进行摊销和计提折旧，不考虑其他相关税费，则其账务处理如下。

（1）支付转让价款：

	借方	贷方
借：无形资产——土地使用权	18 000 000	
贷：银行存款		18 000 000

（2）在土地上自行建造厂房：

	借方	贷方
借：在建工程	50 000 000	
贷：工程物资		20 000 000
应付职工薪酬——工资		10 000 000
银行存款		20 000 000

（3）厂房达到预定可使用状态：

	借方	贷方
借：固定资产	50 000 000	
贷：在建工程		50 000 000

（4）每年分期摊销土地使用权和对厂房计提折旧：

	借方	贷方
借：管理费用	360 000	
制造费用	2 000 000	
贷：累计摊销		360 000
累计折旧		2 000 000

四、其他方式取得的无形资产

投资者投入的无形资产和接受捐赠的无形资产，可比照按实际成本计价核算的原材料处理。企业通过非货币性资产交换、债务重组等方式取得的无形资产的成本，应当按照相关准则的规定确定。

第三节　无形资产的摊销与减值

无形资产在使用期间应当以其成本减去累计摊销额和累计减值损失后的余额计量。确定无形资产在使用过程中的累计摊销额，基础是估计其使用寿命，只有使用寿命有限的无形资产才需要在估计的使用寿命内采用系统、合理的方法进行摊销，对于使用寿命不确定的无形资产，在持有期间内不需要摊销，但至少应当在每年年末进行减值测试，若有减值迹象，应当确认减值损失，计提减值准备。

一、无形资产的摊销

（一）无形资产摊销期限的确定

无形资产的摊销期限是指无形资产自可供使用时起至终止确认时止。当月增加的无形资产，当月开始摊销；当月减少的无形资产，当月不再摊销。无形资产的摊销期限一经确定，不能随意变更。无形资产的摊销期限是根据无形资产的使用寿命来确定的，所以在确定无形资产的摊销期限前须估计无形资产的使用寿命。

1. 估计无形资产使用寿命应考虑的因素

无形资产的使用寿命包括法定寿命和经济寿命两个方面。有些无形资产的使用寿命受法律或合同的限制，称为法定寿命，如专利权、商标权等；有些无形资产的使用寿命则不受法律或合同的限制，如永久性特许经营权、非专利技术等。经济寿命是指无形资产可以为企业带来经济利益的年限。由于受技术进步、市场竞争等因素的影响，无形资产的经济寿命往往短于法定寿命，因而在确定无形资产的经济寿命时，通常考虑以下因素：①运用该资产生产的产品通常的寿命周期、可获得的类似资产使用寿命的信息；②技术、工艺等方面的现阶段情况及对未来发展趋势的估计；③以该资产生产的产品或服务的市场需求情况；④现在或潜在的竞争者预期采取的行动；⑤为维持该资产带来未来经济利益的能力预期的维护支出及企业预计支付有关支出的能力；⑥对该资产的控制期限，对该资产使用的法律或类似限制，如特许使用期、租赁期等；⑦与企业持有的其他资产使用寿命的关联性等。

2. 无形资产使用寿命的确定

企业持有的无形资产，通常来源于合同性权利或其他法定权利，而且合同或法律规定有明确的使用年限，其使用寿命不应当超过合同或法律规定的期限。如果合同性权利或其他法定权利能够在到期时因续约等延续，且延续时付出的成本相对于预期流入企业的未来经济利益不具有重要性的，续约期应当计入使用寿命。

合同或法律没有规定使用寿命的，企业应当综合各方面情况，聘请相关专家进行论证或与同行业的情况进行比较以及企业的历史经验等，来确定无形资产为企业带来未来经济利益的期限。经上述努力仍无法合理估计使用寿命的无形资产，才能作为使用寿命不确定的无形资产。

（二）无形资产的摊销方法

使用寿命有限的无形资产，应当在其预计的使用寿命内采用系统、合理的方法对应摊销金额进行摊销。应摊销金额为其成本扣除预计残值和已计提减值准备累计金额后的金额。

在无形资产的使用寿命内系统地分摊其应摊销金额，存在多种方法，如直线法、生产总量法等。企业选择的无形资产的摊销方法，应当反映与该项无形资产有关的经济利益的预期实现方式，并一致地运用于不同会计期间。例如，受技术进步因素影响较大的专利权和非专利技术等无形资产，可采用加速法进行摊销；有特定产量限制的特许经营权或专利权，应当采用产量法进行摊销。无法可靠确定经济利益预期实现方式的，应当采用直线法摊销。

值得注意的是，持有待售的无形资产不进行摊销，按照原账面价值与其公允价值减去处置费用后的净额两者之中较低者计量。当持有待售无形资产的原账面价值高于其公允价值减去处置费用后的净额时，应当按其差额确认减值损失，计提减值准备，调整该项无形资产的原账面价值，使该项无形资产的账面价值能够反映其公允价值减去处置费用后的净额；反之，不调整该项无形资产的原账面价值。

（三）无形资产残值的确定

无形资产的残值一般为零，除非有第三方承诺在使用寿命结束时购买该无形资产，或者存在活跃的市场，通过市场可以得到无形资产使用寿命结束时的预计残值信息，并且从目前情况看，该市场在无形资产使用寿命结束时很可能存在。估计无形资产的残值应当以无形资产处置时的可收回金额为基础。企业至少应当在每年年末对残值进行复核，残值的预计金额与原估计金额不同的，应当按照会计估计变更的有关规定进行处理。

（四）无形资产摊销的账务处理

无形资产分期摊销的价值一般计入管理费用。但是，某项无形资产包含的经济利益通过生产的产品或其他资产实现的，其价值摊销额应当计入相关资产的成本。分期摊销无形资产价值时，借记“管理费用”、“制造费用”、“研发支出”、“其他业务成本”等账户，贷记“累计摊销”账户。

【例 5-3】 A 公司从专利局购入某项专利权用于产品生产，成本为 1 200 000 元，估计使用寿命为 8 年。同时购入一项商标权，成本为 1 600 000 元，估计使用寿命为 10 年。假定这两项无形资产的净残值均为零，购买价款均已通过银行转账支付，则其账务处理如下。

（1）取得无形资产时：

借：无形资产——专利权	1 200 000	
无形资产——商标权	1 600 000	
贷：银行存款		2 800 000

（2）按年摊销：

借：制造费用——专利权摊销	150 000	
管理费用——商标权摊销	160 000	
贷：累计摊销		310 000

（五）无形资产的使用寿命及摊销方法的复核

企业至少应当在每年年末对使用寿命有限的无形资产的使用寿命及摊销方法进行复核。无形资产的使用寿命及摊销方法与以前估计不同的，应当改变摊销期限和摊销方法，并按会计估计变更的有关规定进行处理。

企业应当在每个会计期间对使用寿命不确定的无形资产的使用寿命进行复核。如果有证据表明无形资产的使用寿命是有限的，应当估计其使用寿命，按照使用寿命有限的无形资产的有关规定处理，并视为会计估计变更。

二、无形资产的减值

1. 账面价值的检查

企业应当在资产负债表日对无形资产的账面价值进行检查，至少在每年年末检查一次。在检查时，如果发现以下情况，应当对无形资产的可收回金额进行估计：①该无形资产已被其他新技术等替代，使其为企业创造经济利益的能力受到重大不利影响；②该无形资产的市价在当期大幅下跌，并在剩余摊销年限内可能不会回升；③某项无形资产已超过法律保护期限，但仍然具有部分使用价值；④其他足以表明该无形资产实质上已经发生减值的情形。

2. 可收回金额的确定

可收回金额是指无形资产的公允价值减去处置费用后的净额与其预计未来现金流量的现值两者之中较高者。

3. 无形资产减值准备的计提

如果无形资产的账面价值高于其可收回金额，则按其差额确认减值损失，计提减值准备，借记“资产减值损失”账户，贷记“无形资产减值准备——计提的无形资产减值准备”账户。无形资产减值损失一经确认，在以后会计期间不得转回。

【例 5-4】 ×7 年 1 月 1 日 A 公司通过银行转账支付 24 万元购入一项专利，其法定有效年限为 10 年，预计使用年限为 6 年。×8 年 12 月 31 日由于与该项专利相关的经济因素发生不利变化，估计其可收回金额为 5 万元。其账务处理如下。

（1）×7 年 1 月 1 日购入：

借：无形资产——专利权	240 000
贷：银行存款	240 000

（2）×7 年—×8 年每年摊销：

借：管理费用	40 000
贷：累计摊销	40 000

（3）×8 年计提减值准备：

借：资产减值损失	110 000
贷：无形资产减值准备	110 000

（4）×9 年及以后摊销：

借：管理费用	12 500
贷：累计摊销	12 500

第四节　无形资产的处置与报废

一、无形资产的出租

企业出租无形资产只是将拥有的无形资产的使用权（不包括土地使用权）让渡给他人，并收取租金，并不丧失对原有无形资产的所有权，仍拥有对其使用、收益和处置的权利，因而出租方不能转销该项无形资产账面价值，应当将取得的租金收入和发生的相关费用，分别确认为其他业务收入和其他业务成本。

出租无形资产时，按租金收入，借记“银行存款”、“其他应收款”等账户，贷记“其他业务收入”账户；摊销出租无形资产的成本或发生与转让有关的支出时，借记“其他业务成本”账户，贷记“累计摊销”、“银行存款”等账户。

【例 5-5】 ×8 年 1 月 1 日 A 公司将账面价值为 2 400 000 元、剩余摊销年限为 5 年的专利权出租给B公司，每年获取租金收入600 000元存入银行，应交营业税30 000元。A公司的账务处理如下。

（1）收取租金：

借：银行存款　　600 000

　　贷：其他业务收入　　600 000

（2）摊销无形资产成本并计算应缴的营业税：

借：其他业务成本　　480 000

　　贷：累计摊销　　480 000

借：营业税金及附加　　30 000

　　贷：应交税费——应交营业税　　30 000

二、无形资产的出售

出售无形资产是企业处置无形资产的另一种形式，是企业转让无形资产所有权（包括土地使用权）的行为。企业出售无形资产，应当将所得价款扣除该项无形资产的账面价值和相关税费后的差额作为处置损益，计入当期营业外收支。

出售无形资产时，按收到的款项，借记“银行存款”账户，按已摊销价值，借记“累计摊销”账户，按已计提减值准备，借记“无形资产减值准备”账户，按应交的税费，贷记“应交税费”等账户，按账面余额，贷记“无形资产”账户，按借贷差额，贷记“营业外收入——处置非流动资产利得”账户或借记“营业外支出——处置非流动资产损失”账户。

【例5-6】企业出售账面余额为1 400 000元、已摊销700 000元、已计提减值准备400 000元的一项非专利技术，取得收入1 600 000元存入银行，应交营业税80 000元。其账务处理如下：

借：银行存款　　1 600 000

　　累计摊销　　700 000

　　无形资产减值准备　　400 000

　　贷：无形资产　　1 400 000

　　　　应交税费——应交营业税　　80 000

　　　　营业外收入——处置非流动资产利得　　1 220 000

三、无形资产的报废

如果无形资产预期不能为企业带来未来经济利益，则不再符合无形资产的定义，应当将其报废处理，并将其账面价值予以转销，计入当期损益（营业外支出）。企业应当根据以下迹象判断无形资产是否预期不能为企业带来经济利益：①该无形资产已被其他新技术等替代，且已不能为企业带来经济利益；②该无形资产不再受法律保护，且不能为企业带来经济利益。

预期不能为企业带来经济利益的无形资产，按已摊销价值，借记“累计摊销”账户，按已计提减值准备，借记“无形资产减值准备”账户，按账面余额，贷记“无形资产”账户，按借方差额，借记“营业外支出”账户。

【例5-7】×8年12月31日某项专利权的账面余额为1 200 000元，摊销期限为10年，采用直线法进行摊销，已摊销5年，残值为0，已计提减值准备320 000元。假定以该专利权生产的产品已没有市场，预期不能再为企业带来经济利益，则其账务处理如下：

借：累计摊销　　600 000

　　无形资产减值准备　　320 000

　　营业外支出——处置非流动资产损失　　280 000

　　贷：无形资产——专利权　　1 200 000

同步练习

一、单项选择题

1. ×8 年 1 月 10 日开始自行研究开发无形资产，12 月 31 日达到预定用途。研究阶段发生有关支出 30 万元，计提专用设备折旧 40 万元；进入开发阶段后，符合资本化条件前发生有关支出 30 万元，计提专用设备折旧 30 万元，符合资本化条件后发生有关支出 100 万元，计提专用设备折旧 200 万元。×8 年对上述研发支出进行的下列账务处理中，正确的是（　　）。

A. 确认管理费用 70 万元，确认无形资产 360 万元

B. 确认管理费用 30 万元，确认无形资产 400 万元

C. 确认管理费用 130 万元，确认无形资产 300 万元

D. 确认管理费用 100 万元，确认无形资产 330 万元

2. 某项专利原值为 110 万元，预计使用年限为 10 年，采用直线法摊销，至 ×7 年 12 月 31 日已摊销 20 万元，已计提减值准备 5 万元。假定 ×8 年 12 月 31 日该项专利的可收回金额为 85 万元，则 ×8 年 12 月 31 日该项专利计提减值准备（　　）万元。

A. −10　　B. 10　　C. −5　　D. 0

3. 自创并经法律程序申请取得的无形资产，在研究阶段发生的人员工资应当计入（　　）。

A. 管理费用　　B. 无形资产　　C. 其他业务支出　　D. 销售费用

4. ×7 年 1 月 1 日甲公司购入一项专利，入账价值为 10 万元，预计使用年限为 5 年，按直线法摊销。×8 年 1 月 1 日甲公司将该专利的使用权转让给丙公司，年租金为 10 万元，适用的营业税税率为 5%。×8 年转让该专利使用权的损益为（　　）万元。

A. −2　　B. 7.5　　C. 8　　D. 9.5

5. ×8 年 7 月 1 日以 50 万元的价格转让一项于 ×5 年 7 月 1 日购入的入账价值为 300 万元、预计使用年限为 5 年、法定有效年限为 6 年的专利权，发生相关税费 3 万元。假定该专利权按直线法摊销，则转让净损失为（　　）万元。

A. 70　　B. 73　　C. 100　　D. 103

6. 企业取得某项无形资产，法律规定的有效期限为 8 年，合同规定的受益期限为 7 年。该项无形资产的摊销期限为（　　）年。

A. 7　　B. 8　　C. 不少于 10　　D. 不多于 10

7. 出售无形资产的利得，应当确认为（　　）。

A. 营业外收入　　B. 主营业务收入　　C. 其他业务收入　　D. 投资收益

8. “无形资产”账户的期末借方余额，反映无形资产的（　　）。

A. 成本　　B. 净值　　C. 账面价值　　D. 可收回金额

9. 摊销自用的使用寿命有限的无形资产时，借记“管理费用”账户，贷记（　　）账户。

A. 无形资产　　B. 累计摊销　　C. 累计折旧　　D. 无形资产减值准备

10. ×8 年 2 月购买一项专利技术，于×8 年 5 月完成该专利技术测试任务，使其达到预定可使用状态。该专利技术摊销期开始的月份为（　　）。

A. 2 月　　B. 3 月　　C. 4 月　　D. 5 月

11. 无形资产预期不能为企业带来经济利益的，应当将该无形资产的账面价值予以转销，计入（　　）。

A. 管理费用　　B. 营业外支出　　C. 资产减值损失　　D. 公允价值变动损益

12. 对出租的无形资产进行摊销时，摊销的价值应当计入（　　）。

A. 管理费用　　B. 其他业务成本　　C. 营业外支出　　D. 销售费用

13. 下列项目中，应当确认为无形资产的是（　　）。

A. 自创商誉　　B. 内部产生的品牌　　C. 研究阶段的支出　　D. 购入的专利权

14. 如果无法区分研究阶段和开发阶段的支出，应当在发生时（　　）。

A. 全部计入当期损益

B. 按适当比例划分计入当期损益和无形资产的金额

C. 全部确认为无形资产

D. 由企业自行决定计入当期损益或无形资产的金额

15. 无形资产的租金收入，应当计入（　　）。

A. 主营业务收入　　B. 其他业务收入　　C. 投资收益　　D. 营业外收入

16. ×8 年 1 月 1 日某项专利的账面净值为 900 000 元，剩余摊销年限为 8 年，采用直线法摊销，已计提减值准备 20 000 元。假定×8 年 12 月 31 日该项专利公允价值减去处置费用的净额为 720 000 元，预计未来现金流量现值为 700 000 元，则×8 年 12 月 31 日该项专利计提的减值准备和账面价值分别为（　　）万元。

A. 70 000；720 000　　B. 70 000；700 000　　C. 50 000；700 000　　D. 50 000；720 000

17. 某企业自创一项专利，并经过有关部门审核注册，获得专利权。该项专利权的研究开发费为 15 万元，其中开发阶段符合资本化条件的支出为 8 万元。在申请专利过程中发生注册登记费 2 万元，律师费 1 万元。该项专利权的入账价值为（　　）万元。

A. 15　　B. 21　　C. 11　　D. 18

18. 企业有偿取得的土地使用权，在开发或建造自用项目后，通常作为（　　）核算。

A. 固定资产　　B. 在建工程　　C. 无形资产　　D. 长期待摊费用

二、多项选择题

1. 下列各项中，会引起无形资产账面价值发生增减变动的有（　　）。

A. 计提无形资产减值准备　　B. 发生无形资产后续支出

C. 摊销无形资产成本　　D. 转让无形资产所有权

2. 对使寿命有限的无形资产进行摊销时，其摊销额应当根据不同情况分别计入（　　）。

A. 管理费用　　B. 制造费用　　C. 财务费用　　D. 其他业务成本

3. 取得无形资产的方式很多，其中包括（　　）。

A. 购入　　B. 接受投资　　C. 自创　　D. 接受捐赠

4. 下列各项属于无形资产的有（　　）。

A. 商标权　　B. 专利权　　C. 非专利技术　　D. 商誉

5. 无形资产的可收回金额是以下（　　）两者中的较大者。

A. 无形资产的净值　　B. 无形资产的公允价值减去处置费用后的净额

C. 无形资产的原值　　D. 无形资产的预计未来现金流量的现值

6. 无形资产具有以下特点（　　）。

A. 无形性　　B. 收益性　　C. 有偿性　　D. 不确定性

7. 转让无形资产时，下列应当作为其他业务成本核算的有（　　）。

A. 转让使用权后按规定摊销的无形资产价值　　B. 因转让使用权发生的有关费用

C. 转让所有权后转销的无形资产的账面价值　　D. 因转让使用权应缴的营业税

8. 外购无形资产的成本，包括（　　）。

A. 购买价款

B. 进口关税

C. 相关税费

D. 直接归属于使该项资产达到预定用途发生的其他支出

三、判断题

1. 对自行开发并按法律程序申请取得的无形资产，按在研究与开发过程中发生的材料费、开发人员的工资及福利费以及注册费、聘请律师费等费用支出作为实际成本。（　　）

2. 已计入各期损益的研究与开发费用，在相关技术依法申请专利权时，应当予以转回并计入专利权的入账价值。（　　）

3. 为建造厂房而购入的土地使用权，在厂房正式动工建造前应当作为工程物资核算。（　　）

4. 无形资产的摊销额应当冲减无形资产成本。（　　）

5. 使用寿命有限的无形资产计价入账后，无论是否使用，都应当按期摊销。（　　）

6. 无形资产的残值均为零。（　　）

7. 使用寿命不确定的无形资产不摊销，也不进行减值测试。（　　）

8. 无形资产计提减值准备后，在持有期间不得转回。（　　）

9. 企业取得的土地使用权通常确认为无形资产，但改变土地使用权的用途，用于出租或增值目的时，应当将其转为投资性房地产。（　　）

10. 不再能够为企业带来经济利益的无形资产，其摊余价值应当全部转入当期损益。（　　）

11. 商誉作为一种特殊的无形资产，不能单独转让。（　　）

12. 自创商标发生的广告费用不作为无形资产入账，应当在发生时直接计入当期损益。（　　）

13. 无形资产的后续支出应当在发生时计入当期损益。（　　）

14. 若无形资产在某个会计期末发生减值，则该期应当先计提减值准备，后进行摊销。（　　）

15. 当月增加的无形资产当月进行摊销，当月减少的无形资产当月不进行摊销。（　　）

16. 凡是无形资产都应当在规定的时间内摊销。（　　）

四、业务题

1. 甲公司自行研究开发一项专利技术，与该项专利技术有关的资料如下。

（1）×8 年 1 月研发活动进入开发阶段，以银行存款支付开发费用 280 万元，其中满足资本化条件的为 150 万元。×8 年 7 月 1 日开发活动结束，并按法律程序申请取得专利权，供企业行政管理部门使用。该项专利权法律规定有效期为 10 年，采用直线法摊销。

（2）×8 年 12 月 1 日转让该项专利权，所得款项 160 万元存入银行，应交营业税 8 万元。

要求：

（1）编制发生开发支出的会计分录；

（2）编制结转费用化支出的会计分录；

（3）编制形成专利权的会计分录；

（4）计算 ×8 年 7 月专利权摊销金额并编制会计分录；

（5）编制转让专利权的会计分录。

2. 甲公司将一项专利使用权转让给乙公司，取得收入 50 000 元，发生人工费 1 000 元，用银行存款支付资料费 2 000 元，本期摊销专利权价值 35 000 元，适用的营业税税率为 5%。

要求：编制与转让专利使用权有关的会计分录。

3. ×3 年 1 月 1 日甲公司以银行存款 300 万元购入一项专利权，预计使用年限为 10 年，按直线法摊销。×6 年 12 月 31 日该专利的预计可收回金额为 100 万元，尚可使用年限为 5 年。×8 年 12 月 31 日该项专利的预计可收回金额为 65 万元。另外，×4 年 1 月内部研发成功并可供使用非专利技术的账面价值为 150 万元，无法预见这一非专利技术为企业带来未来经济利益期限，×6 年 12 月 31 日预计可收回金额为 130 万元，预计可使用 4 年。

要求：

（1）计算 ×6 年计提的减值准备并编制相应会计分录；

（2）计算 ×7 年的摊销额并编制会计分录；

（3）计算 ×8 年计提的减值准备并进行相应账务处理。

第六章　投资性房地产

【内容简介与学习目标】

本章阐述投资性房地产的范围与计量要求，以及投资性房地产的取得、转换与处置的会计处理。通过学习本章，应该明确投资性房地产的含义、特征、范围和确认条件；掌握投资性房地产初始计量的会计处理；掌握投资性房地产采用成本计量模式和公允价值计量模式进行后续计量的会计处理；掌握房地产转换业务的会计处理原则与方法；掌握投资性房地产处置的会计处理。

第一节　投资性房地产概述

房地产是土地和房屋及其权属的总称。房地产中的土地是指土地使用权；房屋是指地上的房屋等建筑物及构筑物。在市场经济条件下，房地产市场日益活跃，企业拥有的房地产，除了用作自身管理、生产经营活动场所和对外销售外，还用于赚取租金或增值收益的活动，甚至是个别企业的主营业务。

一、投资性房地产的特征

投资性房地产是指为赚取租金或资本增值，或者两者兼有而持有的房地产。投资性房地产在用途、状态、目的等方面与企业自用的厂房、办公楼等作为生产经营场所的房地产和房地产开发企业用于销售的房地产是不同的。投资性房地产应当能够单独计量和出售。

投资性房地产的主要形式是出租建筑物和土地使用权，这实质上属于一种让渡资产使用权行为。房地产租金就是让渡资产使用权取得的使用费收入，是企业为完成其经营目标从事的经常性活动以及与之相关的其他活动形成的经济利益总流入。投资性房地产的另一种形式是持有并准备增值后转让的土地使用权，尽管其增值收益通常与市场供求、经济发展等因素有关，但目的是为了增值后转让以赚取增值收益，也是企业为完成经营目标从事的经常性活动以及与之相关的其他活动形成的经济利益总流入。

就某些企业而言，投资性房地产属于经常性活动，形成的租金收入或转让增值收益确认为企业的主营业务收入，但对于大部分企业而言，属于与经常性活动相关的其他经营活动，形成的租金收入或转让增值收益构成企业的其他业务收入。

二、投资性房地产的范围

投资性房地产的范围限定为已出租的土地使用权、持有并准备增值后转让的土地使用权、已出租的建筑物。

1. 已出租的土地使用权

已出租的土地使用权是指企业通过出让或转让方式取得，并以经营租赁方式出租的土地使用权。

2. 持有并准备增值后转让的土地使用权

持有并准备增值后转让的土地使用权是指企业通过出让或转让方式取得的，准备增值后转让的土地使用权。但是，按国家有关规定认定的闲置土地，不属于持有并准备增值后转让的土地使用权，也就不属于投资性房地产。闲置土地是指土地使用者依法取得土地使用权后，未经原批准用地的人民政府同意，超过规定期限未动工开发建设的建设用地。

3. 已出租的建筑物

已出租的建筑物是指企业拥有产权，并以经营租赁方式出租的房屋等建筑物，包括自行建造或开发活动完成后用于出租的建筑物。

企业将建筑物出租，按租赁协议向承租人提供的相关辅助服务在整个协议中不重大的，应当将该建筑物确认为投资性房地产。例如，甲企业在中关村购买一栋写字楼，并出租给某家大型超市，同时提供保安、维修等日常辅助服务。甲企业将写字楼出租后提供的辅助服务不重大，因而这栋写字楼属于甲企业的投资性房地产。

三、不属于投资性房地产的项目

1. 自用房地产

自用房地产是指为生产商品、提供劳务或经营管理而持有的房地产，如企业生产经营用的厂房和办公楼属于固定资产，企业生产经营用的土地使用权属于无形资产。

自用房地产的特征在于服务于企业自身的生产经营，其价值会随着房地产的使用而逐渐转移到企业的产品或服务中去，通过销售商品或提供服务为企业带来经济利益，在产生现金流量的过程中与企业持有的其他资产密切相关。例如，企业出租给本企业职工居住的宿舍，虽然也收取租金，但间接为企业自身的生产经营服务，因而具有自用房地产的性质。

2. 作为存货的房地产

作为存货的房地产是指房地产开发企业在正常经营过程中用于销售的或为销售而正在开发的商品房和土地。这部分房地产属于房地产开发企业的存货，其生产、销售构成企业的主营业务活动，产生的现金流量也与企业的其他资产密切相关。因此，具有存货性质的房地产不属于投资性房地产。

房地产开发企业依法取得的土地使用权，即使房地产开发企业决定待增值后再转让，也不得将其确认为投资性房地产。

四、界定投资性房地产应注意的问题

界定投资性房地产应注意以下几个问题。

(1) 所谓的“出租”，是指经营性租赁，不包括融资租赁。

(2)“投资性房地产”中的“土地使用权”包括“出租”、“持有并准备增值后转让”两种情况，而“建筑物”只包括“出租”情况。

(3) 以经营租赁方式租入的土地使用权和建筑物再转租给其他单位的，不能确认为投资性房地产。

（4）母公司以经营租赁方式向子公司租出的房地产，应当确认为母公司的投资性房地产，但在编制合并报表时，应当作为企业集团的自用房地产。

（5）某项房地产，部分用于赚取租金或资本增值，部分自用或作为存货出售的，如果不同用途的部分能够单独计量和出售，应当分别确认为投资性房地产和固定资产（无形资产或存货）。例如，甲开发商建造了一栋商住两用楼盘，一层出租给一家大型超市，已签订经营租赁合同，其余楼层均为普通住宅，正在公开销售中。这种情况下，如果一层商铺能够单独计量和出售，应当确认为甲企业的投资性房地产，其余楼层确认为甲企业的存货，即开发产品。

第二节 投资性房地产的计量

投资性房地产应当按照取得时的成本进行初始计量。投资性房地产成本的确定与固定资产或无形资产一致。投资性房地产的后续计量有成本和公允价值两种模式。在进行后续计量时，通常采用成本模式，只有在有确凿证据表明投资性房地产的公允价值能够持续、可靠取得时，才可以采用公允价值模式。采用公允价值模式计量投资性房地产，应当同时满足以下两个条件。

（1）投资性房地产所在地有活跃的房地产交易市场。所在地，通常指投资性房地产所在的城市。对于大中城市，应当为投资性房地产所在的城区。

（2）企业能够从活跃的房地产交易市场取得同类或类似房地产的市场价格及其他相关信息，从而对投资性房地产的公允价值做出科学、合理的估计。同类或类似的房地产，对建筑物而言，是指所处地理位置和环境相同、性质相同、结构类型相同或相近、新旧程度相同或相近、可使用状况相同或相近的建筑物；对土地使用权而言，是指同一城区、同一位置区域、所处地理环境相同或相近、可使用状况相同或相近的土地。

应当说明的是，一个企业只能采用一种计量模式对所有投资性房地产进行后续计量，不得同时采用两种计量模式。

一、采用成本模式计量的投资性房地产

成本模式的会计处理比较简单，主要涉及“投资性房地产”、“投资性房地产累计折旧（摊销）”、“投资性房地产减值准备”等账户，可比照“固定资产”、“无形资产”、“累计折旧”、“累计摊销”、“固定资产减值准备”、“无形资产减值准备”等相关账户进行处理。

采用成本模式计量的投资性房地产，应当比照固定资产或无形资产按期（月）计提折旧或摊销，借记“其他业务成本”账户，贷记“投资性房地产累计折旧（摊销）”账户。取得的租金收入，借记“银行存款”等账户，贷记“其他业务收入”账户。

投资性房地产存在减值迹象，经减值测试发生减值的，应当确认减值损失，计提减值准备，借记“资产减值损失”账户，贷记“投资性房地产减值准备”账户。投资性房地产的减值损失一经确认，在以后会计期间不得转回。

1. 购入的投资性房地产

企业外购的房地产，只有在购入的同时开始对外出租（自租赁期开始日起，下同）或用

于资本增值的，才能确认为外购的投资性房地产。企业购入的房地产，部分用于出租或资本增值，部分自用的，应当将成本按照不同部分的公允价值占公允价值总额的比例在不同部分之间进行合理分配。企业外购的投资性房地产，按确定的成本，借记“投资性房地产”账户，贷记“银行存款”等账户。

【例 6-1】 ×7 年 3 月 1 日 A 公司通过银行转账支付 1 872 000 元购入一幢建筑物对外出租，月租金为 10 000 元，在年末一次性收取，采用成本模式进行后续计量。该建筑物的预计使用寿命为 20 年，预计净残值为零，采用年限平均法按年计提折旧。假定 ×8 年 12 月 31 日该建筑物发生减值迹象，经减值测试，其可收回金额为 1 700 000 元。A 公司的账务处理如下。

（1）×7 年 3 月 1 日：

借：投资性房地产　　1 872 000

　　贷：银行存款　　1 872 000

（2）×7 年 12 月 31 日：

借：其他业务成本　　1 872 000 ÷ 20 × 9 ÷ 12 = 70 200

　　贷：投资性房地产累计折旧　　70 200

借：银行存款　　100 000

　　贷：其他业务收入　　100 000

（3）×8 年 12 月 31 日：

借：其他业务成本　　1 872 000 ÷ 20 = 93 600

　　贷：投资性房地产累计折旧　　93 600

借：银行存款　　120 000

　　贷：其他业务收入　　120 000

借：资产减值损失　　8 200

　　贷：投资性房地产减值准备　　8 200

【例 6-2】 ×7 年 1 月 1 日 A 公司通过银行转账支付出让金 400 万元取得一块土地使用权对外出租，年租金为 14 万元，在年末一次性收取，采用成本模式进行后续计量。假定该土地使用权的预计使用年限为 50 年，则 A 公司 ×7 年的账务处理如下。

（1）×7 年 1 月 1 日：

借：投资性房地产——土地使用权　　4 000 000

　　贷：银行存款　　4 000 000

（2）×7 年 12 月 31 日：

借：其他业务成本　　80 000

　　贷：投资性房地累计摊销　　80 000

借：银行存款　　140 000

　　贷：其他业务收入　　140 000

2. 自行建造的投资性房地产

企业自行建造或开发的房地产，只有在达到预定可使用状态的同时开始对外出租或用于资本增值的，才能确认为自行建造的投资性房地产。企业自行建造的投资性房地产，按确定的成本，借记“投资性房地产”账户，贷记“在建工程”账户。

【例 6-3】 E 公司（非房地产开发企业）×7 年 1 月 1 日开始在企业拥有的一块地皮上自

行建造一幢商务办公楼，于年底完工，并以经营租赁方式将其租赁给乙公司使用，采用成本模式进行后续计量，所占用地皮的成本为850万元，已摊销50万元。建造期间发生人工费用120万元，领用工程物资600万元。E公司的账务处理如下。

（1）建造商务办公楼：

借：在建工程　7 200 000

　贷：工程物资　6 000 000

　　应付职工薪酬——工资　1 200 000

（2）商务办公楼建造完工用于出租：

借：投资性房地产——商务办公楼　7 200 000

投资性房地产——土地使用权　8 500 000

累计摊销　500 000

　贷：在建工程　7 200 000

　　无形资产——土地使用权　8 500 000

　　投资性房地产累计摊销　500 000

需要强调的是，企业以不同方式取得的房地产自用一段时间后再用于出租或资本增值的，应当先确认为固定资产或无形资产，自租赁期开始日或用于资本增值之日起，从固定资产或无形资产转换为投资性房地产。

二、采用公允价值模式计量的投资性房地产

采用公允价值模式计量的投资性房地产，应当在“投资性房地产”账户下设置“成本”和“公允价值变动”两个明细账，外购或自行建造投资性房地产的成本，通过“投资性房地产——成本”账户核算，而在投资性房地产的存续期间公允价值变动形成的利得或损失，通过“投资性房地产——公允价值变动”账户核算。

采用公允价值模式计量的投资性房地产，不计提折旧或摊销，以资产负债表日的公允价值为基础调整其账面余额，公允价值高于其账面余额的差额，借记“投资性房地产——公允价值变动”账户，贷记“公允价值变动损益”账户；公允价值低于其账面余额的差额编制相反会计分录。取得的租金收入，借记“银行存款”等账户，贷记“其他业务收入”账户。

【例6-4】×7年4月20日A公司取得一块土地使用权，通过银行转账支付出让金400万元和相关税费6万元，准备等其增值后予以转让，采用公允价值模式进行后续计量。假定×7年12月31日该块土地的公允价值为400万元，则其账务处理如下。

（1）×7年4月20日：

借：投资性房地产——成本　4 060 000

　贷：银行存款　4 060 000

（2）×7年12月31日：

借：公允价值变动损益　60 000

　贷：投资性房地产——公允价值变动　60 000

【例6-5】×7年1月1日A公司通过银行转账支付600万元取得一栋办公用房对外出租，年租金为40万元，在年末一次性收取，采用公允价值模式进行后续计量。假定×7年12月31日该办公用房的公允价值为620万元，则其账务处理如下。

（1）×7 年 1 月 1 日：

借：投资性房地产——成本　6 000 000

　　贷：银行存款　6 000 000

（2）×7 年 12 月 31 日：

借：银行存款　400 000

　　贷：其他业务收入　400 000

借：投资性房地产——公允价值变动　200 000

　　贷：公允价值变动损益　200 000

【例 6-6】 D 企业为房地产开发企业，×7 年 2 月起自行开发一栋写字楼，于 ×7 年 10 月 1 日开发完成，并以经营租赁方式将其租赁给 C 公司使用，其造价为 9 000 万元，租赁期为 10 年，月租金为 88 万元，在年末一次性收取，采用公允价值模式进行后续计量。假设 ×7 年 12 月 31 日该写字楼的公允价值为 9 200 万元，则 D 企业的账务处理如下。

（1）×7 年 10 月 1 日：

借：投资性房地产——成本　90 000 000

　　贷：开发成本　90 000 000

（2）×7 年 12 月 31 日：

借：银行存款　2 640 000

　　贷：其他业务收入　2 640 000

借：投资性房地产——公允价值变动　2 000 000

　　贷：公允价值变动损益　2 000 000

三、投资性房地产后续计量模式的变更

企业对投资性房地产的计量模式一经确定，不得随意变更。将成本模式转为公允价值模式的，应当作为会计政策变更，按照变更日投资性房地产的公允价值与账面价值的差额，调整期初留存收益。因此，企业变更投资性房地产的计量模式时，按变更日的公允价值，借记“投资性房地产——成本”账户，按已计提折旧额或摊销额，借记“投资性房地产累计折旧（摊销）”账户，按已计提减值准备，借记“投资性房地产减值准备”账户，按账面余额，贷记“投资性房地产”账户，按公允价值与账面价值的差额，贷记或借记“利润分配——未分配利润”、“盈余公积”等账户。

已采用公允价值模式计量的投资性房地产，不得从公允价值模式转为成本模式。

【例 6-7】 E 公司将一栋写字楼租赁给 B 公司，并一直采用成本模式进行后续计量。×8 年 1 月 1 日该写字楼已具备采用公允价值计量模式的条件，E 公司决定改用公允价值计量模式，当日该写字楼的公允价值为 1 900 万元，原价为 1 800 万元，已计提折旧 54 万元。假设 E 公司按净利润的 10%计提盈余公积，则其账务处理如下：

借：投资性房地产——××写字楼（成本）　19 000 000

　　投资性房地产累计折旧　540 000

　　贷：投资性房地产——××写字楼　18 000 000

　　　　利润分配——未分配利润　1 386 000

　　　　盈余公积　154 000

四、投资性房地产的后续支出

1. 资本化的后续支出

与投资性房地产有关的后续支出，满足投资性房地产确认条件的，应当计入投资性房地产成本。

【例 6-8】 ×7 年 3 月甲企业与乙企业的一项厂房经营租赁合同即将到期。为了提高厂房的租金收入，甲企业决定在租赁期满后对厂房进行改扩建，并与丙企业签订了经营租赁合同，约定自改扩建完工时将厂房出租给丙企业。3 月 15 日与乙企业的租赁合同到期，厂房随即进入改扩建工程，其账面余额为 1 200 万元，其中累计公允价值变动为 200 万元。11 月 10 日厂房改扩建工程完工，共发生支出 150 万元，即日按租赁合同出租给丙企业。假设甲企业对投资性房地产采用公允价值模式计量，则甲企业的账务处理如下。

（1）×7 年 3 月 15 日：

借：在建工程　　12 000 000

　　贷：投资性房地产——成本　　10 000 000

　　　　投资性房地产——公允价值变动　　2 000 000

（2）×7 年 3 月 15 日—11 月 10 日：

借：在建工程　　1 500 000

　　贷：银行存款　　1 500 000

（3）×7 年 11 月 10 日：

借：投资性房地产——成本　　13 500 000

　　贷：在建工程　　135 000 000

2. 费用化的后续支出

与投资性房地产有关的后续支出，不满足投资性房地产确认条件的，应当在发生时计入当期损益。

第三节　投资性房地产的转换

房地产的转换是指因房地产用途发生改变而对房地产进行的重新分类。企业有确凿证据表明房地产用途发生改变的，才能将投资性房地产转换为其他资产或将其他资产转换为投资性房地产。这里的确凿证据包括两个方面：一是董事会或类似机构应当就改变房地产用途形成正式的书面决议；二是房地产因用途改变而发生状态上的改变，从自用状态改为出租状态或相反。

一、成本模式下转换的账务处理

1. 作为存货的房地产转换为投资性房地产

房地产开发企业将其持有的开发产品以经营租赁方式出租的，应当在租赁期开始日，按账面价值，借记“投资性房地产”账户，按已计提减值准备，借记“存货跌价准备”账户，按账面余额，贷记“开发产品”账户。

【例 6-9】×8 年 3 月 10 日 M 企业与 D 企业签订租赁协议，将其开发的账面余额为 9 000 万元、已计提跌价准备 10 万元的一栋写字楼整体出租给 D 企业，租赁期开始日为 ×8 年 4 月 15 日，转换后采用成本模式计量。M 企业的账务处理如下：

借：投资性房地产——××写字楼　　89 900 000
　　存货跌价准备　　100 000
　　贷：开发产品　　90 000 000

2. 自用房地产转换为投资性房地产

企业将原本用于生产商品、提供劳务或经营管理的房地产改用于出租或资本增值的，应当在租赁期开始日，按账面余额，借记“投资性房地产”账户，贷记“固定资产”或“无形资产”账户；按已计提折旧额或摊销额，借记“累计折旧（摊销）”账户，贷记“投资性房地产累计折旧（摊销）”账户；按已计提减值准备，借记“固定资产减值准备”或“无形资产减值准备”账户，贷记“投资性房地产减值准备”账户。

【例 6-10】 A 公司将原价为 200 万元、已计提折旧 80 万元、已计提减值准备 20 万元的一座自用厂房对外出租，转换后采用成本模式计量。其账务处理如下：

借：投资性房地产　　2 000 000
　　累计折旧　　800 000
　　固定资产减值准备　　200 000
　　贷：固定资产　　2 000 000
　　　　投资性房地产累计折旧　　800 000
　　　　投资性房地产减值准备　　200 000

3. 投资性房地产转换为作为存货的房地产

房地产开发企业将经营租出的房地产重新开发用于对外销售的，应当在租赁期届满时，按账面价值，借记“开发产品”账户，按已计提折旧额或摊销额，借记“投资性房地产累计折旧（摊销）”账户，按已计提减值准备，借记“投资性房地产减值准备”账户，按账面余额，贷记“投资性房地产”账户。

【例 6-11】 A 公司将原采用成本模式计量的一栋写字楼收回，准备对外销售。在收回前，该写字楼原价为 800 万元，已计提折旧 320 万元，已计提减值准备 40 万元。其账务处理如下：

借：开发产品　　4 400 000
　　投资性房地产累计折旧　　3 200 000
　　投资性房地产减值准备　　400 000
　　贷：投资性房地产　　8 000 000

4. 投资性房地产转换为自用房地产

企业将原本用于赚取租金或资本增值的房地产改用于生产商品、提供劳务或经营管理的，应当在自用日期，按账面余额，借记“固定资产”或“无形资产”账户，贷记“投资性房地产”账户；按已计提折旧额或摊销额，借记“投资性房地产累计折旧（摊销）”账户，贷记“累计折旧（摊销）”账户；按已计提减值准备，借记“投资性房地产减值准备”账户，贷记“固定资产减值准备”或“无形资产减值准备”账户。

【例 6-12】 A 公司将原采用成本模式计量的一座出租用厂房收回，作为企业的一般性固定资产处理。在收回前，该厂房原价为 160 万元，已计提折旧 60 万元，已计提减值准备 8 万元。其账务处理如下：

借：固定资产　　1 600 000

　　投资性房地产累计折旧　　600 000

　　投资性房地产减值准备　　80 000

　　贷：投资性房地产　　1 600 000

　　　　累计折旧　　600 000

　　　　固定资产减值准备　　80 000

二、公允价值模式下转换的账务处理

将转换日的公允价值作为转换后房地产的入账价值。企业将自用或作为存货的房地产转换为投资性房地产时，公允价值小于账面价值的差额（借方差额）计入当期损益（公允价值变动损益），而公允价值大于账面价值的差额（贷方差额）计入所有者权益（资本公积）；企业将投资性房地产转换为自用或作为存货的房地产时，公允价值与账面价值的差额一律计入当期损益（公允价值变动损益）。

1. 作为存货的房地产转换为投资性房地产

房地产开发企业将作为存货的房地产转换为采用公允价值模式计量的投资性房地产时，按转换日的公允价值，借记"投资性房地产——成本"账户，按已计提减值准备，借记"存货跌价准备"账户，按账面余额，贷记"开发产品"账户，按借贷差额，借记"公允价值变动损益"账户或贷记"资本公积——其他资本公积"账户。

【例 6-13】 沿用**【例 6-9】**的资料，并假定转换后采用公允价值模式计量。

（1）假设×8 年 4 月 15 日公允价值为 8 910 万元，则 M 企业的账务处理如下：

借：投资性房地产——成本　　89 100 000

　　存货跌价准备　　100 000

　　公允价值变动损益　　800 000

　　贷：开发产品　　90 000 000

（2）假设×8 年 4 月 15 日公允价值为 8 996 万元，则 M 企业的账务处理如下：

借：投资性房地产——成本　　89 960 000

　　存货跌价准备　　100 000

　　贷：开发产品　　90 000 000

　　　　资本公积——其他资本公积　　60 000

2. 自用房地产转换为投资性房地产

企业将自用建筑物或土地使用权转换为采用公允价值模式计量的投资性房地产时，按转换日的公允价值，借记"投资性房地产——成本"账户，按已计提折旧额或摊销额，借记"累计折旧（摊销）"账户，按已计提减值准备，借记"固定资产减值准备"或"无形资产减值准备"账户，按账面余额，贷记"固定资产"或"无形资产"账户，按借贷差额，借记"公允价值变动损益"账户或贷记"资本公积——其他资本公积"账户。

【例 6-14】 沿用**【例 6-10】**的资料，并假定转换后采用公允价值模式计量。

（1）如果转换日该厂房的公允价值为 96 万元，则其账务处理如下：

借：投资性房地产——成本 960 000
　　累计折旧 800 000
　　固定资产减值准备 200 000
　　公允价值变动损益 40 000
　　贷：固定资产 2 000 000

（2）如果转换日该厂房的公允价值为106万元，则其账务处理如下：

借：投资性房地产——成本 1 060 000
　　累计折旧 800 000
　　固定资产减值准备 200 000
　　贷：固定资产 2 000 000
　　　　资本公积——其他资本公积 60 000

3. 投资性房地产转换为自用或作为存货的房地产

企业将采用公允价值模式计量的投资性房地产转换为自用或作为存货的房地产时，按转换日的公允价值，借记"固定资产"、"无形资产"、"开发产品"等账户，按成本，贷记"投资性房地产——成本"账户，按公允价值累计变动额，借记或贷记"投资性房地产——公允价值变动"账户，按借贷差额，借记或贷记"公允价值变动损益"账户。

【例6-15】 A公司将原采用公允价值模式计量的一座出租用厂房收回，作为企业的一般性固定资产处理。在收回前，该厂房的成本为140万元，公允价值变动利得为20万元。

（1）如果转换日该厂房的公允价值为168万元，则其账务处理如下：

借：固定资产 1 680 000
　　贷：投资性房地产——成本 1 400 000
　　　　投资性房地产——公允价值变动 200 000
　　　　公允价值变动损益 80 000

（2）如果转换日其公允价值为156万元，则其账务处理如下：

借：固定资产 1 560 000
　　公允价值变动损益 40 000
　　贷：投资性房地产——成本 1 400 000
　　　　投资性房地产——公允价值变动 200 000

第四节　投资性房地产的处置

企业出售、转让、报废投资性房地产或发生投资性房地产毁损时，应当将处置收入扣除其账面价值和相关税费后的金额计入当期损益。

一、处置采用成本模式计量的投资性房地产

处置采用成本模式计量的投资性房地产时，按收到的款项，借记"银行存款"账户，贷记"其他业务收入"账户；按账面价值，借记"其他业务成本"账户，按已计提折旧额或摊

销额，借记“投资性房地产累计折旧（摊销）”账户，按已计提减值准备，借记“投资性房地产减值准备”账户，按账面余额，贷记“投资性房地产”账户。

【例 6-16】 D公司将其出租的一栋写字楼确认为投资性房地产，采用成本模式计量。租赁期届满后，D公司将该栋写字楼出售给B公司，合同价款为3 000万元，B公司已用银行存款付清。出售时，该栋写字楼的原价为2 800万元，已计提折旧300万元。D公司的账务处理如下：

借：银行存款	30 000 000
贷：其他业务收入	30 000 000
借：其他业务成本	25 000 000
投资性房地产累计折旧	3 000 000
贷：投资性房地产——写字楼	28 000 000

二、处置采用公允价值模式计量的投资性房地产

处置采用公允价值模式计量的投资性房地产时，按收到的款项，借记“银行存款”账户，贷记“其他业务收入”账户；按账面余额，贷记“投资性房地产——成本”账户和借记或贷记“投资性房地产——公允价值变动”账户，按存续期间公允价值累计变动额，贷记或借记“公允价值变动损益”账户，按借方差额，借记“其他业务成本”账户。如果存在原转换日计入资本公积的金额，也应当一并结转，借记“资本公积——其他资本公积”账户，贷记“其他业务成本”账户。

【例 6-17】 A公司采用公允价值模式计量投资性房地产。有关资料如下。

（1）×6年1月1日将自用的办公楼出租给B公司，租期3年，每年租金200万元，于年底收取，当日该办公楼的公允价值为6 000万元，原价为4 000万元，已计提折旧2 000万元，未计提减值准备。

（2）×6—×8年每年年末该办公楼的公允价值分别为6 100万元、6 160万元和6 140万元。

（3）×9年1月12日将办公楼对外出售，取得收入6 200万元存入银行。

A公司的账务处理如下。

（1）×6年1月1日：

借：投资性房地产——成本	60 000 000	
累计折旧	20 000 000	
贷：固定资产		40 000 000
资本公积——其他资本公积		40 000 000

（2）×6年12月31日：

借：银行存款	2 000 000	
贷：其他业务收入		2 000 000
借：投资性房地产——公允价值变动	1 000 000	
贷：公允价值变动损益		1 000 000

（3）×7年12月31日：

借：银行存款	2 000 000	
贷：其他业务收入		2 000 000

借：投资性房地产——公允价值变动　　600 000

　　贷：公允价值变动损益　　600 000

（4）×8 年 12 月 31 日：

借：银行存款　　2 000 000

　　贷：其他业务收入　　2 000 000

借：公允价值变动损益　　200 000

　　贷：投资性房地产——公允价值变动　　200 000

（5）×9 年 1 月 12 日：

借：银行存款　　62 000 000

　　贷：其他业务收入　　62 000 000

借：其他业务成本　　60 000 000

　　公允价值变动损益　　1 400 000

　　贷：投资性房地产——成本　　60 000 000

　　　　投资性房地产——公允价值变动　　1 400 000

借：资本公积——其他资本公积　　40 000 000

　　贷：其他业务成本　　40 000 000

同步练习

一、单项选择题

1. 对采用成本模式进行后续计量的投资性房地产摊销时，借记（　　）账户。

A. 投资收益　　B. 其他业务成本　　C. 营业外收入　　D. 管理费用

2. ×8 年 1 月 1 日购入一幢建筑物用于出租，支付价款 100 万元、契税 2 万元。该投资性房地产的入账价值为（　　）万元。

A. 102　　B. 100　　C. 98　　D. 104

3. 将自用房地产或作为存货的房地产转换为采用公允价值模式计量的投资性房地产时，公允价值小于账面价值的差额应当通过（　　）账户核算。

A. 营业外支出　　B. 公允价值变动损益　　C. 盈余公积　　D. 其他业务收入

4. 将自用房地产或作为存货的房地产转换为采用公允价值模式计量的投资性房地产时，公允价值大于账面价值的差额计入所有者权益，处置时转入（　　）账户。

A. 公允价值变动损益　　B. 营业外收入　　C. 投资收益　　D. 其他业务收入

5. 处置一项以公允价值模式计量的投资性房地产，收到款项 100 万元，账面余额为 80 万元，其中成本 70 万元，公允价值变动 10 万元。由自用房地产转换为投资性房地产时的公允价值大于账面价值的差额为 10 万元。若不考虑相关税费，则处置的净收益为（　　）万元。

A. 30　　B. 20　　C. 40　　D. 10

6. 企业通常采用（　　）对投资性房地产进行后续计量。

A. 公允价值模式　　B. 成本模式

C. 重置成本模式　　D. 成本模式或公允价值模式

7. 下列项目中，不属于投资性房地产的是（　　）。

A. 已出租的建筑物　　B. 持有并准备增值后转让的土地使用权

C. 已出租的土地使用权　　D. 持有并准备增值后转让的房屋建筑物

8. 投资性房地产不论采用何种模式计量，取得的租金收入和处置收入均通过（　　）账户核算。

A. 营业外收入　　B. 投资收益　　C. 其他业务成本　　D. 其他业务收入

9. ×7 年 1 月 1 日以 500 万元购入一幢建筑物对外出租，每年年初收取租金 20 万元，采用公允价值模式计量。×7 年 12 月 31 日公允价值为 510 万元。如果 ×8 年 1 月 1 日以 510 万元出售，则处置时影响损益（　　）万元。

A. 0　　B. 10　　C. 20　　D. 30

10. 出售、转让、报废投资性房地产时，将其账面价值计入（　　）。

A. 其他业务成本　　B. 公允价值变动损益　　C. 营业外支出　　D. 资本公积

11. ×8 年 1 月 1 日以 500 万元购入一幢建筑物开始对外出租，每年初收取租金 30 万元，采用公允价值模式计量。×8 年 12 月 31 日该建筑物的公允价值为 510 万元。×8 年该项交易影响当期损益的金额为（　　）万元。

A. 40　　B. 20　　C. 30　　D. 50

二、多项选择题

1. 下列各项中，不属于投资性房地产的是（　　）。

A. 房地产企业开发的准备出售的房屋　　B. 房地产企业开发的已出租的房屋

C. 持有的准备建造房屋的土地使用权　　D. 以经营租赁方式租入的建筑物

2. 下列各项中，应当作为一般企业其他业务收入的有（　　）。

A. 出售投资性房地产的收入　　B. 出租建筑物的租金收入

C. 出售自用房屋的收入　　D. 转让商标使用权取得的收入

3. 下列各项中，将投资性房地产转换为其他资产或将其他资产转换成投资性房地产的有（　　）。

A. 投资性房地产开始自用　　B. 自用土地使用权用于赚取租金或资本增值

C. 投资性房地产转为存货　　D. 自用建筑物用于出租

4. 下列各项中，属于投资性房地产的有（　　）。

A. 自行经营的饭店　　B. 以经营租赁方式租出的写字楼

C. 闲置的土地　　D. 持有准备增值后转让的土地使用权

5. 下列各项中，属于投资性房地产特征的是（　　）。

A. 使用寿命超过一个会计年度　　B. 为生产产品、提供劳务或经营管理而持有

C. 为赚取租金或资本增值而持有　　D. 能够单独计量和出售

6. 下列有关投资性房地产后续计量的表述中，正确的有（　　）。

A. 不同企业可以分别采用成本模式或公允价值模式

B. 满足特定条件时可以采用公允价值模式

C. 同一企业不得同时采用成本模式和公允价值模式

D. 通常采用成本模式进行计量

7. 关于投资性房地产的计量模式，下列说法中正确的是（　　）。

A. 已经采用公允价值模式计量的投资性房地产，不得从公允价值模式转为成本模式

B. 已经采用成本模式计量的投资性房地产，不得从成本模式转为公允价值模式

C. 采用公允价值模式计量的投资性房地产不计提折旧或摊销

D. 对投资性房地产计量模式一经确定不得随意变更

8. 下列资产中，采用公允价值模式进行后续计量的是（　　）。

A. 交易性金融资产　　　　B. 持有至到期投资

C. 可供出售金融资产　　　　D. 符合条件的投资性房地产

三、判断题

1. 期末，企业应当将投资性房地产账面余额单独列示在资产负债表上。（　　）

2. 以融资租赁方式出租的建筑物应当作为投资性房地产进行核算。（　　）

3. 投资性房地产的后续计量由成本模式转为公允价值模式的，应当将计量模式变更时公允价值与账面价值的差额，调整期初留存收益。（　　）

4. 采用公允价值模式进行后续计量的投资性房地产不计提折旧或摊销，而是以资产负债表日的公允价值为基础调整其账面余额。（　　）

5. 将作为存货的房地产转换为采用公允价值模式计量的投资性房地产时，应当以转换日的公允价值作为其入账价值。（　　）

6. 将采用公允价值模式计量的投资性房地产转换为自用房地产或作为存货的房地产时，公允价值与原账面价值的差额一律计入公允价值变动损益。（　　）

7. 出售投资性房地产或投资性房地产发生毁损时，应当将处置收入扣除其账面价值和相关税费后的金额计入所有者权益。（　　）

8. 出租给本企业职工居住的宿舍，具有自用房地产的性质，所以不属于投资性房地产。（　　）

9. 在成本模式下，当投资性房地产的可收回金额大于其账面价值时，应当转回原已确认的减值损失。（　　）

10. 以经营租赁方式租入的建筑物再出租的也属于投资性房地产。（　　）

四、业务题

1. 将原采用公允价值模式计量的一幢出租用厂房收回自用，收回前，该厂房的成本和公允价值变动明细账余额分别为 700 万元和 100 万元（借方）。

要求：按下列两种情况编制转换日的会计分录。

（1）收回日该厂房的公允价值为 780 万元；

（2）收回日该厂房的公允价值为 850 万元。

2. ×7 年 1 月 1 日将建筑面积 1 000 平方米、原价为 1 000 万元、折旧年限为 50 年、已计提折旧 200 万元的一栋办公楼以经营租赁方式对外出租，同地段的房地产在房地产交易所的交易价格为每平方米 40 000 元。×7 年 12 月 31 日同地段的房地产在房地产交易所的交易价格为每平方米 82 000 元。×8 年 4 月 1 日将该办公楼在房地产交易所出售，成交价每平方米 80 000 元，款项已收存银行，适用的营业税税率为 5%，不考虑其他相关税费。

要求：编制与该办公楼有关的会计分录。

3. ×5 年 1 月 25 日对某建筑物（属于投资性房地产，采用成本计量模式）进行装修，发生如下有关支出：领用生产用原材料 10 000 元，购进该原材料的增值税进项税额为 1 700 元；辅助生产车间提

供的劳务支出为 14 660 元；计提有关人员工资和福利费 29 640 元。×5 年 12 月 26 日建筑物装修完工，达到预定可使用状态，预计下次装修时间为 7 年后的 12 月。假定装修支出符合资本化条件，预计尚可使用年限为 6 年，预计净残值为 2 000 元，预计可收回金额为 60 000 元，采用年限平均法计提折旧，不考虑其他因素。×8 年 12 月 31 日决定对该建筑物重新进行装修。

要求：编制上述业务的有关会计分录。

4. 甲公司对投资性房地产采用成本模式计量，有关土地使用权的业务资料如下。

（1）×6 年 1 月 5 日通过竞价取得一块使用年限为 50 年的土地使用权，已用银行存款支付土地出让金 4 800 万元。该土地使用权计划用于建造办公楼。

（2）因资金一时难以到位，从 ×6 年 7 月 1 日起以经营租赁方式出租给乙公司，租赁期 2 年，每年租金 240 万元，分别在 ×6 年 7 月初和 ×7 年 7 月初收取。

（3）×8 年 7 月初收回出租的土地用于建造办公楼，同月开始动工兴建。

（4）该土地使用权采用直线法摊销，不考虑相关税费。

要求：

（1）编制取得土地使用权的会计分录；

（2）计算该土地使用权每月摊销金额，并编制会计分录（每半年）；

（3）编制 ×6 年 7 月将自用土地使用权转为出租和收到租金的会计分录；

（4）编制 ×6 年末结转收入和摊销的会计分录；

（5）编制 ×8 年 7 月收回出租土地转为自用的会计分录。

第七章 投 资

【内容简介与学习目标】

本章阐述投资的性质与分类，以及交易性金融资产、持有至到期投资、可供出售金融资产和长期股权投资初始投资成本的确定及后续计量的会计处理。通过学习本章，应该明确投资的含义、内容及分类；掌握交易性金融资产、可供出售金融资产和持有至到期投资的确认、初始计量、投资收益的确认、期末计价和处置的会计处理；掌握长期股权投资初始投资成本的确定、长期股权投资核算的成本法和权益法、成本法与权益法之间转换的会计处理，以及计提长期股权投资减值准备和处置长期股权投资的会计处理。

第一节 投资的分类

投资是企业为通过分配来增加财富或为谋求其他利益而将资产让渡给其他单位获得的另一项资产。依据不同的标准，投资可以有不同的分类，如依据投资的变现能力及投资目的，可将投资分为短期投资和长期投资；依据投资的对象或性质，可将投资分为债权性投资和权益性投资。权益性投资是指以购买被投资单位股票、股权等形式进行的投资，投资企业拥有被投资单位的产权，是被投资单位的所有者之一，投资企业有权参与被投资单位的经营管理和利润分配；债权性投资是指以购买被投资单位债券形式进行的投资，投资企业与被投资单位之间形成了债权、债务关系，双方以契约形式规定了还本付息的期限和金额，投资企业对被投资单位只有投资本金和利息的索偿权，无权参与被投资单位的经营管理和利润分配。另外，还有一种混合性投资，它通常以购买混合性证券为标志。混合性证券是指同时兼有债权性和权益性的证券，如企业发行的优先股股票和可转换债券。混合性投资兼具权益性投资和债权性投资的特性，可以归入权益性投资或债权性投资。

投资的分类是投资确认和计量的基础。企业应当根据投资目的，并结合自身业务特点、投资策略和风险管理要求，将取得的投资划分为以下四类：①公允价值变动计入当期损益的金融资产；②持有至到期投资；③可供出售金融资产；④长期股权投资。投资的分类一旦确定，不得随意改变。

企业将取得的某项投资划分为公允价值变动计入当期损益的金融资产后，不能重分类为其他类投资；其他类投资也不能重分类为公允价值变动计入当期损益的金融资产。持有至到期投资和可供出售金融资产之间，也不得随意重分类。

企业持有的对上市公司不具有控制、共同控制或重大影响的限售股权，应当划分为公允价值变动计入当期损益的金融资产或可供出售金融资产。

第二节　公允价值变动计入当期损益的金融资产

一、公允价值变动计入当期损益的金融资产的确认

公允价值变动计入当期损益的金融资产包括企业为交易目的持有的债券投资、股票投资、基金投资等交易性金融资产和直接指定为公允价值变动计入当期损益的金融资产。

1. 交易性金融资产

交易性金融资产是指企业为了近期内出售而持有的金融资产。例如，企业以赚取差价为目的从二级市场购入的股票、债券、基金等，就属于交易性金融资产。满足下列条件之一的，应当划分为交易性金融资产：

（1）取得该金融资产的目的，主要是为了近期内出售；

（2）属于进行集中管理的可辨认金融工具组合的一部分，且有客观证据表明企业近期采用短期获利方式对该组合进行管理；

（3）属于衍生工具，比如远期合同、期货合同、互换和期权，以及具有远期合同、期货合同、互换和期权中一种或一种以上特征的工具，衍生工具不作为有效套期工具的，也应当划分为交易性金融资产。

2. 直接指定为公允价值变动计入当期损益的金融资产

企业基于风险管理和战略投资需要，有可能将取得的某项金融资产直接指定为公允价值变动计入当期损益的金融资产。只有符合下列条件之一的金融资产，才能在取得时直接指定为公允价值变动计入当期损益的金融资产。

（1）该指定可以消除或明显减少由于该金融资产的计量基础不同而导致的相关利得或损失在确认或计量方面不一致的情况。例如，企业拥有某项金融资产并承担某项金融负债，而且该金融资产和金融负债承担某种相同的风险。在这种情况下，如果将以上金融资产和金融负债分别划分为可供出售金融资产和以摊余成本进行后续计量的金融负债，就会导致“会计不配比”。但是，如果将以上金融资产和金融负债均直接指定为公允价值变动计入当期损益类，就能统一计量基础，消除“会计不配比”。

（2）企业风险管理或投资策略的正式书面文件已载明，该金融资产组合以公允价值为基础进行管理、评价并向关键管理人员报告。

在活跃市场中没有报价，公允价值不能可靠计量的权益工具投资，不得指定为公允价值变动计入当期损益的金融资产。

二、公允价值变动计入当期损益的金融资产的计量

（一）初始计量

初始投资成本按照公允价值计量，发生的相关交易费用直接计入当期损益，支付的价款中包含的已宣告但尚未发放的现金股利或已到付息期但尚未领取的债券利息单独确认为应收项目。

（二）后续计量

1. 持有收益

持有期间取得的利息或现金股利，应当在计息日或被投资单位宣告分派现金股利时确认为投资收益，计入当期损益。

2. 期末计价

期末以公允价值计量，公允价值变动形成的利得或损失计入当期损益，在该金融资产终止确认时转出，计入当期损益。

3. 处置损益

处置时，将所得价款与账面价值的差额确认为投资损益，同时将持有期间公允价值变动形成的利得或损失转入投资损益。

三、公允价值变动计入当期损益的金融资产的核算

公允价值变动计入当期损益的金融资产的公允价值，通过“交易性金融资产”账户核算。本账户按照交易性金融资产的类别和品种，分别“成本”、“公允价值变动”等进行明细核算。资产负债表日，公允价值变动形成的利得或损失，通过“公允价值变动损益”账户核算。

（1）取得交易性金融资产时，按公允价值，借记“交易性金融资产——成本”账户，按发生的交易费用，借记“投资收益”账户，按支付的价款中包含的已到付息期但尚未领取的利息或已宣告但尚未发放的现金股利，借记“应收利息”或“应收股利”账户，按支付的款项，贷记“银行存款”账户。

（2）持有期间，被投资单位宣告分派的现金股利或在资产负债表日按债券的面值和票面利率计算的应收未收利息，借记“应收股利”或“应收利息”账户，贷记“投资收益”账户。

（3）资产负债表日，交易性金融资产的公允价值高于其账面余额的差额，借记“交易性金融资产——公允价值变动”账户，贷记“公允价值变动损益”账户；公允价值低于其账面余额的差额编制相反的会计分录。

（4）出售交易性金融资产时，按收到的款项，借记“银行存款”账户，按账面余额，贷记“交易性金融资产——成本”账户和贷记或借记“交易性金融资产——公允价值变动”账户，按应收未收的现金股利或利息，贷记“应收股利”或“应收利息”账户，按持有期间公允价值累计变动额，借记或贷记“公允价值变动损益”账户，按借贷差额，贷记或借记“投资收益”账户。

【例 7-1】 A 公司 ×8 年有关业务如下。

（1）×8 年 1 月 6 日以赚取差价为目的从二级市场购入 ×7 年 1 月 1 日发行的面值为 200 万元、票面利率为 6%、期限为 3 年、每半年付息一次的债券，并将其划分为交易性金融资产，通过银行转账支付买价 206 万元（含 ×7 年下半年利息 6 万元）和交易费用 4 万元。

（2）1 月 16 日收到 ×7 年下半年的利息 6 万元。

（3）3 月 31 日该债券公允价值为 220 万元。

（4）3 月 31 日按债券票面利率计算利息。

（5）6 月 30 日该债券公允价值为 196 万元。

（6）6 月 30 日按债券票面利率计算利息。

（7）7 月 16 日收到 ×8 年上半年的利息 6 万元。

（8）8 月 16 日将该债券全部处置，取得价款 240 万元存入银行。

A 公司的账务处理如下。

（1）1 月 6 日：

借：交易性金融资产——债券（成本）	2 000 000
应收利息	60 000
投资收益	40 000
贷：银行存款	2 100 000

（2）1 月 16 日：

借：银行存款	60 000
贷：应收利息	60 000

（3）3 月 31 日：

借：交易性金融资产——债券（公允价值变动）	200 000
贷：公允价值变动损益	200 000
借：应收利息	30 000
贷：投资收益	30 000

（4）6 月 30 日：

借：公允价值变动损益　　2 200 000 − 1 960 000 = 240 000	
贷：交易性金融资产——债券（公允价值变动）	240 000
借：应收利息	30 000
贷：投资收益	30 000

（5）7 月 16 日的账务处理与 1 月 16 日相同：

（6）8 月 16 日：

借：银行存款	2 400 000
交易性金融资产——债券（公允价值变动）	40 000
贷：交易性金融资产——债券（成本）	2 000 000
投资收益	400 000
借：投资收益	40 000
贷：公允价值变动损益	40 000

【例 7-2】 A 公司为上市公司，按季对外提供中期财务报告，有关业务如下。

（1）×7 年 3 月 6 日以赚取差价为目的从二级市场购入 B 公司股票 200 万股，并将其划分为交易性金融资产，每股买价为 10.4 元（含现金股利 0.4 元），发生交易费用 10 万元，款项已通过银行转账支付。

（2）×7 年 3 月 16 日收到最初支付价款中所含现金股利。

（3）×7 年 12 月 31 日该股票每股公允价值为 9 元。

（4）×8 年 12 月 31 日该股票每股公允价值为 10.6 元。

（5）×9 年 3 月 16 日将该股票全部处置，每股卖价 10.2 元，发生交易费用 10 万元，款项已存入银行。

A 公司的账务处理如下。

（1）×7 年 3 月 6 日：

借：交易性金融资产——股票（成本）　20 000 000
　　应收股利——B公司　800 000
　　投资收益　100 000
　　贷：银行存款　20 900 000

（2）×7年3月16日：

借：银行存款　800 000
　　贷：应收股利——B公司　800 000

（3）×7年12月31日：

借：公允价值变动损益　（10－9）×2 000 000＝2 000 000
　　贷：交易性金融资产——股票（公允价值变动）　2 000 000

（4）×8年12月31日：

借：交易性金融资产——股票（公允价值变动）　3 200 000
　　贷：公允价值变动损益　（10.6－9）×2 000 000＝3 200 000

（5）×9年3月16日：

借：银行存款　20 400 000－100 000＝20 300 000
　　公允价值变动损益　1 200 000
　　贷：交易性金融资产——股票（成本）　20 000 000
　　　　交易性金融资产——股票（公允价值变动）　1 200 000
　　　　投资收益　300 000

第三节　持有至到期投资

持有至到期投资是指到期日固定、回收金额固定或可确定，而且企业有明确意图和能力持有至到期的非衍生金融资产。通常情况下，企业持有的在活跃市场上有报价的国债、公司债券、金融债券等，可以划分为持有至到期投资。

一、持有至到期投资的特征

持有至到期投资具有如下特征。

（1）到期日固定、回收金额固定或可确定，指相关合同明确了投资者在确定的期间内获得或应收取现金流量（如投资利息和本金等）的金额和时间。由于要求到期日固定，权益工具投资不能划分为持有至到期投资。如果符合其他条件，不能由于某债务工具投资是浮动利率投资而不将其划分为持有至到期投资。

（2）有明确意图持有至到期，指投资者在取得投资时意图是明确的，除非遇到一些企业不能控制、预期不会重复发生且难以合理预计的独立事件，否则将该金融资产投资持有至到期。存在下列情况之一的，表明企业没有明确意图将该金融资产投资持有至到期：①持有该金融资产的期限不确定；②发生市场利率变化、流动性需要变化、替代投资机会及投资收益率变化、融资来源和条件变化、外汇风险变化等情况时，将出售该金融资产；③该金融资产的发行方可以按明显低于其摊余成本的金额清偿；④其他表明企业没有明确意图将该金融资产持有至到期的情况。

（3）有能力持有至到期，指企业有足够的财务资源，并不受外部因素影响将该金融资产投资持有至到期。存在下列情况之一的，表明企业没有能力将具有固定期限的金融资产投资持有至到期：①没有可利用的财务资源持续地为该金融资产投资提供资金支持，使企业无法将该金融资产投资持有至到期：②受法律、行政法规的限制，使企业难以将该金融资产投资持有至到期；③其他表明企业没有能力将具有固定期限的金融资产投资持有至到期的情况。

企业应当在每个资产负债表日对持有至到期投资的意图和能力进行评价，投资的意图和能力发生变化的，应当将其重分类为可供出售金融资产。

二、持有至到期投资的计量

（一）初始计量

初始投资成本按照公允价值和相关交易费用计量，支付的价款中包含的已到付息期但尚未领取的债券利息单独确认为应收项目。

（二）后续计量

1. 持有收益

持有期间通常按照摊余成本和实际利率计算利息收入，计入投资收益，实际利率与票面利率差别较小的，也可按票面利率计算利息收入，计入投资收益。所谓摊余成本是指初始投资成本经过下列调整后的结果：①扣除已收回的本金；②加上或减去采用实际利率法将该初始投资成本与到期日金额之间的差额进行摊销形成的累计摊销额，即加上或减去利息调整累计摊销额；③扣除已发生的减值损失。

实际利率应当在取得投资时确定，并在该投资预期存续期间保持不变。实际利率是指将金融资产或金融负债在预期存续期间的未来现金流量，折现为该金融资产或金融负债当前账面价值使用的利率。实际利率法是指按照金融资产或金融负债的实际利率计算其摊余成本及各期利息收入或利息费用的方法。

2. 减值

资产负债表日，有客观证据表明持有至到期投资发生减值的，应当将该投资的账面价值减记至预计未来现金流量（不包括尚未发生的未来信用损失）现值，并将减记的金额确认为资产减值损失，计入当期损益。已确认减值损失的持有至到期投资，在随后的会计期间价值已恢复且客观上与确认原减值损失事项有关（如债务人的信用评级已提高等）的，原确认的减值损失应当予以转回，计入当期损益。

3. 处置损益

处置时，将所得价款与账面价值的差额确认为投资损益。

三、持有至到期投资的重分类

企业将持有至到期投资在到期前处置或重分类为可供出售金融资产，通常表明其违背了将投资持有至到期的最初意图。如果处置或重分类为可供出售金融资产的部分达到或超过企业持有至到期投资总额的 5%，则企业在处置或重分类后应当立即将其剩余的持有至到期投资重分类为可供出售金融资产，而且在本会计年度及以后两个完整的会计年度内不得将该可供出售金融资产划分为持有至到期投资。但是，遇到以下情况时可以例外：

（1）出售日或重分类日距离该项投资到期日或赎回日较近（如到期前三个月内），而且市场利率变化对该项投资的公允价值没有显著影响；

（2）根据合同约定的偿付方式，企业已收回几乎所有初始本金（通常指该投资收回部分达到或超过初始本金总额95%的情形）；

（3）出售或重分类是由于企业无法控制、预期不会重复发生且难以合理预计的独立事件引起。此种情况主要包括：①因被投资单位信用状况严重恶化，将持有至到期投资予以出售；②因相关税收法规取消了持有至到期投资的利息税前可抵扣政策或显著减少了税前可抵扣金额，将持有至到期投资予以出售；③因发生重大企业合并或重大处置，为保持现行利率风险头寸或维持现行信用风险政策，将持有至到期投资予以出售；④因法律、行政法规对允许投资的范围或特定投资品种的投资限额做出重大调整，将持有至到期投资予以出售；⑤因监管部门要求大幅度提高资产流动性或大幅度提高持有至到期投资在计算资本充足率时的风险权重，将持有至到期投资予以出售。

四、持有至到期投资的核算

持有至到期投资的摊余成本，通过“持有至到期投资”账户核算。本账户按照持有至到期投资的类别和品种，分别“成本”、“利息调整”、“应计利息”等进行明细核算。持有至到期投资发生的减值，通过“持有至到期投资减值准备”账户核算。

（1）取得持有至到期投资时，按面值，借记“持有至到期投资——成本”账户，按支付的价款中包含的已到付息期但尚未领取的利息，借记“应收利息”账户，按支付的款项，贷记“银行存款”账户，按借贷差额，借记或贷记“持有至到期投资——利息调整”账户。

（2）资产负债表日，按面值和票面利率计算的应收未收利息，借记“应收利息”（分期付息债券投资）或“持有至到期投资——应计利息”（到期一次付息债券投资）账户，按摊余成本和实际利率计算的利息收入，贷记“投资收益”账户，按借贷差额，借记或贷记“持有至到期投资——利息调整”账户。

（3）资产负债表日，持有至到期投资发生减值的，按应当减记的金额，借记“资产减值损失”账户，贷记“持有至到期投资减值准备”账户；在随后的会计期间价值得以恢复时，借记“持有至到期投资减值准备”账户，贷记“资产减值损失”账户。

（4）将持有至到期投资重分类为可供出售金融资产时，按重分类日的公允价值，借记“可供出售金融资产”账户，按账面余额，贷记“持有至到期投资——成本”、“持有至到期投资——应计利息”账户和贷记或借记“持有至到期投资——利息调整”账户，按已计提减值准备，借记“持有至到期投资减值准备”账户，按借贷差额，贷记或借记“资本公积——其他资本公积”账户。

（5）持有至到期投资在到期前处置时，按收到的款项，借记“银行存款”账户，按账面余额，贷记“持有至到期投资——成本”、“持有至到期投资——应计利息”账户和贷记或借记“持有至到期投资——利息调整”账户，按已计提减值准备，借记“持有至到期投资减值准备”账户，按借贷差额，贷记或借记“投资收益”账户；持有至到期投资到期收回本息时，借记“银行存款”账户，贷记“持有至到期投资——成本”、“应收利息”或“持有至到期投资——应计利息”等账户。

【例 7-3】×6 年 1 月 2 日 A 公司从证券市场购入 B 公司于×5 年 1 月 1 日发行的面值为 2 000 万元、票面利率为 4%、期限为 4 年、每年 1 月 5 日支付上年度利息、到期还本的债券，并将其划分为持有至到期投资，通过银行转账支付买价 1 985.54 万元（含×5 年利息 80 万元）和交易费用 40 万元。该债券的实际利率为 5%，按年计提利息。A 公司的账务处理如下。

（1）×6 年 1 月 2 日：

借：持有至到期投资——成本　20 000 000

　　应收利息——B 公司　800 000

　贷：银行存款　20 255 400

　　　持有至到期投资——利息调整　544 600

（2）×6 年 1 月 5 日：

借：银行存款　800 000

　贷：应收利息——B 公司　800 000

（3）×6 年 12 月 31 日：

确认投资收益 = 19 455 400 × 5% = 972 770（元）

利息调整摊销额 = 972 770 − 20 000 000 × 4% = 172 770（元）

借：应收利息——B 公司　800 000

　　持有至到期投资——利息调整　172 770

　贷：投资收益　972 770

（4）×7 年 1 月 5 日的账务处理与×6 年 1 月 5 日相同。

（5）×7 年 12 月 31 日计提债券利息：

确认投资收益 = (19 455 400 + 172 770) × 5% = 981 409（元）

利息调整摊销额 = 981 409 − 20 000 000 × 4% = 181 409（元）

借：应收利息——B 公司　800 000

　　持有至到期投资——利息调整　181 409

　贷：投资收益　981 409

（6）×8 年 1 月 5 日的账务处理与×6 年 1 月 5 日相同。

（7）×8 年 12 月 31 日：

利息调整摊销额 = 544 600 − 172 770 − 181 409 = 190 421（元）

确认投资收益 = 800 000 + 190 421 = 990 421（元）

借：应收利息——B 公司　800 000

　　持有至到期投资——利息调整　190 421

　贷：投资收益　990 421

（8）×9 年 1 月 1 日：

借：银行存款　20 800 000

　贷：持有至到期投资——成本　20 000 000

　　　应收利息——B 公司　800 000

【例 7-4】×4 年 1 月 1 日 A 公司从证券市场上购入 B 公司同日发行的面值为 8 000 万元、票面利率为 6%、期限为 5 年、到期还本付息的债券，并将其划分为持有至到期投资，通过银行转账支付买价 8 346.16 万元，不考虑交易费用。该债券的实际利率为 5%，按年计提利息。A 公司的账务处理如下。

（1）×4 年 1 月 1 日：

借：持有至到期投资——成本　　80 000 000

　　持有至到期投资——利息调整　　3 461 600

　　贷：银行存款　　83 461 600

（2）×4 年 12 月 31 日：

借：持有至到期投资——应计利息　　4 800 000

　　贷：投资收益　　4 173 080

　　　　持有至到期投资——利息调整　　626 920

（3）×5 年 12 月 31 日：

借：持有至到期投资——应计利息　　4 800 000

　　贷：投资收益　　4 141 734

　　　　持有至到期投资——利息调整　　658 266

（4）×6 年 12 月 31 日：

借：持有至到期投资——应计利息　　4 800 000

　　贷：投资收益　　4 108 821

　　　　持有至到期投资——利息调整　　691 179

（5）×7 年 12 月 31 日：

借：持有至到期投资——应计利息　　4 800 000

　　贷：投资收益　　4 074 262

　　　　持有至到期投资——利息调整　　725 738

（6）×8 年 12 月 31 日计提债券利息：

借：持有至到期投资——应计利息　　4 800 000

　　贷：投资收益　　4 800 000 − 759 497 = 4 040 503

　　　　持有至到期投资——利息调整　　759 497

（7）A 公司 ×8 年 12 月 31 日收回本金及利息：

借：银行存款　　104 000 000

　　贷：持有至到期投资——成本　　80 000 000

　　　　持有至到期投资——应计利息　　24 000 000

【例 7-5】×7 年 7 月 1 日 A 公司从二级市场平价购入面值为 1 000 万元、剩余期限为 3 年的债券，并将其划分为持有至到期投资，不考虑交易费用。×8 年 7 月 1 日 A 公司将该批债券的 10%出售，出售所得已存入银行，当日该批债券的公允价值和摊余成本分别为 950 万元和 1 000 万元。假定不考虑交易费用及其他相关因素，则 A 公司出售该债券时的账务处理如下。

（1）×8 年 7 月 1 日出售债券：

借：银行存款　　950 000

　　投资收益　　50 000

　　贷：持有至到期投资　　1 000 000

（2）×8 年 7 月 1 日重分类：

借：可供出售金融资产——成本	9 000 000	
资本公积——其他资本公积	450 000	
贷：持有至到期投资		9 000 000
可供出售金融资产——公允价值变动		450 000

第四节 可供出售金融资产

一、可供出售金融资产的特征

可供出售金融资产是指初始确认时即被直接指定为可供出售的非衍生金融资产，以及没有划分为公允价值变动计入当期损益的金融资产和持有至到期投资的金融资产。相对于交易性金融资产和持有至到期投资而言，可供出售金融资产的持有意图不明确。通常情况下，划分为此类的金融资产应当在活跃的市场上有报价，因而企业从二级市场上购入的有报价的债券投资、股票投资、基金投资等，可以划分为可供出售金融资产。

二、可供出售金融资产的计量

（一）初始计量

初始投资成本按照公允价值和相关交易费用计量，支付的价款中包含的已宣告但尚未发放的现金股利或已到付息期但尚未领取的债券利息单独确认为应收项目。

（二）后续计量

1. 持有收益

持有期间取得的利息或现金股利，应当在计息日或被投资单位宣告分派现金股利时确认为投资收益，计入当期损益。

2. 期末计价

期末以公允价值计量，公允价值变动形成的利得或损失计入所有者权益，在该金融资产发生减值或终止确认时转出，计入当期损益。

3. 减值

分析判断可供出售金融资产是否发生减值时，应当注重该金融资产的公允价值是否持续下降。如果可供出售金融资产的公允价值发生较大幅度下降（通常指下降幅度达到或超过 20% 的情形），或者在综合考虑各种相关因素后，预期这种下降趋势并非暂时性的（通常指公允价值持续低于其成本达到或超过 6 个月的情形），就可以认定该可供出售金融资产已发生减值，并将原计入所有者权益的公允价值下降形成的累计损失予以转出，计入当期损益。该转出的累计损失等于可供出售金融资产的初始投资成本扣除已收回本金、已摊销金额、当前公允价值和原已计入损益的减值损失后的余额。

已确认减值损失的可供出售债务工具投资，在随后的会计期间公允价值已上升且客观上与确认原减值损失事项有关的，原确认的减值损失应当予以转回，计入当期损益；可供出售权益工具投资发生的减值损失，在该权益工具价值回升时，应当通过所有者权益转回，不得通过损益转回。

4. 处置损益

处置时，将所得价款与账面价值的差额确认为投资损益，同时将持有期间公允价值变动形成的利得或损失转入投资损益。

三、可供出售金融资产的重分类

因持有意图或能力发生改变，或者公允价值不再能够可靠计量，或者持有期限已超过“两个完整的会计年度”，使该金融资产不再适合按照公允价值计量时，应当改按成本或摊余成本计量，即重分类为持有至到期投资。与该金融资产相关的原计入所有者权益的利得或损失，应当在该金融资产被处置或发生减值时转出，计入当期损益。

四、可供出售金融资产的核算

可供出售金融资产的公允价值和交易费用，通过“可供出售金融资产”账户核算。本账户按照可供出售金融资产的类别和品种，分别“成本”、“利息调整”、“应计利息”、“公允价值变动”等进行明细核算。可供出售金融资产发生的减值，通过“可供出售金融资产——公允价值变动”账户核算。

（1）取得可供出售权益工具投资时，按公允价值与交易费用之和，借记“可供出售金融资产——成本”账户，按支付的价款中包含的已宣告但尚未发放的现金股利，借记“应收股利”账户，按支付的款项，贷记“银行存款”账户；取得可供出售债务工具投资的账务处理可比照持有至到期投资进行。

（2）资产负债表日，确认可供出售债务工具投资利息收入的账务处理可比照持有至到期投资进行，而在可供出售权益工具投资的持有期间被投资单位宣告分派的现金股利，借记“应收股利”账户，贷记“投资收益”账户。

（3）资产负债表日，可供出售金融资产的公允价值高于其账面余额的差额，借记“可供出售金融资产——公允价值变动”账户，贷记“资本公积——其他资本公积”账户；公允价值低于其账面余额的差额编制相反的会计分录。

（4）资产负债表日，可供出售金融资产发生减值的，按应当减记的金额（即公允价值下降形成的累计损失），借记“资产减值损失”账户，按原计入所有者权益的公允价值下降形成的累计损失，贷记“资本公积——其他资本公积”账户，按贷方差额，贷记“可供出售金融资产——公允价值变动”账户；在随后的会计期间公允价值回升时，借记“可供出售金融资产——公允价值变动”账户，贷记“资产减值损失”（可供出售债务工具投资）或“资本公积——其他资本公积”（可供出售权益工具投资）账户。

（5）出售可供出售债务工具投资的账务处理可比照持有至到期投资进行；出售可供出售权益工具投资的账务处理可比照交易性金融资产进行，但持有期间的公允价值累计变动额，应当由“资本公积——其他资本公积”账户转入“投资收益”账户。

【例 7-6】×6 年 1 月 1 日 A 公司从证券市场购入 B 公司于 ×5 年 1 月 1 日发行的面值为 1 000 万元、票面利率为 5%、期限为 5 年、每年 1 月 5 日支付上年度利息、到期还本的债券，并将其划分为可供出售金融资产，通过银行转账支付买价 1 086.3 万元。×6 年 12 月 31 日该债券的公允价值为 1 030 万元；×7 年 12 月 31 日该债券的公允价值为 1 020 万元。假定该债券的实际利率为 4%，按年计提利息，则 A 公司 ×6—×7 年的账务处理如下。

（1）×6 年 1 月 1 日:

借：可供出售金融资产——成本　10 000 000

　　应收利息——B 公司　500 000

　　可供出售金融资产——利息调整　363 000

　　贷：银行存款　10 863 000

（2）×6 年 1 月 5 日:

借：银行存款　500 000

　　贷：应收利息——B 公司　500 000

（3）×6 年 12 月 31 日:

实际利息 = 1 036.3 × 4% = 41.45（万元）

票面利息 = 1 000 × 5% = 50（万元）

借：应收利息——B 公司　500 000

　　贷：投资收益　414 500

　　　　可供出售金融资产——利息调整　85 500

公允价值变动 = 1 030 − (1 036.3 − 8.55) = 2.25（万元）

借：可供出售金融资产——公允价值变动　22 500

　　贷：资本公积　其他资本公积　22 500

（4）×7 年 1 月 5 日:

借：银行存款　500 000

　　贷：应收利息——B 公司　500 000

（5）×7 年 12 月 31 日:

实际利息 = (1 036.3 − 8.55) × 4% = 41.11（万元）

借：应收利息——B 公司　500 000

　　贷：投资收益　411 100

　　　　可供出售金融资产——利息调整　88 900

公允价值变动 = 1 020 − (1 030 − 8.89) = −1.11（万元）

借：资本公积——其他资本公积　11 100

　　贷：可供出售金融资产——公允价值变动　11 100

【例 7-7】×6 年 1 月 1 日 A 公司从二级市场平价购入 B 公司发行的面值为 50 元、票面利率为 3%、期限为 4 年、每年年末付息的债券 5 000 张，并将其划分为可供出售金融资产，买价已通过银行转账支付。×6 年 12 月 31 日该债券的市场价格为每张 50 元；×7 年 B 公司因投资决策失误，发生严重财务困难，但仍可支付该债券当年的票面利息，至年底该债券的市场价格下降为每张 40 元，预计这种下降不是暂时性的。因 B 公司×8 年调整产品结构并整合其他资源，财务困难大为好转，至年底该债券的市场价格已上升至每张 47 元。×9 年 1 月 1 日 A 公司将该债券售出，售价为 240 000 元，交易费用为 2 400 元，有关款项已通过银行结算。假定该债券的实际利率为 3%，且不考虑其他因素，则 A 公司的账务处理如下。

（1）×6 年 1 月 1 日:

借：可供出售金融资产——成本　250 000

贷：银行存款　250 000

（2）×6 年 12 月 31 日：

借：应收利息——B 公司　7 500

　贷：投资收益　7 500

借：银行存款　7 500

　贷：应收利息——B 公司　7 500

（3）×7 年 12 月 31 日：

借：应收利息——B 公司　7 500

　贷：投资收益　7 500

借：银行存款　7 500

　贷：应收利息——B 公司　7 500

借：资产减值损失　50 000

　贷：可供出售金融资产——公允价值变动　50 000

（4）×8 年 12 月 31 日：

确认利息收入 = (250 000 − 50 000) × 3% = 6 000（元）

借：应收利息——B 公司　7 500

　贷：投资收益　6 000

　　可供出售金融资产——利息调整　1 500

借：银行存款　7 500

　贷：应收利息——B 公司　7 500

减值损失转回前，该债券的摊余成本为 198 500 元（250 000 − 50 000 − 1 500），公允价值为 235 000 元（5 000 × 47），转回减值损失 36 500 元（235 000 − 198 500）。

借：可供出售金融资产——公允价值变动　36 500

　贷：资产减值损失　36 500

（5）×9 年 1 月 1 日：

借：银行存款　237 600

　可供出售金融资产——利息调整　1 500

　可供出售金融资产——公允价值变动　13 500

　贷：可供出售金融资产——成本　250 000

　　投资收益　2 600

【例 7-8】×7 年 4 月 10 日 A 公司通过拍卖方式取得 B 公司法人股 50 万股，每股买价为 1.5 元，交易费用为 1 万元，将其划分为可供出售金融资产，有关款项已通过银行结算。6 月 30 日每股公允价值为 1.4 元；9 月 30 日每股公允价值为 1.3 元；12 月 31 日由于 B 公司发生严重财务困难，每股公允价值为 0.5 元，预计这种下降不是暂时性的；×8 年 3 月 30 日每股公允价值为 0.7 元。×8 年 4 月 15 日 A 公司将 B 公司法人股全部对外出售，每股售价为 0.6 元，所得款项已存入银行。A 公司的账务处理如下：

（1）×7 年 4 月 10 日：

借：可供出售金融资产——成本　760 000

　贷：银行存款　760 000

（2）×7 年 6 月 30 日：

借：资本公积——其他资本公积　　60 000

　　贷：可供出售金融资产——公允价值变动　　60 000

（3）×7 年 9 月 30 日：

借：资本公积——其他资本公积　　50 000

　　贷：可供出售金融资产——公允价值变动　　50 000

（4）×7 年 12 月 31 日：

借：资产减值损失　　510 000

　　贷：资本公积——其他资本公积　　110 000

　　　　可供出售金融资产——公允价值变动　　400 000

（5）×8 年 3 月 30 日：

借：可供出售金融资产——公允价值变动　　100 000

　　贷：资本公积——其他资本公积　　100 000

（6）×8 年 4 月 15 日：

借：银行存款　　300 000

　　可供出售金融资产——公允价值变动　　410 000

　　资本公积——其他资本公积　　100 000

　　贷：可供出售金融资产——成本　　760 000

　　　　投资收益　　50 000

第五节　长期股权投资

长期股权投资是指企业准备长期持有的权益性投资。长期股权投资通常具有投资大、期限长、风险大以及能为企业带来较大利益等特点。

一、长期股权投资的类型

企业对其他单位进行长期股权投资，旨在控制被投资单位，或者对被投资单位施加重大影响，或者为了与被投资单位建立密切关系，以分散经营风险。因此，长期股权投资依据对被投资单位产生的影响，分为以下四种类型。

（1）企业持有的能够对被投资单位实施控制的权益性投资，即对子公司的投资。控制是指有权决定一个企业的财务和经营政策，并能据以从该企业的经营活动中获取利益。控制包括：①投资企业直接拥有被投资单位 50%以上的表决权资本；②投资企业虽然直接拥有被投资单位 50%或以下的表决权资本，但具有实质性控制权。具有实质控制权的情形包括：①通过与其他投资者的协议，拥有被投资单位 50%以上表决权资本的控制权；②根据章程或协议，有权控制被投资单位的财务和经营政策；③有权任免被投资单位董事会等类似权利机构的多数成员；④在被投资单位董事会或类似权利机构会议上有半数以上投票权。

（2）企业持有的能够与其他合营方一同对被投资单位实施共同控制的权益性投资，

即对合营企业的投资。合营企业是指由两个或多个企业共同投资建立的企业，合营各方均受到合营合同的限制和约束。共同控制是指按合同约定对某项经济活动共有的控制，仅在与该项经济活动相关的重要财务和经营决策需要分享控制权的投资方一致同意时存在。实务中，在确定是否构成共同控制时，一般考虑以下情况作为确定基础：①任何一个合营方均不能单独控制合营企业的生产经营活动；②涉及合营企业基本经营活动的决策需要各合营方一致同意；③各合营方可能通过合同或协议的形式任命其中的一个合营方对合营企业的日常活动进行管理，但其必须在各合营方已经一致同意的财务和经营政策范围内行使管理权。

（3）企业持有的能够对被投资单位施加重大影响的权益性投资，即对联营企业的投资。重大影响是指对一个企业的财务和经营政策有参与决策的权力，但并不能够控制或与其他方一起共同控制这些决策的制定。投资企业直接或通过子公司间接拥有被投资单位20%以上但低于50%的表决权资本时，一般认为投资企业对被投资单位的财务和经营政策具有重大影响。另外，尽管投资企业直接拥有被投资单位20%以下的表决权资本，但符合以下五种情形之一的，也认为对被投资单位的财务和经营政策具有重大影响：①在被投资单位的董事会或类似权力机构中派有代表；②参与被投资单位的政策制定过程；③与被投资单位发生重要交易；④向被投资单位派出管理人员；⑤向被投资单位提供关键技术或技术资料。

（4）企业持有的对被投资单位不具有控制、共同控制或重大影响，并且在活跃市场中没有报价、公允价值不能可靠计量的权益性投资。

二、企业合并的类型

企业合并是将两个或两个以上单独的企业合并形成一个报告主体的交易或事项。

（一）以合并方式为基础对企业合并的分类

从本质上看，企业合并是一个企业取得对另外一个企业的控制权、吸收另一个或多个企业的净资产以及将参与合并企业的相关资产、负债进行整合后成立新的企业等情况。因此，以合并方式为基础，企业合并可分为控股合并、吸收合并及新设合并。

（1）控股合并，是指合并方（或购买方，下同）通过企业合并取得对被合并方（或被购买方，下同）的控制权，能够主导被合并方的生产经营决策，从而将被合并方纳入其合并财务报表范围形成一个报告主体的情况。合并后，被合并方仍保持其独立的法人资格继续经营，合并方在企业合并中取得的是对被合并方的股权，合并方应当在其账簿及个别财务报表中确认对被合并方的长期股权投资，在企业合并中取得的被合并方的资产和负债仅在合并财务报表中确认。

（2）吸收合并，是指合并方在企业合并中取得被合并方的全部净资产，并将有关资产、负债并入合并方的账簿和财务报表进行核算。合并后，被合并方丧失其法人资格，由合并方持有被合并方的资产、负债，在新的基础上继续经营。

（3）新设合并，是指在企业合并中注册成立一家新的企业，由其持有参与合并各方的资产、负债，在新的基础上继续经营。合并后，参与合并各方均丧失法人资格。

（二）以是否在同一控制下进行企业合并为基础对企业合并的分类

以是否在同一控制下进行企业合并为基础，企业合并可分为同一控制下的企业合并和非同一控制下的企业合并。

1. 同一控制下的企业合并

参与合并的各方在合并前后均受同一方或相同的多方最终控制且并非暂时性的，为同一控制下的企业合并。在合并日取得对其他参与合并企业控制权的一方为合并方，参与合并的其他企业为被合并方。合并日是合并方实际取得对被合并方控制权的日期。

实施最终控制的一方，通常指企业集团中的母公司。相同的多方是指根据投资者之间的协议约定，为扩大其中某一投资者对被投资单位股份的控制比例，或者为巩固某一投资者对被投资单位的控制地位，在对被投资单位的生产经营决策行使表决权时发表相同意见的两个或两个以上的投资者。

2. 非同一控制下的企业合并

参与合并的各方在合并前后不受同一方或相同的多方最终控制的，为非同一控制下的企业合并。在购买日取得对其他参与合并企业控制权的一方为购买方，参与合并的其他企业为被购买方。购买日是购买方实际取得对被购买方控制权的日期。

三、长期股权投资初始投资成本的确定

长期股权投资应当按照取得时的初始投资成本入账。企业发生的长期股权投资业务，可能导致企业间合并、共同控制、重大影响、非共同控制与非重大影响，因而长期股权投资的初始投资成本应当分别企业合并和非企业合并两种情况确定。

（一）企业合并形成的长期股权投资初始投资成本的确定

只有控股合并形成投资关系，所以企业合并形成的长期股权投资，应当分别同一控制下控股合并与非同一控制下控股合并确定其初始投资成本。需要说明的是，无论是同一控制下还是非同一控制下，合并方或购买方为企业合并发生的审计、法律服务、评估咨询等中介费用以及其他相关管理费用，应当在发生时计入当期管理费用。

1. 同一控制下企业合并形成的长期股权投资

很多情况下,同一控制下企业合并是母公司从整合集团内部资产负债的角度出发进行的，合并双方的合并行为并不完全是自愿的，因而这种企业合并不属于真正意义上的市场交易行为，而是参与合并各方资产和负债的重新组合。由于存在最终控制方，合并双方交易价格的确定可能会受到最终控制方的影响，可能不公允。另外，一个企业集团内部两个子公司之间发生购并交易的情况下，无论子公司之间怎样确定交易价格，对母公司来讲，只能是原来已经能够控制的一部分资产空间位置的转移，母公司控制的资产总量并未发生变化，不会产生新的资产和负债。因此，合并方在企业合并中取得的被合并方的资产和负债，应当按照合并日在被合并方的账面价值计量，不能按照公允价值计量。

同一控制下企业合并形成的长期股权投资的初始投资成本为合并方在合并日取得的被合并方所有者权益账面价值的份额。如果被合并方存在合并财务报表，应当以合并日被合并方合并财务报表所有者权益为基础确定长期股权投资的初始投资成本。长期股权投资初始投资成本与支付的现金、转让的非现金资产及所承担债务账面价值之间的差额，或者长期股权投资初始投资成本与所发行权益性证券（股份）面值总额之间的差额，应当调整资本公积（资本溢价或股本溢价）；资本公积的余额不足冲减的，调整留存收益。

在进行账务处理时，按初始投资成本，借记“长期股权投资”账户，按支付的价款或对价中包含的被投资单位已宣告但尚未发放的现金股利或利润，借记“应收股利”账户，按支付的合并对价的账面价值或所发行权益性证券的面值总额，贷记有关资产、负债或股本等账户，按贷方差额，贷记“资本公积——资本溢价（股本溢价）”账户；为借方差额的，借记“资

本公积——资本溢价（股本溢价）”、“盈余公积”、“利润分配——未分配利润” 等账户。

【例 7-9】A 公司和 B 公司同属×公司的子公司。×8 年 6 月 1 日 A 公司以银行存款出资 144 万元取得 B 公司 80%的股权，当日 B 公司所有者权益的账面价值为 200 万元。A 公司的账务处理如下:

借：长期股权投资——B 公司 1 600 000
　贷：银行存款 1 440 000
　　资本公积——资本溢价 160 000

【例 7-10】A、B 两家公司同属×公司的子公司。×8 年 3 月 1 日 A 公司通过发行 300 万股普通股股票取得 B 公司 60%的股权，每股面值为 1 元，当日 B 公司所有者权益的账面价值为 400 万元。A 公司×8 年 3 月 1 日的资本公积为 36 万元、盈余公积为 20 万元、未分配利润为 40 万元。假设不考虑相关税费，则 A 公司的账务处理如下:

借：长期股权投资——B 公司 2 400 000
　资本公积——股本溢价 360 000
　盈余公积 200 000
　利润分配——未分配利润 40 000
　贷：股本 3 000 000

企业通过多次交易分步实现同一控制下企业合并且不属于“一揽子交易”的，在合并日，应当按照《企业会计准则第 2 号——长期股权投资》有关规定确定长期股权投资的初始投资成本，同时对合并前取得的长期股权投资视同取得时即按照同一控制下企业合并的原则处埋进行调整。合并日长期股权投资初始投资成本与达到合并前的长期股权投资账面价值（经调整后）加上合并日取得进一步股份新支付对价的账面价值之和的差额，调整资本公积（资本溢价或股本溢价），资本公积不足冲减的，冲减留存收益。在编制合并财务报表时，对于合并方在合并日之前已确认的与该股权投资有关的损益或其他综合收益，应当予以冲回。

【例 7-11】×7 年 3 月 A 公司投资 2 000 万元取得 C 公司 20%的股份，并派人参与 C 公司的生产经营决策，当日 C 公司所有者权益的账面价值为 8 000 万元。×7 年确认投资收益 160 万元，在此期间，C 公司未分派现金股利。×8 年 2 月 A 公司又投资 6 000 万元进一步取得 C 公司 40%的股份，当日 C 公司所有者权益的账面价值为 14 300 万元。假定 A 公司按净利的 10%提取盈余公积，C 公司接受新增投资前可供出售金融资产公允价值累计变动利得为 8 万元，则 A 公司的账务处理如下。

（1）对原按照权益法核算的长期股权投资进行追溯调整:

借：盈余公积 160 000
　利润分配——未分配利润 1 440 000
　贷：长期股权投资——C 公司（损益调整） 1 600 000
借：资本公积——其他资本公积 16 000
　贷：长期股权投资——C 公司（其他权益变动） 16 000

（2）确认购买日进一步取得的股份:

借：长期股权投资——C 公司 73 200 000
　资本公积——其他资本公积 2 800 000

贷：银行存款　60 000 000

　　长期股权投资——C 公司（成本）　16 000 000

2. 非同一控制下企业合并形成的长期股权投资

非同一控制下的企业合并发生在两个独立的、平等的市场主体之间，在合并之前合并双方不存在关联方关系，即使存在投资或其他方面的关系也没有在同一方的控制之下。因此，合并双方在确定交易价格时，会从公平的市场原则出发，根据目前市价反复讨价还价，形成一个相对公平合理的交易价格。作为一种公平交易，购买方在企业合并中取得的被购买方的资产和负债应当以公允价值为基础进行计量；购买方为了取得对被购买方的控制权而放弃的资产、发生或承担的债务以及所发行的权益性证券等都应当按照购买日的公允价值计量，所放弃资产的公允价值与账面价值的差额，应当按照下列不同情况处理：

（1）放弃资产为存货的，应当作为销售处理，按照公允价值确认收入，同时结转相应的成本和已计提的存货跌价准备；

（2）放弃资产为固定资产、无形资产的，放弃资产的公允价值与账面价值的差额计入营业外收入或营业外支出；

（3）放弃资产为交易性金融资产、持有至到期投资、可供出售金融资产的，放弃资产的公允价值与账面价值的差额计入投资损益。

非同一控制下企业合并形成的长期股权投资的初始投资成本为购买方在购买日为取得对被购买方的控制权而付出的资产、发生或承担的债务、发行的权益性证券等的公允价值。购买方作为合并对价发行的权益性证券或债务性证券的交易费用，应当计入权益性证券或债务性证券的初始确认金额。

在进行账务处理时，按确定的合并成本，借记“长期股权投资”账户，按支付的价款或对价中包含的被投资单位已宣告但尚未发放的现金股利或利润，借记“应收股利”账户，按支付的合并对价的账面价值或所发行权益性证券的面值总额，贷记有关资产、负债或股本等账户，按支付的合并对价的公允价值与账面价值之间的差额或所发行权益性证券的公允价值与面值总额之间的差额，贷记“营业外收入——处置非流动资产利得”、“投资收益”、“资本公积——股本溢价”等账户或借记“营业外支出——处置非流动资产损失”、“投资收益”、“资本公积——股本溢价”等账户。以存货作为合并对价的，按公允价值和应交的增值税税额的合计，借记“长期股权投资”账户，按公允价值，贷记“主营业务收入”、“其他业务收入”等账户，按应交的增值税税额，贷记“应交税费——应交增值税（销项税额）”；同时按账面价值，借记“主营业务成本”、“其他业务成本”等账户，按已计提减值准备，借记“存货跌价准备”账户，按账面余额，贷记“库存商品”、“原材料”等账户。

【例 7-12】×8 年 1 月 1 日 A 公司以原价为 1 600 万元、已计提折旧 100 万元、已计提减值准备 40 万元、公允价值为 1 520 万元的设备一台和银行存款 40 万元向 C 公司投资（A 公司和 C 公司不属于同一控制的两个公司），占 C 公司注册资本的 60%。假设不考虑其他相关税费，则 A 公司的账务处理如下：

借：固定资产清理　14 600 000

　　累计折旧　1 000 000

　　固定资产减值准备　400 000

　贷：固定资产　16 000 000

借：长期股权投资——C 公司　　15 600 000
　　贷：固定资产清理　　14 600 000
　　　　银行存款　　400 000
　　　　营业外收入——处置非流动资产利得　　600 000

【例 7-13】×8 年 5 月 1 日 A 公司以原价为 1 000 万元、已摊销 120 万元、已计提减值准备 40 万元、公允价值为 800 万元一项专利权和银行存款 40 万元向 C 公司投资（A 公司和 C 公司不属于同一控制的两个公司），占 C 公司注册资本的 70%。假设不考虑其他相关税费，则 A 公司的账务处理如下：

借：长期股权投资——C 公司　　8 400 000
　　累计摊销　　1 200 000
　　无形资产减值准备　　400 000
　　营业外支出——处置非流动资产损失　　400 000
　　贷：无形资产　　10 000 000
　　　　银行存款　　400 000

【例 7-14】×8 年 4 月 1 日 A 公司与 C 公司原投资者 D 公司签订协议（A 公司和 C 公司不属于同一控制下的公司），A 公司以存货和承担 D 公司短期还贷义务 40 万元换取 D 公司持有的 C 公司 70%的股权，当日 C 公司可辨认净资产公允价值为 200 万元。A 公司投出存货的成本为 80 万元，公允价值为 100 万元，适用的增值税税率为 17%。A 公司的账务处理如下：

借：长期股权投资——C 公司　　1 570 000
　　贷：短期借款　　400 000
　　　　主营业务收入　　1 000 000
　　　　应交税费——应交增值税（销项税额）　　170 000
借：主营业务成本　　800 000
　　贷：库存商品　　800 000

【例 7-15】×8 年 7 月 1 日 A 公司发行股票 100 万股作为对价向 C 公司投资，每股面值为 1 元，每股公允价值为 3 元，通过银行转账支付相关税费 2 万元。A 公司的账务处理如下：

借：长期股权投资——C 公司　　3 000 000
　　贷：股本　　1 000 000
　　　　银行存款　　20 000
　　　　资本公积——股本溢价　　1 980 000

企业通过多次交易分步实现非同一控制下企业合并的，应当区分个别财务报表和合并财务报表进行相关会计处理：

（1）在个别财务报表中，应当以购买日前所持被购买方的股权投资的账面价值与购买日新增投资成本之和，作为该项投资的初始投资成本；购买日前持有的被购买方的股权涉及其他综合收益（如可供出售投资公允价值变动计入资本公积）的，应当在处置该项投资时转入当期投资损益。

（2）在合并财务报表中，对于购买日前持有的被购买方的股权，应当按照购买日的公允价值重新计量，公允价值与其账面价值的差额计入当期投资损益；购买日前持有的被购买方的股权涉及其他综合收益的，应当转为购买日所属当期投资损益。购买方应当在附注中披露其在购买日前持有的被购买方的股权在购买日的公允价值，按照公允价值重新计量产生的相关利得或损失的金额。

（二）非企业合并形成的长期股权投资初始投资成本的确定

非企业合并形成的长期股权投资的初始投资成本，应当按照下列原则确定。

（1）以支付现金取得的长期股权投资，按照实际支付的购买价款作为初始投资成本，包括购买过程中支付的手续费、税金及其他必要支出，支付价款中包含的被投资单位已宣告但尚未发放的现金股利或利润应当作为应收项目核算，不构成取得长期股权投资的成本。

【例 7-16】×8 年 4 月 1 日 A 公司从证券市场上购入 C 公司发行在外 200 万股股票作为长期股权投资，每股买价为 8 元（含现金股利 0.5 元），相关税费为 8 万元，款项已通过银行转账支付。A 公司的账务处理如下：

借：长期股权投资——C 公司	15 080 000	
应收股利	1 000 000	
贷：银行存款		16 080 000

（2）以发行权益性证券取得的长期股权投资，其成本为所发行权益性证券的公允价值，不包括应当自被投资单位收取的已宣告但尚未发放的现金股利或利润。为发行权益性证券支付给有关证券承销机构等的手续费、佣金等费用，应当自权益性证券的溢价发行收入中扣除，溢价收入不足冲减的，应当依次冲减盈余公积和未分配利润。

【例 7-17】×8 年 7 月 1 日 A 公司发行股票 20 万股作为对价向 C 公司投资，每股面值为 1 元，发行价格为每股 3 元。假设不考虑相关税费，则 A 公司的账务处理如下：

借：长期股权投资——C 公司	600 000	
贷：股本		200 000
资本公积——股本溢价		400 000

（3）投资者投入的长期股权投资，按照投资合同或协议约定的价值作为初始投资成本，但合同或协议约定价值不公允的除外。

投资者投入的长期股权投资是指投资者以其持有的对第三方的投资投入企业形成的长期股权投资。企业应当确认对第三方的长期股权投资，同时确认该项出资形成的资本及资本公积。投资合同或协议约定的价值明显不公允的，应当按照公允价值确定长期股权投资的初始投资成本。在确定投资者投入的长期股权投资的公允价值时，有关权益性投资存在活跃市场的，应当参照活跃市场中的市价确定其公允价值；不存在活跃市场，无法参照市场信息确定其公允价值的，应当将按照一定的估值技术等合理的方法确定的价值作为其公允价值。

【例 7-18】×8 年 8 月 1 日 A 公司接受 D 公司投资，D 公司将持有的对 C 公司的长期股权投资投入到 A 公司。D 公司持有的对 C 公司的长期股权投资的账面余额为 160 万元，未计提减值准备。A 公司和 D 公司投资合同约定的价值为 200 万元，A 公司的注册资本为 1 000 万元，D 公司的持股比例为 20%。A 公司的账务处理如下：

借：长期股权投资——C 公司	2 000 000	
贷：实收资本		2 000 000

（4）企业通过非货币性资产交换、债务重组等方式取得的长期股权投资，其初始投资成本应当按照相关准则的规定确定。

四、长期股权投资核算的成本法

1. 成本法的概念和适用范围

成本法是指投资按照成本计价的方法。成本法适用于以下情况：①投资企业能够对被投资单位实施控制的长期股权投资，即对子公司的投资，日常会计实务采用成本法核算，编制合并财务报表时按照权益法进行调整；②投资企业对被投资单位不具有共同控制或重大影响，并且在活跃市场中没有报价、公允价值不能可靠计量的长期股权投资。

2. 成本法核算内容与方法

（1）投资或收回投资时，按照确认或收回的投资成本调整长期股权投资账面价值。

（2）除取得投资时支付的价款或对价中包含的被投资单位已宣告但尚未发放的现金股利或利润外，投资企业按照享有被投资单位宣告发放的现金股利或利润确认投资收益，不再划分是否属于投资前和投资后被投资单位实现的净利润。

（3）当长期股权投资账面价值大于享有被投资单位净资产（包括相关商誉）账面价值份额时，企业应当按照《企业会计准则第8号——资产减值》的规定对长期股权投资进行减值测试。

【例 7-19】×7年1月2日A公司以银行存款出资1 200万元取得E公司10%的股权，采用成本法核算。E公司有关资料如下。

（1）×7年4月20日E公司宣告分派×6年度现金股利30万元，并于6月10日发放，×7年E公司实现净利润120万元。

（2）×8年4月15日E公司宣告分派×7年度现金股利150万元，并于6月5日发放，×8年E公司实现净利润140万元。

A公司的账务处理如下。

（1）×7年1月2日A公司对E公司投资：

借：长期股权投资——E公司	12 000 000	
贷：银行存款		12 000 000

（2）×7年4月20日E公司分派股利：

借：应收股利——E公司	30 000	
贷：投资收益		30 000

（3）×7年6月10日E公司发放股利：

借：银行存款	30 000	
贷：应收股利——E公司		30 000

（4）×8年4月15日E公司分派股利：

借：应收股利——E公司	150 000	
贷：投资收益		150 000

（5）×8年6月5日E公司发放股利：

借：银行存款	150 000	
贷：应收股利——E公司		150 000

五、长期股权投资核算的权益法

（一）权益法的概念及适用范围

权益法是指投资以初始投资成本计量，以后根据投资企业享有被投资单位所有者权益份额的变动对投资账面价值进行调整的方法。权益法的主要特点是长期股权投资账面价值随被投资单位所有者权益的变动而变动，长期股权投资账面价值与享有被投资单位所有者权益的份额相对应。

投资企业对被投资单位具有共同控制或重大影响的长期股权投资，即对合营企业和联营企业的投资，应当采用权益法核算。

（二）核算内容、程序与方法

长期股权投资采用权益法核算的，应当分别“成本”、“损益调整”、“其他权益变动”进行明细核算。

1. *初始投资成本的调整*

（1）初始投资成本大于投资时享有被投资单位可辨认净资产公允价值份额的，该部分差额是投资企业在取得投资过程中通过投资作价体现出的与所取得股权份额相对应的商誉，不需要进行调整，而是构成长期股权投资成本。

（2）初始投资成本小于投资时享有被投资单位可辨认净资产公允价值份额的，该部分差额可以看作是被投资单位的原有股东对投资企业做出的让步，也可以看作是被投资单位的原有股东无偿赠与投资企业的价值，因而确认为当期收益，同时增加长期股权投资成本，借记“长期股权投资——成本”账户，贷记“营业外收入——捐赠利得”账户。

【例 7-20】 A 公司以银行存款出资 200 万元取得 E 公司 30%的股权，取得投资时 E 公司可辨认净资产的公允价值为 600 万元。

（1）如果 A 公司能够对 E 公司施加重大影响，则 A 公司应当进行的账务处理如下：

借：长期股权投资——E 公司（成本）	2 000 000
贷：银行存款	2 000 000

注：商誉 20 万元（2 000 000 − 6 000 000 × 30%）体现在长期股权投资成本中。

（2）如果投资时 E 公司可辨认净资产的公允价值为 700 万元，则 A 公司应当进行的账务处理如下：

借：长期股权投资——E 公司（成本）	2 100 000
贷：银行存款	2 000 000
营业外收入——捐赠利得	100 000

2. *投资损益的确认*

投资企业取得长期股权投资后，按照享有或分担的被投资单位实现的净利润或发生的净亏损的份额（法律、法规或公司章程规定不属于投资企业的净损益除外，如承包经营企业支付的承包利润、外商投资企业按照规定按净利润的一定比例计提作为负债的职工奖励及福利基金等），调整长期股权投资账面价值，同时确认为当期投资损益，借记或贷记“长期股权投资——损益调整”账户，贷记或借记“投资收益”账户。投资企业确认被投资单位发生的净亏损，通常以长期股权投资账面价值减记至零为限，长期股权投资账面价值减记至零以后，考虑其他实质上构成对被投资单位净投资的长期权益（通常指没有明确的清收计划且在可预见的未来期间难以收回的投资企业对被投资单位的长期债权，不包括投资企业与被投资单位之间因销售商品、提供劳务等日常活动产生的长期债权），继续确认投资损失，借记“投资收益”账户，贷记“长期应收款”账户，然后按照投资企业需要承担的额外损失义务，确认投资损失和预计负债，借记“投资收益”账户，贷记“预计负债”账户。除上述情况仍未确认的亏损分担额，应当在账外备查登记。被投资单位以后期间实现净利润的，投资企业在其收益分享额弥补未确认的亏损分担额后，按照超过未确认亏损分担额的金额，冲减预计负债账面余额、恢复长期权益及长期股权投资账面价值，同时确认投资收益。

投资企业在确认享有或分担被投资单位净损益的份额时，在被投资单位账面净损益的基础上，应当考虑以下因素的影响进行适当调整。

（1）被投资单位采用的会计政策及会计期间与投资企业是否一致。

被投资单位采用的会计政策及会计期间与投资企业不一致的，应当按照投资企业的会计政策及会计期间对被投资单位的财务报表进行调整，在此基础上确定被投资单位的损益。这是因为，权益法将投资企业与被投资单位作为一个整体对待，作为一个整体其所产生的损益，应当在一致的会计政策与会计期间基础上确定。

（2）以取得投资时被投资单位各项可辨认资产等的公允价值为基础确认的费用和资产减值损失等对被投资单位账面净损益的影响。

被投资单位个别利润表中的净损益是以其持有的资产、负债账面价值为基础持续计算的，而投资企业的投资成本是以被投资单位有关资产、负债的公允价值为基础确定的，取得投资后应当确认的投资损益代表的是被投资单位有关资产、负债按照公允价值计量的情况下在未来期间通过经营产生的损益中归属于投资企业的部分。因此，投资企业在确认享有被投资单位净损益的份额时，应当以取得投资时被投资单位各项可辨认资产等的公允价值为基础，对被投资单位的账面净损益进行调整后确定。

投资企业在对被投资单位的账面净损益进行调整时，应当考虑重要性要求，不具有重要性的项目可不予调整。符合下列条件之一的，投资企业可以以被投资单位的账面净损益为基础，经调整未实现内部交易损益后，计算确认投资损益，并在会计报表附注中说明因下列情况不能调整的事实及原因：①无法可靠确定投资时被投资单位各项可辨认资产等的公允价值；②投资时被投资单位各项可辨认资产等的公允价值与账面价值的差额较小，不具有重要性；③其他原因导致无法对被投资单位的账面净损益进行调整。

【例 7-21】×6 年 12 月 31 日 A 公司以银行存款出资 400 万元取得 E 公司 40%的股权。×7 年 E 公司实现净利润 40 万元，并假定取得投资时 E 公司各项资产的公允价值等于其账面价值，双方采用的会计政策、会计期间相同。A 公司账上有应收 E 公司长期应收款 120 万元，A 公司由于为 E 公司提供债务担保须承担额外损失 160 万元。×8 年 E 公司亏损 1 800 万元；×9 年 E 公司实现净利润 1 600 万元。A 公司的账务处理如下。

（1）×7 年：

借：长期股权投资——E 公司（损益调整）	160 000
贷：投资收益	160 000

（2）×8 年：

借：投资收益	6 960 000

贷：长期股权投资——E 公司（损益调整） 4 160 000

长期应收款 1 200 000

预计负债 1 600 000

在备查簿中应当记录未确认亏损 24 万元。

（3）×9 年：

借：预计负债 1 600 000

长期应收款 1 200 000

长期股权投资——E 公司（损益调整） 3 360 000

贷：投资收益 6 160 000

【例 7-22】×7 年 1 月 1 日 A 公司以银行存款 207 万元（含税费 1 万元）购入 E 公司股票 80 万股，每股面值为 1 元，占 E 公司实际发行在外股数的 30%，采用权益法核算此项投资，当日 E 公司可辨认净资产公允价值为 600 万元。E 公司可辨认资产、负债的公允价值与账面价值存在差异的有两项：①固定资产公允价值为 60 万元，账面价值为 40 万元，预计尚可使用年限为 10 年，净残值为零，采用年限平均法计提折旧；②无形资产公允价值为 20 万元，账面价值为 10 万元，预计尚可使用年限为 5 年，净残值为零，采用直线法摊销。×7 年 E 公司实现净利润 40 万元，提取盈余公积 4 万元；×8 年 E 公司亏损 800 万元；×9 年 E 公司实现净利润 104 万元。假定不考虑所得税和其他事项，则 A 公司的账务处理如下。

（1）×7 年 1 月 1 日：

借：长期股权投资——E 公司（成本） 2 070 000

贷：银行存款 2 070 000

（2）×7 年 12 月 31 日：

×7 年 E 公司调整后的净利润 = 40 − [(60 − 40) ÷ 10 + (20 − 10) ÷ 5] = 36（万元）

确认投资收益 = 36 × 30% = 10.8（万元）

借：长期股权投资——E 公司（损益调整） 108 000

贷：投资收益 108 000

（3）×8 年 12 月 31 日：

E 公司调整后的净亏损 = 800 + [（60 − 40）÷ 10 +（20 − 10）÷ 5] = 804（万元）

在调整亏损前，A 公司对 E 公司长期股权投资的账面余额为 217.8 万元（207 + 10.8），因而“损益调整”的数额为 217.8 万元，而不是 241.2 万元（804 × 30%）。

借：投资收益 2 178 000

贷：长期股权投资——E 公司（损益调整） 2 178 000

在备查簿中应当记录未确认亏损 23.4 万元（241.2 − 217.8）。

（4）×9 年 12 月 31 日：

E 公司调整后的净利润 = 104 − [(60 − 40) ÷ 10 + (20 − 10) ÷ 5] = 100（万元）

确认投资收益 = 100 × 30% − 23.4 = 6.6（万元）

借：长期股权投资——E 公司（损益调整） 66 000

贷：投资收益 66 000

（5）投资企业与其联营企业及合营企业之间发生的未实现内部交易损益。

内部交易既包括顺流交易，又包括逆流交易。其中，顺流交易是指投资企业向其联营企业或合营企业出售资产；逆流交易是指联营企业或合营企业向投资企业出售资产。

投资企业与其联营企业及合营企业之间发生的无论是顺流交易还是逆流交易，当该未实现内部交易损益体现在投资企业或被投资单位（联营企业或合营企业）持有资产的账面价值中时（有关资产未对外部独立第三方出售前），相关的损益在投资企业计算确认享有联营企业或合营企业的投资损益时，应当予以抵销，不应当确认联营企业或合营企业因该交易产生的未实现内部交易损益中归属于本企业的部分，同时调整对联营企业或合营企业的长期股权投资账面价值。

【例 7-23】 A 公司持有 D 公司有表决权股份的 30%，能够对 D 公司生产经营施加重大影响。×7 年 11 月 A 公司将其账面价值为 600 万元的商品以 900 万元的价格出售给 D 公司，D 公司将取得的商品作为管理用固定资产核算，预计使用寿命为 10 年，净残值为 0，采用年限平均法计提折旧。假定 A 公司取得该项投资时，D 公司各项可辨认资产、负债的公允价值与其账面价值相同，两者在以前期间未发生过内部交易。至 ×7 年 12 月 31 日 D 公司未对外出售该固定资产。D 公司 ×7 年实现净利润 1 000 万元。假定不考虑所得税影响。

A 公司在该项交易中实现利润 300 万元，其中的 90 万元（300 × 30%）是针对本企业持有的对联营企业的权益份额，在采用权益法计算确认投资损益时应当予以抵销，同时考虑相关固定资产折旧对损益的影响。A 公司应当进行的账务处理如下：

借：长期股权投资——损益调整　　2 107 500

　　贷：投资收益　　(10 000 000 − 3 000 000 + 25 000) × 30% = 2 107 500

需要说明的是，投资企业与其联营企业及合营企业之间发生的内部交易产生的未实现内部交易损失，属于所转让资产减值损失的，应当全额确认，有关的未实现内部交易损失不能抵销。

【例 7-24】 A 公司持有 D 公司 20%有表决权股份，能够对 D 公司生产经营决策施加重大影响。×7 年 A 公司将其账面价值为 400 万元的商品以 320 万元的价格出售给 D 公司，至 ×7 年 12 月 31 日 D 公司尚未对外部第三方出售该批商品。假定 A 公司取得该项投资时，D 公司各项可辨认资产、负债的公允价值与其账面价值相同，两者在以前期间未发生过内部交易。D 公司 ×7 年实现净利润 1 000 万元。

如果有证据表明交易价格与账面价值之间的差额是该资产发生的减值损失，则 A 公司应当进行的账务处理如下：

借：长期股权投资——损益调整(10 000 000 × 20%)　　2 000 000

　　贷：投资收益　　2 000 000

3. 现金股利或利润的取得

投资企业从被投资单位取得的现金股利或利润，通常抵减长期股权投资账面价值，借记"应收股利"账户，贷记"长期股权投资——损益调整"账户。但是，投资企业从被投资单位取得的现金股利或利润超过已确认损益调整的部分，应当视同投资成本的收回，冲减长期股权投资成本，借记"应收股利"账户，贷记"长期股权投资——成本"账户。

4. 股票股利的取得

由于股票股利只是将被投资单位的未分配利润转化为股本和资本公积，其本质是对现有所有者权益结构进行再调整，即减少留存收益项目，增加股本项目，不会增加所有者权益。因此，作为投资企业，无论采用何种方法，被投资单位宣告分派的股票股利，都不能确认为投资收益，只能在备查簿中登记由此增加的股份。

5. 被投资单位除净损益以外所有者权益的其他变动

对于被投资单位除净损益以外所有者权益的其他变动，投资企业按照持股比例计算的享有或分担的份额，调整长期股权投资账面价值，同时增减资本公积，借记或贷记“长期股权投资——其他权益变动”账户，贷记或借记“资本公积——其他资本公积”账户。

【例 7-25】 A 公司持有 E 公司 40%的股权，E 公司 ×8 年 8 月 20 日将自用厂房以经营租赁方式对外出租，并采用公允价值模式进行后续计量，当日该厂房的公允价值大于账面价值 20 万元。A 公司的账务处理如下：

借：长期股权投资——E 公司（其他权益变动） 80 000

  贷：资本公积——其他资本公积 80 000

六、长期股权投资核算方法的转换

（一）成本法转为权益法

1. 因持股比例上升由成本法改为权益法

投资企业原持有的对被投资单位不具有控制、共同控制或重大影响，并且在活跃市场中没有报价、公允价值不能可靠计量的长期股权投资，因追加投资导致能够对被投资单位实施共同控制或施加重大影响的，应当改按权益法核算。长期股权投资的核算由成本法转为权益法时，应当区分原持有长期股权投资和新增长期股权投资两部分分别处理。

首先，根据原持有长期股权投资成本小于取得该部分投资时享有被投资单位可辨认净资产公允价值份额的差额，调整长期股权投资账面价值和留存收益。

其次，根据追加投资成本小于取得该部分投资时享有被投资单位可辨认净资产公允价值份额的差额，调整长期股权投资成本和营业外收入。

再次，对于改按权益法核算前被投资单位可辨认净资产公允价值变动相对于原持股比例的部分，属于在此期间被投资单位实现净损益中享有的份额，调整长期股权投资账面价值，同时调整留存收益（自原取得投资时至追加投资当期期初被投资单位实现净损益中享有的份额）和投资损益（自追加投资当期期初至追加投资之日被投资单位实现净损益中享有的份额）；属于除实现净损益外其他原因导致的被投资单位可辨认净资产公允价值变动中享有的份额，调整长期股权投资账面价值，同时调整资本公积。

【例 7-26】 A 公司于 ×8 年 1 月 1 日取得 B 公司 10%的股权，成本为 500 万元，取得投资时 B 公司可辨认净资产公允价值总额为 6 000 万元（假定公允价值与账面价值相同）。因对被投资单位不具有重大影响且无法可靠确定该项投资的公允价值，A 公司对其采用成本法核算。A 公司按净利润的 10%提取法定盈余公积。×9 年 3 月 1 日 A 公司又以 1 450 万元取得 B 公司 20%的股权，当日 B 公司可辨认净资产公允价值总额为 7 500 万元。取得该部分股权后，按 B 公司章程规定，A 公司能够派人参与 B 公司的生产经营决策，对该项长期股权投资改按权益法核算。假定 A 公司在取得对 B 公司 10%股权后至新增投资日，双方未发生任何内部交易，B 公司通过生产经营活动实现净利润 1 000 万元，其中包括 ×8 年实现的净利润 900 万元。除所实现净利润外，未发生其他计入资本公积的交易或事项。A 公司的账务处理如下。

（1）×9 年 3 月 1 日，A 公司确认对 B 公司的长期股权投资：

借：长期股权投资——B 公司（成本） 14 500 000

贷：银行存款　　14 500 000

追加投资成本与取得该部分投资时享有被投资单位可辨认净资产公允价值份额之间的差额 50 万元（1 450 − 7 500 × 20%），调整长期股权投资成本和营业外收入。

借：长期股权投资——B 公司（成本）　　500 000

　　贷：营业外收入　　500 000

（2）结转长期股权投资：

借：长期股权投资——B 公司（成本）　　5 000 000

　　贷：长期股权投资——B 公司　　5 000 000

（3）对原持有 10%长期股权投资账面价值的调整：

对于原 10%股权的成本与原投资时享有被投资单位可辨认净资产公允价值份额之间的差额 100 万元（500 − 6 000 × 10%），调整长期股权投资账面价值和留存收益。

借：长期股权投资——B 公司（损益调整）　　1 000 000

　　贷：盈余公积——法定盈余公积　　100 000

　　　　利润分配——未分配利润　　900 000

原取得投资时至追加投资之日被投资单位可辨认净资产公允价值的变动相对于原持股比例的部分为 150 万元[（7 500 − 6 000）× 10%]。其中，属于原取得投资后被投资单位实现净利润部分的 100 万元(1 000 × 10%)，调整增加长期股权投资账面价值，同时调整留存收益和投资损益；属于其他原因导致的被投资单位可辨认净资产公允价值变动部分的 70 万元，调整增加长期股权投资账面价值，同时计入资本公积。

借：长期股权投资——B 公司（损益调整）　　1 000 000

　　长期股权投资——B 公司（其他权益变动）　　500 000

　　贷：盈余公积——法定盈余公积　　90 000

　　　　利润分配——未分配利润　　810 000

　　　　投资收益　　100 000

　　　　资本公积——其他资本公积　　500 000

2. 因持股比例下降由成本法改为权益法

投资企业因处置部分投资导致对被投资单位的影响能力由控制转为具有共同控制或重大影响的，应当改按权益法核算。长期股权投资的核算由成本法转为权益法时，做如下处理。

首先，按照处置或收回投资的比例结转应当终止确认的长期股权投资成本。

其次，根据剩余长期股权投资成本小于按剩余持股比例计算的原投资时享有被投资单位可辨认净资产公允价值份额的差额，调整长期股权投资账面价值和留存收益。

再次，对于改按权益法核算前被投资单位实现净损益中享有的份额，调整长期股权投资账面价值，同时调整留存收益（自原取得投资时至处置投资当期期初被投资单位实现净损益中享有的份额）和投资损益（自处置投资当期期初至处置投资之日被投资单位实现净损益中享有的份额）；除实现净损益外其他原因导致的被投资单位所有者权益变动中享有的份额，调整长期股权投资账面价值和资本公积。

【例 7-27】 A 公司原持有 B 公司 60%的股权，其账面余额为 6 000 万元，未计提减值准备。×9 年 4 月 6 日 A 公司将其持有的对 B 公司长期股权投资中的 1/3 出售给某企业，取得价款 3 600 万元，当日被投资单位可辨认净资产公允价值总额为 16 000 万元。A 公司原取得 B

公司 60%股权时，B 公司可辨认净资产公允价值总额为 11 000 万元（假定公允价值与账面价值相同）。自 A 公司取得对 B 公司长期股权投资后至部分处置投资前 B 公司实现的净利润为 5 000 万元，其中包括自 A 公司取得投资日至 ×8 年 12 月 31 日实现的净利润 4 000 万元。假定 B 公司一直未进行利润分配。除所实现净损益外，B 公司未发生其他计入资本公积的交易或事项。A 公司按净利润的 10%提取法定盈余公积。在出售 20%的股权后，A 公司对 B 公司的持股比例为 40%，在被投资单位董事会中派有代表，但不能对 B 公司生产经营决策实施控制，因而对该项长期股权投资改按权益法核算。A 公司的账务处理如下。

（1）×9 年 4 月 6 日处置长期股权投资：

借：银行存款　　36 000 000

　贷：长期股权投资——B 公司　　20 000 000

　　　投资收益　　16 000 000

（2）结转长期股权投资：

借：长期股权投资——B 公司（成本）　　40 000 000

　贷：长期股权投资——B 公司　　40 000 000

（3）调整长期股权投资账面价值：

剩余长期股权投资账面价值与按照剩余持股比例计算的原投资时享有被投资单位可辨认净资产公允价值份额之间的差额 400 万元(4 000－11 000×40%)，调整长期股权投资账面价值和留存收益。

借：长期股权投资——B 公司（损益调整）　　4 000 000

　贷：盈余公积——法定盈余公积　　400 000

　　　利润分配——未分配利润　　3 600 000

处置投资后按照剩余持股比例计算的享有被投资单位自购买日至处置投资之日实现的净损益为 2 000 万元（5 000×40%），调整增加长期股权投资账面价值，同时调整留存收益和投资损益。

借：长期股权投资——B 公司（损益调整）　　20 000 000

　贷：盈余公积——法定盈余公积　　1 600 000

　　　利润分配——未分配利润　　14 400 000

　　　投资收益　　4 000 000

长期股权投资的核算由成本法转为权益法后，未来期间应当按照权益法计算确认享有被投资单位实现的净损益及所有者权益其他变动的份额。

（二）权益法转为成本法

因追加投资导致原持有的对联营企业或合营企业的投资转变为对子公司投资的，应当改按成本法核算，然后按照分步实现企业合并的有关规定处理。同理，因处置部分投资导致对被投资单位不再具有共同控制或重大影响，并且在活跃市场中没有报价、公允价值不能可靠计量的长期股权投资，也应当改按成本法核算，并以转换时长期股权投资账面价值作为按照成本法核算的基础。

【例 7-28】×6 年 1 月 A 公司以银行存款出资 60 万元取得 E 公司 20%的股权。×7 年 E 公司实现净利润 20 万元。×8 年 2 月 A 公司将持有的 E 公司 10%股权以 34 万元转让给 D 公司，并因此失去对 E 公司的影响力，将核算方法由权益法改为成本法。×8 年 4 月 E 公司宣告分派×7年度现金股利4万元。A公司的账务处理如下。

（1）转让股权:

借：银行存款　340 000

　贷：长期股权投资——E公司（成本）　300 000

　　长期股权投资——E公司（损益调整）　20 000

　　投资收益　20 000

（2）转让股权后:

借：长期股权投资——E公司　320 000

　贷：长期股权投资——E公司（成本）　300 000

　　长期股权投资——E公司（损益调整）　20 000

（3）E公司宣告分派现金股利:

借：应收股利——E公司　4 000

　贷：投资收益　4 000

七、长期股权投资的减值与处置

（一）长期股权投资的减值

长期股权投资存在减值迹象的，应当按照相关准则的规定计提减值准备。其中，对子公司、联营企业及合营企业的投资，按照《企业会计准则第8号——资产减值》的规定确定其应当予以计提的减值准备；对被投资单位不具有共同控制或重大影响，并且在活跃市场中没有报价、公允价值不能可靠计量的长期股权投资，按照《企业会计准则第22号——金融工具确认和计量》的规定确定其应当予以计提的减值准备。

长期股权投资的可收回金额低于其账面价值的，应当按其差额确认减值损失，计提减值准备，借记“资产减值损失”账户，贷记“长期股权投资减值准备”账户。长期股权投资减值损失一经确认，在以后会计期间不得转回。

（二）长期股权投资的处置

由于各方面的考虑，企业决定将持有的长期股权投资全部或部分对外出售时，应当结转与所售股权相对应的长期股权投资账面价值，并将所得价款与账面价值之间的差额确认为处置损益。因此，企业处置长期股权投资时，按收到的款项，借记“银行存款”等账户，按已计提减值准备，借记“长期股权投资减值准备”账户，按账面余额，贷记“长期股权投资”账户，按应收未收的现金股利或利润，贷记“应收股利”账户，按借贷差额，贷记或借记“投资收益”账户。

企业在处置采用权益法核算的长期股权投资时，还应当将与所售股权相对应的原计入资本公积的金额转入处置损益，借记或贷记“资本公积——其他资本公积”账户，贷记或借记“投资收益”账户。

【例7-29】 A公司×5—×8年投资业务的有关资料如下。

（1）×5年12月31日A公司以银行存款出资54万元取得C公司30%的股权，并采用权益法核算此项投资，当日C公司股东权益总额为160万元，可辨认净资产的公允价值也为160万元。

（2）×6年4月10日C公司股东大会通过×5年年度利润分配方案，按净利润的10%提取法定盈余公积，分派现金股利 40 万元。

（3）×6 年 6 月 5 日收到 C 公司分派的现金股利并存入银行。

（4）×6 年 6 月 12 日 C 公司增加资本公积 16 万元。

（5）×6 年 C 公司实现净利润 80 万元。

（6）×7 年 C 公司发生净亏损 40 万元。

（7）×7 年 12 月 31 日该项投资的预计可收回金额为 54.4 万元。

（8）×8 年 1 月 5 日将 C 公司股份全部对外转让，转让价款 50 万元已存入银行。

A 公司的账务处理如下。

（1）×5 年 12 月 31 日：

借：长期股权投资——C 公司（成本）　　540 000

　　贷：银行存款　　540 000

（2）×6 年 4 月 10 日：

借：应收股利——C 公司　　120 000

　　贷：长期股权投资——C 公司（成本）　　120 000

（3）×6 年 6 月 5 日：

借：银行存款　　120 000

　　贷：应收股利——C 公司　　120 000

（4）×6 年 6 月 12 日：

借：长期股权投资——C 公司（其他权益变动）　　48 000

　　贷：资本公积——其他资本公积　　48 000

（5）×6 年 12 月 31 日：

借：长期股权投资——C 公司（损益调整）　　240 000

　　贷：投资收益　　240 000

（6）×7 年 12 月 31 日：

借：投资收益　　120 000

　　贷：长期股权投资——C 公司（损益调整）　　120 000

（7）×7 年 12 月 31 日：

长期股权投资账面余额 = 54 − 12 + 4.8 + 24 − 12 = 58.8（万元）

因可收回金额小于账面余额，应当计提减值准备 4.4 万元（58.8 − 54.4）。

借：资产减值损失　　44 000

　　贷：长期股权投资减值准备——C 公司　　44 000

（8）×8 年 1 月 5 日：

借：银行存款　　500 000

　　长期股权投资减值准备——C 公司　　44 000

　　资本公积——其他资本公积　　48 000

　　贷：长期股权投资——C 公司（成本）　　420 000

　　　　长期股权投资——C 公司（损益调整）　　120 000

　　　　长期股权投资——C 公司（其他权益变动）　　48 000

　　　　投资收益　　4 000

同步练习

一、单项选择题

1. 在转回可供出售债务工具投资原已确认的减值损失时，贷记（　　）账户。

A. 资产减值损失　　B. 投资收益　　C. 资本公积　　D. 营业外收入

2. ×7 年 1 月 1 日购入股票一批，作为交易性金融资产核算，支付价款 100 万元（含现金股利 1 万元）、相关费用 2 万元。如果不考虑其他因素，该项交易性金融资产的入账价值为（　　）万元。

A. 100　　B. 102　　C. 99　　D. 103

3. ×8 年 3 月 30 日以每股 12 元的价格购入股票 50 万股，作为交易性金融资产核算，另支付手续费等 10 万元。若 12 月 31 日该股票的市价为每股 11 元，则当日该金融资产的账面余额和应当确认的公允价值变动损益分别为（　　）万元。

A. 550；−50　　B. 550；50　　C. 610；60　　D. 610；−60

4. 处置可供出售金融资产的损益，应当计入（　　）。

A. 投资收益　　B. 资本公积　　C. 营业外支出　　D. 营业外收入

5. 持有至到期投资重分类为可供出售金融资产时，当日其公允价值与账面价值的差额，贷记或借记（　　）账户。

A. 资本公积　　B. 投资收益　　C. 营业外收入　　D. 资产减值损失

6. ×7 年 4 月 1 日乙公司从证券市场购入甲公司股票 60 000 股，划分为交易性金融资产，每股买价 6 元，另支付印花税及佣金 8 000 元。×7 年 12 月 31 日该股票的市价总额为 400 000 元。×8 年 3 月 12 日乙公司出售全部甲公司股票，收入现金 450 000 元。乙公司出售该股票时应当确认投资收益和该项投资实现净损益分别为（　　）元。

A. 50 000；90 000　　B. 50 000；82 000　　C. 90 000；90 000　　D. 90 000；82 000

7. 持有至到期投资以（　　）进行后续计量。

A. 历史成本　　B. 成本与市价孰低　　C. 摊余成本　　D. 现值

8. 可供出售金融资产公允价值变动形成的利得或损失，记入（　　）账户。

A. 营业外支出　　B. 投资收益　　C. 公允价值变动损益　　D. 资本公积

9. 持有至到期投资发生减值时，应当将其账面价值减记至（　　）。

A. 可变现净值　　B. 预计未来现金流量现值

C. 公允价值　　D. 可收回金额

10. 可供出售外币货币性金融资产形成的汇兑差额应当记入（　　）账户。

A. 财务费用　　B. 投资收益　　C. 公允价值变动损益　　D. 资本公积

11. 甲公司和乙公司无关联方关系，×8 年 6 月 1 日甲公司以评估的实物资产 5 000 万元（账面价值为 4 500 万元）对乙公司进行投资，同时以银行存款支付审计、法律等相关费用 50 万元，拥有乙公司 54%的股权，长期股权投资入账价值为（　　）万元。

A. 5 050　　B. 5 000　　C. 5 400　　D. 5 450

12. ×8 年 1 月 1 日甲公司支付现金 1 000 万元取得丙公司持有的乙公司 60%的股权（同一控制下

企业合并），如果当日乙公司所有者权益账面价值为 2 000 万元，则长期股权投资入账价值为（　　）万元。

A. 1 000　　B. 1 200　　C. 600　　D. 1 600

13. 下列长期股权投资应该采用权益法核算的有（　　）。

A. 对被投资单位不具有重大影响　　B. 对被投资单位实施控制

C. 对被投资单位不具有共同控制　　D. 对被投资单位具有共同控制或重大影响

14. ×8 年 1 月 2 日甲公司以货币资金取得乙公司 30%的股权，初始投资成本为 2 000 万元，投资时乙公司可辩认净资产公允价值为 7 000 万元（公允价值与账面价值相同），甲公司对乙公司施加重大影响。×8 年乙公司实现净利润 500 万元，假定不考虑所得税因素，则该项投资对甲公司×8 年损益的影响金额为（　　）万元。

A. 50　　B. 100　　C. 150　　D. 250

15. 甲公司出资 600 万元取得了乙公司 60%的股权，甲公司对该项长期股权投资应当采用（　　）核算。

A. 权益法　　B. 成本法　　C. 市价法　　D. 成本与市价孰低法

16. 长期股权投资采用权益法核算时，初始投资成本大于投资时应享有被投资单位可辨认资产公允价值份额之间的差额，正确的账务处理是（　　）。

A. 计入投资收益　　B. 冲减资本公积

C. 计入营业外支出　　D. 不调整初始投资成本

17. 长期股权投资采用权益法核算时，下列被投资单位（　　）不会引起长期股权投资账面价值的变动。

A. 对外捐赠　　B. 接受捐赠　　C. 计提盈余公积　　D. 宣告分派现金股利

18. ×6 年 1 月 1 日甲公司出资 180 万元对乙公司进行长期股权投资，持有乙公司股权 40%。当年乙公司亏损 100 万元；×7 年乙公司亏损 400 万元；×8 年乙公司实现净利润 30 万元。×8 年甲公司计入投资收益的金额为（　　）万元。

A. 12　　B. 10　　C. 8　　D. 0

19. ×7 年 12 月 31 日甲公司对乙公司的长期股权投资成本为 60 万元，可收回金额为 50 万元，已计提减值准备 10 万元。若×8 年 12 月 31 日该项投资可收回金额为 70 万元，则转回减值准备（　　）万元。

A. 10　　B. 20　　C. 30　　D. 0

20. 处置采用权益法核算的长期股权投资时，原计入资本公积的金额应当转入（　　）账户。

A. 资本公积　　B. 长期股权投资　　C. 投资收益　　D. 营业外收入

21. 对被投资单位不具有控制、共同控制或重大影响，且在活跃市场中没有报价、公允价值不能可靠计量的权益性投资，应当作为（　　）。

A. 长期股权投资　　B. 交易性金融资产　　C. 可供出售金融资产　　D. 持有至到期投资

22. 企业以非现金资产对外投资时（非企业合并），非现金资产的公允价值小于账面价值的差额应当计入（　　）。

A. 资本公积　　B. 当期损益　　C. 在会计上不确认　　D. 投资成本

23. 甲公司持有乙公司 40%的股份，按权益法核算该项投资。假定乙公司×8 年实现净利润 100 万元，分别按税后利润的 5%提取储备基金、职工奖励及福利基金和企业发展基金，投资时乙公司可辨认资产等的公允价值与账面价值相等，则甲公司×8年应当确认投资收益（ ）万元。

A. 34 B. 38 C. 40 D. 36

24. ×8年7月1日甲公司以86 000元的价格购入乙公司同年1月1日发行的值为80 000元、票面利率为6%、到期还本付息的5年期债券，另支付相关费用200元。该债券投资入账价值为（ ）元。

A. 83 200 B. 86 000 C. 86 200 D. 86 500

二、多项选择题

1. 已确认减值损失的金融资产价值得以恢复时，减值损失可以通过损益转回的金融资产有（ ）。

A. 持有至到期投资 B. 可供出售权益工具投资

C. 贷款及应收款项 D. 可供出售债务工具投资

2. 以摊余成本进行后续计量的金融资产有（ ）。

A. 交易性金融资产 B. 持有至到期投资 C. 可供出售金融资产 D. 贷款和应收款项

3. 以公允价值进行后续计量的金融资产有（ ）。

A. 交易性金融资产 B. 持有至到期投资 C. 可供出售金融资产 D. 长期股权投资

4. 采用权益法核算长期股权投资时，需要调整"长期股权投资"账面价值的有被投资单位（ ）。

A. 分派现金股利 B. 除净损益外的其他所有者权益变动

C. 分派股票股利 D. 发生盈亏

5. 在同一控制下企业合并中，长期股权投资初始投资成本与支付的合并对价账面价值或发行的权益性证券的面值之间的差额，可能调整（ ）。

A. 盈余公积 B. 资本公积 C. 营业外收入 D. 未分配利润

6. ×8年1月2日甲公司出资4 000万元取得乙公司30%的股权，并派人参与乙公司的生产经营决策，当日乙公司可辨认净资产公允价值为14 000万元，与其账面价值相同。假定乙公司×8年实现净利润1 000万元，则×8年甲公司正确的账务处理是（ ）。

A. 确认营业外收入200万元 B. 确认商誉200万元

C. 确认投资收益300万元 D. 确认资本公积200万元

7. 长期股权投资的成本法与权益法的主要区别是（ ）。

A. 投资时入账价值不同 B. 确认投资损益的依据不同

C. 投资时账务处理不同 D. 分得股利的账务处理不同

三、判断题

1. 公允价值变动计入当期损益的金融资产只包括交易性金融资产。（ ）

2. 长期股权投资的减值损失一经确认，即使以后期间价值得以回升，也不得转回。（ ）

3. 长期股权投资采用成本法核算时，被投资单位宣告分派的现金股利只能确认为投资收益。（ ）

4. 企业无论以何种方式取得长期股权投资，实际支付的价款或对价中包含的已宣告但尚未领取的现金股利或利润，均作为债权处理。（ ）

5. 投资企业在确认应享有被投资单位净损益的份额时，应当以取得投资时被投资单位各项可辨认资产等的公允价值为基础，对被投资单位的账面净损益进行调整后确认。（ ）

6. 在确定能否对被投资单位实施控制或施加重大影响时，应当考虑企业和其他方持有的被投资单

位可转换公司债券等潜在表决权因素。（　　）

7. 在权益法下，被投资单位宣告分派现金股利或利润时，投资企业应当按照应享有份额确认投资收益，并抵减长期股权投资账面价值。（　　）

8. 采用权益法核算的长期股权投资，初始投资成本小于投资时应享有被投资单位可辨认净资产公允价值份额的差额，应当计入当期收益，同时调整初始投资成本。（　　）

四、业务题

1. 甲公司×8年有关交易性金融资产的资料如下。

（1）2月1日向证券公司划出投资款200万元。

（2）2月15日以银行存款购入B公司股票100 000股，并准备随时变现，每股买价18.4元（含已宣告的现金股利每股0.4元），同时支付相关税费10 000元。

（3）3月25日收到B公司发放的现金股利40 000元。

（4）3月31日B公司股票市价为每股16元。

（5）4月28日以每股17.5元的价格转让B公司股票60 000股，扣除相关税费6 000元，实得金额1 044 000元。

（6）6月30日B公司股票市价为每股17元。

要求：编制有关上述业务的会计分录。

2. ×4年1月2日甲公司购入乙公司当日发行的面值为1 000万元、票面利率为10%、期限为5年、每年末付息、到期还本的债券，准备持有至到期，支付买价1 100万元、经纪人佣金10万元、印花税2 000元。经计算，该投资的内含报酬率为7.29%。

要求：根据上述资料，编制甲公司以下业务的会计分录（计算结果保留整数）。

（1）×4年1月2日购买债券；

（2）每年年末计提和收回债券利息；

（3）×4年12月31日该债券投资预计可收回金额为1 010万元；

（4）×6年1月1日甲公司因持有该债券的意图发生改变，将该债券重分类为可供出售金融资产，当日该债券的公允价值为900万元；

（5）×6年12月31日该债券的公允价值为700万元；

（6）×7年12月31日乙公司的财务状况进一步恶化，已达到事实贬值，经认定此时的可收回金额为500万元；

（7）×8年1月1日甲公司将此债券出售，售价为450万元，假定无相关税费。

3. ×6年2月15日甲公司从二级市场以每股15.3元（含已宣告的现金股利每股0.3元）的价格购入乙公司发行的股票200 000股，同时支付相关税费20 000元，占乙公司有表决权股份的5%，将其划分为可供出售金融资产。×6年5月10日收到乙公司发放的现金股利60 000元，×6年12月31日该股票的市场价格为每股13元，预计该股票的价格下跌是暂时的。×7年乙公司股票的价格发生持续下跌，至×7年12月31日该股票的市场价格下跌到每股8元。×8年股票价格有所回升，至12月31日该股票的市场价格上升到每股11元。×9年3月20日以每股12元的价格将股票全部转让，同时支付相关税费15 000元。

要求：编制甲公司的相关会计分录。

4. ×8年1月1日甲公司出资500万元取得乙公司80%的股份，当日乙公司所有者权益的账面价值为 700 万元，该项投资属于非同一控制下的企业合并。×8 年 5 月 2 日乙公司宣告分派现金股利 100 万元，于×8 年 6 月 10 日发放股利，×8 年乙公司实现净利润 200 万元；×9 年 5 月 2 日乙公司宣告分派现金股利 300 万元，于×9 年 6 月 8 日发放股利，×9 年乙公司实现净利润 500 万元。

要求：编制甲公司上述股权投资的会计分录。

5. 甲公司×6 年至×8 年与长期股权投资相关的业务如下。

（1）×6 年 1 月 1 日甲公司以账面余额为 3 000 万元、已摊销 200 万元、公允价值为 4 000 万元一块土地使用权换取了乙公司 30%的股权，并对乙公司的财务和经营决策具有重大影响，当日乙公司所有者权益为 3 600 万元，其中股本 3 200 万元、资本公积 200 万元、盈余公积 200 万元。×6 年 1 月 1 日乙公司除办公楼的账面价值 8 000 万元与其公允价值 8 500 万元有较大差异外，其余资产、负债的账面价值与其公允价值差异不大。该办公楼剩余折旧年限为 20 年，预计净残值为 0，采用年限平均法计提折旧。

（2）×6 年乙公司实现净利润 3 000 万元，除此之外没有其他所有者权益的变动。

（3）×7 年 4 月乙公司宣告分配利润 700 万元，并于当月发放完毕。

（4）×7 年乙公司发生净亏损 2 000 万元，由于可供出售金融资产业务增加资本公积 400 万元。

（5）×7 年 12 月 31 日对乙公司投资出现减值的迹象，在综合考虑各有关因素的基础上，估计对乙公司投资的可收回金额为 3 950 万元。

（6）×8 年 1 月 25 日将其在乙公司的投资全部对外转让，转让价款 3 880 万元，相关股权转让手续已办妥，转让价款已收存银行（不考虑转让过程发生的相关税费）。

要求：

（1）指出甲公司对乙公司投资应当采用何种核算方法？

（2）编制甲公司与长期股权投资有关的会计分录（假定不考虑相关税费）。

6. ×7 年 1 月 1 日甲公司以其库存商品对乙公司投资，占乙公司注册资本的 20%，采用权益法核算此项投资，当日乙公司所有者权益总额为 1 000 万元（假定为公允价值）。投出商品的成本为 180 万元，公允价值为 200 万元，增值税税率为 17%。×7 年乙公司实现净利润 600 万元；×8 年乙公司发生亏损 2 200 万元，甲公司账上有应收乙公司长期应收款 80 万元；×9 年乙公司实现净利润 1 000 万元。

要求：根据上述资料，编制甲公司对乙公司进行投资及确认投资收益的会计分录。

7. ×5 年 1 月 2 日甲公司以银行存款 2 700 万元对乙公司投资，占乙公司注册资本的 20%，采用权益法核算此项投资，当日乙公司可辨认净资产公允价值为 14 500 万元。×5 年乙公司实现净利润 800 万元；×6 年 4 月乙公司宣告分派现金股利 300 万元，×6 年乙公司发生净亏损 100 万元，因可供出售金融资产业务增加资本公积 40 万元。×7 年 1 月 1 日丙公司以 1 800 万元收购了甲公司对乙公司 50%的投资，自此，甲公司持有乙公司 10%的股份，并失去影响力，改按成本法核算。×7 年 3 月 1 日乙公司宣告分派现金股利 450 万元，×7 年乙公司实现净利润 500 万元。

要求：编制甲公司的会计分录。

第八章　非货币性资产交换

【内容简介与学习目标】

本章阐述非货币性资产交换的认定、计量及会计处理。通过学习本章，应该明确非货币性资产的范围；掌握非货币性资产交换的认定标准和方法；掌握非货币性资产交换具有商业实质的条件和非货币性资产交换的会计处理。

非货币性资产交换是一种非经常性的特殊交易行为，是交易双方主要以存货、固定资产、无形资产和长期股权投资等非货币性资产进行的交换。该交换不涉及或只涉及少量的货币性资产（即补价，下同）。非货币性资产是相对于货币性资产而言的。货币性资产是指企业持有的货币资金和将以固定或可确定的金额收取的资产，包括现金、银行存款、应收账款和应收票据以及准备持有至到期的债券投资等。非货币性资产是指货币性资产以外的资产。非货币性资产与货币性资产相比，该类资产在将来为企业带来的经济利益是不固定的或不可确定的。企业持有的交易性证券，因其交易后能收回的金额不确定，不属于货币性资产。资产负债表列示的项目中属于非货币性资产的项目通常有存货、交易性金融资产、长期股权投资、投资性房地产、固定资产、在建工程、工程物资、无形资产等。

非货币性资产交换的目的是满足各自生产经营的需要，同时减少货币性资产的流入和流出。例如，甲企业需要乙企业拥有的设备，乙企业需要甲企业生产的产品，双方在货币性资产短缺的情况下，可能会出现非货币性资产交换的交易行为。

在认定涉及少量货币性资产的交易是否为非货币性资产交换时，通常以货币性资产占整个资产交换金额的比例是否低于25%作为参考比例。也就是说，支付的货币性资产占换入资产公允价值（或占换出资产公允价值与支付的货币性资产之和）的比例或收到的货币性资产占换出资产公允价值（或占换入资产公允价值和收到的货币性资产之和）的比例低于25%的，视为非货币性资产交换；等于或高于25%的，视为以货币性资产取得非货币性资产。

第一节　非货币性资产交换的计量

在非货币性资产交换中，不论是一项资产换入一项资产、一项资产换入多项资产、多项资产换入一项资产，还是多项资产换入多项资产，涉及的会计问题主要是确定换入资产的入账价值。在准则中规定了确定换入资产成本的两种计量基础和交换所产生损益的确认原则。

一、公允价值计量模式

非货币性资产交换具有商业实质且换入资产和换出资产的公允价值均能够可靠计量的，应当以换出资产公允价值作为确定换入资产成本的基础，无论是否涉及补价，换出资产的公允价值与账面价值的差额均计入当期损益（参见非同一控制下企业合并形成的长期股权投资），但有确凿证据表明换入资产公允价值比换出资产公允价值更加可靠的除外。这是因为，一般情况下，取得资产的成本应当以所放弃资产的对价来确定。在非货币性资产交换中，换出资产就是放弃的对价，如果其公允价值能够可靠确定，应当优先考虑以换出资产公允价值作为确定换入资产成本的基础；如果有确凿证据表明换入资产公允价值更加可靠，应当以换入资产公允价值为基础确定换入资产成本。这种情况多发生在非货币性资产交换存在补价的情况，补价表明换入资产和换出资产公允价值不相等，一般不能直接以换出资产公允价值为基础确定换入资产成本。

（一）公允价值的计量

符合下列情形之一的，表明换入资产或换出资产的公允价值能够可靠地计量。

（1）换入资产或换出资产存在活跃市场。对于存在活跃市场的存货、长期股权投资、固定资产、无形资产等非货币性资产，应当以该资产的市场价格为基础确定其公允价值。

（2）换入资产或换出资产不存在活跃市场，但同类或类似资产存在活跃市场。对于同类或类似资产存在活跃市场的存货、长期股权投资、固定资产、无形资产等非货币性资产，应当以同类或类似资产的市场价格为基础确定其公允价值。

（3）换入资产或换出资产不存在活跃市场，而且同类或类似资产也不存在活跃市场。对于既不存在换入资产或换出资产的活跃市场，也不存在同类或类似资产活跃市场的存货、长期股权投资、固定资产、无形资产等非货币性资产，应当采用估值技术确定其公允价值。该公允价值估计数的变动区间很小，或者在公允价值估计数变动区间内，各种用于确定公允价值估计数的概率能够合理确定的，视为公允价值能够可靠计量。

（二）商业实质的判断

非货币性资产交换具有商业实质是换入资产能够采用公允价值计量的重要条件之一。在确定资产交换是否具有商业实质时，企业应当重点考虑该项资产交换预期使企业未来现金流量发生变动的程度，通过比较换出资产和换入资产预计未来现金流量或其现值，确定非货币性资产交换是否具有商业实质。只有当换出资产和换入资产预计未来现金流量或其现值两者之间的差额较大时，才表明交易的发生使企业经济状况发生了明显改变，非货币性资产交换因而具有商业实质。满足下列条件之一的，表明非货币性资产交换具有商业实质。

1. 换入资产与换出资产的预计未来现金流量在风险、时间和金额方面显著不同

换入资产的预计未来现金流量在风险、时间和金额方面与换出资产显著不同，这种情况通常包括下列几种情形。

（1）未来现金流量的风险、金额相同，时间不同。此种情形是指换入资产和换出资产产生的未来现金流量总额相同，获得现金流量的风险也相同，但现金流量流入企业的时间不同。例如，某企业以一批存货换入一项设备，因存货流动性强，能够在较短的时间内产生现金流量，设备作为固定资产能够在较长的时间内产生现金流量，两者产生现金流量的时间相差较大，上述存货与固定资产产生的未来现金流量显著不同。

（2）未来现金流量的时间、金额相同，风险不同。此种情形是指换入资产和换出资产产生未来现金流量的时间和金额相同，但企业获得现金流量的不确定性程度存在明显差异。例如，某企业以其不准备持有至到期的国库券换入一幢房屋以备出租，该企业预计未来每年收到的国库券利息与房屋租金在金额和流入时间上相同，但取得国库券利息通常风险很小，租金的取得依赖于承租人的财务及信用情况等，两者现金流量的风险或不确定性程度存在明显差异，上述国库券与房屋的未来现金流量显著不同。

（3）未来现金流量的风险、时间相同，金额不同。此种情形是指换入资产和换出资产产生的未来现金流量总额相同，预计为企业带来现金流量的时间跨度相同，风险也相同，但各年产生的现金流量金额存在明显差异。例如，某企业以其商标权换入另一企业的一项专利技术，预计两项无形资产的使用寿命相同，在使用寿命内预计为企业带来的现金流量总额相同，但由于换入的专利技术是新开发的，预计开始阶段产生的现金流量明显少于后期，而该企业拥有的商标每年产生的现金流量比较均衡，两者产生的现金流量金额差异明显，上述商标权与专利技术的未来现金流量显著不同。

2. 换入资产与换出资产的预计未来现金流量现值相差较大

资产的预计未来现金流量现值，应当根据资产在持续使用过程和最终处置时产生的预计税后未来现金流量以及企业自身对资产特定风险的评价，选择恰当的折现率对其进行折现后的金额加以确定。

例如，甲企业有一批钢材，公允价值为20万元，如果在甲企业使用这批钢材，预计能够为甲企业带来的未来现金流量的现值为18万元；乙企业有一台设备，公允价值为21万元，如果在乙企业使用这台设备，预计能够为乙企业带来的未来现金流量的现值为15万元。如果甲、乙企业将钢材与设备相互交换，甲企业使用这台设备，预计能够为甲企业带来的未来现金流量的现值为40万元，乙企业使用这批钢材，预计能够为乙企业带来的未来现金流量的现值为38万元，则甲、乙企业钢材与设备互换，均能为企业带来大大超出原换出资产产生的现金流量的现值，且超出的现金流量现值部分与原有换入、换出资产的公允价值相比，占有相当大的比重。因此，甲、乙企业将钢材与设备相互交换，是具有商业实质的非货币性资产交换。

又如，某企业以一项专利权换入另一企业拥有的长期股权投资，该项专利权与该项长期股权投资的公允价值相同，两项资产未来现金流量的风险、时间和金额也相同，但对换入企业而言，换入该项长期股权投资使该企业对被投资方由重大影响变为控制关系，从而使该项投资预计未来现金流量现值与换出的专利权有较大差异；另一企业换入的专利权能够解决生产中的技术难题，从而使该项专利权预计未来现金流量现值与换出的长期股权投资存在明显差异，因而两项资产的交换具有商业实质。

再如，甲企业与乙企业分别有位于市区和郊区的两栋大楼，建造时间及成本均相同。一般情况下，位于市区的大楼（地理位置较优越）将来能产生的现金流量将大于位于郊区的大楼，乙企业支付部分货币性资产给甲企业的情况下，甲企业才愿意交换，所以不涉及补价的该两栋大楼的等额交换，是不具有商业实质的。

实务中，不同类非货币性资产之间的交换通常具有商业实质。在确定非货币性资产交换是否具有商业实质时，应当关注同类非货币性资产之间的交换以及交易双方之间是否存在关联方关系。关联方关系的存在可能导致发生的非货币性资产交换不具有商业实质。

二、账面价值计量模式

不具有商业实质或交换涉及资产的公允价值均不能可靠计量的非货币性资产交换，应当以换出资产账面价值作为确定换入资产成本的基础，无论是否涉及补价，均不确认损益，收到或支付的补价作为确定换入资产成本的调整因素。

第二节　非货币性资产交换的账务处理

一、以公允价值为基础计量的账务处理

（一）单项资产交换未涉及补价

非货币性资产交换具有商业实质且换入资产或换出资产的公允价值均能够可靠计量的，如果不涉及补价，则以换出资产公允价值加上应支付的相关税费减去可抵扣的增值税税额作为换入资产成本，换出资产公允价值与账面价值的差额计入当期损益。

【例 8-1】 A 公司以原价为 24 万元、已计提折旧 3 万元、公允价值为 2 万元的设备 1 台换入 B 公司生产的成本为 16 万元、公允价值为 20 万元的钢材一批，适用的增值税税率均为 17%。A 公司换入的钢材用于产品生产；B 公司换入的设备用于产品生产。假定 A、B 公司不存在关联方关系，交易价格公允，则 A 公司和 B 公司的账务处理如下。

（1）A 公司：

$$换入钢材成本 = 20 \times (1 + 17\%) - 20 \times 17\% = 20（万元）$$

借：固定资产清理　　210 000
　　累计折旧　　30 000
　　贷：固定资产　　240 000
借：原材料　　200 000
　　应交税费——应交增值税（进项税额）　　34 000
　　营业外支出——非货币性资产交换损失　　10 000
　　贷：固定资产清理　　210 000
　　　　应交税费——应交增值税（销项税额）　　34 000

（2）B 公司：

$$换入设备成本 = 20 \times (1 + 17\%) - 20 \times 17\% = 20（万元）$$

借：固定资产　　200 000
　　应交税费——应交增值税（进项税额）　　34 000
　　贷：主营业务收入　　200 000
　　　　应交税费——应交增值税（销项税额）　　34 000
借：主营业务成本　　160 000
　　贷：库存商品　　160 000

【例 8-2】 A 公司以原材料交换 B 公司作为交易性金融资产核算的股票，将其划分为可供出售金融资产。原材料的成本为 20 万元，已计提减值准备 1 万元，公允价值为 18 万元，

适用的增值税税率为 17%；交易性金融资产的账面价值为 19.6 万元（其中公允价值变动为 1.6 万元），公允价值为 21.06 万元。假设该项交易具有商业实质，则其账务处理如下。

（1）A 公司：

$$换入股票成本 = 18 \times (1 + 17\%) = 21.06（万元）$$

会计分录	借方	贷方
借：可供出售金融资产——成本	210 600	
贷：其他业务收入		180 000
应交税费——应交增值税（销项税额）		30 600
借：其他业务成本	190 000	
存货跌价准备	10 000	
贷：原材料		200 000

（2）B 公司：

$$换入原材料成本 = 21.06 - 18 \times 17\% = 18（万元）$$

会计分录	借方	贷方
借：原材料	180 000	
应交税费——应交增值税（进项税额）	30 600	
贷：交易性金融资产——成本		180 000
交易性金融资产——公允价值变动		16 000
投资收益		14 600
借：公允价值变动损益	16 000	
贷：投资收益		16 000

【例 8-3】 A 公司以其拥有的土地使用权换入 B 公司 5%的股权，并准备长期持有，土地使用权的账面余额为 90 万元，已摊销 10 万元，公允价值为 100 万元，适用的营业税税率为 5%。假设该项交易具有商业实质。

根据现行规定的账务处理：

会计分录	借方	贷方
借：长期股权投资——B 公司	1 050 000	
累计摊销	100 000	
贷：无形资产——土地使用权		900 000
应交税费——应交营业税		50 000
营业外收入——非货币性资产交换利得		200 000

作者建议或主张的账务处理：

会计分录	借方	贷方
借：长期股权投资——B 公司	1 000 000	
累计摊销	100 000	
贷：无形资产——土地使用权		900 000
应交税费——应交营业税		50 000
营业外收入——非货币性资产交换利得		150 000

（二）单项资产交换涉及补价

以换出资产公允价值为基础确定换入资产成本的情况下，涉及补价的，应当分别下列情况处理。

（1）支付补价。以换出资产公允价值加上应支付的相关税费和补价减去可抵扣的增值税税额作为换入资产成本，换出资产公允价值与账面价值的差额计入当期损益。

（2）收到补价。以换出资产公允价值加上应支付的相关税费减去可抵扣的增值税税额和收到的补价作为换入资产成本，换出资产公允价值与账面价值的差额计入当期损益。

【例 8-4】 沿用**【例 8-1】**的资料，假定 A 公司换出设备的公允价值为 20.6 万元，收到补价 0.702 万元；换入钢材的公允价值为 20 万元。其账务处理如下。

由于该项交易涉及的补价占交换的资产价值的比例低于 25%（7 020 ÷ 206 000 = 3.4%），可以认定该项交易属于具有商业实质且涉及补价的非货币性资产交换。

（1）A 公司：

$$换入钢材成本 = 20.6 \times (1 + 17\%) - 20 \times 17\% - 0.702 = 20（万元）$$

借：固定资产清理	210 000	
累计折旧	30 000	
贷：固定资产		240 000
借：原材料	200 000	
应交税费——应交增值税（进项税额）	34 000	
银行存款	7 020	
营业外支出——非货币性资产交换损失	4 000	
贷：固定资产清理		210 000
应交税费——应交增值税（销项税额）		35 020

（2）B 公司：

$$换入钢材成本 = 20 \times (1 + 17\%) - 20.6 \times 17\% + 0.702 = 20.6（万元）$$

借：固定资产	206 000	
应交税费——应交增值税（进项税额）	35 020	
贷：主营业务收入		200 000
应交税费——应交增值税（销项税额）		34 000
银行存款		7 020
借：主营业务成本	160 000	
贷：库存商品		160 000

【例 8-5】 D 公司将其建造的经济适用房与 E 公司持有的长期股权投资进行交换，E 公司于×8 年 5 月 10 日向 D 公司支付补价 200 万元。经济适用房的原价为 1 120 万元，公允价值为 1 400 万元；长期股权投资的账面价值为 1 000 万元，公允价值为 1 200 万元。D、E 公司换出资产的相关所有权划转手续于×8 年 6 月 30 日全部办理完毕，不考虑相关税费。假定该交换具有商业实质，则 D、E 公司的账务处理如下。

（1）D 公司：

$$换入长期股权投资成本 = 1\,400 - 200 = 1\,200（万元）$$

1）×8 年 5 月 10 日：

借：银行存款	2 000 000	
贷：预收账款		2 000 000

2）×8 年 6 月 30 日：

借：长期股权投资	12 000 000	
预收账款	2 000 000	

贷：主营业务收入　　14 000 000

借：主营业务成本　　11 200 000

贷：开发产品　　11 200 000

（2）E公司：

$$换入经济适用房成本 = 1\,200 + 200 = 1\,400（万元）$$

1）×8年5月10日：

借：预付账款　　2 000 000

贷：银行存款　　2 000 000

2）×8年6月30日：

借：开发产品　　14 000 000

贷：长期股权投资　　10 000 000

预付账款　　2 000 000

投资收益　　2 000 000

【例 8-6】 A公司应收B公司的应收账款为20万元，已计提坏账准备2万元。×8年5月10日A公司与B公司达成债务重组协议，A公司同意B公司用1批产品和1台设备抵偿上述全部账款，产品成本为6万元，公允价值为8万元，适用的增值税税率为17%；设备的原价为12万元，已计提折旧4万元，已计提减值准备2万元，公允价值为6万元，适用的增值税税率为17%。A公司于×8年5月20日将上述产品和设备运抵公司，并解除了债权债务关系。×8年6月30日A公司已为上述设备计提折旧0.1万元，预计该设备的可收回金额为5万元；×8年7月10日A公司将上述设备（7月份计提折旧0.08万元）与C公司的一批材料交换，收到C公司支付的补价0.936万元，设备的公允价值为4.8万元，材料的公允价值为4万元，适用的增值税税率均为17%，成本为3.2万元，该交换具有商业实质。其账务处理如下。

（1）×8年5月20日。

1）A公司：

借：库存商品　　80 000

固定资产　　60 000

应交税费——应交增值税（进项税额）　　23 800

坏账准备　　20 000

营业外支出——债务重组损失　　16 200

贷：应收账款——B公司　　200 000

2）B公司：

借：固定资产清理　　60 000

固定资产减值准备　　20 000

累计折旧　　40 000

贷：固定资产　　120 000

借：应付账款——A公司　　200 000

贷：主营业务收入　　80 000

固定资产清理　　60 000

　　　　应交税费——应交增值税（销项税额）　　　　23 800
　　　　营业外收入——债务重组利得　　　　36 200

借：主营业务成本　　　　60 000
　　贷：库存商品　　　　60 000

（2）A 公司 ×8 年 6 月 30 日计提设备减值准备。

借：资产减值损失　　　　（60 000 − 1 000 − 50 000）= 9 000
　　贷：固定资产减值准备　　　　9 000

（3）×8 年 7 月 10 日。

1）A 公司：

换入材料成本 = 4.8 × (1 + 17%) − 4 × 17% − 0.936 = 4（万元）

借：固定资产清理　　　　49 200
　　固定资产减值准备　　　　9 000
　　累计折旧　　　　1 800
　　贷：固定资产　　　　60 000

借：原材料　　　　40 000
　　银行存款　　　　9 360
　　应交税费——应交增值税（进项税额）　　　　6 800
　　营业外支出——非货币性资产交换损失　　　　1 200
　　贷：固定资产清理　　　　49 200
　　　　应交税费——应交增值税（销项税额）　　　　8 160

2）C 公司：

换入设备成本 = 4 × (1 + 17%) + 0.936 − 4.8 × 17% = 4.8（万元）

借：固定资产　　　　48 000
　　应交税费——应交增值税（进项税额）　　　　8 160
　　贷：其他业务收入　　　　40 000
　　　　应交税费——应交增值税（销项税额）　　　　6 800
　　　　银行存款　　　　9 360

借：其他业务成本　　　　32 000
　　贷：原材料　　　　32 000

【例 8-7】 经协商，A 公司以其拥有的全部用于经营出租的 1 幢公寓楼与 B 公司持有的交易目的的某公司股票投资交换。A 公司的公寓楼符合投资性房地产定义，采用成本模式计量。在交换日，该幢公寓楼的原价为 400 万元，已计提折旧 80 万元，公允价值为 450 万元，应缴营业税 22.5 万元；该股票投资的账面价值为 300 万元，公允价值为 400 万元，B 公司向 A 公司支付了补价 50 万元。B 公司换入公寓楼后仍然继续用于经营出租，并拟采用公允价值计量模式，A 公司换入股票后仍然用于交易目的。假定除营业税外，该项交易不涉及其他税费且具有商业实质。其账务处理如下。

由于该项交易涉及的补价占交换的资产价值的比例低于 25%（50 ÷ 450 = 11.11%），可以认定该项交易属于具有商业实质且涉及补价的非货币性资产交换。

（1）A 公司：

借：其他业务成本　　3 200 000
　　投资性房地产累计折旧　　800 000
　　贷：投资性房地产　　4 000 000

借：营业税金及附加　　225 000
　　贷：应交税费——应交营业税　　225 000

借：交易性金融资产　　4 000 000
　　银行存款　　500 000
　　贷：其他业务收入　　4 500 000

（2）公司：

借：投资性房地产　　4 500 000
　　贷：交易性金融资产　　3 000 000
　　　　银行存款　　500 000
　　　　投资收益　　1 000 000

（三）涉及多项资产的交换

非货币性资产交换具有商业实质且各项换入资产的公允价值均能可靠计量的，应当按照各项换入资产公允价值占换入资产公允价值总额的比例，对换入资产总成本进行分配，确定各项换入资产成本。

【例 8-8】×8 年 3 月 A 公司决定以库存商品和持有的长期股权投资交换 B 公司 1 台设备，并向 B 公司支付补价 3.02 万元，整个交易过程中没有发生除增值税以外的其他税费。库存商品的成本为 10 万元，已计提减值准备 1.2 万元，公允价值为 12 万元，适用的增值税税率为 17%；长期股权投资的账面余额为 2 万元，公允价值为 4 万元；设备的原价为 24 万元，已计提折旧 2 万元，公允价值为 18 万元，适用的增值税税率为 17%。假设该交易具有商业实质，则其账务处理如下。

（1）A 公司：

换入设备成本 = 12 × (1 + 17%) + 4 + 3.02 − 18 × 17% = 18（万元）

借：固定资产　　180 000
　　应交税费——应交增值税（进项税额）　　30 600
　　贷：长期股权投资　　20 000
　　　　主营业务收入　　120 000
　　　　应交税费——应交增值税（销项税额）　　20 400
　　　　投资收益　　20 000
　　　　银行存款　　30 200

借：主营业务成本　　88 000
　　存货跌价准备　　12 000
　　贷：库存商品　　100 000

（2）B 公司：

换入资产总成本 = 18 × (1 + 17%) − 3.02 − 12 × 17% = 16（万元）

换入商品成本 = 16 × 12 ÷ 16 = 12（万元）

换入股权投资成本 = 16 × 4 ÷ 16 = 4（万元）

借：固定资产清理　　220 000
　　累计折旧　　20 000
　　贷：固定资产　　240 000
借：库存商品　　120 000
　　长期股权投资　　40 000
　　应交税费——应交增值税（进项税额）　　20 400
　　银行存款　　30 200
　　营业外支出——非货币性资产交换损失　　40 000
　　贷：固定资产清理　　220 000
　　　　应交税费——应交增值税（销项税额）　　30 600

二、以账面价值为基础计量的账务处理

1．单项资产交换未涉及补价

非货币性资产交换不具有商业实质，或者虽具有商业实质但换入资产和换出资产的公允价值均不能可靠计量的，如果不涉及补价，应当以换出资产账面价值加上应支付的相关税费减去可抵扣的增值税额作为换入资产成本，不确认损益。

【例 8-9】 A 公司以其货运汽车与 B 公司的货运汽车进行交换，适用的增值税税率均为 17%。A 公司换出货运汽车的原价为 24 000 元，已计提折旧 4 000 元，计税价格为 22 000 元，并以库存现金支付了清理费用 20 元；A 公司换入货运汽车的原价为 28 000 元，已计提折旧 6 000 元，计税价格为 22 000 元。假定 A 公司换入的货运汽车仍用于运输公司产品。A 公司的账务处理如下。

由于交换的非货币性资产均为货运汽车，其性质、用途均相同，换入资产与换出资产的预计未来现金流量现值也相同，因而该项交易不具有商业实质。

（1）将固定资产净值转入固定资产清理：

借：固定资产清理　　20 000
　　累计折旧　　4 000
　　贷：固定资产　　24 000

（2）支付清理费用：

借：固定资产清理　　20
　　贷：库存现金　　20

（3）换入货运汽车入账：

换入货运汽车成本 = 20 000 + 22 000 × 17% + 20 − 22 000 × 17% = 20 020（元）

借：固定资产　　20 020
　　应交税费——应交增值税（进项税额）　　3 740
　　贷：固定资产清理　　20 020
　　　　应交税费——应交增值税（销项税额）　　3 740

【例 8-10】 A 公司以库存商品换入 B 公司的材料，支付运杂费 0.2 万元，适用的增值税税率均为 17%。库存商品的成本为 10 万元，已计提减值准备 1 万元，计税价格为 12 万元；材料的成本为 11 万元，计税价格为 12 万元。假设该交换不具有商业实质，则其账务处理如下。

（1）A 公司：

$$换入材料成本 = (10 - 1) + 12 \times 17\% + 0.2 - 12 \times 17\% = 9.2（万元）$$

借：原材料　　92 000
　　应交税费——应交增值税（进项税额）　　20 400
　　存货跌价准备　　10 000
　　贷：库存商品　　100 000
　　　　应交税费——应交增值税（销项税额）　　20 400
　　　　银行存款　　2 000

（2）B 公司：

$$换入商品成本 = 11 + 12 \times 17\% - 12 \times 17\% = 11（万元）$$

借：库存商品　　110 000
　　应交税费——应交增值税（进项税额）　　20 400
　　贷：原材料　　110 000
　　　　应交税费——应交增值税（销项税额）　　20 400

2. 单项资产交换涉及补价

以换出资产账面价值为基础确定换入资产成本的情况下，涉及补价的，应当分别下列情况处理。

（1）支付补价。以换出资产账面价值加上应支付的相关税费和补价减去可抵扣的增值税税额作为换入资产成本，不确认损益。

（2）收到补价。以换出资产账面价值加上应支付的相关税费减去可抵扣的增值税税额和收到的补价作为换入资产成本，不确认损益。

【例 8-11】 A 公司以原价为 10 万元、已计提折旧 2 万元、计税价格为 5.4 万元的设备 1 台换入 B 公司原价为 10 万元、已计提折旧 1 万元、计税价格为 6 万元的汽车 1 辆，并向 B 公司支付补价 0.702 万元，适用的增值税税率均为 17%。假定该交换不具有商业实质，则其账务处理如下。

（1）A 公司：

$$换入汽车成本 = (10 - 2) + 5.4 \times 17\% + 0.702 - 6 \times 17\% = 8.6（万元）$$

借：固定资产清理　　80 000
　　累计折旧　　20 000
　　贷：固定资产——设备　　100 000
借：固定资产——汽车　　86 000
　　应交税费——应交增值税（进项税额）　　10 200
　　贷：固定资产清理　　80 000
　　　　应交税费——应交增值税（销项税额）　　9 180
　　　　银行存款　　7 020

（2）B 公司：

$$换入汽车成本 = (10 - 1) + 6 \times 17\% - 5.4 \times 17\% - 0.702 = 8.4（万元）$$

借：固定资产清理　　90 000
　　累计折旧　　10 000

贷：固定资产——汽车　　100 000

借：固定资产——设备　　84 000

应交税费——应交增值税（进项税额）　　9 180

银行存款　　7 020

贷：固定资产清理　　90 000

应交税费——应交增值税（销项税额）　　10 200

【例 8-12】 A 公司以原价为 760 000 元、已计提折旧 100 000 元的仓库换入 B 公司原价为 900 000 元、已计提折旧 160 000 元的办公楼，并向 B 公司支付补价 20 000 元。A 公司换入的办公楼作为办公用房，换出资产须交土地增值税和营业税 10 000 元，不考虑其他相关税费。假设换入资产和换出资产的公允价值不能可靠地计量，则 A 公司账务处理如下。

换入办公楼成本 = 660 000 + 20 000 + 10 000 = 690 000（元）

借：固定资产清理　　660 000

累计折旧　　100 000

贷：固定资产　　760 000

借：固定资产清理　　10 000

贷：应交税费——应交土地增值税等　　10 000

借：固定资产　　690 000

贷：固定资产清理　　670 000

银行存款　　20 000

3. 涉及多项资产的交换

非货币性资产交换不具有商业实质，或者虽具有商业实质但换入资产的公允价值不能可靠计量的，应当按照各项换入资产原账面价值占换入资产原账面价值总额的比例，对换入资产总成本进行分配，确定各项换入资产成本。

【例 8-13】 A 公司因经营战略发生较大调整，原生产用设备、库存原材料等已不符合生产新产品的需要，经与 B 公司协商，将其生产用设备、库存原材料与 B 公司的生产用设备、专利权和库存商品进行交换，适用的增值税税率均为 17%。A 公司换出设备的原价为 1 600 000 元，已计提折旧 1 000 000 元，计税价格为 800 000 元；原材料的成本为 400 000 元，计税价格为 440 000 元。B 公司换出设备的原价为 1 400 000 元，已计提折旧 800 000 元，计税价格为 640 000 元；专利权的账面余额为 400 000 元，已摊销 40 000 元；库存商品的成本为 120 000 元，计税价格为 160 000 元。A 公司换入的设备作为固定资产核算，换入的专利权作为无形资产核算，换入的商品作为库存商品核算；B 公司换入的设备作为固定资产核算，换入的原材料作为库存材料核算。假定该项交换不具有商业实质，则其账务处理如下。

（1）A 公司：

换入资产总成本 = 1 000 000 + 1 240 000 × 17% − 800 000 × 17% = 1 074 800（元）

换入设备成本 = 1 074 800 × 600 000 ÷ 1 080 000 = 597 111（元）

换入专利权成本 = 1 074 800 × 360 000 ÷ 1 080 000 = 358 266（元）

换入商品成本 = 1 074 800 × 120 000 ÷ 1 080 000 = 119 423（元）

借：固定资产清理　　600 000

累计折旧　　1 000 000

贷：固定资产　1 600 000

借：固定资产　597 111

无形资产　358 266

库存商品　119 423

应交税费——应交增值税（进项税额）　136 000

贷：固定资产清理　600 000

原材料　400 000

应交税费——应交增值税（销项税额）　210 800

（2）B 公司：

换入资产总成本 = 1 080 000 + 800 000 × 17% − 1 240 000 × 17% = 1 005 200（元）

换入设备成本 = 1 005 200 × 600 000 ÷ 1 000 000 = 603 120（元）

换入原材料成本 = 1 005 200 × 400 000 ÷ 1 000 000 = 402 080（元）

借：固定资产清理　600 000

累计折旧　800 000

贷：固定资产　1 400 000

借：固定资产　603 120

原材料　402 080

应交税费——应交增值税（进项税额）　210 800

累计摊销　40 000

贷：固定资产清理　600 000

无形资产　400 000

库存商品　120 000

应交税费——应交增值税（销项税额）　136 000

同步练习

一、单项选择题

1. 甲公司以一项长期股权投资换取乙公司的一项无形资产，承担了 10 万元税费，并假定该项交易不涉及补价，且具有商业实质。长期股权投资账面价值为 120 万元，公允价值为 150 万元；无形资产的账面价值为 100 万元，公允价值为 150 万元。换入无形资产的入账价值为（　　）万元。

A. 150　　B. 160　　C. 120　　D. 130

2. 用一辆汽车换入 A 和 B 两种原材料，收到补价 31 300 元，汽车的公允价值为 160 000 元（含增值税）；材料 A 和材料 B 的公允价值分别为 40 000 元和 70 000 元，适用的增值税税率均为 17%。假定该项交易具有商业实质，则换入原材料的入账价值总额为（　　）元。

A. 91 300　　B. 110 000　　C. 128 700　　D. 131 300

3. 甲公司以公允价值为 250 万元的库房换入乙公司账面价值为 230 万元的长期股权投资，收到补价 30 万元。库房的原价为 300 万元，已计提折旧 20 万元，已计提减值准备 10 万元。假定该项交易不具有商业实质，且不考虑相关税费，则换入长期股权投资成本和应当确认的库房转让收益（损失以负数表示）分别为（　　）万元。

A. 220；−50　　B. 240；0　　C. 250；−20　　D. 230；−40

4. 甲、乙公司均为一般纳税企业，×8 年 12 月 20 日，甲公司以 Y 产品交换乙公司的 E 产品，收到补价 11.7 万元，承担运输费 2 万元（不考虑可抵扣增值税额），并假设该项交易不具有商业实质。Y 产品成本为 90 万元，计税价格为 100 万元，适用的消费税税率为 10%、增值税税率为 17%；E 产品成本为 80 万元，计税价格为 90 万元，适用的资源税税率为 5%、增值税税率为 17%。换入 E 产品的入账价值是（　　）万元。

A. 92　　B. 102　　C. 90　　D. 82

5. 以下事项中，属于非货币性资产交换的是（　　）。

A. 用货币资金 100 万元购入原材料　　B. 用应收账款 100 万元抵偿债务

C. 用银行存款 30 万元购入汽车　　D. 用价值 30 万元的机器设备换取等值的汽车

6. 下列各项中，属于货币性资产的是（　　）。

A. 无形资产　　B. 股权投资

C. 应收账款　　D. 不准备持有至到期的债券投资

7. 甲公司以一座厂房换入乙公司的一项专利权，支付补价 3 万元，该项交易具有商业实质。厂房的原值为 10 万元，已计提折旧 2 万元，已计提减值准备 1 万元，公允价值为 5 万元。假设不考虑其他税费，则甲公司应当确认的资产转让损失为（　　）万元。

A. 2　　B. 12　　C. 8　　D. 1

8. 以原值为 300 000 元、已计提折旧 210 500 元、已计提减值准备 5 000 元的库房换入计税价格为 100 000 元的材料一批，支付补价 21 000 元。假定该批材料适用的增值税税率为 17%，且该项交易不具有商业实质，则换入原材料的入账价值是（　　）元。

A. 89 500　　B. 84 500　　C. 100 000　　D. 88 500

二、多项选择题

1. 下列项目中，属于货币性资产的有（　　）。

A. 银行存款　　B. 持有至到期投资　　C. 应收账款　　D. 带息应收票据

2. 下列资产中属于非货币性资产的有（　　）。

A. 交易性金融资产　　B. 长期股权投资　　C. 固定资产　　D. 投资性房地产

3. 以公允价值作为换入资产入账价值的条件有（　　）。

A. 该项交换具有商业实质

B. 换入资产或换出资产的公允价值能够可靠地计量

C. 收到补价或支付补价

D. 补价占整个资产交换金额的比例低于 25%

4. 在非货币性资产交换具有商业实质且公允价值能够可靠计量时，确认换出资产损益可能涉及的账户有（　　）。

A. 投资收益　　B. 营业外收入　　C. 主营业务收入　　D. 其他业务收入

5. 在不具有商业实质、不涉及补价的非货币性资产交换中，确定换入资产入账价值应当考虑的因素有（　　）。

A. 可抵扣增值税额　　B. 换出资产的账面价值

C. 应交的相关税费　　　　　　　　　　D. 换出资产的公允价值

6. 在收到补价的具有商业实质且公允价值能够可靠计量的非货币性资产交换中，影响换入资产入账价值的因素有（　）。

A. 可以抵扣的增值税税额　　　　　　　B. 收到的补价

C. 换出资产的公允价值　　　　　　　　D. 换出资产应交的税费

三、判断题

1. 短期股票投资和应收账款都属于货币性资产。（　）

2. 非货币性资产交换是指交易双方以非货币性资产进行的交换，不涉及货币性资产。（　）

3. 企业以不准备持有至到期的国库券换入一幢房屋以备出租，该项交易具有商业实质。（　）

4. 对于具有商业实质且公允价值能够可靠计量的非货币性资产交换，换出资产公允价值与账面价值的差额计入当期损益。（　）

5. 应收账款可能发生坏账，将来收取的货币是不确定的，因此，应收账款属于非货币性资产。（　）

6. 在非货币性资产交换中，当换出资产的公允价值大于换入资产的账面价值时，应当确认交换收益。（　）

7. 判断某项交易是否为非货币性资产交换时，通常依据交易中是否涉及补价，若涉及补价，则不属于非货币性资产交换。（　）

8. 对于具有商业实质的非货币性资产交换，应当以换出资产的公允价值与换入资产的公允价值两者中较低者作为换入资产的入账价值。（　）

9. 在非货币性资产交换中，收到补价的企业应当按照一定方法计算确认收益。（　）

10. 在确定非货币性资产交换是否具有商业实质时，企业应当关注交易各方之间是否存在关联方关系。（　）

四、业务题

1. 甲公司以闲置厂房与乙公司的仓库交换。厂房的原价为 1 800 万元，已计提折旧 300 万元，以银行存款支付相关税费 15 万元和补价 30 万元；仓库的原价为 2 100 万元，已计提折旧 550 万元，收到补价 30 万元存入银行。假设该项交易不具有商业实质。

要求：编制甲公司、乙公司的会计分录。

2. 甲公司和乙公司进行资产置换，双方均为增值税一般纳税人，计税价格等于公允价值。假设不考虑除增值税以外的其他相关税费，该交易具有商业实质。有关资料如下。

（1）甲公司换出厂房的原价为 300 万元，已计提折旧 30 万元，已计提减值准备 20 万元，公允价值为 220 万元；换出商品的账面余额为 180 万元，已计提减值准备 20 万元，公允价值为 150 万元，适用的增值税税率为 17%。

（2）乙公司换出库房的原价为 450 万元，已计提折旧 150 万元，公允价值为 280 万元；换出原材料的账面余额为 180 万元，已计提减值准备 80 万元，公允价值为 90 万元，适用的增值税税率为 17%。

要求：分别甲、乙公司编制有关非货币性资产交换的会计分录。

3. 甲公司为增值税一般纳税人，固定资产采用年限平均法计提折旧，原材料按实际成本核算，期末存货采用成本与可变现净值孰低计价，按单个存货项目计提减值准备。假定不考虑除增值税以外的其他税费。×6—×8 年发生如下经济业务事项。

（1）×6 年 2 月 1 日开发一项新项目，乙公司以一台原价为 200 万元的新设备投资，用于新项目，合同约定的价值为 200 万元（公允），可抵扣增值税税额为 34 万元，占甲公司增资后注册资本 800 万元中的 20%。该设备的预计使用年限为 5 年，净残值率为 4%。

（2）×6 年 3 月 1 日新项目投产，购入生产 Y 产品的 B 材料，价款为 100 万元，可抵扣增值税税额为 17 万元，发生装卸费 1 万元和运输费为 2 万元（增值税扣除率为 7%），有关款项通过银行转账支付。

（3）×6 年 12 月 31 日 B 材料的成本为 100 万元，市场购买价格为 70 万元，以 B 材料生产的 Y 产品的预计售价为 120 万元，预计销售费用及税金为 5 万元，生产 Y 产品尚须投入 50 万元。

（4）×6 年 12 月 31 日由于生产的 Y 产品销售不佳，上述设备的可收回金额为 140 万元，重新估计的尚可使用年限为 4 年，预计净残值为 0.8 万元。

（5）×7 年 7 月 1 日由于新项目经济效益很差，决定停止生产 Y 产品，将不需用的部分 B 材料对外销售，其成本为 60 万元，售价为 50 万元，款项已收存银行。

（6）×7 年 7 月 1 日 Y 产品停止生产后，设备已停止使用。9 月 5 日，将设备与丁公司的钢材相交换，钢材用于建造新的厂房。设备的计税价格为 100 万元，收到补价 23.4 万元，该项交易不具有商业实质。

要求：编制甲公司接受投资、购买原材料、计提资产减值准备、存货出售和非货币性资产交换的会计分录。

第九章 流动负债

【内容简介与学习目标】

本章阐述流动负债的含义、基本特征和分类，以及短期借款、应付款项、应付职工薪酬、应交说费的会计处理。通过学习本章，应该明确流动负债的性质、特征、分类与计价原则；掌握应付账款、应付票据、预收账款、其他应付款等应付金额肯定的流动负债的会计处理，应交流转税、应付职工薪酬、应付股利等应付金额视经营情况而定的流动负债的会计处理，应付产品质量担保债务等应付金额需要估计的流动负债的会计处理。

第一节 流动负债概述

一、流动负债的特点

流动负债是指将在1年（含1年）或超过1年的一个营业周期内需要偿还的债务，主要包括短期借款、应付票据、应付账款、预收账款、应付职工薪酬、应付利息、应付股利、应交税费、其他应付款、1年内到期的非流动负债等。流动负债具有以下四个特点。

（1）偿还期短，需要在1年或超过1年的一个营业周期内偿还。

（2）到期必须用流动资产或新的流动负债偿付。

（3）举债的目的一般是为了满足生产经营的临时周转需要，周转快，数额较小。

（4）除短期借款、交易性金融负债和带息应付票据外，一般不需要支付利息。

二、流动负债的分类

流动负债一般可按形成方式和应付金额是否肯定两种方式进行分类。

1. 按形成方式划分

流动负债按形成方式分为以下三类：

（1）营业活动形成的流动负债，是指由于企业正常的生产经营活动形成的债务，包括企业外部业务结算中形成的和企业内部往来形成的两种，如应付账款、应付票据、预收账款、应交税费、应付职工薪酬、其他应付款等。

（2）收益分配形成的流动负债，是指企业在对实现净收益（利润）进行分配过程中形成的债务，如应付股利。

（3）融资活动形成的流动负债，是指企业从银行或其他金融机构筹集资金而产生的债务，如短期借款、应付利息、交易性金融负债、1 年内到期的非流动负债等。

2. 按应付金额是否肯定划分

流动负债按应付金额是否肯定，可分为以下三类：

（1）应付金额肯定的流动负债，是指根据契约或法律的规定具有确切的应付金额、债权人和到期日，且到期日必须偿还的债务，如短期借款、应付票据等。

（2）应付金额视经营情况而定的流动负债，是指根据企业一定期间的经营情况，到期末才能确定应付金额为多少的债务，如应交税费、应付股利等。

（3）应付金额须予估计的流动负债，是指发生于过去已完成的交易或事项，但无确切的应付金额，有时其债权人和到期日也无法确定的债务，如产品质量担保债务。

三、流动负债的计量

从理论上说，任何负债都应当以未来应付金额的现值来计价，但由于流动负债的期限较短，其到期值或面值与现值之间的差别较小，基于简化核算和重要性要求，通常按未来应付金额或面值计量，只有个别流动负债按公允价值或未来现金流量的现值计量，如交易性金融负债、以现金结算的股份支付、辞退福利等。

第二节　短期借款

一、短期借款的种类

短期借款是指企业向银行或其他金融机构借入的，期限在 1 年以内的（含 1 年）各种借款。短期借款一般是企业为维持正常的生产经营所需资金而借入或为抵偿某项债务而借入的。企业向银行或其他金融机构借入的各种款项，不论是用于企业的生产经营过程，还是用于购建固定资产或其他用途，只要借款期限在 1 年以内，都属于短期借款。

工商企业的短期借款主要有生产周转借款或商品周转借款、临时借款、结算借款。其中，生产周转借款或商品周转借款是指工业企业或商业企业因流动资金不能满足正常生产经营需要而借入的短期流动资金；临时借款是指企业因季节性、临时性等客观原因，正常周转的资金不能满足需要，超过生产周转借款或商品周转借款额度而借入的短期借款；结算借款是指企业在采用托收承付结算方式办理销售货款结算的情况下，为解决商品发出后至收回托收货款前需要的在途资金而借入的短期借款。

二、短期借款的账务处理

为了反映短期借款的借入及偿还情况，企业应当设置负债类的“短期借款”账户，贷方登记借入的借款本金，借方登记归还的借款本金，期末贷方余额为尚未归还的借款本金。本账户按照债权人和借款种类进行明细核算。

1. 借入和归还短期借款的账务处理

企业借入的各种短期借款，借记“银行存款”账户，贷记“短期借款”账户；归还的借款编制相反的会计分录。

2. 短期借款利息的账务处理

短期借款是企业因生产经营需要而借入的款项，其利息支出通常作为财务费用计入当期损益。短期借款的付息方式有按月支付、按季（或按半年）支付、到期一次支付。企业发生的短期借款利息，应当分别以下情况处理。

（1）银行对企业的短期借款按月计收利息，或者在借款到期收回本金时一并计收利息，但数额不大的，企业应当在支付利息时，借记“财务费用”账户，贷记“银行存款”账户。

（2）银行对企业的短期借款按季（或按半年）计收利息，或者在借款到期收回本金时一并计收利息，而且数额较大的，企业应当按月计提利息，借记“财务费用”账户，贷记“应付利息”账户；支付利息时，按已计提的利息，借记“应付利息”账户，按支付的利息，贷记“银行存款”账户，按借方差额（即尚未计提利息），借记“财务费用”账户。

【例 9-1】 A 公司于×8 年 6 月 30 日从工商银行借入利率为 2.88%、期限为 6 个月的临时借款 200 000 元，利息于每月月末支付，期满一次归还本金。A 公司的账务处理如下。

（1）6 月 30 日借入借款：

借：银行存款	200 000	
贷：短期借款——工商银行		200 000

（2）每月末支付利息：

借：财务费用——利息支出	480	
贷：银行存款		480

（3）12 月 31 日还本付息：

借：短期借款——工商银行	200 000	
财务费用——利息支出	480	
贷：银行存款		200 480

【例 9-2】 A 公司于×8 年 5 月 31 日从商业银行借入利率为 6%、期限为 3 个月的临时借款 100 000 元，定于×8 年 8 月 31 日一次性还本付息。A 公司的会计处理如下。

（1）5 月 31 日取得借款：

借：银行存款	100 000	
贷：短期借款——商业银行		100 000

（2）6 月 30 日、7 月 31 日计提借款利息：

借：财务费用——利息支出	500	
贷：应付利息——商业银行		500

（3）8 月 31 日，还本付息：

借：短期借款——商业银行	100 000	
应付利息——商业银行	1 000	
财务费用——利息支出	500	
贷：银行存款		101 500

第三节　应 付 款 项

一、应付账款

1. 应付账款的确认

应付账款是指因购买材料、商品、接受劳务供应等而应付给供应单位的款项。这是买卖双方在购销活动中由于取得物资与支付货款在时间上不一致而产生的负债。

应付账款入账时间的确认，从理论上讲，应当以取得所购物资的所有权或接受劳务供应为标志。但是，在实际工作中一般做如下处理：①在货物和发票账单同时到达的情况下，应付账款一般待货物验收入库后，按发票账单登记入账；②在货物已到而发票账单尚未到达的情况下，为了在资产负债表上客观反映企业拥有的资产和承担的债务，采用在月末将所购货物和应付账款估计入账的方法。

由于债权单位撤销或其他原因，使企业确实无法支付而按规定程序经批准后转销的应付账款，应当作为计入当期损益的利得列入营业外收入。

2. 应付账款的计价

应付账款一般按照未来应付金额入账。如果购货时涉及商业折扣和现金折扣，应付账款应当按照已扣除商业折扣但扣除现金折扣前的金额入账。

3. 应付账款的账务处理

为了反映应付账款的发生与偿付情况，企业应当设置负债类的“应付账款”账户，贷方登记企业因购入材料、商品或接受劳务供应而发生的应付账款，以及因到期无力支付而转入的应付票据的本息，借方登记支付的应付账款、以承兑商业汇票抵偿的应付账款以及进行债务重组的应付账款，期末贷方余额为尚未支付的账款，若为借方余额则为预付账款。本账户按照供货单位或提供劳务单位的名称设置明细账进行明细核算。

编制资产负债表时，应当根据明细账分清应付与预付，分别列为负债和资产。

【例 9-3】 A 公司向 C 公司购入钢材一批，价款为 500 000 元，可抵扣增值税税额为 85 000 元，款未付。一周后材料运到企业并验收入库，计划成本为 520 000 元，在次月支付货款。A 公司的账务处理如下。

（1）采购钢材：

借：材料采购——××材料　　500 000
　　应交税费——应交增值税（进项税额）　　85 000
　　贷：应付账款——C 公司　　585 000

（2）材料验收入库：

借：原材料——××材料　　520 000
　　贷：材料采购——××材料　　500 000
　　　　材料成本差异——原料及主要材料　　20 000

（3）支付货款：

借：应付账款——C 公司　　585 000

贷：银行存款　585 000

【例 9-4】A 公司向 C 公司购入螺纹钢 4 吨，价款为 10 000 元，可抵扣增值税税额为 1 700 元，货物及发票账单均已收到。假定企业在 10 日内付款享受 2%的现金折扣，材料按计划成本核算，则 A 公司的账务处理如下。

（1）购入材料：

借：材料采购——螺纹钢　10 000

　　应交税费——应交增值税（进项税额）　1 700

　贷：应付账款——C 公司　11 700

（2）假定 10 日内付款：

借：应付账款——C 公司　11 700

　贷：财务费用——现金折扣　234

　　　银行存款　11 466

（3）假定 10 日后付款：

借：应付账款——C 公司　11 700

　贷：银行存款　11 700

二、应付票据

1. 应付票据的概念

应付票据是指由企业签发并承兑的，允诺在一定时期内支付一定款额的书面证明。应付票据与应付账款不同，应付账款是尚未结清的债务，而应付票据是一种期票，是延期付款的证明，有承诺的票据作为凭据。

在商业承兑汇票结算方式下，承兑人为付款人，承兑人对这项债务在一定时期内支付的承诺应当作为企业的一项流动负债；在银行承兑汇票结算方式下，承兑人为银行，承兑行只是为收款人按期收回债权提供了可靠的信用保证，对付款人来说也是一项流动负债。

2. 应付票据的账务处理

为了反映因商品交易而承兑的商业汇票，企业应当设置负债类的“应付票据”账户，贷方登记企业因购入货物或抵偿所欠款项而承兑的应付票据的面值和应付利息，借方登记到期支付的应付票据的账面余额或因到期无力支付而转入应付账款或短期借款的应付票据的账面余额，期末贷方余额为尚未支付的应付票据的账面余额。

为了加强对应付票据的管理，企业应当设置“应付票据备查簿”，详细登记每一应付票据的种类、号数、签发日期、到期日、票面金额、票面利率、合同交易号、收款人姓名或单位名称，以及付款日期和金额等资料。应付票据到期结清时，应当在备查簿内逐笔注销。

（1）企业因购入货物而承兑商业汇票时，借记“材料采购”、“应交税费”等账户，贷记“应付票据”账户；企业以承兑商业汇票抵偿所欠款项时，借记“应付账款”账户，贷记“应付票据”账户。企业对于银行承兑汇票，按票面金额的 0.5‰支付的承兑手续费，借记“财务费用”账户，贷记“银行存款”账户。

（2）带息票据在期末计算的应付利息，借记“财务费用”账户，贷记“应付票据”账户。

（3）票据到期支付款项时，若为不带息票据，按面值，借记“应付票据”账户，贷记“银行存款”账户；若为带息票据，按账面余额，借记“应付票据”账户，按应计未计利息，借记“财务费用”账户，按支付的款项，贷记“银行存款”账户。

（4）不带息票据到期无力支付款项时，属于商业承兑汇票的，按面值，借记“应付票据”账户，贷记“应付账款”账户；属于银行承兑汇票的，按面值，借记“应付票据”账户，贷记“短期借款”账户。若为带息票据，按账面余额，借记“应付票据”账户，按应计未计利息，借记“财务费用”账户，按到期价值，贷记“应付账款”或“短期借款”账户。同时将有关的罚款支出计入营业外支出。

【例 9-5】 A 公司因购买材料交给 C 公司经承兑的面值为 35 100 元（含可抵扣增值税税额 5 100 元）、期限为 6 个月的无息商业承兑汇票一张，用来抵付购料款。A 公司的账务处理如下。

（1）开出商业承兑汇票：

借：材料采购等　　30 000

　　应交税费——应交增值税（进项税额）　　5 100

　　贷：应付票据——C 公司　　35 100

（2）到期支付票款：

借：应付票据——C 公司　　35 100

　　贷：银行存款　　35 100

若上述票据的票面利率为 4%，且利息于到期兑付时一次性计入财务费用，则

借：财务费用——利息支出　　702

　　应付票据——C 公司　　35 100

　　贷：银行存款　　35 802

（3）到期无力付款：

借：应付票据——C 公司　　35 100

　　贷：应付账款——C 公司　　35 100

若为带息票据，则

借：财务费用——利息支出　　702

　　应付票据——C 公司　　35 100

　　贷：应付账款——C 公司　　35 802

若上述票据为不带息银行承兑汇票，则

借：应付票据——C 公司　　35 100

　　贷：短期借款　　35 100

若上述票据为带息银行承兑汇票，则

借：财务费用　　702

　　应付票据——C 公司　　35 100

　　贷：短期借款　　35 802

（4）若有罚款支出 1 000 元，则

借：营业外支出——罚款支出　　1 000

　　贷：银行存款　　1 000

三、预收账款

1. 预收账款的概念和内容

预收账款是指向购货方预先收取一部分款项而产生的一项负债，这项负债以后要用商品、劳务等偿付。预收账款主要包括预收备料款、预收工程款、预收货款等。

2. 预收账款的账务处理

为了反映有关款项的预收和结算情况，企业应当设置负债类的“预收账款”账户，贷方登记预收的工程款、备料款和货款，借方登记从应收工程款中扣还的预收的工程款和备料款以及从应收账款中扣还的预收的货款，期末贷方余额为尚未结算扣还的各种预收款项，若为借方余额则为应收账款。本账户下设“预收工程款”、“预收备料款”和“预收货款”明细账，并按照发包单位和购货单位进行明细核算。

（1）企业预收工程款和备料款以及收到发包单位拨入的抵作备料款的材料时，借记“银行存款”、“原材料”等账户，贷记“预收账款”账户；企业与发包单位办理工程价款结算时，借记“应收账款”账户，贷记“工程结算”账户；企业从应收工程款中扣还预收的工程款和备料款时，借记“预收账款”账户，贷记“应收账款”账户。

（2）企业预收货款时，借记“银行存款”账户，贷记“预收账款”账户；企业与购货单位结算货款，从应收账款中扣还预收的货款时，借记“预收账款”账户，贷记“主营业务收入”、“应交税费”等账户。

预收账款情况不多的企业，可以不设置“预收账款”账户，将预收的账款作为应收账款的减项，先记入“应收账款”账户的贷方，待提供货物或劳务后，再在“应收账款”账户的借方进行结算。

编制资产负债表时，应当根据明细账分清预收与应收，分别列为负债和资产。

【例 9-6】 E 公司收到发包单位 A 公司拨付的抵作备料款的材料 10 000 元，其计划成本为 11 000 元。E 公司的账务处理如下:

借：原材料——××材料　11 000
　贷：预收账款——预收备料款（A 公司）　10 000
　　材料成本差异——原料及主要材料　1 000

【例 9-7】 月中，根据“工程价款预支账单”向发包单位 A 公司预收工程款 45 000 元。E 公司的账务处理如下:

借：银行存款　45 000
　贷：预收账款——预收工程款（A 公司）　45 000

【例 9-8】 月末，填制工程价款结算账单经发包单位 A 公司签证，结算本期已完工程款 75 000 元。E 公司的账务处理如下:

借：应收账款——A 公司　75 000
　贷：工程结算　75 000

【例 9-9】 从本月已完工程价款中扣还预收备料款 10 000 元及预收的工程款 45 000 元，余款收存银行。E 公司的账务处理如下:

借：银行存款　20 000
　预收账款——预收备料款（A 公司）　10 000

预收账款——预收工程款 （A 公司） 45 000
贷：应收账款——A 公司 75 000

【例 9-10】 C 公司按合同约定预收 A 公司丙产品购货款 5 000 元。C 公司的账务处理如下：

借：银行存款 5 000
贷：预收账款——A 公司 5 000

【例 9-11】 C 公司将丙产品发运给 A 公司，售价为 4 000 元，应收取的增值税税额为 680 元，余款退回。C 公司的账务处理如下：

借：预收账款——A 公司 5 000
贷：主营业务收入——丙产品 4 000
应交税费——应交增值税（销项税额） 680
银行存款 320

四、其他应付款

其他应付款是指企业除应付账款、应付票据、预收账款、应付职工薪酬、应付利息、应付股利、应交税费以外的其他各种应付、暂收的款项，包括应付租入包装物的租金、职工未按期领取的工资、存入保证金、应付或暂收所属单位、个人的款项。

为了反映其他各种应付款项的发生及付还或转销情况，企业应当设置负债类的“其他应付款”账户，借方登记付还或转销的各种其他应付款，贷方登记发生的各种其他应付款，期末贷方余额为尚未付还或转销的各种其他应付款。本账户按照应付、暂收款项的类别和单位或个人进行明细核算。

当企业发生各种其他应付、暂收款项时，借记“银行存款”、“管理费用”等账户，贷记“其他应付款”账户；付还或转销时，借记“其他应付款”账户，贷记“银行存款”等账户。

【例 9-12】 管理部门本月应付其他单位房屋租金为 800 元。其账务处理如下：

借：管理费用——租赁费 800
贷：其他应付款——××单位 800

五、应付股利

应付股利是企业根据股东大会或类似机构审议批准的利润分配方案已分配给投资者，但尚未支付的现金股利或利润。其账务处理方法参见第十二章第五节。

第四节 公允价值变动计入当期损益的金融负债

一、公允价值变动计入当期损益的金融负债的确认与计量

公允价值变动计入当期损益的金融负债包括企业采用短期获利模式进行融资形成的应付短期债券等交易性金融负债和直接指定为公允价值变动计入当期损益的金融负债。公允价值变动计入当期损益的金融负债的确认条件、计量方法与公允价值变动计入当期损益的金融资产相同。

二、公允价值变动计入当期损益的金融负债的核算

公允价值变动计入当期损益的金融负债的公允价值，通过“交易性金融负债”账户核算。本账户按照交易性金融负债的类别和品种，分别“本金”、“公允价值变动”等进行明细核算。资产负债表日，公允价值变动形成的利得或损失，通过“公允价值变动损益”账户核算。

（1）企业发生交易性金融负债时，按收到的款项，借记“银行存款”账户，按发生的交易费用，借记“投资收益”账户，按公允价值，贷记“交易性金融负债——本金”账户。

（2）资产负债表日，按交易性金融负债的面值和票面利率计算的应付未付利息，借记“投资收益”账户，贷记“应付利息”账户；同时，按交易性金融负债的公允价值高于其账面余额的差额，借记“公允价值变动损益”账户，贷记“交易性金融负债——公允价值变动”账户，公允价值低于其账面余额的差额编制相反的会计分录。

（3）处置交易性金融负债时，按账面余额，借记“交易性金融负债——本金”账户和借记或者贷记“交易性金融负债——公允价值变动”账户，按支付的款项，贷记“银行存款”账户，按其差额，借记或贷记“投资收益”账户；同时，按存续期间公允价值累计变动额，借记或贷记“公允价值变动损益”账户，贷记或借记“投资收益”账户。

【例 9-13】×8 年 10 月 1 日 A 公司为进行投资在证券市场上按面值发行票面利率为 4%、每 3 个月付息一次、面值为 1 000 000 元的债券，并承诺在 5 个月后以 1 040 000 元回购，发生相关费用 20 000 元，实际收到发行收入 980 000 元，将其划分为交易性金融负债。×8 年 12 月 31 日该债券的市场价格为 1 020 000 元，×9 年 3 月 1 日 A 公司以约定价格购回该债券。A 公司的账务处理如下。

（1）×8 年 10 月 1 日：

借：银行存款	980 000	
投资收益	20 000	
贷：交易性金融负债——本金		1 000 000

（2）×8 年 12 月 31 日：

借：投资收益	10 000	
贷：应付利息		10 000
借：应付利息	10 000	
贷：银行存款		10 000
借：公允价值变动损益	20 000	
贷：交易性金融负债——公允价值变动		20 000

（3）×9 年 3 月 1 日：

借：交易性金融负债——本金	1 000 000	
交易性金融负债——公允价值变动	20 000	
投资收益	40 000	
贷：银行存款		1 040 000
公允价值变动损益		20 000

第五节 应付职工薪酬

一、职工薪酬的内容

职工薪酬是指企业为获得职工提供的服务而给予职工的各种形式的报酬或对价，包括职工在职期间和离职后提供给职工的全部货币性薪酬和非货币性福利。具体来讲，职工薪酬包括工资、奖金、津贴和补贴，职工福利费，社会保险费，住房公积金，工会经费，职工教育经费，非货币性福利，辞退福利，以现金结算的股份支付等。

上述所称职工包括以下三类人员：①与企业订立劳动合同的所有人员，含全职、兼职和临时职工；②未与企业订立劳动合同，但由企业正式任命的人员，如董事会成员、监事会成员等；③在企业的计划和控制下，虽未与企业订立劳动合同或未由其正式任命，但为其提供与本企业职工类似服务的人员，如代理记账人员、税务代理人员等。

二、职工薪酬的确认

为了核算应付给职工的各种薪酬，企业应当设置负债类的“应付职工薪酬”账户，贷方登记应付的职工薪酬，借方登记发放的职工薪酬和结转的各种代垫款项、代扣款项，以及转出的待领工资，期末贷方余额为应付未付的职工薪酬，若为借方余额则为多付的职工薪酬。本账户按照“工资”、“职工福利”、“社会保险费”、“住房公积金”、“工会经费”、“职工教育经费”、“非货币性福利”、“辞退福利”、“股份支付”等进行明细核算。企业当月的职工薪酬不论是否在当月支付，都应当通过“应付职工薪酬”账户核算。

企业应当在职工为其提供服务的会计期间，将应付的职工薪酬确认为负债，除辞退福利外，根据职工提供服务的受益对象，分别下列情况处理：

（1）应当由生产产品、提供劳务负担的职工薪酬，计入产品成本或劳务成本，借记“基本生产成本”、“开发成本”、“制造费用”、“劳务成本”等账户，贷记“应付职工薪酬”账户。

（2）应当由在建工程、无形资产负担的职工薪酬，计入固定资产或无形资产成本，借记“在建工程”、“研发支出”等账户，贷记“应付职工薪酬”账户。

（3）上述两项之外的其他职工薪酬，如与公司总部管理人员、董事会成员、监事会成员、销售人员等相关的职工薪酬，因难以确定直接对应的受益对象，直接计入当期损益，借记“管理费用”、“销售费用”等账户，贷记“应付职工薪酬”账户。

三、货币性职工薪酬

（一）工资总额的构成

工资是企业按劳动制度规定支付给职工的劳动报酬，是职工的基本工资收入，是工资总额的主要组成部分。工资总额是企业在一定时期内支付给全体职工的劳动报酬总额，包括：①按计时工资标准（包括地区生活补贴）和工作时间支付给职工的计时工资，如对已做工作按计时标准支付的工资、实行结构工资制的单位支付给职工的基础工资和职位（岗位）工资、新参加工作职工的见习工资（学徒生活费）等；②对已做工作按计件单价支付的计件工资，如实行超额累进计件、直接无限计件、限额计件、定额计件等工资制，按劳动部门或主管部门批准的定额和计件单价支付的工资，按工作任务包干方法支付的工资等；③作为超额劳动报酬和增收节支劳动报酬支付给职工的奖金，如劳动竞赛奖、节约奖、年终奖等；④为了补偿职工特殊或额外的劳动消耗和因其他特殊原因支付给职工的津贴，如工龄津贴、井下津贴、高温津贴、保健津贴等；⑤为了保证职工工资水平不受物价影响支付给职工的物价补贴，如副食价格补贴、房价补贴、取暖补贴等；⑥与员工任职或受雇有关的其他支出，如加班加点工资、特殊情况下支付的工资（如病假、工伤、产假、婚丧假、探亲假、定期休假、停工学习、执行社会义务等非工作期间的工资）等。

1. 工资的计算

企业应当根据原始记录计算各项工资。企业工资计算的原始记录主要有工资卡、考勤记录、产量记录等。其中，考勤记录是记载每个职工出勤和缺勤情况的原始记录，是计算职工计时工资的主要依据，也是计算职工计件工资的依据之一；产量记录是记录生产工人或生产小组在出勤时间内完成的产品数量、质量和所用工时数量的原始记录，是计算职工计件工资的主要依据。

计时工资的计算方法有月薪制和日薪制两种。采用月薪制，不论当月实际日历天数多少，只要出全勤，就可以获得固定的月标准工资，如有缺勤，则从月标准工资中扣除缺勤工资，计算职工应得月工资，因而这种方法又称为“扣缺勤法”。采用日薪制，按职工每月实际出勤日数和日工资计算职工应得月工资，因而这种方法又称为“出勤工资累计法”。日工资的计算方法有两种。①按月平均日历天数计算。采用这种方法计算日工资时，由于节假日也算工资，因而出勤期间的节假日也按出勤计算工资，缺勤期间的节假日也按缺勤扣工资；②按月平均工作日数计算。采用这种方法计算日工资时，缺勤期间的节假日不算缺勤，不扣工资，出勤期间的节假日不算出勤，不发工资。对病假缺勤，根据病假期限和工龄长短计发一定比例的工资。

计件工资根据当月产量记录中的产品数量和规定的计件单价计算。这里的产品数量包括合格品产量和因材料不合格造成的废品（料废）数量。因工人过失造成的废品（工废）不计付工资。

2. 工资的结算

在实际工作中，企业与职工进行工资结算，是通过编制“工资结算表”进行的。“工资结算表”一般按职能部门和每个职工分别编制，每月一张。在编制过程中，应当根据工资核算的原始记录及有关奖金、津贴、补贴的发放标准和代扣款项等资料，分别计算出每一位职工的应付工资、代扣款项和实发金额等。由于工资结算表按各车间、部门分别编制，只能反映各车间、部门工资结算和支付情况。为了掌握整个企业的工资结算和支付情况，财务部门还应当将各车间、部门的“工资结算表”加以汇总，编制整个企业的“工资结算汇总表”，并据以进行工资的总分类核算。

为简化工资结算工作，避免提取现金、分发工资可能产生的不安全等，多数企业每月工资的发放是由银行将职工工资直接转入职工个人工资卡。企业将“工资结算汇总表”的一份交给银行办理实发金额转账时，借记“应付职工薪酬——工资”账户，贷记“银行存款”账户，同时结转代扣款项和代垫款项，为代扣款项的，如代扣工会经费、住房公积金、社会保险费、小额储蓄、互助储金等，借记“应付职工薪酬——工资”账户，贷记“应付职工薪酬

——工会经费、住房公积金、社会保险费”、“其他应付款”等账户；为代扣个人所得税的，借记“应付职工薪酬——工资”账户，贷记“应交税费——应交个人所得税”账户；为代垫款项的，如代垫职工医疗费、水电费等，借记“应付职工薪酬——工资”账户，贷记“其他应收款”账户。

（二）职工福利费

职工福利费是指尚未实行分离办社会职能或主辅分离、辅业改制的企业，内设医务室、浴室、理发室、托儿所等集体福利机构人员的工资、医务经费、职工因公负伤赴外地就医路费、职工生活困难补助、未实行医疗统筹企业的职工医疗费用，以及按规定发生的其他职工福利支出。对于职工福利费，可以据实列支，也可以先提后用。

（1）据实列支。企业向职工支付各种福利费时，根据职工提供服务的受益对象计入成本费用并确认为应付职工薪酬；同时，借记“应付职工薪酬——职工福利”账户，贷记“银行存款”、“库存现金”等账户。这种核算方式适合于福利费开支不大的小型企业。这是因为，福利费开支较大的情况下，若将实际支出的福利费直接列入成本费用，会引起各月成本费用的波动。

（2）先提后用。根据企业往年福利费的实际支出情况确定的当年提取比例计提福利费时，按照职工提供服务的受益对象计入成本费用并确认为应付职工薪酬；支用福利费时，借记“应付职工薪酬——职工福利”账户，贷记“银行存款”、“库存现金”等账户。关键在于提而不用的福利费不符合负债的定义，企业提取的福利费年末应该没有余额，如果当年提取的福利费大于实际支出金额，应当予以冲回，反之应当补提，同时修订次年度福利费的提取比例。这种核算方式适合于福利费开支较大的大、中型企业。

（三）工会经费和职工教育经费

工会经费和职工教育经费是指企业为了改善职工文化生活、为职工学习先进技术和提高文化水平及业务素质，用于开展工会活动和职工教育及职业技能培训的支出。

企业每月分别按照职工工资薪金总额的 2%和不高于 2.5%的比例计量计入成本费用的工会经费和职工教育经费；支付工会经费和职工教育经费用于工会活动和职工教育及职业技能培训时，借记“应付职工薪酬——工会经费、职工教育经费”账户，贷记“银行存款”等账户。

（四）住房公积金

住房公积金是指国家机关、国有企业、城镇集体企业、外商投资企业、城镇私营企业、事业单位、民办非企业单位、社会团体及在职职工，按照国务院《住房公积金管理条例》规定的基准和比例计算，向住房公积金管理机构缴存的长期住房储金。住房公积金用于职工购买、建造、翻建、大修自住住房，任何单位和个人不得挪作他用。

职工个人和所在单位为职工缴存的住房公积金，属于职工个人所有。单位和职工个人住房公积金的缴存比例不得低于职工上一年度月平均工资的 5%。职工个人缴存的住房公积金，由所在单位每月从其工资中代扣代缴；单位为职工缴存的住房公积金，按照职工工资薪金总额的规定比例计入成本费用并确认为应付职工薪酬。上交时，借记“应付职工薪酬——住房公积金”账户，贷记“银行存款”账户。

（五）社会保险费

社会保险费是指企业按照国务院、各地方政府或企业年金计划规定的基准和比例计算，向社会保险经办机构缴纳的医疗保险费、养老保险费、失业保险费、工伤保险费和生育保险费，以及以购买商业保险形式提供给职工的各种保险待遇。

职工个人和所在单位为职工缴纳的社会保险费的处理与住房公积金基本相同，只是社会保险费通过“应付职工薪酬——社会保险费”账户核算。

【例 9-14】×8 年 12 月 A 公司应付工资为 2 000 万元，其中生产人员工资 1 000 万元、车间管理人员工资 200 万元、行政管理人员工资 360 万元、销售人员工资 100 万元、建造厂房人员工资 220 万元、内部开发存货管理系统人员工资 120 万元。企业将当月应当由职工个人缴纳的个人所得税 45 000 元、房租 5 000 元、社会保险费（含基本养老保险、医疗保险和失业保险，费率分别为 8%、2%和 1%）220 万元和住房公积金 210 万元从应付职工工资中扣还。企业委托银行将职工工资转入个人工资卡。

根据所在地政府规定，公司分别按照职工工资薪金总额的 10%、20%、2%和 10.5%计提医疗保险费、养老保险费、失业保险费和住房公积金，缴纳给当地社会保险经办机构和住房公积金管理机构。公司按照职工工资薪金总额的 2%向职工支付福利费，职工福利的受益对象为上述所有人员；分别按照职工工资薪金总额的 2%和 1.5%计提工会经费和职工教育经费。假定存货管理系统已处于开发阶段，符合无形资产的确认条件。同时还假定 A 公司于月末计算工资并发放，社会保险费和住房公积金均按月上缴。

A 公司的有关账务处理如下。

（1）月末，计算并分配工资费用：

借：基本生产成本	10 000 000
制造费用	2 000 000
管理费用	3 600 000
销售费用	1 000 000
在建工程	2 200 000
研发支出——资本化支出	1 200 000
贷：应付职工薪酬——工资	20 000 000

（2）提取各种其他项目，并支付福利费：

生产人员薪酬 = 1 000 × (10% + 20% + 2% + 10.5% + 2% + 2% + 1.5%) = 480（万元）

车间管理人员薪酬 = 200 × (10% + 20% + 2% + 10.5% + 2% + 2% + 1.5%) = 96（万元）

管理人员薪酬 = 360 × (10% + 20% + 2% + 10.5% + 2% + 2% + 1.5%) = 172.8（万元）

销售人员薪酬 = 100 × (10% + 20% + 2% + 10.5% + 2% + 2% + 1.5%) = 48（万元）

施工人员薪酬 = 220 × (10% + 20% + 2% + 10.5% + 2% + 2% + 1.5%) = 105.6（万元）

研发人员薪酬 = 120 × (10% + 20% + 2% + 10.5% + 2% + 2% + 1.5%) = 57.6（万元）

借：基本生产成本	4 800 000
制造费用	960 000
管理费用	1 728 000
销售费用	480 000
在建工程	1 056 000
研发支出——资本化支出	576 000
贷：应付职工薪酬——社会保险费	6 400 000
应付职工薪酬——住房公积金	2 100 000

应付职工薪酬——工会经费　400 000
应付职工薪酬——职工教育经费　300 000
应付职工薪酬——职工福利　400 000

借：应付职工薪酬——职工福利　400 000
　贷：银行存款　400 000

（3）发放职工工资：

借：应付职工薪酬——工资　20 000 000
　贷：应付职工薪酬——社会保险费　2 200 000
　　应付职工薪酬——住房公积金　2 100 000
　　其他应付款——房管部门　5 000
　　应交税费——应交个人所得税　45 000
　　银行存款　15 650 000

（4）上缴社会保险费和住房公积金：

借：应付职工薪酬——社会保险费　8 600 000
　应付职工薪酬——住房公积金　4 200 000
　贷：银行存款　12 800 000

四、非货币性职工薪酬

（一）非货币性福利

非货币性福利是指企业将自产产品发放给职工作为福利以及将自有或租赁的资产提供给职工无偿使用，如无偿提供给企业高级管理人员居住的住房、免费为职工提供诸如医疗保健的服务、向职工提供企业支付了一定补贴的商品或服务等。

1. 将自产产品作为福利发放给职工

企业将自产产品发放给职工作为福利的，应当作为正常商品销售，按该货物的公允价值与应交的增值税税额之和计量计入成本费用的非货币性福利；同时按确定的非货币性福利金额，借记“应付职工薪酬——非货币性福利”账户，按该货物的公允价值，贷记“主营业务收入”账户，按该货物应交的增值税税额，贷记“应交税费——应交增值税（销项税额）”账户。另外，按该货物的账面价值，借记“主营业务成本”账户，按该货物已计提的减值准备，借记“存货跌价准备”账户，按该货物的账面余额，贷记“库存商品”账户。

【例 9-15】 M 公司为小家电生产企业，共有职工 100 名，其中 70 名为直接生产人员、30 名为总部管理人员。×8 年 2 月 M 公司以其生产的每台成本为 400 元的电暖器作为春节福利发放给公司每名职工。该型号的电暖器市场售价为每台 500 元，适用的增值税税率为 17%。M 公司的有关账务处理如下。

（1）决定发放非货币性福利：

$$计入生产成本的金额 = 70 \times 500 \times (1 + 17\%) = 40\,950（元）$$

$$计入管理费用的金额 = 30 \times 500 \times (1 + 17\%) = 17\,550（元）$$

借：基本生产成本　40 950
　管理费用　17 550
　贷：应付职工薪酬——非货币性福利　58 500

（2）实际发放非货币性福利：

借：应付职工薪酬——非货币性福利　58 500

　贷：主营业务收入　50 000

　　应交税费——应交增值税（销项税额）　8 500

借：主营业务成本　40 000

　贷：库存商品　40 000

2. 将自有或租赁资产无偿提供给职工使用

企业将自有或租赁房屋等资产无偿提供给职工使用的，根据职工提供服务的受益对象，将该资产每期应当计提的折旧或应当支付的租金计入成本费用并确认为应付职工薪酬，借记有关成本费用账户，贷记“应付职工薪酬——非货币性福利”账户；同时，借记“应付职工薪酬——非货币性福利”账户，贷记“累计折旧”或“其他应付款”、“银行存款”等账户。

【例 9-16】 A 公司决定为每位部门经理提供轿车免费使用，同时为每位副总裁租赁一套住房免费使用。A 公司部门经理共有 10 名，副总裁共有 3 名。假定每辆轿车每月折旧额为 800 元，每套住房每月租金为 1 500 元。A 公司的账务处理如下。

（1）计提轿车折旧：

借：管理费用　8 000

　贷：应付职工薪酬——非货币性福利　8 000

借：应付职工薪酬——非货币性福利　8 000

　贷：累计折旧　8 000

（2）确认住房租金费用：

借：管理费用　4 500

　贷：应付职工薪酬——非货币性福利　4 500

借：应付职工薪酬——非货币性福利　4 500

　贷：银行存款　4 500

3. 向职工提供企业支付了补贴的商品或服务

企业有时以低于企业取得资产或服务成本的价格向职工提供资产或服务，如以低于成本的价格向职工出售住房，以低于企业支付的价格向职工提供医疗保健服务等。以提供包含补贴的住房为例，企业向职工出售住房时，应当将出售价款与成本的差额（即相当于企业补贴的金额）分别下列情况处理：①如果出售住房的合同或协议中规定了职工在购得住房后必须服务的年限，则该项差额以职工的未来服务为前提，应当作为长期待摊费用处理，并在合同或协议规定的服务年限内平均摊入相关资产成本或当期损益；②如果出售住房的合同或协议中未规定职工在购得住房后必须服务的年限，则该项差额相当于企业对职工过去提供服务成本的一种补偿，应当直接计入出售住房当期损益。

企业应当将以补贴后的价格向职工提供商品或服务与直接向职工提供购房补贴、购车补贴等区分开来，后者属于货币性补贴，与其他货币性薪酬一样，应当在职工提供服务的会计期间，按照企业各期预计补贴金额，确认企业应承担的薪酬义务，并根据职工提供服务的受益对象计入相关资产成本或当期损益。

【例 9-17】 ×8 年 5 月 A 公司购买了 100 套全新的公寓拟以优惠价格向职工出售，该公司共有 100 名职工，其中 80 名为直接生产人员、20 名为公司总部管理人员。A 公司拟向直接生产人员出售的住房平均每套购买价为 100 万元，向职工出售的价格为每套 80 万元；拟向管理人员出售的住房平均每套购买价为 180 万元，向职工出售的价格为每套 150 万元。假定该 100 名职工在 ×8 年陆续购买了公司出售的住房，售房协议规定，职工购得住房后必须为公司服务 15 年。假定不考虑相关税费，则 A 公司的账务处理如下。

（1）出售住房时：

	借方	贷方
借：固定资产清理	116 000 000	
贷：固定资产		116 000 000
借：银行存款	94 000 000	
长期待摊费用	22 000 000	
贷：固定资产清理		116 000 000

（2）出售住房后的每年：

	借方	贷方
借：基本生产成本	1 066 667	
管理费用	400 000	
贷：应付职工薪酬——非货币性福利		1 466 667
借：应付职工薪酬——非货币性福利	1 466 667	
贷：长期待摊费用		1 466 667

（二）辞退福利

辞退福利是指由于分离办社会职能、实施主辅分离、辅业改制、重组、改组计划、职工不能胜任等原因，企业在职工劳动合同尚未到期前解除与职工的劳动关系，或者为鼓励职工自愿接受裁减而提出补偿建议的计划中给予职工的经济补偿。

1. 辞退与补偿的形式

辞退福利包括：①在职工劳动合同尚未到期前，不论职工本人是否愿意，企业决定解除与职工的劳动关系而给予的补偿；②在职工劳动合同尚未到期前，为鼓励职工自愿接受裁减而给予的补偿，职工有权选择继续在职或接受补偿离职。

辞退福利通常采取在解除劳动关系时一次性支付补偿的方式，也有通过提高退休后养老金或其他离职后福利标准的方式，或者将职工工资支付至辞退后未来某一期间的方式。

2. 辞退福利的确认

辞退福利同时满足下列条件的，应当确认因解除与职工的劳动关系给予补偿而产生的预计负债，同时计入当期管理费用：①企业已经制订正式的解除劳动关系计划或提出自愿裁减建议，并即将实施；②企业不能单方面撤回解除劳动关系计划或裁减建议。

3. 辞退福利的计量

企业应当严格按照辞退计划条款的规定，合理预计因辞退福利产生的应付职工薪酬。对于职工没有选择权的辞退计划，应当根据拟解除劳动关系的职工数量和每一职位的辞退补偿标准等，计提应付职工薪酬；对于职工自愿接受裁减的建议，应当根据预计的将会接受裁减建议的职工数量和每一职位的辞退补偿标准等，计提应付职工薪酬。

对于一次性支付补偿的辞退福利，按应支付的补偿款，借记“管理费用”账户，贷记“应付职工薪酬——辞退福利”账户；支付补偿款时，借记“应付职工薪酬——辞退福利”账户，贷记“银行存款”账户。对于实质性辞退工作将在一年内实施完毕，但补偿款超过一年支付的辞退福利，按折现后的补偿款，借记“管理费用”账户，按应支付的补偿款，贷记“应付职工薪酬——辞退福利”账户，按借方差额，借记“未确认融资费用”账户；各期支付补偿款时，借记“应付职工薪酬——辞退福利”账户，贷记“银行存款”账户；同时，借记“财务费用”账户，贷记“未确认融资费用”账户。

【例 9-18】 M 公司为在 ×8 年顺利实施转产，×7 年 11 月制定了一项辞退计划，规定自 ×8 年 1 月 1 日起以职工自愿方式辞退机械加工车间职工。辞退计划的详细内容，包括拟辞退职工所在部门、数量、每一位职位的补偿标准以及计划实施时间等，均已与职工协商一致。该辞退计划已于 ×7 年 12 月 15 日经公司董事会正式批准，并将在 ×8 年实施完毕。辞退计划的有关内容如表 9-1 所示。

×7 年 12 月 31 日 M 公司根据表 9-1 的资料，预计机械加工车间职工接受辞退数量的最佳估计数及应支付的补偿金额如表 9-2 所示。

表 9-1 M 公司机械加工车间职工辞退计划一览表

职位	拟辞退数量	工龄（年）	补偿标准（元）
车间主任	9	1～10	50 000
		11～20	100 000
		21～30	150 000
高级技工	20	1～10	40 000
		11～20	80 000
		21～30	120 000
一般技工	50	1～10	50 000
		11～20	150 000
		21～30	250 000
合计	79		

表 9-2 M 公司机械加工车间职工接受辞退及补偿金额一览表

职位	拟辞退数量	工龄（年）	接受辞退计划职工人数	每人补偿标准（元）	补偿金额（元）
车间主任	9	1～10	1	50 000	50 000
		11～20	1	100 000	100 000
		21～30	1	150 000	150 000
高级技工	20	1～10	5	40 000	200 000
		11～20	4	80 000	320 000
		21～30	2	120 000	240 000
一般技工	50	1～10	12	50 000	600 000
		11～20	7	150 000	1 050 000
		21～30	3	250 000	750 000
合计	79		36		3 460 000

根据表 9-2 的资料，M 公司的账务处理如下：

借：管理费用　　3 460 000

　　贷：应付职工薪酬——辞退福利　　3 460 000

五、以现金结算的股份支付

股份支付是指企业为获取职工和其他方提供服务而授予权益工具或承担以权益工具为基础确定的负债的交易，如企业提供给职工以权益形式结算的认股权、以现金形式结算但以权益工具公允价值为基础确定的现金股票增值权等。股份支付分为以权益结算的股份支付和以现金结算的股份支付。

以现金结算的股份支付是指企业为获取服务而承担的以股份或其他权益工具为基础确定的交付现金或其他资产义务的交易。

以现金结算的股份支付，应当按照企业承担的以股份或其他权益工具为基础确定的负债的公允价值计量。除授予后即可行权的以现金结算的股份支付外，授予日不进行账务处理。授予日是股份支付协议获得批准的日期。

授予后即可行权的以现金结算的股份支付，应当在授予日以企业承担的负债的公允价值计入成本费用并确认应付职工薪酬，借记有关成本费用账户，贷记“应付职工薪酬——股份支付”账户。

股份支付在授予后通常不能立即行权，一般在完成等待期内的服务或达到规定业绩条件以后才可行权。等待期是指可行权条件得到满足的期间。可行权条件分为市场条件和非市场条件。市场条件是指行权价格、行权条件以及行权可能性与权益工具的市场价格相关的业绩条件，如股份支付协议中关于股价至少上升至何种水平才可行权的规定；非市场条件是指除市场条件之外的其他业绩条件，如股份支付协议中关于达到最低盈利目标或销售目标才可行权的规定。等待期长度确定后，业绩条件为非市场条件的，可对等待期长度进行修改。

完成等待期内的服务或达到规定业绩条件以后才可行权的以现金结算的股份支付，在等待期内每个资产负债表日，应当根据最新取得的可行权职工人数变动等后续信息，对可行权的权益工具数量进行最佳估计，并根据预计可行权的权益工具数量和当日的公允价值计算截至当期末止累计应计入成本费用的薪酬金额，再减去前期已确认金额，作为当期应当确认的金额，借记有关成本费用账户，贷记“应付职工薪酬——股份支付”账户。

在可行权日，职工行权时，借记“应付职工薪酬——股份支付”账户，贷记“银行存款”账户。可行权日是指可行权条件得到满足，职工具有从企业取得权益工具或现金的权利的日期。

企业在可行权日后不再确认成本费用，但应当在结算前的每个资产负债表日和结算日对负债的公允价值重新计量，并将其变动计入损益，借记或贷记“公允价值变动损益”账户，贷记或借记“应付职工薪酬——股份支付”账户。

【例 9-19】 ×5 年 1 月 1 日 A 公司为其 200 名中层以上管理人员每人授予 100 份现金股票增值权，这些人员从 ×5 年 1 月 1 日起必须在该公司连续服务 3 年，即可自 ×7 年 12 月 31 日起根据股价的增长幅度获得现金，该增值权应当在 ×9 年 12 月 31 日之前行使完毕。A 公司估计的该增值权在负债结算前的每一资产负债表日以及结算日的公允价值和可行权后的每份增值权现金支出额如表 9-3 所示。

第一年有 20 名管理人员离开公司，公司估计三年中还将有 15 名管理人员离开；第二年又有 10 名管理人员离开公司，公司估计还将有 10 名管理人员离开；第三年又有 15 名管理人员离开。第三年末，假定有 70 人行使股票增值权取得了现金。×8 年 12 月 31 日（第四年末），有 50 人行使了股票增值权。×9 年 12 月 31 日（第五年末），剩余 35 人全部行使了股票增值权。有关费用和应付职工薪酬的计算过程如表 9-4 所示。

表 9-3　现金股票增值权的公允价值及现金支出一览表　　（单位：元）

年份	公允价值	支付现金	年份	公允价值	支付现金
×5 年	14		×8 年	21	20
×6 年	15		×9 年		25
×7 年	18	16			

表 9-4　应付职工薪酬和计入当期损益一览表　　（单位：元）

年份	负债计算（1）	支付现金（2）	当期损益（3）
×5 年	(200 − 35) × 100 × 14 × 1 ÷ 3 = 77 000		77 000
×6 年	(200 − 40) × 100 × 15 × 2 ÷ 3 = 160 000		83 000
×7 年	(200 − 45 − 70) × 100 × 18 = 153 000	70 × 100 × 16 = 112 000	105 000
×8 年	(200 − 45 − 70 − 50) × 100 × 21 = 73 500	50 × 100 × 20 = 100 000	20 500
×9 年	0	35 × 100 × 25 = 87 500	14 000
总额		299 500	299 500

注：（3）＝（1）－上期（1）＋（2）

A公司有关账务处理如下。

（1）×5年1月1日为授予日，不进行账务处理。

（2）×5年12月31日：

借：管理费用等　77 000

　　贷：应付职工薪酬——股份支付　77 000

（3）×6年12月31日：

借：管理费用等　83 000

　　贷：应付职工薪酬——股份支付　83 000

（4）×7年12月31日：

借：管理费用等　105 000

　　贷：应付职工薪酬——股份支付　105 000

借：应付职工薪酬——股份支付　112 000

　　贷：银行存款　112 000

（5）×8年12月31日：

借：公允价值变动损益　20 500

　　贷：应付职工薪酬——股份支付　20 500

借：应付职工薪酬——股份支付　100 000

　　贷：银行存款　100 000

（6）×9年12月31日：

借：公允价值变动损益　14 000

　　贷：应付职工薪酬——股份支付　14 000

借：应付职工薪酬——股份支付　87 500

　　贷：银行存款　87 500

第六节　应交税费

应交税费是企业在一定时期内取得的营业收入和实现的利润，按照税法及有关规定计算的应当缴纳的各种税费。企业应当依法缴纳的税金有增值税、消费税、营业税、资源税、土地增值税、城市维护建设税、房产税、土地使用税、印花税、车船使用税、车辆购置税、契税、所得税等；企业应当依法缴纳的费用有教育费附加和矿产资源补偿费等。

为了反映各种税费的计提、抵扣和缴纳情况，企业应当设置负债类的“应交税费”账户，贷方登记应交的税费，借方登记交纳的税费和应抵扣的税费（如增值税、消费税和资源税等），期末贷方余额为应交未交的税费，若为借方余额则为多交或尚未抵扣的税费。本账户按照税费的类别，分别“应交增值税”、“应交消费税”、“应交营业税”、“应交资源税”、“应交土地增值税”、“应交城市维护建设税”、“应交房产税”、“应交土地使用税”、“应交车船使用税”、“应交个人所得税”、“应交教育费附加”、“应交矿产资源补偿费”等进行明细核算。

一、应交增值税

（一）纳税人

增值税是就货物或劳务的增值部分征收的一种税。增值税的纳税人是在中国境内销售货物或提供加工、修理修配、铁路运输、邮政劳务，以及进口货物的单位和个人。增值税的纳税人按其经营规模及会计核算健全与否，划分为一般纳税人和小规模纳税人。小规模纳税人是指年应税销售额在规定标准以下，并且会计核算不健全，不能按规定报送有关税务资料的增值税纳税人。所谓会计核算不健全是指不能正确核算增值税的销项税额、进项税额和应纳税额。根据《增值税暂行条例实施细则》的规定，从事货物生产或提供应税劳务的纳税人，以及以从事货物生产或提供应税劳务为主，并兼营货物批发或零售的纳税人，年应税销售额在 50 万元以下（含本数，下同）的；从事货物批发或零售的纳税人，年应税销售额在 80 万元以下的；年应税销售额超过上述标准的其他个人、非企业性单位以及不经常发生应税行为的企业，视同小规模纳税人。除此之外，则为一般纳税人。

（二）税目和税率

增值税的税目及适用税率如下。

（1）适用 13%税率的税目：粮食、粮食复制品；食用植物油；自来水、暖气、热气、热水、冷气；煤气、石油液化气、天然气、沼气；居民用煤炭制品；图书、报纸、杂志；饲料、化肥、农药、农机、农膜；食用盐。

（2）适用 17%税率的税目：除适用 13%税率以外的其他货物和加工、修理修配劳务。

（3）适用 11%税率的税日：铁路运输和邮政服务。

（4）适用 6%税率的税目：快递服务中的收派服务。

（5）适用 0%税率的税目：出口货物、铁路国际运输服务、为出口货物提供的邮政服务和收派服务。

另外，小规模纳税人增值税征收率为 3%。

（三）计税方法

增值税是对商品生产、流通、劳务服务中多个环节的新增价值或商品的附加值征收的一种流转税。由于商品的新增价值或附加值在生产和流通过程中很难准确计算，我国增值税的计算采用了税款抵扣办法，即一般纳税人购入货物或接受应税劳务支付的增值税税额（进项税额），可以从销售货物或提供应税劳务收取的增值税额（销项税额）中抵扣。因此，纳税人某一时期的应纳税额为当期销项税额抵扣当期进项税额后的余额，其计算公式如下：

$$应纳税额 = 当期销项税额 - 当期进项税额$$

$$当期销项税额 = 当期销售额 \times 适用税率$$

在具体计算时，应当注意以下几点。

（1）下列进项税额准予从销项税额中抵扣：①从销售方取得的增值税专用发票上注明的增值税额；②从海关取得的海关进口增值税专用缴款书上注明的增值税额；③购进农产品，除取得增值税专用发票或海关进口增值税专用缴款书外，按照农产品收购发票或销售发票上注明的农产品买价和 13%的扣除率计算的进项税额；④购销货物以及在生产经营过程中支付的运输费用，按照运输费用结算单据上注明的运输费用金额和 7%的扣除率计算的进项税额。

（2）下列项目的进项税额不得从销项税额中抵扣：①用于非增值税应税项目、免征增值税项目、集体福利或个人消费的购进货物或应税劳务；②非正常损失的购进货物及相关的应税劳务；③非正常损失的在产品、产成品耗用的购进货物或应税劳务；④国务院财政、税务主管部门规定的纳税人自用的应当征收消费税的汽车、摩托车、游艇；⑤第①项～第④项规定的货物的运输费用和销售免税货物的运输费用；⑥取得的增值税扣税凭证不符合法律、行政法规或国务院税务主管部门有关规定的购进货物或应税劳务。

（3）企业销售货物或提供应税劳务采用销售额和销项税额合并定价方法的，按公式“销售额 = 含税销售额 ÷（1 + 税率）”还原为不含税销售额，并按不含税销售额计算销项税额。

小规模纳税人销售货物或提供应税劳务，实行按销售额和征收率计算应纳税额的简易办法，并不得抵扣进项税额。

（四）明细账的设置

小规模纳税人的会计核算比较简单，只须设置“应交增值税”明细账，并采用三栏式账页即可；而一般纳税人需要设置“应交增值税”和“未交增值税”两个明细账，用来反映应交、已交和未交增值税等情况。

1.“应交增值税”明细账

“应交增值税”明细账，核算进项税额、已交税金、减免税款、出口抵减内销产品应纳税额、转出未交增值税、销项税额、出口退税、进项税额转出、转出多交增值税等项内容，并采用多栏式账页。借方发生额反映企业购进货物或接受应税劳务支付的进项税额等，设置“进项税额”、“已交税金”、“减免税款”、“出口抵减内销产品应纳税额”、“转出未交增值税”五个专栏，期末借方余额为尚未抵扣的进项税额，可结转下期继续抵扣；贷方发生额反映销售货物或提供应税劳务收取的销项税额等，设置“销项税额”、“出口退税”、“进项税额转出”、“转出多交增值税”四个专栏，期末贷方没有余额。

“进项税额”专栏，记录企业购进货物或接受应税劳务而支付的、准予从销项税额中抵扣的进项税额。支付的进项税额用蓝字登记；退回所购货物应当冲销的进项税额用红字登记。

“已交税金”专栏，记录企业已交纳的增值税税额。已交纳的增值税税额用蓝字登记；退回多交的增值税税额用红字登记。

“减免税款”专栏，记录企业经批准、按规定当期准予减免的增值税税额。

“出口抵减内销产品应纳税额”专栏，记录实行“免、抵、退”办法有进出口经营权的生产性公司，按规定计算的当期准予抵扣的增值税税额。

“转出未交增值税”专栏，记录企业月末转入“应交税费——未交增值税”明细账的本月应交未交的增值税税额。

“销项税额”专栏，记录企业销售货物或提供应税劳务应收取的销项税额。应收取的销项税额用蓝字登记；发生销售退回应当冲销的销项税额用红字登记。

“出口退税”专栏，记录企业出口适用零税率的货物，凭出口报关单等有关凭证，向税务机关申报办理出口退税而收到的退回的税款。出口货物退回的增值税税额用蓝字登记；出口货物办理退税后发生退货或退关而补交已退的税款用红字登记。

“进项税额转出”专栏，记录企业购进货物、在产品、产成品等发生非正常损失等原因而不应当从销项税额中抵扣，按规定转出的进项税额。

“转出多交增值税”专栏，记录企业月末转入“应交税费——未交增值税”明细账的本月多交的增值税税额。

2. “未交增值税”明细账

“未交增值税”明细账，核算月终转入的未交和多交的增值税税额，贷方登记月终自“应交增值税”明细账转入的未交增值税；借方登记月终自“应交增值税”明细账转入的多交增值税和本月缴纳以前月份未交的增值税；期末贷方余额为未交的增值税，若为借方余额则为多交的增值税，可抵下月应缴数。

（五）一般纳税人的账务处理

由于一般纳税人采用税款抵扣办法计算应纳税额，其账务处理的主要特点有：一是在购进阶段，实行价税分离，价税分离的依据为增值税专用发票等扣税凭证上注明的价款和增值税额，属于价款的部分，计入所购货物或应税劳务成本，属于增值税的部分，计入进项税额；二是在销售阶段，销售价格中不再含税，如果定价时含税，应当还原为不含税销售额，按照不含税销售额确认收入，并按照不含税销售额和适用税率计算销项税额。

1. 一般购销业务

企业购入货物或接受应税劳务时，按应当计入所购货物或应税劳务成本的金额，借记“材料采购”、“在途物资”、“原材料”、“库存商品”等账户，按可抵扣的增值税额，借记“应交税费——应交增值税（进项税额）”账户，按已付或应付的款项，贷记“银行存款”、“应付账款”、“应付票据”等账户。退回所购货物编制相反的会计分录。

企业销售货物或提供应税劳务时，按已收或应收的款项，借记“银行存款”、“应收账款”、“应收票据”等账户，按不含税销售额，贷记“主营业务收入”、“其他业务收入”等账户，按应收取的增值税额，贷记“应交税费——应交增值税（销项税额）”账户。发生销售退回编制相反的会计分录。

【例 9-20】 A 公司购入材料一批，价款为 500 万元，可抵扣增值税税额为 85 万元，款项已通过银行转账支付，材料已验收入库。A 公司当期产品售价为 1 000 万元，应收取的增值税税额为 170 万元，款项尚未收到。假设该产品不须交纳消费税，则 A 公司的账务处理如下：

借：原材料等　　5 000 000
　　应交税费——应交增值税（进项税额）　　850 000
　　贷：银行存款　　5 850 000
借：应收账款　　11 700 000
　　贷：主营业务收入——××产品　　10 000 000
　　　　应交税费——应交增值税（销项税额）　　1 700 000

2. 购入农产品

购买农产品时，按买价和扣除率计算的进项税额，借记“应交税费——应交增值税（进项税额）”账户，按买价减去进项税额后的金额，借记“材料采购”、“原材料”、“库存商品”等账户，按已付或应付的款项，贷记“银行存款”、“应付账款”等账户。

【例 9-21】 A 公司收购农业产品一批，价款为 150 万元（增值税扣除率为 13%），收购的农业产品已验收入库，按实际成本核算。A 公司的账务处理如下：

借：原材料——××材料　　1 305 000
　　应交税费——应交增值税（进项税额）　　195 000
　　贷：银行存款　　1 500 000

3. 不予抵扣项目

对于按规定不予抵扣的进项税额，在进行账务处理时应当采用不同的方法。

（1）购入货物或接受应税劳务时就能确定其增值税税额不能抵扣的，应当计入所购货物或应税劳务成本，如购入的货物用于非增值税应税项目、免征增值税项目、集体福利或个人消费等。

【例 9-22】 A 公司为建造厂房购入水泥一批，价款为 500 000 元，增值税税额为 85 000 元，款项已通过银行转账支付。A 公司的账务处理如下：

借：工程物资——专用材料　585 000

　贷：银行存款　585 000

（2）购入货物或接受应税劳务时不能确定其增值税税额能否抵扣的，先记入“应交税费——应交增值税（进项税额）”账户，后来由于这部分货物改变用途用于非增值税应税项目、免征增值税项目、集体福利、个人消费或发生非正常损失等原因其进项税额不能抵扣时，作为进项税额转出，转入有关资产成本或损失，借记“在建工程”、“应付职工薪酬——非货币性福利”、“待处理财产损溢”等账户，贷记“应交税费——应交增值税（进项税额转出）”账户。

【例 9-23】 企业决定将一批待售外购商品用于集体福利，成本为 40 000 元，购进该商品的增值税进项税额为 6 800 元。A 公司的账务处理如下：

借：应付职工薪酬——非货币性福利　46 800

　贷：库存商品——××产品　40 000

　　应交税费——应交增值税（进项税额转出）　6 800

【例 9-24】 库存商品发生非正常损失，成本为 37 000 元，与该商品相关的增值税进项税额为 3 400 元。其账务处理如下：

借：待处理财产损溢——待处理流动资产损溢　40 400

　贷：库存商品——××产品　37 000

　　应交税费——应交增值税（进项税额转出）　3 400

如果将库存商品改为在产品，其他资料不变，则账务处理如下：

借：待处理财产损溢——待处理流动资产损溢　40 400

　贷：基本生产成本——××产品　37 000

　　应交税费——应交增值税（进项税额转出）　3 400

4. 视同销售业务

《中华人民共和国增值税暂行条例实施细则》第四条规定，单位和个体经营者的下列行为，视同销售货物：①将货物交付其他单位或个人代销；②销售代销货物；③设有两个以上机构并实行统一核算的纳税人，将货物从一个机构移送其他机构用于销售，但相关机构设在同一县（市）的除外；④将自产或委托加工的货物用于非增值税应税项目；⑤将自产、委托加工的货物用于集体福利或个人消费；⑥将自产、委托加工或购买的货物作为投资提供给其他单位或个体工商户；⑦将自产、委托加工或购买的货物分配给股东或投资者；⑧将自产、委托加工或购买的货物无偿赠送其他单位或个人。

视同销售是指作为业务本身不是销售，但在税务上要作为销售确认收入计缴税金的货物或劳务的转移行为。对于视同销售行为，无论会计上是否做销售处理，只要是按税法规定需要缴纳增值税的，都应当视为对外销售，计算其应交的增值税销项税额，用于什么项目，就记到什么项目上。

企业发生的视同销售行为中，有的发生了所有权的转移；有的并未发生或至少在一定时点上未发生所有权的转移；有的获取了经济利益；有的虽未获取经济利益，但获得了一定的社会效益或强化了企业形象。因此，视同销售不同于一般销售，这种行为会导致两种结果：一种是经济利益没有直接以现金资产的形式流入企业，而是以非现金资产的形式流入企业；另一种是使货物在企业内部转变其存在形式或货物流出本企业并不会带来经济利益的流入。

根据业务实质和体现的关系，视同销售行为分为具有销售实质的企业外部非销售行为和不具有销售实质的企业内部或外部非销售行为两类。所谓的“内部”是指货物的所有权尚未转移，尚未流出本企业，仅改变用途，体现的是一种内部结转关系；所谓的“外部”是指货物的所有权已转移，已流出本企业，体现的是企业与外部的关系。

对于视同销售行为，在会计上应不应该作为销售处理，应不应该确认收入，应当视情况而定。对于具有销售实质的企业外部非销售行为，如将自产、委托加工的货物用于集体福利、个人消费或将自产、委托加工、购买的货物用于投资（具有商业实质且公允价值能够可靠计量的非货币性资产交换）、利润分配等，会计核算时应当作为销售处理，按照货物的公允价值确认收入，同时结转相应的成本和已计提的减值准备；对于不具有销售实质的企业内部或外部非销售行为，如将自产、委托加工的货物用于非增值税应税项目、集体福利机构或将自产、委托加工、购买的货物用于捐赠、投资（不具有商业实质或虽具有商业实质但公允价值不能可靠计量的非货币性资产交换）等，会计核算时不能作为销售，应当按照货物的成本转入相关资产成本或当期损益，并在计算应交所得税时，将售价与账面价值之间的差额进行纳税调整（不包括将自产、委托加工的货物用于在建工程、管理部门等）。

（1）将货物交付他人代销。这种视同销售行为和一般销售行为基本相同，会带来经济利益的流入。所以企业应该在符合销售商品收入确认条件时或收到受托方开具的代销清单时，确认销售商品收入并计算增值税销项税额。账务处理方法参见【例 13-9】和【例 13-10】。

（2）销售代销货物。销售代销货物的代销费用根据委托代销协议的约定有两种结算方式，一种是视同买断，另一种是按照销售额的一定比例收取手续费。在第一种方式下，代销方销售代销货物就和销售自有的货物一样会带来经济利益的流入。其中和委托方约定的结算价格就是企业取得此收入的成本，而实际的销售价格就是此项业务经济利益的总流入，所以应当在将商品销售后，按照实际售价确认销售商品收入并计算增值税销项税额。在第二种方式下，代销方收取的手续费就是劳务费用，虽然会带来经济利益的流入，但这种流入和实质上的销售是有区别的。实质上的销售是将销售收入和相应的销售成本配比的，而这种行为取得收入不是销售所得，而是劳务行为的一种报酬，只需将收取的手续费确认为主营业务收入。账务处理方法参见【例 13-9】和【例 13-10】。

（3）非同一县（市）将货物移送其他机构用于销售。这种销售行为明显属异地销售，其与将货物交付他人代销和销售代销货物的核算有相同之处。两者的区别在于前者是实行统一核算的异地不同机构的委托、受托关系，而后者是两个独立核算的公司之间的委托、受托关系。账务处理方法参见【例 13-2】。

（4）将自产或委托加工的货物用于非增值税应税项目。在这种视同销售行为中，由于货物并没有实质性转移，其所有权、控制权和管理权还是归企业所有，其相关风险和报酬也没有发生转移，因而不符合收入确认的条件，不能将其确认为收入，只能按照成本结转。账务处理方法参见【例 9-29】和【例 9-33】。

（5）将自产、委托加工的货物用于集体福利或个人消费。这种视同销售行为实质上是以非货币的形式支付职工薪酬。职工虽然说是企业内部的工作人员，但通过薪酬的方式向其转移的资产无论是货币还是非货币都在转移后变成了职工的私有财产，企业不再具有所有权或控制权。所以从实质上来讲这种转移也是一种资产的对外转移，和将货物分配给股东或投资者一样，使企业的其他资产少流出企业，间接的相当于有经济利益流入企业，这种流入的表现同样是企业债务的减少，因而也应该按照货物的公允价值确认收入并计算增值税销项税额，按照货物的账面价值结转成本。账务处理方法参见【例 9-34】。

（6）将自产、委托加工或购进货物作为投资提供给其他单位或个体工商户。企业以非货币性资产对外投资属于非货币性资产交换。依据会计准则，如果交换具有商业实质且公允价值能可靠计量，则在会计上确认损益；如果交换不具有商业实质或虽具有商业实质但公允价值不能可靠计量，则在会计上不确认损益。事实上，长期股权投资的增加就是将货物投资转出给其他单位或个体工商户带来的经济利益。账务处理方法参见【例 9-29】和【例 9-32】。

（7）将自产、委托加工或购进的货物分配给股东或投资者。这种视同销售行为已将商品所有权的主要风险和报酬转移给了股东或投资者，其经济利益的流入表现为间接的形式。如果企业分配给股东或投资者的不是财产股利或利润而是货币，那么其金额应该是将此部分货物出售的公允价值和相应的增值税额。以财产的形式分发股利或利润就会使企业的其他资产少流出企业，间接的相当于有经济利益流入企业，这种流入的表现就是企业债务的减少，因而应该确认收入，按照货物的账面价值结转成本。其账务处理为：按货物的公允价值和相应的增值税额，借记“应付股利”账户，按应交的增值税，贷记“应交税费——应交增值税（销项税额）”账户，按货物的公允价值，贷记“主营业务收入”、“其他业务收入”等账户；同时按货物的账面价值，借记“主营业务成本”、“其他业务成本”、“存货跌价准备”等账户，贷记“原材料”、“库存商品”等账户。账务处理参见【例 9-29】。

（8）将自产、委托加工或购进的货物无偿赠送给其他单位或个人。赠送虽然发生了货物所有权的转移，但企业并未获得经济利益，企业的资产和所有者权益不仅没有增加，反而有所减少。另外，无偿赠送并非企业的日常经营活动，不是企业的经营常态，更不是实质上的销售行为，因而不符合收入确认的条件，不能将其确认为收入，只能按照成本结转。其账务处理为：借记“营业外支出——捐赠支出”账户，贷记“库存商品”、“应交税费——应交增值税（销项税额）”等账户。

【例 9-25】 A 公司将自己生产的产品赠送给希望工程，成本为 80 000 元，计税价格为 100 000 元，应交增值税税额为 17 000 元。A 公司的账务处理如下：

借：营业外支出——捐赠支出　　97 000

　贷：库存商品——××产品　　80 000

　　应交税费——应交增值税（销项税额）　　17 000

5. 出口退税

出口货物只有在适用既免税又退税的政策时，才会涉及如何计算退税的问题。为了与出口企业的会计核算办法相一致，我国《出口货物退（免）税管理办法》规定了两种退税计算办法。

第一种办法是“免、抵、退”办法，主要适用于自营和委托出口自产货物的生产企业。免税是指对生产企业出口的自产货物免征本企业生产销售环节增值税；抵税是指生产企业出口的自产货物耗用的原材料、零部件、燃料、动力等所含应当予以退还的进项税额，抵扣内销货物的应纳税额；退税是指生产企业出口的自产货物在当月内应抵扣的进项税额大于应纳税额时，对未抵扣完的部分予以退税。具体计算步骤与方法如下。

（1）计算当期应纳税额：

当期应纳税额＝当期内销货物的销项税额－（当期全部进项税额－当期免抵退税不得免征、抵扣和退税的税额）－上期留抵税额

其中：

当期免抵退税不得免征、抵扣和退税的税额＝（出口货物离岸价格×外汇人民币牌价－免税购进原材料价格）×（出口货物征税率－出口货物退税率）

免税购进原材料包括国内购进免税原材料和进料加工免税进口料件。其中，进料加工免税进口料件的价格为组成计税价格，即货物到岸价格与海关实征关税及消费税之和。

（2）计算免抵退税额：

当期免抵退税额＝（出口货物离岸价×外汇人民币牌价－免税购进原材料价格）×出口货物退税率

（3）计算当期应退税额和免抵税额。“免、抵、退”税按月申报，季度办理退税。如果应纳税额为正数，则说明没有未抵扣完的进项税额，仍应缴纳增值税；如果应纳税额为负数，则说明有未抵扣完的进项税额，有资格申请退税，但到底能退多少，还要进行计算比较。

1）如果当期应纳税额负数的绝对值≤当期免抵退税额，则

当期退税额＝当期应纳税额负数的绝对值

当期免抵税额＝当期免抵退税额－当期退税额

2）如果当期应纳税额负数的绝对值＞当期免抵退税额，则

当期退税额＝当期免抵退税额

当期免抵税额＝当期免抵退税额－当期退税额＝0

期末留抵税额＝当期应纳税额负数的绝对值－当期退税额

在账务处理上，按规定计算的当期不予免征、抵扣和退税的税额，计入出口货物的销售成本，借记“主营业务成本”账户，贷记“应交税费——应交增值税（进项税额转出）”账户；按规定计算的当期应予抵扣的税额，借记“应交税费——应交增值税（出口抵减内销产品应纳税额）”账户，贷记“应交税费——应交增值税（出口退税）”账户；按规定计算的当期应予退回的税额，借记“其他应收款”账户，贷记“应交税费——应交增值税（出口退税）”账户；收到退税款时，借记“银行存款”账户，贷记“其他应收款”账户。

【例 9-26】 某自营出口的生产企业为增值税一般纳税人，适用的增值税税率为 17%，退税率为 15%，存货按实际成本核算。×7 年 11 月和 12 月的生产经营情况如下。

（1）11 月份，外购原材料、燃料取得的增值税专用发票注明价款为 850 万元，增值税税额为 144.5 万元，材料、燃料已验收入库；外购动力取得的增值税专用发票注明价款为 150 万元，增值税税额为 25.5 万元，其中 20%用于企业基建工程；以外购原材料 80 万元委托某公司加工，支付加工费取得的增值税专用发票注明价款为 30 万元，增值税税额为 5.1 万元，支付加工货物的运输费用 10 万元并取得运输公司开具的普通发票；内销货物取得不含税销售额 300 万元，款项已收存银行，支付销售货物运输费用 18 万元并取得运输公司开具的普通发

票；出口货物取得销售额 500 万元，款项尚未收到。

(2) 12 月份，免税进口料件一批，支付国外买价 300 万元，运抵我国海关前的运输费用、保管费和装卸费用 50 万元，该料件进口关税税率为 20%，料件已验收入库；出口货物取得销售额为 600 万元，款项尚未收到；内销货物 600 件并开具普通发票，取得含税销售额 140.4 万元，款项已收存银行；将与内销货物相同的自产货物 200 件用于本企业基建工程，每件成本为 0.15 万元，货物已移送。

要求：

(1) 计算企业×7 年 11 月份应纳或应退的增值税并进行账务处理；

(2) 计算企业×7 年 12 月份应纳或应退的增值税并进行账务处理。

解答：

(1) 11 月份的账务处理如下。

1) 外购原辅材料、燃料：

借：原材料等	8 500 000
应交税费——应交增值税（进项税额）	1 445 000
贷：银行存款	9 945 000

2) 外购动力：

借：基本生产成本——燃料及动力	1 200 000
应交税费——应交增值税（进项税额）	204 000
在建工程——××工程	351 000
贷：银行存款	1 755 000

3) 收回委托加工材料：

借：委托加工物资——××公司	393 000
应交税费——应交增值税（进项税额）	58 000
贷：银行存款	451 000
借：原材料——××材料	1 193 000
贷：委托加工物资——××公司	1 193 000

4) 产品内销：

借：银行存款	3 510 000
贷：主营业务收入——××产品	3 000 000
应交税费——应交增值税（销项税额）	510 000
借：销售费用——运输费	167 400
应交税费——应交增值税（进项税额）	12 600
贷：银行存款	180 000

5) 产品外销：

借：应收账款——××公司	5 000 000
贷：主营业务收入——××产品	5 000 000

6) 月末，计算当月出口货物不予抵扣和退税的税额：

免抵退税不得免征、抵扣和退税的税额 = 500 × (17% − 15%) = 10（万元）

借：主营业务成本——××产品	100 000

贷：应交税费——应交增值税（进项税额转出） 100 000

7）计算应纳税额：

增值税进项税额 = 144.5 + 20.4 + 5.8 + 1.26 = 171.96（万元）

当期应纳税额 = 51 − (171.96 − 10) = − 110.96（万元）

8）计算免抵退税额、退税额和免抵税额：

当期免抵退税额 = 500 × 15% = 75（万元）

因当期应纳税额负数的绝对值大于当期免抵退税额，当期退税额为 75 万元。

当期免抵税额 = 75 − 75 = 0

借：其他应收款——出口退税 750 000

贷：应交税费——应交增值税（出口退税） 750 000

9）收到退税款：

借：银行存款 750 000

贷：其他应收款——出口退税 750 000

10）计算期末留抵税额：

期末留抵税额 = 110.96 − 75 = 35.96（万元）

（2）12 月份的账务处理如下。

1）免税进口料件：

借：原材料等 4 200 000

贷：银行存款 4 200 000

2）产品外销：

借：应收账款——××公司 6 000 000

贷：主营业务收入——××产品 6 000 000

3）产品内销：

借：银行存款 1 404 000

贷：主营业务收入——××产品 1 200 000

应交税费——应交增值税（销项税额） 204 000

4）将与内销货物相同的自产货物 200 件用于本企业基建工程：

借：在建工程——××工程 368 000

贷：库存商品——××产品 300 000

应交税费——应交增值税（销项税额） 68 000

5）月末，计算当月出口货物不予抵扣和退税的税额：

免税进口料件价格 = (300 + 50) × (1 + 20%) = 420（万元）

免抵退税不得免征、抵扣和退税的税额 = (600 − 420) × (17% − 15%) = 3.6（万元）

借：主营业务成本——××产品 36 000

贷：应交税费——应交增值税（进项税额转出） 36 000

6）计算应纳税额：

当期应纳税额 = 20.4 + 6.8 − (0 − 3.6) − 35.96 = − 5.16（万元）

7）计算免抵退税额、退税额和免抵税额：

当期免抵退税额 = (600 − 420) × 15% = 27（万元）

因当期应纳税额负数的绝对值小于当期免抵退税额，当期退税额为 5.16 万元。

当期免抵税额 = 27 − 5.16 = 21.84（万元）

借：其他应收款——出口退税　51 600

　应交税费——应交增值税（出口抵减内销产品应纳税额）　218 400

　贷：应交税费——应交增值税（出口退税）　270 000

8）收到退税款：

借：银行存款　51 600

　贷：其他应收款——出口退税　51 600

9）计算期末留抵税额：

期末留抵税额 = 当期应纳税额负数的绝对值 − 当期退税额 = 5.16 − 5.16 = 0

第二种办法是“先征后退”办法，目前主要适用于收购货物出口的外贸企业。

外贸企业收购货物出口，按照购进出口货物增值税专用发票注明的进项金额和退税率计算退税额退给外贸企业，征、退税之差额计入出口货物成本，其计算公式为

退税额 = 购进货物的进项金额 × 退税率

出口货物不予退税的税额 = 购进货物的进项金额 ×（征税率 − 退税率）

【例 9-27】 某外贸企业出口货物一批，取得收入 100 000 元，该批货物的收购价为 80 000 元，增值税税额为 13 600 元，退税率为 5%。其账务处理如下。

（1）收购用于出口货物：

借：库存商品——××产品　80 000

　应交税费——应交增值税（进项税额）　13 600

　贷：银行存款　93 600

（2）出口货物：

借：应收账款——××公司　100 000

　贷：主营业务收入——××产品　100 000

（3）申报退税并收到退税款：

借：银行存款　4 000

　贷：应交税费——应交增值税（出口退税）　4 000

借：主营业务成本——××产品　9 600

　贷：应交税费——应交增值税（进项税额转出）　9 600

6. 转出多交或未交增值税

交纳增值税分两种情况：①预交，即本月预交一次，下月 15 日前结清；②正常交，即本月增值税在下月 15 日前交。预交增值税通过“已交税金”明细账核算，正常交纳增值税通过“未交增值税”明细账核算。也就是说，当月交纳当月应交的增值税，借记“应交税费——应交增值税（已交税金）”账户，贷记“银行存款”账户；当月交纳以前月份未交的增值税，借记“应交税费——未交增值税”账户，贷记“银行存款”账户。

为了分别反映增值税一般纳税人欠交增值税和待抵扣增值税的情况，避免用以前月份欠交增值税抵扣以后月份未抵扣增值税的情况，月末，应当将本月未交增值税自“应交增值税”明细账转入“未交增值税”明细账，借记“应交税费——应交增值税（转出未交增值税）”账户，贷记“应交税费——未交增值税”账户；应当将本月多交的增值税自“应交增值税”

明细账转入“未交增值税”明细账，借记“应交税费——未交增值税”账户，贷记“应交税费——应交增值税（转出多交增值税）”账户。

【例 9-28】 ×8 年 5 月 16 日 A 公司预交本月增值税 10 万元。已知 5 月份销项税额为 100 万元，进项税额为 85 万元，应交增值税税额为 15 万元。6 月 8 日交纳 5 月份欠交增值税 5 万元。A 公司的账务处理如下。

（1）5 月 16 日：

借：应交税费——应交增值税（已交税金） 100 000

　　贷：银行存款 100 000

（2）5 月 31 日：

借：应交税费——应交增值税（转出未交增值税） 50 000

　　贷：应交税费——未交增值税 50 000

（3）6 月 8 日：

借：应交税费——未交增值税 50 000

　　贷：银行存款 50 000

若 5 月份销项税额为 92 万元，进项税额为 85 万元，应交增值税税额为 7 万元，则 5 月 31 日的账务处理为：

借：应交税费——未交增值税 30 000

　　贷：应交税费——应交增值税（转出多交增值税） 30 000

若 5 月份销项税额为 83 万元，进项税额为 85 万元，应交增值税税额为-2 万元，则 5 月 31 日的账务处理为：

借：应交税费——未交增值税 100 000

　　贷：应交税费——应交增值税（转出多交增值税） 100 000

【例 9-29】 A 公司为增值税一般纳税人，×8 年 4 月 1 日“应交税费——未交增值税”账户贷方余额为 6 000 元。4 月份发生如下业务（取得的增值税专用发票和运费发票均在本月内已申请认证）：①缴纳上月未交增值税；②购进材料一批，价款为 100 000 元，可抵扣增值税税额为 17 000 元，发生运输费 1 000 元和装卸费 1 500 元，有关款项已通过银行转账支付，材料已验收入库；③购入设备一台，价款为 200 000 元，可抵扣增值税税额为 34 000 元，有关款项已通过银行转账支付，设备已交付使用；④用产成品对外投资，双方协议按成本作价，该批产成品成本为 160 000 元，计税价格为 200 000 元，应交增值税税额为 34 000 元，该项非货币性资产交换不具有商业实质；⑤销售产品一批，售价为 300 000 元，应收取的增值税税额为 51 000 元，成本为 235 000 元，产品已发出，货款尚未收到；⑥设备安装工程领用成本为 20 000 元的生产用材料一批；⑦将自产的产成品一批分配给投资者，该批产品成本为 80 000 元，计税价格为 90 000 元，应交增值税税额为 15 300 元；⑧缴纳本月增值税 50 000 元。A 公司的账务处理如下。

（1）交纳上月增值税：

借：应交税费——未交增值税 6 000

　　贷：银行存款 6 000

（2）材料入库：

借：原材料等 102 430

应交税费——应交增值税（进项税额） 17 070

贷：银行存款 119 500

（3）购入固定资产：

借：固定资产——××设备 200 000

应交税费——应交增值税（进项税额） 34 000

贷：银行存款 234 000

（4）对外投资：

借：长期股权投资——××公司 194 000

贷：库存商品——××产品 160 000

应交税费——应交增值税（销项税额） 34 000

（5）销售产品：

借：应收账款——××公司 351 000

贷：主营业务收入——××产品 300 000

应交税费——应交增值税（销项税额） 51 000

借：主营业务成本——××产品 235 000

贷：库存商品——××产品 235 000

（6）工程领用材料：

借：在建工程——安装工程 20 000

贷：原材料——××材料 20 000

（7）分配股利：

借：利润分配——应付现金股利或利润 105 300

贷：应付股利 105 300

借：应付股利 105 300

贷：主营业务收入——××产品 90 000

应交税费——应交增值税（销项税额） 15 300

借：主营业务成本——××产品 80 000

贷：库存商品——××产品 80 000

（8）交纳本月增值税：

借：应交税费——应交增值税（已交税金） 50 000

贷：银行存款 50 000

（9）月末计算应交未交增值税：

应交增值税 = (34 000 + 51 000 + 15 300) − (17 070 + 34 000) = 49 230（元）

应交未交增值税 = 49 230 − 50 000 = −770（元）

（10）月末，将本月多交增值税转入未交增值税明细账：

借：应交税费——未交增值税 770

贷：应交税费——应交增值税（转出多交增值税） 770

（六）小规模纳税人的账务处理

小规模纳税企业购入货物或接受应税劳务，无论是否取得增值税专用发票，其支付的增值税税额都不能作为进项税额抵扣，应当计入所购货物或应税劳务成本。相应地，其他企业从小规模纳税企业购买货物或接受应税劳务支付的增值税额，如果不能取得增值税专用发票，也不能作为进项税额抵扣，应当计入所购货物或应税劳务成本。小规模纳税企业销售货物或提供应税劳务时，只能开具普通发票，普通发票只注明含税销售额。但是，小规模纳税企业的销售收入也按不含税价格确认，因而应当按照公式“销售额 = 含税销售额 ÷（1 + 征收率）”还原为不含税销售额，并按不含税销售额和征收率计算应交增值税。

【例 9-30】 某小规模纳税企业本期购入材料取得的增值税专用发票注明的价款为 50 000 元，增值税税额为 8 500 元，有关款项已通过银行转账支付，材料已验收入库。该企业本期销售产品的含税价格为 82 400 元，已办妥托收手续，货款尚未收到。其账务处理如下。

（1）购进原材料：

借：原材料——× × 材料	58 500	
贷：银行存款		58 500

（2）销售产品：

$$不含税价格 = 82\,400 \div (1 + 3\%) = 80\,000（元）$$

$$应交增值税 = 80\,000 \times 3\% = 2\,400（元）$$

借：应收账款——× × 公司	82 400	
贷：主营业务收入——× × 产品		80 000
应交税费——应交增值税		2 400

二、应交消费税

（一）纳税人

消费税是为了调节消费结构，正确引导消费，保证国家财政收入，对某些需要限制和调节的消费品或消费行为征收的一种税。消费税的纳税人是在中国境内生产、委托加工和进口应税消费品的各类企业、单位和个人。

（二）税目

消费税的征税范围只限定于以下几个方面的消费品：一是非生活必需品中的一些高档、奢侈的消费品；二是为保护身体健康、生态环境而不提倡也不宜过度消费的某些消费品；三是一些特殊的资源性消费品。这些消费品具体包括烟、酒及酒精、化妆品、贵重首饰及珠宝玉石、成品油（汽油、柴油、燃料油、航空煤油、石脑油、溶剂油、润滑油）、汽车轮胎、摩托车、小汽车（乘用车、中轻型商用客车）、鞭炮焰火、高尔夫球及球具、高档手表、游艇、木制一次性筷子、实木地板等 14 个税目。

（三）计税方法

消费税实行从价定率、从量定额或从价定率和从量定额复合计税的办法计算应纳税额。其计税公式为

实行从价定率办法计算的应纳税额 = 销售额 × 比例税率

实行从量定额办法计算的应纳税额 = 销售数量 × 定额税率

实行复合计税办法计算的应纳税额 = 销售额 × 比例税率 + 销售数量 × 定额税率

公式中的销售数量为：销售应税消费品的，为应税消费品的销售数量；自产自用应税消费品的，为应税消费品的移送使用数量；委托加工应税消费品的，为纳税人收回的应税消费品数量；进口应税消费品的，为海关核定的应税消费品进口征税数量。

值得注意的是，在应税消费品中，只有黄酒、啤酒和成品油采用从量定额办法计算应纳税额；只有甲类卷烟、乙类卷烟和白酒采用从价定率和从量定额复合计税的办法计算应纳税额；其他应税消费品一律采用从价定率办法计算应纳税额。

（四）账务处理的特点

在我国，对货物普遍征收增值税的基础上，选择少数消费品再征收一道消费税，消费税的纳税人同时也是增值税的纳税人。因此，企业在销售应税消费品时，除了进行有关增值税销项税额的账务处理外，还必须计算应交的消费税额，进行有关消费税的账务处理。

消费税是一种价内税，企业销售应税消费品应交的消费税是对商品销售收入的抵减，因而企业销售应税消费品应交的消费税应当通过“营业税金及附加”账户核算，计入当期损益。企业经营活动发生的营业税、资源税、城市维护建设税和教育费附加等相关税费，以及除主营业务活动以外的其他经营活动发生的相关税费，也在本账户核算。

（五）账务处理

1. 销售应税消费品

企业销售应税消费品应交的消费税，借记“营业税金及附加”账户，贷记“应交税费——应交消费税”账户；交纳时，借记“应交税费——应交消费税”账户，贷记“银行存款”账户；发生销售退回及退税时，借记“应交税费——应交消费税”或“银行存款”账户，贷记“营业税金及附加”等账户。企业出口的应税消费品，如果按照规定不予免税或退税，应当视同国内销售，按上述方法进行账务处理。

【例 9-31】×8 年 1 月销售摩托车 20 辆，单位售价为 5 000 元，单位成本为 3 000 元，款项尚未收到，适用的增值税税率为 17%、消费税税率为 10%。其账务处理如下：

$$增值税销项税额 = 5\,000 \times 20 \times 17\% = 17\,000（元）$$

$$应交消费税 = 5\,000 \times 20 \times 10\% = 10\,000（元）$$

借：应收账款——××公司	117 000
贷：主营业务收入——摩托车	100 000
应交税费——应交增值税（销项税额）	17 000
借：营业税金及附加	10 000
贷：应交税费——应交消费税	10 000
借：主营业务成本——摩托车	60 000
贷：库存商品——摩托车	60 000

2. 自产自用应税消费品

自产自用是指纳税人生产应税消费品后，不是用于直接对外销售，而是用于自己连续生产应税消费品（作为生产最终应税消费品的直接材料，并构成最终产品实体的应税消费品）或其他方面（如用于连续生产非应税消费品、在建工程、管理部门、非生产机构、提供劳务、馈赠、赞助、集资、广告、样品、职工福利、奖励等方面）。纳税人生产的应税消费品，自用于连续生产应税消费品的，不纳税；自用于其他方面的，于移送使用时纳税。

纳税人自产自用的应税消费品，按照纳税人生产的同类消费品的销售价格计算纳税，没有同类消费品销售价格的，按照组成计税价格计算纳税。组成计税价格的计算公式为

$$组成计税价格 =（成本 + 利润）\div（1 - 比例税率）$$

企业将生产的应税消费品用于连续生产非应税消费品的，按应交的消费税，借记“基本

生产成本”、“制造费用”等账户，贷记“应交税费——应交消费税”账户。企业将生产的应税消费品用于投资、在建工程、非生产机构等其他方面的，若不具有销售实质，则按应交的消费税，借记“长期股权投资”、“在建工程”、“固定资产”、“营业外支出”等账户，贷记“应交税费——应交消费税”账户；若具有销售实质，则按应交的消费税，借记“营业税金及附加”账户，贷记“应交税费——应交消费税”账户。但是，按照税法规定应缴的城市维护建设税和教育费附加不能直接转入相关资产成本或当期损益。这是因为，城市维护建设税和教育费附加是以企业实际缴纳的“增值税、消费税、营业税”三税之和为依据计算的，一般随同“三税”按月计算缴纳，因而应当转入相关资产成本或当期损益的城市维护建设税和教育费附加，只能在月末按照视同销售业务应交税额与本月应交税额的比率计算分摊。

【例 9-32】 某企业 7 月份以 20 辆小轿车向市出租汽车公司投资。税务机关认可的单位售价为 150 000 元，单位成本为 120 000 元，适用的增值税税率为 17%、消费税税率为 9%。假设该项非货币性资产交换不具有商业实质，且不涉及补价，则其账务处理如下：

增值税销项税额 = 150 000 × 20 × 17% = 510 000（元）

应交消费税 = 150 000 × 20 × 9% = 270 000（元）

借：长期股权投资——××公司　3 180 000
　贷：库存商品——小轿车　2 400 000
　　应交税费——应交增值税（销项税额）　510 000
　　应交税费——应交消费税　270 000

若上述非货币性资产交换具有商业实质且公允价值能够可靠计量，则其账务处理如下：

借：长期股权投资——××公司　3 510 000
　贷：主营业务收入——小轿车　3 000 000
　　应交税费——应交增值税（销项税额）　510 000
借：营业税金及附加　270 000
　贷：应交税费——应交消费税　270 000
借：主营业务成本——小轿车　2 400 000
　贷：库存商品——小轿车　2 400 000

【例 9-33】 某汽车制造厂将自产的一辆小汽车用于管理部门，同类汽车销售价格为 180 000 元，成本为 110 000 元，适用的增值税税率为 17%、消费税税率为 5%。其账务处理如下：

增值税销项税额 = 180 000 × 17% = 30 600（元）

应交消费税 = 180 000 × 5% = 9 000（元）

借：固定资产——小汽车　149 600
　贷：库存商品——小汽车　110 000
　　应交税费——应交增值税（销项税额）　30 600
　　应交税费——应交消费税　9 000

【例 9-34】 某啤酒厂将自己生产的乙类啤酒 20 吨作为福利发给职工，10 吨用于广告宣传，让客户及顾客免费品尝。该啤酒单位成本为 2 000 元，单位公允价值为 2 500 元，适用的增值税税率为 17%，单位消费税额为 220 元。其账务处理如下：

增值税销项税额 = 2 500 × 30 × 17% = 12 750（元）

应交消费税 = 30 × 220 = 6 600（元）

借：应付职工薪酬——职工福利　58 500
　　销售费用——广告费　29 250
　　贷：主营业务收入——乙类啤酒　75 000
　　　　应交税费——应交增值税（销项税额）　12 750
借：营业税金及附加　6 600
　　贷：应交税费——应交消费税　6 600
借：主营业务成本——乙类啤酒　60 000
　　贷：库存商品——乙类啤酒　60 000

【例 9-35】某白酒厂 1 月份用粮食白酒 10 吨抵偿胜利农场大米款，该粮食白酒的单位售价为 5 000 元，适用的增值税税率为 17%、消费税税率为 20%，单位消费税额为 0.5/斤。其账务处理如下：

增值税销项税额 = 5 000 × 10 × 17% = 8 500（元）

应交消费税 = 5 000 × 10 × 20% + 10 × 2 000 × 0.5 = 20 000（元）

借：应付账款——胜利农场　58 500
　　贷：主营业务收入——白酒　50 000
　　　　应交税费——应交增值税（销项税额）　8 500
借：营业税金及附加　20 000
　　贷：应交税费——应交消费税　20 000

3. 委托加工应税消费品

委托加工的应税消费品是指由委托方提供原料和主要材料，受托方只收取加工费和代垫部分辅助材料加工的应税消费品。对于由受托方提供原材料生产的应税消费品，或者受托方先将原材料卖给委托方，然后再接受加工的应税消费品，以及由受托方以委托方名义购进原材料生产的应税消费品，不论纳税人在财务上是否做销售处理，都不得作为委托加工应税消费品，而应当按照销售自制应税消费品缴纳消费税。

委托加工的应税消费品，除受托方为个人外，由受托方在向委托方交货时代收代缴税款。委托个人加工的应税消费品，由委托方收回后缴纳消费税。

委托加工的应税消费品收回后用于直接出售的，不再缴纳消费税，但应当将由受托方代收代缴的税款计入委托加工应税消费品成本，借记“委托加工物资”账户，贷记“应付账款”、“银行存款”等账户；委托加工的应税消费品收回后用于连续生产应税消费品的，所纳税款准予抵扣，因而按受托方代收代缴的税款，借记“应交税费——应交消费税”账户，贷记“应付账款”、“银行存款”等账户。

委托加工的应税消费品，按照受托方的同类消费品的销售价格计算纳税；没有同类消费品销售价格的，按照组成计税价格计算纳税。

实行从价定率办法计算纳税的组成计税价格计算公式为

组成计税价格 =（材料成本 + 加工费）÷（1 − 比例税率）

实行复合计税办法计算纳税的组成计税价格计算公式为

组成计税价格 =（材料成本 + 加工费 + 委托加工数量 × 定额税率）÷（1 − 比例税率）

【例 9-36】某卷烟厂委托丙公司加工烟丝，卷烟厂和丙公司均为一般纳税人。卷烟厂提供烟叶 55 000 元，丙公司向卷烟厂收取加工费 20 000 元和增值税税额 3 400 元，适用的消费税税率为 30%。卷烟厂的账务处理如下。

（1）假定收回的烟丝直接对外销售。

1）发出烟叶：

借：委托加工物资——丙公司（烟丝） 55 000
　　贷：原材料——烟叶 55 000

2）支付加工费及增值税：

借：委托加工物资——丙公司（烟丝） 20 000
　　应交税费——应交增值税（进项税额） 3 400
　　贷：银行存款 23 400

3）支付代收代缴消费税：

代收代缴消费税 = (55 000 + 20 000) ÷ (1 − 30%) × 30% = 32 143（元）

借：委托加工物资——丙公司（烟丝） 32 143
　　贷：银行存款 32 143

4）加工烟丝入库：

借：库存商品——烟丝 107 143
　　贷：委托加工物资——丙公司（烟丝） 107 143

（2）假定收回的烟丝用来加工卷烟。

1）～2）同上。

3）支付代扣代缴消费税：

借：应交税费——应交消费税 32 143
　　贷：银行存款 32 143

4）加工烟丝入库：

借：原材料——烟丝 75 000
　　贷：委托加工物资——丙公司（烟丝） 75 000

4. 随同应税消费品出售的包装物

包装物连同应税消费品销售的，无论包装物是否单独计价以及在会计上如何核算，都应当并入应税消费品的销售额缴纳消费税，借记“营业税金及附加”账户，贷记“应交税费——应交消费税”账户。

【例 9-37】 某酒厂异地销售粮食白酒，包装物单独计价，收取包装费 70 000 元和增值税税额 11 900 元，适用的消费税税率为 20%。其账务处理如下：

应交消费税 = 70 000 × 20% = 14 000（元）

借：银行存款 81 900
　　贷：其他业务收入 70 000
　　　　应交税费——应交增值税（销项税额） 11 900
借：营业税金及附加 14 000
　　贷：应交税费——应交消费税 14 000

5. 出租、出借包装物收取的押金

因逾期未收回包装物而不再退还或已收取时间超过 12 个月的出租、出借包装物的押金，应当并入应税消费品的销售额缴纳消费税，借记“营业税金及附加”账户，贷记“应交税费

——应交消费税”账户。

【例 9-38】 某企业销售化妆品，收取出借包装物押金 1 500 元，因包装物逾期未还，将押金没收，适用的增值税税率为 17%、消费税税率为 30%。其账务处理如下：

增值税销项税额 = 1 500 ÷ (1 + 17%) × 17% = 217.95（元）

应交消费税 = 1 500 ÷ (1 + 17%) × 30% = 384.62（元）

借：其他应付款——存入保证金	1 500
贷：其他业务收入——化妆品	1 282.05
应交税费——应交增值税（销项税额）	217.95
借：营业税金及附加	384.62
贷：应交税费——应交消费税	384.62

6. 已作价随同应税消费品销售包装物加收的押金

为了促使购货方将包装物退回，即使包装物已作价销售，也可以另外加收押金。凡纳税人在规定的期限内没有退还的已作价随同应税消费品销售的包装物加收的押金，应当并入应税消费品的销售额缴纳消费税，借记“其他应付款”账户，贷记“应交税费——应交消费税”账户。

【例 9-39】 某企业销售化妆品一批，包装物不单独计价，在售价之外，另加收押金 800 元，包装物逾期未收回，适用的增值税税率为 17%、消费税税率为 30%。其账务处理如下：

增值税销项税额 = 800 ÷ (1 + 17%) × 17% = 116.24（元）

应交消费税 = 800 ÷ (1 + 17%) × 30% = 205.13（元）

借：其他应付款——存入保证金	800.00
贷：应交税费——应交消费税	205.13
应交税费——应交增值税（销项税额）	116.24
营业外收入——罚没收入	478.63

7. 进口应税消费品

企业进口的应税消费品，可能是固定资产，也可能是原材料或商品，因而在进口时，按应税消费品的进口成本连同消费税额，借记“材料采购”、“库存商品”、“固定资产”等账户，按已付或应付的款项，贷记“银行存款”、“应付账款”等账户。进口的应税消费品，按照组成计税价格计算纳税。组成计税价格的计算公式为

组成计税价格 =（关税完税价格 + 关税）÷（1 − 比例税率）

【例 9-40】 某公司进口小汽车一辆作为自用，关税完税价格为 30 000 美元，已交关税 85 000 元，适用的增值税税率为 17%、消费税税率为 8%。假定当日汇率为 1 美元 = 6.5 元人民币，款项已通过银行转账支付，则其账务处理如下：

应交消费税 = [(30 000 × 6.5 + 85 000) ÷ (1 − 8%)] × 8% = 24 347.83（元）

增值税额 = (30 000 × 6.5 + 85 000 + 24 347.83) × 17% = 51 739.13（元）

支付货款和税金 = 30 000 × 6.5 + 85 000 + 24 347.83 + 51 739.13 = 356 086.96（元）

借：固定资产——小汽车	356 086.96
贷：银行存款	356 086.96

【例 9-41】 某公司从国外进口化妆品一批，到岸价为 40 000 美元，适用的关税税率为 50%、消费税税率为 30%、增值税税率为 17%。假定当日汇率为 1 美元 = 6.50 元人民币，款

项已通过银行转账支付，则其账务处理如下：

组成计税价格 = (40 000 + 40 000 × 50%) × 6.5 ÷ (1 − 30%) = 557 142.86（元）

应交消费税 = 557 142.86 × 30% = 167 142.86（元）

增值税进项税额 = (557 142.86 + 167 142.86) × 17% = 123 128.57（元）

借：库存商品——化妆品　　557 142.86

　　应交税费——应交增值税（进项税额）　　123 128.57

　　贷：银行存款　　680 271.43

三、应交营业税

（一）纳税人

营业税是对从事经营活动取得的经营收入征收的一种税。营业税的纳税人是在中国境内提供应税劳务、转让无形资产或销售不动产的单位和个人。单位或个人自建建筑物后销售的，其自建行为视同提供应税劳务。

（二）税目和税率

营业税共设有 9 个税目，采取行业差别比例税率和幅度比例税率。具体税率如下。

（1）交通运输业（不包括铁路运输）、建筑业、电信业、文化体育业，税率为 3%。

（2）服务业、金融保险业、转让无形资产、销售不动产，税率为 5%。

（3）娱乐业，税率为 5%～20%。具体适用税率，由各省、自治区、直辖市人民政府在上述幅度内决定。

（三）计税方法

纳税人提供应税劳务、转让无形资产或销售不动产，按其营业额和适用的税率计算应纳税额。其计税公式为

应纳税额 = 营业额 × 适用税率

（四）账务处理

1. 提供应税劳务

企业提供应税劳务应交的营业税，借记“营业税金及附加”账户，贷记“应交税费——应交营业税”账户。

【例 9-42】 ×8 年 3 月 A 公司对外提供运输劳务取得运输费收入 4 万元存入银行，适用的营业税税率为 3%。其账务处理如下：

应交营业税 = 40 000 × 3% = 1 200（元）

借：银行存款　　40 000

　　贷：其他业务收入——运费收入　　40 000

借：营业税金及附加　　1 200

　　贷：应交税费——应交营业税　　1 200

【例 9-43】 E 公司承接一项建筑安装项目，工程费用为 200 万元，同时提供建筑材料 30 万元，该公司以营业税为主纳税，适用的营业税税率为 3%。其账务处理如下：

应交营业税 = (2 000 000 + 300 000) × 3% = 69 000（元）

借：营业税金及附加　　69 000

　　贷：应交税费——应交营业税　　69 000

2. 销售不动产

房地产开发企业出售开发产品应交的营业税，借记“营业税金及附加”账户，贷记“应交税费——应交营业税”账户；非房地产开发企业出售不动产应交的营业税，借记“固定资产清理”账户，贷记“应交税费——应交营业税”账户。

【例 9-44】 某房地产开发企业出售已开发商品房一批，所得收入 8 000 万元已存入银行，适用的营业税税率为 5%。其账务处理如下：

应交营业税 = 80 000 000 × 5% = 4 000 000（元）

借：银行存款　　80 000000

　　贷：主营业务收入——商品房　　80 000 000

借：营业税金及附加　　4 000 000

　　贷：应交税费——应交营业税　　4 000 000

【例 9-45】 ×8 年 3 月 A 公司出售厂房一栋，原价为 50 万元，已计提折旧 20 万元，所得收入 35 万元已存入银行，适用的营业税税率为 5%。其账务处理如下：

应交营业税 = 350 000 × 5% = 17 500（元）

借：固定资产清理——厂房　　300 000

　　累计折旧　　200 000

　　贷：固定资产——厂房　　500 000

借：银行存款　　350 000

　　贷：固定资产清理——厂房　　350 000

借：固定资产清理——厂房　　17 500

　　贷：应交税费——应交营业税　　17 500

借：固定资产清理——厂房　　32 500

　　贷：营业外收入——处置非流动资产利得　　32 500

3. 出租或出售无形资产

出租无形资产应交的营业税，借记“营业税金及附加”等账户，贷记“应交税费——应交营业税”账户；出售无形资产应交的营业税计入出售损益，账务处理方法参见第五章。

【例 9-46】 A 公司与 C 公司于 ×7 年年底达成协议，A 公司允许 C 公司 ×8 年使用其某一商标，×8 年每月月末向 C 公司收取商标使用费 50 000 元，适用的营业税税率为 5%。A 公司的账务处理如下：

应交营业税 = 50 000 × 5% = 2 500（元）

借：银行存款　　50 000

　　贷：其他业务收入——商标使用费　　50 000

借：营业税金及附加　　2 500

　　贷：应交税费——应交营业税　　2 500

【例 9-47】 ×8 年 7 月 18 日 A 公司将拥有的一项专利权出售，取得收入 300 000 元已存入银行，应交营业税 15 000 元。该专利权的账面余额为 250 000 元，累计摊销额为 20 000 元，已计提减值准备 10 000 元。其账务处理如下：

借：银行存款　　300 000

　　累计摊销——专利权　　20 000

无形资产减值准备——专利权　　10 000

　贷：无形资产——专利权　　250 000

　　　应交税费——应交营业税　　15 000

　　　营业外收入——处置费流动资产利得　　65 000

四、应交资源税

（一）税目及计税方法

资源税是对在中国境内从事原油、天然气、煤炭、金属矿产品和其他非金属矿产品开发以及生产盐的单位和个人征收的一种税。开采原油过程中用于加热、修井的原油，免税。

资源税实行从价定率或从量定额的办法，分别以应税产品的销售额乘以具体适用的比例税率或以应税产品的销售数量乘以具体适用的定额税率计算应纳税额。

值得注意的是，在应税产品中，只有原油、天然气采用从价定率办法计税；其他应税产品一律采用从量定额办法计税。

纳税人开采或生产不同税目应税产品的，应当分别核算不同税目应税产品的销售额或销售数量；未分别核算或不能准确提供不同税目应税产品的销售额或销售数量的，从高适用税率。

纳税人的减税、免税项目，应当单独核算销售额或销售数量；未单独核算或不能准确提供销售额或销售数量的，不予减税或免税。

（二）账务处理

1. 销售应税产品

企业销售应税产品应交的资源税，借记“营业税金及附加”账户，贷记“应交税费——应交资源税”账户。

【例 9-48】 某石油公司本月原油和天然气销售额分别为 5 000 万元和 2 000 万元，适用的资源税税率分别为 8%和 5%。其账务处理如下：

应交资源税 = 5 000 × 8% + 2 000 × 5% = 500（万元）

借：营业税金及附加　　5 000 000

　贷：应交税费——应交资源税　　5 000 000

2. 自产自用的应税产品

企业自产自用应税产品应交的资源税，借记“基本生产成本”、“制造费用”等账户，贷记“应交税费——应交资源税”账户。

【例 9-49】 某盐场将原盐碱 1 250 吨加工成精盐 1 000 吨，原盐碱单位资源税额为 25 元/吨，应交资源税 31 250 元。其账务处理如下：

借：基本生产成本——精盐　　31 250

　贷：应交税费——应交资源税　　31 250

3. 收购未税矿产品

企业收购的未税矿产品，按支付的收购款和代扣代缴的资源税作为成本，借记“材料采购”等账户，按支付的收购款，贷记“银行存款”账户，按代扣代缴的资源税，贷记“应交税费——应交资源税”账户。

【例 9-50】 某炼铁厂收购未纳税矿石 10 000 吨，单位购价为 125 元（含代扣代缴资源税 25 元），适用的增值税税率为 17%，款项已通过银行转账支付。其账务处理如下：

增值税进项税额 = 10 000 × 125 × 17% = 212 500（元）

代扣代缴资源税 = 10 000 × 25 = 250 000（元）

借：材料采购——铁矿石　　1 250 000

　　应交税费——应交增值税（进项税额）　　212 500

　　贷：银行存款　　1 212 500

　　　　应交税费——应交资源税　　250 000

4. 外购液体盐加工固体盐

购入液体盐时，按允许抵扣的资源税，借记“应交税费——应交资源税”账户，按外购价款扣除允许抵扣资源税后的金额，借记“原材料”、“材料采购”等账户，按已付或应付的款项，贷记“银行存款”、“应付账款”等账户；企业销售经加工的固体盐时，按应交的资源税，借记“营业税金及附加”账户，贷记“应交税费——应交资源税”账户；将销售固体盐应交资源税扣抵液体盐已纳资源税后的差额上交时，借记“应交税费——应交资源税”账户，贷记“银行存款”账户。

【例 9-51】某盐厂将外购卤水 2 000 吨加工成固体盐 500 吨。卤水的单位购价为 58.5 元（含资源税 3 元和可抵扣增值税 8.5 元）；固体盐的单位售价为 400 元，单位资源税额为 25 元，单位增值税税额为 68 元。其账务处理如下。

（1）购入液体盐：

增值税进项税额 = 2 000 × 8.5 = 17 000（元）

应抵扣资源税 = 2 000 × 3 = 6 000（元）

借：原材料——液体盐　　94 000

　　应交税费——应交资源税　　6 000

　　应交税费——应交增值税（进项税额）　　17 000

　　贷：银行存款　　117 000

（2）销售固体盐：

增值税销项税额 = 500 × 68 = 34 000（元）

应交资源税 = 500 × 25 = 12 500（元）

借：银行存款　　234 000

　　贷：主营业务收入——固体盐　　200 000

　　　　应交税费——应交增值税（销项税额）　　34 000

借：营业税金及附加　　12 500

　　贷：应交税费——应交资源税　　12 500

（3）补交资源税：

补交资源税 = 12 500 − 6 000 = 6 500（元）

借：应交税费——应交资源税　　6 500

　　贷：银行存款　　6 500

五、应交土地增值税

（一）税率和速算扣除率

土地增值税是对在中国境内有偿转让国有土地使用权、地上建筑物及附着物（简称房地产）并取得收入的各类企业、单位和个人征收的一种税。土地增值税的计税依据为转让房地产取得的收入（包括货币收入、实物收入和其他收入）减除取得土地使用权支付的金额、开发土地的成本和费用、新建房屋及配套设施的成本或旧房及建筑物的评估价格、与转让房地产有关的税费等扣除项目金额后的余额，即转让房地产取得的增值额。土地增值税实行四级超率累进税率，具体如下。

（1）增值额未超过扣除项目金额50%的部分，税率为30%，扣除率为0%。

（2）增值额超过扣除项目金额50%但未超过100%的部分，税率为40%，扣除率为5%。

（3）增值额超过扣除项目金额100%但未超过200%的部分，税率为50%，扣除率为15%。

（4）增值额超过扣除项目金额200%的部分，税率为60%，扣除率为35%。

（二）计税方法

土地增值税按转让房地产取得的增值额和适用的税率计算应纳税额，其计税公式为

$$应纳税额 = 增值额 \times 适用税率 - 扣除项目金额 \times 速算扣除率$$

（三）账务处理

1. 主营或兼营房地产开发业务

企业转让房地产，按规定预交的土地增值税，借记“应交税费——应交土地增值税”账户，贷记“银行存款”等账户；待房地产收入实现时，企业主营或兼营房地产开发业务应交的土地增值税，借记“营业税金及附加”账户，贷记“应交税费——应交土地增值税”账户。

【例 9-52】 某房地产开发企业开发某住宅小区，从×7 年 6 月开始向外预售，×8 年 10 月底全部销完，取得销售收入 18 600 万元，为开发该小区企业共支出土地出让金 2 700 万元，开发成本 5 600 万元，交纳营业税、城市建设维护税、教育费附加及印花税等 957.9 万元，当地政府规定可按土地出让费和开发成本的 10%扣除房地产开发费用。假定税务机关核定企业从×7 年 7 月初开始每月预交土地增值税 100 万元，至×8 年 10 月底，已预交土地增值税 1 600 万元。从事房地产开发的企业可以按土地出让费和房地产开发成本之和的 20%加计扣除。其账务处理如下。

扣除项目金额 = 2 700 + 5 600 + 957.9 + (2 700 + 5 600) × 30% = 11 747.9（万元）

增值额 = 18 600 − 11 747.9 = 6 852.1（万元）

增值额占扣除项目金额的比率 = 6 852.1 ÷ 11 747.9 = 58.33%

应交土地增值税 = 6 852.1 × 40% − 11 747.9 × 5% = 2 153.445（万元）

（1）每月预交土地增值税：

借：应交税费——应交土地增值税　　1 000 000

　　贷：银行存款　　1 000 000

（2）×8 年 10 月底计算应纳税额：

借：营业税金及附加　　21 534 450

　　贷：应交税费——应交土地增值税　　21 534 450

（3）补交土地增值税：

借：应交税费——应交土地增值税　　5 534 450

　　贷：银行存款　　5 534 450

2. 土地使用权与地上建筑物及附着物一并转让

土地使用权与地上建筑物及附着物一并在“固定资产”账户核算的，转让时应交的土地

增值税，借记“固定资产清理”账户，贷记“应交税费——应交土地增值税”账户。

【例 9-53】×8 年 10 月 A 公司转让办公楼一幢，取得转让收入 8 000 万元，另收到彩电一台，含增值税市价为 0.585 万元，并依法缴纳了营业税（5%）、城市建设维护税（7%）、教育费附加（3%）、印花税（5‰）。已知该公司为取得土地使用权而支付的地价款和有关费用为 1 000 万元，投入房地产开发成本为 2 000 万元，房地产开发费用中的利息支出为 300 万元（能够按转让房地产项目分摊且有金融机构的证明），但其中 50 万元的利息属于加罚利息，其他房地产开发费用按土地出让费和开发成本的 5%扣除。从事房地产开发的企业可以按土地出让费和房地产开发成本之和的 20%加计扣除。假定 A 公司不属于房地产开发企业，则其账务处理如下：

收入总额 = 8 000 + 0.585 ÷ (1 + 17%) = 8 000.5（万元）

扣除项目金额 = 1 000 + 2 000 + (300 − 50) + (1 000 + 2 000) × 5% + 8 000.5 × 5% × (1 + 7% + 3%) + 8 000.5 × 5‰ = 3 880.03（万元）

增值额 = 8 000.5 − 3 880.03 = 4 120.47（万元）

增值额占扣除项目金额的比例 = 4120.47 ÷ 3880.03 = 106.2%

应交土地增值税 = 4 120.47 × 50% − 3 880.03 × 15% = 1 478.2305（万元）

借：固定资产清理——办公楼　　14 782 305

　贷：应交税费——应交土地增值税　　14 782 305

【例 9-54】某运输企业将其拥有的两座仓库出售给 B 公司，取得转让收入 1 300 万元。该仓库原价为 500 万元，已计提折旧 200 万元，税务机关确认的仓库评估价格为 600 万元。其账务处理如下：

增值额 = 1 300 − 600 = 700（万元）

增值额占扣除项目金额的比率 = 700 ÷ 600 = 116.67%

应交土地增值税 = 700 × 50% − 600 × 15% = 350 − 90 = 260（万元）

借：固定资产清理——仓库　　2 600 000

　贷：应交税费——应交土地增值税　　2 600 000

3. 转让土地使用权

转让土地使用权应交的土地增值税计入出售损益，账务处理方法参见第五章。

六、应交城市维护建设税和教育费附加

城市维护建设税和教育费附加是为了加强城市维护建设，扩大和稳定城市维护建设的资金来源，或者为了扩大地方教育经费的来源，加快发展地方教育事业，提高人民的文化素质，对缴纳增值税、消费税、营业税的单位和个人，按其缴纳的上述三项税额的一定比例计征的税金或税收附加费。

城市维护建设税按照纳税人所在地实行差别税率，市区为 7%，县城、建制镇为 5%，其他地区为 1%；教育费附加的缴纳比率为 3%。

企业主营和附营业务应交的城市维护建设税和教育费附加，借记“营业税金及附加”账户，贷记“应交税费——应交城市维护建设税、应交教育费附加”账户；出售固定资产应交的城市维护建设税和教育费附加，借记“固定资产清理”账户，贷记“应交税费——应交城市维护建设税、应交教育费附加”账户；交纳时，借记“应交税费——应交城市维护建设税、应交教育费附加”账户，贷记“银行存款”账户。

【例 9-55】 A 公司处于某市市区，×8 年 4 月份应交的增值税税额和消费税税额分别为 15 000 元和 5 000 元。其账务处理如下：

应交城市维护建设税 = (15 000 + 5 000) × 7% =1 400（元）

应交教育费附加 = (15 000 + 5 000) × 3% =600（元）

借：营业税金及附加 2 000

贷：应交税费——应交城市维护建设税 1 400

应交税费——应交教育费附加 600

【例 9-56】 A 公司按税务机关的规定分期预交增值税和消费税，每隔 10 日预交一次，月终汇算清缴。×8 年 1 月 2 日、12 日、22 日分别预交增值税 340 000 元和消费税 120 000 元，同时预交城市维护建设税和教育费附加。月末，企业计算出当月应交的增值税税额为 1 180 000 元和消费税税额为 420 000 元。其账务处理如下。

（1）×8 年 1 月 2 日、12 日、22 日预交税费：

预交城市维护建设税 = (340 000 + 120 000) × 7% = 32 200（元）

预交教育费附加 = (340 000 + 120 000) × 3% = 13 800（元）

借：应交税费——应交城市维护建设税 32 200

应交税费——应交教育费附加 13 800

贷：银行存款 46 000

（2）×8 年 1 月 31 日计算应交税费：

应交城市维护建设税 = (1 180 000 + 420 000) × 7% = 112 000（元）

应交教育费附加 = (1 180 000 + 420 000) × 3% = 48 000（元）

借：营业税金及附加 160 000

贷：应交税费——应交城市维护建设税 112 000

应交税费——应交教育费附加 48 000

（3）×8 年 1 月 31 日汇算清缴，补交城市维护建设税 15 400 元和教育费附加 6 600 元：

借：应交税费——应交城市维护建设税 15 400

应交税费——应交教育费附加 6 600

贷：银行存款 22 000

【例 9-57】 企业出售厂房应交的城市维护建设税和教育费附加分别为 15 000 元和 6 428.57 元。其账务处理如下：

借：固定资产清理——厂房 21 428.57

贷：应交税费——应交城市维护建设税 15 000.00

应交税费——应交教育费附加 6 428.57

七、应交房产税、土地使用税和车船使用税

房产税是对城市、县城、建制镇和工矿区的房屋产权所有人、经营管理单位、承典人、房产代管人和使用人，依照房产原值一次扣减 10%～30%损耗后的房产余值的 1.2%或房产租金收入的 12%征收的一种税。

城镇土地使用税是为了合理利用城镇土地，调节土地级差收入，提高土地使用效益，加强土地管理，对在城市、县城、建制镇和工矿区范围内占有和使用土地的各类企业、单位和

个人，按其实际占用的土地面积和适用的税额标准征收的一种税。

车船使用税是对在中国境内拥有并使用车辆、船舶的各类企业、单位和个人，按其车辆数量或净吨位和船舶净吨位或载重吨位以及适用的税额标准征收的一种税。值得注意的是，外商投资企业、外国企业和外国人不缴纳车船使用税。

企业按规定应交的房产税、城镇土地使用税、车船使用税，借记“管理费用”账户，贷记“应交税费——应交房产税、应交土地使用税、应交车船使用税”账户；交纳时，借记“应交税费——应交房产税、应交土地使用税、应交车船使用税”账户，贷记“银行存款”账户。

【例 9-58】 某公司 ×7 年 12 月 31 日“固定资产——房产”账面原价为 2 000 000 元。×8 年 2 月 1 日，公司将原价为 1 000 000 元的房屋租给其他单位使用，每年收取租金 120 000 元。当地政府规定，房产原值扣除 30%损耗后作为房产余值。房产税按年计算，分季缴纳。该公司第一季度的账务处理如下：

1 月份应交房产税 = 2 000 000 × (1 − 30%) × 1.2% ÷ 12 = 1 400（元）

借：管理费用——房产税　　1 400

　贷：应交税费——应交房产税　　1 400

2、3 月份每月应交房产税 = (2 000 000 − 1 000 000) × (1 − 30%) × 1.2% ÷ 12 + 120 000 × 12% ÷ 12 = 1 900（元）

借：管理费用——房产税　　1 900

　贷：应交税费——应交房产税　　1 900

【例 9-59】 美达商场实行统一核算，该商场实际占用土地情况为：总店占地面积为 10 000 平方米，一分店占地 6 000 平方米，二分店占地 5 000 平方米，企业仓库占地 8 000 平方米，企业自办幼儿园占地 500 平方米。经税务机关确认，该企业占用土地分别适用市政府确定的以下税额：总店位于一等地段，每平方米年税额 7 元；一分店和幼儿园位于二等地段，每平方米年税额 5 元；二分店位于三等地段，每平方米年税额 4 元；仓库位于五等地段，每平方米年税额 1 元。另外，该市政府规定，企业自办托儿所、幼儿园、学校用地免征城镇土地使用税。其账务处理如下：

总店占地应交土地使用税 = 10 000 × 7 = 70 000（元）

一分店占地应交土地使用税 = 6 000 × 5 = 30 000（元）

二分店占地应交土地使用税 = 5 000 × 4 = 20 000（元）

仓库占地应交土地使用税 = 8 000 × 1 = 8 000（元）

全年应交城镇土地使用税 = 70 000 + 30 000 + 20 000 + 8 000 = 128 000（元）

借：管理费用　　128 000

　贷：应交税费——应交土地使用税　　128 000

【例 9-60】 某海洋运输公司 ×8 年 1 月拥有净吨位 20 000 吨机动船 1 只、15 000 吨机动船 2 只、10 000 吨机动船 3 只、5 000 吨机动船 12 只、3 000 吨机动船 4 只、1 000 吨机动船 4 只、500 吨机动船 4 只。另有载重吨位 150 吨非机动船 6 只，300 吨非机动船 4 只。当地人民政府规定按季缴纳车船使用税。其账务处理如下：

机动船全年应交车船使用税 = 20 000 × 1×5 + 15 000 × 2×5 + 10 000 × 3×4.2 + 5 000 × 12 × 4.2 + 3 000 × 4×3.2 + 1 000 × 4×2.2 + 500 × 4×1.6 = 678 400（元）

非机动船全年应交车船使用税 = 150 × 6×1 + 300 × 4×1.2 = 2 340（元）

全年应交车船使用税 = 678 400 + 2 340 = 680 740（元）

1 月份应交车船使用税 = 680 740 ÷ 12 = 56 728.33（元）

借：管理费用——车船使用税　　56 728.33

　　贷：应交税费——应交车船使用税　　56 728.33

【例 9-61】 某工厂 ×8 年 2 月拥有 4.5 吨载货汽车 6 辆、2 吨载货汽车 6 辆；1.5 吨客货两用车 3 辆，其中一辆归厂办技术学校使用；中型面包车 4 辆，其中一辆归厂办医院使用；小轿车 2 辆。当地政府规定，载货汽车每吨年税额 50 元，载人汽车每辆年税额 200 元。按规定，厂办学校、医院使用的车辆免征车船使用税。其账务处理如下：

全年应交车船使用税 = 4.5 × 6×50 + 2 × 6×50 + (3−1) × 1.5 × 50

+ (3−1) × 200 ÷ 2 + (4−1) × 200 + 2 × 200

= 1 350 + 600 + 150 + 200 + 600 + 400 = 3 300（元）

2 月份应交车船使用税 = 3 300 ÷ 12 = 275（元）

借：管理费用——车船使用税　　275

　　贷：应交税费——应交车船使用税　　275

八、应交印花税

印花税是对在中国境内书立、领受税法列举凭证的各类企业、单位和个人，以应税凭证记载金额或凭证件数和适用的税率或税额标准征收的一种税。

由于印花税实行由纳税人根据规定自行计算应纳税额购买并一次贴足印花税票的方法缴纳，不会发生应付未付税款的情况，同时也不存在与税务机关结算和清算的问题，因而企业缴纳的印花税不通过“应交税费”账户核算。企业在购买印花税票时，借记“管理费用”账户，贷记“银行存款”、“库存现金”等账户。

【例 9-62】 某企业年初开业，领受房产权证、工商营业执照、商标注册证、土地使用证各一件；订立转让专用技术使用权书据一件，所载金额 200 万元；订立产品销货合同一件，所载金额 600 万元；订立借款合同一份，所载金额 80 万元；订立财产保险合同一份，所载金额 3.6 万元。另外，企业营业账簿中资金账簿记载的实收资本和资本公积两项合计金额为 600 万元；其他账簿 5 册。其账务处理如下：

领受权利许可证照应交印花税 = 4 × 5 = 20（元）

产权转移证书应交印花税 = 2 000 000 × 0.5‰ = 1 000（元）

销售合同应交印花税 = 6 000 000 × 0.3‰ = 1 800（元）

借款合同应交印花税 = 800 000 × 0.05‰ = 40（元）

财产保险合同应交印花税 = 36 000 × 1‰ = 36（元）

资金账簿应交印花税 = 6 000 000 × 0.5‰ = 3 000（元）

其他账簿应交印花税 = 5 × 5 = 25（元）

应交印花税总额 = 20 + 1 000 + 1 800 + 40 + 36 + 3 000 + 25 = 5 921（元）

借：管理费用——印花税　　5 921

　　贷：银行存款　　5 921

九、应交车辆购置税和耕地占用税

车辆购置税是对在中国境内购买、进口、自产、受赠、获奖或以其他方式取得并自用应税车辆（包括各类汽车、摩托车、电车、挂车、农用运输车）的各类企业、单位和个人征收的一种税。车辆购置税实行从价定率一次性征收，购买的车辆以支付给销售者的全部价款和价外费用之和为计税依据；进口的车辆以关税完税价格、关税和应交消费税三者之和为计税依据；自产、受赠、获奖或以其他方式取得的车辆以规定的最低计税价格为计税依据。车辆购置税税率为10%。由于车辆购置税由纳税人在向公安局车管所办理车辆注册登记时缴纳，不会形成应交款项，同时也不存在与税务机关结算和清算的问题，因而企业缴纳的车辆购置税不通过“应交税费”账户核算。企业按规定缴纳的车辆购置税计入所购置车辆成本，借记“固定资产”账户，贷记“银行存款”账户。

耕地占用税是对占用耕地建房或从事其他非农业生产建设的各类企业、单位和个人，按其实际占用的耕地面积和适用的税额标准征收的一种税。由于耕地占用税一次性缴纳，不通过“应交税费”账户核算。企业按规定缴纳的耕地占用税计入所取得土地使用权成本，借记“无形资产”、“开发成本”、“投资性房地产”等账户，贷记“银行存款”账户。

【例 9-63】某工程公司 4 月 12 日开出转账支票一张，从某汽车市场购入小汽车一辆，价款为 175 500 元（含增值税）；4 月 20 日经批准从美国进口大型载重汽车 2 辆，到岸价格为 25 万美元，按规定缴纳进口关税 465 000 元和消费税 175 217.30 元，当日汇率为 1 美元 = 6.20 元人民币；4 月 25 日收到某汽车厂作为投资投入的载货汽车一辆，国家税务总局规定的最低计税价格为 40 000 元。其账务处理如下：

应交车辆购置税 = 175 500 ÷ (1 + 17%) × 10% + (250 000 × 6.2 + 465 000 + 175 217.30)

× 10% + 40 000 × 10% = 15 000 + 219 021.73 + 4 000 = 238 021.73（元）

借：固定资产——小汽车　　238 021.73

　贷：银行存款　　238 021.73

【例 9-64】某工厂×8 年 1 月份经批准征用耕地 3 000 平方米用于建设厂房，当地政府规定的耕地占用税为每年每平方米 5 元。其账务处理如下：

借：无形资产——土地使用权　　15 000

　贷：银行存款　　15 000

【例 9-65】某房地产开发企业经土地管理部门批准征用耕地 16 000 平方米用于房地产开发，当地政府规定的耕地占用税为每年每平方米 6 元。其账务处理为：

借：开发成本——××房产　　96 000

　贷：银行存款　　96 000

十、应交契税

1. 纳税人

契税是对土地、房屋权属转移时，向承受人征收的一种税。契税的纳税人是在中国境内受让、购置、受赠、交换土地权属的各类企业、单位和个人。具体包括：土地使用权转让；房屋买卖、赠与和交换；以土地和房屋权属作价投资、入股、抵偿债务；以获奖、预购或集资建房方式承受土地和房屋权属的承受人。

2. 税率

契税实行 3%～5%的幅度比例税率。由各省、自治区、直辖市人民政府在上述幅度内确定具体适用税率。

3. 计税方法

契税按照计税依据和适用税率计征。契税的计税依据为：土地使用权的出让或出售、房屋买卖为成交价格；土地使用权和房屋的赠与，由征收机关参照土地使用权出售、房屋买卖的市场价格核定；土地使用权和房屋的交换，为所交换的土地使用权和房屋价格的差额。

4. 账务处理

由于契税一次性缴纳，所以不通过"应交税费"账户核算。企业按规定缴纳的契税计入取得土地使用权或房屋所有权成本，借记"无形资产"、"开发成本"、"固定资产"、"投资性房地产"等账户，贷记"银行存款"账户。

【例 9-66】 某中外合资企业×8 年 1 月取得某块土地使用权，支付土地出让费 1 200 000 元，当地政府规定的契税税率为 3%。其账务处理如下：

借：无形资产——土地使用权　　1 200 000 × 3% = 36 000

　　贷：银行存款　　36 000

【例 9-67】 某房地产开发企业×8 年 4 月 12 日购入国有土地一块，支付土地出让费 12 000 000 元，用于房地产开发，当地政府规定的契税税率为 5%。其账务处理如下：

借：开发成本——××房产　　12 000 000 × 5% = 600 000

　　贷：银行存款　　600 000

【例 9-68】 某企业×8 年购入办公用房屋一幢，价值为 6 400 000 元，当地政府规定的契税税率为 3%。其账务处理如下：

借：固定资产——办公楼　　6 400 000 × 3% = 192 000

　　贷：银行存款　　192 000

【例 9-69】 A 公司将其拥有的库房 10 间与 B 公司拥有的厂房一座相交换，协议约定由 A 公司补付现金 1 000 000 元，契税税率为 4%。A 公司的账务处理如下：

借：固定资产——厂房　　1 000 000 × 4% = 40 000

　　贷：银行存款　　40 000

十一、应交矿产资源补偿费

矿产资源补偿费是对在我国领域和其他管辖海域开采矿产资源的单位，以其矿产品销售收入的一定比例计征的一种款项。其计算公式为

$$应交矿产资源补偿费 = 矿产品销售收入 \times 补偿费费率 \times 开采回采率系数$$

其中：

$$开采回采率系数 = 核定开采回采率 \times 实际开采回采率$$

（1）企业销售矿产品和对矿产品自行加工的，应当根据各月矿产品销售收入和开采回采率系数（对矿产品自行加工的，根据国家规定价格计算的销售收入，国家没有规定价格的，根据征收时矿产品的市场价格计算的销售收入）等资料计算应交的矿产资源补偿费，并按月计提，借记"管理费用"等账户，贷记"应交税费——应交矿产资源补偿费"账户。

（2）企业收购未纳矿产资源补偿费的矿产品时，按支付的收购款和代扣代缴的矿产资源

补偿费，借记“材料采购”、“原材料”等账户，按支付的收购款，贷记“银行存款”账户，按代扣代缴的矿产资源补偿费，贷记“应交税费——应交矿产资源补偿费”账户。

（3）缴纳应交的矿产资源补偿费或代扣代缴的矿产资源补偿费时，借记“应交税费——应交矿产资源补偿费”账户，贷记“银行存款”账户。

同步练习

一、单项选择题

1. 委托加工应纳消费税物资（非金银首饰）收回后直接出售的，其由受托方代扣代缴的消费税，应计入（ ）账户。

A. 营业税金及附加　　B. 委托加工物资
C. 管理费用　　D. 应交税费——应交消费税

2. 因采购商品开出面值400 000元、利率10%、期限3个月的商业汇票一张。该票据到期时应当支付的金额为（ ）元。

A. 400 000　　B. 440 000　　C. 410 000　　D. 415 000

3. 因山洪暴发毁损库存材料一批，实际成本为20 000元，收回残料800元和保险公司赔偿11 600元。如果该材料的增值税税率为17%，则该材料的非常损失净额是（ ）元。

A. 7 600　　B. 18 800　　C. 8 400　　D. 11 000

4. 下列不征收营业税的是（ ）。

A. 销售不动产一栋　　B. 邮电部门销售信封
C. 某汽车修理厂修理汽车　　D. 保险公司的承保业务

5. 因解除与职工的劳动关系而给予的补偿，应当借记（ ）账户。

A. 在建工程　　B. 研发支出　　C. 销售费用　　D. 管理费用

6. 小规模纳税企业购入原材料一批，价款为20 000元，增值税税额为3 400元，运输费为500元。该批原材料的入账价值为（ ）元。

A. 19 500　　B. 23 900　　C. 20 500　　D. 23 300

7. 到期不能兑付的商业承兑汇票，未签发新的票据时，应付票据账面余额应当转入（ ）。

A. 应收账款　　B. 应付账款　　C. 坏账损失　　D. 其他应付款

8. 某增值税一般纳税人盘点存货时发现外购商品发生变质，实际成本为 50 万元，如果购入时确认的进项税额为8.5万元，则计入“待处理财产损溢”账户的金额为（ ）万元。

A. 50　　B. 60.2　　C. 58.5　　D. 70.2

9. 企业将自产产品作为非货币性福利发放给职工的，应当按照该产品的（ ）计入相关资产成本或损益。

A. 公允价值　　B. 重置成本　　C. 平均售价　　D. 实际成本

10. 以现金结算的股份支付在可行权日后，应付职工薪酬的公允价值变动计入（ ）账户，企业不再调整等待期内确认的成本费用。

A. 生产成本　　B. 管理费用　　C. 公允价值变动损益　　D. 营业外支出

11. 无须支付的应付款项，经确认后作为（　　）处理。

A. 坏账准备　　B. 资本公积　　C. 营业外收入　　D. 其他业务收入

12. 将生产的应税消费品直接对外销售应交的消费税，应当通过（　　）账户核算。

A. 主营业务成本　　B. 营业税金及附加　　C. 其他业务成本　　D. 生产成本

13. 银行承兑汇票到期无法偿付时，应当进行的处理是（　　）。

A. 不进行账务处理　　B. 转作其他应付款　　C. 转作短期借款　　D. 转作应付账款

14. 自产的应税矿产品用于产品生产应交的资源税，应当通过（　　）账户核算。

A. 营业税金及附加　　B. 主营业务成本　　C. 生产成本　　D. 制造费用

15. 某增值税一般纳税人×8 年纳税情况如下：增值税 1 700 万元，消费税 1 300 万元，耕地占用税 160 万元，车船使用税 1 万元，印花税 3 万元，所得税 240 万元。上述各项税金应当记入“应交税费”账户借方的金额是（　　）万元。

A. 3 381　　B. 3 241　　C. 3 243　　D. 3 244

16. 某企业本期应交增值税 40 000 元、消费税 20 000 元、营业税 40 000 元、土地增值税 20 000 元。若该企业适用的城建税税率为 7%，则该企业应交的城建税为（　　）元。

A. 4 200　　B. 5 600　　C. 7 000　　D. 8 400

17. 甲公司生产的产品先按规定征收增值税，然后按实际缴纳增值税额返还 60%。甲公司收到的返还的增值税税额，应当通过（　　）账户核算。

A. 营业外收入　　B. 资本公积　　C. 应交税费　　D. 其他业务收入

二、多项选择题

1. 企业按规定缴纳营业税的项目有（　　）。

A. 销售商品取得收入　　B. 销售不动产取得收入

C. 出租无形资产取得收入　　D. 提供运输劳务取得收入

2. 应当通过“应交税费”账户核算的税金有（　　）。

A. 消费税　　B. 营业税　　C. 土地增值税　　D. 城市维护建设税

3. 企业从职工工资中代扣代缴的职工个人所得税，应当借记和贷记的账户是（　　）。

A. 其他应付款　　B. 应付职工薪酬

C. 银行存款　　D. 应交税费——应交个人所得税

4. 企业在生产经营过程中，因购入货物而发生的债务有（　　）。

A. 应付账款　　B. 长期应付款　　C. 应付票据　　D. 预收账款

5. 不通过“应交税费”账户核算的税金有（　　）。

A. 车辆购置税　　B. 耕地占用税　　C. 契税　　D. 印花税

6. 下列项目中，属于职工薪酬的有（　　）。

A. 工伤保险　　B. 非货币性福利　　C. 津贴和补贴　　D. 辞退福利

7. 下列各项行为中，应当作为增值税进项税额转出处理的有（　　）。

A. 非应税项目领用生产用材料　　B. 工程项目领用自产产品

C. 管理不善造成的存货盘亏　　D. 以产品对外投资

8. 支付短期借款利息时，可能借记的账户有（　　）。

A. 短期借款　　B. 预提费用　　C. 应付利息　　D. 财务费用

9. 下列各项中，只能计入“财务费用”的有（ ）。

A. 支付银行承兑汇票的手续费　　B. 带息应付票据的利息

C. 销售企业实际发生的现金折扣　　D. 发行债券计提的利息

10. 下列属于其他应付款核算范围的有（ ）。

A. 待领工资　　B. 应付经营租入固定资产租金

C. 存出投资款　　D. 收取的包装物押金

11. 下列各项中，应当通过“应付职工薪酬”账户核算的有（ ）。

A. 工资　　B. 经常性奖金

C. 养老保险　　D. 以现金结算的股份支付

12. 企业应交的营业税可能借记的账户有（ ）。

A. 营业税金及附加　　B. 销售费用

C. 固定资产清理　　D. 其他业务成本

13. 下列各项，应当通过“应交税费——未交增值税”账户核算的有（ ）。

A. 本月上交本月增值税　　B. 本月上交上期增值税

C. 结转本月应交未交增值税　　D. 结转本月多交增值税

14. 应当通过“营业税金及附加”账户核算的税金有（ ）。

A. 土地增值税　　B. 消费税　　C. 城市维护建设税　　D 营业税

15. 计入资产成本的税金有（ ）。

A. 耕地占用税　　B. 车辆购置税　　C. 契税　　D. 土地增值税

16. 计入管理费用的税费有（ ）。

A. 房产税　　B. 矿产资源补偿费　　C. 车船使用税　　D. 土地使用税

17. 一般纳税企业下列行为中，登记增值税销项税额的有（ ）。

A. 将自产产品用于在建工程　　B. 将库存材料用于在建工程

C. 将库存材料用于对外投资　　D. 库存产成品发生非正常损失

三、判断题

1. 企业开出并承兑带息商业汇票时，应当按其到期应付金额贷记“应付票据”账户。（ ）

2. 预收账款属于负债，但与应付账款不同，它通常不需要以货币偿付。（ ）

3. 在折扣期内付款享受的现金折扣应当增加当期的财务费用。（ ）

4. 短期借款利息在计提或实际支付时均通过“短期借款”账户核算。（ ）

5. 将自产产品用于在建工程，因会计核算时不作为销售处理，因此不需要交纳增值税。（ ）

6. 企业提供运输劳务取得的收入应当缴纳营业税。（ ）

7. 对企业来说，增值税是与企业损益无关的税金。（ ）

8. 企业应交的各种税金都应当通过“应交税费”账户核算。（ ）

9. 完成等待期内的服务或达到规定业绩条件以后才可行权的以现金结算的股份支付，在等待期内的每个资产负债表日，依然按账面价值计量。（ ）

10. 应付账款一般按应付金额入账，而不按到期应付金额的现值入账。（ ）

11. 计提的教育费附加和营业税一样，应当通过“应交税费”账户核算。（ ）

12. 企业购进货物用于非增值税应税项目时，支付的增值税额应当计入货物的采购成本。（ ）

13. 一般纳税人当期销项税额小于当期进项税额不足抵扣时，其不足部分可以结转下期继续抵扣。（　　）

14. 企业将不动产无偿赠与他人，应当视同销售缴纳营业税。（　　）

15. 企业退休人员的退休金应当计入管理费用。（　　）

16. 企业只有在对外销售应税消费品时才缴纳消费税。（　　）

17. 支付给职工的生活困难补助，只能计入管理费用。（　　）

18. 消费税属于价内税，因而应交的消费税只能通过“营业税金及附加”账户核算。（　　）

四、业务题

1. ×8 年 2 月 5 日甲公司销售产品一批给乙公司，款未收到。双方约定，乙公司在 ×8 年 9 月 30 日付款。×8 年 4 月 1 日甲公司因急需流动资金，经与中国银行协商，以应收乙公司货款为质押取得 3 个月期限的流动资金借款 200 000 元，利率为 6%，利息按月计提，到期一次还本付息。

要求：编制甲公司的相关会计分录。

2. 甲公司为增值税一般纳税人，×8 年 9 月发生如下经济业务。

（1）9 月 1 日购入厂房建造用材料一批，价款为 50 万元，增值税税额为 8.5 万元，开出利率为 8%、期限为 3 个月的商业承兑汇票一张，在月末计算应付利息。

（2）9 月 3 日收到乙公司预付货款 10 万元。

（3）9 月 10 日向乙公司发出货物，售价为 30 万元，应收取的增值税税额为 5.1 万元，并收到剩余款项。

（4）9 月 30 日计算商业承兑汇票的应付利息。

要求：编制上述业务的会计分录。

3. 甲公司为增值税一般纳税人，×8 年 4 月份发生如下经济业务。

（1）根据供电部门通知，企业本月应付电费 60 000 元，其中生产车间照明用电费 50 000 元，行政管理部门照明用电费 10 000 元。

（2）购入不需要安装的设备一台，价款为 100 000 元，可抵扣增值税税额为 17 000 元，款未付。

（3）库存材料因雷击毁损一批，成本为 8 000 元，购入时确认的进项税额为 1 360 元。

（4）建造厂房领用原材料，成本为 20 000 元，购入时确认的进项税额为 3 400 元。

（5）向希望小学捐赠产品一批，计税价格为 100 000 元，成本为 80 000 元，适用的增值税税率为 17%。

（6）收到税务部门减免的增值税税额 50 000 元存入银行。

（7）因管理不善原材料被盗，成本为 4 000 元，购入时支付的增值税税额为 680 元。

要求：编制上述业务的会计分录。

4. 乙公司为增值税一般纳税人，生产各种日用家电产品，存货采用实际成本法核算。×8 年 4 月 30 日，“应交税费——应交增值税”账户借方余额为 2 000 元。×8 年 5 月和 6 月发生如下经济业务。

（1）5 月 18 日修理生产用机床，修理费为 2 500 元，可抵扣增值税税额为 425 元，款项已通过银行转账支付。

（2）5 月 20 日用银行存款预交本月增值税税额 13 600 元。

（3）5 月 21 日销售使用过的小汽车一辆，原价为 150 000 元，已计提折旧 120 000 元，售价为 26 000 元；销售使用过的设备一台，原价为 80 000 元，已计提折旧 56 000 元，售价为 60 000 元，适用的增值税税率为 17%。

（4）5 月 26 日销售产品一批，适用的增值税税率为 17%，开具增值税专用发票 15 份，累计注明不含税价款 800 000 元，开具普通发票 8 份，累计注明金额 70 200 元，款项已收存银行。

（5）6 月 8 日用银行存款缴纳上月欠交增值税 118 000 元。

要求：

（1）编制上述业务的会计分录；

（2）计算并结转 5 月份应交未交的增值税。

5. 甲公司为增值税一般纳税人，原材料按实际成本核算。×8 年发生如下经济业务。

（1）用银行存款支付耕地占用税 30 万元。

（2）销售自产应税消费品一批，售价为 180 万元，成本为 120 万元，应收取的增值税税额为 30.6 万元，应交消费税税额为 18 万元，款未收到。

（3）收购免税农产品一批并已验收入库（生产用材料），用银行存款支付价款 24 万元（增值税扣除率为 13%）。

（4）收购未纳税矿产品一批，并已验收入库（生产用材料），价款为 12 万元，可抵扣增值税税额为 2.04 万元，代扣代缴资源税税额为 2.25 万元，款项已用银行存款支付。

（5）购买并使用印花税票 3 万元。

（6）将自产应税消费品用于非增值税应税项目，成本为 120 万元，计税价格为 127.5 万元，适用的增值税税率为 17%、消费税税率为 10%。

（7）委托某企业加工材料一批，加工费为 7.5 万元，可抵扣增值税税额为 1.275 万元，由受托方代收代缴消费税 0.75 万元，材料收回后直接对外销售，加工费和税金均用银行存款支付。

（8）销售原材料一批，售价为 9 万元，成本为 8 万元，应收取的增值税税额为 1.53 万元，款未收到。

（9）出售办公用房一栋，原价 2 250 万元，已计提折旧 1 650 万元，取得收入 1 432.5 万元存入银行，适用的营业税税率为 5%，用银行存款支付清理费用 9 万元。

要求：

（1）根据上述资料编制有关会计分录；

（2）计算本期应交增值税额和消费税额。

6. 甲公司将用于继续生产应税消费品（Y 产品）所用原材料委托乙公司加工。11 月 20 日，发出材料实际成本为 51 950 元；11 月 25 日，收回加工物资并验收入库，用现金支付往返运杂费 150 元，应付加工费为 7 000 元，适用的增值税税率为 17%、消费税税率为 10%，加工费及税金均未结算；11 月 28 日，将所加工收回的物资投入生产 Y 产品，在生产过程中发生工资费用 20 000 元，福利费用 2 800 元，分配制造费用 18 100 元；11 月 30 日，Y 产品完工验收入库；12 月 5 日，销售全部 Y 产品，售价为 200 000 元（不含增值税），适用的增值税税率为 17%、消费税税率为 10%，款未收到。甲公司和乙公司均为增值税一般纳税人。

要求：编制甲公司的有关会计分录。

7. 甲公司共有职工 310 人，其中生产工人 200 人，车间管理人员 15 人，行政管理人员 20 人，销售人员 15 人，在建工程人员 60 人。×8 年 12 月份发生如下经济业务。

（1）本月应付职工工资总额为 380 万元，工资费用分配汇总表中列示的产品生产工人工资为 200 万元，车间管理人员工资为 30 万元，行政管理人员工资为 50 万元，销售人员工资为 40 万元，在建工程人员工资为 60 万元。

（2）将自产的电暖气发放给每名职工，单位成本为 800 元，单位市场售价为 1 000 元，适用的增值税税率为 17%。

（3）为总部部门经理以上职工提供汽车免费使用，为副总裁以上高级管理人员每人租赁一套住房。假定甲公司现有总部部门经理以上职工 10 人，所提供汽车每月计提折旧 2 万元；副总裁以上职工 3 人，所提供住房每月支付租金 2 万元。

（4）用银行存款支付副总裁以上职工住房租金 2 万元。

（5）结算本月应付职工工资 380 万元，代扣职工房租 10 万元和个人所得税 20 万元，扣回企业代垫职工家属医药费 2 万元，余款用银行存款支付。

（6）下设的职工食堂享受企业提供的补贴，本月领用自产产品一批，该产品的账面价值为 8 万元，市场价格为 10 万元，适用的增值税税率为 17%、消费税税率为 10%。

要求：编制上述业务的会计分录。

第十章　非流动负债

【内容简介与学习目标】

本章阐述借款费用、应付债券、长期借款、长期应付款、专项应付款的会计处理。通过学习本章，应该明确非流动负债的含义、特点和分类；掌握借款费用的范围和确认原则、借款费用应予资本化的借款和资产范围、借款费用资本化期间的确定、借款费用资本化金额的确定及会计处理；掌握应付债券、长期借款、长期应付款和专项应付款的会计处理，尤其是可转换公司债券的会计处理。

第一节　非流动负债概述

一、非流动负债的特点

非流动负债又称为长期负债，指偿还期限在 1 年或超过 1 年的一个营业周期以上的债务。它是企业向债权人筹集的，可供企业长期使用的资金。与流动负债相比较，它具有数额较大、偿还期限较长、可以分期偿还的特点。

企业为了扩大生产经营规模，增加各种长期耐用的固定资产，如购置大型设备和房地产、增建或扩建厂房等，需要为数巨大的长期资金。这些仅依靠企业拥有的经营资金通常是无法满足的，若等待企业积累的留存收益则可能丧失良机。企业筹措这方面的长期资金，主要有两种方式：一是增发股票，由股东追加投资；二是举借长期负债，由债权人提供资金。举借长期负债与增加投资者投入资本相比有以下几个优点。

（1）举借长期负债，不影响投资者原有的投资比例，有利于保持原有的投资者控制企业的权力，不会稀释企业普通股的每股收益，也不会引起股票市价的下跌。

（2）举借长期负债，使企业投资者有可能利用借入资金增加自己的投资收益。当预期的投资报酬率高于长期负债利率时，企业通常选择这一筹措方式，以获取财务杠杆利益。

（3）举借长期负债，其利息支出作为一项费用支出，一般可以直接计入当期损益，成为所得税前的一个扣减项目，而对投资者分配的利润或股利只能在税后利润中列支，财务上将这一优点称为“税收挡板”。

举借长期负债对企业也有不利的一面，会给企业带来较大的财务风险。非流动负债一般都有明确的到期日，如果企业无法及时支付利息或按期偿还本金，债权人的要求权可能迫使企业进行破产清算。因此，企业举借长期负债必须合理谨慎，适度举债，举借程度应当与企业的资本结构和偿债能力相适应。

二、非流动负债的分类

根据筹措方式不同，企业的非流动负债一般可分为以下四类。

（1）长期借款，指企业向银行或其他金融机构借入的偿还期限在 1 年以上的各种借款。

（2）应付债券，指企业依照法定程序发行，约定在 1 年或超过 1 年的一个营业周期以上的期限内还本付息的一种有价证券。

（3）长期应付款，指企业除长期借款和应付债券以外的其他各种长期应付款项。

（4）专项应付款，指企业取得的政府作为所有者投入的具有专项或特定用途的款项，如专门用于技术改造、技术研究等项目的拨款。

第二节 借款费用的处理

一、借款费用的内容

借款费用是指企业因借入资金所付出的代价，包括借款利息、折价或溢价的摊销、辅助费用以及因外币借款而发生的汇兑差额等。

1. 因借款而发生的利息

因借款而发生的利息包括企业向银行或其他金融机构等借入资金发生的利息、发行公司债券发生的利息，以及为购建或生产符合资本化条件的资产而承担的带息债务发生的利息等。

2. 折价或溢价的摊销

因借款而发生的折价或溢价主要是企业发行债券发生的折价或溢价。折价或溢价的摊销实质上是对债券票面利息的调整，因而构成了借款费用的组成部分。企业应当在债券还款期限内，对折价或溢价采用实际利率法分期摊销，调整各期利息费用。

3. 因借款而发生的辅助费用

因借款而发生的辅助费用是指企业在借款过程中发生的手续费、佣金、印刷费等费用。由于这些费用是安排借款而发生的，也是借入资金的一部分代价，因而也构成了借款费用的组成部分。

4. 因外币借款而发生的汇兑差额

因外币借款而发生的汇兑差额是指由于汇率变动而对外币借款本金及其利息的记账本位币金额产生的影响。因汇兑差额与外币借款直接相关，因而也构成借款费用的组成部分。

二、借款费用的确认

1. 借款费用的确认原则

借款费用的确认主要解决的是将每期发生的借款费用予以资本化，计入相关资产成本，还是予以费用化，计入当期损益的问题。在资本化期间发生的借款费用，可直接归属于符合资本化条件的资产的购建或生产的，应当予以资本化，计入符合资本化条件的资产成本；其他借款费用，应当在发生时确认为财务费用，计入当期损益。

2. 借款费用资本化的资产范围

符合资本化条件的资产是指需要经过相当长时间的购建或生产活动才能达到预定可使用或可销售状态的固定资产、无形资产、投资性房地产和存货等资产。其中，"相当长时间"是指资产的购建或生产所必需的时间，通常在1年以上（含1年）。由于人为或故意等非正常因素导致资产的购建或生产时间较长的，不属于符合资本化条件的资产。

符合资本化条件的存货主要包括房地产开发企业开发的用于对外出售的房地产开发产品、企业制造的用于对外出售的大型机器设备等。这类存货通常需要经过相当长时间的建造或生产过程，才能达到预定可销售状态。

【例10-1】 A公司向银行借入资金分别用于生产甲产品和乙产品。其中，甲产品的生产时间较短，为1个月；乙产品属于大型发电设备，生产时间较长，为1年零3个月。

本例中，由于甲产品的生产时间较短，为甲产品的生产而借入资金发生的借款费用不应当计入甲产品生产成本，而应当计入当期财务费用。而乙产品的生产时间比较长，属于需要经过相当长时间的生产才能达到预定可销售状态的资产，因而为乙产品的生产而借入资金发生的借款费用符合资本化的条件，应当计入乙产品生产成本。

3. 借款费用资本化的借款范围

借款费用应当予以资本化的借款包括专门借款和一般借款。专门借款是指为购建或生产符合资本化条件的资产而专门借入的款项；一般借款是指除专门借款之外的借款，在借入时，没有明确必须用于符合资本化条件的资产的购建或生产。

专门借款在借款时已经指定用途，专门用于符合资本化条件的资产的购建或生产，因而资本化期间发生的与专门借款相关的借款费用必须予以资本化，计入符合资本化条件的资产成本。由于专门借款往往满足不了需要，企业有可能将专门借款以外的一般借款用于符合资本化条件的资产的购建或生产，满足借款费用资本化的条件，因而只有在购建或生产符合资本化条件的资产占用了一般借款时，才将与一般借款相关的借款费用予以资本化，计入符合资本化条件的资产成本；否则，发生的借款费用直接计入当期损益。

三、借款费用资本化期间的确定

借款费用资本化期间是指从借款费用开始资本化到停止资本化的时间间隔，但借款费用暂停资本化的期间不包括在内。只有发生在资本化期间的借款费用，才允许资本化，因而资本化期间的确定是借款费用确认和计量的重要前提。

1. 借款费用开始资本化的时点

借款费用同时满足下列条件的，才能开始资本化。

（1）资产支出已经发生，指企业已经发生了因购建或生产符合资本化条件的资产而以支付现金、转移非现金资产或承担带息债务等形式的支出。支付现金是指用货币资金支付符合资本化条件的资产的购建或生产支出；转移非现金资产是指企业将自己的非现金资产直接用于符合资本化条件的资产的购建或生产；承担带息债务是指企业为了取得购建或生产符合资本化条件的资产所需物资等而承担的带息应付款项，如带息应付票据。

【例10-2】 某企业为建造厂房，于×8年3月1日购入工程用物资一批，签发并承兑面值为2万元、期限为6个月、利率为6%的带息银行承兑汇票一张。

企业尽管没有为厂房建造支付现金，但承担了带息债务，所以应当将2万元的购买工程用物资款作为资产支出。

（2）借款费用已经发生，指企业已经发生了因购建或生产符合资本化条件的资产而专门借入款项的借款费用或占用一般借款的借款费用。

（3）为使资产达到预定可使用或可销售状态所必要的购建或生产活动已经开始，指符合资本化条件的资产的实体建造或生产工作已经开始，如主体设备的安装、厂房的实际开工建造等。

【例 10-3】 某企业为了建造写字楼购置了建筑用地，但是尚未开工兴建房屋，有关房屋实体建造活动也没有开始。

在这种情况下，即使企业为了购置建筑用地已经发生了支出，也不应当认为为使资产达到预定可使用状态所必要的购建活动已经开始。

企业只有在上述三个条件同时满足的情况下，有关借款费用才可以开始资本化，只要其中有一个条件没有满足，借款费用就不能开始资本化。

【例 10-4】×8 年 1 月 4 日 A 公司股东大会做出决议，决定建造厂房。为此，A 公司于 3 月 5 日向银行专门借款 1 000 万元，利率为 6%，款项于当日划入 A 公司银行存款账户。3 月 15 日厂房正式动工兴建；3 月 16 日 A 公司购入建造厂房用水泥一批，价款为 100 万元，当日通过银行转账支付；3 月 31 日计提当月专门借款利息。

假定 A 公司在 3 月份没有发生其他厂房购建支出，则 A 公司专门借款利息应当开始资本化的时间为 3 月 16 日。

2. 借款费用暂停资本化的条件

符合资本化条件的资产的购建或生产过程发生非正常中断，而且中断时间连续超过 3 个月的，应当暂停借款费用的资本化，在中断期间发生的借款费用应当确认为费用，计入当期损益，直至资产的购建或者生产活动重新开始。

非正常中断通常指由于企业管理层决策上的原因或其他不可预见的原因等导致的中断。例如，企业因与施工方发生了质量纠纷，或者施工、生产用料没有及时供应，或者资金周转发生了困难，或者施工、生产发生了安全事故，或者发生了与资产购建、生产有关的劳动纠纷等原因导致资产的购建或生产活动发生中断，均属于非正常中断。

正常中断与非正常中断显著不同。正常中断通常仅限于因购建或生产符合资本化条件的资产达到预定可使用或可销售状态所必要的程序，或者事先可预见的不可抗力因素导致的中断。例如，某些工程建造到一定阶段必须暂停下来进行质量或安全检查，检查通过后才可以继续下一阶段的建造工作，这类中断是在施工前可以预见的，而且是工程建造必须经过的程序，属于正常中断。又如，某企业在北方某地建造某工程期间，正遇冰冻季节，工程施工因此中断，待冰冻季节过后方能继续施工。由于该地区在施工期间出现较长时间的冰冻为正常情况，由此导致的施工中断属于事先可预见的不可抗力因素导致的中断，属于正常中断。在正常中断期间发生的借款费用应当继续资本化，计入符合资本化条件的资产成本。

3. 借款费用停止资本化的时点

符合资本化条件的资产达到预定可使用或可销售状态时，借款费用应当停止资本化。符合资本化条件的资产达到预定可使用或可销售状态后发生的借款费用，应当确认为财务费用，计入当期损益。

资产达到预定可使用或可销售状态是指所购建或生产的符合资本化条件的资产已经达到

建造方、购买方或企业自身等预先设计、计划或合同约定的可使用或可销售的状态。

【例 10-5】 A 公司借入款项一笔，于 ×7 年 2 月 1 日采用出包方式开工兴建办公楼一幢。×8 年 10 月 10 日工程全部完工，达到合同要求；10 月 30 日工程验收合格；11 月 15 日办理工程竣工结算；11 月 20 日完成全部资产移交手续；12 月 1 日办公楼正式投入使用。

本例中，企业应当将 ×8 年 10 月 10 日确定为工程达到预定可使用状态的时间，作为借款费用停止资本化的时间。后续的工程验收日、竣工结算日、资产移交日和投入使用日均不能作为借款费用停止资本化的时间，否则会导致资产价值和利润高估。

在界定借款费用停止资本化的时点时，应当按照实质重于形式的要求，从以下几个方面进行判断。

（1）符合资本化条件的资产的实体建造（包括安装）或生产活动已经全部完成或实质上已经完成。

（2）所购建或生产的符合资本化条件的资产与设计要求、合同规定或生产要求相符或基本相符，即使有极个别与设计要求、合同规定或生产要求不相符，也不影响其正常使用或销售。

（3）继续发生在所购建或生产的符合资本化条件的资产上的支出很少或几乎不再发生。

（4）所购建或生产的符合资本化条件的资产需要试生产或试运行的，试生产结果表明资产能够正常生产出合格产品，或者试运行结果表明资产能够正常运转或营业。

（5）如果所购建或生产的符合资本化条件的资产的各部分分别建造、分别完工，企业应当区别情况界定借款费用停止资本化的时点。

1）所购建或生产的符合资本化条件的资产的各部分分别完工，而且每部分在其他部分尚处于建造或生产过程中可供使用或可对外销售的，应当在该部分资产完工时停止与该部分资产相关的借款费用的资本化。这是因为，每部分资产完工时，可以认为该部分资产已达到预定可使用或可销售状态。

【例 10-6】 某企业利用借入资金建造由若干幢厂房组成的生产车间，每幢厂房完工时间不同，但每幢厂房在其他厂房继续建造期间均可单独使用。

在这种情况下，当其中的一幢厂房完工并达到预定可使用状态时，企业应当停止与该幢厂房相关的借款费用的资本化。

2）所购建或生产的符合资本化条件的资产的各部分分别完工，但每部分必须等到资产整体完工后才可使用或对外销售的，应当在该资产整体完工时停止与该部分资产相关的借款费用的资本化。这是因为，每部分资产完工时，还不能认为该部分资产已达到预定可使用或可销售状态，只有在资产整体完工时，才能认为该部分资产已达到预定可使用或可销售状态。

【例 10-7】 某企业建设涉及数项工程的钢铁冶炼项目时，每个单项工程都是根据各道冶炼工序设计建造的，只有在每项工程都建造完工后，整个冶炼项目才能正式运转，达到生产和设计要求。所以每个单项工程的完工均不能认为资产已经达到了预定可使用状态，只有等到整个冶炼项目达到预定可使用状态时，才能停止借款费用的资本化。

四、借款费用的计量

1．利息费用资本化金额的确定

在资本化期间，每一会计期间的利息资本化金额，应当按照下列方法确定。

（1）为购建或生产符合资本化条件的资产而借入的专门借款，应当以专门借款当期实际发生的利息费用减去将尚未动用的借款资金存入银行取得的利息收入或进行暂时性投资取得的投资收益后的金额确定资本化的利息金额，不计算借款费用资本化率。

【例 10-8】×8 年 4 月 1 日 A 公司为建造厂房从银行借入本金为 400 万元、利率为 6%的 2 期借款，不考虑借款手续费，该项专门借款在银行的存款利率为 3%。×8 年 7 月 1 日 A 公司采取出包方式委托 E 公司为其建造该厂房，并预付了 200 万元工程款，厂房实体建造工作在当日开始。该工程因发生施工安全事故在×8 年 8 月 1 日—11 月 30 日中断施工，12 月 1 日恢复正常施工，至年末工程尚未完工。该工程在×8 年应予资本化的利息的计算过程与账务处理如下：

×8 年发生的利息费用 = 400 × 6% × 9 ÷ 12 = 18（万元）

×8 年取得的利息收入 = 400 × 3% × 3 ÷ 12 + 200 × 3% × 6 ÷ 12 = 6（万元）

×8 年资本化的利息 = 400 × 6% × 2 ÷ 12 − 200 × 3% × 2 ÷ 12 = 3（万元）

×8 年费用化的利息 = 400 × 6% × 7 ÷ 12 − (400 × 3 + 200 × 4) × 3% ÷ 12 = 9（万元）

借：在建工程　　30 000

　　应收利息（或银行存款）　　60 000

　　财务费用　　90 000

　　贷：应付利息　　180 000

（2）为购建或生产符合资本化条件的资产而占用的一般借款，应当根据累计资产支出超过专门借款部分的资产支出加权平均数乘以所占用一般借款的资本化率，确定应予资本化的利息金额。资本化率应当根据一般借款加权平均利率确定。有关计算公式如下：

一般借款利息资本化金额 = 累计资产支出超过专门借款部分的资产支出加权平均数 × 所占用一般借款的资本化率

所占用一般借款的资本化率 = 所占用一般借款当期实际发生的利息之和 ÷ 所占用一般借款本金加权平均数

所占用一般借款本金加权平均数 = ∑（所占用每笔一般借款本金 × 每笔一般借款当期所占用天数 ÷ 当期天数）

【例 10-9】×7 年 1 月 1 日 A 公司动工兴建办公楼一幢，工期为 1 年，工程采用出包方式，分别于×7 年 1 月 1 日、7 月 1 日和 10 月 1 日支付工程进度款 300 万元、600 万元和 200 万元，办公楼于×7 年 12 月 31 日完工，达到预定可使用状态。公司为建造办公楼发生了两笔专门借款，分别为：×7 年 1 月 1 日借入的本金为 400 万元、期限为 3 年、利率为 8%、按年付息的借款；×7 年 7 月 1 日借入的本金为 400 万元、期限为 5 年、利率为 10%、按年付息的借款。闲置专门借款资金均用于固定收益债券短期投资，月收益率为 0.5%。公司为建造办公楼还占用了一般借款，所占用一般借款有两笔，分别为：本金为 400 万元、期限为×6 年 12 月 1 日～×9 年 12 月 1 日、利率为 6%、按年付息的借款；×6 年 1 月 1 日按面值发行的面值为 2 000 万元、期限为 5 年、利率为 8%、按年付息的公司债券。

根据上述资料，计算建造办公楼应予资本化的利息费用金额如表 10-1 所示。

表 10-1　公司建造办公楼应予资本化的利息费用金额　（单位：万元）

项目	1 月 1 日	7 月 1 日	10 月 1 日
实际支出	300	600	200
专门借款	300	500	
一般借款		100	200

（1）计算专门借款利息资本化金额：

资本化的利息 = 400 × (8% + 10% × 180 ÷ 360) − 100 × 0.5% × 6 = 49（万元）

（2）计算一般借款利息资本化金额：

资产支出加权平均数 = (900 − 800) × 180 ÷ 360 + (1 100 − 900) × 90 ÷ 360 = 100（万元）

资本化率 = (400 × 6% + 2 000 × 8%) ÷ (400 + 2 000) = 7.67%

资本化的利息 = 100 × 7.67% = 7.67（万元）

（3）计算资本化的利息总额：

资本化的利息总额 = 49 + 7.67 = 56.67（万元）

（4）计算费用化的利息金额：

费用化的利息 = (400 × 8% + 400 × 10% × 180 ÷ 360)

\+ (400 × 6% + 2 000 × 8%) − 56.67 − 100 × 0.5% × 6

= 176.33（万元）

（5）编制会计分录如下：

借：在建工程	566 700
应收利息（或银行存款）	30 000
财务费用	1 763 300
贷：应付利息	2 360 000

【例 10-10】 A 公司拟在厂区内建造一幢新厂房，有关资料如下。

（1）×7 年 1 月 1 日 A 公司为建造新厂房向银行专门借入本金为 1 000 万元、期限为 3 年、利率为 12%、每年 1 月 1 日付息的借款。

（2）除专门借款外，公司只有一笔其他借款，即于 ×6 年 12 月 1 日借入的本金为 1 200 万元、期限为 5 年、利率为 8%、每年 12 月 1 日付息的借款。

（3）由于审批、办手续等原因，厂房于 ×7 年 4 月 1 日才开始动工兴建，当日支付工程款 400 万元。工程建设期间的支出情况为：×7 年 6 月 1 日 200 万元；×7 年 7 月 1 日 600 万元；×8 年 1 月 1 日 200 万元；×8 年 4 月 1 日 100 万元；×8 年 7 月 1 日 100 万元。工程于 ×8 年 9 月 30 日完工，达到预定可使用状态。其中，由于施工质量问题工程于 ×7 年 9 月 1 日～12 月 31 日停工 4 个月。

（4）专门借款中未支出部分全部存入银行，月存款利率为 0.5%。

根据上述资料，A 公司有关利息资本化金额的计算与账务处理如下。

（1）×7 年资本化的借款利息和费用化的借款利息及账务处理。

1）计算 ×7 年专门借款资本化的利息和费用化的利息：

取得的利息收入 = 1 000 × 0.5% × 3 + 600 × 0.5% × 2 + 400 × 0.5% × 1 = 23（万元）

资本化的利息 = 1 000 × 12% × 150 ÷ 360 − (600 × 0.5% × 2 + 400 × 0.5% × 1) = 42（万元）

费用化的利息 = 1 000 × 12% × 210 ÷ 360 − 1 000 × 0.5% × 3 = 55（万元）

2）计算 × 7 年一般借款资本化的利息和费用化的利息：

资产支出加权平均数 = 200 × 60 ÷ 360 = 33.33（万元）

资本化的利息 = 33.33 × 8% = 2.6664（万元）

费用化的利息 = 1 200 × 8% − 2.6664 = 93.3336（万元）

3）计算 × 7 年资本化的利息总额和费用化的利息总额：

资本化的利息总额 = 42 + 2.6664 = 44.6664（万元）

$$费用化的利息总额 = 55 + 93.3336 = 148.3336（万元）$$

4）×7 年有关会计分录：

借：在建工程　　　　　　　　　　　　　　446 664

　　财务费用　　　　　　　　　　　　　　1 483 336

　　应收利息（或银行存款）　　　　　　　230 000

　　贷：应付利息　　　　　　　　　　　　　　2 160 000

（2）×8 年资本化的借款利息和费用化的借款利息及账务处理。

1）计算 ×8 年专门借款资本化的利息和费用化的利息：

$$资本化的利息 = 1\,000 \times 12\% \times 270 \div 360 = 90（万元）$$

$$费用化的利息 = 1\,000 \times 12\% - 90 = 30（万元）$$

2）计算 ×8 年一般借款资本化的利息和费用化的利息：

$$资产支出加权平均数 = 400 \times 270 \div 360 + 100 \times 180 \div 360 + 100 \times 90 \div 360 = 375（万元）$$

$$资本化的利息 = 375 \times 8\% = 30（万元）$$

$$费用化的利息 = 1\,200 \times 8\% - 30 = 66（万元）$$

3）计算 ×8 年资本化的利息总额和费用化的利息总额：

$$资本化的利息总额 = 90 + 30 = 120（万元）$$

$$费用化的利息总额 = 30 + 66 = 96（万元）$$

4）×8 年有关会计分录：

借：在建工程　　　　　　　　　　　　　　1 200 000

　　财务费用　　　　　　　　　　　　　　960 000

　　贷：应付利息　　　　　　　　　　　　　　2 160 000

需要说明的是，因借款而发生的折价和辅助费用，将抵减专门借款或一般借款的初始确认金额，导致相关借款实际利率的上升，增加各期利息费用，而因借款而发生的溢价却相反，但它们都属于利息调整的组成内容。因此，不论是因借款而发生的折价或溢价，还是因借款而发生的辅助费用，其应予资本化的金额应当与利息应予资本化的金额一并计算。

【例 10-11】 ×7 年 1 月 1 日 A 公司为建造厂房以 1 000 万元的价格发行了面值为 1 250 万元、期限为 5 年、票面利率为 4.72%、每年末付息、到期一次还本的公司债券，实际利率为 10%。厂房从 ×7 年 1 月 1 日开始建造，于×9 年底达到预定可使用状态。×7 年资产支出情况为：1 月 1 日 500 万元；7 月 1 日 300 万元。闲置专门借款资金均用于固定收益债券短期投资，月收益率为 0.5%。×7 年利息资本化金额的计算与账务处理如下：

$$\begin{aligned}\times 7 年资本化的利息 &= 1\,000 \times 10\% - [(500 \times 0.5\% \times 6) + (200 \times 0.5\% \times 6)]\\ &= [1\,250 \times 4.72\% + (1\,000 \times 10\% - 1\,250 \times 4.72\%)]\\ &\quad - [(500 \times 0.5\% \times 6) + (200 \times 0.5\% \times 6)] = 79（万元）\end{aligned}$$

借：在建工程　　　　　　　　　　　　　　790 000

　　应收利息（或银行存款）　　　　　　　210 000

　　贷：应付利息（或银行存款）　　　　　　　590 000

　　　　应付债券——利息调整　　　　　　　　410 000

2. 外币借款汇兑差额资本化金额的确定

资本化期间发生的外币专门借款本金及利息的汇兑差额，应当予以资本化，计入符合资本化条件的资产成本；非资本化期间发生的外币专门借款本金及利息的汇兑差额以及一般外币借款本金及利息的汇兑差额，应当确认为财务费用，计入当期损益。

【例 10-12】 A 公司以人民币为记账本位币，为建造某工程项目于 ×7 年 1 月 1 日向银行借入本金为 100 万美元、利率为 7%、期限为 2 年、每年末付息、到期还本的借款。工程于 ×7 年 1 月 1 日开始实体建造，×7 年 12 月 31 日完工达到预定可使用状态。假定公司采用业务发生日即期汇率折算外币业务，该笔借款已全部用于工程项目建造。相关汇率如下：×7 年 1 月 1 日市场汇率为 1 美元 = 7.2 元人民币；×7 年 12 月 31 日市场汇率为 1 美元 = 7.3 元人民币；×8 年 12 月 31 日市场汇率为 1 美元 = 7.15 元人民币。

A 公司的账务处理如下。

（1）×7 年 1 月 1 日：

借：银行存款	7 200 000	
贷：长期借款——本金		7 200 000

（2）×7 年 12 月 31 日：

借款利息 = 100 × 7% × 7.3 = 51.1（万元）

借款本金及利息汇兑差额 = 100 × (7.3 − 7.2) = 10（万元）

借：在建工程	611 000	
贷：应付利息		511 000
长期借款		100 000
借：应付利息		511 000
贷：银行存款		511 000

（3）×8 年 12 月 31 日：

借款利息 = 100 × 7% × 7.15 = 50.05（万元）

借款本金及利息汇兑差额 = 100 × (7.15 − 7.3) = −15（万元）

借：财务费用	350 500	
长期借款	150 000	
贷：应付利息		500 500
借：长期借款		7 150 000
应付利息		500 500
贷：银行存款		7 650 500

第三节　应 付 债 券

一、应付债券的种类

企业发行的债券种类较多，按有无担保分为抵押债券和信用债券；按还款方式分为一次还本债券和分期还本债券；按是否记名分为记名债券（债权人的姓名和地址在发行企业都做了登记的债券）和无记名债券（债权人的姓名和地址在发行企业没有登记，可以自由转让的债券）；按是否可转换为股票分为可转换公司债券和不可转换公司债券；按发行价格分为按面值发行的债券和按溢价或折价发行的债券。

企业发行债券，一般委托银行或其他金融机构代理发售，也可以由企业自行发售。企业委托代理发售债券，需要向代理方支付印刷费、手续费等费用。

二、债券的基本要素

（1）面值，指债券的票面价值，包括票面价值的币种和票面金额两个基本内容。

（2）发行价格，指发行债券时向债券投资者收取的全部现金或现金等价物。

（3）利率，债券的利率有两种，一种是票面利率；另一种是市场利率。

（4）偿还期，指从债券发行日起至到期日止的时间间隔。

三、债券的发行方式

1. 债券发行价格的确定

债券的发行价格是由债券发行企业未来应当偿还的面值和支付的利息按照发行债券时的市场利率折算的现值决定的，也就是考虑了资金的时间价值。其计算公式如下：

$$\begin{aligned}\text{债券发行价格} &= \text{债券面值的现值} + \text{利息的现值} \\ &= \text{票面金额} \div (1+\text{市场利率})^n \\ &\quad + \Sigma[(\text{票面金额} \times \text{票面利率}) \div (1+\text{市场利率})^t]\end{aligned}$$

式中，n 为债券期限，t 为付息期数。

【例 10-13】 A 公司拟发行 10 年期债券，面值为 200 元，票面利率为 10%，每年付息一次。假如目前市场利率为 8%，则其发行价格是多少？

由于债券的票面利率高于市场利率，可以判断，其发行价格应当高于债券面值。其发行价格的计算如下：

$$\begin{aligned}\text{债券发行价格} &= 20 \times (P/A, 8\%, 10) + 200 \times (P/S, 8\%, 10) \\ &= 20 \times 6.7101 + 200 \times 0.4632 = 226.842\text{（元）}\end{aligned}$$

2. 债券的发行方式

由于发行债券时的市场利率可能等于票面利率，也可能高于或低于票面利率，因而债券的发行方式有以下三种。

（1）按面值发行。当债券的票面利率等于发行债券时的市场利率时，债券的发行价格等于面值，债券可按面值发行，即平价发行。

（2）按溢价发行。当债券的票面利率高于发行债券时的市场利率时，债券的发行价格高于面值，债券可按溢价发行，发行价格高于面值的差额称为溢价。债券购买者因溢价而多付的价款，可以从以后各期多得的利息收入中获得补偿；而债券发行企业因溢价多得的收入，实质上是在债券到期前对企业各期多付利息的一种补偿，是对债券利息费用的一项调整，因而不能将溢价视为发行时的收益，应当在债券的还款期限内，通过分期摊销陆续冲减债券的利息费用。在溢价发行债券的情况下，由于债券的账面价值随着溢价的摊销逐期减少，利息费用也随之逐期减少，而溢价摊销额却逐期增加。

（3）按折价发行。当债券的票面利率低于发行债券时的市场利率时，债券的发行价格低于面值，债券可按折价发行，发行价格低于面值的差额称为折价。债券购买者因折价而少付的价款，是对以后各期少得利息收入的预先补偿；而债券发行企业因折价少得的收入，实质上是预先付给债券购买者的利息，可以从以后各期少付的利息中获得补偿，也是对债券利息费用的一项调整，因而不能将折价视为发行时的损失，应当在债券还款期限内，通过分期摊销陆续增加债券的利息费用。在折价发行债券的情况下，由于债券的账面价值随着折价的摊销逐期增加，利息费用和折价摊销额也随之逐期增加。

四、应付债券的账务处理

为了核算发行期限在 1 年以上（不含 1 年）的债券的本金和利息，企业应当设置负债类的“应付债券”账户。企业发行的可转换公司债券包含的负债成分也在本账户核算。本账户按照“面值”、“利息调整”、“应计利息”等进行明细核算。

（一）一般公司债券

1. 发行债券

一般公司债券无论是否按面值发行，均按面值记入“面值”明细账，收到的款项与面值之间的差额记入“利息调整”明细账。因此，企业发行债券时，按收到的款项，借记“银行存款”账户，按面值，贷记“应付债券——面值”账户，按收到的款项与面值之间的差额，贷记或借记“应付债券——利息调整”账户。

2. 资产负债表日债券利息费用的确认

资产负债表日，按摊余成本和实际利率计算的利息费用，借记“在建工程”、“制造费用”、“研发支出”、“财务费用”等账户，按面值和票面利率计算的应付未付利息，贷记“应付利息”（分期付息债券）或“应付债券——应计利息”（到期一次付息债券）账户，按借贷差额，借记或贷记“应付债券——利息调整”账户。

3. 债券到期还本付息

债券到期还本付息时，到期一次还本付息的债券，借记“应付债券——面值”、“应付债券——应计利息”账户，贷记“银行存款”账户；分期付息、到期还本的债券，借记“应付债券——面值”、“应付利息”账户，贷记“银行存款”账户。

【例 10-14】×4 年 1 月 1 日 A 公司以 8 346.16 万元的价格发行面值为 8 000 万元、票面利率为 6%、期限为 5 年、每年末付息、到期还本的公司债券。假定债券的市场利率为 5%，不考虑其他因素，则其账务处理如下。

（1）×4 年 1 月 1 日发行债券：

借：银行存款　　83 461 600

　贷：应付债券——面值　　80 000 000

　　　应付债券——利息调整　　3 461 600

（2）×4 年 12 月 31 日计提债券利息：

借：在建工程等　　83 461 600 × 5% = 4 173 080

　　应付债券——利息调整　　4 800 000 − 4 173 080 = 626 920

　贷：应付利息　　4 800 000

（3）×4 年 12 月 31 日支付债券利息（以后各年支付利息的账务处理相同，下略）：

借：应付利息　　4 800 000

　贷：银行存款　　4 800 000

（4）×5 年 12 月 31 日计提债券利息：

借：在建工程等　　(83 461 600 − 626 920) × 5% = 4 141 734

应付债券——利息调整　　4 800 000 − 4 141 734 = 658 266

贷：应付利息　　4 800 000

（5）×6 年 12 月 31 日计提债券利息：

借：在建工程等　　(82 834 680 − 658 266) × 5% = 4 108 821

应付债券——利息调整　　4 800 000 − 4 108 821 = 691 179

贷：应付利息　　4 800 000

（6）×7 年 12 月 31 日计提债券利息：

借：在建工程等　　(82 176 414 − 691 179) × 5% = 4 074 262

应付债券——利息调整　　4 800 000 − 4 074 262 = 725 738

贷：应付利息　　4 800 000

（7）×8 年 12 月 31 日计提债券利息：

借：在建工程等　　4 800 000 − 759 497 = 4 040 503

应付债券——利息调整　　759 497

贷：应付利息　　4 800 000

（8）×8 年 12 月 31 日偿还债券本金及利息：

借：应付债券——面值　　80 000 000

应付利息　　4 800 000

贷：银行存款　　84 800 000

（二）可转换公司债券

可转公司换债券是指企业依照法定程序发行，在一定期间内依据约定的条件可以转换成公司股票的债券。所谓“约定条件”是指发行债券时发行企业与投资者约定的转换时间和转换比例；所谓“可转换”是指债券投资者可根据是否对自己有利来决定是否进行转换。

可转换公司债券既具有债券的性质，又具有股票的性质，是一种混合型有价证券。可转换公司债券持有者在转换期间内若将持有的债券转换为股票，则成为企业的股东，享受股东的权利；若未将持有的债券转换为股票，则仍为企业的债权人，有权要求发行企业清偿债券本息。

在我国，上市公司经股东大会决议可以发行可转换公司债券。可转换公司债券最短期限为 3 年，最长期限为 5 年。

企业发行的可转换公司债券，应当先对负债成分的未来现金流量进行折现确定负债成分的初始确认金额，确认为应付债券，然后按照发行价格总额扣除负债成分的初始确认金额，确定权益成分的初始确认金额，确认为资本公积。发行可转换公司债券发生的交易费用，应当在负债成分和权益成分之间按照各自的相对公允价值比例进行分摊。

企业发行可转换公司债券时，按收到的款项，借记“银行存款”账户，按负债成分的面值，贷记“应付债券——可转换公司债券（面值）”账户，按权益成分的公允价值，贷记“资本公积——其他资本公积”账户，按借贷差额，借记或贷记“应付债券——可转换公司债券（利息调整）”账户。

在转换为股份前，可转换公司债券负债成分的账务处理与一般公司债券基本相同。可转换公司债券持有者在转换期间内行使转换权利，将持有的债券转换为股票时，按负债成分的面值，借记“应付债券——可转换公司债券（面值）”账户，按应付未付利息，借记“应付债券——可转换公司债券（应计利息）”账户，按利息调整余额，借记或贷记“应付债券——可转换公司债券（利息调整）”账户，按权益成分的公允价值，借记“资本公积——其他资本公积”账户，按每股面值和转换的股数计算的股票面值总额，贷记“股本”账户，按贷方差额，贷记“资本公积——股本溢价”账户。对于债券面值或账面价值不足转换1股股票的部分，应当以货币资金偿还。

可转换公司债券持有者在转换期间内未行使转换权利的，应当在债券到期时将权益成分的公允价值转入资本公积（股本溢价）。

【例10-15】 ×4年1月1日A公司经批准以1 008万元的价格（不考虑相关税费）发行面值为1 000万元、期限为5年、票面利率为3%、每年1月1日付息、到期还本的可转换公司债券。发行可转换公司债券时二级市场上与之类似的没有转换权的一般债券的市场利率为4%；自×5年起债券持有者可以按债券面值转为A公司的普通股股票，初始转换价格为每股5元，每股面值为1元，不足转为1股股票的部分以现金结清。其他相关资料如下。

（1）×4年1月1日A公司收到发行价款1 008万元存入银行，所筹资金用于某机器设备的技术改造，该项技术改造于×4年12月31日达到预定可使用状态。

（2）×5年1月1日将该可转换公司债券的50%转为A公司的普通股，相关手续已于当日办妥，未转为A公司普通股的可转换公司债券持有至到期。

（3）利率为4%、期数为5期的普通年金现值系数为4.451 8；利率为4%、期数为5期的复利现值系数为0.821 9。

（4）假定：①每年年末计提债券利息；②×4年该可转换公司债券的借款费用全部计入该技术改造项目成本；③不考虑其他相关因素。

要求：

（1）编制A公司发行该可转换公司债券的会计分录；

（2）计算A公司×4年12月31日计提的可转换公司债券利息和利息费用；

（3）编制A公司×4年12月31日计提可转换公司债券利息的会计分录；

（4）编制A公司×5年1月1日支付可转换公司债券利息的会计分录；

（5）计算×5年1月1日可转换公司债券转为A公司普通股的股数；

（6）编制A公司×5年1月1日与可转换公司债券转为普通股有关的会计分录；

（7）计算A公司×5年12月31日～×8年12月31日计提的可转换公司债券利息、利息费用和“应付债券——可转换公司债券”账户余额；

（8）编制A公司×9年1月1日未转换为股份的可转换公司债券到期时支付本金及利息的会计分录。

A公司的账务处理如下。

（1）×4年1月1日发行债券：

负债成分的公允价值＝10 000 000 × 0.821 9＋10 000 000 × 3% × 4.451 8

＝9 554 540（元）

借：银行存款	10 080 000
应付债券——可转换公司债券（利息调整）	445 460
贷：应付债券——可转换公司债券（面值）	10 000 000
资本公积——其他资本公积	525 460

（2）×4年12月31日票面利息和利息费用：

票面利息＝10 000 000 × 3%＝300 000（元）

利息费用＝9 554 540 × 4%＝382 182（元）

（3）×4 年 12 月 31 日计提利息：

借：在建工程　　382 182

　　贷：应付利息　　300 000

　　　　应付债券——可转换公司债券（利息调整）　　82 182

（4）×5 年 1 月 1 日支付利息：

借：应付利息　　300 000

　　贷：银行存款　　300 000

（5）转换的股数 = 5 000 000 ÷ 5 = 1 000 000（股）。

（6）×5 年 1 月 1 日转为普通股：

借：应付债券——可转换公司债券（面值）　　5 000 000

　　资本公积——其他资本公积　　525 460 ÷ 2 = 262 730

　　贷：股本　　1 000 000

　　　　应付债券——可转换公司债券（利息调整）　　181 639

　　　　资本公积——股本溢价　　4 081 091

（7）×5 年 12 月 31 日—×8 年 12 月 31 日。

1）×5 年 12 月 31 日：

票面利息 = 5 000 000 × 3% = 150 000（元）

利息费用 = [(9 554 540 + 82 182) ÷ 2] × 4% = 192 734（元）

“应付债券——可转换公司债券”账户余额增加 = 192 734 − 150 000 = 42 734（元）

“应付债券——可转换公司债券”账户余额 = 4 818 361 + 42 734 = 4 861 095（元）

2）×6 年 12 月 31 日：

票面利息 = =5 000 000 × 3% = 150 000（元）

利息费用 = 4 861 095 × 4% = 194 444（元）

“应付债券——可转换公司债券”账户余额增加 = 194 444 − 150 000 = 44 444（元）

“应付债券——可转换公司债券”账户余额 = 4 861 095 + 44 444 = 4 905 539（元）

3）×7 年 12 月 31 日：

票面利息 = 5 000 000 × 3% = 150 000（元）

利息费用 = 4 905 539 × 4% = 196 222（元）

“应付债券——可转换公司债券”账户余额增加 = 196 222 − 150 000 = 46 222（元）

“应付债券——可转换公司债券”账户余额 = 4 905 539 + 46 222 = 4 951 761（元）

4）×8 年 12 月 31 日：

票面利息 = 5 000 000 × 3% = 150 000（元）

“应付债券——可转换公司债券”账户余额 = 5 000 000（元）

“应付债券——可转换公司债券”账户余额增加 = 5 000 000 − 4 951 761 = 48 239（元）

利息费用 = 150 000 + 48 239 = 198 239（元）

（8）×9 年 1 月 1 日债券到期支付本金及利息：

借：应付债券——可转换公司债券（面值）　　5 000 000

　　应付利息　　150 000

　　贷：银行存款　　5 150 000

第四节 长期借款

一、长期借款的种类

长期借款的种类很多，按用途分为基本建设借款、技术改造借款、生产经营借款；按币种分为人民币借款、外币借款；按借款条件分为抵押借款、担保借款、信用借款；按还款方式分为一次还本借款、分期还本借款。

二、长期借款的账务处理

为了核算向银行或其他金融机构借入的期限在1年以上（不含1年）的各项借款，企业应当设置负债类的"长期借款"账户。本账户按照贷款单位和种类，分别"本金"、"应计利息"、"利息调整"等进行明细核算。

（1）取得借款时，按收到的款项，借记"银行存款"账户，按借款本金，贷记"长期借款——本金"账户，按借方差额，借记"长期借款——利息调整"账户。

（2）资产负债表日，按摊余成本和实际利率计算的利息费用，借记"在建工程"、"研发支出"、"制造费用"、"财务费用"等账户，按借款本金和合同利率计算的应付未付利息，贷记"应付利息"（分期付息借款）或"长期借款——应计利息"（到期一次付息借款）账户，按贷方差额，贷记"长期借款——利息调整"账户。实际利率与合同利率差异较小的，也可以按合同利率计算利息费用。

（3）借款到期归还本息时，借记"长期借款——本金"、"应付利息"或"长期借款——应计利息"等账户，贷记"银行存款"账户。

（4）资产负债表日，对于1年内到期的长期借款仍通过"长期借款"账户核算，但在编制资产负债表时，应当填列在流动负债部分的"1年内到期的非流动负债"项目中，而"长期借款"项目按照"长期借款"账户的期末余额扣除1年内到期的长期借款金额后的差额填列。

【例10-16】 ×6年1月1日A公司兴建办公楼一幢，工程采用出包方式，分别于×6年1月1日和×6年7月1日支付工程进度款300万元和500万元，工程于×6年12月31日达到预定可使用状态。公司为建造办公楼于×6年1月1日借入本金为400万元、期限为2年、利率为8%、按年付息、到期还本的借款，闲置借款用于固定收益债券短期投资，短期投资半年收益率为3%。另外，办公楼的建造还占用本金为600万元、期限为×5年1月1日—×8年1月1日、利率为10%、按年付息的一般借款一笔。其账务处理如下。

（1）×6年1月1日：

借：银行存款　　4 000 000

　　贷：长期借款——本金　　4 000 000

（2）×6年1月1日：

借：在建工程　　3 000 000

　　贷：银行存款　　3 000 000

（3）×6 年 7 月 1 日：

借：在建工程　　5 000 000

　　贷：银行存款　　5 000 000

（4）×6 年 12 月 31 日：

资本化利息 $= (400 \times 8\% - 100 \times 3\%) + 400 \times 180 \div 360 \times 10\% = 49$（万元）

费用化利息 $= 400 \times 8\% + 600 \times 10\% - 49 - 3 = 40$（万元）

借：在建工程　　490 000

　　应收利息　　30 000

　　财务费用　　400 000

　　贷：应付利息　　920 000

（5）×7 年 1 月 1 日：

借：应付利息　　920 000

　　贷：银行存款　　920 000

（6）×7 年 12 月 31 日：

借：财务费用　　920 000

　　贷：应付利息　　920 000

（7）×8 年 1 月 1 日：

借：应付利息　　920 000

　　长期借款——本金　　10 000 000

　　贷：银行存款　　10 920 000

第五节　长期应付款

一、长期应付款的特点

长期应付款包括具有融资性质的延期付款、采用补偿贸易方式引进国外设备发生的应付款项（简称应付引进设备款）等。

长期应付款除具有非流动负债的一般特点外，还具有以分期付款方式购建资产的特点，而且往往与外币业务有关，涉及汇兑差额的核算。

二、应付引进设备款的账务处理

应付引进设备款是指企业同外商签订来料加工装配和中小型补偿贸易合同引进国外设备而发生的长期应付款项。补偿贸易是一种以信贷为基础的贸易方式，即由国外厂商提供机器设备、技术，约定由企业以该设备或技术生产的产品或双方指定的其他产品来清偿货款的一种加工贸易方式。补偿贸易的特点是设备的引进和偿还引进设备款，没有现金的流入和流出。

应付引进设备款的偿付方式有以下三种：①用返销以进口设备或技术生产的产品的价款偿付（直接产品补偿）；②用返销双方指定的其他产品的价款偿付（非直接产品补偿）；③与

来料加工相结合，用加工费收入抵偿（劳务补偿）。

对各种长期应付款，企业应当设置负债类的“长期应付款”账户进行核算，并按照其种类和债权人进行明细核算。

企业以补偿贸易方式引进设备时，按设备、工具、零配件等的价款及国外运杂费的外币金额和即期汇率折算的记账本位币金额，作为一项资产和一项负债，借记“在建工程”、“低值易耗品”、“原材料”等账户，贷记“长期应付款—应付引进设备款”账户；支付引进设备的进口关税、国内运杂费和安装费时，借记“在建工程”、“低值易耗品”、“原材料”等账户，贷记“银行存款”、“应付职工薪酬”等账户；引进设备安装完毕交付使用时，按其价值，借记“固定资产”账户，贷记“在建工程”账户；企业以该设备生产的产品或双方指定的其他产品的价款偿付引进设备款时，作为产品销售，借记“应收账款”账户，贷记“主营业务收入”账户，同时，借记“长期应付款—应付引进设备款”账户，贷记“应收账款”账户。

【例 10-17】 A 公司采用补偿贸易方式从外商英特公司引进设备一套，价款及国外运保费等折合人民币 166 万元，随同设备引进零配件一批，价款及国外运保费等折合人民币 49 800 元。引进设备时通过银行转账支付国内运杂费和关税 50 000 元，其中设备部分为 45 000 元、零配件部分为 5 000 元。设备交付安装，并通过银行转账支付安装费 16 000 元。设备安装完毕交付使用，设备投产生产的第一批产品全部出口用于偿还引进设备款，该批产品收入折合人民币 83 500 元。其账务处理如下。

（1）引进设备、零配件：

借：在建工程——设备安装工程	1 660 000	
原材料	49 800	
贷：长期应付款——应付引进设备款		1 709 800

（2）支付国内运杂费和关税：

借：在建工程——设备安装工程	45 000	
原材料	5 000	
贷：银行存款		50 000

（3）引进设备交付安装：

借：在建工程——设备安装工程	16 000	
贷：银行存款		16 000

（4）设备安装完毕交付使用：

借：固定资产	1 721 000	
贷：在建工程——设备安装工程		1 721 000

（5）第一批产品应计收入：

借：应收账款——美元户（英特公司）	83 500	
贷：主营业务收入		83 500

（6）以第一批产品收入偿还引进设备款：

借：长期应付款——应付引进设备款	83 500	
贷：应收账款——美元户（英特公司）		83 500

第六节　专项应付款

对于政府作为所有者投入的具有专项或特定用途的款项，企业应当设置“专项应付款”账户进行核算，并按照资本性投资项目进行明细核算。企业收到资本性拨款时，借记“银行存款”账户，贷记“专项应付款”账户。将资本性拨款用于工程项目时，借记“在建工程”、“研发支出”等账户，贷记“银行存款”、“应付职工薪酬”等账户。工程项目完工形成长期资产的部分，借记“固定资产”、“无形资产”等账户，贷记“在建工程”、“研发支出”等账户，同时，借记“专项应付款”账户，贷记“资本公积——其他资本公积”账户；工程项目完工未形成长期资产需要核销的部分，借记“专项应付款”账户，贷记“在建工程”、“研发支出”等账户。返还拨款结余时，借记“专项应付款”账户，贷记“银行存款”账户。

【例 10-18】 A 公司发生的有关业务及账务处理如下。

（1）企业收到资本性拨款 1 000 万元：

借：银行存款	10 000 000	
贷：专项应付款		10 000 000

（2）将专项或特定用途的拨款用于工程项目 900 万元：

借：在建工程	9 000 000	
贷：银行存款		8 000 000
应付职工薪酬——工资		1 000 000

（3）工程项目完工形成长期资产 850 万元：

借：固定资产	8 500 000	
贷：在建工程		8 500 000
借：专项应付款	8 500 000	
贷：资本公积——其他资本公积		8 500 000

（4）未形成资产须核销的拨款为 50 万元：

借：专项应付款	500 000	
贷：在建工程		500 000

（5）拨款结余返还 100 万元：

借：专项应付款	1 000 000	
贷：银行存款		1 000 000

企业因城镇整体规划、库区建设、棚户区改造、沉陷区治理等公共利益进行搬迁，收到的政府从财政预算直接拨付的搬迁补偿款，应当作为专项应付款处理。其中，属于对企业在搬迁和重建过程中发生的固定资产和无形资产损失、有关费用性支出、停工损失及搬迁后拟新建资产进行补偿的，应当自专项应付款转入递延收益，并按政府补助准则的规定进行账务处理。企业取得的搬迁补偿款扣除转入递延收益的金额后如有结余，应当作为资本公积处理。

同步练习

一、单项选择题

1. 以下哪种情况导致固定资产建造过程的中断超过3个月时可以继续资本化（　　）。

A. 因施工技术要求　　B. 因劳动纠纷　　C. 因安全事故　　D. 因资金周转困难

2. 甲公司为建造一条生产线于×8年1月1日借入本金为2 000万元、利率为8%、期限为5年、每年末付息、到期还本的借款一笔。×8年7月1日开始建造，工期为2年，7月1日预付工程款1 500万元；10月1日支付工程进度款800万元；12月1日支付工程进度款300万元，闲置资金因购买国债可取得0.2%的月收益。因专门借款不足，还动用了两笔一般借款，一笔为×7年1月1日借入的本金为500万元、利率为9%、期限为6年、每年末付息、到期还本的借款；另一笔为×8年7月1日借入的本金为400万元、利率为6%、期限为4年、每年末付息、到期还本的借款。×8年超过专门借款部分的资产支出加权平均数为（　　）万元。

A. 96　　B. 300　　C. 100　　D. 600

3. 资料同题2，×8年一般借款资本化率为（　　）。

A. 8.14%　　B. 8.5%　　C. 8.6%　　D. 7.9%

4. 资料同题2，×8年一般借款利息资本化金额为（　　）万元。

A. 8.25　　B. 9.14　　C. 8.14　　D. 10.23

5. 资料同题2，×8年借款利息资本化金额为（　　）万元。

A. 78　　B. 78.14　　C. 77.14　　D. 85.14

6. 甲公司×8年1月8日决定建造厂房，2月18日取得专门借款存入银行，3月17日预付工程款，4月16日正式动工建造。专门借款利息开始资本化的时间为（　　）。

A. 3月17日　　B. 4月16日　　C. 2月18日　　D. 1月8日

7. 溢价发行债券时，债券溢价金额实质上是发行企业（　　）。

A. 因未来多付利息而预先得到的补偿　　B. 因未来少付利息而预先对投资者的补偿

C. 因未来多得利息而预先付出的代价　　D. 因未来少得利息而预先获得的补偿

8. 可转换公司债券转换为股票时，债券的账面价值与股票面值的差额作为（　　）处理。

A. 债券溢价　　B. 债券折价　　C. 投资收益　　D. 资本公积

9. 甲公司为建造厂房于×8年4月1日借入本金为2 000万元、利率为6%的2年期借款。×8年7月1日，委托乙公司建造厂房，并预付了1 000万元工程款，实体建造工作于当日开始。该工程因发生施工安全事故在×8年8月1日至11月30日中断施工，12月1日恢复正常施工，至年末工程尚未完工。假定×8年利用闲置借款资金获得投资收益10万元（含资本化期间收益7万元），则×8年应予资本化的利息为（　　）万元。

A. 80　　B. 13　　C. 53　　D. 10

10. 下列借款费用在予以资本化时，要与资产支出相挂钩的有（　　）。

A. 专门借款利息　　B. 专门借款溢价或折价摊销

C. 一般借款利息　　D. 专门借款汇兑差额

11. 企业收到国家拨入的专门用于技术改造的款项时，暂作为（　　）。

A. 专项应付款　　B. 其他应付款　　C. 资本公积　　D. 固定资产

12. 企业折价发行债券时，每期实际负担的利息费用为（　　）。

A. 票面利息减去摊销的折价　　B. 票面利息加上摊销的折价

C. 实际利息减去摊销的折价　　D. 实际利息加上摊销的折价

二、多项选择题

1. 借款费用可以资本化的资产包括（　　）。

A. 存货　　B. 投资性房地产　　C. 无形资产　　D. 固定资产

2. 下列项目中属于长期负债的是（　　）。

A. 长期借款　　B. 应付债券　　C. 长期应付款　　D. 预计负债

3. 企业发行公司债券的方式有（　　）。

A. 折价发行　　B. 溢价发行

C. 面值发行　　D. 在我国不能折价发行

4. 在核算借款费用时，可能涉及的账户有（　　）。

A. 在建工程　　B. 制造费用　　C. 研发支出　　D. 财务费用

5. 以下属于非正常停工的原因是（　　）。

A. 与施工方发生质量纠纷而停工　　B. 发生与工程建设有关的劳动纠纷而停工

C. 资金周转困难而停工　　D. 因可预见的不可抗力而停工

6. 下列项目中，应当计入应付引进设备款的有（　　）。

A. 设备价款　　B. 国外运费　　C. 进口关税　　D. 国内运费

7. 下列项目中，属于借款费用的有（　　）。

A. 因外币借款而发生的汇兑差额　　B. 发行公司债券的票面利息

C. 发行公司债券发生的溢折价　　D. 发行公司债券的溢折价摊销

8. 下列各项中，表明所购建固定资产达到预定可使用状态的有（　　）。

A. 实体建造工作已经全部完成　　B. 资产的购建支出不再发生

C. 与设计要求或合同要求相符　　D. 试生产结果表明能够正常生产出合格产品

三、判断题

1. 在符合资本化条件的资产的各部分分别完工时，即可认为各部分资产已达到预定可使用状态，停止与各部分资产相关的借款费用资本化。（　　）

2. 在确定当期借款费用资本化金额时，应当与发生在所购建或生产的符合资本化条件的资产上的支出相挂钩。（　　）

3. 可转换公司债券的负债成分在转换为股份前的账务处理与一般公司债券没有区别。（　　）

4. 长期借款发生的利息支出，应当在实际支付时计入在建工程成本或当期损益。（　　）

5. 为购建或生产符合资本化条件的资产而借入专门借款的，应当以专门借款当期实际发生的利息费用确定资本化金额。（　　）

6. 资本化期间发生的外币专门借款本金及利息的汇兑差额，应当计入资产成本。（　　）

7. 借款费用资本化期间是指从借款费用开始资本化到停止资本化的时间间隔，借款费用暂停资本

化的期间包括在内。 (　　)

8. 符合资本化条件的资产在购建或生产过程中发生非正常中断，且中断时间非连续超过3个月的，应当暂停借款费用的资本化。 (　　)

9. 在资本化期间，为购建或生产符合资本化条件的资产占用了一般借款的，一般借款的利息都应当予以资本化。 (　　)

10. 长期应付款具有分期付款的性质。 (　　)

11. 与固定资产建造有关的利息支出，在竣工决算前发生的，应当计入固定资产成本；在竣工决算后发生的，应当作为当期费用处理。 (　　)

四、业务题

1. ×6年1月1日甲公司经批准按1 961.92万元的价格发行面值为100元、期限为2年、票面利率为3%、每年7月1日和12月31日付息、到期还本的债券200 000张，用来筹集建设新生产线所需资金。该债券的实际利率为4%，每年6月30日和12月31日计提利息。假定生产线于×6年6月末达到预定可使用状态。

要求：编制从债券发行到债券到期的全部会计分录。

2. ×7年1月1日甲公司按1 010万元的价格发行面值为1 000万元、期限为5年、票面利率为7%、每年末付息、到期还本的可转换公司债券。该债券发行1年后可转为普通股股票，每100元债券面值转为80股普通股，每股面值为1元，不足转换1股股份的部分以现金支付。乙公司于发行当日购入了面值为800万元的可转换公司债券，并于×8年1月1日完成了转换，占到了甲公司股份的5%，对甲公司不具有重大影响，其他购买者未进行转换。假定交易双方未发生相关税费，与之类似的没有转换权的债券的市场利率为8%。利率为8%、期数为5期的普通年金现值系数为3.992 71；利率为8%、期数为5期的复利现值系数为0.680 583。

要求：根据上述资料，编制×7年、×8年甲公司相关的会计分录。（计算结果以万元为单位保留整数）

3. ×7年1月1日甲公司动工兴建办公楼一幢，工程采用出包方式，每半年支付一次工程进度款，工程于×8年6月30日达到预计可使用状态。建造工程资产支出情况为：×7年1月1日支出3 000万元；×7年7月1日支出5 000万元；×8年1月1日支出3 000万元。为建造办公楼于×7年1月1日借入本金为4 000万元、期限为3年、利率为8%、按年付息的借款，闲置借款用于固定收益债券短期投资，月收益率为0.5%。办公楼的建造还占用了两笔一般借款：一笔为从建行借入的本金为4 000万元、期限为×6年12月1日至×9年12月1日、利率为6%、按年付息的借款；另一笔为×6年1月1日按面值发行的面值为2亿元、期限为5年、利率为8%、按年付息的公司债券。假定全年按360天计算。

要求：

（1）计算×7年和×8年专门借款利息资本化金额；

（2）计算×7年和×8年一般借款利息资本化金额；

（3）计算×7年和×8年利息资本化金额；

（4）编制×7年和×8年与利息处理相关的会计分录。

第十一章 债务重组

【内容简介与学习目标】

本章阐述债务重组方式及会计处理。通过学习本章，应该明确债务重组的含义、确认及特征；了解债务重组的形式；掌握债务人和债权人在不同债务重组形式下的会计处理。

第一节 债务重组概述

一、债务重组的特点

债务重组是指在债务人发生财务困难的情况下，债权人按照其与债务人达成的协议或法院的裁定对债务人做出让步的事项。债务重组涉及债权人与债务人，对债权人而言，为“债权重组”，对债务人而言，为“债务重组”。

债务人发生财务困难是指由于债务人出现资金周转困难、经营陷入困境或其他方面的原因等，导致其无法或没有能力按照原定条件偿还债务。

债权人做出让步是指债权人同意发生财务困难的债务人现在或将来以低于重组债务账面余额的金额或价值偿还债务。在债务人发生财务困难时，如果债权人要求债务人用等值的现金资产或非现金资产偿还债务，就不属于债务重组。债权人做出让步的情形主要包括减免债务人部分债务本金或利息，降低债务人应付债务的利率等。

债务重组的特点在于：①债务重组的前提是债务人发生了财务困难，排除了债务人没有发生财务困难条件下的债务重组以及债务人处于破产清算或改组时的债务重组；②债务重组的结果是债权人做出了让步，债权人因此而受损，债务人因此而受益；③债务重组可能发生在债务到期前、到期日或到期后。

二、债务重组的方式

债务重组主要有以下几种方式。

（1）以资产清偿债务，指债务人转让其资产给债权人以清偿债务的债务重组方式。债务人用于清偿债务的资产包括现金资产和非现金资产。

（2）将债务转为资本，指债务人将债务转为资本，债权人将债权转为股权的债务重组方式。正常情况下的债务转为资本，不属于债务重组。债务转为资本时，对上市公司而言，是将债务转为股本；对其他企业而言，是将债务转为实收资本。其结果是，债务人因此而增加股本或实收资本，债权人因此而增加股权投资。

（3）修改其他债务条件，指修改不包括上述两种情形在内的债务条件的债务重组方式，如减少债务本金、降低债务利率、免去债务利息、延长偿还期限等。

（4）混合方式，指采用上述两种或两种以上组合方式共同清偿债务的债务重组方式，如债务的一部分以资产清偿，另一部分则以转为资本或修改其他债务条件方式清偿。

第二节　债务重组的账务处理

一、以现金清偿债务

1. 债务人的账务处理

以现金清偿债务的，债务人应当将重组债务账面余额与实际支付现金之间的差额作为债务重组利得，计入营业外收入。因此，债务人以现金清偿债务时，按重组债务账面余额，借记"应付账款"等账户，按支付的款项，贷记"银行存款"账户，按贷方差额，贷记"营业外收入——债务重组利得"账户。

2. 债权人的账务处理

以现金清偿债务的，债权人应当将收到的款项低于重组债权账面价值的差额作为债务重组损失，计入营业外支出；反之，视同坏账的收回，抵减当期资产减值损失。因此，债权人收到债务人支付的用于清偿债务的款项时，按收到的款项，借记"银行存款"等账户，按重组债权已计提坏账准备，借记"坏账准备"账户，按重组债权账面余额，贷记"应收账款"等账户，按借贷差额，借记"营业外支出——债务重组损失"账户或贷记"资产减值损失"账户。

【例 11-1】 ×7 年 10 月 10 日 A 公司销售一批产品给 B 公司，售价为 50 万元，应收取的增值税税额为 8.5 万元。因 B 公司发生财务困难，无法按期偿还债务，×8 年 3 月 20 日经双方协商，A 公司同意减免 B 公司 4 万元债务，余款 B 公司用现金立即还清，A 公司已对该项应收账款计提坏账准备 2.5 万元。

（1）B 公司账务处理：

借：应付账款——A 公司	585 000
贷：银行存款	545 000
营业外收入——债务重组利得	40 000

（2）A 公司账务处理：

借：银行存款	545 000
坏账准备	25 000
营业外支出——债务重组损失	15 000
贷：应收账款——B 公司	585 000

若 A 公司已对该项收债权计提坏账准备 6 万元，则 A 公司 3 月 20 日账务处理如下：

借：银行存款	545 000
坏账准备	60 000
贷：应收账款——B 公司	585 000
资产减值损失	20 000

二、以非现金资产清偿债务

1. 债务人的账务处理

以非现金资产清偿债务的，债务人应当将重组债务账面余额与转让的非现金资产公允价值之间的差额作为债务重组利得，计入营业外收入；转让的非现金资产的公允价值与账面价值之间的差额作为资产转让损益，计入当期损益。具体的账务处理如下。

（1）以存货清偿债务的，按重组债务账面余额，借记“应付账款”等账户，按存货的公允价值，贷记“主营业务收入”、“其他业务收入”等账户，按应交的增值税税额，贷记“应交税费——应交增值税（销项税额）”账户，按贷方差额，贷记“营业外收入——债务重组利得”账户；同时，借记“主营业务成本”、“其他业务成本”、“存货跌价准备”等账户，贷记“库存商品”、“原材料”等账户。

（2）以固定资产清偿债务的，按重组债务账面余额，借记“应付账款”等账户，按固定资产的公允价值，贷记“固定资产清理”账户，按应交的增值税税额，贷记“应交税费——应交增值税（销项税额）”账户，按贷方差额，贷记“营业外收入——债务重组利得”账户；同时按固定资产的公允价值扣除其账面价值和相关税费之和的差额，借记或贷记“固定资产清理”账户，贷记“营业外收入——处置非流动资产利得”或借记“营业外支出——处置非流动资产损失”账户。

（3）以无形资产清偿债务的，按重组债务账面余额，借记“应付账款”等账户，按已摊销价值，借记“累计摊销”账户，按已计提减值准备，借记“无形资产减值准备”账户，按无形资产账面余额，贷记“无形资产”账户，按应交的相关税费，贷记“应交税费——应交营业税”等账户，按无形资产的公允价值与重组债务账面余额之间的差额，贷记“营业外收入——债务重组利得”账户，按借贷差额，贷记“营业外收入——处置非流动资产利得”或借记“营业外支出——处置非流动资产损失”账户。

（4）以交易性金融资产、可供出售金融资产等金融资产清偿债务的，按重组债务账面余额，借记“应付账款”等账户，按金融资产的账面价值，贷记“交易性金融资产”、“持有至到期投资”、“可供出售金融资产”、“长期股权投资”等账户，按金融资产的公允价值与重组债务账面余额之间的差额，贷记“营业外收入——债务重组利得”账户，按借贷差额，借记或贷记“投资收益”账户；同时按公允价值累计变动额，借记或贷记“投资收益”账户，贷记或借记“公允价值变动损益”或“资本公积”账户。

2. 债权人的账务处理

以非现金资产清偿债务的，债权人应当将受让的非现金资产按照公允价值入账。如果受让的非现金资产的公允价值低于重组债权账面价值，则将其差额作为债务重组损失，计入营业外支出；反之，视同坏账的收回，抵减当期资产减值损失。因此，债权人接受债务人转让的用于清偿债务的非现金资产时，按其公允价值，借记“原材料”、“库存商品”、“固定资产”、“无形资产”等账户，按可抵扣增值税税额，借记“应交税费——应交增值税（进项税额）”账户，按重组债权已计提坏账准备，借记“坏账准备”账户，按重组债权账面余额，贷记“应收账款”等账户，按借贷差额，借记“营业外支出——债务重组损失”账户或贷记“资产减值损失”账户。

【例 11-2】×8 年 1 月 1 日 A 公司销售一批产品给 B 公司，含税售价为 15 万元，因 B 公司发生财务困难，无法按合同规定偿还债务。×8 年 7 月 10 日经双方协议，A 公司同意 B 公司用产品抵偿该应收账款。该产品市价为 10 万元，适用的增值税税率为 17%，成本为 8 万元。A 公司已对该项应收账款计提坏账准备 3 万元。

（1）B 公司账务处理：

借：应付账款——A 公司　　150 000

　　贷：主营业务收入　　100 000

　　　　应交税费——应交增值税（销项税额）　　17 000

　　　　营业外收入——债务重组利得　　33 000

借：主营业务成本　　80 000

　　贷：库存商品　　80 000

（2）A 公司账务处理：

借：库存商品　　100 000

　　应交税费——应交增值税（进项税额）　　17 000

　　坏账准备　　30 000

　　营业外支出——债务重组损失　　3 000

　　贷：应收账款——B 公司　　150 000

【例 11-3】×7 年 1 月 1 日 A 公司销售一批产品给 B 公司，含税售价为 80 000 元，按购销合同约定，B 公司应当在×7 年 10 月 31 日前支付货款，但至×8 年 1 月 31 日 B 公司尚未支付货款。由于 B 公司发生财务困难，短期内不能支付货款，×8 年 2 月 3 日经过协商，A 公司同意 B 公司以一台账面原价为 70 000 元、已计提折旧 10 000 元、公允价值为 62 000 元的设备偿还债务，适用的增值税税率为 17%，设备于×8 年 3 月 10 日运抵 A 公司。A 公司已对该项应收账款计提坏账准备 4 000 元。

（1）B 公司账务处理。

1）计算固定资产清理损益：

固定资产公允价值　　62 000

减：固定资产净值　　60 000

处置固定资产净收益　　2 000

2）计算债务重组利得：

应付账款账面余额　　80 000

减：固定资产公允价值　　62 000

　　相关税费　　10 540

债务重组利得　　7 460

3）编制会计分录。

① 将固定资产净值转入固定资产清理：

借：固定资产清理　　60 000

　　累计折旧　　10 000

　　贷：固定资产　　70 000

② 结转债务重组利得：

借：应付账款——A 公司　　80 000

贷：固定资产清理　62 000
　　应交税费——应交增值税（销项税额）　10 540
　　营业外收入——债务重组利得　7 460

③ 结转转让固定资产的利得：

借：固定资产清理　2 000
　　贷：营业外收入——处置非流动资产利得　2 000

（2）A公司账务处理。

1）计算债务重组损失：

应收账款账面余额	80 000
减：受让资产公允价值	62 000
差额	18 000
减：坏账准备	4 000
可抵扣增值税税额	10 540
债务重组损失	3 460

2）编制会计分录：

借：固定资产　62 000
　　应交税费——应交增值税（进项税额）　10 540
　　坏账准备　4 000
　　营业外支出——债务重组损失　3 460
　　贷：应收账款——B公司　80 000

【例11-4】×7年7月1日A公司销售一批产品给B公司，含税售价为90 000元，当日收到B公司承兑的一张6个月期限的商业汇票。B公司×7年12月31日未能兑付，并将应付票据转入应付账款。由于B公司发生财务困难，经双方协商，A公司同意B公司以其作为交易性金融资产的某公司股票抵偿债务。该股票的账面余额为80 000元（其中成本为83 000元），公允价值为76 000元，在×8年1月22日办理了相关转让手续。假定A公司已将该项应收票据转入应收账款并提取了坏账准备8 000元，将取得的股票也作为交易性金融资产核算。

（1）B公司账务处理。

1）计算债务重组利得：

应付账款账面余额	90 000
减：股票公允价值	76 000
债务重组利得	14 000

2）计算转让股票收益：

股票公允价值	76 000
减：股票账面价值	80 000
转让股票损益	−4 000

3）编制会计分录：

借：应付账款——A公司　90 000
　　交易性金融资产——公允价值变动　3 000
　　投资收益　4 000

贷：交易性金融资产——成本　83 000
营业外收入——债务重组利得　14 000
借：投资收益　3 000
贷：公允价值变动损益　3 000

（2）A 公司账务处理。

1）计算债务重组损失：

应收账款账面余额	90 000
减：受让资产公允价值	76 000
差额	14 000
减：坏账准备	8 000
债务重组损失	6 000

2）编制会计分录：

借：交易性金融资产——成本　76 000
营业外支出——债务重组损失　6 000
坏账准备　8 000
贷：应收账款——B 公司　90 000

三、债务转为资本

1. 债务人的账务处理

将债务转为资本的，债务人应当将转让股权的面值或份额确认为股本或实收资本；转让股权的公允价值与其面值或份额之间的差额确认为股本溢价或资本溢价，计入资本公积；重组债务账面余额与转让股权的公允价值之间的差额作为债务重组利得，计入营业外收入。因此，债务人将债务转为资本时，按重组债务账面余额，借记“应付账款”等账户，按转让股权的面值或份额，贷记“实收资本”或“股本”账户，按重组债务账面余额与转让股权的公允价值之间的差额，贷记“营业外收入——债务重组利得”账户，按贷方差额，贷记“资本公积——资本溢价”或“资本公积——资本溢价”账户，

2. 债权人的账务处理

将债权转为股权的，债权人应当按照取得股权的公允价值确认对债务人的股权投资。如果债权人取得的股权的公允价值低于重组债权账面价值，则将其差额作为债务重组损失，计入营业外支出；反之，视同坏账的收回，抵减当期资产减值损失。因此，债权人将债权转为股权时，按取得股权的公允价值，借记“长期股权投资”账户，按重组债权已计提坏账准备，借记“坏账准备”账户，按重组债权账面余额，贷记“应收账款”等账户，按借贷差额，借记“营业外支出——债务重组损失”账户或贷记“资产减值损失”账户。

【例 11-5】×8 年 2 月 10 日 A 公司销售一批产品给 B 公司（股份有限公司），当日收到 B 公司承兑的一张面值为 20 万元、利率为 2%、期限为 6 个月、到期还本付息的商业汇票。8 月 10 日经双方协商，A 公司同意 B 公司以每股面值为 1 元、每股市价为 1.8 元的普通股 10 万股抵偿该票款。

（1）B 公司账务处理：

借：应付票据——A 公司　$200\,000 \times (1 + 2\% \times 6 \div 12) = 202\,000$

贷：股本　100 000

资本公积——股本溢价　$100\ 000\times(1.8-1)=80\ 000$

营业外收入——债务重组利得　22 000

（2）A公司账务处理：

借：长期股权投资　180 000

营业外支出——债务重组损失　22 000

贷：应收票据——B公司　202 000

四、修改其他债务条件

1. 债务人的账务处理

修改其他债务条件的，债务人应当将修改其他债务条件后债务的公允价值作为新债务的入账价值，并将原债务账面余额与新债务入账价值之间的差额作为债务重组利得，计入营业外收入。

修改后的债务条款涉及或有应付金额且符合预计负债确认条件的，债务人应当将该或有应付金额确认为预计负债，并将原债务账面余额与未来应付金额（即新债务入账价值与或有应付金额之和）之间的差额作为债务重组利得，计入营业外收入。或有应付金额在随后的会计期间没有发生的，债务人应当冲销已确认的预计负债，同时确认为债务重组利得。

或有应付金额是指由于未来某种事项的出现而发生的应付金额，且该未来事项的出现具有不确定性。

以修改其他债务条件方式清偿债务时，按原债务账面余额，借记“应付账款”等账户，按新债务入账价值，贷记“应付账款——债务重组”等账户，按确认的预计负债，贷记“预计负债——债务重组”账户，按贷方差额，贷记“营业外收入——债务重组利得”账户。

2. 债权人的账务处理

修改其他债务条件的，债权人应当将修改其他债务条件后债权的公允价值作为新债权的入账价值。如果新债权的入账价值低于原债权账面价值，则将其差额作为债务重组损失，计入营业外支出；反之，视同坏账的收回，抵减当期资产减值损失。

修改后的债务条款涉及或有应收金额的，债权人不确认或有应收金额，不得将其计入新债权的入账价值。或有应收金额只有在实际收到时，才计入当期损益。

或有应收金额是指由于未来某种事项的出现而发生的应收金额，且该未来事项的出现具有不确定性。

以修改其他债务条件方式清偿债务时，按新债权入账价值，借记“应收账款——债务重组”等账户，按原债权已计提坏账准备，借记“坏账准备”账户，按原债权账面余额，贷记“应收账款”等账户，按借贷差额，借记“营业外支出——债务重组损失”账户或贷记“资产减值损失”账户。

【例11-6】×6年12月31日A公司应收B公司账款的账面余额为62 400元（包括应收未收利息2 400元），票面利率为8%。B公司由于连年亏损，不能偿付应当在×6年12月31日前支付的票款，×6年12月31日经双方协商，A公司同意将债务本金减至50 000元，免去债务人所欠的全部利息，将利率从8%降低至5%，并将债务到期日延至×8年12月31日，利息按年支付。A公司已对该项应收账款计提坏账准备6 000元。

（1）A 公司账务处理。

1）×6 年 12 月 31 日：

$$新债权入账价值=未来应收金额=50\,000\times(1+5\%\times2)=55\,000（元）$$

$$债务重组损失=(62\,400-6\,000)-55\,000=1\,400（元）$$

借：应收账款——债务重组　　55 000

　　坏账准备　　6 000

　　营业外支出——债务重组损失　　1 400

　　贷：应收账款——B 公司　　62 400

2）×7 年 12 月 31 日收到利息：

借：银行存款　　2 500

　　贷：应收账款——债务重组　　50 000 × 5% = 2 500

3）×8 年 12 月 31 日收到本金和最后一年利息。

借：银行存款　　52 500

　　贷：应收账款——债务重组　　52 500

（2）B 公司账务处理。

1）×6 年 12 月 31 日：

$$新债务入账价值=未来应付金额=50\,000\times(1+5\%\times2)=55\,000（元）$$

$$债务重组利得=62\,400-55\,000=7\,400（元）$$

借：应付账款——A 公司　　62 400

　　贷：应付账款——债务重组　　55 000

　　　　营业外收入——债务重组利得　　7 400

2）×7 年 12 月 31 日支付利息：

借：应付账款——债务重组　　2 500

　　贷：银行存款　　50 000 × 5% = 2 500

3）×8 年 12 月 31 日偿还本金和最后一年利息：

借：应付账款——债务重组　　52 500

　　贷：银行存款　　52 500

【例 11-7】 A 公司从 C 公司购入原材料一批，含税价款为 100 万元，由于财务困难无法归还。×6 年 12 月 31 日经双方协商，C 公司同意 A 公司在两年后支付本金 80 万元，利息按 5%计算。同时规定，如果 ×7 年 A 公司盈利，则 ×8 年按 8%计息，利息按年支付。C 公司已对该项应收账款计提坏账准备 8 万元。根据 ×6 年年末债务重组时 A 公司的生产经营情况判断，×7 年 A 公司很可能实现盈利。×7 年 12 月 31 日 A 公司编制的利润表表明已经实现盈利。

（1）A 公司（债务人）账务处理。

$$新债务入账价值=80\times(1+5\%\times2)=88（万元）$$

$$预计负债=80\times3\%=2.4（万元）$$

1）×6 年 12 月 31 日进行债务重组：

借：应付账款——C 公司　　1 000 000

　　贷：应付账款——债务重组　　880 000

　　　　预计负债——债务重组　　24 000

营业外收入——债务重组利得 96 000

2）×7 年 12 月 31 日支付利息：

借：应付账款——债务重组 40 000

贷：银行存款 40 000

3）×8 年 12 月 31 日还清债务：

借：应付账款——债务重组 840 000

预计负债——债务重组 24 000

贷：银行存款 864 000

如果×7 年 A 公司编制的利润表表明未实现盈利，则 A 公司×8 年 12 月 31 日还清债务的账务处理如下：

借：应付账款—债务重组 840 000

预计负债——债务重组 24 000

贷：银行存款 840 000

营业外收入——债务重组利得 24 000

（2）C 公司（债权人）账务处理。

新债权入账价值 = 80 × (1 + 5% × 2) = 88（万元）

1）×6 年 12 月 31 日进行债务重组：

借：应收账款——债务重组 880 000

坏账准备 80 000

营业外支出——债务重组损失 40 000

贷：应收账款——A 公司 1 000 000

2）×7 年 12 月 31 日收到利息：

借：银行存款 40 000

贷：应收账款——债务重组 40 000

3）×8 年 12 月 31 日收回欠款：

借：银行存款 864 000

贷：应收账款——债务重组 840 000

营业外支出——债务重组损失 24 000

如果×7 年 A 公司编制的利润表表明未实现盈利，则 C 公司×8 年 12 月 31 日收回欠款的账务处理如下：

借：银行存款 840 000

贷：应收账款——债务重组 840 000

五、混合重组

债务人以支付现金、转移非现金资产、债务转为资本、修改其他债务条件等方式的组合清偿债务的，债务人应当依次以支付的现金、转让的非现金资产的公允价值、转让股权的公允价值冲减重组债务的账面余额，然后按照修改其他债务条件的规定进行账务处理，而债权人应当依次以收到的现金、受让的非现金资产的公允价值、取得股权的公允价值冲减重组债权的账面余额，然后按照修改其他债务条件的规定进行账务处理。

【例 11-8】×7 年 4 月 1 日 A 公司销售一批商品给 B 公司，含税售价为 60 万元，当日收到 B 公司承兑的面值为 60 万元、期限为 6 个月、利率为 8%的商业汇票一张。A、B 公司均按月计提该汇票利息。票据到期日，B 公司未按期兑付，A、B 公司已将票据本息余额转为应收账款和应付账款。×7 年 12 月 25 日双方签订的债务重组协议内容如下。

（1）B 公司以其持有的一项拥有完全产权的房产抵偿部分债务。该房产在 B 公司的账面原价为 20 万元，已提折旧 6 万元，已提减值准备 1 万元，公允价值为 12 万元。

（2）A 公司同意豁免 B 公司债务本金 8 万元及全部利息。

（3）将剩余债务的偿还期限延至 × 8 年 12 月 31 日。在债务延长期间，剩余债务按年利率 5%收取利息，本息到期一次偿付。

（4）该协议自 × 7 年 12 月 31 日起执行。

（5）债务重组日前，A 公司对上述债权未计提坏账准备。上述房产的所有权变更、部分债务解除手续及其他有关法律手续已于 × 7 年 12 月 31 日完成。A 公司将取得的房产作为固定资产核算和管理。

（6）B 公司于 × 8 年 12 月 31 日按上述协议规定偿付了所欠债务。

A 公司和 B 公司的账务处理如下。

（1）A 公司。

1）× 7 年 12 月 25 日：

应收债权余额 = 60 × (1 + 8% × 6 ÷ 12) = 62.4（万元）

新债权入账价值 = (62.4 − 12 − 8 − 2.4) × (1 + 5%) = 42（万元）

债务重组损失 = 62.4 − 12 − 42 = 8.4（万元）

借：固定资产	120 000
应收账款——债务重组	420 000
营业外支出——债务重组损失	84 000
贷：应收账款——B 公司	624 000

2）× 8 年 12 月 31 日：

借：银行存款	420 000
贷：应收账款——债务重组	420 000

（2）B 公司。

1）× 7 年 12 月 25 日：

新债务入账价值 = (62.4 − 12 − 8 − 2.4) × (1 + 5%) = 42（万元）

固定资产处置损失 = 13 − 12 = 1（万元）

债务重组利得 = 62.4 − 42 − 12 = 8.4（万元）

借：固定资产清理	130 000
累计折旧	60 000
固定资产减值准备	10 000
贷：固定资产	200 000
借：应付账款——A 公司	624 000
营业外支出——处置非流动资产损失	10 000
贷：固定资产清理	130 000

应付账款——债务重组　　420 000
营业外收入——债务重组利得　　84 000

2）×8 年 12 月 31 日：

借：应付账款——债务重组　　420 000
　　贷：银行存款　　420 000

同步练习

一、单项选择题

1. 下列事项中，不属于债务重组的是（　　）。

A. 减免应收利息　　B. 将债务转为资本
C. 减免部分本金　　D. 将可转换债券转为资本

2. 债务人的债务重组利得应当计入（　　）。

A. 资本公积　　B. 营业外收入　　C. 营业外支出　　D. 管理费用

3. 债务人以一批自产产品偿还到期无法支付的债务时，应当按照该产品的（　　）确认主营业务收入。

A. 账面价值　　B. 成本　　C. 公允价值　　D. 账面余额

4. 以非现金资产清偿债务的方式下，债权人受让的非现金资产应当以（　　）入账。

A. 非现金资产的原账面价值　　B. 应收债权的账面价值
C. 非现金资产的公允价值　　D. 双方协商确定的价值

5. ×8 年 12 月 31 日甲公司按债务重组协议，以账面价值为 40 万元、公允价值为 30 万元的固定资产偿还丙公司 35 万元的债务，甲公司计入营业外支出和营业外收入的金额分别为（　　）万元。

A. 5；10　　B. 10；5　　C. 5；5　　D. 10；0

6. 未支付的或有应付金额，应当冲销预计负债，同时计入（　　）。

A. 资本公积　　B. 应付账款　　C. 营业外收入　　D. 营业外支出

7. 下列各项中，应当作为债务重组前提的是（　　）。

A. 债务人不愿意还款　　B. 法院判决
C. 债务人发生财务困难　　D. 债务人与债权人签订了协议

8. 修改后的债务条款如涉及或有应收金额，债权人应当将或有应收金额（　　）。

A. 包括在将来应收金额中　　B. 计入当期损益
C. 包括在将来应付金额中　　D. 不做账务处理

9. 采用以现金、非现金资产和修改其他债务条件等混合重组方式清偿债务的情况下，以下处理的先后顺序正确的是（　　）。

A. 现金、非现金资产、修改债务条件　　B. 非现金资产、现金、修改债务条件
C. 修改债务条件、非现金资产、现金　　D. 现金、修改债务条件、非现金资产

10. 甲公司于×8 年 2 月 28 日销售一批商品给乙公司，售价为 100 000 元，应收取的增值税税额为 17 000 元，款项均未收回。乙公司因财务困难而无法按期还款，当年 6 月 30 日甲公司同意减免乙公

司 17 000 元的债务，偿还期限延长 4 个月，并加收年利率 3%的利息，到期还本付息。同时规定，在延长期间的盈利月份加收年利率为 1.5%的利息。若乙公司 7～10 月的经营利润总额分别为−30 000 元、40 000 元、20 000 元和 80 000 元，甲公司为该债权已计提坏账准备 5 000 元。甲公司和乙公司未来应收金额和应付金额分别为（　　）元。

A. 101 000 和 101 500　　B. 101 000 和 101 375

C. 101 100 和 101 000　　D. 101 500 和 101 500

11. 资料同第 10 题，甲公司最终确认的债务重组损失为（　　）元。

A. 375　　B. 11 000　　C. 10 625　　D. 13 250

12. 资料同第 10 题，乙公司最终确认的债务重组收益为（　　）元。

A. 375　　B. 15 625　　C. 10 625　　D. 13 250

13. 以债务转为资本方式清偿债务的，债权人所取得股权的入账价值为（　　）。

A. 重组债权的账面余额　　B. 股权的面值或份额

C. 重组债权的账面价值　　D. 股权的公允价值

14. 甲公司应收乙公司 140 万元，对该应收账款已计提坏账准备 2 万元。双方协议重组，由乙公司以成本为 70 万元，已计提减值准备 10 万元，公允价值为 100 万元的一批库存商品抵债，适用的增值税税率为 17%、消费税税率为 5%，另支付款项 20 万元。乙公司的债务重组利得为（　　）万元。

A. 3　　B. 5　　C. 2　　D. 1.5

15. 条件同 14 题，乙公司转让库存商品的损益为（　　）万元。

A. 35　　B. 40　　C. 45　　D. 3

16. 甲公司应收乙公司 100 万元。双方协议重组，由乙公司以一幢原价为 200 万元、已计提折旧 70 万元、已计提减值准备 50 万元、公允价值为 86 万元的房产抵债，另支付款项 12 万元，适用的营业税税率为 5%。若甲公司对该债权已计提坏账准备 6 万元，则贷记“资产减值损失”（　　）万元。

A. 3　　B. 2　　C. 4　　D. 5

17. 条件同 16 题，乙公司的债务重组利得和房产的转让损益分别为（　　）万元。

A. 2；6　　B. 8；6　　C. 8；1.7　　D. 2；1.7

二、多项选择题

1. 债务重组是指在债务人发生财务困难的情况下，债权人按照其与债务人达成的协议或法院的裁定做出让步的事项。其中，债权人做出的让步包括（　　）。

A. 减免部分本金　　B. 延长偿还期　　C. 降低利率　　D. 减免部分利息

2. 债务重组方式包括（　　）。

A. 以资产清偿债务　　B. 将债务转为资本

C. 修改其他债务条件　　D. 以上方式的组合

3. 债务人以非现金资产抵偿债务的，非现金资产的公允价值与账面价值的差额，可能计入（　　）。

A. 投资收益　　B. 营业外收入　　C. 营业外支出　　D. 公允价值变动损益

4. 下列各项中，属于修改其他债务条件的方式有（　　）。

A. 债务转为资本　　B. 减少本金　　C. 延长债务偿还期　　D. 免除积欠利息

5. 以非现金资产清偿某项债务的，重组债务的账面余额与转让的非现金资产公允价值的差额，不计入（   ）。

A. 营业外收入　　B. 资本公积　　C. 营业外支出　　D. 投资收益

6. 债务人应当披露的与债务重组有关的信息包括（   ）。

A. 债务重组方式

B. 确认的债务重组利得总额

C. 或有应收金额

D. 将债务转为资本所导致的股本（实收资本）增加额

7. 债务人以产成品清偿债务时，会计分录贷方涉及的账户可能有（   ）。

A. 主营业务收入　　B. 应交税费　　C. 营业外收入　　D. 资产减值损失

三、判断题

1. 只要债权人对债务人做出了让步，不论债务人是否发生财务困难，都属于债务重组。（   ）

2. 债权人同意债务人延期偿还债务，但延期后债务人仍然按原债务账面价值偿还债务的，不属于债务重组。（   ）

3. 以修改债务条款方式进行债务重组的，债务人不能确认债务重组利得。（   ）

4. 在债务重组中，债务人的会计处理不会涉及“资本公积”账户。（   ）

5. 在债务重组涉及或有条件的情况下，债权人和债务人的账务处理都遵循了谨慎原则。（   ）

6. 债务人确认的债务重组利得与债权人确认的债务重组损失可能不一致。（   ）

7. 修改后的债务条款如涉及或有应收金额，债权人应当将或有应收金额计入未来应收金额中。（   ）

8. 在债务重组中，债务人以现金、非现金资产两种方式的组合清偿债务的，债务人应当先以支付的现金冲减重组债务的账面价值，再按照以非现金资产清偿债务的规定进行处理。（   ）

9. 将债务转为资本的，债务人应当将重组债务的账面余额与转让股权的公允价值之间的差额，计入营业外收入。（   ）

10. 修改后的债务条款涉及或有应付金额且符合预计负债确认条件的，债务人应当将该或有应付金额确认为预计负债。（   ）

四、业务题

1. ×7 年 7 月 1 日甲公司销售给乙公司产品一批，含税售价为 900 000 元，乙公司在当日开出并承兑为期 6 个月的不带息商业汇票。×7 年 12 月 31 日乙公司因财务困难没有兑付票款。经协商，甲公司同意乙公司以其拥有的作为可供出售金融资产核算的某公司股票和一批产品偿还债务，股票的账面余额为 38 万元（其中成本 40 万元，公允价值变动 2 万元），公允价值为 36 万元，甲公司取得后划分为交易性金融资产；产品成本为 40 万元，公允价值为 45 万元，适用的增值税税率为 17%，甲公司取得后作为原材料核算。假定甲公司对该项债权计提了 8 万元坏账准备，并在 ×8 年 1 月 30 日办理了相关转让手续和债务解除手续。

要求：

（1）判断债务重组的日期；

（2）编制甲公司和乙公司的有关会计分录。

2. ×7 年 2 月 28 日甲公司因购买原材料而欠丙公司货款及税款共 200 000 元。丙公司对该应收账款计提了20 000元的坏账准备。由于甲公司现金流量不足，短期内不能如数支付货款，×8年3月16日经协商，丙公司同意：①减免甲公司80 000元的债务，甲公司随即支付了120 000元欠款；②减免甲公司10 000元的债务，甲公司随即支付了190 000元欠款。

要求：在上述两种情况下编制丙公司债务重组日的会计分录。

3. ×6年1月31日甲公司销售一批商品给乙公司，售价为1 000万元，应收取的增值税税额为170万元，收到由乙公司签发并承兑的期限为6个月、利率为4%的商业汇票一张。票据到期，乙公司因资金周转困难没有兑付票据本息，并将应付票据转入应付账款。×6年12月双方签订的债务重组协议及相关资料如下（假定不考虑除增值税以外的其他相关税费）。

（1）免除积欠利息。

（2）乙公司以原价为60万元、已提折旧15万元、已计提减值准备4万元、公允价值为46万元的库房抵偿部分债务，以银行存款支付清理费用2万元。

（3）将上述债务中的800万元转为乙公司800万股普通股，每股面值和市价均为1元。乙公司于×6年12月31日办理了有关增资批准手续，并向甲公司出具了出资证明。

（4）将剩余债务的偿还期限延长至×8年12月31日，并从×7年1月1日起按3%的利率收取利息。同时规定，乙公司如果从×7年起年实现利润总额超过200万元，则利率上升至4%，如年利润总额低于200万元，仍维持3%的利率。乙公司×7年实现利润总额220万元；×8年实现利润总额120万元。

（5）债务重组协议规定，乙公司于每年年末支付利息。

要求：

（1）计算甲公司重组债权的账面价值和将来应收金额；

（2）计算乙公司将来应付金额；

（3）编制甲公司与债务重组有关的会计分录；

（4）编制乙公司与债务重组有关的会计分录。

第十二章 收入、费用和利润

【内容简介与学习目标】

本章阐述销售商品收入、提供劳务收入、让渡资产使用权收入、建造合同收入、费用、利润、所得税和利润分配的会计处理。通过学习本章，应该明确收入、费用和利润的含义、特点；熟悉收入和费用的分类、利润总额的构成、利润分配的一般程序；掌握收入和费用的确认条件、计量方法及会计处理；掌握利润的形成与分配的会计处理；掌握资产负债表债务法的含义、程序、递延所得税的确认与计量、所得税费用的确认与计量以及所得税的会计处理。

第一节 收 入

一、收入的范围

收入是指企业在日常活动中形成的、会导致所有者权益增加的、与所有者投入资本无关的经济利益的总流入，包括销售商品收入、提供劳务收入、让渡资产使用权收入和建造合同收入。收入只包括本企业经济利益的流入，不包括为第三方或客户代收的款项。企业为第三方或客户代收的款项，应当确认为负债。

工业企业制造并销售产品、商业企业销售商品、商业银行对外贷款等，均属于企业为完成其经营目标从事的经常性活动，由此产生的经济利益的总流入构成收入。

企业出售原材料、利用闲置资金对外投资、转让无形资产使用权等，属于与经常性活动相关的其他活动，由此产生的经济利益的总流入也构成收入。但是，企业处置固定资产、无形资产等活动，属于企业偶发的交易或事项，其流入的经济利益是利得，而不是收入。

二、收入、利得和收益的关系

收益是指在会计期间内经济利益的增加，表现为能导致所有者权益增加的资产流入、资产增值或负债减少。“能导致所有者权益增加”是收益的重要特征，但能导致所有者权益增加的不一定是收益。收益可能源于企业的日常活动，也可能源于企业的非日常活动。企业的日常活动产生的经济利益的流入属于收入，而企业偶发的交易或事项产生的经济利益的流入则属于利得。因此，收益包括收入与利得。

三、销售商品收入的确认与计量

（一）销售商品收入的确认

商品包括企业为销售而生产的产品和为转售而购进的商品。企业销售的原材料、包装物等，也视同企业的商品。销售商品收入只有同时满足以下条件时，才能加以确认。

1. 企业已将商品所有权上的主要风险和报酬转移给购货方

与商品所有权有关的风险是指商品可能发生减值或毁损等形成的损失；与商品所有权有关的报酬是指商品价值增值或通过使用商品等形成的经济利益。如果与商品所有权有关的任何损失或经济利益不需要由销货方承担或不归销货方所有，就表明商品所有权上的主要风险和报酬转移给了购货方。商品所有权上的主要风险和报酬是否已转移给购货方，需要关注每项交易的实质，并结合所有权凭证的转移和实物的交付进行判断。

（1）通常情况下，转移商品所有权凭证并交付实物后，商品所有权上的主要风险和报酬随之转移，如大多数商品零售。但是，下列情况除外：①企业销售的商品在质量、品种、规格等方面不符合合同或协议要求，又未根据正常的保证条款予以弥补，因而仍负有责任，在这种情况下，收入应当顺延到已按买方要求进行弥补时予以确认；②企业尚未完成售出商品的安装或检验工作，而且安装或检验工作是销售合同或协议的重要组成部分，在这种情况下，只有在商品安装完毕并检验合格后才能确认收入；③销售合同或协议中规定了由于特定的原因买方有权退货的条款，而且企业又不能确定退货的可能性，在这种情况下，只有在买方正式接受商品或退货期满时确认收入。

（2）某些情况下，转移商品所有权凭证但未交付实物，商品所有权上的主要风险和报酬随之转移，企业只保留了次要风险，如交款提货方式销售商品。

（3）有时，已交付实物但未转移商品所有权凭证，商品所有权上的主要风险和报酬并未随之转移，如采用支付手续费方式委托代销的商品。

2. 企业既没有保留与商品所有权相联系的继续管理权，也未对已售出商品实施有效控制

通常情况下，企业售出商品后不再保留与商品所有权相联系的继续管理权，也不再对售出商品实施有效控制，应当在发出商品时确认收入。如果企业售出商品后，由于各种原因仍保留与该商品所有权相联系的继续管理权，或者仍可对售出商品实施控制，就说明此项销售商品交易没有完成，不能确认相应的销售收入。例如，某制造商将商品销售给中间商后，如果仍能要求中间商转移或退回商品，就表明该制造商对售出的商品仍在实施控制，不能确认此项销售。但是，如果企业对售出商品保留了与所有权无关的管理权，就不受本条件的限制。例如，某房地产开发商将一片住宅小区销售给某客户，并受客户的委托管理小区物业。在这种情况下，虽然该房地产开发商仍对小区继续管理，但这种管理与小区的所有权无关。因为小区的所有权属于客户，与小区所有权有关的主要风险和报酬已从该开发商转移给了客户。

3. 收入的金额能够可靠地计量

收入的金额能否可靠地计量，是确认收入的基本前提。企业在销售商品时，售价通常已经确定，但由于销售商品过程中某些不确定因素的影响，也有可能出现售价变动的情况，新的售价确定前不应当确认收入，如附有销售退回条件的商品销售。在这种销售方式下，如果

企业不能合理估计退货的可能性，就表明不能够合理地估计收入的金额，不应当在发出商品时确认收入，而应当在退货期满，收入的金额能够可靠计量时确认收入。

4. 相关的经济利益很可能流入企业

在销售商品的交易中，相关的经济利益主要表现为销售商品的价款。相关的经济利益很可能流入是指销售商品价款收回的可能性大于不能收回的可能性。销售商品的价款是否有把握收回，是收入确认的一个重要条件。销售商品的价款能否收回，应当根据企业以前和买方交往的经验，或者从其他方面取得的信息和政府的有关政策等进行判断。

5. 相关的已经发生或将发生的成本能够可靠地计量

根据收入和费用配比原则，与同一项销售有关的收入和成本应当在同一会计期间予以确认。通常情况下，销售商品相关的已发生或将发生的成本能够合理地估计，如库存商品的采购成本、生产成本等。有时，销售商品相关的已发生或将发生的成本不能够合理地估计，如订货销售。订货销售是指企业已收到买方支付的全部或部分货款，但没有现货，需要通过制造或第三方交货的销售方式。在这种销售方式下，企业尽管已收到全部或部分货款，但因商品尚在制造过程中或仍在第三方，相关的成本不能可靠地计量，因而只能在交付商品时确认收入，已收到的货款应当确认为一项负债。

（二）销售商品收入的计量

企业应当按照合同或协议价款确定销售商品收入金额，合同或协议价款不公允的，应当按照公允的交易价格确定销售商品收入金额。在判断合同或协议价款是否公允时，应当关注企业与购货方之间的关系。通常情况下，关联方关系的存在可能导致合同或协议价款不公允。

销售商品涉及商业折扣的，应当按照扣除商业折扣后的金额确定销售商品收入金额；销售商品涉及现金折扣的，应当按照扣除现金折扣前的金额确定销售商品收入金额，现金折扣应当在实际发生时计入财务费用。

合同或协议价款的收取采用递延方式且实质上具有融资性质的，企业应当按照合同或协议价款的公允价值（折现值）确定销售商品收入金额，合同或协议价款与其公允价值之间的差额，应当确认为未实现融资收益，并在信用期内采用实际利率法分期摊销，冲减财务费用。

四、销售商品收入的账务处理

企业的主营业务应当设置“主营业务收入”、“主营业务成本”、“营业税金及附加”、“发出商品”、“销售费用”等账户进行核算。

（一）符合收入确认条件的商品销售

企业销售商品时，按已收或应收的款项，借记“银行存款”、“应收账款”、“应收票据”等账户，按合同或协议价款，贷记“主营业务收入”等账户，按应收取的增值税税额，贷记“应交税费——应交增值税（销项税额）”账户。月终汇总结转销售成本时，借记“主营业务成本”、“存货跌价准备”等账户，贷记“库存商品”等账户；同时按应交的消费税、教育费附加等税费，借记“营业税金及附加”账户，贷记“应交税费——应交消费税”、“应交税费——应交教育费附加”等账户。

【例 12-1】 A 公司销售产品 50 件，单位售价为 300 元，单位成本为 200 元，适用的增值税税率为 17%、消费税税率为 8%，已将提货单和发票账单交给购货单位，购货单位以支票付款。其账务处理如下。

（1）实现销售，收到货款：

借：银行存款　　17 550

　贷：主营业务收入　　15 000

　　应交税费——应交增值税（销项税额）　　2 550

（2）结转销售成本：

借：主营业务成本　　10 000

　贷：库存商品　　10 000

（3）计算应交消费税：

借：营业税金及附加　　1 200

　贷：应交税费——应交消费税　　1 200

【例 12-2】×8 年 5 月 3 日 A 公司向 B 公司销售商品 100 件，商品标价为 50 000 元，适用的增值税税率为 17%，B 公司认为价格偏高要求给予 10%的折扣，A 公司接受了买方的要求。A 公司为了及早收回货款在合同中确定了如下现金折扣条件：2/10，1/20，N/30。假定该商品销售符合收入确认条件，则其账务处理如下。

（1）5 月 1 日按总价法确认收入：

借：应收账款——B 公司　　52 650

　贷：主营业务收入　　45 000

　　应交税费——应交增值税（销项税额）　　7 650

（2）如果 5 月 11 日买方付清货款，则享受现金折扣 1 053 元，实际付款 51 597 元：

借：银行存款　　51 597

　财务费用　　1 053

　贷：应收账款——B 公司　　52 650

（3）如果 5 月 18 日买方付清货款，则享受现金折扣 526.5 元，实际付款 52 123.5 元：

借：银行存款　　52 123.50

　财务费用　　526.50

　贷：应收账款——B 公司　　52 650.00

（4）如果买方 5 月 23 日以后付款，则应当支付全部款项：

借：银行存款　　52 650

　贷：应收账款——B 公司　　52 650

（二）不符合收入确认条件的商品销售

不符合收入确认条件的已发出商品，按实际成本，借记“发出商品”账户，贷记“库存商品”账户；按应收取的增值税税额，借记“应收账款”账户，贷记“应交税费——应交增值税（销项税额）”账户。满足收入确认条件时，按合同或协议价款，借记“应收账款”账户，贷记“主营业务收入”账户；结转销售成本时，借记“主营业务成本”账户，贷记“发出商品”账户。

【例 12-3】 A 公司采用托收承付方式向 B 公司销售商品一批，售价为 50 000 元，应收取的增值税税额为 8 500 元，成本为 40 000 元。A 公司在售出该批商品时已得知 B 公司现金流转发生暂时困难，但为了减少存货积压，同时也为了维持与 B 公司长期以来建立的商业关系，A 公司仍将商品发出并办妥托收手续。假定 A 公司销售该批商品的纳税义务已经发生，不考虑其他因素，则其账务处理如下。

（1）发出商品：

借：发出商品　　40 000

　　贷：库存商品　　40 000

借：应收账款——B 公司　　8 500

　　贷：应交税费——应交增值税（销项税额）　　8 500

（2）B 公司经营情况出现好转，承诺近期付款：

借：应收账款——B 公司　　50 000

　　贷：主营业务收入　　50 000

借：主营业务成本　　40 000

　　贷：发出商品　　40 000

（3）收回款项：

借：银行存款　　585 00

　　贷：应收账款——B 公司　　58 500

（三）分期收款方式销售商品

采用递延方式分期收款、具有融资性质的销售商品满足收入确认条件的，按应收的合同或协议价款，借记“长期应收款”账户，按合同或协议价款的公允价值，贷记“主营业务收入”等账户，按贷方差额，贷记“未实现融资收益”账户；结转销售成本时，借记“主营业务成本”等账户，贷记“库存商品”等账户；在信用期内采用实际利率法分期摊销未实现融资收益时，借记“未实现融资收益”账户，贷记“财务费用”账户。

【例 12-4】×5 年 1 月 1 日 C 公司采用分期收款方式销售大型设备，成本为 700 万元，售价为 1 000 万元，应收取的增值税税额为 170 万元，除首付款 170 万元以外的其余货款分 5 年于每年年末等额收取。假定该大型设备不采用分期收款方式时的销售价格为 800 万元（不含增值税税额），则其账务处理如下。

（1）计算确定折现率：

根据 1 元年金现值系数表，该公司计算得出年金 200 万元、期数 5 年、现值 800 万元的折现率为 7.93%，即为该笔应收款项的实际利率。

（2）×5 年 1 月 1 日：

借：长期应收款　　10 000 000

　　银行存款　　1 700 000

　　贷：主营业务收入　　8 000 000

　　　　未实现融资收益　　2 000 000

　　　　应交税费——应交增值税（销项税额）　　1 700 000

借：主营业务成本　　7 000 000

　　贷：库存商品　　7 000 000

（3）C 公司各年分期收款及摊销未实现融资收益的计算如表 12-1 所示：

表 12-1 C公司各年分期收款及摊销未实现融资收益的计算　　（单位：元）

日期	分期收款额	摊销未实现融资收益	摊余成本减少额	摊余成本
①	②	③ = 期初⑤ × 7.93%	④ = ② − ③	⑤ = 期初⑤ − ④
×5.01.01				8 000 000.00
×5.12.31	2 000 000.00	634 400.00	1 365 600.00	6 634 400.00
×6.12.31	2 000 000.00	526 107.92	1 473 892.08	5 160 507.92
×7.12.31	2 000 000.00	409 228.28	1 590 771.72	3 569 736.20
×8.12.31	2 000 000.00	283 080.08	1 716 919.92	1 852 816.28
×9.12.31	2 000 000.00	147 183.72	1 852 816.28	0
合　计	10 000 000.00	2 000 000.00	8 000 000.00	

C公司×5年12月31日分期收款及摊销未实现融资收益的账务处理如下（其余各年的账务处理略）：

借：银行存款　　2 000 000

　贷：长期应收款　　2 000 000

借：未实现融资收益　　634 400

　贷：财务费用　　634 400

（四）以旧换新方式销售商品

以旧换新销售是指销售方在销售商品的同时回收与所售商品相同的旧商品的一种销售方式。以旧换新方式销售下，销售的商品应当按照销售商品收入确认条件确认收入，回收的商品应当作为购进商品处理。

【例12-5】×8年12月8日A公司销售乙产品2件，含增值税售价为51 480元，成本为20 000元，适用的增值税税率为17%。同时收回2件同类旧商品，每件回收价为1 000元（不考虑增值税），收回款项49 480元存入银行。其账务处理如下。

借：银行存款　　49 480

　　库存商品　　2 000

　贷：主营业务收入　　44 000

　　　应交税费——应交增值税（销项税额）　　7 480

借：主营业务成本　　20 000

　贷：库存商品　　20 000

（五）销售折让

销售折让是指企业因售出商品的质量不合格等原因而给予的售价减让。销售折让可能发生在交易之时，也可能发生在交易之后。如果销售折让发生在交易之时，那么与商业折扣并无本质区别，应当按照折扣后的实际售价确认销售收入；如果销售折让发生在交易之后，由于销售折让只影响售价，不影响销售量，只须冲减销售收入和增值税销项税额，不需要冲减销售成本。销售折让为资产负债表日后事项的，应当按照《企业会计准则第29号——资产负债表日后事项》的规定进行账务处理。

【例12-6】 A公司销售一批商品给B公司，售价为40 000元，应收取的增值税税额为6 800元，成本为32 000元，款项尚未收到。买方在验收过程中发现商品外观上存在瑕疵，基本上不影响使用，于是要求A公司在价格上给予5%的减让。经查明，B公司提出的销售折让要求符合原合同的约定，A公司同意并办妥了有关手续。假定此前A公司已确认该批商品的销售收入，与销售折让有关的增值税税额税务机关允许冲减，该销售折让不属于资产负债表日后事项，则其账务处理如下。

（1）确认销售收入：

借：应收账款——B公司　46 800

　贷：主营业务收入　40 000

　　应交税费——应交增值税（销项税额）　6 800

借：主营业务成本　32 000

　贷：库存商品　32 000

（2）发生销售折让时：

借：主营业务收入　2 000

　应交税费——应交增值税（销项税额）　340

　贷：应收账款——B公司　2 340

（3）实际收到款项时：

借：银行存款　46 800 − 2 340 = 44 460

　贷：应收账款——B公司　44 460

（六）销售退回

销售退回是指企业售出的商品由于质量、品种、规格等不符合要求而发生的退货。销售退回可能发生在确认收入之前，也可能发生在确认收入之后。如果销售退回发生在确认收入之前，只要将已记入“发出商品”账户的商品成本转回“库存商品”账户，并冲减增值税销项税额即可；如果销售退回发生在确认收入之后，不论是当年销售的，还是以前年度销售的，通常都冲减退回当月的收入、成本和增值税销项税额。如果该项销售已经发生现金折扣或销售折让，应当在退回当月一并调整。销售退回一般有三种情况：①本月销售的商品本月退回；②以前月份或以前年度销售的商品本月退回；③资产负债表日及以前销售的商品在资产负债表日至财务报告批准报出日之间退回。

（1）本月销售的商品本月退回的，由于本月商品的销售成本尚未结转，只须冲减本月退回商品的销售收入和增值税销项税额。

（2）以前月份销售的商品本月退回的，由于不影响本年度损益，直接冲减本月退回商品的销售收入、销售成本和增值税销项税额；以前年度销售的商品本月退回的，由于以前年度已经决算，没有必要调整以前年度的损益，也直接冲减本月退回商品的销售收入、销售成本和增值税销项税额。一般采用以下两种方法：①退回的商品在本月中有同类商品销售的，先根据退回商品的数量和本月同类商品的单位售价计算并冲减销售收入和增值税销项税额，然后根据扣减退回商品数量后的本月同类商品的净销售量和单位成本计算结转本月商品销售成本；②退回的商品在本月中没有同类商品销售的，按照销售月份的单位售价和单位成本计算并冲减销售收入、销售成本和增值税销项税额。

【例12-7】×7年12月18日A公司销售甲商品一批，售价为50 000元，应收取的增值税税额为8 500元，成本为26 000元，现金折扣条件为2/10，1/20，N/30。买方于12月27日付款。×8年5月20日该批商品因质量不合格被退回，同时退还已收货款。其账务处理如下。

（1）销售商品：

借：应收账款　58 500

贷：主营业务收入——甲商品　50 000
　　应交税费——应交增值税（销项税额）　8 500

借：主营业务成本——甲商品　26 000
　贷：库存商品——甲商品　26 000

（2）收回货款：

借：银行存款　57 330
　　财务费用　1 170
　贷：应收账款　58 500

（3）发生销售退回：

借：主营业务收入——甲商品　50 000
　　应交税费——应交增值税（销项税额）　8 500
　贷：银行存款　57 330
　　　财务费用　1 170

借：库存商品——甲商品　26 000
　贷：主营业务成本——甲商品　26 000

（3）资产负债表日及以前售出商品在资产负债表日至财务报告批准报出日之间退回的，应当作为资产负债表日后调整事项，通过"以前年度损益调整"账户核算。此种销售退回可能发生在报告年度所得税汇算清缴之前，也可能发生在报告年度所得税汇算清缴之后。如果发生在报告年度所得税汇算清缴之前，则冲减报告年度的收入、成本等，并相应调整报告年度的应纳所得税额；如果发生在报告年度所得税汇算清缴之后，则冲减报告年度的收入、成本等，并相应调整报告年度次年（即本年度）的所得税费用和应纳所得税额。

【例 12-8】 A 公司×7 年 12 月 15 日销售一批商品给 B 公司，取得收入 100 万元（不含税），A 公司发出商品后，按正常情况已确认收入，并结转成本 80 万元。此笔货款到年末尚未收到，A 公司按应收账款的 4%计提了坏账准备 4.68 万元。×8 年 1 月 15 日，由于产品质量问题，本批货物被退回。税法规定，按应收账款余额的 5‰计提的坏账准备可以在税前扣除，本年度除应收 B 公司账款计提的坏账准备外，无其他纳税调整事项。A 公司所得税税率为 25%，采用资产负债表债务法核算所得税。×8 年 2 月 28 日完成了×7 年度所得税汇算清缴。A 公司按净利润的 10%提取法定盈余公积，×7 年度财务报告在×8 年 3 月 31 日经批准报出。A 公司的账务处理如下。

（1）×8 年 1 月 15 日调整销售收入：

借：以前年度损益调整（主营业务收入）　1 000 000
　　应交税费——应交增值税（销项税额）　170 000
　贷：应收账款——B 公司　1 170 000

（2）调整坏账准备余额：

借：坏账准备　46 800
　贷：以前年度损益调整（资产减值损失）　46 800

（3）调整销售成本：

借：库存商品　800 000
　贷：以前年度损益调整（主营业务成本）　800 000

（4）调整应交所得税：

借：应交税费——应交所得税　　48 537.50

　　贷：以前年度损益调整（所得税费用）　　48 537.50

注：48 537.50 =（1 000 000 − 800 000 − 1 170 000 × 5‰）× 25%

（5）调整原已确认的递延所得税资产：

借：以前年度损益调整（所得税费用）　　10 237.50

　　贷：递延所得税资产　　10 237.50

注：原应收账款的账面价值为 1 123 200 元（1 170 000 − 1 170 000 × 4%），计税基础为 1 164 150 元（1 170 000 − 1 170 000 × 5‰），产生可抵扣暂时性差异 40 950 元，因此，应当冲回原已确认递延所得税资产 10 237.50 元（40 950 × 25%）。

（6）将"以前年度损益调整"账户余额（即减少的净利润）转入未分配利润：

借：利润分配——未分配利润　　114 900

　　贷：以前年度损益调整　　114 900

（7）因净利润减少冲回多提的盈余公积：

借：盈余公积　　114 900 × 10% = 11 490

　　贷：利润分配——未分配利润　　11 490

（8）调整相关财务报表（略）：

如果销售退回发生在 ×8 年 3 月 2 日，则只须对上述第（4）、（6）、（7）笔的账务处理做如下调整，其余同上。

（1）调整应交所得税：

借：应交税费——应交所得税　　48 537.50

　　贷：所得税费用　　48 537.50

（2）将"以前年度损益调整"账户余额（即减少的净利润）转入未分配利润：

借：利润分配——未分配利润　　163 437.50

　　贷：以前年度损益调整　　163 437.50

（3）因净利润减少冲回多提的盈余公积：

借：盈余公积　　163 437.50 × 10% = 16 343.75

　　贷：利润分配——未分配利润　　16 343.75

（七）代销商品

1．视同买断方式

视同买断方式是指由委托方和受托方签订协议，委托方按协议价收取代销的货款，实际售价由受托方自行确定，实际售价与协议价之间的差额归受托方所有的一种代销方式。根据实质重于形式的原则，这种代销方式可分为下列两种情形：

一种为视同销售方式。如果委托方和受托方之间的协议明确表明，受托方在取得代销商品后，无论能否卖出、是否获利，均与委托方无关，那么委托方和受托方之间的代销商品交易，与委托方直接销售商品给受托方没有本质区别，委托方可以在发出商品时确认收入，而受托方收到受托代销的商品时可以作为购进商品处理。委托方与受托方的账务处理可比照赊销与赊购业务进行。

另一种为可退回或补偿方式。如果委托方和受托方之间的协议明确表明，将来受托方商品没有售出时可以退回，或者因代销商品出现亏损时可以要求委托方补偿，那么委托方在发出商品时不能确认收入，受托方收到受托代销的商品时也不能作为购进商品处理。受托方将商品售出后，按照实际售价确认收入，而委托方应当在收到受托方开具的代销清单时确认收入。

委托方发出委托代销的商品时，借记“发出商品”账户，贷记“库存商品”账户；收到受托方开具的代销清单后，按应收的代销款项，借记“应收账款”账户，按协议价，贷记“主营业务收入”账户，按应收取的增值税税额，贷记“应交税费——应交增值税（销项税额）”账户；结转销售成本时，借记“主营业务成本”账户，贷记“发出商品”账户；收到受托方支付的代销款项时，借记“银行存款”账户，贷记“应收账款”账户。

受托方收到受托代销的商品时，按协议价，借记“受托代销商品”或“代理业务资产”账户，贷记“受托代销商品款”或“代理业务负债”账户。售出受托代销商品后，按已收或应收的款项，借记“银行存款”、“应收账款”等账户，按实际售价，贷记“主营业务收入”账户，按应收取的增值税税额，贷记“应交税费——应交增值税（销项税额）”账户；结转销售成本时，借记“主营业务成本”账户，贷记“受托代销商品”或“代理业务资产”账户；按协议价确认的应当支付给委托方的代销货款，借记“受托代销商品款”或“代理业务负债”账户，按从委托方取得的增值税专用发票注明的增值税税额，借记“应交税费——应交增值税（进项税额）”账户，按应当支付给委托方的代销款项，贷记“应付账款”账户；按支付给委托方的代销款项，借记“应付账款”账户，贷记“银行存款”账户。

【例 12-9】 A 公司委托 B 公司销售乙商品 100 件，协议价为每件 100 元，成本为每件 60 元。A 公司收到 B 公司开具的代销清单时开具的增值税专用发票注明的售价为 10 000 元，增值税税额为 1 700 元。B 公司开具的增值税专用发票注明的售价为 12 000 元，增值税税额为 2 040 元。假定按代销协议，B 公司可以将没有售出的代销商品退给 A 公司，且 A 公司发出商品时纳税义务未发生。

（1）A 公司的账务处理如下。

1）发出乙商品：

借：发出商品——乙商品　　6 000

　贷：库存商品——乙商品　　6 000

2）收到代销清单：

借：应收账款——B 公司　　11 700

　贷：主营业务收入——乙商品　　10 000

　　应交税费——应交增值税（销项税额）　　1 700

借：主营业务成本——乙商品　　6 000

　贷：发出商品——乙商品　　6 000

3）收到代销款：

借：银行存款　　11 700

　贷：应收账款——B 公司　　11 700

（2）B 公司的账务处理如下。

1）收到乙商品：

借：受托代销商品——乙商品　　10 000

　贷：受托代销商品款——A 公司　　10 000

2）销售乙商品：

借：银行存款　14 040

　贷：主营业务收入——乙商品　12 000

　　　应交税费——应交增值税（销项税额）　2 040

借：主营业务成本——乙商品　10 000

　贷：受托代销商品——乙商品　10 000

3）收到增值税专用发票：

借：受托代销商品款——A公司　10 000

　　应交税费——应交增值税（进项税额）　1 700

　贷：应付账款——A公司　11 700

4）支付代销款：

借：应付账款——A公司　11 700

　贷：银行存款　11 700

2. 收取手续费方式

收取手续费方式是指受托方根据代销的商品数量或金额向委托方收取手续费的一种代销方式。受托方收取的手续费实际上是一种劳务收入。在这种代销方式下，受托方通常只能按照委托方规定的价格销售商品，不得自行改变售价。受托方将商品销售后，按照应当收取的手续费确认收入，而委托方应当在收到受托方开具的代销清单时确认收入。

委托方的账务处理与上述可退回或补偿方式基本相同，只是在收到受托方支付的代销款项时，按收到的款项，借记“银行存款”账户，按应当支付给受托方的代销手续费，借记“销售费用”账户，按应当收取的代销款项，贷记“应收账款”账户。

受托方收到受托代销商品的账务处理与上述可退回或补偿方式相同。售出受托代销商品后，按已收或应收的款项，借记“银行存款”、“应收账款”等账户，按协议价，贷记“受托代销商品”或“代理业务资产”账户，按应收取的增值税税额，贷记“应交税费——应交增值税（销项税额）”账户；确认应当支付给委托方的代销款项的账务处理与上述可退回或补偿方式相同；按支付给委托方的代销款项，借记“应付账款”账户，按应当向委托方收取的手续费，贷记“主营业务收入”或“其他业务收入”账户，按支付的款项，贷记“银行存款”账户。

【例12-10】 A公司委托C公司销售乙商品100件，商品已经发出，每件成本为60元，合同约定C公司应当按照每件100元对外销售，并按售价的10%向C公司支付代销手续费。C公司对外销售100件，开具的增值税专用发票注明的价款为10 000元，增值税税额为1 700元，款项已经收到。A公司收到C公司开具的代销清单时向C公司开具一张相同金额的增值税专用发票。假定A公司发出商品时纳税义务未发生，不考虑其他因素。

（1）A公司的账务处理如下。

1）发出乙商品：

借：发出商品——乙商品　6 000

　贷：库存商品——乙商品　6 000

2）收到代销清单：

借：应收账款——C公司　11 700

贷：主营业务收入——乙商品　10 000

应交税费——应交增值税（销项税额）　1 700

借：主营业务成本——乙商品　6 000

贷：发出商品——乙商品　6 000

3）收到代销款：

借：银行存款　10 700

销售费用　1 000

贷：应收账款——C 公司　11 700

（2）C 公司的账务处理如下。

1）收到乙商品：

借：受托代销商品——乙商品　10 000

贷：受托代销商品款——A 公司　10 000

2）销售乙商品：

借：银行存款　11 700

贷：受托代销商品——乙商品　10 000

应交税费——应交增值税（销项税额）　1 700

3）收到增值税专用发票：

借：受托代销商品款——A 公司　10 000

应交税费——应交增值税（进项税额）　1 700

贷：应付账款——A 公司　11 700

4）收取代销手续费并支付代销款：

借：应付账款——A 公司　11 700

贷：银行存款　10 700

主营业务收入　1 000

（八）售后回购

售后回购是指销售商品的同时，销售方同意日后重新买回所售商品的销售方式。售后回购属于融资交易，企业不应当确认销售商品收入，收到的款项应当确认为负债，回购价格大于原售价的差额，应当在售后回购期间按期计提利息，计入财务费用。

企业销售商品时，按收到的款项，借记“银行存款”账户，按售价，贷记“其他应付款”账户，按应收取的增值税税额，贷记“应交税费——应交增值税（销项税额）”账户；同时按发出商品的成本，借记“发出商品”账户，贷记“库存商品”账户。在售后回购期间按期计提的利息，借记“财务费用”账户，贷记“其他应付款”账户。按合同约定回购商品时，按回购价格，借记“其他应付款”，按可抵扣的增值税税额，借记“应交税费——应交增值税（进项税额）”账户，按支付的款项，贷记“银行存款”账户；同时按回购商品的成本，借记“库存商品”账户，贷记“发出商品”账户。

【例 12-11】×8 年 5 月 1 日 A 公司向 B 公司销售商品一批，售价为 1 000 000 元，成本为 800 000 元，适用的增值税税率为 17%，商品已经发出，款项已经收到。协议约定，A 公司应当在 9 月 30 日将所售商品购回，回购价为 1 100 000 元。假定不考虑其他因素，则 A 公司的账务处理如下。

（1）×8年5月1日销售商品：

借：发出商品　　800 000

　　贷：库存商品　　800 000

借：银行存款　　1 170 000

　　贷：应交税费——应交增值税（销项税额）　　170 000

　　　　其他应付款——B公司　　1 000 000

（2）×8年5月30日～9月30日每月末计提利息：

由于回购期间为5个月，货币时间价值影响不大，因而采用直线法计提利息。

借：财务费用　　20 000

　　贷：其他应付款——B公司　　20 000

（3）×8年9月30日回购商品：

借：库存商品　　800 000

　　贷：发出商品　　800 000

借：其他应付款——B公司　　1 100 000

　　应交税费——应交增值税（进项税额）　　187 000

　　贷：银行存款　　1 287 000

（九）售后租回

售后租回是指卖方将一项资产出售后又将其租赁回来的业务。售后租回属于融资交易，企业不应当确认销售商品收入，资产的售价与账面价值之间的差额，应当区别情况处理。

（1）售后租回交易认定为融资租赁的，资产的售价与账面价值之间的差额应当予以递延（递延收益，下同），并按照该项租赁资产的折旧进度进行分摊，调整折旧费用。

【例12-12】×5年1月1日A公司将原价为200 000元、已计提折旧40 000元的一台生产设备以200 000元的公允价格出售给B公司，并立即以200 000元的价格将其租回，租赁期4年，每年年末支付等额租金，出租人的租赁内含利率为10%，设备预计使用寿命为4年，无残值，采用年限平均法计提折旧。由于该租赁业务为融资租赁，A公司的有关账务处理如下。

（1）×5年1月1日。

1）转入清理：

借：固定资产清理　　160 000

　　累计折旧　　40 000

　　贷：固定资产　　200 000

2）出售设备：

借：银行存款　　234 000

　　贷：固定资产清理　　160 000

　　　　递延收益——未实现售后租回损益　　40 000

　　　　应交税费——应交增值税（销项税额）　　34 000

3）租回设备：

每年年末应付租金＝公允价值÷年金现值系数＝200 000÷3.169 865＝63 094（元）

借：固定资产——融资租入固定资产　　200 000

未确认融资费用　　52 376

贷：长期应付款——B 公司　　252 376

（2）每年年末摊销的未确认融资费用如表 12-2 所示。

表 12-2　未确认融资费用分摊表　　（单位：元）

时间	租金	利息（10%）	摊销本金	本金余额
×5.1.1				200 000
×5.12.31	63 094	20 000	43094	156 906
×6.12.31	63 094	15 691	47 403	109 503
×7.12.31	63 094	10 950	52 144	57 359
×8.12.31	63 094	5 735	57 359	0
合计	252 376	52 376	200 000	

（3）×5 年 12 月 31 日。

1）支付租赁费：

借：长期应付款——B 公司　　63 094

贷：银行存款　　63 094

2）摊销未确认融资费用：

借：财务费用　　20 000

贷：未确认融资费用　　20 000

3）计提折旧：

借：制造费用　　50 000

贷：累计折旧　　50 000

4）分摊售后租回损益：

借：递延收益——未实现售后租回损益　　10 000

贷：制造费用　　10 000

×6 年 12 月 31 日—×8 年 12 月 31 的账务处理与 ×5 年 12 月 31 日基本相同，只是每年摊销的未确认融资费用金额有所不同。

（2）售后租回交易认定为经营租赁的，应当分别以下情况处理：①售后租回交易按照公允价值达成的，资产的售价与账面价值之间的差额应当计入当期损益；②售后租回交易没有按照公允价值达成的，资产的售价低于公允价值的差额应当计入当期损益，但若该损失将由低于市价的未来租赁付款额补偿时，应当予以递延，并按照与确认租金费用相一致的方法（租金支付比例，下同）在租赁期内分摊，调整租金费用；资产的售价大于公允价值的差额应当予以递延，并按照与确认租金费用相一致的方法在租赁期内分摊，调整租金费用。

【例 12-13】×5 年 1 月 1 日 A 公司将账面价值为 28 000 000 元、公允价值为 29 000 000 元、预计使用年限为 25 年的全新办公用房以 30 000 000 元的价格出售给 D 公司，并立即将其租回，租赁期为 4 年，每年年末支付租金 600 000 元，如果在市场上租用同等的办公用房每年须支付租金 350 000 元。A 公司的账务处理如下。

第一步，判断租赁类型。根据资料分析，该项租赁属于经营租赁。

第二步，计算未实现售后租回损益。

未实现售后租回损益 = 30 000 000 − 29 000 000 = 1 000 000（元）

第三步，在租赁期内按直线法分摊未实现售后租回损益如表 12-3 所示。

表 12-3 未实现售后租回收益分摊表 （单位：元）

时间	租金	分摊率	摊销额	未实现售后租回收益
×5.1.1				1 000 000
×5.12.31	600 000	25%	250 000	750 000
×6.12.31	600 000	25%	250 000	500 000
×7.12.31	600 000	25%	250 000	250 000
×8.12.31	600 000	25%	250 000	0
合计	2 400 000	100%	1 000 000	

第四步，编制会计分录。

（1）×5 年 1 月 1 日。

1）转入清理:

借：固定资产清理 28 000 000

贷：固定资产 28 000 000

2）出售办公用房:

借：银行存款 30 000 000

贷：固定资产清理 28 000 000

营业外收入——处置非流动资产利得 1 000 000

递延收益——未实现售后租回损益 1 000 000

（2）×5 年 12 月 31 日:

借：管理费用 600 000

贷：银行存款 600 000

借：递延收益——未实现售后租回损益 250 000

贷：管理费用 250 000

其他会计分录略。

【例 12-14】 沿用**【例 12-13】**，假定有确凿证据表明该办公用房目前公允价值为 30 000 000 元，则应当将售价与资产账面价值的差额计入当期损益。A 公司的账务处理如下。

（1）×5 年 1 月 1 日。

1）转入清理:

借：固定资产清理 28 000 000

贷：固定资产 28 000 000

2）出售办公用房:

借：银行存款 30 000 000

贷：固定资产清理 28 000 000

营业外收入——处置非流动资产利得 2 000 000

（2）×5 年 12 月 31 日:

借：管理费用 600 000

贷：银行存款 600 000

【例 12-15】 沿用**【例 12-13】**，假定该办公用房的售价为 27 000 000 元，在市场上租用同等办公用房每年须支付租金 850 000 元，则应当将售价与资产账面价值的差额予以递延。A 公司的账务处理如下。

第一步，判断租赁类型。根据资料分析，该项租赁属于经营租赁。

第二步，计算未实现售后租回损益。

未实现售后租回损益 = 27 000 000 − 28 000 000 = −1 000 000（元）

第三步，在租赁期内按直线法分摊未实现售后租回损益如表 12-3 所示。

第四步，编制会计分录。

（1）×5 年 1 月 1 日。

1）转入清理：

借：固定资产清理　28 000 000

　贷：固定资产　28 000 000

2）出售办公用房：

借：银行存款　27 000 000

　递延收益——未实现售后租回损益　1 000 000

　贷：固定资产清理　28 000 000

（2）×5 年 12 月 31 日：

借：管理费用　600 000

　贷：银行存款　600 000

借：管理费用　250 000

　贷：递延收益——未实现售后租回损益　250 000

其他会计分录略。

【例 12-16】沿用**【例 12-13】**，假定有确凿证据表明该办公用房目前公允价值为 31 000 000 元，每年年末支付租金 850 000 元，在市场上租用同等办公用房每年须支付租金 850 000 元。

售价低于公允价值且未来租赁付款额不低于市价的情况下，实质上相当于一项正常的销售，售价与资产账面价值的差额应当计入当期损益。A 公司的账务处理如下。

（1）×5 年 1 月 1 日。

1）转入清理：

借：固定资产清理　28 000 000

　贷：固定资产　28 000 000

2）出售办公用房：

借：银行存款　30 000 000

　贷：固定资产清理　28 000 000

　　营业外收入——处置非流动资产利得　2 000 000

（2）×5 年 12 月 31 日：

借：管理费用　850 000

　贷：银行存款　850 000

（十）附有销售退回条件的商品销售

附有销售退回条件的商品销售是指购买方依照合同或协议约定有权退货的销售方式。在这种销售方式下，企业能够合理估计退货可能性的，应当在发出商品时，将估计不会发生退货的部分确认收入，估计可能发生退货的部分不确认收入；企业不能合理估计退货可能性的，应当在售出商品退货期满时确认收入。

【例 12-17】 H 公司是一家健身器材销售公司。×8 年 1 月 1 日 H 公司向 B 公司销售健身器材 5 000 件，售价为 2 500 000 元，应收取的增值税税额为 425 000 元，成本为 2 000 000 元。协议约定，B 公司应当在 2 月 1 日前支付货款，在 6 月 30 日前有权退回健身器材。健身器材已经发出，款未收。假定 H 公司根据过去的经验，估计该批健身器材的退货率约为 20%，实际发生销售退回时有关的增值税额允许冲减，不考虑其他因素，则其账务处理如下。

（1）1 月 1 日发出健身器材：

	借方	贷方
借：应收账款——B 公司	2 425 000	
贷：主营业务收入		2 000 000
应交税费——应交增值税（销项税额）		425 000
借：主营业务成本	1 600 000	
发出商品	400 000	
贷：库存商品		2 000 000

（2）2 月 1 日前收到货款：

	借方	贷方
借：银行存款	2 925 000	
贷：应收账款——B 公司		2 425 000
预收账款——B 公司		500 000

（3）6 月 30 日发生退货 1 000 件，款已付：

	借方	贷方
借：库存商品	400 000	
应交税费——应交增值税（销项税额）	85 000	
预收账款——B 公司	500 000	
贷：银行存款		585 000
发出商品		400 000

假设实际退货量为 800 件，则其账务处理如下：

	借方	贷方
借：库存商品	320 000	
应交税费——应交增值税（销项税额）	68 000	
主营业务成本	80 000	
预收账款——B 公司	500 000	
贷：银行存款		468 000
主营业务收入		100 000
发出商品		400 000

假设实际退货量为 1 200 件，则其账务处理如下：

	借方	贷方
借：库存商品	480 000	
应交税费——应交增值税（销项税额）	102 000	
主营业务收入	100 000	
预收账款——B 公司	500 000	
贷：主营业务成本		80 000

银行存款 702 000

发出商品 400 000

【例 12-18】 沿用【例 12-17】，假定 H 公司无法根据过去的经验估计该批健身器材的退货率，健身器材发出时纳税义务已经发生，不考虑其他因素，则其账务处理如下。

（1）1 月 1 日发出健身器材：

借：应收账款——B 公司 425 000

贷：应交税费——应交增值税（销项税额） 425 000

借：发出商品 2 000 000

贷：库存商品 2 000 000

（2）2 月 1 日前收到货款：

借：银行存款 2 925 000

贷：预收账款——B 公司 2 500 000

应收账款——B 公司 425 000

（3）6 月 30 日退货期满没有发生退货：

借：预收账款——B 公司 2 500 000

贷：主营业务收入 2 500 000

借：主营业务成本 2 000 000

贷：发出商品 2 000 000

假设退货期届满前发生退货 2 000 件，则其账务处理如下：

借：预收账款——B 公司 2 500 000

应交税费——应交增值税（销项税额） 170 000

贷：主营业务收入 1 500 000

银行存款 1 170 000

借：主营业务成本 1 200 000

库存商品 800 000

贷：发出商品 2 000 000

五、提供劳务收入的确认与计量

不少企业的主要收入来源是提供劳务的收入，如饮食、广告、咨询、旅游、运输、代理、培训、产品安装等。很多劳务可以一次性完成，且多为现金交易，如饮食、运输等；也有一些劳务需要花费一段较长的时间才能完成，如培训、旅游、安装等。由于不同的劳务完成时间不同，在会计上确认收入的时间和方法也不同。

（一）提供劳务交易的结果能够可靠估计

资产负债表日，企业对提供劳务交易的结果能够可靠估计的，应当采用完工百分比法确认提供劳务收入和提供劳务成本。

1. 提供劳务交易的结果能够可靠估计的条件

提供劳务交易的结果能够可靠估计是指同时满足下列条件。

（1）收入的金额能够可靠地计量，指提供劳务收入的总额能够合理地估计。通常情况下，企业应当按照合同或协议价款确定提供劳务收入总额。随着劳务的不断提供，可能会根据实际情况调整合同或协议价款，因而企业应当及时调整提供劳务收入总额。

（2）相关的经济利益很可能流入企业，指提供劳务收入总额收回的可能性大于不能收回的可能性。提供劳务收入总额能否收回，应当结合接受劳务方的信誉、以前的经验以及双方就结算方式和期限达成的合同或协议条款等因素，综合进行判断。

（3）交易的完工进度能够可靠地确定，指交易的完工进度能够合理地估计。企业确定提供劳务交易的完工进度，可以选用下列三种方法。①已完工作的测量。这是一种比较专业的测量方法，通常由专业测量人员对已完成的工作或工程进行测量，并按一定的方法计算确定提供劳务交易的完工程度。大型应用软件开发劳务的完工进度通常用这种方法确定。②已经提供的劳务占应提供劳务总量的比例。这种方法主要以劳务量为标准确定提供劳务交易的完工程度，主要适用于劳务可以按项目数量、总小时数等来计量的情况。③已经发生的成本占估计总成本的比例。这种方法主要以成本为标准确定提供劳务交易的完工程度。

（4）交易中已发生和将要发生的成本能够可靠地计量，指交易中已发生和将要发生的成本能够合理地估计。企业在与交易的其他方就以下方面达成协议后，表明能够对交易的结果做出可靠的估计：①关于一方提供劳务和另一方获得劳务的强制执行权；②进行交换的对价；③结算的方式和条件。

2. 完工百分比法的应用

完工百分比法是指按照提供劳务交易的完工进度确认收入与费用的方法，其计算公式为

本期确认收入 = 劳务总收入 × 完工进度 − 以前会计期间累计已确认收入

本期确认费用 = 劳务总成本 × 完工进度 − 以前会计期间累计已确认费用

在进行账务处理时，按完工百分比法确认的劳务收入，借记“预收账款”、“银行存款”等账户，贷记“主营业务收入”账户；同时按结转的劳务成本，借记“主营业务成本”账户，贷记“劳务成本”账户。

【例 12-19】 ×7 年 4 月 1 日 A 公司与 B 公司签订一项咨询合同。合同约定，咨询期为 2 年，咨询费为 300 000 元，B 公司分三次等额支付咨询费，第一次在项目开始时支付，第二次在项目中期支付，第三次在项目结束时支付。A 公司估计 ×7 年、×8 年和×9 年将发生咨询费（均为咨询人员薪酬）70 000 元、90 000 元和 20 000 元，共计 180 000 元。A 公司在提供咨询过程中实际发生的咨询费与原先估计相同。假定 A 公司按时间比例确定完工进度，按年对外提供财务报告，不考虑其他因素，则其账务处理如下。

（1）×7 年。

1）发生劳务成本：

借：劳务成本　　70 000

　　贷：应付职工薪酬　　70 000

2）预收劳务款项：

借：银行存款　　100 000

　　贷：预收账款　　100 000

3）确认提供劳务收入并结转劳务成本：

提供劳务的完工进度 = 9 ÷ 24 × 100% = 37.5%

确认劳务收入 = 300 000 × 37.5% − 0 = 112 500（元）

确认劳务成本 = 180 000 × 37.5% − 0 = 67 500（元）

借：预收账款　112 500
　贷：主营业务收入　112 500
借：主营业务成本　67 500
　贷：劳务成本　67 500

（2）×8 年。

1）发生劳务成本：

借：劳务成本　90 000
　贷：应付职工薪酬　90 000

2）预收劳务款项：

借：银行存款　100 000
　贷：预收账款　100 000

3）确认提供劳务收入并结转劳务成本：

提供劳务的完工进度 = 21 ÷ 24 × 100% = 87.5%

确认劳务收入 = 300 000 × 87.5% − 112 500 = 150 000（元）

确认劳务成本 = 180 000 × 87.5% − 67 500 = 90 000（元）

借：预收账款　150 000
　贷：主营业务收入　150 000
借：主营业务成本　90 000
　贷：劳务成本　90 000

（3）×9 年。

1）发生劳务成本：

借：劳务成本　20 000
　贷：应付职工薪酬　20 000

2）预收劳务款项：

借：银行存款　100 000
　贷：预收账款　100 000

3）确认提供劳务收入并结转劳务成本：

借：预收账款　37 500
　贷：主营业务收入　37 500
借：主营业务成本　22 500
　贷：劳务成本　22 500

（二）提供劳务交易的结果不能可靠估计

资产负债表日，企业对提供劳务交易的结果不能可靠估计的，即不能满足上述四个条件中的任何一条时，不能采用完工百分比法确认提供劳务收入。此时，企业应当正确预计已经收回和将要收回的款项能够补偿多少已发生劳务成本，然后分别以下情况处理。

（1）已发生劳务成本预计能够全部得到补偿的，按照已发生劳务成本确认收入，并按照相同金额结转成本。

（2）已经发生劳务成本预计只能部分得到补偿的，按照能够得到补偿的已发生劳务成本确认收入，并按照已发生劳务成本结转成本，确认收入小于已发生劳务成本的差额为当期损失。

（3）已发生劳务成本预计全部不能得到补偿的，不确认收入，但按照已发生劳务成本结转成本，将已发生劳务成本确认为当期损失。

【例 12-20】 ×8 年 11 月 1 日 A 公司接受 B 公司委托，为其培训一批学员，培训期为 6 个月，当日开学。协议约定，培训费总额为 60 000 元，分三次等额支付，第一次在开学时预付，第二次在×9 年 2 月 1 日支付，第三次在培训结束时支付。×8 年 11 月 1 日 B 公司预付第一期培训费，至年底 A 公司已发生培训费 30 000 元，但此时得知 B 公司当年效益不佳，经营发生困难，后两次的培训费是否能够收到难以预计。假定 A 公司按年对外提供财务报告，不考虑其他因素，则其账务处理如下。

（1）×8 年 11 月 1 日 B 公司预付培训费：

借：银行存款　　20 000

　　贷：预收账款　　20 000

（2）×8 年发生培训费：

借：劳务成本　　30 000

　　贷：应付职工薪酬　　30 000

（3）×8 年 12 月 31 日确认提供劳务收入并结转劳务成本：

借：预收账款　　20 000

　　贷：主营业务收入　　20 000

借：主营业务成本　　30 000

　　贷：劳务成本　　30 000

（三）同时销售商品和提供劳务

企业与其他企业签订的合同或协议，有时既包括销售商品，又包括提供劳务，如销售电梯的同时负责安装工作，销售软件后继续提供技术支持，设计产品同时负责生产等。如果销售商品部分和提供劳务部分能够区分且能够单独计量，那么企业应当分别核算销售商品部分和提供劳务部分，将销售商品的部分作为销售商品处理，将提供劳务的部分作为提供劳务处理；如果销售商品部分和提供劳务部分不能够区分，或者虽能够区分但不能够单独计量，那么企业应当将销售商品部分和提供劳务部分全部作为销售商品处理。

【例 12-21】 D 公司向 E 公司销售一部电梯并负责安装，售价总额为 1 000 000 元（含电梯安装费 20 000 元），适用的增值税税率为 17%，成本为 560 000 元，在电梯安装过程中发生安装人员薪酬 12 000 元。假定电梯已经安装完成并验收合格，款项尚未收到，安装工作是销售合同的重要组成部分，不考虑其他因素，则其账务处理如下。

（1）发出电梯：

借：发出商品　　560 000

　　贷：库存商品　　560 000

借：应收账款　　170 000

　　贷：应交税费——应交增值税（销项税额）　　170 000

（2）发生安装费用：

借：劳务成本　　12 000

　　贷：应付职工薪酬——工资　　12 000

（3）确认收入并结转成本：

借：应收账款　　1 000 000

　　贷：主营业务收入——电梯　　980 000

　　　　主营业务收入——安装费　　20 000

借：主营业务成本——电梯　　560 000

　　主营业务成本——安装　　12 000

　　贷：发出商品　　560 000

　　　　劳务成本　　12 000

【例 12-22】 沿用【例 12-21】，假定销售价格和安装费用无法区分，则其账务处理如下。

（1）发出电梯：

借：发出商品　　560 000

　　贷：库存商品　　560 000

借：应收账款　　170 000

　　贷：应交税费——应交增值税（销项税额）　　170 000

（2）发生安装费用：

借：劳务成本　　12 000

　　贷：应付职工薪酬——工资　　12 000

（3）确认收入并结转成本：

借：应收账款　　1 000 000

　　贷：主营业务收入——电梯　　1 000 000

借：主营业务成本——电梯　　572 000

　　贷：发出商品　　560 000

　　　　劳务成本　　12 000

六、让渡资产使用权收入的确认与计量

让渡资产使用权收入是指企业转让资产使用权形成的收入，包括利息收入和使用费收入。

（一）利息收入的确认和计量

利息收入应当按照他人使用本企业货币资金的金额、时间和实际利率计算确定，借记“应收利息”、“银行存款”等账户，贷记“利息收入”、“财务费用”等账户。

【例 12-23】 甲商业银行于×7年10月1日向乙公司发放一笔贷款 1 000 000 元，期限为1年，年利率为 5%，该贷款的合同利率与实际利率相同。假定甲商业银行按季度编制财务报表，不考虑其他因素，则其账务处理如下。

（1）×7年10月1日对外贷款：

借：贷款　　1 000 000

　　贷：吸收存款　　1 000 000

（2）×7年12月31确认利息收入：

借：应收利息　　12 500

　　贷：利息收入　　12 500

（二）使用费收入的确认和计量

使用费收入应当按照有关合同或协议约定的收费时间和方法计算确定。不同的使用费收入，其收费的时间和方法各不相同，有的按照合同或协议规定一次性收取一笔固定的金额，如一次性收取若干年的场地使用费；有的在合同或协议规定的有效期内分期等额收回，如合同或协议规定在使用期内每期收取一笔固定的使用费；有的在合同或协议规定的有效期内分期不等额收回，如合同或协议规定在使用期内按照受让方每期销售额的一定比例收取使用费。按照合同或协议规定一次性收取使用费，且不提供后续服务的，应当视同销售该项资产一次性确认收入；提供后续服务的，应当在合同或协议规定的有效期内分期确认收入。按照合同或协议规定分期收取使用费的，应当按照合同或协议规定的收款时间和金额或规定的收费方法计算确定的金额，分期确认收入。

【例 12-24】 A 公司向 B 公司转让某软件的使用权，一次性收费 40 000 元，不提供后续服务，假定不考虑其他因素，则 A 公司的账务处理如下：

借：银行存款　　40 000

　　贷：其他业务收入　　40 000

【例 12-25】 A 公司向 C 公司转让某专利权的使用权，转让期 5 年，每年末收取使用费 60 000 元。假定不考虑其他因素，则 A 公司的账务处理如下：

借：银行存款　　60 000

　　贷：其他业务收入　　60 000

【例 12-26】 A 公司向 S 公司转让其商品的商标使用权，约定 S 公司每年末按年销售收入的 10%支付使用费，使用期为 10 年。第一年 S 公司实现销售收入 1 000 000 元；第二年 S 公司实现销售收入 1 500 000 元。假定 A 公司均于每年末收到使用费，不考虑其他因素，则 A 公司的账务处理如下。

（1）第一年年末确认使用费收入：

借：银行存款　　100 000

　　贷：其他业务收入　　100 000

（2）第二年年末确认使用费收入：

借：银行存款　　150 000

　　贷：其他业务收入　　150 000

七、建造合同收入的确认与计量

（一）建造合同的种类

建筑安装企业和生产飞机、船舶、大型机械设备等产品的工业制造企业，其生产活动和经营方式有其特殊性。这类企业建造或生产的产品通常体积巨大、周期长、价值高，因而这类企业在开始建造或生产产品前，通常与产品的需求方签订建造合同。建造合同是指为建造一项或数项结构复杂、体积大、周期长、价值高的资产而订立的合同。正因为建造承包商的生产活动和经营方式有其特殊性，与建造合同相关的收入、费用的确认和计量也有其特殊性。

建造合同分为固定造价合同和成本加成合同。固定造价合同是指按照固定的合同价或固定的单价确定工程价款的建造合同。例如，建造一座办公楼，合同规定总造价为 1 000 万元；建造一条公路，合同规定每公里造价为 500 万元。成本加成合同是指以合同约定或其他方式议定的成本为基础，加上一定比例的成本或定额费用确定工程价款的建造合同。例如，建造一艘船舶，合同总价款以建造该船舶的实际成本为基础，加计 5%确定；建造一段地铁，合同总价款以建造该段地铁的实际成本为基础，加收 800 万元确定。

（二）建造合同收入的范围

建造合同收入包括合同规定的初始收入以及因合同变更、索赔、奖励等形成的收入两部分。初始收入是指建造承包商与客户签订的合同中最初商定的合同总金额；因合同变更、索赔、奖励等形成的收入是指在执行合同过程中由于合同变更、索赔、奖励等原因而形成的收入。

【例 12-27】某建造承包商与一客户签订了一份金额为 1 000 万元的建造一座电站的建造合同，合同规定的建设期为 ×7 年 12 月 1 日～×9 年 12 月 1 日。合同还规定，发电机由客户采购，于×9 年 9 月 1 日前交付建造承包商安装。在合同执行过程中，客户并未在合同规定的时间将发电机交付承包商。根据双方谈判的情况，客户同意向建造承包商支付延误工期款 80 万元。

根据索赔形成收入的确认条件，建造承包商可以在×9 年将因索赔而增加的收入 80 万元确认为合同收入，即×9 年该项建造合同的总收入应该是 1 080 万元。但是，假如客户只同意支付延误工期款 40 万元，则只能将 40 万元计入该项合同总收入，即×9 年该项建造合同总收入应该是 1 040 万元。

【例 12-28】某建造承包商与一客户签订了一份金额为 9 000 万元的建造一座跨海大桥的建造合同，合同规定的建设期为 ×7 年 12 月 20 日～×9 年 12 月 20 日。该大桥的主体工程于×9 年 8 月已基本完工，工程质量符合设计标准，并有望提前 3 个月完工。客户同意向建造承包商支付提前竣工奖 100 万元。

根据奖励形成收入的确认条件，该建筑承包商可以在×9 年确认奖励形成的收入 100 万元，即×9 年该项建造合同的总收入应该是 9 100 万元。

（三）建造合同成本的内容

建造合同成本是指为建造某项合同而发生的相关费用，包括从合同签订开始至合同完成时止发生的与执行合同有关的直接费用和间接费用。

1. 直接费用

直接费用是指为完成合同发生的、可以直接计入合同成本核算对象的各项费用支出，包括材料费用、人工费用、机械使用费以及有关的设计和技术援助费用、施工现场材料的二次搬运费、生产工具和用具使用费、检验试验费、工程定位复测费、工程点交费用、场地清理费用等其他直接费用。

2. 间接费用

间接费用主要包括临时设施摊销费用和企业下属的施工、生产单位为组织和管理施工生产活动发生的费用，如临时设施摊销费用、管理人员薪酬、劳动保护费、固定资产折旧及修理费、物料消耗、取暖费、水电费、办公费、差旅费、财产保险费、工程保修费、排污费等。间接费用应当在期末按照系统、合理的方法分摊计入合同成本。常见的用于间接费用分摊的方法有人工费用比例法和直接费用比例法。

3. 因订立合同而发生的费用

建造承包商为订立合同而发生的差旅费、投标费等，能够单独区分并可靠计量且合同很可能订立的，应当予以归集，待订立合同时计入合同成本；未满足上述条件的，计入当期损益。

4. 零星收益

零星收益是指在合同执行过程中取得的，应当冲减合同成本的非经常性的收益，如完成合同后处置残余物资取得的收益。

（四）合同收入和合同费用的确认与计量

1. 建造合同的结果能够可靠估计

资产负债表日，企业对建造合同的结果能够可靠估计的，应当采用完工百分比法确认合同收入和合同费用。

（1）建造合同的结果能够可靠估计的条件。若同时具备以下四个条件，则表明固定造价合同的结果能够可靠估计：①合同总收入能够可靠地计量；②与合同相关的经济利益很可能流入企业；③实际发生的合同成本能够清楚地区分和可靠地计量；④合同完工进度和为完成合同尚须发生的成本能够可靠地确定。若同时具备以下两个条件，则表明成本加成合同的结果能够可靠估计：①与合同相关的经济利益很可能流入企业；②实际发生的合同成本能够清楚地区分和可靠地计量。

（2）完工百分比法的应用。完工百分比法是根据合同完工进度确认合同收入和合同费用的方法。完工百分比法的应用包括以下三个步骤。

1）确定建造合同的完工进度。有以下三种方法：①根据累计实际发生的合同成本占合同预计总成本的比例确定；②根据已经完成的合同工作量占合同预计总工作量的比例确定；③根据实际测定的完工进度确定。

2）确认当期合同收入和合同费用。具体方法如下：

当期确认收入 = 合同总收入 × 完工进度 − 以前会计期间累计已确认收入

当期确认费用 = 合同预计总成本 × 完工进度 − 以前会计期间累计已确认费用

当期确认毛利 = 当期确认的合同收入 − 当期确认的合同费用

3）确认合同预计损失。建造承包商正在建造的资产，属于建造承包商的存货，期末应当对其进行减值测试。如果建造合同的预计总成本超过预计总收入，则形成合同预计损失，应当提取损失准备，并确认为当期费用。合同完工时，已提取的损失准备冲减合同费用。

2. 建造合同的结果不能可靠估计

资产负债表日，企业对建造合同的结果不能可靠估计的，不能采用完工百分比法确认合同收入和合同费用，应当分别下列情况处理。

（1）合同成本能够收回的，应当根据能够收回的合同成本确认合同收入，合同成本在发生的当期确认为合同费用。

（2）合同成本不可能收回的，应当在发生的当期确认为合同费用，不确认合同收入。

（五）合同收入和合同费用的账务处理

为了反映建造合同实现的收入与发生的费用，企业应当设置如下账户。

（1）“工程施工”账户，核算建造承包商实际发生的合同成本和实现的合同毛利。本账户按照建造合同，分别“合同成本”、“间接费用”、“合同毛利”进行明细核算。

1）企业进行合同建造时发生的直接费用，借记“工程施工——合同成本”账户，贷记“应付职工薪酬”、“原材料”等账户；企业进行合同建造时发生的间接费用，借记“工程施工——间接费用”账户，贷记“累计折旧”、“银行存款”等账户。期末，将间接费用分配计入有关合同成本时，借记“工程施工——合同成本”账户，贷记“工程施工——间接费用”账户。

2）确认合同收入和合同费用时，借记“主营业务成本”账户，贷记“主营业务收入”账户，按借贷差额，借记或贷记“工程施工——合同毛利”账户。

（2）“工程结算”账户，核算建造承包商与发包单位办理结算的工程价款累计金额。企业向发包单位办理工程价款结算时，借记“应收账款”账户，贷记“工程结算”账户。

合同完工时，应当将“工程施工”账户与相关工程施工合同的“工程结算”账户对冲，借记“工程结算”账户，贷记“工程施工”账户。

【例 12-29】 某建筑公司与客户签订了一项总金额为 5 800 000 元的固定造价合同，承建一幢办公楼。工程于×7 年 2 月开工，预计×9 年 8 月完工。最初预计的工程总成本为 5 500 000 元；至×8 年年底，由于钢材价格上涨等因素调整了预计总成本，预计工程总成本为 6 000 000 元。该建筑公司于×9 年 6 月提前两个月完成了合同，工程质量优良，客户奖励 200 000 元。建造该办公楼的其他有关资料如表 12-4 所示。

表 12-4　建造办公楼的有关资料

（单位：元）

项目	×7 年	×8 年	×9 年
至目前为止已发生的成本	1 540 000	4 800 000	5 950 000
完成合同尚须发生的成本	3 960 000	1 200 000	—
已结算合同价款	1 740 000	2 960 000	1 300 000
实际收到价款	1 700 000	2 900 000	1 400 000

该建筑公司的账务处理如下。

（1）×7 年。

1）登记发生的合同成本：

借：工程施工——合同成本等　　1 540 000

　　贷：原材料、应付职工薪酬、累计折旧等　　1 540 000

2）登记已结算的合同价款：

借：应收账款　　1 740 000

　　贷：工程结算　　1 740 000

3）登记实际收到的合同价款：

借：银行存款　　1 700 000

　　贷：应收账款　　1 700 000

4）确认和计量当年的收入和费用并登记入账：

完工进度 = 1 540 000 ÷ (1 540 000 + 3 960 000) × 100% = 28%

合同收入 = 5 800 000 × 28% = 1 624 000（元）

合同费用 = (1 540 000 + 3 960 000) × 28% = 1 540 000（元）

合同毛利 = 1 624 000 − 1 540 000 = 84 000（元）

借：工程施工——合同毛利　　84 000

　　主营业务成本　　1 540 000

　　贷：主营业务收入　　1 624 000

（2）×8 年。

1）登记发生的合同成本：

借：工程施工——合同成本等　　3 260 000

　　贷：原材料、应付工资、累计折旧等　　3 260 000

2）登记已结算的合同价款：

借：应收账款　　2 960 000

　　贷：工程结算　　2 960 000

3）登记实际收到的合同价款：

借：银行存款　　2 900 000

　　贷：应收账款　　2 900 000

4）确认和计量当年的合同收入和费用并登记入账：

完工进度 = 4 800 000 ÷ (4 800 000 + 1 200 000) × 100% = 80%

合同收入 = 5 800 000 × 80% − 1 624 000 = 3 016 000（元）

合同费用 = (4 800 000 + 1 200 000) × 80%−1 540 000 = 3 260 000（元）

合同毛利 = 3 016 000 − 3 260 000 = −244 000（元）

合同预计损失 =（4 800 000 + 1 200 000 − 5 800 000）×（1 − 80%）= 40 000（元）

注：在×8 年底，由于该合同预计总成本（6 000 000 元）大于合同总收入（5 800 000 元），预计发生损失总额为 200 000 元，由于已在“工程施工——合同毛利”中反映了−160 000 元（84 000 − 244 000）的亏损，因此，应当将剩余的，为完成合同将发生的预计损失 40 000 元确认为当期损失。

借：主营业务成本　　3 260 000

　　贷：主营业务收入　　3 016 000

　　　　工程施工——合同毛利　　244 000

借：资产减值损失——合同预计损失　　40 000

　　贷：存货跌价准备——合同预计损失准备　　40 000

（3）×9 年。

1）登记发生的合同成本：

借：工程施工——合同成本等　　1 150 000

　　贷：原材料、应付职工薪酬、累计折旧等　　1 150 000

2）登记已结算的合同价款：

借：应收账款　　1 300 000

　　贷：工程结算　　1 300 000

3）登记实际收到的合同：

借：银行存款　　1 400 000

　　贷：应收账款　　1 400 000

4）确认和计量当年的合同收入和费用并登记入账：

合同收入 = 6 000 000 − (1 624 000 + 3 016 000) = 1 360 000（元）

合同费用 = 5 950 000 − (1 540 000 + 3 260 000) − 40 000 = 1 110 000（元）

合同毛利 = [(6 000 000 − 5 950 000) − (84 000 − 244 000)] = 210 000（元）

借：主营业务成本　　1 110 000

　　存货跌价准备——合同预计损失准备　　40 000

　　工程施工——合同毛利　　210 000

　　贷：主营业务收入　　1 360 000

5）将“工程施工”账户的余额与“工程结算”账户的余额相对冲：

借：工程结算　6 000 000

　贷：工程施工——合同成本　5 950 000

　　工程施工——合同毛利　50 000

【例 12-30】 某建筑公司与客户签订了一份总金额为 100 万元的建造合同。第一年实际发生工程成本 40 万元，双方均能履行合同规定的义务，但建筑公司在年末对该项工程的完工进度无法可靠确定。

若当年发生的合同成本都能够收回，则其账务处理如下：

借：主营业务成本　400 000

　贷：主营业务收入　400 000

若当年发生的合同成本全部不可收回，则其账务处理如下：

借：主营业务成本　400 000

　贷：工程施工——合同毛利　400 000

【例 12-31】 沿用**【例 12-30】**，假设到第二年，完工进度无法可靠确定的因素消除。第二年实际发生成本 30 万元，预计为完成合同尚须发生成本 20 万元，则企业的账务处理如下：

第二年合同完工进度 $= (40 + 30) \div (40 + 30 + 20) = 77.78\%$

第二年确认合同收入 $= 100 \times 77.78\% = 77.78$（万元）

第二年确认合同费用 $= (40 + 30 + 20) \times 77.78\% - 40 = 30$（万元）

第二年确认合同毛利 $= 77.78 - 30 = 47.78$（万元）

借：主营业务成本　300 000

　工程施工——合同毛利　477 800

　贷：主营业务收入　777 800

第二节　费　　用

一、费用的概念及内容

费用是指企业在日常活动中发生的，会导致所有者权益减少的，与向所有者分配利润无关的经济利益的总流出。费用有广义和狭义之分。广义的费用泛指企业各种日常活动发生的所有耗费，表现为资产流出、资产损耗或负债的增加，包括成本性费用和损益性费用。其中，成本性费用是指直接计入资产成本的各种耗费；损益性费用是指直接计入当期损益的各种耗费，即一切利润的减项，包括营业成本、营业税金及附加、期间费用、投资损失、资产减值损失、公允价值变动损失、营业外支出和所得税费用等。狭义的费用仅指与本期营业收入相配比的耗费，包括营业成本、营业税金及附加、期间费用。

二、费用的确认

（一）费用的确认条件

费用的确认除了符合定义外，还应当符合以下条件：①与费用相关的经济利益很可能流出企业；②经济利益流出企业的结果会导致资产的减少或负债的增加；③经济利益的流出额能够可靠计量。

（二）费用的确认原则

费用的发生是为了取得收入，费用的确认应当与收入的确认相联系。因此，确认费用应当遵循划分收益性支出与资本性支出原则、权责发生制原则和配比原则。

1. 划分收益性支出与资本性支出原则

按照划分收益性支出与资本性支出原则，受益期不超过 1 年或一个营业周期的支出，应当作为收益性支出列入利润表；受益期超过 1 年或一个营业周期的支出，应当作为资本性支出列入资产负债表。正确地区分收益性支出与资本性支出，保证了正确地计量资产的价值和正确地计算各期的产品成本、期间费用及损益。

2. 权责发生制原则

划分收益性支出与资本性支出原则，只是为费用的确认做出时间上的大致区分，而权责发生制原则则规定了具体在什么时点上确认费用。基本准则规定，凡是当期已经发生或应负担的费用，不论款项是否收付，都应当作为当期费用；凡是不属于当期的费用，即使款项已在当期支付，也不能作为当期费用。

3. 配比原则

按照配比原则，为取得当期收入而发生的耗费应当确认为当期费用。配比原则的基本含义在于，当收入已经实现时，某些资产（如物料用品）已被消耗，或者已被出售（如商品），或者劳务已经提供（如售后安装服务），已被消耗或出售的这些资产和劳务的成本，应当在确认有关收入的期间予以确认。如果收入要到未来期间实现，则相应的费用应当递延分配到未来的实际受益期间。因此，费用的确认，应当根据费用与收入的相关程度，确定哪些资产耗费或负债的增加从当期收入中扣减。

（三）费用的确认标准

在确认费用时，应当遵循以下三个标准。

1. 按费用与收入的因果关系加以确认

凡是与本期收入有因果关系的耗费，应当确认为本期费用。这种因果关系具体表现在以下两个方面：一是经济性质上的因果性，即应当予以确认的费用与期间收入项目具有必然的因果关系，也就是有所得必有所费，不同收入的取得是由于发生了不同的费用；二是时间上的一致性，即应当予以确认的费用与某项收入同时或结合起来加以确认，这一过程也就是收入与费用配比的过程。例如，本期已售商品的成本，应当随同本期实现的商品销售收入作为本期费用。

2. 直接作为当期费用确认

在企业中，有些支出不能提供明确的未来经济利益，如果对这些支出加以分摊没有意义，则这些支出可以直接确认为当期费用。例如，固定资产日常修理费虽然与跨期收入有联系，但由于不确定性因素，往往不能确定其预计收益涉及的期间，因而可直接列作当期费用。

3. 按系统、合理的分摊方式确认

如果费用的经济效益有望在若干个会计期间发生，而且只能大致和间接地确定其与收益的联系，则该项费用应当按照合理的分配程序，在利润表中确认为一项费用，如固定资产的折旧和无形资产的摊销都属于这一情况。

按照上述费用确认标准，企业为生产产品、提供劳务发生的可归属于产品成本、劳务成本的费用，应当在确认产品销售收入、劳务收入时，将已售产品、已提供劳务的成本确认为费用，计入当期损益；企业发生的支出不产生经济利益，或者即使能够产生经济利益但不符合或不再符合资产确认条件的，应当在发生时确认为费用，计入当期损益；企业发生的交易或事项导致其承担了一项负债而又不确认为一项资产的，应当在确认负债时确认为费用，计入当期损益。

三、费用的计量

费用是通过使用或耗用的商品或劳务的价值来计量的，通常的费用计量标准是实际成本。企业在日常活动中发生的各项耗费，应当以实际发生额计入成本、费用。

费用是资产的一种转化形式。有些资产将会使几个会计期间受益，因而通过系统、合理的分摊形成的费用是以该资产的实际取得成本进行计量的。例如，固定资产的折旧、无形资产的摊销、长期待摊费用的摊销都属于这种情况。

总之，企业应当按照实际成本来计量费用，不得以估计成本或计划成本代替实际成本。

四、确认和计量费用应处理好的关系

1. 费用与资产的关系

费用的实质是资产的耗费，但并不是所有的资产耗费都是费用。然而，企业费用的发生必然会导致企业经济资源的减少。由于“资产 = 负债 + 所有者权益”，企业费用的发生最终会减少企业的所有者权益。

2. 费用与收入的关系

费用是为直接或间接地取得营业收入而发生的相应的耗费，不是以取得营业收入为目的的各种耗费都不作为费用，如购买各种股票、债券发生的支出、捐赠支出等。因此，加工制造企业的费用往往指构成产品成本的费用和期间费用，即在生产经营过程中为取得销售商品、提供劳务等收入而发生的耗费。

3. 费用与损失的关系

损失是企业在生产经营过程中发生的非正常的支出或者偶发的交易或事项而形成的经济利益流出；费用则是日常经营活动中发生的正常耗费，可以与一定期间的营业收入相配比，从实现的收入中得到补偿。在生产经营过程中发生的耗费，通常可以直接或间接地产生收入，但有些耗费并不一定产生收入，如存货盘亏、投资损失，这些耗费从严格意义上可以认为是一种损失，而不能确认为费用。但是，在会计实务中，有些损失和费用不好区分，都将其作为费用处理，如坏账损失、属于非常损失之外的存货盘亏损失等。

4. 费用与成本的关系

费用与成本既有联系又有区别，虽然两者都是支付或耗费的各项资产，但成本并不等于费用。费用是企业为销售商品、提供劳务等日常活动发生的经济利益的流出；成本则是企业为生产产品、提供劳务而发生的各种耗费，是按一定的产品或劳务对象归集的费用，是对象化的费用。费用与一定的会计期间相联系，而与生产哪一种产品或提供哪一种劳务无关；成本则与一定种类和数量的产品或某种劳务相联系，凡是为生产该产品或提供劳务而发生的费用均计入成本，不管其发生在哪个会计期间，因而当期的成本不一定是当期的费用。

5. 生产费用与期间费用的关系

生产费用需要直接或间接地计入产品成本，而期间费用则直接计入当期损益，不计入在产品、产成品成本。它们都是一种耗费，都必须从营业收入中得到补偿，但它们补偿的时间不同，期间费用直接从当期收入中补偿，而构成产品成本的费用待产品销售时才能得到补偿。

6. 本期费用与跨期费用的关系

本期发生的耗费，不一定都能在本期冲减收入。其中一部分在本期冲减收入，属于本期费用；另一部分要分摊给以后会计期间，冲减以后会计期间的收入，称为跨期费用。

7. 生产成本与主营业务成本的关系

生产成本是生产费用中构成产品成本的部分，在产品尚未出售前表现在存货中，待销售时表现为主营业务成本，从而使一定时期的主营业务成本与主营业务收入相配比。

五、营业成本

营业成本是与营业收入直接相关的，已经确定了归属期和归属对象的各种直接费用，包括主营业务成本和其他业务成本。

企业通过“主营业务成本”账户核算确认销售商品、提供劳务等主营业务收入时应当结转的商品和劳务成本。本账户按照主营业务的种类进行明细核算。期末，将本账户的余额转入“本年利润”账户，结转后本账户无余额。

企业通过“其他业务成本”账户核算除主营业务活动以外的其他经营活动发生的支出，包括销售材料的成本、出租固定资产的折旧、出租无形资产的费用及摊销额、单独计价出售包装物的成本、出租包装物的摊销额等。本账户按照其他业务成本的种类进行明细核算。期末，将本账户余额转入“本年利润”账户，结转后本账户无余额。

六、营业税金及附加

营业税金及附加是指企业经营活动应负担的相关税费，包括消费税、营业税、资源税、土地增值税、城市维护建设税和教育费附加等。企业通过“营业税金及附加”账户核算与经营活动相关税费的发生和结转情况。企业按规定计算的与经营活动相关的税费，借记“营业税金及附加”账户，贷记“应交税费”账户；企业收到的返还的消费税、营业税等原记入本账户的各种税金，按收到的款项，借记“银行存款”账户，贷记“营业税金及附加”账户；期末，将本账户余额转入“本年利润”账户，结转后本账户无余额。

七、期间费用

期间费用是指本期发生的，不能直接或间接归入某种产品成本的，直接计入当期损益的各项费用，包括管理费用、销售费用和财务费用。

1. 管理费用

管理费用是指企业的行政管理部门等为管理组织经营活动、提供各项支援性服务而发生的费用，包括企业在筹建期间发生的开办费、由企业统一负担的公司经费（包括总部行政管理人员的工资薪金、福利费、办公费、差旅费、折旧费、物料消耗、低值易耗品摊销等）、工会经费、职工教育经费、社会保险费、股东大会或董事会费（包括董事会成员津贴、会议费和差旅费等）、消防费、排污费、绿化费、外事费、财务和资料处理以及会计事务方面的费用（包括聘请中介机构费、咨询费、诉讼费、商标注册费、审计费等)、劳动保护费、业务招待费、无形资产摊销、坏账损失、房产税、车船使用税、土地使用税、印花税、技术转让费、研究开发费、矿产资源补偿费、存货盘亏、生产部门和行政管理部门发生的固定资产修理费等。

企业在筹建期间发生的开办费包括人员工资、办公费、培训费、差旅费、印刷费、注册登记费以及不计入固定资产成本的借款费用等。

企业通过"管理费用"账户核算发生的各种管理费用,并按照费用项目进行明细核算。期末,将本账户余额转入"本年利润"账户,结转后本账户无余额。

2. 销售费用

销售费用是指企业在销售商品和材料、提供劳务过程中发生的各种费用以及为销售本企业商品而专设销售机构的经营费用,包括包装费、展览费、保险费、广告费、商品维修费、预计产品质量保证损失、运输费、装卸费、销售佣金、代销手续费、经营性租赁费及专设销售机构(含销售网点、售后服务网点等)的工资薪金、福利费、业务费、差旅费、折旧费、固定资产修理费等费用。从事房地产开发业务的纳税人的销售费用还包括开发产品销售前的改装修复费、看护费、采暖费等。从事商品流通业务的纳税人购入存货抵达仓库前发生的包装费、运输存储过程中的运输费、保险费、装卸费、运输途中的合理损耗和入库前的整理挑选费用等购货费用可直接计入销售费用。

企业通过"销售费用"账户核算发生的各种销售费用,并按照费用项目进行明细核算。期末,将本账户余额转入"本年利润"账户,结转后本账户无余额。

3. 财务费用

财务费用是指企业为筹集生产经营所需资金等而发生的费用,包括利息净支出、汇兑净损失、金融机构手续费、企业提供或享受的现金折扣以及其他非资本化支出等。

企业通过"财务费用"账户核算发生的各种财务费用,并按照费用项目进行明细核算。期末,将本账户余额转入"本年利润"账户,结转后本账户无余额。

第三节 利 润

一、利润的构成

利润是指企业在一定会计期间的经营成果,包括收入减去费用后的净额、直接计入当期利润的利得和损失。

(一)营业利润

营业利润的计算公式为

营业利润 = 营业收入−营业成本−营业税金及附加−销售费用−管理费用
−财务费用 ± 资产减值损失±公允价值变动损益±投资收益

式中,营业收入是指经营业务实现的收入总额,包括主营业务收入和其他业务收入;营业成本是指经营业务发生的实际成本总额,包括主营业务成本和其他业务成本;营业税金及附加是指经营业务应负担的各种税费;资产减值损失是指计提各项资产减值准备形成的损失;公允价值变动损益是指某些资产和负债的公允价值变动形成的应当计入当期损益的利得或损失；投资收益（或损失）是指企业以各种方式对外投资取得的收益（或发生的损失）。

（二）利润总额

利润总额的计算公式为

利润总额 = 营业利润 + 营业外收入 − 营业外支出

式中，营业外收支是指企业发生的与其日常活动无直接关系的各项收支。营业外收支虽然与企业日常活动没有多大的关系，但从企业主体考虑，同样会带来收入或形成支出，也是增加或减少利润的因素，对企业的利润总额及净利润产生较大影响。

1. 营业外收入

营业外收入是指企业发生的与其日常活动无直接关系的各项利得，包括处置非流动资产利得、非货币资产交换利得、债务重组利得、政府补助、盘盈利得、罚没利得、捐赠利得、确实无法支付而按照规定程序经批准后转作营业外收入的应付款项等。

处置非流动资产利得包括固定资产处置利得和无形资产出售利得。固定资产处置利得是指企业处置固定资产取得的价款扣除其账面价值、清理费用、相关税费后的净收益；无形资产出售利得是指企业出售无形资产取得的价款扣除其账面价值、相关税费后的净收益。

非货币资产交换利得是指在非货币资产交换中换出资产为固定资产、无形资产的，换出资产的公允价值大于其账面价值的差额扣除相关税费后的金额。

债务重组利得是指重组债务的账面余额超过清偿债务支付的现金、转让的非现金资产的公允价值、转让的股权的公允价值，或者修改其他债务条件后债务账面价值的差额。

政府补助是指企业从政府无偿取得货币性资产或非货币性资产形成的利得。

盘盈利得是指企业财产清查盘点中盘盈的现金等，报经批准后计入营业外收入的金额。

罚没利得是指企业收取的各种赔款、罚款以及没收的押金和定金，在弥补相关支出和损失后的净收益。

捐赠利得是指企业接受货币性资产或非货币性资产捐赠形成的利得。

企业通过“营业外收入”账户核算营业外收入的取得和结转情况，并按照收入项目进行明细核算。期末，将本账户余额转入“本年利润”账户，结转后本账户无余额。

2. 营业外支出

营业外支出是指企业发生的与其日常活动无直接关系的各项损失，包括处置非流动资产损失、非货币资产交换损失、债务重组损失、捐赠支出、罚款及滞纳金支出、非常损失、盘亏损失等。

处置非流动资产损失包括固定资产处置损失和无形资产出售损失。固定资产处置损失是指企业处置固定资产取得的价款不足抵补其账面价值、清理费用、相关税费的净损失；无形资产出售损失是指企业出售无形资产取得的价款不足抵补其账面价值、相关税费的净损失。

非货币资产交换损失是指在非货币资产交换中换出资产为固定资产、无形资产的，换出资产的公允价值小于其账面价值的差额与应承担的相关税费之和。

债务重组损失是指重组债权的账面价值超过收到的现金、受让的非现金资产的公允价值、取得股权的公允价值，或者修改其他债务条件后债权账面价值的差额。

捐赠支出是指企业对外进行公益性和非公益性捐赠发生的支出。其中，公益性捐赠是指通过基金会、慈善组织等公益性社会团体或县级以上人民政府及部门，用于《中华人民共和国公益事业捐赠法》规定的公益事业的捐赠。

罚款及滞纳金支出是指企业因违反税收政策、经济合同等而支付的各种罚款和滞纳金。

非常损失是指企业因客观因素（如自然灾害）造成的损失扣除各种赔偿后计入营业外支出的净损失。

盘亏损失是指企业财产清查盘点中盘亏的现金等，报经批准后计入营业外支出的金额。

企业通过“营业外支出”账户核算营业外支出的发生及结转情况，并按照支出项目进行明细核算。期末，将本账户余额转入“本年利润”账户，结转后本账户无余额。

（三）净利润

净利润是利润总额扣除所得税费用后剩余的部分：

净利润 = 利润总额 − 所得税费用

所得税费用包括当期所得税费用和递延所得税费用两个部分。

二、利润的核算

企业实现的利润或发生的亏损，一律通过“本年利润”账户核算。期末，将收益类账户的余额转入“本年利润”账户的贷方，同时将支出类账户的余额转入“本年利润”账户的借方。结转后，“本年利润”账户的贷方余额为本期净利润，若为借方余额则为本期亏损。

计算本月损益或本年累计损益，可以采用“账结”法，也可以采用“表结”法。采用“账结”办法的，每月月末均须编制转账凭证，将在账上结计出的各损益类账户的余额结转至“本年利润”账户，通过“本年利润”账户借方发生额和贷方发生额的相抵，结算出本月及本年累计损益。结转后，“本年利润”账户的本月合计数为本月实现的利润（贷方余额）或发生的亏损（借方余额）；“本年利润”账户的本年累计数为本年累计实现的利润或发生的亏损。在账结法下，各月月末均可通过“本年利润”账户提供本月及本年累计利润或亏损，但增加了转账环节和工作量。采用“表结”办法的，每月月末各损益类账户只须结计出本月发生额和月末累计余额，暂不结转至“本年利润”账户，而是将本月发生额填入利润表的“本月数”栏，同时将本月末累计余额填入利润表的“本年累计数”栏，通过利润表计算各月及本年累计利润或亏损。在表结法下，年中损益类账户的余额无须结转至“本年利润”账户，只有在年末进行年终决算时，才将损益类账户的全年累计余额结转至“本年利润”账户，从而减少了转账环节和工作量，同时并不影响利润表的编制及有关损益指标的利用。

【例 12-32】A 公司 ×8 年 12 月 31 日各损益类账户结转前的余额如表 12-5 所示。

表 12-5 损益类账户余额表（单位：元）

账户名称	余额	
	借方	贷方
主营业务收入		4 400 000
主营业务成本	3 070 000	
营业税金及附加	233 400	
其他业务收入		260 300
其他业务成本	158 000	
销售费用	250 000	
管理费用	338 300	
财务费用	10 000	
投资收益		16 000
营业外收入		7 100
营业外支出	16 200	
所得税费用	170 200	
合计	4 246 100	4 683 400

A 公司的账务处理如下。

（1）结转收益：

借：主营业务收入　4 400 000

　　其他业务收入　260 300

　　营业外收入　7 100

投资收益　　16 000
贷：本年利润　　4 683 400

（2）结转成本、费用：

借：本年利润　　4 246 100
贷：主营业务成本　　3 070 000
营业税金及附加　　233 400
其他业务成本　　158 000
销售费用　　250 000
管理费用　　338 300
财务费用　　100 000
营业外支出　　16 200
所得税费用　　170 200

（3）计算营业利润、利润总额和净利润：

营业利润 = (4 400 000 + 260 300) − (3 070 000 + 158 000) − 233 400 − 338 300 − 10 000 − 250 000 + 16 000 = 616 600（元）

利润总额 = 616 600 + 7 100 − 16 200 = 607 500（元）

净利润 = 607 500 − 170 200 = 437 300（元）

第四节　所　得　税

一、应纳税所得额与应纳所得税额的计算

1. 企业所得税的纳税人及税率

企业所得税是以企业和其他取得收入的组织（以下统称企业）为企业所得税的纳税人，按其每一纳税年度的应纳税所得额征收的一种税。企业分为居民企业和非居民企业。居民企业取得的来源于中国境内和境外的所得、非居民企业取得的来源于中国境内的所得以及发生在中国境外但与其在中国境内所设机构、场所有实际联系的所得，都应当缴纳企业所得税。

企业所得税的税率为25%。但是，未在中国境内设立机构、场所或与其在中国境内所设机构、场所没有实际联系的非居民企业取得的来源于中国境内的所得，适用税率为20%；符合条件的小型微利企业，减按20%的税率征收所得税；国家需要重点扶持的高新技术企业，减按15%的税率征收所得税。

2. 企业所得税的计算依据

企业所得税的计算依据是企业的应纳税所得额，即纳税人在每一纳税年度的收入总额减除不征税收入、免税收入、各项扣除以及允许弥补的以前年度亏损后的余额。其中，收入总额为以货币形式和非货币形式从各种来源取得的收入，包括销售货物收入、提供劳务收入、转让财产收入、股息与红利等权益性投资收益、利息收入、租金收入、特许权使用费收入、接受捐赠收入、其他收入；不征税收入包括财政拨款、依法收取并纳入财政管理的行政事业性收费和政府性基金、国务院规定的其他不征税收入；免税收入包括国债利息收入、符合条

件的居民企业之间的股息与红利等权益性投资收益、在中国境内设立机构或场所的非居民企业取得的与该机构或场所有实际联系的股息与红利等权益性投资收益、符合条件的非营利组织的收入；各项扣除为企业实际发生的与取得收入有关的合理支出，包括成本、费用、税金、损失和其他支出；亏损为每一纳税年度的收入总额减除不征税收入、免税收入和各项扣除以后小于0的数额。

3. 应纳税所得额的计算

会计利润是按照企业会计准则的要求计算的缴纳所得税前的利润总额；应纳税所得额是按照税法规定计算的一个时期应税所得。由于会计和税收是经济领域中的两个不同分支，各自遵循不同原则，规范不同对象，从而对损益的计算做出不完全相同的规定，按照会计和税收两种不同规定计算的年度会计利润与应纳税所得额可能存在差异（永久性差异和暂时性差异）。因此，应纳税所得额是在年度会计利润的基础上，增减纳税调整额确定的，其计算公式为：

应纳税所得额 = 年度会计利润 ± 纳税调整额

4. 应纳所得税额的计算

企业的应纳税所得额乘以适用税率，减除依照税收优惠的规定减免和抵免的税额，为应纳所得税额。其计算公式如下：

应纳所得税额 = 应纳税所得额 × 适用税率 − 减免税额 − 抵免税额

公式中的减免税额和抵免税额是指依照企业所得税法和国务院的税收优惠规定减征、免征和抵免的应纳所得税额。

企业来源于中国境外的所得已在境外缴纳的所得税额，可以从其当期应纳所得税额中抵免，抵免限额为企业的境外所得依照《中华人民共和国企业所得税法》规定计算的应纳所得税额；超过抵免限额的部分，可以在以后五个年度内，用每年度抵免限额抵免当年应抵税额后的余额进行抵补。抵免限额应当分国（地区）不分项计算，计算公式如下：

抵免限额 = 中国境内、境外所得依照企业所得税法计算的应纳所得税总额
× 来源于某国（地区）的应纳税所得额 ÷ 中国境内、境外应纳税所得总额

二、资产负债表债务法

资产负债表债务法是比较资产负债表上列示的资产、负债的账面价值与计税基础，对于两者之间的差额，分别应纳税暂时性差异和可抵扣暂时性差异，确认相关的递延所得税负债和递延所得税资产，在此基础上确定每一会计期间利润表中的所得税费用的一种会计处理方法。采用资产负债表债务法核算所得税的情况下，应当遵循以下程序。

（1）确定资产负债表中有关资产、负债（不含递延所得税资产和递延所得税负债）项目的账面价值。

（2）确定资产负债表中有关资产、负债项目的计税基础。

（3）比较资产、负债项目的账面价值与其计税基础，对于两者之间的差异，分析其性质，除企业会计准则中规定的特殊情况外，分别以应纳税暂时性差异与可抵扣暂时性差异乘以适用税率，确定递延所得税负债和递延所得税资产的期末余额，并与期初余额比较，确定当期应当予以确认或转销的递延所得税负债和递延所得税资产，作为利润表中所得税费用的一个组成部分——递延所得税费用。

（4）以应纳税所得额乘以适用税率计算当期应交所得税，作为利润表中所得税费用的另

外一个组成部分——当期所得税费用。

（5）将当期所得税费用与递延所得税费用之和或之差作为利润表中的所得税费用。

三、永久性差异

永久性差异是指由于会计和税法在计算收益、费用或损失时的口径不同产生的会计损益与应纳税所得额之间的差异，分为入账范围差异和入账标准差异两类。其特点是在本期发生，不能在以后各期转回。

1. 入账范围差异

入账范围差异是指会计确认为收益或支出而税法不作为收入或扣减项目或者相反情况的差异。具体有：①违法经营的罚款、被没收财物的损失、各种税费的滞纳金和罚款、非公益性捐赠和赞助支出，会计据实列入营业外支出，但税法不允许税前扣除；②免税收入，会计计入利润总额，但按照税法规定予以免税；③不合理的工资薪金支出，会计据实列入成本费用，但税法不允许税前扣除。

2. 入账标准差异

入账标准差异是指有些费用或损失项目，税法允许加计扣除，或者虽允许扣除，但规定有限额，超过限额部分不允税前许扣除。具体有：①利息支出，会计据实列支，但税法规定，企业向非金融机构借款的利息支出高于按照金融机构同类、同期贷款利率计算的数额部分，不得税前扣除；②职工福利费支出，会计据实列入成本费用，但税法规定，超过工资薪金总额 14%的部分，不得税前扣除；③拨缴的工会经费，会计按照工资薪金总额的一定比例计提并列入成本费用，但税法规定，超过工资薪金总额 2%的部分，不得税前扣除；④公益性捐赠支出，会计据实列入营业外支出，但税法规定，超过年度会计利润总额 12%的部分，不得税前扣除；⑤业务招待费支出，会计据实列入管理费用，但税法规定，按照发生额的 60%扣除，最高不得超过当年销售（营业）收入的 5‰；⑥企业发生的研究开发费用，会计对于未形成无形资产的部分计入管理费用，但税法规定，未形成无形资产的，在据实扣除的基础上，按照研究开发费用的 50%加计扣除，形成无形资产的，按照无形资产成本的 150%摊销；⑦安置残疾人员支付的工资薪金，会计据实列支，但税法规定，在据实扣除的基础上，按照支付给残疾职工工资薪金的 100%加计扣除；⑧其他超过税法规定的成本开支标准的事项。

四、暂时性差异

暂时性差异是指资产或负债的账面价值与其计税基础之间的差额。暂时性差异不仅包括所有的时间性差异，还包括其他原因导致的资产或负债的账面价值与其计税基础不同而产生的差异。换言之，时间性差异一定是暂时性差异，但暂时性差异并不都是时间性差异。

负债的暂时性差异，本质上是与该项负债相关的费用支出或收益在未来期间计税时可予税前扣除的金额，用公式表示即为

负债的暂时性差异 = 账面价值 − 计税基础

= 账面价值 −（账面价值 − 未来期间计税时可予税前扣除的金额）

= 未来期间计税时可予税前扣除的金额

暂时性差异在未来收回资产或清偿负债时，将产生应税金额或可抵扣金额，因而根据对未来期间应纳税所得额的影响，暂时性差异可分为应纳税暂时性差异和可抵扣暂时性差异。

（一）应纳税暂时性差异

应纳税暂时性差异是指在确定未来收回资产或清偿负债期间的应纳税所得额时，将产生应税金额的暂时性差异。该差异在未来期间转回时，会增加转回期间的应纳税所得额和应交所得税，因而在该差异产生当期，应当确认相关的递延所得税负债。应纳税暂时性差异通常产生于以下情况。

（1）资产的账面价值大于其计税基础。一项资产的账面价值代表的是该项资产在计算未来期间的账面净损益时可以扣除的金额，而其计税基础代表的是该项资产在未来期间计税时可予税前扣除的金额。如果一项资产的账面价值大于其计税基础，就意味着该项资产在计算未来期间的账面净损益时可以扣除的金额大于税法允许扣除的金额，两者之间的差额需要缴税，从而增加未来期间的应纳税所得额和应交所得税，产生应纳税暂时性差异，应当确认相关的递延所得税负债。

（2）负债的账面价值小于其计税基础。一项负债的账面价值代表的是该项负债在未来期间流出的经济利益，而其计税基础代表的是该项负债的账面价值扣除未来期间计税时可予税前扣除的金额后的差额。如果一项负债的账面价值小于其计税基础，就意味着该项负债在未来期间计税时可予税前扣除的金额为负数，应当在未来期间会计利润的基础上调增，从而增加未来期间的应纳税所得额和应交所得税，产生应纳税暂时性差异，应当确认相关的递延所得税负债。

（二）可抵扣暂时性差异

可抵扣暂时性差异是指在确定未来收回资产或清偿负债期间的应纳税所得额时，将产生可抵扣金额的暂时性差异。该差异在未来期间转回时，会减少转回期间的应纳税所得额和应交所得税，因而在该差异产生当期，符合确认条件时，应当确认相关的递延所得税资产。可抵扣暂时性差异一般产生于以下情况。

（1）资产的账面价值小于其计税基础。如果一项资产的账面价值小于其计税基础，就意味着该项资产在计算未来期间的账面净损益时可以扣除的金额小于税法允许扣除的金额，两者之间的差额不需要缴税，从而减少未来期间的应纳税所得额和应交所得税，产生可抵扣暂时性差异，符合确认条件时，应当确认相关的递延所得税资产。

（2）负债的账面价值大于其计税基础。如果一项负债的账面价值大于其计税基础，就意味着与该项负债相关的全部或部分费用支出或收益可以从未来应税经济利益中扣除，从而减少未来期间的应纳税所得额和应交所得税，产生可抵扣暂时性差异，符合确认条件时，应当确认相关的递延所得税资产。

（三）特殊项目产生的暂时性差异

某些交易或事项发生以后，因不符合资产、负债的确认条件而未体现为资产负债表中的资产或负债，但按照税法规定能够确定其计税基础的，其账面价值与计税基础之间的差额也构成暂时性差异。

1. 筹建期间发生的费用

筹建期间发生的费用，会计在发生时全部计入当期管理费用，但按照税法规定应当在开始生产经营后5年内分期抵减应纳税所得额。

【例12-33】 ×4年发生筹建费用200万元，×5年1月1日开始生产经营。

×4年计税基础为200万元，账面价值为0，产生可抵扣暂时性差异200万元。

×5 年计税基础为 160 万元，账面价值为 0，产生可抵扣暂时性差异 160 万元。

×6 年计税基础为 120 万元，账面价值为 0，产生可抵扣暂时性差异 120 万元。

×7 年计税基础为 80 万元，账面价值为 0，产生可抵扣暂时性差异 80 万元。

×8 年计税基础为 40 万元，账面价值为 0，产生可抵扣暂时性差异 40 万元。

×9 年计税基础为 0 元，账面价值为 0，不产生暂时性差异。

2. 超标的职工教育经费、广告费和业务宣传费

职工教育经费支出，会计按照工资薪金总额的一定比例计提并列入成本费用，但税法规定，超过工资薪金总额 2.5%的部分，应当在以后纳税年度结转扣除；广告费和业务宣传费支出，会计据实列入销售费用，但税法规定，超过当年销售（营业）收入 15%的部分，应当在以后纳税年度结转扣除。

【例 12-34】 ×8 年实现销售收入 5 000 万元，发生广告支出 800 万元。

账面价值为 0，计税基础为 50 万元（800 − 5 000 × 15%），产生可抵扣暂时性差异 50 万元。

3. 可抵扣亏损

按照税法规定可以结转以后年度的未弥补亏损，虽不是因资产、负债的账面价值与计税基础不同产生的，但本质上与可抵扣暂时性差异具有同样的作用，会减少未来期间的应纳税所得额和应交所得税，因而应当视同可抵扣暂时性差异。

【例 12-35】 某企业 ×8 年发生经营亏损 200 万元，该企业预计其于未来 5 年期间只能实现利润 150 万元弥补该经营亏损。

账面价值为 0，计税基础为 150 万元，产生可抵扣暂时性差异 150 万元。

五、计税基础

所得税会计核算的关键在于确定资产与负债的计税基础。在确定资产与负债的计税基础时，应当严格遵循税收法规中对于资产的税务处理以及可税前扣除的费用等的规定。

（一）资产的计税基础

资产的计税基础是指企业收回资产账面价值的过程中，计算应纳税所得额时按照税法规定可以从应税经济利益中抵扣的金额，即一项资产在未来期间计税时可予税前扣除的金额。

通常情况下，资产在取得时其入账价值与计税基础是相同的，在后续计量过程中由于会计准则规定与税法规定不同，可能会造成其账面价值与计税基础的差异。例如，按照会计准则规定，当资产的可变现净值或可收回金额低于其账面价值时，应当计提相关的减值准备，但按照税法规定，企业计提的资产减值准备除经核准的坏账准备外一般不能税前扣除，只有在资产发生实质性损失时才允许税前扣除，从而产生了资产的账面价值与计税基础之间的差异。资产的账面价值是指其成本扣除累计折旧额或累计摊销额及累计减值准备后的金额；资产的计税基础是指其成本扣除已在以前期间税前扣除的累计折旧额或累计摊销额后的金额。

1. 固定资产

以各种方式取得的固定资产，在初始确认时其入账价值一般等于计税基础。固定资产在后续计量时，其账面价值与计税基础的差异主要产生于折旧方法和折旧年限的不同。

（1）折旧方法的差异。会计准则规定，企业应当根据与固定资产有关的经济利益的预期实现方式合理选择折旧方法，而税法允许税前扣除的折旧基本上都是按照直线法计算的折旧。

（2）折旧年限的差异。如果企业确定的折旧年限与税法规定不同，就会产生固定资产持有期间账面价值与计税基础的差异。

【例 12-36】 某项机器设备原价为 1 000 万元，预计使用年限为 10 年，会计采用双倍余额递减法计提折旧，税法允许采用年限平均法计提折旧，预计净残值为 0。计提了两年的折旧后，企业对该项固定资产计提了 80 万元的减值准备。两年后，账面价值为 560 万元（1 000 − 200 − 160 − 80），计税基础为 800 万元（1 000 − 100 − 100），产生可抵扣暂时性差异 240 万元。

2. 无形资产

除内部研究开发形成的无形资产外，以其他方式取得的无形资产，在初始确认时其入账价值与计税基础之间一般不存在差异。无形资产的账面价值与计税基础的差异主要产生于内部研究开发形成的无形资产和对无形资产是否需要摊销以及摊销方法的选用。

（1）对于内部研究开发形成的无形资产，会计准则规定，研究阶段的支出计入当期损益，开发阶段符合资本化条件的支出计入无形资产成本，而税法规定，企业为开发新技术、新产品、新工艺发生的研究开发费用，未形成无形资产的，在据实扣除的基础上，按照研究开发费用的 50%加计扣除，形成无形资产的，按无形资产成本的 150%摊销。

【例 12-37】 A 公司当期发生研究开发支出 1 000 万元，包括研究阶段支出 200 万元、开发阶段不符合资本化条件的支出 200 万元和符合资本化条件的支出 600 万元。该研发项目在当期期末已达到预定用途。

期末时，账面价值为 600 万元，计税基础为 900 万元（600 × 150%），产生可抵扣暂时性差异 300 万元。

（2）会计准则规定，使用寿命有限的无形资产应当在估计的使用寿命内采用系统合理的方法进行摊销，使用寿命不确定的无形资产在持有期间内不需要摊销，而税法规定，所有无形资产的摊销年限不得低于 10 年。

（3）会计准则规定，企业应当根据与无形资产有关的经济利益的预期实现方式合理选择摊销方法，而税法规定，无形资产按照直线法摊销的费用可予税前扣除。

【例 12-38】 某项无形资产的取得成本为 100 万元，因其使用寿命无法合理估计，会计上视为使用寿命不确定的无形资产。

1 年后，账面价值为 100 万元，计税基础为 90 万元（100 − 100 ÷ 10），产生应纳税暂时性差异 10 万元。

3. 以公允价值计量的资产

会计准则规定，以公允价值进行后续计量的资产，其于某一会计期末的账面价值为该时点的公允价值，持有期间公允价值的变动计入当期损益或所有者权益；而税法规定，以公允价值计量的资产，持有期间公允价值的变动不计入也抵减应纳税所得额，不得调整该资产的计税基础，待将来处置该资产时，作为转让所得或损失调整应纳税所得额。因此，在公允价值变动的情况下，会造成以公允价值计量的资产的账面价值与计税基础的差异。

【例 12-39】 企业支付 400 万元取得一项交易性金融资产，期末市价为 420 万元。

期末时，账面价值为 420 万元，计税基础为 400 万元，产生应纳税暂时性差异 20 万元。

如果期末市价为 390 万元，则账面价值为 390 万元，计税基础为 400 万元，产生可抵扣暂时性差异 10 万元。

【例 12-40】 ×8 年 1 月 1 日 A 公司将成本为 300 万元、预计使用年限为 20 年、预计净残值为 0 的一幢自用厂房对外出租。出租前，已使用 4 年，采用年限平均法计提折旧；出租后，采用公允价值模式计量。会计规定的该厂房的折旧方法、折旧年限及净残值与税法规定相同。该厂房在×8 年 12 月 31 日的公允价值为 360 万元。

×8 年 12 月 31 日，账面价值为 360 万元，计税基础为 225 万元（300 − 300 ÷ 20 × 5），产生应纳税暂时性差异 135 万元。

4. 长期股权投资

企业持有的长期股权投资，按照会计准则规定应当采用成本法或权益法进行核算，而税法中对于长期股权投资并没有权益法的概念，因而在采用权益法核算长期股权投资的情况下，长期股权投资的暂时性差异是否确认相关的递延所得税负债（或资产），首先要看企业是否改变了投资的持有意图，其次要考虑该项投资是否因企业的所得税税率高于被投资单位，企业未来分得的股息、红利等权益性投资收益（以下简称股息性所得）需要补缴所得税。

（1）因初始投资成本的调整，以及因确认应享有被投资单位其他权益的变动产生的暂时性差异，在预计未来期间能不能转回取决于该项投资的持有意图。如果企业拟长期持有该项投资，那么该差异在预计未来期间不能转回，企业不能确认相关的递延所得税负债（或资产）；如果企业拟出售该项投资，那么该差异在预计未来期间能够转回，企业应确认相关的递延所得税负债（或资产）。

（2）因确认投资损失（即损益调整）产生的可抵扣暂时性差异，在预计未来期间可能无法转回，因而企业能不能确认相关的递延所得税资产要看具体情况。

（3）因企业的所得税税率高于被投资单位，企业未来分得的股息性所得需要补缴所得税的，无论企业是否拟长期持有该项投资，因确认投资收益（即损益调整）产生的应纳税暂时性差异，在预计未来期间均能转回，企业应确认相关的递延所得税负债。因此，企业应当先将确认的投资收益进行纳税调减，同时将确认的投资收益还原为税前所得，并按投资企业高于被投资单位的税率差计算将来应补缴的所得税，确认为递延秘得税负债，然后将未来分得的股息性所得还原为税前所得计入收入总额，按投资企业高于被投资单位的税率差计算应补缴的所得税，并转回原已确认的递延所得税负债。相关计算公式如下。

投资企业确认的递延所得税负债 = 投资企业确认的投资收益 ÷（1 − 被投资单位所得税税率）
×（投资企业所得税税率 − 被投资单位所得税税率）

投资企业补缴的企业所得税 = 自被投资单位取得的现金股利或利润 ÷（1 − 被投资单位所得税税率）
×（投资企业所得税税率 − 被投资单位所得税税率）

【例 12-41】 ×7 年 1 月 2 日 A 公司以银行存款出资 6 000 万元取得 B 公司 20%的股权，A 公司采用权益法核算此项投资。投资时 B 公司可辨认净资产公允价值总额为 18 000 万元，与其账面价值相同。A 公司按 B 公司 ×7 年实现的净利润确认的投资收益为 850 万元。B 公司 ×8 年 4 月 15 日分派现金股利 3 400 万元。A 公司所得税税率为 25%，B 公司所得税税率为 15%。

（1）×7 年年末，账面价值为 6 850 万元（6 000 + 850），计税基础为 6 000 万元，产生应纳税暂时性差异 850 万元，故确认递延所得税负债 100 万元[850 ÷ (1 − 15%) × (25% − 15%)]。

（2）×8 年年末（不考虑 B 公司 ×8 年的经营成果），账面价值为 6 170 万元（6 000 + 850 − 3 400 × 20%），计税基础为 6 000 万元，产生应纳税暂时性差异 170 万元，递延所得税负债余额应为 20 万元[170 ÷ (1 − 15%) × (25% − 15%)]，故转回递延所得税负债 80 万元[680 ÷（1 − 15%）× (25% − 15%)]。

（4）会计准则规定，被投资单位发生的会计亏损，应当由被投资单位用以后年度的留存收益弥补，投资企业确认被投资单位发生的净亏损，通常以长期股权投资账面价值减记至零为限，冲减长期股权投资账面价值，并确认为当期投资损失，被投资单位以后期间实现净利润的，投资企业在其收益分享额弥补未确认的亏损分担额后，按照超过未确认的亏损分担额的金额，恢复长期股权投资账面价值。税法规定，被投资单位发生的税务亏损（指应纳税所得额小于 0 的数额），应当由被投资单位用以后年度实现的应纳税所得额弥补，弥补期不得超过 5 年，投资企业不得抵减其计税基础，也不得确认其投资损失。因此，投资企业确认了被投资单位发生的净亏损的，应当在计算当年应纳税所得额时进行纳税调增，待今后恢复因确认被投资单位发生的净亏损而已冲减的长期股权投资账面价值时再进行纳税调减。

（5）会计准则规定，投资企业对于被投资单位除净损益以外所有者权益的其他变动，应当调整长期股权投资账面价值和所有者权益，待处置投资时按照相应比例转入当期损益。税法规定，投资企业对于被投资单位除净损益以外所有者权益的其他变动不确认所得或损失，不调整长期股权投资计税基础，只有在处置时才确认所得或损失。由于会计上确认的被投资单位除净损益以外所有者权益的其他变动，不影响账面损益和应纳税所得额，在计算当年应纳税所得额时无须进行纳税调整。

（6）会计准则规定，长期投资应当按照预计可收回金额低于账面价值的差额确认资产减值损失，计提长期股权投资减值准备，并在以后会计期间不得转回，待处置投资时按照相应比例结转已计提的减值准备。税法规定，未经核定的各项资产减值准备、风险准备等准备金支出不得税前扣除，只有在资产发生实质性损失时才允许税前扣除。由于会计上确认的长期股权投资减值损失，在税务处理上不予确认，会产生可抵扣暂时性差异，应当在计算确认减值损失期间应纳税所得额时进行纳税调增，并确认为递延所得税资产，待计算处置投资期间应纳税所得额时再进行纳税调减，并转回原已确认的递延所得税资产。

5. 其他资产

其他资产的账面价值与计税基础之间的差异主要源于计提的资产减值准备。

【例 12-42】×8 年 12 月 31 日应收账款余额为 3 000 万元，计提了 300 万元的坏账准备。税法规定，企业按照应收账款期末余额的 5‰计提的坏账准备允许税前扣除。

期末时，账面价值为 2 700 万元（3 000 − 300），计税基础为 2 985 万元[3 000 ×（1 − 5‰）]，产生可抵扣暂时性差异 285 万元。

（二）负债的计税基础

负债的计税基础是指负债的账面价值扣除未来期间计税时可予税前扣除的金额后的差额，用公式表示即为

负债的计税基础 = 账面价值 − 未来期间计税时可予税前扣除的金额

负债的确认与清偿一般不会影响账面损益，也不会影响应纳税所得额，未来可予税前列支的金额为 0，计税基础等于账面价值，如应付账款。但是，在某些情况下，负债的确认可能会影响账面损益，进而影响应纳税所得额，使得其计税基础与账面价值之间产生差额，如按照会计准则规定确认的某些预计负债。

1. 预计负债

或有事项准则规定，企业对于或有支出，在满足有关确认条件时，应当按照最佳估计数

计入相关资产成本或当期损益，同时确认为预计负债。如果税法规定，与预计负债相关的支出在实际发生时允许全部税前扣除，则其计税基础为 0，账面价值大于计税基础，产生可抵扣暂时性差异；如果税法规定，与预计负债相关的支出无论是否实际发生均不允许税前扣除，则其计税基础等于账面价值，不会产生暂时性差异。

【例 12-43】 ×8 年因销售产品承诺提供 3 年的保修服务，在当年利润表中确认了 100 万元的销售费用，同时确认为预计负债，当年未发生任何保修支出。税法规定，与产品售后服务相关的费用在实际发生时可予税前扣除。

账面价值为 100 万元，计税基础为 0(100－100)，产生可抵扣暂时性差异 100 万元。

【例 12-44】 ×8 年 12 月 10 日 A 公司为 B 公司的银行借款提供担保，×8 年 12 月 31 日 A 公司预计在×9 年 5 月 20 日很可能发生担保支出 1 000 万元，于是确认了预计负债 1 000 万元。税法规定，担保支出在实际支付时不得税前扣除。

账面价值为 1 000 万元，计税基础为 1 000 万元(1 000－0)，不产生暂时性差异。

2. 预收账款

企业在收到客户预付的款项时，因不符合收入确认条件，会计上将其确认为负债。会计上未确认为收入的预收款项，按照税法规定不计入当期应纳税所得额的，该部分经济利益在未来期间计税时不能税前扣除，计税基础等于账面价值。但是，会计上未确认为收入的预收款项，按照税法规定计入当期应纳税所得额的，因其在产生时已经计算缴纳所得税，在未来期间计税时无须缴税，可全额税前扣除，账面价值大于计税基础，产生可抵扣暂时性差异。

【例 12-45】 企业收到客户预付的款项 100 万元。

（1）若预收时未缴税，则账面价值为 100 万元，计税基础为 100 万元(100－0)，不产生暂时性差异。

（2）若预收时已缴税，则账面价值为 100 万元，计税基础为 0(100－100)，产生可抵扣暂时性差异 100 万元。

3. 以公允价值计量的负债

会计准则规定，以公允价值进行后续计量的负债（如以现金结算的股份支付、交易性金融负债），其于某一会计期末的账面价值为该时点的公允价值，还款期内公允价值的变动计入当期损益，而税法规定，以公允价值计量的负债，还款期内公允价值的变动不计入也抵减应纳税所得额，不得调整该负债的计税基础，待将来偿还该负债时，作为利得或损失调整应纳税所得额。因此，在公允价值变动的情况下，会造成以公允价值计量的负债的账面价值与计税基础的差异。

【例 12-46】 企业承担的某项交易性金融负债的初始确认金额为 150 万元，期末市价为 145 万元。

期末时，账面价值为 145 万元，计税基础为 150 万元，产生应纳税暂时性差异 5 万元。

如果期末市价为 160 万元，则账面价值为 160 万元，计税基础为 150 万元，产生可抵扣暂时性差异 10 万元。

4. 应付职工薪酬

会计准则规定，企业为获得职工提供的服务而给予的各种形式的报酬及其他相关支出均计入成本费用，同时确认为负债。而税法规定不合理的职工薪酬无论是在发生当期还是在以后期间均不允许税前扣除，所以其账面价值等于计税基础，不会产生暂时性差异。

【例 12-47】某企业当期确认应当支付的职工工资及其他薪金性质支出共 3 000 万元，尚未支付。当地政府规定的该企业的计税工资为 2 200 万元。

账面价值为 3 000 万元，计税基础为 3 000 万元（3 000－0），不产生暂时性差异。

5. 其他负债

企业的其他负债项目，如应缴的罚款和滞纳金等，会计上将其确认为损失，同时作为负债反映。税法规定，罚款和滞纳金等不能税前扣除，应当在当期进行纳税调整。因该损失无论是在发生当期还是在以后期间均不允许税前扣除，对未来期间的计税不会产生影响，所以其账面价值等于计税基础，不会产生暂时性差异。

【例 12-48】A 公司 ×8 年 12 月因违反当地有关环保法规的规定，接到环保部门的处罚通知，要求其支付罚款 200 万元，至 ×8 年 12 月 31 日该项罚款尚未支付。

账面价值为 200 万元，计税基础为 200 万元（200－0），不产生暂时性差异。

六、递延所得税资产和递延所得税负债的确认与计量

（一）递延所得税资产的确认与计量

1. 递延所得税资产的确认原则

递延所得税资产产生于可抵扣暂时性差异。因资产、负债的账面价值与其计税基础不同产生可抵扣暂时性差异的，在估计未来期间能够产生足够的应纳税所得额用以利用可抵扣暂时性差异带来的经济利益的，应当以很可能取得的用来抵扣可抵扣暂时性差异的应纳税所得额为限，确认相关的递延所得税资产；在估计未来期间无法产生足够的应纳税所得额用以利用可抵扣暂时性差异带来的经济利益的，不确认相关的递延所得税资产，仅在会计报表附注中披露。在确认递延所得税资产时，需要注意以下问题。

（1）交易或事项发生时影响到会计利润或应纳税所得额的以及按照税法规定可以结转以后年度的未弥补亏损，其对所得税的影响调整所得税费用；与直接计入所有者权益的交易或事项相关的，其对所得税的影响计入所有者权益；与企业合并中取得的资产、负债相关的，其对所得税的影响调整企业合并中应予确认的商誉。

【例 12-49】某企业因某事项在当期确认 100 万元负债，并计入当期损益。税法规定，与该负债相关的费用在实际发生时允许税前扣除。假定所得税税率为 25%，递延所得税资产不存在期初余额，则其账务处理如下：

账面价值为 100 万元，计税基础为 0 万元（100－100），产生可抵扣暂时性差异 100 万元。

确认递延所得税资产＝100 × 25%－0＝25（万元）

借：递延所得税资产　250 000

　　贷：所得税费用——递延所得税费用　250 000

【例 12-50】B 公司 ×5 年亏损 100 万元，预计未来 5 年期间能够产生足够的应纳税所得额用以弥补该经营亏损。假设 B 公司在未来 3 年实现的利润分别为 40 万、40 万和 50 万元，无其他暂时性差异，所得税税率为 25%，则其账务处理如下。

B公司 × 5—× 8年递延所得税资产变化如表 12-6 所示。

表 12-6　B 公司 × 5— × 8 年递延所得税资产变化　（单位：万元）

项目	×5 年	×6 年	×7 年	×8 年
可抵扣暂时性差异	100	60	20	0
递延所得税资产余额	25	15	5	0
递延所得税资产变化	＋25	−10	−10	−5

（1）×5 年 12 月 31 日：

借：递延所得税资产　　　　1 000 000 × 25% = 250 000

　　贷：所得税费用——递延所得税费用　　　　250 000

（2）×6 年 12 月 31 日：

借：所得税费用——递延所得税费用　　　　100 000

　　贷：递延所得税资产　　　　400 000 × 25% = 100 000

（3）×7 年 12 月 31 日：

借：所得税费用——递延所得税费用　　　　100 000

　　贷：递延所得税资产　　　　400 000 × 25% = 100 000

（4）×8 年 12 月 31 日：

借：所得税费用——当期所得税费用　　　　300 000 × 25% = 75 000

　　贷：应交税费——应交所得税　　　　75 000

借：所得税费用——递延所得税费用　　　　50 000

　　贷：递延所得税资产　　　　200 000 × 25% = 50 000

【例 12-51】 A 公司持有一项可供出售金融资产，成本为 300 万元，期末公允价值为 260 万元。假定所得税税率为 25%，递延所得税资产不存在期初余额，则其账务处理如下：

账面价值为 260 万元，计税基础为 300 万元，产生可抵扣暂时性差异 40 万元。

确认递延所得税资产 = 40 × 25% − 0 = 10（万元）

借：递延所得税资产　　　　100 000

　　贷：资本公积——其他资本公积　　　　100 000

【例 12-52】 A 公司 ×8 年通过购买与其没有关联关系的 C 公司 100%的股份，使得 C 公司成为 A 公司的一个分公司。在企业合并中取得的各项可辨认资产的账面价值为 1 000 万元，可辨认资产的公允价值为 900 万元。假定所得税税率为 25%，递延所得税资产不存在期初余额，则其账务处理如下：

账面价值为 900 万元，计税基础为 1 000 万元，产生可抵扣暂时性差异 100 万元。

确认递延所得税资产 = 100 × 25% − 0 = 25（万元）

借：递延所得税资产　　　　250 000

　　贷：商誉　　　　250 000

（2）在企业合并中，购买方取得被购买方的可抵扣暂时性差异，在购买日不符合递延所得税资产确认条件的，不予确认。购买日后 12 个月内，取得的新的或进一步的信息表明购买日的相关情况已经存在，预期被购买方在购买日可抵扣暂时性差异带来的经济利益能够实现的，应当确认相关的递延所得税资产，同时减少商誉，商誉不足冲减的，差额部分计入当期损益；除上述情况以外，如购买日后超过 12 个月，或者在购买日不存在相关情况但购买日后出现新的情况导致可抵扣暂时性差异带来的经济利益预期能够实现的，应当确认相关的递延所得税资产并计入当期损益（所得税费用），不得调整商誉金额。

【例 12-53】 某非同一控制下的企业合并，因会计准则规定与适用税法规定不同在购买日产生可抵扣暂时性差异 300 万元，确认商誉 2 000 万元。假定购买日及未来期间企业适用的所得税税率均为 25%，购买日因预计未来期间无法取得足够的应纳税所得额，未确认与可抵扣暂时性差异相关的递延所得税资产 75 万元。

在购买日后 9 个月，企业预计能够产生足够的应纳税所得额用来抵扣合并时产生的 300 万元可抵扣暂时性差异的影响，企业应当考虑导致该利益变为很可能实现的事实和环境是否在购买日已经存在。

如果这些事实和环境在购买日已经存在，企业应当进行的账务处理为：

借：递延所得税资产　　750 000

　　贷：商誉　　750 000

如果这些事实和环境出现在购买日后，企业应当进行的账务处理为：

借：递延所得税资产　　750 000

　　贷：所得税费用　　750 000

2. 递延所得税资产的计量

（1）适用税率的确定。递延所得税资产应当以相关的可抵扣暂时性差异转回期间适用的所得税税率计量。

【例 12-54】 A 公司于 ×5 年 1 月 1 日开业，×5 年和 ×6 年免征企业所得税，预计从 ×7 年开始适用的所得税税率为 25%。A 公司拥有的一台设备 ×5 年年末的账面价值为 6 000 元，计税基础为 8 000 元。

×5 年年末递延所得税资产余额 = (8 000 − 6 000) × 25% = 500（元）

（2）减值的确认与转回。资产负债表日，企业应当对递延所得税资产的账面价值进行复核，如果估计未来期间很可能无法产生足够的应纳税所得额用以利用可抵扣暂时性差异带来的经济利益，则减记递延所得税资产的账面价值，并抵减所有者权益或计入当期损益。继后期间根据新的环境和情况判断能够产生足够的应纳税所得额用以利用可抵扣暂时性差异带来的经济利益的，应当相应恢复递延所得税资产的账面价值。

（二）递延所得税负债的确认与计量

1. 递延所得税负债的确认原则

递延所得税负债产生于应纳税暂时性差异。除企业会计准则中明确规定可不确认递延所得税负债的情况以外，企业对于所有的应纳税暂时性差异都应当确认相关的递延所得税负债。在确认递延所得税负债时，交易或事项发生时影响到会计利润或应纳税所得额的，其对所得税的影响调整所得税费用；与直接计入所有者权益的交易或事项相关的，其对所得税的影响抵减所有者权益；与企业合并中取得的资产、负债相关的，不确认其对所得税的影响。

【例 12-55】 某企业持有一项交易性金融资产，成本为 1 000 万元，期末公允价值为 1 500 万元。假定所得税税率为 25%，递延所得税负债不存在期初余额，则其账务处理如下：

账面价值为 1 500 万元，计税基础为 1 000 万元，产生应纳税暂时性差异 500 万元。

确认递延所得税负债 = 500 × 25% − 0 = 125（万元）

借：所得税费用——递延所得税费用　　1 250 000

　　贷：递延所得税负债　　1 250 000

【例 12-56】 A 公司持有一项可供出售金融资产，成本为 500 万元，期末公允价值为 520 万元。假定所得税税率为 25%，递延所得税负债不存在期初余额，则其账务处理如下：

账面价值为 520 万元，计税基础为 500 万元，产生应纳税暂时性差异 20 万元。

确认递延所得税负债 = 20 × 25% − 0 = 5（万元）

借：资本公积——其他资本公积　　　　50 000

　　贷：递延所得税负债　　　　50 000

2. 递延所得税负债的计量

递延所得税负债应当以相关的应纳税暂时性差异转回期间适用的所得税税率计量。

（三）不确认递延所得税资产和递延所得税负债的特殊情况

有些情况下，虽然由于资产、负债的账面价值与其计税基础不同产生了暂时性差异，但出于各方面考虑，不确认相关的递延所得税资产和递延所得税负债。

（1）商誉的初始确认。非同一控制下的企业合并中，合并成本大于合并中取得的被购买方可辨认净资产公允价值份额的差额，按照会计准则规定应当确认为商誉，但按照税法规定符合免税合并条件的，计税时不认可商誉的价值，商誉的计税基础为 0。对于商誉的账面价值与计税基础不同产生的应纳税暂时性差异，准则中规定不确认相关的递延所得税负债。原因在于，如果确认递延所得税负债，就意味着减少被购买方可辨认净资产公允价值，将进一步增加商誉的账面价值和产生应纳税暂时性差异，使得递延所得税负债和商誉账面价值的变化不断循环，并影响到会计信息的可靠性。

【例 12-57】 A 公司发行 6 000 万元的股份购入 C 公司 100%的净资产，该项合并符合税法规定的免税合并条件，购买日 C 公司各项资产、负债的公允价值及计税基础如表 12-7 所示。

表 12-7　A 公司取得 C 公司各项资产、负债情况　　（单位：万元）

项目	公允价值	计税基础	暂时性差异
固定资产	3 000	2 000	1 000
应收账款	1 000	1 000	—
存货	1 800	1 300	500
其他应付款	(100)	0	(100)
应付账款	(700)	(700)	0
不包括递延所得税的可辨认资产、负债的公允价值	5 000	3 600	1 400

若 C 公司的所得税税率为 25%，则该项交易确认的递延所得税及商誉金额如下：

可辨认净资产公允价值	5 000
+ 递延所得税资产（100 × 25%）	25
− 递延所得税负债（1 500 × 25%）	375
可辨认资产、负债的公允价值	4 650
商誉	1 350
企业合并成本	6 000

因该项合并符合免税合并条件，购买方在合并中取得的被购买方有关资产、负债应当维持其原计税基础不变。被购买方原账面上未确认商誉，即商誉的计税基础为 0。该项合并中确认的商誉 1 350 万元和计税基础 0 之间产生的应纳税暂时性差异，按照会计准则规定不确认相关的所得税影响。

（2）除企业合并以外的交易或事项发生时既不影响会计利润，又不影响应纳税所得额，而且该项交易或事项中产生的资产、负债的初始确认金额与计税基础不同产生暂时性差异的，在交易或事项发生时不确认相应的递延所得税资产或递延所得税负债。原因在于，如果确认递延所得税资产或递延所得税负债，就需要调整资产或负债的入账价值，将有违会计核算的历史成本原则，影响会计信息的可靠性。例如，融资租赁中承租人取得的资产，会计准则要求将租赁开始日租赁资产公允价值与最低租赁付款额现值两者中较低者加上初始直接费用作为租入资产的入账价值，而税法要求将租赁协议或合同约定的租赁费加上初始直接费用作为租入资产的计税基础。租入资产的入账价值与计税基础之间的差额，并非产生于企业合并及直接计入所有者权益的交易或事项，同时在初始确认时既不影响会计利润，又不影响应纳税所得额，因而不确认与其相关的递延所得税资产或递延所得税负债。

七、所得税费用的账务处理

由于利润表中的所得税费用包括当期所得税费用和递延所得税费用两个部分，企业应当设置下列账户核算所得税费用和应交所得税。

（1）“所得税费用”账户，反映在当期利润表中列示的所得税费用。本账户分别“当期所得税费用”和“递延所得税费用”进行明细核算。

（2）“应交税费——应交所得税”账户，反映按照税法规定计算的当期应交所得税。

（3）“递延所得税资产”账户，借方登记“递延所得税资产”增加额，贷方登记“递延所得税资产”减少额，期末借方余额为将来可以少交的所得税金额。

（4）“递延所得税负债”账户，贷方登记“递延所得税负债”增加额，借方登记“递延所得税负债”减少额，期末贷方余额为将来应交的所得税金额。

【例 12-58】 A 公司 ×6 年利润总额为 750 万元，适用的所得税税率为 33%，预计自 ×7 年 1 月 1 日起所得税税率改为 25%。该公司 ×6 年会计与税收的差异包括：①国债利息收入 50 万元；②税款滞纳金 60 万元；③存货跌价准备 200 万元；④因售后服务预计费用 100 万元。

A 公司的账务处理如下。

（1）计算应纳税所得额及应交所得税：

应纳税所得额 = 750 − 50 + 60 + 200 + 100 = 1 060（万元）

应交所得税 = 1 060 × 33% = 349.8（万元）

借：所得税费用 —— 当期所得税费用　　3 498 000

　　贷：应交税费 —— 应交所得税　　3 498 000

（2）A 公司 ×6 年 12 月 31 日资产负债表中部分项目账面价值与计税基础如表 12-8 所示。

可抵扣暂时性差异 300 万元，年末递延所得税资产为 75 万元（300 × 25%）。

借：递延所得税资产　　750 000

　　贷：所得税费用 —— 递延所得税费用　　750 000

（3）×7 年 A 公司应纳税所得额为 2 000 万元，资产负债表中部分项目账面价值与计税基础如表 12-9 所示。

表 12-8　A 公司×6 年资产负债表中部分项目账面价值与计税基础　　（单位：元）

项目	账面价值	计税基础	差异	
			应纳税	可抵扣
存货	20 000 000	22 000 000		2 000 000
预计负债	1 000 000	0		1 000 000
总计				3 000 000

表 12-9　A 公司×7 年资产负债表中部分项目账面价值与计税基础　　（单位：元）

项目	账面价值	计税基础	差异	
			应纳税	可抵扣
存货	26 000 000	26 000 000		
预计负债	600 000	0		600 000
无形资产	2 000 000	0	2 000 000	
总计			2 000 000	600 000

应交所得税 = 2 000 × 25% = 500（万元）

借：所得税费用——当期所得税费用　　5 000 000

　　贷：应交税费——应交所得税　　5 000 000

递延所得税资产减少 = 75 − 60 × 25% = 60（万元）

借：所得税费用——递延所得税费用　　600 000

　　贷：递延所得税资产　　600 000

递延所得税负债增加 = 200 × 25% − 0 = 50（万元）

借：所得税费用——递延所得税费用　　500 000

　　贷：递延所得税负债　　500 000

【例 12-59】 A 公司 ×5 年 12 月购入设备一台，原价 120 万元，预计使用年限为 3 年，预计净残值为零，会计采用年限平均法计提折旧，税法规定与会计规定相同。×6 年 12 月 31 日计提固定资产减值准备 20 万元。A 公司所得税税率为 25%，各年末固定资产账面价值和计税基础如表 12-10 所示。

表 12-10　A 公司各年末固定资产账面价值和计税基础　　（单位：万元）

年份	×5 年	×6 年	×7 年	×8 年
固定资产原值	120	120	120	0
减：累计折旧	0	40	70	0
固定资产净值	120	80	50	0
减：减值准备	0	20	20	0
固定资产账面价值	120	60	30	0
税法计算的累计折旧	0	40	80	0
计税基础	120	(120 − 40)80	40	0
可抵扣暂时性差异	0	(80 − 60)20	(40 − 30)10	0
递延所得税资产余额	0	5	2.5	0

注：会计折旧额：×6 年 = (120 − 0) ÷ 3 = 40（万元）；×7 年 = (60 − 0) ÷ 2 = 30（万元）；×8 年 = (30 − 0) ÷ 1 = 30（万元）。税法折旧额每年都是 40 万元。

A 公司每年末所得税账务处理如下。

（1）×6 年：

借：递延所得税资产　　50 000

贷：所得税费用——递延所得税费用　50 000

（2）×7 年：

借：所得税费用——递延所得税费用　25 000

贷：递延所得税资产　25 000

（3）×8 年：

借：所得税费用——递延所得税费用　25 000

贷：递延所得税资产　25 000

第五节　利 润 分 配

一、利润分配的程序

利润分配是企业根据国家有关规定及投资者的决议，对企业实现的净利润进行的分配。企业实现的年度净利润，除法律、行政法规另有规定外，应当按照下列顺序分配。

（1）弥补以前年度亏损。企业纳税年度发生的亏损，准予向以后年度结转，用以后年度的税前所得弥补，但结转年限最长不得超过 5 年。5 年内不足弥补的，用以后年度的税后所得弥补，或者经投资者决议用盈余公积弥补。

（2）提取法定盈余公积。公司制企业按照净利润（扣除前一项）的 10%提取；其他企业可以根据需要确定提取比例，但至少应当按照 10%提取。法定盈余公积累计额达到注册资本 50%以后，可以不再提取。

（3）提取任意盈余公积。任意盈余公积的提取比例由投资者决议，也可以不提。

（4）向投资者分配利润。企业以前年度未分配的利润应当并入本年度利润，向投资者分配。企业弥补以前年度亏损后，当年没有可供分配的利润时，不得向投资者分配利润。

二、利润分配的账务处理

（一）账户设置

企业应当通过“利润分配”账户核算当年实现的净损益、利润的分配（或亏损的弥补）和历年分配（或弥补）后的余额。本账户分别“提取法定盈余公积”、“提取任意盈余公积”、“应付现金股利或利润”、“转作股本的股利”、“盈余公积补亏”、“未分配利润”等进行明细核算。

（1）“盈余公积补亏”明细账，核算企业用盈余公积弥补的亏损，贷方反映弥补的亏损，借方反映年终转入“未分配利润”明细账的金额，结转后该明细账无余额。

（2）“提取法定盈余公积”和“提取任意盈余公积”明细账，核算企业按规定提取的法定盈余公积和任意盈余公积，借方反映提取的盈余公积，贷方反映年终转入“未分配利润”明细账的金额，结转后该明细账无余额。

（3）“应付现金股利或利润”明细账，核算企业分配给投资者的现金股利或利润，借方反映分配给投资者的现金股利或利润，贷方反映年终转入“未分配利润”明细账的金额，结转后该明细账无余额。

（4）“转作股本的股利”明细账，核算企业分配给普通股股东的股票股利，借方反映分配给普通股股东的股票股利，贷方反映年终转入“未分配利润”明细账的金额，结转后该明细账无余额。

（5）“未分配利润”明细账，核算企业全年实现的净利润或发生的净亏损、净利润的分配和尚未分配利润或尚未弥补的亏损。

可见，本年实现的净利润有两个去向，一个是分出去，形成应付股利或利润；另一个是留下来，形成留存收益。

（二）账务处理

1. 弥补亏损

用利润弥补亏损无须专门做账务处理。企业当年发生的亏损，从“本年利润”账户转入“利润分配——未分配利润”账户的借方，结转后，“利润分配——未分配利润”账户的借方余额即为未弥补亏损。继后期间实现的净利润，用同样的方法自“本年利润”账户转入“利润分配——未分配利润”账户的贷方，结转后，自然抵减以前转来的借方余额，即弥补了亏损。

值得注意的是，无论是税前利润补亏，还是税后利润补亏，账务处理方法都一样，区别在于企业在申报缴纳所得税时，前者可以作为应纳税所得额的调整，而后者则不能。

用盈余公积弥补亏损需要专门做账务处理，按弥补亏损的数额，借记“盈余公积——法定盈余公积、任意盈余公积”账户，贷记“利润分配——盈余公积补亏”账户。

2. 提取盈余公积

如果有未弥补的亏损，本年实现的净利润应当先弥补亏损，然后提取盈余公积；如果没有未弥补亏损，应当以本年实现的净利润为基数提取盈余公积。根据董事会或类似机构审议通过的利润分配方案提取的盈余公积，应当作为报告期当期事项进行相应的账务处理，借记“利润分配——提取法定盈余公积、提取任意盈余公积”账户，贷记“盈余公积——法定盈余公积、任意盈余公积”账户；企业根据董事会或类似机构审议通过的利润分配方案已提取的盈余公积与经股东大会或类似机构审议批准后应当提取的盈余公积不一致的，应当作为调整事项调整报告年度会计报表相关项目的年初数，借记或贷记“利润分配——未分配利润”账户，贷记或借记“盈余公积——法定盈余公积、任意盈余公积”账户。

3. 向投资者分配现金股利或利润及股票股利

董事会或类似机构审议通过的利润分配方案中拟分配的利润或股利，不能作为报告期当期事项进行账务处理，但由于该事项对企业资产负债表日后的财务状况有较大影响，为便于财务报告使用者更充分了解相关信息，需要在财务报告中适当披露该信息。经股东大会或类似机构审议批准后实际分配的利润或股利，应当作为非调整事项进行账务处理。其中，分配给投资者的现金股利或利润，借记“利润分配——应付现金股利或利润”账户，贷记“应付股利”账户；分配给投资者的股票股利，在办理增资手续后，借记“利润分配——转作股本的股利”账户，贷记“股本”账户。

4. 净利润和利润分配数的年终结转

年终决算时，企业应当将本年实现的净利润，自“本年利润”账户转入“利润分配”账户，借记“本年利润”账户，贷记“利润分配——未分配利润”账户，为净亏损的编制相反的会计分录；同时将“利润分配”账户所属其他明细账的余额转入“未分配利润”明细账。结转后，除“未分配利润”明细账外，其他明细账应该没有余额。“未分配利润”明细账的年末余额为企业历年积存的未分配利润或未弥补亏损。

【例 12-60】A 公司的股本为 100 000 000 元，每股面值为 1 元。×7 年 1 月 1 日未分配利润为 80 000 000 元，×7 年实现净利润 50 000 000 元。假定公司董事会审议通过的×7 年度利润分配方案为：按×7 年度净利润的 10%和 5%提取法定盈余公积和任意盈余公积，同时向股东按每股 0.2 元派发现金股利，按每 10 股送 3 股的比例派发股票股利。×8 年 2 月 20 日股东大会审议批准董事会提请的利润分配方案，并在×8 年 3 月 15 日公司通过银行转账支付了全部现金股利，新增股本也已办理完股权登记和相关增资手续。A 公司的账务处理如下。

（1）×7 年 12 月 31 日，结转实现的净利润：

借：本年利润　50 000 000

　贷：利润分配——未分配利润　50 000 000

（2）提取法定盈余公积和任意盈余公积：

借：利润分配——提取法定盈余公积　5 000 000

　利润分配——提取任意盈余公积　2 500 000

　贷：盈余公积——法定盈余公积　5 000 000

　　盈余公积——任意盈余公积　2 500 000

（3）结转利润分配数：

借：利润分配——未分配利润　7 500 000

　贷：利润分配——提取法定盈余公积　5 000 000

　　利润分配——提取任意盈余公积　2 500 000

在附注中披露企业利润分配方案中拟分配的现金股利和股票股利。

（4）×8 年 2 月 20 日股东大会审议批准利润分配方案：

派发现金股利 = 100 000 000 × 0.2 = 20 000 000（元）

借：利润分配——应付现金股利　20 000 000

　贷：应付股利　20 000 000

派发股票股利 = 100 000 000 × 3 ÷ 10 × 1 = 30 000 000（元）

借：利润分配——转作股本的股利　30 000 000

　贷：股本　30 000 000

（5）×8 年 3 月 15 日支付现金股利：

借：应付股利　20 000 000

　贷：银行存款　20 000 000

同步练习

一、单项选择题

1. 对外销售商品时，若安装或检验任务是销售合同的重要组成部分，则确认该商品销售收入的时点是（　　）。

A. 开出销售发票账单时　　B. 发出商品时

C. 收到商品销售货款时　　D. 商品安装完毕并检验合格时

2. 企业销售的商品在质量、品种、规格等方面不符合合同规定的要求，又未根据正当的保证条款予以弥补，因而仍负有责任，则确认该商品销售收入的时点是（　　）。

A. 开出销售发票账单时　　B. 发出商品时

C. 收到商品销售货款时　　D. 按买方要求进行了弥补时

3. 以支付手续费方式委托代销商品的，委托方确认收入的时点是（　　）。

A. 交付商品时　　B. 受托方售出商品时　　C. 收到款项时　　D. 收到代销清单时

4. 资产负债表日，如不能可靠地估计所提供劳务的交易结果，则对该项劳务正确的账务处理是（　　）。

A. 不确认利润但可能确认损失　　B. 即不确认利润也不确认损失

C. 确认利润但不确认损失　　D. 可能确认利润也可能确认损失

5. 年初未分配利润为 150 000 元，当年实现的净利润为 600 000 元，按净利润的 15%提取盈余公积。当年该企业可供投资者分配的利润为（　　）元。

A. 660 000　　B. 510 000　　C. 750 000　　D. 727 500

6. 下列经济业务会影响营业利润的是（　　）。

A. 确认资产减值损失　　B. 出售无形资产损益　　C. 固定资产清理损益　　D. 政府补贴

7. 售出商品附有退货条款，但无法确定退货可能性的，应当在（　　）确认销售收入。

A. 发出商品时　　B. 收到货款时　　C. 签订合同时　　D. 退货期满时

8. 取得与收益相关的政府补助，用于补偿已发生的相关费用的，计入补偿当期的（　　）。

A. 资本公积　　B. 营业外收入　　C. 其他业务收入　　D. 主营业务收入

9. 对于已经发出但不符合收入确认条件的商品，其成本应当借记（　　）账户。

A. 在途物资　　B. 发出商品　　C. 库存商品　　D. 主营业务成本

10. 下列各项中，计入财务费用的是（　　）。

A. 销售商品发生的现金折扣　　B. 销售商品发生的销售折让

C. 销售商品发生的商业折扣　　D. 委托代销商品支付的手续费

11. 下列各项中，不应当全部计入营业外收入的是（　　）。

A. 接受捐赠产生的净收益　　B. 处置固定资产净收益

C. 出售无形资产所得价款　　D. 罚款净收入

12. 丁公司为甲公司承建厂房一幢，工期自×6 年 8 月 1 日至×8 年 5 月 31 日，总造价 5 000 万元，甲公司×6 年付款至总造价的 20%，×7 年付款至总造价的 85%，余款×8 年工程完工后结算。该工程×6 年发生成本 600 万元，年末预计尚须发生成本 2 200 万元；×7 年发生成本 2 100 万元，年末预计尚须发生成本 300 万元。丁公司×7 年应当确认收入（　　）万元。

A. 3 428.57　　B. 4 500　　C. 2 100　　D. 2 400

13. 某建造合同于×8 年 3 月份签订，合同总收入为 500 万元，合同预计总成本为 460 万元。×8 年已发生合同成本 408 万元，预计完成合同还将发生成本 102 万元。该合同于×8 年 12 月 31 日应当确认的合同预计损失为（　　）万元。

A. 10　　B. 8　　C. 2　　D. 0

14. 成本加成合同的风险主要由（　　）承担。

A. 建造承包方　　B. 发包方　　C. 施工单位　　D. 客户

15. 工业企业的销售网点、售后服务网点等的职工工资及福利费、类似工资性质的费用、业务费等费用，应当计入（ ）。

A. 管理费用　　B. 财务费用　　C. 主营业务成本　　D. 销售费用

16. 下列各项中，不应当计入财务费用的是（ ）。

A. 支付的流动资金借款手续费　　B. 计提的短期借款利息

C. 资本化的专门借款辅助费用　　D. 支付的银行承兑汇票手续费

17. 下列税金中不通过“营业税金及附加”账户核算的有（ ）。

A. 消费税　　B. 资源税　　C. 城建税　　D. 增值税

18. 以下项目中，不属于期间费用的是（ ）。

A. 制造费用　　B. 管理费用　　C. 销售费用　　D. 财务费用

19. 因自然灾害造成的生产用材料毁损，经有关部门批准后，应当将净损失计入（ ）。

A. 管理费用　　B. 其他业务成本　　C. 营业外支出　　D. 生产成本

20. 在确认销售收入后发生的销售折让，应当（ ）。

A. 计入财务费用　　B. 增加销售成本　　C. 冲减当期收入　　D. 计入销售费用

21. 委托代销商品的手续费应当计入（ ）。

A. 销售费用　　B. 管理费用　　C. 财务费用　　D. 主营业务成本

22. 下列不属于管理费用支出项目的是（ ）。

A. 业务招待费　　B. 借款利息　　C. 房产税　　D. 行政管理人员工资

23. 下列各项中，按税法规定免交所得税，在计算应纳税所得额时应当予以调整的是（ ）。

A. 国债利息收入　　B. 股票转让净收益　　C. 债券利息收入　　D. 债券转让净收益

24. 甲公司×8年因债务担保确认了预计负债600万元，税法规定，与该预计负债有关的费用不允许税前扣除。×8年12月31日该项预计负债的计税基础为（ ）万元。

A. 600　　B. 0　　C. 300　　D. 无法确定

25. 年初递延所得税资产和递延所得税负债的账面余额分别为100万元和40万元；年末递延所得税资产和递延所得税负债的账面余额分别为150万元和70万元。当年递延所得税收益为（ ）万元。

A. 20　　B. 50　　C. −30　　D. 80

26. ×6年12月31日甲公司购入设备一台，原价为3 010万元，预计净残值为10万元，税法规定的折旧年限为5年，按年限平均法计提折旧，会计上按3年计提折旧，折旧方法与税法相一致。×8年1月1日所得税税率由33%降为15%。×8年12月31日资产负债表中反映的“递延所得税资产”项目的金额为（ ）万元。

A. 12　　B. 60　　C. 120　　D. 192

27. 某企业上期所得税税率为15%，“递延所得税资产”账户的借方余额为540万元，本期所得税税率为25%，本期计提无形资产减值准备3 720万元，本期转回存货跌价准备720万元，本期“递延所得税资产”账户的发生额为（ ）万元。

A. 贷方1 002　　B. 借方1 110　　C. 借方1 650　　D. 贷方1 470

28. ×8年实现税前利润400万元，发生超过计税标准的工资40万元，发生应纳税暂时性差异16万元，该企业适用的所得税税率为25%。×8净利润为（ ）万元。

A. 294　　B. 290　　C. 300　　D. 296

29. 期末某项可供出售金融资产的成本和公允价值分别为200万元和240万元，该企业适用的所得税税率为25%。期末该项业务对所得税费用的影响为（　　）万元。

A. 5　　B. 10　　C. 60　　D. 0

30. ×6年12月31日，一台设备的账面价值和公允价值分别为10万元和20万元，会计和税法都按年限平均法计提折旧，剩余使用年限为5年，净残值为0。会计按公允价值计提折旧，税法按账面价值计提折旧。×8年12月31日可抵扣暂时性差异余额为（　　）万元。

A. 8　　B. 16　　C. 6　　D. 4

31. 某企业×7年亏损60万元，按规定可以用×8年实现的税前利润弥补。该企业×8年实现净利润100万元，适用的所得税税率为25%，×8年12月31日正确的账务处理是（　　）。

A. 借：利润分配——盈余公积补亏　60
　　贷：利润分配——未分配利润　60

B. 借：盈余公积　60
　　贷：利润分配——未分配利润　60

C. 借：利润分配——未分配利润　40
　　贷：利润分配——其他转入　40

D. 借：本年利润　90
　　贷：利润分配——未分配利润　90

32. 某企业于×2年成立，当年发生亏损120万元，×3年至×7年每年实现利润20万元，×8年实现利润40万元，适用的所得税税率为25%，不考虑其他纳税事项，×8年12月31日该企业“利润分配——未分配利润”账户贷方余额为（　　）万元。

A. 20　　B. 30　　C. 10　　D. 15

二、多项选择题

1. 下列各项收入中，属于工业企业其他业务收入的有（　　）。

A. 提供运输劳务取得的收入　　B. 提供加工装配劳务取得的收入
C. 出租无形资产取得的收入　　D. 销售材料取得的收入

2. 下列项目中，可能引起企业营业利润增加的有（　　）。

A. 出售无形资产利得　　B. 包装物租金收入
C. 应收票据利息收入　　D. 分得现金股利

3. 下列各项税费中，可能影响企业利润总额的有（　　）。

A. 所得税　　B. 资源税　　C. 教育费附加　　D. 城市维护建设税

4. 下列各项中，应当计入其他业务成本的有（　　）。

A. 随同商品出售不单独计价的包装物成本　　B. 出借的新包装物成本
C. 随同商品出售单独计价的包装物成本　　D. 对外销售的原材料成本

5. 在售后租回交易中，出售资产的损益应当（　　）。

A. 确认为出售当期的损益　　B. 在租赁期内按直线法摊销
C. 在租赁期内按折旧进度摊销　　D. 在租赁期内按租金支付比例摊销

6. 建造合同收入包括（　　）。

A. 合同规定的初始收入　　B. 因合同变更形成的收入
C. 因索赔形成的收入　　D. 因奖励形成的收入

7. 下列项目中，属于营业外收入的有（　　）。

A. 固定资产盘盈　　B. 接受捐赠利得　　C. 出售无形资产利得　D. 债务重组利得

8. 下列各项中，应当计入销售费用的有（　　）。

A. 业务招待费　　B. 广告费

C. 展览费　　D. 预计产品质量保证损失

9. 下列各项中，属于营业外支出的有（　　）。

A. 捐赠支出　　B. 滞纳金支出　　C. 债务重组损失　　D. 非常损失

10. 下列各项中，属于利润分配内容的是（　　）。

A. 计算应交所得税　　B. 宣告分派现金股利

C. 计提盈余公积　　D. 用盈余公积弥补亏损

11. 下列各项费用中，应当通过“管理费用”账户核算的有（　　）。

A. 诉讼费　　B. 研究费用　　C. 业务招待费　　D. 聘请中介机构费

12. 下列账户中，年末应当无余额的有（　　）。

A. 主营业务收入　　B. 营业税金及附加　　C. 主营业务成本　　D. 利润分配

13. 期间费用包括（　　）。

A. 管理费用　　B. 销售费用　　C. 财务费用　　D. 制造费用

14. 财务费用包括（　　）。

A. 财务部门经费　　B. 利息净支出　　C. 汇兑损失　　D. 金融机构手续费

15. 下列负债项目中，其账面价值与计税基础不会产生差异的有（　　）。

A. 短期借款　　B. 应付票据　　C. 应付账款　　D. 预计负债

16. 下列事项中，体现实质重于形式会计核算质量要求的是（　　）。

A. 应收债权的出售和融资　　B. 售后回购业务

C. 融资租入固定资产的核算　　D. 售后租回业务

17. 下列各项中，影响年末未分配利润数额的有（　　）。

A. 年初未分配利润　　B. 提取盈余公积

C. 本期实现净利润　　D. 盈余公积补亏

18. “利润分配”应当设置的明细账有（　　）。

A. 提取法定盈余公积　　B. 提取任意盈余公积

C. 应付现金股利或利润　　D. 转作股本的股利

19. 企业弥补亏损的渠道主要有（　　）。

A. 用以后年度税前利润弥补　　B. 用资本公积弥补

C. 用以后年度税后利润弥补　　D. 用盈余公积弥补

三、判断题

1. 企业对于有权要求中间商转移或退回的售出商品，应当确认销售收入。（　　）

2. 如果提供劳务的交易结果不能可靠地估计，应当按照能够补偿的已经发生的劳务成本确认收入，并按照相同金额结转成本。（　　）

3. 根据配比原则，用营业外收入减去营业外支出，可以计算出营业外收支净额。（　　）

4. 用盈余公积弥补亏损，会导致留存收益减少。（　　）

5. 采用预收货款方式销售商品的情况下，应当在收到货款时确认收入。 ( )

6. 计算提取法定盈余公积的基数，不应当包括企业年初未分配利润。 ( )

7. 工业企业为其他单位提供工业性作业取得的收入属于其他业务收入。 ( )

8. 未分配利润是历年累积数，表明累积的未分配利润或累积的未弥补亏损。 ( )

9. 企业发生的销货退回，不论是本年度销售的，还是以前年度销售的，均调整退回年度的主营业务收入及相关的成本费用。 ( )

10. 企业只要将商品所有权上的主要风险和报酬转移给了购货方，就可以确认收入。 ( )

11. 采用以旧换新方式销售商品时，销售的商品应当按照新旧商品的差价确认收入。 ( )

12. 售出商品需要安装和检验的，如果安装程序比较简单，或者检验是为最终确定合同价格必须进行的程序，那么可以在商品发出时确认收入。 ( )

13. 工业企业为拓展销售市场发生的业务招待费，应当计入销售费用。 ( )

14. 以盈余公积向投资者分配利润，不会引起留存收益总额的变动。 ( )

15. 直接生产费用不一定都专设成本项目，专设成本项目的生产费用都是直接生产费用。 ( )

16. 年终决算后，除“未分配利润”明细账外，“利润分配”账户下的其他明细账应当无余额。 ( )

17. 出售固定资产应交的营业税，应当列入利润表的“营业税金及附加”项目。 ( )

18. 已完成销售手续但购买方在月末尚未提取的商品，应当作为企业的库存商品核算。 ( )

19. 在本期转回已确认暂时性差异的影响金额时，应当采用现行税率。 ( )

20. 凡是本期发生的可抵扣暂时性差异，都应当确认相关的递延所得税资产。 ( )

21. 利润表中的所得税费用等于当期应纳税所得额乘以所得税税率。 ( )

22. 某企业年初有未弥补亏损 20 万元，当年实现净利润 10 万元。按有关规定，该年不得提取法定盈余公积。 ( )

23. 年末未分配利润等于当年实现的净利润加上年初未分配利润减去本年已分配利润。 ( )

24. 董事会审议通过的利润分配方案中拟分配的现金股利，应当作为负债和利润分配处理。 ( )

25. 提取盈余公积实质上是对企业向投资者分配利润的一种限制。 ( )

26. 如果股东大会审议批准的股利分配方案与董事会审议通过的股利分配方案之间有差异，应当调整报告年度会计报表相关项目的数字。 ( )

27. 建造合同的预计总成本超过预计总收入时，应当将预计损失确认为当期费用。 ( )

28. 如果安装费是销售商品收入的一部分，应当与销售的商品同时确认收入。 ( )

29. 企业向股东宣告分派的现金股利，在尚未支付前是股东权益的组成部分。 ( )

四、业务题

1. 甲公司 ×8 年发生了下列业务。

（1）将停车场的收费权转让给外单位，期限 5 年，一次性收到 20 万元并存入银行，由甲公司每年负责停车场的维修与保养。

（2）向乙公司转让一项软件的使用权，一次性收取使用费 30 万元存入银行，且不再提供后续服务。

（3）发出家电产品一批，价款为 40 万元，成本为 30 万元，应收取的增值税税额为 6.8 万元，款未收到，实行“包退、包换、包修”的销售政策。根据以往经验：包退产品占 5%，包换产品占 3%，包修产品占 2%。

（4）销售产品一批，售价为 40 万元，应收取的增值税税额为 6.8 万元，成本为 30 万元，款项尚未收到。后因质量问题，双方协商折让 10%，款已收存银行。

（5）销售产品一批，售价为 50 万元，成本为 30 万元，应收取的增值税税额为 8.5 万元，须承担安装任务，且为重要步骤，安装尚未完工，商品已发出，款项尚未收到。

（6）采用托收承付结算方式销售产品一批，售价为 60 万元，成本为 45 万元，应收取的增值税税额为 10.2 万元，用银行存款代垫运杂费 2 万元，提货单和增值税专用发票已交给买方，但买方因某种原因尚未提货。

（7）采用委托收款方式销售 100 件产品，售价为 50 000 元，成本为 35 000 元，应收取的增值税税额为 8 500 元，已确认收入并结转成本。由于工作疏忽，未对买方的付款能力做认真调查，后得知买方因一起担保诉讼可能遭破产，预计该笔货款收回的可能性不大。

要求：编制上述全部业务的会计分录。

2. 甲公司委托乙公司代销产品一批，协议价为 10 万元，成本为 7.5 万元，适用的增值税税率为 17%，本月收到的代销清单注明已售出 50%的产品，按代销价款的 10%支付手续费。

要求：编制甲、乙公司的有关会计分录。

3. 甲公司为增值税一般纳税人，×8 年 12 月发生如下经济业务。

（1）12 月 3 日向乙公司赊销 X 产品 50 件，售价为 1 000 000 元，成本为 500 000 元，应收取的增值税税额为 170 000 元。

（2）12 月 6 日委托丙公司销售 E 产品，成本为 8 000 000 元，协议价为 10 000 000 元，适用的增值税税率为 17%，商品已发出，假设纳税义务尚未发生；12 月 18 日丙公司销售时开具的增值税发票注明的售价为 2 400 000 元，增值税税额为 408 000 元，同日甲公司收到丙公司开来的代销清单，已销售代销商品的 20%，甲公司给丙公司开具增值税发票；12 月 28 日收到代销货款。

（3）12 月 15 日向丁公司销售材料一批，售价为 700 000 元，成本为 500 000 元，应收取的增值税税额为 119 000 元，当日取得面值为 819 000 元的商业汇票一张。

（4）12 月 18 日乙公司要求退回本年 11 月 25 日购买的 20 件 X 产品，价款为 400 000 元，成本为 200 000 元，已确认收入入账，但款未收。经查明，退货原因系发货错误，同意乙公司退货，并办理退货手续和开具红字增值税专用发票，可冲减的增值税税额为 68 000 元。

（5）12 月 31 日，计算本月应交的城市维护建设税 8 377.6 元。

要求：根据上述业务编制甲公司相关的会计分录。

4. ×7 年 12 月 10 日甲公司销售产品一批，售价为 800 000 元，成本为 600 000 元，适用的增值税税率为 17%。由于是成批销售，给予对方 10%的商业折扣，且规定的现金折扣条件为：2/10、1/20、N/30。买方于×7 年 12 月 25 日付款。

要求：

（1）编制有关的会计分录；

（2）编制×8 年 4 月 15 日退货（此时×7 年财务报告已报出）的会计分录。

5. ×7 年 8 月 12 日丙公司接受客户订单，为客户研制一项财务软件，工期约 7 个月，合同规定总价款为 500 万元，分两期收取，客户财务状况和信誉良好。×7 年 8 月 15 日通过银行收到客户首期付款 300 万元，剩余款项于完工时支付。至×7 年 12 月 31 日丙公司为研制该软件已发生成本 275 万元，经专业测量师测量，软件的研制开发程度为 60%。预计到研制开发完成整个软件还将发生成本 100 万元，并预计能按时完成软件的研制开发。

要求：编制丙公司×7年研制软件开始到研制完成的会计分录。

6. 甲公司为增值税一般纳税人，所有劳务均属于工业性劳务，销售时结转销售成本，销售商品和提供劳务均为主营业务。×7年甲公司销售商品和提供劳务的资料如下。

（1）×7年1月1日与乙公司签订一项建造合同，合同总收入为500万元，合同总成本为400万元，×7年1月1日开工，×9年3月完工。×7年发生成本100万元（以银行存款支付），完成合同尚须发生成本300万元，当年已结算工程价款125万元，收回工程价款100万元。

（2）12月4日与丙公司签订协议，向丙公司销售商品一批，售价为80万元，应收取的增值税税额为13.6万元，成本为68万元，商品已发出，款已收存银行。该协议规定，甲公司应当在×8年6月1日将该批商品购回，回购价为89万元，可抵扣增值税税额为15.13万元。

（3）12月15日与丙公司签订一项设备维修合同，总价款为60万元（不含增值税），于维修任务完成并验收合格后一次结清。12月31日设备维修任务完成并验收合格，甲公司发生的维修费用为20万元，均为修理人员工资。12月31日丙公司发生重大财务困难，甲公司预计很可能收回的维修款项为17.55万元（含应收取的增值税税额2.55万元）。

（4）12月31日与丁公司签订一件特制商品的合同，收到丁公司预付的款项40万元。该合同规定，商品总价款为80万元，自合同签订日起2个月内交货，但至本期末止，商品制造工作尚未开始。

要求：编制甲公司有关上述经济业务的会计分录。

7. 某建筑公司与客户签订了一项总金额为100万元的建造合同。第一年实际发生工程成本80万元，双方都能履行合同规定的义务，但该公司在年末对该项工程的完工进度无法可靠地估计。

要求：按下列两种情况编制该建筑公司的会计分录。

（1）假定当年发生的成本均能收回；

（2）假定当年只与该客户结算了30万元工程价款，其余款项可能无法结算。

8. 甲公司的所得税税率为25%，×8实现税前利润3 000万元。×8年发生的交易或事项中，会计规定与税法规定存在差异的项目如下。

（1）×8年12月31日应收账款余额为8 000万元，对应收账款按10%计提坏账准备，年初坏账准备余额为900万元，本年发生坏账20万元。税法规定，按应收账款期末余额的5‰计提的坏账准备允许税前扣除。

（2）×8年12月5日从客户处收到一笔预付的商品房款，金额为600万元，因不符合收入确认条件，将其作为预收账款核算。按照税法规定，该款项应当在取得时计入应纳税所得额。

（3）×8年1月1日投资1 500万元取得乙公司40%的股权，由于能够参与乙公司的生产经营决策，对该项投资采用权益法核算，当日乙公司可辨认净资产公允价值为3 600万元。×8年乙公司实现净利润500万元，适用的所得税税率为15%，假定不考虑相关的调整因素。税法允许税前抵扣的金额为初始投资成本。

（4）×8年销售的产品预计在售后服务期间将发生的费用为400万元，已计入当期损益，但×8年没有发生售后服务支出。

（5）除上述事项外，甲公司×8年还存在如下事项：

1）向关联企业捐赠现金100万元（假定按税法规定，企业向关联方的捐赠不允许税前扣除），违反环保规定应当支付罚款200万元。

2）×8年1月1日坏账准备产生的递延所得税资产为290万元。

3）预计未来期间所得税率不会发生变化，且预计未来期间能够产生足够的应纳税所得额用以抵扣可抵扣暂时性差异。

要求：

（1）计算上述（1）～（4）业务的账面价值、计税基础和暂时性差异；

（2）计算×8年应交所得税、递延所得税和所得税费用，并编制会计分录。

9. 甲公司于×5年1月1日开始对管理用设备计提折旧，原价为60万元，无残值。会计按4年采用年限平均法按年计提折旧，税务按6年采用年限平均法确认折旧费用。×5年12月31日该设备的可收回金额为36万元，×8年6月1日出售该设备，售价为20万元，假定无相关税费。该公司每年税前会计利润为100万元，×7年前所得税税率为33%，×7年1月1日起改为25%。

要求：根据以上资料，采用资产负债表债务法进行×5—×8年所得税的账务处理。

10. 甲公司的所得税税率为25%，×8年有关所得税账务处理的资料如下。

（1）实现税前利润300万元。

（2）收到国债利息收入50万元。

（3）当年按税法核定的全年计税工资为180万元，全年实际发生的工资为200万元。

（4）当年营业外支出中含10万元税款滞纳金支出。

（5）按权益法确认投资收益12.75万元。按照税法规定，该项投资收益应当在被投资单位分派股利时计入应税所得，本年度被投资单位未分派股利，被投资单位的所得税税率为15%。

（6）当年按会计方法计算的折旧费用为6万元，按税法可在税前扣除的折旧费用为3万元。

要求：

（1）采用资产负债表债务法计算×8年应交的所得税；

（2）计算×8年确认的递延所得税资产和递延所得税负债金额；

（3）计算×8年所得税费用，并编制相关会计分录；

（4）计算×8年实现的净利润。

11. 甲公司×8年12月末各损益账户结账前余额如表12-11所示，另外，甲公司的注册资本为1 000 000元，法定盈余公积金的提取比例为税后利润的10%，向投资者分配利润20 000元，“利润分配——未分配利润”账户年初贷方余额为40 000元，“盈余公积—法定盈余公积”账户年初贷方余额为450 000元。

表12-11　甲公司×8年12月末各损益账户结账前余额　（单位：元）

账户名称	结账前余额	账户名称	结账前余额
主营业务收入	1 000 000（贷方）	销售费用	20 000（借方）
其他业务收入	50 000（贷方）	管理费用	10 000（借方）
投资收益	20 000（贷方）	财务费用	12 000（借方）
营业外收入	10 000（贷方）	营业外支出	8 000（借方）
主营业务成本	800 000（借方）	营业税金及附加	120 000（借方）
其他业务成本	40 000（借方）	所得税费用	23 100（借方）

要求：

（1）编制结转各损益类账户及当年净利润的会计分录；

（2）计算该企业×8年的营业利润、利润总额、净利润；

（3）计算可供分配利润；

（4）计算可供股东分配利润；

（5）若该公司提取的法定盈余公积累计额达到注册资本的50%后不再提取，那么该公司今后还可以提取多少法定盈余公积；若该公司拟用盈余公积弥补亏损，那么该公司今后有多少盈余公积可用于弥补亏损；

（6）计算×8年12月31日未分配利润。

12. 甲公司所得税税率为25%，×1—×9年有关业务资料如下。

（1）×1年1月1日股东权益总额为46 500万元，其中股本总额为10 000万元（每股面值为1元），资本公积为30 000万元，盈余公积为6 000万元，未分配利润为500万元。×1年实现净利润400万元，股本与资本公积金没有发生变化。

（2）×2年3月1日董事会提出如下预案：

1）按×1年实现净利润的10%提取法定盈余公积；

2）以×1年12月31日的股本总额为基数，以资本公积（股本溢价）转增股本，每10股转增4股，计4 000万股。

（3）×2年4月5日召开股东大会，审议批准了董事会提出的预案，同时决定分派现金股利300万元。

（4）×2年6月10日办妥了上述资本公积转增股本的有关手续。

（5）×2年发生净亏损3 142万元，以后5年内可用税前利润弥补。

（6）×3—×8年分别实现利润总额200万元、300万元、400万元、500万元、600万元和600万元。

（7）×9年5月9日股东大会决定以法定盈余公积弥补×8年12月31日账面累计未弥补亏损。

要求：

（1）编制×2年3月提取法定盈余公积的会计分录；

（2）编制与×2年4月宣告分派现金股利的会计分录；

（3）编制×2年6月资本公积转增股本的会计分录；

（4）编制结转×2年净亏损的会计分录；

（5）计算×8年应交所得税并编制与所得税及结转当年净利润相关的会计分录；

（6）编制×9年5月以法定盈余公积弥补亏损的会计分录。

第十三章 所有者权益

【内容简介与学习目标】

本章阐述所有者权益的构成与来源，以及实收资本、资本公积、留存收益的会计处理。通过本章学习，应该明确所有者权益的含义、特征、表现形式和企业组织形式；掌握不同组织形式的企业投入资本会计处理的异同；掌握库藏股的含义、股份有限公司减资及其会计处理；掌握资本公积和留存收益的含义、内容以及会计处理。

所有者权益又称为产权，是指企业资产扣除负债后由所有者享有的剩余权益。所有者权益表明企业的产权关系，即企业归谁所有。由于企业资产的提供者包括投资人和债权人，企业权益包括所有者权益和债权人权益两部分，从而形成了“资产 = 负债 + 所有者权益”这一会计等式。由于企业资产总额只有在满足了债权人的全部要求权之后，剩余的资产才能归所有者所有，因而所有者权益实质上是对企业剩余资产的要求权，是企业的剩余权益。

为了反映所有者权益的构成，便于投资者和其他财务报告使用者了解企业所有者权益来源和变动情况，将所有者权益划分为实收资本（或股本）、资本公积、盈余公积和未分配利润。一般而言，实收资本和资本公积是由投资者直接投入的，如所有者的投入资本、资本溢价等；而盈余公积和未分配利润则是企业在生产经营过程中所实现的净利润留存企业形成的，因而也被称为留存收益。在外部投入资本不变的情况下，所有者权益的增长主要依赖于企业留存收益的增加。

第一节 实收资本

一、实收资本概述

企业申请开业必须具备符合国家规定并与其生产经营和服务规模相适应的资金数额。实收资本（或股本）是投资者按照企业章程或合同、协议的约定，在注册资本范围内，实际投入企业的各种资产的价值，是投资者投入企业的本钱。企业筹集的实收资本，应当依法委托法定验资机构验资并出具验资报告。我国目前实行的是注册资本制度，要求企业的实收资本与注册资本保持一致，实收资本不得低于注册资本。分期出资的情况下，在合同约定的出资期届满时，实收资本也应当等于注册资本。企业在工商管理部门注册登记的各投资者所认缴的资本总额，称为注册资本。注册资本是企业的法定资本，是企业承担民事责任的财产保证，表明了企业及各投资者的权益和责任的大小，从而保证了投入资本在法律上的严肃性。资本总额一经注册，成为注册资本后，不得随意变更，更不能随意撤资。

实收资本包括国家投入资本、法人投入资本、个人投入资本和外商投入资本等，它反映不同投资者对企业享有的权益份额。

非股份制企业应当通过“实收资本”账户核算投资者投入的资本，并按照投资者进行明细核算；股份有限公司应当通过“股本”账户核算股东投入的资本。投资者投入的资本超过其在该企业注册资本中所占份额的部分，作为资本溢价或股本溢价，通过“资本公积”账户核算。

二、企业组织形式与投入资本的核算

企业的组织形式不同，投入资本的核算也不尽相同。

（一）国有独资公司和一人有限责任公司

1. 国有独资公司

国有独资公司是指国家单独出资，由国务院或地方人民政府授权本级人民政府国有资产监督管理机构履行出资人职责的有限责任公司。国有独资公司不设股东会，由国有资产监督管理机构行使股东会职权。国有资产监督管理机构可以授权公司董事会行使股东会的部分职权，决定公司的重大事项。董事会成员和监事会成员由国有资产监督管理机构委派。

2. 一人有限责任公司

一人有限责任公司是指只有一个自然人股东或一个法人股东的有限责任公司。一人有限责任公司的股东应当一次足额缴纳公司章程规定的出资额。一个自然人只能投资设立一个一人有限责任公司，该一人有限责任公司不能投资设立新的一人有限责任公司。一人有限责任公司应当在公司登记中注明自然人独资或法人独资，并在公司营业执照中载明。一人有限责任公司不设股东会。一人有限责任公司的股东不能证明公司财产独立于股东自己财产的，应当对公司债务承担连带责任。

不论是国有独资公司，还是一人有限责任公司，只有一个投资者，不会在追加投资时为维持一定的投资比例而产生资本公积，因而凡是投资者投入的资本，无论是公司成立初期，还是增加资本等情况，全部作为实收资本入账。

【例 13-1】 国家授权投资成立某国有独资公司。该公司收到投入的资金 400 万元、固定资产 2 500 万元、土地使用权 1 100 万元，相关法律手续已办妥。其账务处理如下：

借：银行存款	4 000 000	
固定资产	25 000 000	
无形资产	11 000 000	
贷：实收资本		40 000 000

（二）有限责任公司

有限责任公司是指由 2 个以上 50 个以下股东共同出资，每个股东以其认缴的出资额为限对公司承担责任，公司以其全部资产对公司债务承担责任的企业法人。有限责任公司全体股东的首次出资额不得低于注册资本的 20%，其余部分由股东自公司成立之日起 2 年内缴足，而投资公司可以在 5 年内缴足，未按规定缴纳出资的，除应当向公司足额缴纳外，还应当向已按期足额缴纳出资的股东承担违约责任。股东缴纳出资后，必须经依法设立的验资机构验资，并向股东签发出资证明书，股东按实缴的出资比例分取红利；公司新增资本时，股东有权优先按实缴的出资比例认缴出资。公司成立后，股东不得抽逃出资。

有限责任公司股东会由全体股东组成，股东会是公司的权力机构，股东会做出修改公司章程、增加或减少注册资本以及公司合并、分立、解散或变更公司形式的决议，必须经代表2/3以上表决权的股东通过。

股东向股东以外的人转让股权，应当经其他股东过半数同意。其他股东半数以上不同意转让的，不同意的股东应当购买该转让的股权；不购买的，视为同意转让。经股东同意转让的股权，在同等条件下，其他股东有优先购买权。

与国有独资公司和一人有限责任公司不同，有限责任公司的投资者不是单一的，因而初建有限责任公司时，各投资者按照公司章程或合同、协议的约定投入企业的资本，全部作为实收资本入账；在企业增资扩股时，新介入投资者投入的资本大于其在该企业注册资本中所占份额的部分，作为资本溢价入账。

【例 13-2】 甲、乙、丙三位股东各出资 100 万元成立某有限责任公司。该公司经营一段时间后，丁股东愿意加入。丁加入前，公司净资产为 360 万元，实收资本为 300 万元，丁加入后公司注册资本增加到 400 万元，丁持有 25%的股份，但丁必须投入 120 万元。丁以货币方式投入到位，并办妥相关手续。其账务处理如下：

借：银行存款	1 200 000
贷：实收资本	1 000 000
资本公积——资本溢价	200 000

（三）股份有限公司

股份有限公司是指全部资本由等额股份构成并通过发行股票筹集资本，股东以其认购的股份为限对公司承担责任，公司以其全部资产对公司债务承担责任的企业法人。

股份有限公司的资本划分为股份，每一股份的金额相等，股份采取股票的形式。股票是公司签发的证明股东所持股份的凭证。股份的发行，实行公平、公正的原则，同种类的每一股份应当具有同等权利，同次发行的同种类股票，每股的发行条件和价格应当相同，任何单位或个人认购的股份，每股应当支付相同价额。股票发行价格可以等于面值，也可以超过面值，但不得低于面值。

设立股份有限公司，应当有 2 人以上 200 人以下发起人，其中须有半数以上的发起人在中国境内有住所，发起人承担公司筹办事务。股份有限公司的设立，可以采取发起设立或募集设立的方式。发起设立是指由发起人认购公司应当发行的全部股份而设立公司，注册资本为在公司登记机关登记的全体发起人认购的股本总额，全体发起人的首次出资额不得低于注册资本的 20%，其余部分由发起人自公司成立之日起 2 年内缴足，而投资公司可以在 5 年内缴足，未按规定缴纳出资的，应当按照发起人协议承担违约责任。募集设立是指由发起人认购公司应当发行股份的一部分，其余股份向社会公开募集或向特定对象募集而设立公司，注册资本为在公司登记机关登记的实收股本总额，发起人认购的股份不得少于公司股份总数的 35%。发起人向社会公开募集股份，应当由依法设立的证券公司承销，签订承销和代收股款协议。

股份有限公司的发起人应当承担下列责任：①公司不能成立时，对设立行为产生的债务和费用负连带责任；②公司不能成立时，对认股人已缴纳的股款，负返还股款并加算银行同期存款利息的连带责任；③在公司设立过程中，由于发起人的过失致使公司利益受到损害的，应当对公司承担赔偿责任。

股东大会做出决议，必须经出席会议的股东所持表决权过半数通过。但是，股东大会做出修改公司章程、增加或减少注册资本以及公司合并、分立、解散或变更公司形式的决议，必须经出席会议的股东所持表决权的 2/3 以上通过。股东出席股东大会，所持每一股份有一表决权，但公司持有的本公司股份没有表决权。

股东转让其股份，应当在依法设立的证券交易场所进行或按国务院规定的其他方式进行。记名股票，由股东以背书方式或法律、行政法规规定的其他方式转让，转让后由公司将受让人的姓名或名称及住所记载于股东名册。无记名股票的转让，由股东将该股票交付给受让人后即发生转让的效力。

公司发行股票收到现金等资产时，按收到的款项，借记“银行存款”账户，按每股面值和核定的股份总数的乘积计算的面值总额，贷记“股本”账户，支付的股票承销费、注册会计师费、评估师费、公关及广告费、印刷费等股票发行费用，溢价发行的，从溢价中扣除；无溢价或溢价不足以支付的部分依次冲减盈余公积和未分配利润。

【例 13-3】 A 公司发行普通股 2 000 万股，同时发行优先股 500 万股，普通股和优先股每股面值均为 1 元，平价发行，发行费用按发行收入的 3%支付，从发行收入中扣除，全部股款已收妥入账。其账务处理如下：

借：银行存款	24 250 000	
资本公积等	750 000	
贷：股本——普通股		20 000 000
股本——优先股		5 000 000

假定上述股票发行价格均为 2 元，溢价发行，则其账务处理如下：

借：银行存款	48 500 000	
贷：股本——普通股		20 000 000
股本——优先股		5 000 000
资本公积——股本溢价		23 500 000

三、资本增减的核算

公司增减注册资本，须由董事会制定增资或减资方案，并经股东大会或类似机构决议，依法向公司登记机关办理变更登记手续。

（一）企业增资的核算

企业增加资本的途径主要有：①投资者追加投资；②将资本公积转增资本；③将盈余公积转增资本；④分派股票股利。

1. 投资者追加投资

投资者追加投入的资本，按收到的款项或其他资产的价值，借记“银行存款”、“固定资产”、“无形资产”、“长期股权投资”等账户，按其在注册资本中所占份额，贷记“实收资本”或“股本”账户，按贷方差额，贷记“资本公积——资本溢价、股本溢价”账户。

【例 13-4】 A 公司收到出资者投入的原材料一批，确认的不含税价值为 100 000 元，可抵扣增值税税额为 17 000 元。其账务处理如下：

借：原材料	100 000	

应交税费 —— 应交增值税（进项税额） 17 000

贷：实收资本 117 000

2. 资本公积和盈余公积转增资本

由于资本公积和盈余公积均属于所有者权益，用其转增资本时，如果是独资企业比较简单，直接结转即可；如果是股份有限公司和有限责任公司，因涉及权益份额，应当按照投资者原出资比例相应增加各投资者的出资额。企业经股东大会或类似机构决议，用资本公积和盈余公积转增资本时，借记"资本公积——资本溢价、股本溢价"、"盈余公积——法定盈余公积、任意盈余公积"等账户，贷记"实收资本"或"股本"账户。

【例 13-5】 A 公司经批准将资本公积 50 万元和盈余公积 20 万元转增资本。投资者甲和乙的出资比例分别为 60%和 40%。其账务处理如下：

借：资本公积 500 000

盈余公积 200 000

贷：实收资本 —— 甲 420 000

实收资本 —— 乙 280 000

3. 分派股票股利

企业经股东大会或类似机构决议向股东分派的股票股利，应当在办理增资手续后，借记"利润分配——转作股本的股利"账户，贷记"股本"账户。

【例 13-6】 A 公司经股东大会或类似机构决议，分派股票股利 1 000 万股，每股面值为 5 元。其账务处理如下：

借：利润分配 —— 转作股本的股利 50 000 000

贷：股本 50 000 000

（二）企业减资的核算

企业的实收资本不能随意减少，除非按照法定程序报经批准减少注册资本。企业实收资本减少的原因主要有：①资本过剩；②因重大亏损短期内无力弥补，因而需要减少资本。企业因资本过剩而减资，一般要发还投资。

1. 非股份制企业

非股份制企业按照法定程序报经批准减少注册资本的，按发还的投资，借记"实收资本"账户，贷记"银行存款"账户。

【例 13-7】假定 A 公司退还甲、乙投资者的原投资款 6 万元和 4 万元。其账务处理如下：

借：实收资本 —— 甲 60 000

实收资本 —— 乙 40 000

贷：银行存款 100 000

2. 股份制企业

由于股份公司采用发行股票的方式筹集股本，发还投资时，要收购发行在外的股票。收购发行在外的股票时，按支付的款项，借记"库存股"账户，贷记"银行存款"账户。注销库存股时，按所注销库存股的面值总额，借记"股本"账户，按所注销库存股的账面余额，贷记"库存股"账户，按借方差额，借记"资本公积——股本溢价"账户，股本溢价不足冲减的，依次冲减盈余公积和未分配利润，如果注销库存股的账面余额低于面值总额，则贷记"资本公积——股本溢价"账户。

【例 13-8】 A 公司因资本过剩，按法定程序报经批准减少注册资本，现以每股 5 元的价格收购其发行在外的普通股 50 000 股并注销，其发行价格为每股 3 元，每股面值为 1 元。A 公司现有资本公积 100 000 元，盈余公积 80 000 元，未分配利润 100 000 元。其账务处理如下。

（1）收购股票：

	借方	贷方
借：库存股	250 000	
贷：银行存款		250 000

（2）办理减资手续并注销库存股：

	借方	贷方
借：股本	50 000	
资本公积——股本溢价	100 000	
盈余公积	80 000	
利润分配——未分配利润	20 000	
贷：库存股		250 000

【例 13-9】 A 公司因资本过剩，按法定程序报经批准减少注册资本，现以每股 0.8 元的价格收购其发行在外的普通股 50 000 股并注销，其发行价格为每股 3 元，每股面值为 1 元。A 公司现有资本公积 100 000 元，留存收益 180 000 元。其账务处理如下。

（1）收购股票：

	借方	贷方
借：库存股	40 000	
贷：银行存款		40 000

（2）办理减资手续注销库存股：

	借方	贷方
借：股本	50 000	
贷：资本公积——股本溢价		10 000
库存股		40 000

3. 因重大亏损而减资

公司因重大亏损减资一般采用注销资本的办法，实际上就是用资本弥补亏损。非股份制企业注销资本时，借记“实收资本”账户，贷记“利润分配——未分配利润”账户；股份制企业注销股份或注销每股部分金额时，借记“股本”账户，贷记“利润分配——未分配利润”账户。

【例 13-10】 A 公司的股本总额为 6 000 000 元，开业以来经营情况一直不佳，今年发生严重亏损，亏损金额为 2 800 000 元。经股东大会决议，采用注销股本办法减少资本，以使公司转入正常经营。其账务处理如下：

	借方	贷方
借：股本——普通股	2 800 000	
贷：利润分配——未分配利润		2 800 000

第二节　资本公积

一、资本公积的性质和内容

资本公积是指投资者或政府投入以及由于其他原因形成的，所有权归属于投资者，但不构成实收资本的那部分资本。从本质上讲，资本公积属于资本的范畴，由全体股东享有，通常用于转增资本。

资本公积与实收资本虽然都属于投入资本范畴，但两者有区别。实收资本是投资者投入的原始投资，而且属于法定资本，与企业的注册资本相一致，因而实收资本无论是在来源上，还是在金额上，都有比较严格的限制。资本公积有其特定的来源渠道，主要包括资本溢价或股本溢价以及直接计入所有者权益的利得和损失，是企业投入资本范畴，只是由于法律的规定而无法直接以资本的名义出现。

资本溢价或股本溢价是指企业收到的投资者超出其在注册资本中所占份额的投资。形成资本溢价或股本溢价的原因有溢价发行股票、投资者超额缴入资本等。在股份制企业，超过股本的部分称为股本溢价；在非股份制企业，超过实收资本的部分称为资本溢价。

直接计入所有者权益的利得和损失是指不应当计入当期损益、会导致所有者权益增减变动的、与所有者投入资本或向所有者分配利润无关的利得或损失。

二、资本公积的核算

企业应当通过“资本公积”账户核算收到的投资者超出其在注册资本中所占份额的投资。直接计入所有者权益的利得和损失，也通过本账户核算。本账户分别“资本溢价(股本溢价)”、“其他资本公积”等进行明细核算。

资本公积由以下交易或事项引起：①投入资本；②可供出售金融资产公允价值的变动；③持有至到期投资重分类为可供出售金融资产；④同一控制下控股合并形成的长期股权投资；⑤权益法下被投资单位除净损益以外所有者权益的其他变动；⑥变更投资性房地产的计量模式；⑦将自用或作为存货的房地产转换为以公允价值计量的投资性房地产；⑧形成长期资产的资本性拨款；⑨以权益结算的股份支付。

以权益结算的股份支付是指企业为获取服务而以股份或其他权益工具作为对价进行结算的交易。以权益结算的股份支付应当按照授予职工权益工具的公允价值计量。权益工具授予后，分为可立即行权和完成等待期内的服务或达到规定业绩条件才可行权两种。对于授予后即可行权的以权益结算的股份支付，应当在授予日按权益工具的公允价值计入成本费用，同时增加资本公积，借记“管理费用”等账户，贷记“资本公积——其他资本公积”账户；对于完成等待期内的服务或达到规定业绩条件才可行权的以权益结算的股份支付，在等待期内的每个资产负债表日，应当对可行权的权益工具数量进行最佳估计，并按照权益工具授予日的公允价值计算截至当期期末止累计应当计入成本费用的资本公积金额，再减去前期已确认金额，作为当期应当确认的金额，借记“管理费用”等账户，贷记“资本公积——其他资本公积”账户。

企业在行权日，应当根据行权情况确认股本和股本溢价，同时结转等待期内确认的资本公积(其他资本公积)。在行权日，按等待期内确认的资本公积，借记“资本公积——其他资本公积”账户，按行权收到的现金，借记“银行存款”账户，按实际行权的权益工具数量计算确定的应当计入股本的金额，贷记“股本”账户，按贷方差额，贷记“资本公积——股本溢价”账户。如果全部或部分权益工具未被行权而失效或作废，应当在行权有效期截止日，按未行权的权益工具数量计算确定的金额，借记“资本公积——其他资本公积”账户，贷记“利润分配——未分配利润”账户。

在可行权日后，不再对已确认的成本费用和所有者权益总额进行调整。

【例 13-11】×5 年 12 月 A 公司董事会批准了一项股份支付协议。协议规定，×6 年 1 月 1 日公司向其 200 名管理人员每人授予 100 份股票期权，这些管理人员必须从×6 年 1 月 1 日起在公司连续服务 3 年，服务期届满时才能够以每股 8 元购买 100 股本公司股票。该期权在授予日（×6 年 1 月 1 日）的公允价值为每份 15 元。

第一年有 20 名管理人员离开公司，公司估计三年中离开的管理人员比例将达到 20%；第二年又有 10 名管理人员离开公司，公司将估计的管理人员离开比例修正为 15%；第三年又有 15 名管理人员离开。假设 155 名管理人员全部行权，股票面值为每股 2 元。

（1）费用和资本公积的计算过程如表 13-1 所示。

表 13-1 费用和资本公积计算过程

（单位：元）

年份	计算	当期费用	累计费用
×6	200 × 100 × (1 − 20%) × 15 × 1 ÷ 3	80 000	80 000
×7	200 × 100 × (1 − 15%) × 15 × 2 ÷ 3 − 80 000	90 000	170 000
×8	155 × 100 × 15 − 170 000	62 500	232 500

（2）账务处理。

1）×6 年 1 月 1 日不做处理。

2）×6 年 12 月 31 日：

借：管理费用 80 000

贷：资本公积——其他资本公积 80 000

3）×7 年 12 月 31 日：

借：管理费用 90 000

贷：资本公积——其他资本公积 90 000

4）×8 年 12 月 31 日：

借：管理费用 62 500

贷：资本公积——其他资本公积 62 500

5）×8 年 12 月 31 日行权：

借：银行存款 124 000

资本公积——其他资本公积 232 500

贷：股本 31 000

资本公积——资本溢价 325 500

第三节 留存收益

留存收益是企业从历年实现的净利润中提取或形成的留存于企业的内部积累，包括盈余公积和未分配利润两部分。

一、盈余公积

盈余公积是指企业按照规定从税后利润中提取的各种积累资金，包括法定盈余公积和任意盈余公积。法定盈余公积和任意盈余公积的区别在于各自计提的依据不同，前者以国家的法律或行政法规为依据提取，而后者由企业自行决定提取。盈余公积的提取以企业赢利为前提，如果企业当年亏损，则当年不提取盈余公积。盈余公积的用途通常有以下几种：

（1）弥补亏损。企业以提取的盈余公积弥补亏损时，应当由公司董事会或类似机构提议，并经股东大会或类似机构决议。

（2）转增资本。企业将盈余公积转增资本时，必须经过股东大会或类似机构决议，并按照股东原持股比例结转，转增后留存的盈余公积不得少于注册资本的25%。

（3）分派股票股利或现金股利。当企业累积的盈余公积较多，而未分配利润较少时，为了维护企业形象，给投资者以合理的回报，符合条件的企业，也可以用盈余公积分派现金股利或股票股利。经股东大会或类似机构决议，用盈余公积派送新股时，按派送新股总数和面值计算的金额，借记“盈余公积——法定盈余公积、任意盈余公积”账户，贷记“股本”账户。

二、未分配利润

未分配利润是指企业实现的净利润经过弥补亏损、提取盈余公积和向投资者分配后留存于企业的，历年积存的利润，表现为“利润分配——未分配利润”账户的年末贷方余额。它是企业留待以后年度分配的利润，由净利润和涉及损益的前期差错更正形成。

同步练习

一、单项选择题

1. 全体股东的货币出资金额不得低于有限责任公司注册资本的（　　）。

A. 10%　　B. 25%　　C. 30%　　D. 50%

2. 企业的法定盈余公积累计额已达到注册资本的（　　）时可以不再提取。

A. 20%　　B. 50%　　C. 80%　　D. 100%

3. 企业当年实现净利润200 000元，按15%的比例提取法定盈余公积。年初有未弥补亏损100 000元（用税后利润弥补）的情况下，企业应当提取的盈余公积为（　　）元。

A. 30 000　　B. 15 000　　C. 0　　D. 45 000

4. 法定盈余公积和任意盈余公积的主要区别在于（　　）。

A. 计提的依据不同　　B. 计提的比例不同　　C. 用途不同　　D. 计提的基数不同

5. 下列各项中，不属于留存收益的有（　　）。

A. 股本溢价　　C. 企业发展基金　　B. 任意盈余公积　　D. 法定盈余公积

6. 下列各项中，影响所有者权益总额发生增减变动的是（　　）。

A. 支付现金股利　　B. 盈余公积补亏　　C. 分派股票股利　　D. 分派现金股利

7. 下列项目中，能引起负债和所有者权益同时发生变动的是（　　）。

A. 摊销无形资产价值　　B. 分派股票股利

C. 分派现金股利　　D. 计提管理用设备折旧

8. 有限责任公司在增资扩股时，如有新投资者加入，新加入的投资者缴纳的出资额大于其在注册资本中所占的份额部分，应当计入（　　）账户。

A. 实收资本　　B. 营业外收入　　C. 资本公积　　D. 盈余公积

9. 股票的收购价格超过所注销股票面值的差额，应当冲减的顺序依次是（　　）。

A. 资本公积、盈余公积、未分配利润　　B. 未分配利润、盈余公积、资本公积

C. 盈余公积、资本公积、未分配利润　　D. 盈余公积、未分配利润、资本公积

10. 以盈余公积转增资本后，留存的盈余公积不得少于注册资本的（　　）。

A. 20%　　B. 25%　　C. 50%　　D. 60%

二、多项选择题

1. 企业增加资本的方式有（　　）。

A. 资本公积转增　　B. 盈余公积转增　　C. 投资者投入　　D. 分派股票股利

2. 企业减少实收资本的原因主要有（　　）。

A. 资本过剩　　B. 发生重大亏损　　C. 投资者要求　　D. 盈利

3. 发行股票相关的手续费、佣金等交易费用，无溢价收入或溢价收入不足以抵扣的，不足抵扣的部分可以冲减（　　）。

A. 实收资本　　B. 盈余公积　　C. 未分配利润　　D. 财务费用

4. 盈余公积经批准可以用于（　　）。

A. 弥补亏损　　B. 职工福利　　C. 转增资本　　D. 分派股利

5. 下列各项中，属于所有者权益的有（　　）。

A. 实收资本　　B. 未分配利润　　C. 资本公积　　D. 盈余公积

6. 下列事项中，不会导致留存收益发生增减变动的有（　　）。

A. 资本公积转增资本　　B. 盈余公积转增资本　　C. 盈余公积补亏　　D. 提取盈余公积

7. 下列事项中，会引起所有者权益减少的有（　　）。

A. 分派股票股利　　B. 向投资者分配利润　　C. 盈余公积补亏　　D. 发生亏损

8. 下列项目中，会导致所有者权益结构变动的有（　　）。

A. 盈余公积补亏　　B. 盈余公积转增资本　　C. 分派现金股利　　D. 提取盈余公积

三、判断题

1. 所有者权益来源于所有者投入的资本和留存收益，不包括利得和损失。（　　）

2. 以盈余公积向投资者分配利润，不会引起留存收益的变动。（　　）

3. 资本公积金经批准后可用于派发现金股利。（　　）

4. 企业宣告分派现金股利和股票股利时，都应当作为负债和利润分配处理。（　　）

5. 企业资产增加时所有者权益必定会等额增加。（　　）

6. 在会计实务中，企业的实收资本与注册资本始终是一致的。（　　）

7. 股份有限公司的股本始终等于股票面值与股份总数的乘积。（　　）

8. 盈余公积转增资本和弥补亏损，均不影响留存收益。（　　）

9. 与接受固定资产投资有关的增值税税额不能计入实收资本。（　　）

10. 留存收益是指通过生产经营活动而形成的资本，即经营所得净收益的积累。（　　）

四、业务题

1. ×3 年 2 月甲公司对外发行股票 1 300 万股，每股面值 1 元，每股发行价格为 1.1 元，除支付证券公司发行佣金等外，实收股款 14 228 500 元。×7 年 12 月 31 日甲公司所有者权益情况如下：实收资本 1 300 万元，资本公积 150 万元（含股本溢价 122.85 万元），盈余公积 20 万元，未分配利润 32 万元。×8 年 1 月经股东大会批准，甲公司以银行存款回购本公司股票 700 万股并注销，假定不考虑其他因素。

要求：分别按照下列不同情况编制购回并注销股份的会计分录。

（1）甲公司按照每股 1.08 元回购股票，实际付款（含佣金）7 597 800 元；

（2）甲公司按照每股 1.2 元回购股票，实际付款（含佣金）8 442 000 元；

（3）甲公司按照每股 0.98 元回购股票，实际付款（含佣金）6 894 300 元。

2. ×3 年 4 月甲公司对外发行股票 1 000 万股，每股面值 1 元，每股发行价格为 1 元，除支付证券公司发行佣金等外，实收股款 995 万元。×7 年 12 月 31 日甲公司所有者权益情况如下：实收资本 1 000 万元，盈余公积 30 万元，未分配利润 20 万元。×8 年 1 月经股东大会批准，甲公司以银行存款回购本公司股票 200 万股并注销，实际付款 238.8 万元，假定不考虑其他因素。

要求：编制购回并注销股份的会计分录。

第十四章 财 务 报 表

【内容简介与学习目标】

本章阐述财务报表的分类与编制要求，以及资产负债表、利润表、现金流量表和所有者权益变动表的编制方法。通过学习本章，应该明确财务报表的含义、作用、种类和编制要求；掌握资产负债表、利润表、现金流量表和所有者权益变动表的特点、内容、格式、结构及编制方法；掌握每股收益的计算与列报要求。

第一节 财务报表概述

一、财务报表的内容

财务报表是会计要素确认、计量的结果，是会计主体正式对外揭示或表述其某一特定日期财务状况和某一会计期间经营成果、现金流量的总结性书面报告文件。一套完整的财务报表至少应当包括“四表一注”，即资产负债表、利润表、现金流量表、所有者权益（或股东权益，下同）变动表以及附注。

二、财务报表的分类

财务报表可以根据需要，按照不同的标准进行分类。

1. 按照反映的内容分类

按照财务报表反映内容的不同，可以分为静态财务报表和动态财务报表。静态财务报表是指综合反映一定时点会计主体资产、负债和所有者权益的报表，如资产负债表是反映一定日期会计主体资产总额和权益总额的报表，从资产总量方面反映会计主体的财务状况；动态财务报表是指反映会计主体一定时期内资金耗费和回收情况的报表，如利润表是反映会计主体一定时期内经营成果的报表,从资产增量方面反映会计主体的生产经营对财务状况的影响。

2. 按照编制时间分类

按照财务报表编制时间的不同，可以分为中期财务报表和年度财务报表。中期财务报表是以短于一个完整会计年度的报告期间为基础编制的财务报表，包括月报、季报和半年报等。月报是月份终了后 6 天内报出的报表：季报是季度终了后 15 天内报出的报表；半年报是在每个会计年度的前 6 个月结束后 2 个月内报出的报表；年报是年度终了后 4 个月内报出的报表。中期财务报表至少应当包括资产负债表、利润表、现金流量表和附注。其中，会计报表应当是完整报表，其格式和内容应当与年度会计报表相一致；附注是为了使会计报表信息对会计报表使用者的决策更加相关、有用，而对在资产负债表、利润表、现金流量表和所有者权益变动表等报表中列示项目的文字描述或明细资料，以及对未能在这些报表中列示项目的说明等，与年度财务报表相比，中期财务报表中的附注披露可适当简化。

3. 按照编制主体分类

按照财务报表编制主体的不同，可以分为个别财务报表和合并财务报表。个别财务报表是由企业在自身会计核算的基础上对账簿记录进行加工而编制的，用以反映企业自身的财务状况、经营成果和现金流量的财务报表；合并财务报表是以母公司和子公司组成的企业集团为会计主体，根据母公司和所属子公司的财务报表，由母公司编制的综合反映企业集团财务状况、经营成果和现金流量的财务报表。

三、财务报表列报的基本要求

列报是指交易和事项在报表中的列示和在附注中的披露。“列示”通常反映资产负债表、利润表、现金流量表和所有者权益变动表等报表中的信息；“披露”通常反映附注中的信息。

（1）企业应当以持续经营为基础，根据实际发生的交易和事项，按照会计准则的规定进行确认和计量，并在此基础上编制财务报表。如果企业处于非持续经营状态，应当在附注中声明财务报表未以持续经营为基础列示、披露的原因和财务报表的编制基础。一般而言，企业如果存在以下情况之一，则通常表明其处于非持续经营状态：①企业已在当期进行清算或停止营业；②企业已经正式决定在下一个会计期间进行清算或停止营业；③企业已确定在当期或下一个会计期间没有其他可供选择的方案而将被迫进行清算或停止营业。企业处于非持续经营状态时，应当采用其他基础编制财务报表，如破产企业的资产采用可变现净值计量，负债按照其预计的结算金额计量等。

（2）财务报表项目的列报应当在各个会计期间保持一致，不得随意变更，但下列情况除外：①会计准则要求改变财务报表项目的列报；②企业经营业务的性质发生重大变化后，变更财务报表项目的列示能够提供更可靠、更相关的会计信息。

（3）关于项目在财务报表中是单独列报还是合并列报，应当依据重要性原则来判断。如果某项目单个看不具有重要性，则可将其与其他项目合并列报；如具有重要性，则应当单独列报。具体而言，性质或功能不同的项目，一般应当在财务报表中单独列报，如存货和固定资产必须分别在资产负债表上单独列报；性质或功能类似的项目，一般可以合并列报，如原材料和在产品应当在资产负债表上以“存货”项目合并列报。

（4）财务报表项目应当以总额列报，资产和负债、收入和费用不能相互抵销，即不得以净额列报，但满足抵销条件的除外。以下两种情况不属于抵销，可以净额列示：①资产项目按照扣除减值准备后的净额列示，不属于抵销；②非日常活动产生的损益，以收入扣减费用后的净额列示，不属于抵销。

（5）当期财务报表的列报，至少应当提供所有列报项目上一可比会计期间的比较数据，以及与理解当期财务报表相关的说明。财务报表项目的列报发生变更的，应当对上期比较数据按照当期的列示要求进行调整，并在附注中披露调整的原因和性质，以及调整的各项目金额。对上期比较数据进行调整不切实可行的，应当在附注中披露不能调整的原因。

（6）财务报表一般分为表首和正表两部分。在表首部分企业应当披露下列基本信息：①编制企业的名称；②资产负债表日或财务报表涵盖的会计期间；③人民币金额单位，如人民币元、人民币万元等；④财务报表是合并财务报表的，应当予以标明。

（7）企业至少应当编制年度财务报表。年度财务报表涵盖的期间短于一年的，应当披露年度财务报表的实际涵盖期间及其短于一年的原因。

第二节　资产负债表

一、资产负债表概述

资产负债表是根据资产、负债和所有者权益之间的相互关系，按照一定的分类标准和顺序排列项目编制而成的，用以反映会计主体某一时点财务状况的静态报表。

（一）资产负债表项目的列示

资产负债表建立在“资产＝负债＋所有者权益”的会计平衡公式的基础上。为了帮助财务报告使用者分析、解释和评价资产负债表提供的信息，需要对资产负债表上的项目，按照它们的共同特征进行适当的分类，资产和负债应当分别流动资产和非流动资产、流动负债和非流动负债列示。资产项目按照其流动性程度的高低顺序排列，即先流动资产，后非流动资产，而非流动资产再划分为若干个大类；负债项目按照其到期日由近至远的顺序排列，即先流动负债，后非流动负债；所有者权益项目则按照其稳定性程度递减的顺序排列，即先实收资本，后资本公积和盈余公积，最后是未分配利润。

满足下列条件之一的资产，应当归类为流动资产：①预计在一个正常营业周期中变现、出售或耗用；②主要为交易目的而持有；③预计在资产负债表日起 1 年内（含 1 年）变现；④自资产负债表日起 1 年内，交换其他资产或清偿负债的能力不受限制的现金或现金等价物。

正常营业周期是指企业自购买用于加工的资产之日起至收回现金或现金等价物之日止的期间。正常营业周期通常短于 1 年，在 1 年内有几个营业周期。但是，也存在正常营业周期长于 1 年的情况，如房地产开发企业开发用于出售的房地产开发产品，造船企业制造用于出售的大型船只等，从购买原材料投入生产到制造出产品出售并收回现金或现金等价物的过程，往往超过 1 年，仍应作为流动资产列示。正常营业周期不能确定的，应当以 1 年（12 个月）作为正常营业周期。

满足下列条件之一的负债，应当归类为流动负债：①预计在一个正常营业周期中清偿；②主要为交易目的而持有；③自资产负债表日起 1 年内到期应当予以清偿；④企业无权自主地将清偿推迟至资产负债表日后 1 年以上。

（二）资产负债表的格式

资产负债表的列示格式一般有账户式和报告式两种。

1. 账户式资产负债表

账户式资产负债表依据“资产＝负债＋所有者权益”的会计平衡公式，采用左右结构列示各类项目，左边列示资产类项目，右边列示负债类项目和所有者权益类项目，资产类各项目的合计等于负债类和所有者权益类各项目的合计，即左方和右方平衡。在我国会计实务中采用账户式资产负债表。

2. 报告式资产负债表

报告式资产负债表依据“资产－负债＝所有者权益”的会计平衡公式，采用上下结构自上而下列示各类项目，先列示资产类项目及其数额，后列示扣减的负债类项目及其数额，最后列示所有者权益类项目及其数额。

二、资产负债表的编制

资产负债表通过各该资产、负债和所有者权益的期末余额来揭示该特定日期的财务状况，因而资产负债表应当根据资产、负债和所有者权益类账户的期末余额分析填列。

资产负债表各项目分为“年初余额”和“期末余额”两栏，是一种比较资产负债表。

1.“年初余额”的填列方法

“年初余额”栏通常根据上年末资产负债表有关项目的“期末余额”栏内所列数字填列。如果本年度资产负债表各项目的名称和内容与上年度不一致，应当对上年末资产负债表各项目的名称和数字按照本年度的规定进行调整，按照调整后的数字填入报表的“年初余额”栏。

2.“期末余额”的填列方法

“期末余额”是某一资产负债表日的数字，即月末、季末、半年末或年末的数字。资产负债表各项目“期末余额”的数据，可以通过以下几种方式取得。

（1）直接根据总账余额填列。这些项目有交易性金融资产、可供出售金融资产、固定资产清理、递延所得税资产、短期借款、交易性金融负债、应付职工薪酬、应付票据、应交税费、应付利息、应付股利、其他应付款、专项应付款、递延所得税负债、实收资本、资本公积、库存股、盈余公积等。

（2）根据几个总账余额计算填列。比如，“货币资金”项目，应当根据“库存现金”、“银行存款”、“其他货币资金”三个总账余额的合计数填列。

（3）根据明细账余额计算填列。这些项目有应付账款、预收账款、开发支出、未分配利润、1 年内到期的非流动资产、1 年内到期的非流动负债等。比如，“应付账款”项目，应当根据“应付账款”和“预付账款”两个总账所属的相关明细账的期末贷方余额合计数填列；“预收账款”项目，应当根据“应收账款”和“预收账款”两个总账所属的相关明细账的期末贷方余额合计数填列；“开发支出”项目，应当根据“研发支出”总账所属的“资本化支出”明细账的期末余额填列；编制年度财务报告时，“未分配利润”项目，应当根据“利润分配”总账所属的“未分配利润”明细账的期末余额填列；“一年内到期的非流动资产”或“一年内到期的非流动负债”项目，应当根据有关非流动资产或非流动负债总账所属明细账中将于 1 年内到期的部分填列。

（4）根据总账和明细账余额分析计算填列。这些项目有长期待摊费用、长期借款、应付债券、预计负债、长期应付款、未分配利润等。比如，“长期待摊费用”项目，应当根据“长期待摊费用”总账余额减去所属明细账中将于 1 年内摊销完毕的部分填列；“长期借款”、“应付债券”、“预计负债”等项目，应当根据相关总账余额减去所属明细账中将于 1 年内到期的部分填列；“长期应付款”项目，应当根据“长期应付款”总账余额减去“未确认融资费用”总账余额，再减去所属明细账中将于 1 年内到期的部分填列；编制中期财务报告时，“未分配利润”项目，应当根据“本年利润”总账余额与“未分配利润”明细账年初余额的合计或差额填列。

（5）根据有关账户余额减去其备抵账户余额后的净额填列。这些项目有应收票据、其他应收款、应收利息、应收股利、长期股权投资、工程物资、在建工程、商誉、固定资产、无形资产、投资性房地产等。比如，“应收票据”、“其他应收款”、“应收利息”、“应收股利”等项目，应当根据相关总账余额减去相应的坏账准备后的净额填列；“长期股权投资”、“工程物资”、“在建工程”、“商誉”等项目，应当根据相关总账余额减去相应的减值准备后的净额填列；“固定资产”、“无形资产”、“投资性房地产”等项目，应当根据相关总账余额减去相应的累计折旧或累计摊销和减值准备后的净额填列。

（6）综合运用上述填列方法分析填列。这些项目有应收账款、预付账款、存货、长期应收款、持有至到期投资等。比如，“应收账款”项目，应当根据“应收账款”和“预收账款”两个总账所属的相关明细账的期末借方余额合计数减去相应的坏账准备后的净额填列；“预付账款”项目，应当根据“应付账款”和“预付账款”两个总账所属的相关明细账的期末借方余额合计数减去相应的坏账准备后的净额填列；“存货”项目，应当根据“原材料”、“库存商品”、“委托加工物资”、“包装物”、“低值易耗品”、“材料采购”、“在途物资”、“生产成本”、“制造费用”、“发出商品”、“材料成本差异”、“商品进销差价”等总账余额的分析汇总数减去“存货跌价准备”总账余额后的净额填列；“长期应收款”项目，应当根据“长期应收款”总账余额减去“未实现融资收益”总账余额，再减去所属明细账中将于1年内到期的部分和相应的坏账准备后的净额填列；“持有至到期投资”项目，应当根据“持有至到期投资”总账余额减去“持有至到期投资减值准备”总账余额，再减去所属明细账中将于1年内到期的部分填列。

（7）凡是没有对应项目的，出现的相反方向记录，应当以“–”号填列，如固定资产清理、应付职工薪酬、应交税费、未分配利润等。

第三节　利　润　表

一、利润表概述

利润表是按照各项收入、费用以及构成利润的各个项目分类分项编制而成的，用以反映会计主体某一期间（如年度、季度、月份）经营成果的报表。其中，费用应当按照功能分类，分为从事经营业务发生的成本、管理费用、销售费用和财务费用等。

利润表通常分为单步式利润表和多步式利润表两种。

1. 单步式利润表

单步式利润表将本期所有收入和所有费用分别加以汇总，通过两者相减一次性计算出本期利润。在单步式下，利润表分为营业收入和利得、营业费用和损失、净利润3部分。

2. 多步式利润表

多步式利润表将净利润的计算过程分解为多个步骤，以产生一系列有关形成净利润的有意义的中间信息的利润表格式。我国现行的多步式利润表分为如下几步。

第一步，以营业收入为基础，减去营业成本、营业税金及附加、销售费用、管理费用、财务费用、资产减值损失，加上公允价值变动收益（减去公允价值变动损失）和投资收益（减去投资损失），计算出营业利润。

第二步，以营业利润为基础，加上营业外收入，减去营业外支出，计算出利润总额。

第三步，以利润总额为基础，减去所得税费用，计算出净利润（或净亏损）。

普通股或潜在普通股已公开交易的企业，以及正处于公开发行普通股或潜在普通股过程中的企业，还应当在利润表中列示每股收益信息。

多步式利润表便于对企业生产经营情况进行分析，有利于不同企业之间进行比较，更重要的是有利于预测企业今后的赢利能力。

二、利润表的编制

利润表是反映会计主体某一时期经营成果的动态报表，因而利润表应当根据各损益类账户的本期发生额分析填列。

利润表各项目分为“上期金额”和“本期金额”两栏，是一种比较利润表。

1.“上期金额”的填列方法

“上期金额”栏通常根据上年度利润表有关项目的“本期金额”栏内所列数字填列。如果本年度利润表各项目的名称和内容与上年度不一致，应当对上年度利润表各项目的名称和数字按照本年度的规定进行调整，按照调整后的数字填入报表的“上期金额”栏。

2.“本期金额”的填列方法

“本期金额”栏反映各项目的本期实际发生额，应当按照下列方法填列。

（1）“营业收入”项目，反映企业经营主要业务和其他业务实现的收入总额。本项目应当根据“主营业务收入”和“其他业务收入”账户的发生额分析填列。

（2）“营业成本”项目，反映企业经营主要业务和其他业务发生的实际成本总额。本项目应当根据“主营业务成本”和“其他业务成本”账户的发生额分析填列。

（3）“营业税金及附加”项目，反映企业经营业务应负担的营业税、消费税、城市维护建设税、资源税和教育费附加等。本项目应当根据“营业税金及附加”账户的发生额分析填列。

（4）“销售费用”项目，反映企业在销售商品过程中发生的各种费用和专设销售机构的经营费用。本项目应当根据“销售费用”账户的发生额分析填列。

（5）“管理费用”项目，反映企业为组织和管理生产经营发生的各种费用。本项目应当根据“管理费用”账户的发生额分析填列。

（6）“财务费用”项目，反映企业筹集生产经营所需资金等发生的理财费用。本项目应当根据“财务费用”账户的发生额分析填列。

（7）“资产减值损失”项目，反映企业各项资产发生的减值损失。本项目应当根据“资产减值损失”账户的发生额分析填列。

（8）“公允价值变动收益”项目，反映企业应当计入当期损益的资产或负债公允价值变动净收益。如为净损失，以“-”号填列。本项目应当根据“公允价值变动损益”账户的发生额分析填列。

（9）“投资收益”项目，反映企业以各种方式对外投资取得的收益。如为净损失，以“-”号填列。本项目应当根据“投资收益”账户的发生额分析填列。

（10）“营业外收入”、“营业外支出”项目，反映企业发生的与其经营活动无直接关系的各项收入和支出。本项目应当根据“营业外收入”和“营业外支出”账户的发生额分析填列。

（11）“利润总额”项目，反映企业实现的利润总额。如为亏损总额，以“-”号填列。

（12）“所得税费用”项目，反映企业应当从当期利润总额中扣除的所得税费用。本项目应当根据“所得税费用”账户的发生额分析填列。

（13）“基本每股收益”和“稀释每股收益”项目，应当根据计算的金额填列。

（14）“其他综合收益”项目，反映企业未在损益中确认的各项利得和损失扣除所得税影响后的净额。

（15）“综合收益总额”项目，反映企业净利润与其他综合收益的合计金额。

三、每股收益

普通股或潜在普通股已公开交易的企业以及正处于公开发行普通股或潜在普通股过程中的企业，应当计算每股收益指标并在利润表中列示。每股收益是指普通股股东每持有一股能享有的净利润或需要承担的净亏损，包括基本每股收益和稀释每股收益两类。发生亏损的企业，每股收益应当以负数列示。

（一）基本每股收益

基本每股收益是按照归属于普通股股东的当期净利润除以当期发行在外普通股加权平均数计算的每股收益。

1. 分子的确定

分子为归属于普通股股东的当期净利润，即当期实现的可供普通股股东分配的净利润或当期发生的应当由普通股股东分担的净亏损。以合并财务报表为基础计算的每股收益，分子应该为归属于母公司普通股股东的当期合并净利润，即扣减少数股东损益后的余额。

2. 分母的确定

分母为当期发行在外普通股的加权平均数，即期初发行在外普通股股数根据当期新发行或回购的普通股股数与相应时间权数的乘积进行调整后的股数。其中，作为权数的已发行时间、报告期时间和已回购时间通常按照天数计算，在不影响计算结果合理性的前提下，也可以按照月数计算。公司库存股不属于发行在外的普通股，且无权参与利润分配，应当在计算分母时扣除。其计算公式为

$$\text{当期发行在外普通股加权平均数} = \text{期初发行在外普通股股数} + \text{当期新发行普通股股数} \times \text{已发行时间} \div \text{报告期时间} - \text{当期回购普通股股数} \times \text{已回购时间} \div \text{报告期时间}$$

需要特别说明的是，新发行普通股股数应当从应收或实收对价之日起计算；非同一控制下企业合并中，作为对价发行的普通股股数应当从购买日起计算；同一控制下企业合并中，作为对价发行的普通股股数，应当视同列报最早期间期初就已发行在外，计入各列报期间普通股加权平均数。

【例 14-1】A 公司 ×8 年初发行在外的普通股为 10 000 万股；3 月 1 日新发行普通股 4 500 万股；12 月 1 日回购普通股 1 500 万股，以备将来奖励职工之用。假定该公司 ×8 年实现的净利润为 2 600 万元，则 ×8 年基本每股收益计算如下：

普通股加权平均数 = 10 000 + 4 500 × 10 ÷ 12 − 1 500 × 1 ÷ 12 = 13 625（万股）

或 = 10 000 + 14 500 × 9 ÷ 12 + 13 000 × 1 ÷ 12 = 13 625（万股）

基本每股收益 = 2 600 ÷ 13 625 = 0.191（元）

【例 14-2】 A 公司和 B 公司分别为 S 公司控制下的两家全资子公司。×9 年 6 月 30 日 A 公司自母公司 S 公司处取得 B 公司 100%的股权，合并后 B 公司仍维持独立法人资格继续经营。为进行该项企业合并，A 公司向 B 公司的股东定向增发 8 000 万股本公司普通股。假定 A 公司和 B 公司采用的会计政策相同，两家公司在合并前未发生任何交易，合并前 A 公司旗下没有子公司。A 公司和 B 公司 ×8 年实现净利润分别为 6 400 万元和 800 万元；A 公司×9 年合并净利润为 8 400 万元，其中包括 B 公司在合并前实现的净利润 760 万元。合并前 A 公司发行在外的普通股为 32 000 万股，假定除企业合并过程中定向增发股票外，股数未发生其他变动。×9 年 A 公司比较利润表中基本每股收益的计算如下：

×8 年度基本每股收益 = (6 400 + 800) ÷ (32 000 + 8 000) = 0.18（元）

×9 年度基本每股收益 = 8 400 ÷ (32 000 + 8 000) = 0.21（元）

（二）稀释每股收益

稀释每股收益是以基本每股收益为基础，假定企业所有发行在外的稀释性潜在普通股均已转换为普通股，从而分别调整归属于普通股股东的当期净利润和当期发行在外普通股加权平均数计算的每股收益。稀释每股收益主要包括以下几种情况：可转换公司债券，认股权证和股份期权，企业承诺将回购其股份的合同，多项潜在普通股，子公司、合营企业或联营企业发行的潜在普通股。

1. 计算稀释每股收益应当考虑的因素

在计算稀释每股收益时，应当考虑稀释性潜在普通股以及对分子和分母调整因素的影响。

（1）稀释性潜在普通股。稀释性潜在普通股是指假设当期转换为普通股会减少每股收益的潜在普通股。潜在普通股是指企业赋予其持有者在报告期或以后期间享有取得普通股权利的一种金融工具或其他合同。目前，我国企业发行的潜在普通股主要有可转换公司债券、认股权证、股份期权等。潜在普通股通常具有稀释每股收益的可能性。具有稀释每股收益的可能性不是在实际转换或行权时，而是在其存在期间。等到实际转换或行权时，就变为对基本每股收益的影响，而不是对稀释每股收益的影响。如果潜在普通股假设当期转换为普通股会增加每股收益或减少每股亏损，就表明该潜在普通股具有反稀释性。计算稀释性每股收益时只考虑稀释性潜在普通股，而不考虑具有反稀释性的潜在普通股。

（2）分子的调整。计算稀释每股收益时，在考虑所得税影响的前提下，应当根据下列事项对归属于普通股股东的当期净利润进行调整：①当期已确认为费用的稀释性潜在普通股的利息。潜在普通股一旦假定转换成普通股，与之相关的利息等费用将不再发生，原本已从企业利润中扣除的费用应当加回来，从而增加归属于普通股股东的当期净利润。②稀释性潜在普通股转换时将产生的收益或费用。例如，实行利润分享和奖金计划的企业，假定潜在普通股转换成发行在外的普通股，相关利息费用的减少将导致企业利润的增加，进而导致职工利润分享计划相关费用的增加。

【例 14-3】 A 公司于 ×8 年 1 月 1 日按面值发行 25 000 万元的 3 年期可转换公司债券，票面利率为 2%，利息自发行之日起每年年末支付一次。该批可转换公司债券自发行之日起 18 个月以后即可转换为公司股票。债券利息不符合资本化条件，直接计入当期损益，所得税税率为 25%。假设不考虑可转换公司债券在负债和权益成分的分拆，且债券票面利率等于市场利率。按照公司利润分享计划约定，该公司高级管理人员按照当年税前利润的 1%领取奖金报酬，该公司 ×8 年税前利润为 18 000 万元，税后净利润为 13 500 万元。归属于普通股股

东的当期净利润调整过程如下：

税后净利润	13 500.00
加：减少的利息费用	25 000 × 2% = 500.00
减：所得税的影响	500 × 25% = 125.00
减：增加的高管人员奖金	500 × 1% = 5.00
加：所得税的影响	5 × 25% = 1.25
稀释每股收益计算中归属于普通股股东的当期净利润	13 871.25

（3）分母的调整。计算稀释每股收益时，当期发行在外普通股加权平均数应当为计算基本每股收益时，普通股加权平均数与假定稀释性潜在普通股转换为已发行普通股而增加的普通股加权平均数之和。计算稀释性潜在普通股转换为已发行普通股而增加的普通股加权平均数时，以前期间发行的稀释性潜在普通股，应当假设在当期期初转换为普通股；当期发行的稀释性潜在普通股，应当假设在发行日转换为普通股；当期被注销或终止的稀释性潜在普通股，应当按照当期发行在外的时间加权平均计入稀释每股收益；当期被转换或行权的稀释性潜在普通股，应当从当期期初至转换日或行权日计入稀释每股收益，从转换日或行权日起计入基本每股收益。

2. 可转换公司债券对每股收益的影响

对于可转换公司债券，可以采用假设转换法判断其稀释性，并计算稀释每股收益。首先，假定可转换公司债券在当期期初或发行日即已转换成普通股，从而一方面增加了发行在外的普通股股数，另一方面节约了公司债券的利息费用（当期摊销的溢价或折价应当一并调整），增加了归属于普通股股东的当期净利润；然后，用增加的净利润除以增加的普通股股数，计算出增量股的每股收益，与原来的每股收益比较。如果增量股的每股收益小于原来的每股收益，就说明该可转换公司债券具有稀释作用，应当计入稀释每股收益。

【例 14-4】 A 公司 ×8 年归属于普通股股东的净利润为 25 500 万元，期初发行在外普通股股数为 10 000 万股，年内普通股股数未发生变化。×8 年 1 月 1 日公司按面值发行 40 000 万元的 3 年期可转换公司债券，票面利率为 2%，利息自发行之日起每年年末支付一次。该批可转换公司债券自发行之日起 12 个月以后即可转换为公司股票，每 100 元债券可转换 10 股普通股。债券利息不符合资本化条件，直接计入当期损益，所得税税率为 25%。假设不具备转股权的类似债券的市场利率为 3%。利率为 3%、期数为 3 期的普通年金现值系数为 2.828 611 35；利率为 3%、期数为 3 期的复利现值系数为 0.915 141 66。×8 年每股收益计算如下：

基本每股收益 = 25 500 ÷ 10 000 = 2.55（元）

负债成分公允价值 = 800 × 2.828 611 35 + 40 000 × 0.915 141 66 = 38 868.56（万元）

假设转换增加的净利润 = 38 868.56 × 3% × (1 − 25%) = 874.54（万元）

假设转换增加的普通股股数 = 40 000 ÷ 10 = 4 000（万股）

增量股的每股收益 = 874.54 ÷ 4 000 = 0.22（元）

增量股的每股收益小于基本每股收益，可转换公司债券具有稀释作用。

稀释每股收益 = (25 500 + 874.54) ÷ (10 000 + 4 000) = 1.88（元）

3. 认股权证和股份期权对每股收益的影响

认股权证是指公司发行的约定持有人有权在履约期间内或特定到期日以约定价格向本公

司购买新股的有价证券。股份期权又称虚拟股票计划，是指公司授予持有人在未来一定期限内以约定的价格和条件购买一定份额本公司股权或股票的权利。股份期权持有人可以在规定的期间内以约定的价格和条件购买本公司一定份额的股权或股票，也可以放弃该种权利。

认股权证、股份期权行权时发行的普通股可以视为两部分：一部分按照平均市场价格发行普通股，导致企业可用的经济资源与普通股股数同比例增加，不影响每股收益金额；另一部分无对价发行普通股，企业可用的经济资源没有增加，但发行在外普通股股数增加，因而具有稀释性，应当计入稀释每股收益。对于亏损企业，认股权证、股份期权的假设行权一般不影响净亏损，但增加普通股股数，从而减少每股亏损，具有反稀释性，不应当计算稀释每股收益。

因认股权证、股份期权的假设行权一般不影响损益，计算稀释每股收益时，无须调整净利润金额，只须按照下列步骤对普通股加权平均数进行调整：

第一步，假设认股权证、股份期权在当期期初或发行日已经行权，计算按照约定行权价格发行普通股将取得的股款；

第二步，假设按照当期平均市场价格发行普通股，计算需要发行多少普通股才能够取得与上述相同的股款；

第三步，比较行使股份期权、认股权证将发行的普通股股数与按照当期平均市场价格发行的普通股股数，差额部分相当于无对价发行的普通股，作为净增加的发行在外普通股股数，再乘以相应的时间权数，据此调整计算稀释每股收益的分母，其计算公式为

增加的普通股股数＝拟行权时转换的普通股股数×（1－行权价÷市场价）

【例 14-5】 A 公司×8 年归属于普通股股东的净利润为 200 万元，发行在外普通股加权平均数为 500 万股，该普通股平均市场价格为 4 元。年初该公司对外发行 100 万份认股权证，行权日为×9 年 3 月 1 日，每份认股权证可以在行权日以 3.5 元的价格认购本公司 1 股新发的股份。×8 年每股收益计算如下：

基本每股收益＝200÷500＝0.4（元）

增加的普通股股数＝100×(1－3.5÷4)＝12.5（万股）

稀释每股收益＝200÷(500＋12.5)＝0.39（元）

4. 企业承诺将回购其股份的合同对每股收益的影响

企业承诺将回购其股份的合同中规定的回购价格高于当期普通股平均市场价格时，应当考虑其稀释性。计算稀释每股收益时，与前述认股权证、股份期权的计算思路恰好相反，具体步骤为：

第一步，假设回购合同已于当期期初或合同日履行，计算按照约定回购价格回购普通股将支付的股款；

第二步，假设按照当期平均市场价格回购普通股，计算需要回购多少普通股才能够支付与上述相同的股款；

第三步，比较按照当期平均市场价格回购的普通股股数与履行回购合同将回购的普通股股数，差额部分作为净增加的发行在外普通股股数，再乘以相应的时间权数，据此调整计算稀释每股收益的分母，其计算公式为

增加的普通股股数＝承诺回购的普通股股数×（回购价÷市场价－1）

【例 14-6】 A 公司×8 归属于普通股股东的净利润为 400 万元，发行在外普通股加权平均数为 1 000 万股。×8 年 3 月 1 日该公司与股东签订一份远期回购合同，承诺 1 年后以每股

5.5 元的价格回购其发行在外的 240 万股普通股。假设该普通股 ×8 年 3 月至 12 月平均每股市场价格为 5 元。×8 年每股收益计算如下：

基本每股收益 = 400 ÷ 1 000 = 0.4（元）

增加的普通股股数 = 240 × (5.5 ÷ 5 − 1) = 24（万股）

稀释每股收益 = 400 ÷ (1 000 + 24 × 10 ÷ 12) = 0.39（元）

5. 多项潜在普通股对每股收益的影响

为了反映潜在普通股最大的稀释作用，企业对外发行不同潜在普通股的，应当按照各潜在普通股稀释程度从大到小的顺序计入稀释每股收益，直至稀释每股收益达到最小值。稀释程度应当根据增量股的每股收益来衡量，增量股每股收益越小的潜在普通股稀释程度越大。需要强调的是，企业每次发行的潜在普通股应当视作不同的潜在普通股，分别判断其稀释性，而不能将其作为一个总体考虑。通常情况下，股份期权和认股权证应当排在前面计算，因为其假设行权一般不影响净利润，稀释程度最大。对外发行多项潜在普通股的企业，应当按照下列步骤计算稀释每股收益：

第一步，列出企业发行在外的各潜在普通股；

第二步，假设各潜在普通股已于当期期初或发行日转换为普通股，确定其对归属于普通股股东当期净利润的影响；

第三步，确定各潜在普通股假设转换后将增加的普通股股数；

第四步，计算并比较各潜在普通股的增量股每股收益，判断其稀释程度；

第五步，按照稀释程度从大到小的顺序，将各潜在普通股依次计入稀释每股收益，如果下一步计算得出的每股收益小于上一步计算得出的每股收益，就表明新计入的潜在普通股具有稀释作用，应当计入稀释每股收益；反之，就表明具有反稀释作用，不计入稀释每股收益；

第六步，最后得出的最小每股收益金额即为稀释每股收益。

【例 14-7】 A 公司 ×8 年归属于普通股股东的净利润为 3 750 万元，发行在外普通股加权平均数为 12 500 万股。年初已发行在外的潜在普通股有：①认股权证 4 800 万份，行权日为×年 6 月 1 日，每份认股权证可以在行权日以 8 元的价格认购 1 股本公司新发股票；②按面值发行的 5 年期可转换公司债券 50 000 万元，每张面值为 100 元，票面利率为 2.6%，每 100 元债券可转换 8 股普通股；③按面值发行的 3 年期可转换公司债券 100 000 万元，每张面值为 100 元，票面利率为 1.4%，每 100 元债券可转换 10 股普通股。当期普通股平均市场价格为 12 元，年内没有认股权证被行权，也没有可转换公司债券被转换，所得税税率为 25%。假设不考虑可转换公司债券在负债成分和权益成分的分拆，且债券票面利率等于市场利率。×8 年每股收益计算如下。

（1）假设潜在普通股转换为普通股，计算增量股每股收益并排序（如表 14-1 所示）。

表 14-1　增量股每股收益计算及其排序

项目	净利润增加（万元）	股数增加（股）	增量股的每股收益（元）	顺序
认股权证		4 800 × (1 − 8 ÷ 12) = 1 600	0	1
利率为 2.6%的债券	50 000 × 2.6% × (1 − 25%) = 975	50 000 ÷ 100 × 8 = 4 000	0.24	3
利率为 1.4%的债券	100 000 × 1.4% × （1 − 25%) = 1 050	100 000 ÷ 100 × 10 = 10 000	0.11	2

由此可见，认股权证的稀释性最大，票面利率为 2.6%的可转换公司债券的稀释性最小。

（2）分步计入稀释每股收益（如表 14-2 所示）。

表 14-2　分步计入稀释每股收益

项目	净利润（万元）	股数（股）	每股收益（元）	稀释性
（一）基本每股收益	3 750	12 500	0.30	—
（二）稀释每股收益	—	—	0.20	—
（1）认股权证	0	1 600		
	3 750	14 100	0.27	稀释
（2）利率为 1.4%的债券	1 050	10 000		
	4 800	24 100	0.20	稀释
（3）利率为 2.6%的债券	975	4 000		
	5 775	28 100	0.21	反稀释

6. 子公司、合营企业或联营企业发行的潜在普通股对每股收益的影响

子公司、合营企业、联营企业发行的稀释性潜在普通股，不仅应当包括在其稀释每股收益的计算中，而且还应当包括在合并稀释每股收益以及投资者稀释每股收益的计算中。

【例 14-8】 甲公司 ×8 年归属于普通股股东的净利润为 48 000 万元（不包括子公司乙公司利润或乙公司支付的股利），发行在外普通股加权平均数为 40 000 万股，持有乙公司 80%的普通股股权。乙公司 ×8 年归属于普通股股东的净利润为 21 600 万元，发行在外普通股加权平均数为 9 000 万股，该普通股当年平均市场价格为 8 元。年初乙公司对外发行 600 万份认股权证，行权价格为 4 元，甲公司持有其中 12 万份认股权证，当年无认股权证被行权。假设除股利外，母子公司之间没有其他须抵销的内部交易，甲公司取得对乙公司投资时，乙公司各项可辨认资产等的公允价值与其账面价值一致。×8 年每股收益计算如下。

（1）子公司每股收益：

基本每股收益 = 21 600 ÷ 9 000 = 2.4（元）

调整增加的普通股股数 = 600 × (1 − 4 ÷ 8) = 300（万股）

稀释每股收益 = 21 600 ÷ (9 000 + 300) = 2.32（元）

（2）合并每股收益：

归属于母公司普通股股东的母公司净利润 = 48 000（万元）

包括在合并基本每股收益中的子公司净利润 = 2.4 × 9 000 × 80% = 17 280（万元）

基本每股收益 = (48 000 + 17 280) ÷ 40 000 = 1.63（元）

归属于普通股且由母公司享有的子公司净利润 = 2.32 × 9 000 × 80% = 16 704（万元）

归属于认股权证且由母公司享有的子公司净利润 = 2.32 × 300 × 12 ÷ 600 = 13.92（万元）

稀释每股收益 = (48 000 + 16 704 + 13.92) ÷ 40 000 = 1.62（元）

（三）每股收益的列报

1. 重新计算

（1）派发股票股利、公积金转增资本、拆股和并股。发行在外普通股或潜在普通股的数量因派发股票股利、公积金转增资本、拆股而增加或因并股而减少，但不影响所有者权益金额的，应当按照调整后的股数重新计算各列报期间的每股收益。

【例 14-9】 A 公司 ×7 年和 ×8 年归属于普通股股东的净利润分别为 190 万元和 220 万

元；×7 年 1 月 1 日发行在外的普通股为 100 万股；×7 年 4 月 1 日按照市价新发行普通股 20 万股；×8 年 7 月 1 日分派股票股利，以×7 年 12 月 31 日总股本 120 万股为基数每 10 股送 3 股。假设不存在其他股数变动因素，则×8 年比较利润表中基本每股收益的计算如下：

×7 年发行在外普通股加权平均数 = 100 × 1.3 + 20 × 1.3 × 9 ÷ 12 = 149.5（万股）

×7 年基本每股收益 = 190 ÷ 149.5 = 1.27（元）

×8 年发行在外普通股加权平均数 =（100 + 20）× 1.3 = 156（万股）

×8 年基本每股收益 = 220 ÷ 156 = 1.41（元）

（2）配股。配股在计算每股收益时比较特殊，因为它是向全部现有股东以低于当前市价的价格发行普通股，实际上可以理解为按照市价发行股票和无对价送股的混合体。也就是说，配股中包含的送股因素具有与股票股利相同的效果，导致发行在外普通股股数增加，但没有相应的经济资源流入。因此，计算基本每股收益时，应当考虑配股中的送股因素，将这部分无对价的送股视同列报最早期间期初就已发行在外，并据以调整各列报期间发行在外普通股加权平均数，计算各列报期间的每股收益。为此，企业首先应当计算出一个调整系数，再用配股前发行在外普通股股数乘以该调整系数，得出计算每股收益时使用的普通股股数。

每股理论除权价格 =（行权前发行在外普通股的公允价值总额 + 配股收到的款项）÷ 行权后发行在外普通股股数

调整系数 = 行权前发行在外普通股的每股公允价值 ÷ 每股理论除权价格

因配股重新计算的上年度基本每股收益 = 上年度基本每股收益 ÷ 调整系数

本年度基本每股收益 = 归属于普通股股东的当期净利润 ÷（配股前发行在外普通股股数 × 调整系数 × 配股前普通股发行在外的时间权重 + 配股后发行在外普通股加权平均数）

【例 14-10】 某企业×8 年归属于普通股股东的净利润为 9 600 万元，×8 年 1 月 1 日发行在外普通股股数为 4 000 万股，×8 年 6 月 10 日该企业发布增资配股公告，向截止到×8 年 6 月 30 日（股权登记日）所有登记在册的老股东配股，配股比例为每 5 股配 1 股，配股价格为每股 5 元，除权交易基准日为×8 年 7 月 1 日。假设行权前一日的市价为每股 11 元，×7 年度基本每股收益为 2.2 元。×8 年利润表中基本每股收益的计算如下：

每股理论除权价格 = (11 × 4 000 + 4 000 ÷ 5 × 5) ÷ (4 000 + 4 000 ÷ 5) = 10（元）

调整系数 = 11 ÷ 10 = 1.1

因配股重新计算的×7 年度基本每股收益 = 2.2 ÷ 1.1 = 2（元）

×8 年基本每股收益 = 9 600 ÷ (4 000 × 1.1 × 6 ÷ 12 + 4 800 × 6 ÷ 12) = 2.09（元）

2. 列报

如果不存在稀释性潜在普通股，则在利润表中只列示基本每股收益；如果存在稀释性潜在普通股，则在利润表中分别列示基本每股收益和稀释每股收益。编制比较财务报表时，各列报期间中只要有一个期间列示了稀释每股收益，则所有列报期间都应当列示稀释每股收益，即使其金额与基本每股收益相等。

企业应当在附注中披露与每股收益有关的下列信息：①基本每股收益和稀释每股收益分子、分母的计算过程；②列报期间不具有稀释性但以后期间很可能具有稀释性的潜在普通股；③在资产负债表日至财务报告批准报出日之间，企业发行在外普通股或潜在普通股股数发生重大变化的情况。

第四节　现金流量表

一、现金流量表的编制基础

现金流量表是以现金为基础编制的财务状况变动表，用以反映会计主体某一期间现金和现金等价物流入和流出的信息。

现金包括库存现金、可以随时用于支付的存款和其他货币资金，但不包括不能随时用于支付的存款。不能随时支取的定期存款不属于现金。

现金等价物是指企业持有的期限短、流动性强、易于转换为已知金额的现金、价值变动风险很小的投资。期限短，一般是指从购买日起3个月内到期。现金等价物通常包括3个月内到期的短期债券投资等。权益性投资变现的金额通常不确定，因而不属于现金等价物。

二、现金流量的分类

现金流量是指现金及现金等价物的流入和流出，分为经营活动产生的现金流量、投资活动产生的现金流量和筹资活动产生的现金流量。

（1）经营活动产生的现金流量。经营活动是指企业投资活动和筹资活动以外的所有交易和事项，包括销售商品或提供劳务、购买商品或接受劳务、收到返还的税费、经营性租赁、支付职工薪酬、支付广告费用、缴纳税费等。

（2）投资活动产生的现金流量。投资活动是指企业非流动资产的购建和不包括在现金等价物范围内的投资及处置活动，包括取得和收回投资、购建和处置固定资产、购买和处置无形资产等。

（3）筹资活动产生的现金流量。筹资活动是指导致企业资本及债务规模和构成发生变化的活动，包括发行股票或接受投入资本、分派现金股利、取得和偿还银行借款、发行和偿还公司债券等。

三、影响现金流量的因素

企业在经营中，要发生各种各样的经济业务，但并不是所有的经济业务均会导致现金的流入或流出。一项经济业务的发生是否产生了现金流量，可以通过下列公式进行判断：

现金变化额＝负债变化额＋所有者权益变化额－非现金资产变化额

由上述公式可知，若一项经济业务的发生同时引起等式两边有关项目的增减变动，也即同时引起现金项目与非现金项目的增减变动，则对现金流量产生影响。具体说，以下六类经济业务会引起现金流量的增减变动：①负债的增加；②所有者权益的增加；③非现金资产的减少；④负债的减少；⑤所有者权益的减少；⑥非现金资产的增加。其中，前三类业务导致现金的流入，后三类业务导致现金的流出。

若一项经济业务的发生只能引起等式一边有关项目的增减变动，则不会对现金流量产生影响，包括现金项目之间增减变动的经济业务和非现金项目之间增减变动的经济业务两类。

四、现金流量表的内容和结构

现金流量表包括正表（主表）和补充资料两部分。

正表是现金流量表的主体，企业一定会计期间现金流量的信息主要由正表提供。正表采用报告式的结构，按照现金流量的性质依次分类反映经营活动产生的现金流量、投资活动产生的现金流量和筹资活动产生的现金流量，最后汇总反映现金及现金等价物净增加额。有外币现金流量及境外子公司的现金流量折算为人民币的企业，还应当单设“汇率变动对现金及现金等价物的影响”项目。

企业应当在补充资料中披露将净利润调节为经营活动的现金流量、不涉及现金收支的重大投资和筹资活动、现金及现金等价物净变动情况等信息。

五、现金流量表的填列方法

现金流量表正表中各项目的数据，可通过以下途径之一取得：①根据本期发生的影响现金流量的经济业务确定；②根据本期发生的全部经济业务，通过对利润表和资产负债表中的全部项目进行调整确定。

（一）经营活动产生现金流量的填列方法

经营活动产生的现金流量的列报方法有两种，一种是直接法，另一种是间接法，正表使用直接法，补充资料使用间接法。在直接法下，一般是以利润表中的营业收入等为起算点，调节与经营活动有关项目的增减变动，然后计算出经营活动产生的现金流量；在间接法下，将净利润调节为经营活动的现金流量，实际上就是将按照权责发生制确定的净利润调整为现金净流入，并剔出投资活动和筹资活动对现金流量的影响。

1.“销售商品、提供劳务收到的现金”项目的内容和填列方法

“销售商品、提供劳务收到的现金”项目，反映企业销售商品、提供劳务实际收到的现金（包括销售收入和增值税销项税额），包括本期销售商品、材料、提供劳务收到的现金，以及前期销售商品、材料、提供劳务本期收到的现金和本期预收的款项，减去本期发生销售退回和销售折让支付的现金。企业销售材料和代购代销业务收到的现金，也在本项目反映。本项目可以根据“库存现金”、“银行存款”、“应收账款”、“应收票据”、“预收账款”、“主营业务收入”、“其他业务收入”等账户的记录分析填列。

销售商品、提供劳务收到的现金＝本期销售商品、提供劳务产生的“收入和增值税销项税额”＋应收账款（期初账面净额－期末账面净额）＋坏账准备（期初余额－期末余额）＋本期收回前期核销坏账－本期核销坏账－发生的现金折扣＋应收票据（期初余额－期末余额）－贴现利息＋预收账款（期末余额－期初余额）－以现金资产清偿债务发生的债务重组损失－以非现金资产清偿债务减少的应收账款、应收票据－因债权转为股权减少的应收账款、应收票据

因为“－本期计提坏账准备”项目＝坏账准备（期初余额－期末余额）＋本期收回前期核销坏账－本期核销坏账，所以，在应用上述公式时，若题目中的资料给定的是“应收账款”账户的余额，则在计算“销售商品、提供劳务收到的现金”项目金额时，应当将“本期收回前期核销坏账”作为加项处理，将“本期核销坏账”作为减项处理，本期计提或冲回坏账准备不须做特殊处理；若题目中的资料给定的是报表中“应收账款”项目金额，则在计算“销售商品、提供劳务收到的现金”项目金额时，应当将“本期冲回坏账准备”作为加项处理，

将“本期计提坏账准备”作为减项处理，本期核销或收回前期核销坏账不须做特殊处理。

可见，对于“经营活动产生的现金流量——销售商品、提供劳务收到的现金”项目，可以编制以下调整分录：

借：经营活动现金流量——销售商品、提供劳务收到的现金（计算数）
　　应收账款（期末余额－期初余额）
　　应收票据（期末余额－期初余额）
　　预收账款（期初余额－期末余额）
　　财务费用（现金折扣等）
　　坏账准备（本期核销的坏账）
　　营业外支出（债务重组损失）
　贷：主营业务收入（本期发生额）
　　　其他业务收入（本期发生额）
　　　应交税费——应交增值税（销项税额）
　　　坏账准备（本期收回前期核销的坏账）

【例 14-11】 某企业×8 年有关资料如下：①应收账款账户：年初数 100 万元，年末数 200 万元；②坏账准备账户：年初数 5 万元，年末数 10 万元；③应收票据账户：年初数 40 万元，年末数 20 万元；④预收账款账户：年初数 80 万元，年末数 90 万元；⑤主营业务收入 6 000 万元；⑥应交税费——应交增值税（销项税额）1 020 万元；⑦本期收回前期核销坏账 2 万元，本期计提坏账准备 3 万元；⑧收到客户用来抵偿欠款 12 万元的商品。

$$销售商品、提供劳务收到的现金 = (6\,000 + 1\,020) + (100 - 200) + (40 - 20) + (90 - 80) + 2 - 12 = 6\,940（万元）。$$

【例 14-12】 某企业×8 年有关资料如下：①应收账款账户：年初数 95 万元，年末数 190 万元；②应收票据账户：年初数 40 万元，年末数 20 万元；③预收账款账户：年初数 80 万元，年末数 90 万元；④主营业务收入 6 000 万元；⑤应交税费——应交增值税（销项税额）1 020 万元；⑥坏账准备账户：年初数 5 万元，年末数 10 万元；⑦本期收回前期核销坏账 2 万元，本期计提坏账准备 3 万元；⑧收到客户用来抵偿欠款 12 万元的商品。

$$销售商品、提供劳务收到的现金 = (6\,000 + 1\,020) + (95 - 190) + (40 - 20) + (90 - 80) - 3 - 12 = 6\,940（万元）$$

2.“收到的税费返还”项目的内容和填列方法

“收到的税费返还”项目，反映企业本期收到的返还的增值税、营业税、所得税、消费税、关税和教育费附加等。本项目可以根据“库存现金”、“银行存款”、“营业税金及附加”、“营业外收入”、“其他应收款”、“应交税费”等账户的记录分析填列。

3. “收到的其他与经营活动有关的现金”项目的内容和填列方法

“收到的其他与经营活动有关的现金”项目，反映企业本期收到的罚款收入、经营租赁收到的租金、流动资产损失的赔偿收入、除税费返还外的其他政府补助收入等。本项目可根据“库存现金”、“银行存款”、“营业外收入”、“其他应收款”等账户的记录分析填列。

4. “购买商品、接受劳务支付的现金”项目的内容和填列方法

“购买商品、接受劳务支付的现金”项目，反映企业购买商品、材料、接受劳务支付的现金（包括购货成本和增值税进项税额），包括本期购买商品、材料、接受劳务支付的现金，

以及本期支付前期购买商品、材料、接受劳务的未付款项和本期预付的款项，减去本期发生购货退回收到的现金，但不包括计入存货价值的借款利息资本化部分。计入存货价值的借款利息资本化部分在“分配股利、利润或偿付利息支付的现金”项目反映。本项目可以根据“库存现金”、“银行存款”、“应付账款”、“ 应付票据”、“预付账款”、“主营业务成本”、“其他业务成本”等账户的记录分析填列。

购买商品、接受劳务支付的现金 = 本期购买商品、材料、接受劳务产生的“销售成本和增值税进项税额” + 应付账款（期初余额 − 期末余额）− 取得的现金折扣 − 无法支付的应付账款 + 应付票据（期初余额 − 期末余额）+ 预付账款（期末余额 − 期初余额）+ 存货（期末余额 − 期初余额）− 本期列入生产成本、制造费用的职工薪酬、折旧费等 − 本期列入制造费用的资本化的借款利息 + 对外捐赠存货 − 接受捐赠存货 + 通过非货币性资产交换换出的存货 − 通过非货币性资产交换换入的存货 − 剩余工程物资转作存货 + 在建工程领用存货 − 投资者投入存货 − 盘盈存货 + 盘亏存货 − 以现金资产清偿债务发生的债务重组利得 − 以非现金资产清偿债务减少的应付账款、应付票据 − 因债务转为资本减少的应付账款、应付票据。

可见，对于“经营活动产生的现金流量——购买商品、接受劳务支付的现金”项目，可以编制以下调整分录：

借：存货（本期购进）
　　应交税费—应交增值税（进项税额）
　　应付账款（期初余额 − 期末余额）
　　应付票据（期初余额 − 期末余额）
　　预付账款（期末余额 − 期初余额）
　　贷：经营活动现金流量—购买商品、接受劳务支付的现金
　　　　财务费用（现金折扣等）

【例 14-13】 某公司当期购买原材料，价款为 20 万元，增值税税额为 3.4 万元，货款已通过银行转账支付；本期兑付应付票据 100 000 元；用银行汇票支付材料价款 10 000 元、运输费 1 000 元、增值税税额 1 700 元，收到银行汇票多余款 300 元；购买工程用物资 15 万元（含增值税），货款已通过银行转账支付；预付账款期初余额 800 000 元、期末余额 1 000 000 元。

$$购买商品、接受劳务支付的现金 = 234\ 000 + 100\ 000 + 12\ 700 + (1\ 000\ 000 - 800\ 000) = 546\ 700（元）$$

【例 14-14】 某企业 ×8 年有关资料如下：①应付账款账户：年初数 100 万元，年末数 120 万元；②应付票据账户：年初数 40 万元，年末数 20 万元；③预付账款账户：年初数 80 万元，年末数 90 万元；④存货账户：年初数 100 万元，年末数 80 万元；⑤主营业务成本 4 000 万元；⑥与存货有关的增值税进项税额为 600 万元；⑦用固定资产偿还应付账款 10 万元；⑧生产成本中含有本期发生的生产工人工资 100 万元和制造费用 60 万元（包括物料消耗 5 万元）；⑨工程项目领用本企业产品 10 万元。

$$购买商品、接受劳务支付的现金 = (4\ 000 + 600) + (100 - 120) + (40 - 20) + (90 - 80) + (80 - 100) - (10 + 100 + 55) + 10 = 4\ 435（万元）$$

5. “支付给职工以及为职工支付的现金”项目的内容和填列方法

“支付给职工以及为职工支付的现金”项目，反映企业本期实际支付给职工的现金以及

为职工支付的现金，包括支付给职工的工资、奖金、津贴和补贴、股份支付、住房困难补助等，以及为职工支付的社会保险费、住房公积金等，但不包括支付给离退休人员的费用、辞退福利和应当由在建工程、无形资产等负担的给予职工的各种形式的报酬及其他相关支出。支付给离退休人员的费用和辞退福利在“支付的其他与经营活动有关的现金”项目反映；应当由在建工程、无形资产等负担的给予职工的各种形式的报酬及其他相关支出，在“购建固定资产、无形资产和其他长期资产所支付的现金”项目反映。本项目可以根据“应付职工薪酬”、“库存现金”、“银行存款”、“管理费用”、“销售费用”等账户的记录分析填列。

【例 14-15】 某企业×8 年有关职工薪酬资料如表 14-3 所示。

表 14-3 某企业×8 年有关职工薪酬情况 （单位：元）

项目		年初数	本期分配或计提数	期末数
应付职工薪酬	生产工人工资	100 000	1 000 000	80 000
	车间管理人员工资	40 000	500 000	30 000
	行政管理人员工资	60 000	800 000	45 000
	在建工程人员工资	20 000	300 000	15 000

本期用通过银行转账支付离退休人员费用 500 000 元。假定应付职工薪酬本期减少数均以银行存款支付，应付职工薪酬为贷方余额，不考虑其他事项。

（1）支付给职工以及为职工支付的现金 = (1 000 000 + 500 000 + 800 000) + [(100 000 + 40 000 + 60 000) − (80 000 + 30 000 + 45 000)] = 2 345 000（元）

（2）支付的其他与经营活动有关的现金 = 500 000（元）

（3）购建固定资产、无形资产和其他长期资产所支付的现金 = 300 000 + (20 000 − 15 000) = 305 000（元）

6. “支付的各项税费”项目的内容和填列方法

“支付的各项税费”项目，反映企业本期按规定支付的各项税费，包括本期发生并支付的税费，以及本期支付以前各期发生的税费和预交的税费，如本期支付或预交的营业税、增值税、消费税、所得税、教育费附加、城市维护建设税、矿产资源补偿费、印花税、房产税、土地增值税、车船使用税等。不包括本期支付的计入固定资产、无形资产及投资性房地产价值的车辆购置税、耕地占用税、契税等，以及本期退回的增值税、所得税等。本项目可以根据“应交税费”、“营业税金及附加”、“库存现金”、“银行存款”等账户的记录分析填列。

支付的各项税费 = 所得税费用 + 营业税金及附加 + 计入管理费用、存货等的税费
+ 交纳的增值税 + 除增值税外的应交税费（期初余额 − 期末余额）

可见，对于“经营活动产生的现金流量——支付的各项税费”项目，可以编制以下调整分录：

借：所得税费用

营业税金及附加（城建税、教育费附加、资源税、消费税、营业税等）

管理费用（印花税、车船使用税、房产税、土地使用税）

存货（计提的税费，如资源税等）

应交税费——未交增值税（借方支付税款数）

应交税费——应交增值税（已交税金）（借方发生额）

应交税费（除增值税外的应交税费“期初余额 - 期末余额”）

贷：经营活动产生的现金流量——支付的各项税费（计算数）

【例 14-16】 某企业 ×8 年有关资料如下：① ×8 年利润表中的所得税费用为 500 000 元（均为当期所得税费用）；②“应交税费——应交所得税”账户年初数 20 000 元、年末数 10 000 元，假定不考虑其他税费。

支付的各项税费 = 500 000 + (20 000 − 10 000) = 510 000（元）

7. “支付的其他与经营活动有关的现金”项目的内容和填列方法

“支付的其他与经营活动有关的现金”项目，反映企业本期支付的罚款支出、差旅费、业务招待费、保险费、经营租赁支付的租金等其他与经营活动有关的现金流出。本项目可以根据“管理费用”、“制造费用”、“销售费用”、“营业外支出”、“库存现金”、“银行存款”、“其他应付款”等账户的记录分析填列。

【例 14-17】 A 公司 ×8 年发生的管理费用为 2 200 万元，包括以现金支付的退休职工统筹退休金 350 万元和管理人员工资 950 万元、存货盘亏损失 25 万元、计提的固定资产折旧 420 万元、无形资产摊销额 200 万元。

支付的其他与经营活动有关的现金 = 2 200 − 950 − 25 − 420 − 200 = 605（万元）

（二）投资活动产生的现金流量的填列方法

（1）“收回投资收到的现金”项目，反映企业本期出售、转让或到期收回除现金等价物以外的交易性金融资产、可供出售金融资产、长期股权投资等而收到的现金，以及债权性投资收回的本金，但不包括债权性投资收回的利息。本项目可以根据“交易性金融资产”、“持有至到期投资”、“可供出售金融资产”、“长期股权投资”、“库存现金”、“银行存款”等账户的记录分析填列。

【例 14-18】 某企业 ×8 年有关资料如下：①“交易性金融资产”账户本期贷方发生额为 100 万元，“投资收益——转让交易性金融资产收益”贷方发生额为 5 万元；②“长期股权投资”账户本期贷方发生额为 200 万元，该项投资未计提减值准备，“投资收益——转让长期股权投资收益”贷方发生额为 6 万元。假定转让上述投资均收到现金，则

收回投资所收到的现金 = (100 + 5) + (200 + 6) = 311（万元）

（2）“取得投资收益收到的现金”项目，反映企业本期因股权性投资而分得的现金股利，以及因债权性投资而取得的现金利息收入，但股票股利除外，包括在现金等价物范围内的债券投资的利息收入，也在本项目反映。本项目可以根据“库存现金”、“银行存款”、“应收股利”、“应收利息”、“投资收益”等账户的记录分析填列。

（3）“处置固定资产、无形资产和其他长期资产而收到的现金净额”项目，反映企业本期出售、转让、报废固定资产、无形资产和投资性房地产取得的现金减去为处置这些资产而支付的有关税费后的净额。由于自然灾害等原因造成的固定资产等长期资产报废、毁损而收到的保险赔偿收入，也在本项目反映。本项目可以根据“固定资产清理”、“库存现金”、“银行存款”、“营业外收入”、“营业外支出”等账户的记录分析填列。

（4）“处置子公司及其他营业单位收到的现金净额”项目，反映企业本期处置子公司及其他营业单位取得的现金减去子公司或其他营业单位持有的现金和现金等价物以及相关处置费用后的净额。如为负数，应当在“支付其他与投资活动有关的现金”项目反映。本项目可以根据有关账户的记录分析填列。

（5）“收到的其他与投资活动有关的现金”项目，反映企业除上述各项外，收到的其他与投资活动有关的现金，如收回购买股票和债券时实际支付的价款中包含的已宣告但尚未发放的现金股利或已到付息期但尚未领取的债券利息。本项目可以根据“银行存款”、“应收股利”、“应收利息”等账户的记录分析填列。

（6）“购建固定资产、无形资产和其他长期资产支付的现金”项目，反映企业本期购建固定资产、取得无形资产和投资性房地产支付的现金（含增值税税款），包括应当由在建工程和无形资产负担的给予职工的各种形式的报酬及其他相关支出，但不包括为购建固定资产、无形资产和投资性房地产而发生的借款利息资本化部分，以及融资租入固定资产支付的租赁费。为购建固定资产、无形资产和其他长期资产而发生的借款利息资本化部分，在“分配股利、利润或偿付利息支付的现金”项目中反映；融资租入固定资产支付的租赁费，在“支付的其他与筹资活动有关的现金”项目中反映。本项目可以根据“固定资产”、“在建工程”、“无形资产”、“投资性房地产”、“银行存款”等账户的记录分析填列。

（7）“投资支付的现金”项目，反映企业本期取得除现金等价物以外的债权性投资和权益性投资支付的现金以及支付的佣金、手续费等交易费用。本项目可以根据“交易性金融资产”、“持有至到期投资”、“可供出售金融资产”、“长期股权投资”、“投资收益”、“银行存款”等账户的记录分析填列。

（8）“取得子公司及其他营业单位支付的现金净额”项目，反映企业本期购买子公司及其他营业单位购买出价中以现金支付的部分，减去子公司或其他营业单位持有的现金和现金等价物后的净额。如为负数，应当在“收到其他与投资活动有关的现金”项目反映。本项目可以根据有关科目的记录分析填列。

（9）“支付的其他与投资活动有关的现金”项目，反映企业除上述各项外，支付的其他与投资活动有关的现金，如购买股票和债券时实际支付的价款中包含的已宣告但尚未领取的现金股利或已到付息期但尚未领取的债券利息。本项目可以根据“银行存款”、“应收股利”、“应收利息”等有关账户的记录分析填列。

（三）筹资活动产生的现金流量的填列方法

（1）“吸收投资收到的现金”项目，反映企业本期以发行股票等方式筹集资金实际收到的款项，减去支付的佣金、宣传费、印刷费等发行费用后的净额。本项目可以根据“实收资本”、“股本”、“资本公积”、“银行存款”等账户的记录分析填列。

（2）“借款收到的现金”项目，反映企业本期举借各种短期、长期借款而收到的现金，以及发行债券实际收到的款项减去支付的佣金、手续费、宣传费、印刷费等发行费用后的净额。本项目可以根据“短期借款”、“长期借款”、“交易性金融负债”、“应付债券”、“银行存款”等账户的记录分析填列。

（3）“收到的其他与筹资活动有关的现金”项目，反映企业本期除上述各项外，收到的其他与筹资活动有关的现金流入，如接受现金捐赠、政府的资本性拨款等。本项目可以根据“营业外收入”、“专项应付款”、“银行存款”等账户的记录分析填列。

（4）“偿还债务所支付的现金”项目，反映企业本期以现金偿还的债务本金，包括偿还借款本金和债券本金。本项目可以根据“短期借款”、“长期借款”、“交易性金融负债”、“应付债券”“银行存款”等账户的记录分析填列。

【例 14-19】某企业 ×8 年“短期借款”账户年初余额为 120 万元，年末余额为 140 万元；

"长期借款"账户年初余额为 360 万元，年末余额为 840 万元（含借款利息 20 万元）。×8 年借入短期借款 240 万元，借入长期借款 460 万元。除上述资料外，债权债务的增减变动均以货币资金结算。

借款收到现金 = 240 + 460 = 700（万元）

偿还债务支付现金 = (120 + 240 − 140) + [360 + 460 − (840 − 20)] = 220（万元）

（5）"分配股利、利润或偿付利息支付的现金"项目，反映企业本期实际支付的现金股利、支付给其他投资单位的利润或用现金支付的借款利息、债券利息。本项目可以根据"财务费用"、"利润分配"、"在建工程"、"制造费用"、"研发支出"、"应付股利"、"应付利息"、"银行存款"等账户的记录分析填列。

【例 14-20】×8 年"财务费用"账户借方发生额为 40 万元，均为利息费用。财务费用包括计提的长期借款利息 25 万元，其余财务费用均以银行存款支付。"应付股利"账户年初余额为 30 万元，无年末余额。除上述资料外，债权债务的增减变动均以货币资金结算。

分配股利、利润和偿付利息支付的现金 = (40 − 25) + 30 = 45（万元）

（6）"支付的其他与筹资活动有关的现金"项目，反映企业本期除了上述各项外，支付的其他与筹资活动有关的现金流出，如捐赠现金支出，以发行股票、债券等方式筹集资金而由企业直接支付的审计费、咨询费和公证费，融资租赁各期支付的现金，以分期付款方式构建固定资产、无形资产等各期支付的现金。本项目可以根据"银行存款"、"长期应付款"、"固定资产"、"无形资产"、"营业外支出"等账户的记录分析填列。

（四）汇率变动对现金及现金等价物的影响

"汇率变动对现金及现金等价物的影响"项目，反映外币现金净增加额（编制合并现金流量表时还包括折算境外子公司的现金流量）按照期末汇率折算的金额与按照现金流量发生日的即期汇率或即期汇率的近似汇率折算的金额之间的差额。

（五）补充资料各项目的内容和填列方法

1. "将净利润调节为经营活动的现金流量"项目

当期净利润是按照权责发生制确认和计量的，而且当期净利润既包括经营活动的损益，又包括不属于经营活动的损益，而经营活动的现金净流量是按照收付实现制确认和计量的。补充资料的重要内容是将当期净利润调节为经营活动的现金净流量，即以净利润为起算点，通过调整不涉及现金的收益与支出、属于投资活动和筹资活动的收益与支出、经营性应收应付项目的增减变动以及存货的增减变动，计算出经营活动产生的现金净流量。需要调整的项目具体包括以下内容。

（1）"资产减值准备"项目，反映企业本期计提的坏账准备、存货跌价准备、长期股权投资减值准备、持有至到期投资减值准备、投资性房地产减值准备、固定资产减值准备、无形资产减值准备、商誉减值准备等资产减值准备。

（2）"固定资产折旧"项目，反映企业本期计提的固定资产折旧。

（3）"无形资产摊销"、"长期待摊费用摊销"项目，分别反映企业本期无形资产和长期待摊费用的摊销额。

（4）"处置固定资产、无形资产和其他长期资产的损失"项目，反映企业本期处置固定资产、无形资产和其他长期资产发生的损失。

（5）"固定资产盘方损失"项目，反映企业本期固定资产盘亏发生的损失。

（6）“公允价值变动损失”项目，反映企业拥有或承担的金融资产、金融负债以及采用公允价值计量模式的投资性房地产的公允价值变动损失。

（7）“财务费用”项目，反映企业本期发生的属于筹资活动的财务费用。

（8）“投资损失”项目，反映企业本期投资发生的损失减去收益后的净损失。

（9）“递延所得税资产减少”项目，反映企业资产负债表“递延所得税资产”项目的期初余额与期末余额的差额。

（10）“递延所得税负债增加”项目，反映企业资产负债表“递延所得税负债”项目的期初余额与期末余额的差额。

（11）“存货的减少”项目，反映企业资产负债表“存货”项目的期初余额与期末余额的差额。需要注意的是，如果存货的增减变动不属于经营活动，就不能对其进行调整，如对外投资减少的存货，接受投资者投入的存货等业务，应当将这一因素剔除，所以，“存货的减少（增加）”项目的计算方法如下：

存货（期初账面净额－期末账面净额）－当期计提的存货跌价准备>0：加上；

存货（期初账面净额－期末账面净额）－当期计提的存货跌价准备<0：减去。

如果有非经营性项目的存货增减，还应当在此公式的基础上加上非经营性项目的存货增加额，或者减去非经营性项目的存货减少额。

（12）“经营性应收项目的减少”项目，反映企业本期经营性应收项目（包括应收票据、应收账款、预付款项、长期应收款和其他应收款中与经营活动有关的部分及应收的增值税销项税额等）的期初余额与期末余额的差额。值得提醒的是，由于资产负债表中“应收账款”项目是按照扣除“坏账准备”账户中有关应收款项计提的坏账准备期末余额后的净额填列的，所以在调整该项目时，还应当减去本期计提的坏账准备。若应收项目的增减变动不属于经营活动，就不能对其进行调整，如企业因债务重组受让固定资产性质的非现金资产而引起的应收项目的减少，不属于经营活动，在现金流量表补充资料中不予考虑。所以，“经营性应收项目的减少（增加）”项目的计算方法如下：

应收项目（期初账面净额－期末账面净额）－当期计提的坏账准备>0，加上；

应收项目（期初账面净额－期末账面净额）－当期计提的坏账准备<0，减去。

如果有非经营性应收项目的增减，还应当在此公式的基础上加上非经营性应收项目的增加额，或者减去非经营性应收项目的减少额。

（13）“经营性应付项目的增加”项目，反映企业本期经营性应付项目（包括应付票据、应付账款、预收款项、应付职工薪酬、应交税费、长期应付款、其他应付款中与经营活动有关的部分及应付的增值税进项税额等）的期初余额与期末余额的差额。若应付项目的增减变动不属于经营活动，就不能对其进行调整，如企业在债务重组业务中以固定资产性质的非现金资产抵债而引起的应付项目的减少，不属于经营活动，在现金流量表补充资料中不予考虑。又如，在建工程人员的应付职工薪酬等不属于经营活动，在补充资料中也不予考虑。所以，“经营性应付项目的增加（减少）”项目的计算方法如下：

应付项目（期初余额－期末余额）>0，减去；

应付项目（期初余额－期末余额）<0，加上。

如果有非经营性应付项目的增减，还应当在此公式的基础上加上非经营性应付项目的减少额，或者减去非经营性应付项目的增加额。

2. “不涉及现金收支的重大投资和筹资活动”项目

不涉及现金收支的重大投资和筹资活动，反映企业一定期间内影响资产或负债但不形成该期现金收支的所有投资和筹资活动的信息。企业应当在附注中披露不涉及当期现金收支，但影响企业财务状况或在未来可能影响企业现金流量的重大投资和筹资活动，主要包括；①债务转为资本，反映企业本期转为资本的债务金额；②1 年内到期的可转换公司债券，反映企业 1 年内到期的可转换公司债券的本息；③融资租入固定资产，反映企业本期融资租入固定资产的最低租赁付款额扣除应当分期计入利息费用的未确认融资费用的净额。

3. “现金及现金等价物净增加额”项目

该项目与现金流量表中的“现金及现金等价物净增加额”项目的金额应当相等。

六、现金流量表的编制方法

具体编制现金流量表时，企业可根据业务量的大小及复杂程度，采用工作底稿法、T 形账户法和分析填列法。

1. 工作底稿法

工作底稿法是以工作底稿为手段，以利润表和资产负债表为基础，结合有关账户的记录，对现金流量表的每一项目进行分析并编制调整分录，从而编制出现金流量表的一种方法。

整个工作底稿纵向分成三段，第一段是资产负债表项目，分为借方项目和贷方项目两部分；第二段是利润表项目；第三段是现金流量表项目。工作底稿横向分为五栏，在资产负债表部分，第一栏是项目栏，填列资产负债表项目名称；第二栏是期初数，用来填列资产负债表项目的期初数；第三栏是调整分录的借方；第四栏是调整分录的贷方；第五栏是期末数，用来填列资产负债表项目的期末数。在利润表和现金流量表部分，第一栏也是项目栏，用来填列利润表和现金流量表项目名称；第二栏空置不填；第三栏和第四栏分别是调整分录的借方和贷方；第五栏是本期数。采用工作底稿法编制现金流量表的程序如下。

（1）将资产负债表各项目的期初数和期末数过入工作底稿的“期初数”栏和“期末数”栏。

（2）对当期业务进行分析并编制调整分录。调整分录大体有这样几类：第一类涉及利润表中的收入、成本和费用项目以及资产负债表中的资产、负债及所有者权益项目，通过调整，将权责发生制下的收入和费用转换为现金基础；第二类是涉及资产负债表和现金流量表中的投资、筹资项目，反映投资和筹资活动的现金流量；第三类是涉及利润表和现金流量表中的投资和筹资项目，目的是将利润表中有关投资和筹资方面的收入和费用列入现金流量表投资、筹资现金流量中；第四类不涉及现金收支，只是为了核对资产负债表项目的期末期初变动。在调整分录中，有关现金和现金等价物的事项，并不直接借记或贷记现金，而是分别计入“经营活动产生的现金流量”、“投资活动产生的现金流量”、“筹资活动产生的现金流量”有关项目，借记表明现金流入，贷记表明现金流出。

（3）将调整分录过入工作底稿中的相应部分。

（4）核对调整分录，借贷合计应当相等，资产负债表项目期初数加减调整分录中的借贷金额以后，应当等于期末数。

（5）根据工作底稿中的现金流量表项目部分编制正式的现金流量表。

2. T 形账户法

T 形账户法是以利润表和资产负债表为基础，结合有关账户的记录，对现金流量表的每一项目进行分析并编制调整分录，利用“T 形账户”编制出现金流量表的一种方法。采用 T 形账户法编制现金流量表的程序如下。

（1）为所有的非现金项目（包括资产负债表项目和利润表项目）分别开设 T 形账户，并将各自的期末期初变动数过入各账户。

（2）开设“现金及现金等价物”T 形账户，每边分为经营活动、投资活动和筹资活动三个部分，左边记现金流入、右边记现金流出。与其他账户一样，过入期末期初变动数。

（3）以利润表项目为基础，结合资产负债表分析每一个非现金项目的增减变动，并据此编制调整分录。

（4）将调整分录过入各 T 形账户，并进行核对，该账户借贷相抵后的余额与原先过入的期末期初变动数应当一致。

（5）根据“现金及现金等价物”T 形账户的记录编制正式的现金流量表。

3. 分析填列法

分析填列法是直接根据资产负债表、利润表和有关账户的明细记录，分析计算出现金流量表各项目的金额，并据以编制现金流量表的一种方法。

第五节 所有者权益变动表

一、所有者权益变动表的内容

所有者权益变动表是反映构成所有者权益的各组成部分当期增减变动情况的报表。所有者权益变动表应当全面反映一定时期所有者权益变动的情况，不仅包括所有者权益总量的增减变动，还包括所有者权益增减变动的重要结构性信息，特别是要反映直接计入所有者权益的利得和损失，让报表使用者准确理解所有者权益增减变动的根源。

所有者权益变动表至少应当单独列示下列信息的项目：①净利润；②直接计入所有者权益的利得和损失项目及其总额；③会计政策变更和差错更正的累积影响金额；④所有者投入资本和向所有者分配利润等；⑤按规定提取的盈余公积；⑥实收资本（或股本）、资本公积、盈余公积、未分配利润的期初和期末余额及调节情况。

二、所有者权益变动表的填列方法

所有者权益变动表反映企业年末所有者权益（或股东权益）变动的情况。该表在一定程度上体现了企业综合收益。综合收益是指企业在某一期间与所有者之外的其他方面进行交易或发生其他事项引起的净资产变动，包括净利润和直接计入所有者权益的利得和损失。其中，前者是企业已实现并已确认的收益，后者是企业未实现但根据会计准则的规定已确认的收益。用公式表示如下：

综合收益＝净利润 ± 直接计入所有者权益的利得和损失

净利润＝收入－费用 ± 直接计入当期损益的利得和损失

在所有者权益变动表中，净利润和直接计入所有者权益的利得和损失均单列项目反映，体现了企业综合收益的构成。

所有者权益变动表的各项目应当根据当期净利润、直接计入所有者权益的利得和损失、所有者投入资本和提取盈余公积、向所有者分配利润等情况分析填列。

所有者权益变动表各项目分为“上年金额”和“本年金额”两栏。

1. 所有者权益变动表各项目的列示说明

（1）“上年年末余额”项目，反映资产负债表中实收资本（股本）、资本公积、库存股、盈余公积、未分配利润的上年年末余额。

（2）“会计政策变更”、“前期差错更正”项目，分别反映企业采用追溯调整法处理的会计政策变更的累积影响金额和采用追溯重述法处理的会计差错变更的累积影响金额。为了体现会计政策变更和前期差错更正的影响，企业应当在上期期末所有者权益余额的基础上进行调整得出本期期初所有者权益，根据“盈余公积”、“利润分配”、“以前年度损益调整”等账户的发生额分析填列。

（3）“本年增减变动金额”项目分别反映如下内容。

1）“净利润”项目，反映企业当年实现的净利润（或净亏损）金额，并对应列在“未分配利润”栏。

2）“其他综合收益”项目，反映企业当年根据企业会计准则规定未在损益中确认的各项利得和损失扣除所得税影响后的净额，并对应列在“资本公积”栏。

3）“净利润”和“其他综合收益”小计项目，反映企业当年实现的净利润（或净亏损）金额和当年直接计入其他综合收益金额的合计额。

4）“所有者投入和减少资本”项目，反映企业当年所有者投入的资本和减少的资本。其中，“所有者投入资本”项目，反映企业接受投资者投入形成的实收资本（或股本）和资本溢价（或股本溢价），并对应列在“实收资本”栏和“资本公积”栏；“股份支付计入所有者权益的金额”项目，反映企业处于等待期中的权益结算的股份支付当年计入资本公积的金额，并对应列在“资本公积”栏。

5）“利润分配”下各项目，反映当年对所有者（或股东）分配的利润（或股利）金额和按照规定提取的盈余公积金额，并对应列在“未分配利润”和“盈余公积”栏。

6）“所有者权益内部结转”下各项目，反映不影响当年所有者权益总额的所有者权益各组成部分之间当年的增减变动，包括资本公积转增资本（或股本）、盈余公积转增资本（或股本）、盈余公积弥补亏损等项金额。为了全面反映所有者权益各组成部分的增减变动情况，所有者权益内部结转也是所有者权益变动表的重要组成部分，主要指不影响所有者权益总额、所有者权益的各组成部分当期的增减变动。

2. 上年金额栏的填列方法

“上年金额”栏应当根据上年度所有者权益变动表有关项目的“本年金额”栏内所列数字填列。如果上年度所有者权益变动表规定的各个项目的名称和内容同本年度不相一致，应当对上年度所有者权益变动表各项目的名称和数字按本年度的规定进行调整，按照调整后的数字填入报表的“上年金额”栏内。

3. 本年金额栏的填列方法

所有者权益变动表“本年金额”栏内各项数字应当根据“实收资本（或股本）”、“资本公积”、“盈余公积”、“利润分配”、“库存股”、“以前年度损益调整”等账户的发生额分析填列。

第六节　财务报表编制示例

【例 14-21】 A 公司为增值税一般纳税人，所得税税率为 25%。×8 年 1 月 1 日和 12 月 31 日有关账户的余额如表 14-4 所示。该公司 ×8 年发生的经济业务如下。

（1）通过银行转账支付到期商业承兑汇票的票款 150 000 元。

（2）购入原材料一批，价款为 225 000 元，可抵扣增值税税额为 38 250 元，款项已通过银行转账支付，材料未到。

（3）收到原材料一批，实际成本为 150 000 元，计划成本为 142 500 元，材料已验收入库，货款已于上月支付。

（4）用银行汇票结算购料款 149 700 元和可抵扣增值税税额 25 449 元，收到多余款 351 元，材料已验收入库，计划成本为 150 000 元。

（5）销售产品一批，售价为 450 000 元，应收取的增值税额为 76 500 元，成本为 270 000 元，产品已发出，货款尚未收到。

（6）可供出售金融资产（全部为股票投资）22 500 元兑现，本金 22 500 元和处置收益 2 250 元已存入银行。

（7）从银行借入 3 年期借款 600 000 元，拟用于固定资产购建。

（8）购入不须安装的设备 1 台，价款为 128 205 元，增值税税额为 21 795 元，运杂费为 1 500 元，款项均已通过银行转账支付，设备已投入使用。

（9）为建造厂房购入工程物资一批，含增值税价款为 225 000 元，已通过银行转账支付。

（10）分配应付职工工资 750 000，其中生产人员工资 412 500 元、车间管理人员工资 15 000 元、行政管理部门人员工资 22 500 元、厂房建造工程人员工资 300 000 元。

（11）通过银行转账支付职工工资 750 000 元。

（12）通过银行转账支付职工福利 105 000 元，其中生产人员福利 57 750 元、车间管理人员福利 2 100 元、行政管理人员福利 3 150 元、厂房建造工程人员福利 42 000 元。

（13）厂房建造工程完工，计算应负担的长期借款利息 225 000 元。

（14）一项工程完工，已办理竣工手续，其价值为 2 100 000 元。

（15）因管理不善基本生产车间 1 台机床报废，原价 300 000 元，已计提折旧 270 000 元，通过银行转账支付清理费用 750 元，取得变价收入 1 200 元存入银行，应当转出的增值税进项税额为 5 100 元，该项固定资产已清理完毕。

（16）销售产品一批，售价为 1 050 000 元，应收取的增值税税额为 178 500 元，成本为 630 000 元，款项已存入银行。

（17）将要到期的一张面值为 300 000 元的无息银行承兑汇票，连同解讫通知和进账单交银行办理转账，收到银行盖章退回的进账单。

（18）收到现金股利 45 000 元（该项投资为成本法核算，对方税率和本企业一致，均为 25%）存入银行。

（19）出售原价为 600 000 元、已计提折旧 225 000 元的不用设备一台，售价为 450 000

元，应收取的增值税税额为 76 500 元，款项已存入银行。

（20）计提应计入本期损益的借款利息 32 250 元，其中短期借款利息 17 250 元、长期借款利息 15 000 元。

（21）归还短期借款本金 375 000 元，支付利息 18 750 元，利息已计提。

（22）基本生产领用原材料和领用低值易耗品，其计划成本分别为 1 050 000 元和 75 000 元。低值易耗品的价值摊销采用一次转销法。

（23）结转领用原材料应分摊的材料成本差异，材料成本差异率为 5%。

（24）摊销无形资产 90 000 元和长期待摊费用 15 000 元（管理部门租赁费）。

（25）计提固定资产折旧 150 000 元，其中生产部门折旧 120 000 元、行政管理部门折旧 30 000 元。

（26）收回应收账款 76 500 元存入银行，按照期末应收账款余额的 4‰计提坏账准备。

（27）通过银行转账支付产品展览费 15 000 元和广告费 15 000 元。

（28）计算并结转本期制造费用和完工产品成本。没有期初在产品，本期生产的产品全部完工入库。

（29）采用商业承兑汇票结算方式销售产品一批，售价为 375 000 元，应收取的增值税税额为 63 750 元，成本为 225 000 元，收到面值为 438 750 元的商业承兑汇票一张。

（30）将上述承兑承兑汇票到银行办理贴现，贴现息为 30 000 元，贴现所得已到账。

（31）通过银行转账支付审计费 75 000 元。

（32）本期产品销售应交的教育费附加为 3 000 元。

（33）签发转账支票交纳本月增值税 150 000 元和教育费附加 3 000 元。

（34）结转本期产品销售成本 1 125 000 元。

（35）计算本期应交所得税。

（36）将各损益类账户余额结转至本年利润账户。

（37）分别按税后利润的 10%提取法定盈余公积和任意盈余公积，并向投资者分派现金股利 48 000 元。

（38）将利润分配各明细账的余额转入"未分配利润"明细账，并结转本年利润。

（39）偿还长期借款 1 500 000 元。

（40）签发转账支票交纳所得税 108 172.50 元。

1. 编制会计分录

		借方	贷方
（1）借：	应付票据	150 000	
	贷：银行存款		150 000
（2）借：	材料采购	225 000	
	应交税费——应交增值税（进项税额）	38 250	
	贷：银行存款		263 250
（3）借：	原材料	142 500	
	材料成本差异	7 500	
	贷：材料采购		150 000
（4）借：	材料采购	149 700	
	银行存款	351	

应交税费——应交增值税（进项税额）　　25 449
贷：其他货币资金　　175 500
借：原材料　　150 000
贷：材料采购　　149 700
材料成本差异　　300
（5）借：应收账款　　526 500
贷：主营业务收入　　450 000
应交税费——应交增值税（销项税额）　　76 500
（6）借：银行存款　　24 750
贷：可供出售金融资产　　22 500
投资收益　　2 250
（7）借：银行存款　　600 000
贷：长期借款——本金　　600 000
（8）借：固定资产　　129 705
应交税费——应交增值税（进项税额）　　21 795
贷：银行存款　　151 500
（9）借：工程物资　　225 000
贷：银行存款　　225 000
（10）借：生产成本　　412 500
制造费用　　15 000
管理费用　　22 500
在建工程　　300 000
贷：应付职工薪酬——工资　　750 000
（11）借：应付职工薪酬——工资　　750 000
贷：银行存款　　750 000
（12）借：生产成本　　57 750
制造费用　　2 100
管理费用　　3 150
在建工程　　42 000
贷：应付职工薪酬——职工福利　　105 000
借：应付职工薪酬——工资职工福利　　105 000
贷：银行存款　　105 000
（13）借：在建工程　　225 000
贷：应付利息　　225 000
（14）借：固定资产　　2 100 000
贷：在建工程　　2 100 000
（15）借：固定资产清理　　30 000
累计折旧　　270 000
贷：固定资产　　300 000

借：固定资产清理　5 850
　贷：银行存款　750
　　应交税费——应交增值税（进项税转出）　5 100

借：银行存款　1 200
　贷：固定资产清理　1 200

借：营业外支出——处置非流动资产损失　34 650
　贷：固定资产清理　34 650

（16）借：银行存款　1 228 500
　贷：主营业务收入　1 050 000
　　应交税费——应交增值税（销项税额）　178 500

（17）借：银行存款　300 000
　贷：应收票据　300 000

（18）借：银行存款　45 000
　贷：投资收益　45 000

（19）借：固定资产清理　375 000
　累计折旧　225 000
　贷：固定资产　600 000

借：银行存款　526 500
　贷：固定资产清理　450 000
　　应交税费——应交增值税（销项税额）　76 500

借：固定资产清理　75 000
　贷：营业外收入——处置非流动资产利得　75 000

（20）借：财务费用　32 250
　贷：应付利息　32 250

（21）借：短期借款　375 000
　应付利息　18 750
　贷：银行存款　393 750

（22）借：生产成本　1 050 000
　贷：原材料　1 050 000

借：制造费用　75 000
　贷：低值易耗品　75 000

（23）借：生产成本　52 500
　制造费用　3 750
　贷：材料成本差异　56 250

（24）借：管理费用——无形资产摊销　90 000
　贷：累计摊销　90 000

借：管理费用——租赁费　15 000
　贷：长期待摊费用　15 000

（25）借：制造费用——折旧费　120 000

管理费用——折旧费　30 000
贷：累计折旧　150 000
（26）借：银行存款　76 500
贷：应收账款　76 500
借：资产减值损失　2 250
贷：坏账准备　2 250
（27）借：销售费用——展览费　15 000
销售费用——广告费　15 000
贷：银行存款　30 000
（28）借：生产成本　215 850
贷：制造费用　215 850
借：库存商品　1 788 600
贷：生产成本　1 788 600
（29）借：应收票据　438 750
贷：主营业务收入　375 000
应交税费——应交增值税（销项税）　63 750
（30）借：财务费用　30 000
银行存款　408 750
贷：应收票据　438 750
（31）借：管理费用——审计费　75 000
贷：银行存款　75 000
（32）借：营业税金及附加　3 000
贷：应交税费——应交教育费附加　3 000
（33）借：应交税费——应交增值税（已交税金）　150 000
应交税费——应交教育费附加　3 000
贷：银行存款　153 000
（34）借：主营业务成本　1 125 000
贷：库存商品　1 125 000
（35）本年应交所得税 = (504 450 − 45 000) × 25% = 114 862.50（元）
借：所得税费用　114 862.50
贷：应交税费——应交所得税　114 862.50
（36）借：主营业务收入　1 875 000
营业外收入　75 000
投资收益　47 250
贷：本年利润　1 997 250
借：本年利润　1 607 662.50
贷：主营业务成本　1 125 000.00
营业税金及附加　3 000.00
销售费用　30 000.00

管理费用 235 650.00

资产减值损失 2 250.00

财务费用 62 250.00

营业外支出 34 650.00

所得税费用 114 862.50

（37）计提法定盈余公积 = 389 587.50 × 10% = 38 958.75（元）

计提任意盈余公积 = 389 587.50 × 10% = 38 958.75（元）

借：利润分配——提取法定盈余公积 38 958.75

利润分配——提取任意盈余公积 38 958.75

利润分配——应付现金股利或利润 48 000.00

贷：盈余公积——法定盈余公积 38 958.75

盈余公积——任意盈余公积 38 958.75

应付股利 48 000.00

（38）借：利润分配——未分配利润 125 917.50

贷：利润分配——提取法定盈余公积 38 958.75

利润分配——提取任意盈余公积 38 958.75

利润分配——应付现金股利或利润 48 000.00

借：本年利润 389 587.50

贷：利润分配——未分配利润 389 587.50

（39）借：长期借款 1 500 000

贷：银行存款 1 500 000

（40）借：应交税费——应交所得税 108 172.50

贷：银行存款 108 172.50

2. 编制科目余额表、资产负债表和利润表

编制完成的科目余额表如表 14-4 所示，资产负债表如表 14-5 所示，利润表如表 14-6 所示。

表 14-4 科目余额表 （单位：元）

科目名称	借方余额		科目名称	贷方余额	
	×8 年 1 月 1 日	×8 年 12 月 31 日		×8 年 1 月 1 日	×8 年 12 月 31 日
库存现金	3 000.00	3 000.00	短期借款	450 000.00	75 000.00
银行存款	1 920 000.00	1 226 128.50	应付票据	300 000.00	150 000.00
其他货币资金	186 450.00	10 950.00	应付账款	1 430 700.00	1 430 700.00
应收票据	369 000.00	69 000.00	应付利息	1 500.00	240 000.00
应收账款	450 000.00	900 000.00	其他应付款	75 000.00	75 000.00
坏账准备	–1 350.00	–3 600.00	应付股利		48 000.00
其他应收款	7 500.00	7 500.00	应付职工薪酬	165 000.00	165 000.00
材料采购	337 500.00	412 500.00	应交税费	54 900.00	226 446.00
原材料	825 000.00	67 500.00	长期借款	2 400 000.00	1 500 000.00
周转材料	132 075.00	57 075.00	其中：一年内到期的借款	1 500 000.00	
库存商品	2 520 000.00	3 183 600.00	实收资本	7 500 000.00	7 500 000.00

续表

科目名称	借方余额		科目名称	贷方余额	
	×8年1月1日	×8年12月31日		×8年1月1日	×8年12月31日
材料成本差异	55 425.00	6 375.00	盈余公积	150 000.00	227 917.50
可供出售金融资产	22 500.00		未分配利润	75 000.00	338 670.00
长期股权投资	375 000.00	375 000.00			
固定资产	2 250 000.00	3 579 705.00			
累计折旧	−600 000.00	−255 000.00			
工程物资		225 000.00			
在建工程	2 250 000.00	717 000.00			
无形资产	900 000.00	900 000.00			
累计摊销		−90 000.00			
长期待摊费用	600 000.00	585 000.00			

表 14-5 资产负债表

编制单位：A 公司　　×8 年 12 月 31 日　　（单位：元）

资产	年初余额	期末余额	负债和所有者权益	年初余额	期末余额
流动资产：			流动负债：		
货币资金	2 109 450.00	1 240 078.50	短期借款	450 000.00	75 000.00
交易性金融资产			交易性金融负债		
应收票据	369 000.00	69 000.00	应付票据	300 000.00	150 000.00
应收账款	448 650.00	896 400.00	应付账款	1 430 700.00	1 430 700.00
预付款项			预收款项		
应收利息			应付职工薪酬	165 000.00	165 000.00
应收股利			应交税费	54 900.00	226 446.00
其他应收款	7 500.00	7 500.00	应付利息	1 500.00	240 000.00
存货	3 870 000.00	3 727 050.00	应付股利		48 000.00
一年内到期的非流动资产			其他应付款	75 000.00	75 000.00
其他流动资产			一年内到期的非流动负债	1 500 000.00	
流动资产合计	7 104 600.00	5 940 028.50	其他流动负债		
非流动资产：			流动负债合计	3 977 100.00	2 410 146.00
可供出售金融资产	22 500.00		非流动负债：		
持有至到期投资			长期借款	900 000.00	1 500 000.00
长期应收款			应付债券		
长期股权投资	375 000.00	375 000.00	长期应付款		
投资性房地产			专项应付款		
固定资产	1 650 000.00	3 324 705.00	预计负债		
在建工程	2 250 000.00	717 000.00	递延所得税负债		
工程物资		225 000.00	其他非流动负债		
固定资产清理			非流动负债合计	900 000.00	1 500 000.00
生产性生物资产			负债合计	4 877 100.00	3 910 146.00
油气资产			所有者权益：		

续表

资产	年初余额	期末余额	负债和所有者权益	年初余额	期末余额
无形资产	900 000.00	810 000.00	实收资本（或股本）	7 500 000.00	7 500 000.00
开发支出			资本公积		
商誉			减：库存股		
长期待摊费用	600 000.00	585 000.00	盈余公积	150 000.00	227 917.50
递延所得税资产			未分配利润	75 000.00	338 670.00
其他非流动资产			所有者权益合计	7 725 000.00	8 066 587.50
非流动资产合计	5 497 500.00	6 036 705.00			
资产总计	12 602 100.00	11 976 733.50	负债和所有者权益总计	12 602 100.00	11 976 733.50

表 14-6 利润表

编制单位：A 公司　　×8 年度　　（单位：元）

项目	本期金额	上期金额（略）
一、营业收入	1 875 000.00	
减：营业成本	1 125 000.00	
营业税金及附加	3 000.00	
销售费用	30 000.00	
管理费用	235 650.00	
财务费用	62 250.00	
资产减值损失	2 250.00	
加：公允价值变动收益（损失以“-”号填列）		
投资收益（损失以“-”号填列）	47 250.00	
其中：对联营企业和合营企业的投资收益		
二、营业利润（亏损以“-”号填列）	464 100.00	
加：营业外收入	75 000.00	
减：营业外支出	34 650.00	
其中：非流动资产处置损失		
三、利润总额（亏损总额以“-”号填列）	504 450.00	
减：所得税费用	114 862.50	
四、净利润（净亏损以“-”号填列）	389 587.50	
五、每股收益：		
（一）基本每股收益		
（二）稀释每股收益		
六、其他综合收益		
七、综合收益总额	389 587.50	

3. 编制现金流量表

根据上述资料，采用工作底稿法编制现金流量表。

第一步，将资产负债表的期初数和期末数过入工作底稿的“期初数”栏和“期末数”栏。

第二步，以利润表项目为基础，从“营业收入”项目开始，结合资产负债表项目逐一进行分析，编制调整分录。

（1）分析调整主营业务收入：

借：经营活动现金流量——销售商品收到的现金　　2 043 750

　　应收账款　　450 000

　　贷：主营业务收入　　1 875 000

　　　　应收票据　　300 000

　　　　应交税费　　318 750

利润表中的主营业务收入应当转换为现金制，因而调整应收账款和应收票据的增减变动。应收账款的增加，应当减少与之相对应的本期主营业务和增值税销项税额的现金收入，而应收票据的减少系前期销售商品本期收到的现金。

（2）分析调整主营业务成本：

借：主营业务成本　　1 125 000

　　应付票据　　150 000

　　应交税费　　63 699

　　贷：经营活动现金流量——购买商品支付的现金　　1 195 749

　　　　存货　　142 950

应付票据的减少，表明本期用于购买存货的现金支出增加；存货的减少，表明本期消耗的存货中有原先库存的，从而使购买存货支付的现金减少。

（3）分析调整营业税金及附加：

借：营业税金及附加　　3 000

　　贷：经营活动现金流量——支付的各项税费　　3 000

利润表中的营业税金及附加与以现金支付的教育费附加一致。

（4）计算销售费用付现：

借：销售费用　　30 000

　　贷：经营活动现金流量——支付的其他与经营活动有关的现金　　30 000

利润表中的销售费用与实际支付现金数一致。

（5）调整管理费用：

借：管理费用　　235 650

　　贷：经营活动现金流量——支付的其他与经营活动有关的现金　　235 650

管理费用中含有不涉及现金支出的项目，此笔分录先将管理费用全额转入“经营活动现金流量——支付的其他与经营活动有关的现金”，至于不涉及现金支出的项目，以后再分别调整。

（6）分析调整财务费用：

借：财务费用　　62 250

　　贷：经营活动现金流量——销售商品收到的现金　　30 000

　　　　应付利息　　32 250

财务费用中包括票据贴现利息。由于在前述调整主营业务收入时，应收票据的减少已全部作为现金流入增加处理，而这笔贴现利息实际上没有现金流入，因而应当对（1）笔调整分录做再调整处理，在“经营活动现金流量——销售商品收到的现金”项目内冲回这笔贴现利息；应付利息 32 250 元均系借款利息。短期借款利息的计提处理调整见第（21）笔调整分录。

（7）分析调整坏账准备：

借：资产减值损失　　2 250

贷：坏账准备 2 250

计提坏账准备不涉及现金支出。

（8）分析调整投资收益：

借：投资活动现金流量——取得投资收益所收到的现金 45 000

投资活动现金流量——收回投资所收到的现金 24 750

贷：投资收益 47 250

可供出售金融资产 22 500

投资收益应当从利润表项目中调整出来，列入投资活动现金流量中。投资收益由两部分组成：一是分得现金股利 45 000 元；二是出售可供出售金融资产获利 2 250 元。收回投资共收到现金 24 750 元（22 500 + 2 250）。

（9）分析调整营业外收入：

借：投资活动现金流量——处置固定资产收到的现金 526 500

累计折旧 225 000

贷：营业外收入 75 000

固定资产 600 000

应交税费 76 500

营业外收入是处置固定资产的利得，处置过程中收到的现金应当列入投资活动现金流量中。

（10）分析调整营业外支出：

借：营业外支出 34 650

投资活动现金流量——处置固定资产收到的现金 450

累计折旧 270 000

贷：固定资产 300 000

应交税费 5 100

营业外支出是处置固定资产的损失，处置过程中收到的现金应当列入投资活动现金流量中。

（11）分析调整所得税：

借：所得税费用 114 862.50

贷：应交税费 114 862.50

将利润表中的所得税先调入应交税费，以后再调整应交税费。

（12）分析调整待摊费用：

借：经营活动现金流量——支付的其他与经营活动有关的现金 15 000

贷：长期待摊费用 15 000

长期待摊费用减少数已计入管理费用，而管理费用已在第（5）笔调整分录中全额调整到“经营活动现金流量——支付的其他与经营活动有关的现金”中，所以做补充调整。

（13）分析调整固定资产：

借：固定资产 2 229 705

应交税费 21 795

贷：投资活动现金流量——购建固定资产支付的现金 151 500

在建工程 2 100 000

本期固定资产的增加包括两部分：一是购入设备 129 705 元；二是在建工程完工转入

2 100 000 元。分析后得知，其中涉及现金流出 151 500 元。

（14）分析调整累计折旧：

借：经营活动现金流量——支付的其他与经营活动有关的现金　30 000

　　经营活动现金流量——购买商品支付的现金　120 000

　　贷：累计折旧　150 000

本期计提的折旧 150 000 元中，计入管理费用的 30 000 元，与第（12）笔调整分录同理，应做补充调整；计入制造费用的 120 000，通过分配已计入存货成本中，而且已在第（2）笔调整分录中全额调整到“经营活动现金流量——购买商品支付的现金”中，所以做补充调整。

（15）分析调整在建工程和工程物资：

借：在建工程　567 000

　　工程物资　225 000

　　贷：投资活动现金流量——购建固定资产支付的现金　567 000

　　　　应付利息　225 000

本期在建工程增加的原因有：一是支付在建工程人员工资 300 000 元；二是支付在建工程人员福利费 42 000 元；三是长期借款利息资本化 225 000 元。另外，购买工程物资支付现金 225 000 元。

（16）分析调整无形资产：

借：经营活动现金流量——支付的其他与经营活动有关的现金　90 000

　　贷：累计摊销　90 000

无形资产摊销时已计入管理费用，所以做补充调整，理由同第（12）笔调整分录。

（17）分析调整短期借款：

借：短期借款　375 000

　　贷：筹资活动现金流量——偿还债务所支付的现金　375 000

偿还短期借款本金应当列入筹资活动的现金流量。

（18）分析调整应付工资：

借：应付职工薪酬　450 000

　　贷：经营活动现金流量——支付给职工以及为职工支付的现金　450 000

借：经营活动现金流量——购买商品支付的现金　427 500

　　经营活动现金流量——支付的其他与经营活动有关的现金　22 500

　　贷：应付职工薪酬　450 000

本期应付职工薪酬的期末与期初差额虽然为零（165 000.00 - 165 000.00），但并不意味着本期支付给职工的薪酬为零。上述调整分录中，第一笔调整分录反映支付职工薪酬流出的现金；第二笔调整分录是由于职工薪酬分配时已分别计入制造费用和管理费用，所以做补充调整，理由同第（12）和第（14）笔调整分录。

（19）分析调整福利费：

借：应付职工薪酬　63 000

　　贷：经营活动现金流量——支付给职工以及为职工支付的现金　63 000

借：经营活动现金流量——购买商品支付的现金　59 850

　　经营活动现金流量——支付的其他与经营活动有关的现金　3 150

贷：应付职工薪酬 63 000

理由同第（18）笔调整分录。

（20）分析调整应交税金：

借：应交税费 258 172.50

贷：经营活动现金流量——支付的各项税费 258 172.50

这里调整的是实际以现金交纳的增值税和所得税。

（21）分析调整利息费用：

借：应付利息 18 750

贷：筹资活动现金流量——分配股利、偿付利息所支付的现金 18 750

以现金支付短期借款利息。

（22）分析调整长期借款：

借：长期借款 1 500 000

贷：筹资活动现金流量——偿还债务支付的现金 1 500 000

以现金偿还长期借款。

借：筹资活动现金流量——借款收到的现金 600 000

贷：长期借款 600 000

举借长期借款。

（23）结转净利润：

借：净利润 389 587.50

贷：未分配利润 389 587.50

（24）提取盈余公积及分配股利：

借：未分配利润 125 917.5

贷：盈余公积 77 917.5

应付股利 48 000

（25）调整现金净变动额：

借：现金净减少额 869 371.50

贷：现金 869 371.50

第三步，将调整分录过入工作底稿，如表 14-7 所示。

表 14-7 现金流量表工作底稿

编制单位：A 公司 ×8 年 12 月 31 日 （单位：元）

项目	期初数	调整分录		期末数
		借方	贷方	
一、资产负债表项目				
货币资金	2 109 450.00		(25)869 371.50	1 240 078.50
应收票据	369 000.00		(1)300 000.00	69 000.00
应收账款	450 000.00	(1)450 000.00		900 000.00
其他应收款	7 500.00			7 500.00
存货	3 870 000.00		(2)142 950.00	3 727 050.00
可供出售金融资产	22 500.00		(8)22 500.00	

续表

项目	期初数	调整分录		期末数
		借方	贷方	
长期股权投资	375 000.00			375 000.00
固定资产原价	2 250 000.00	(13)2 229 705.00	(9)600 000.00 (10)300 000.00	3 579 705.00
在建工程	2 250 000.00	(15)567 000.00	(13)2100 000.00	717 000.00
工程物资		(15)225 000.00		225 000.00
无形资产	900 000.00			900 000.00
长期待摊费用	600 000.00		(12)15 000.00	585 000.00
坏账准备	1350.00		(7)2 250.00	3 600.00
累计折旧	600 000.00	(9)225 000.00 (10)270 000.00	(14)150 000.00	255 000.00
累计摊销			(16)90 000.00	90 000.00
短期借款	450 000.00	(17)375 000.00		75 000.00
应付票据	300 000.00	(2)150 000.00		150 000.00
应付账款	1 430 700			1 430 700.00
应付利息	1 500.00	(21)18 750.00	(6)32 250.00 (15)225 000.00	240 000.00
其他应付款	75 000.00			75 000.00
应付股利			(24)48 000.00	48 000.00
应付职工薪酬	165 000.00	(18)450 000.00 (19)63 000.00	(18)450 000.00 (19)63 000.00	165 000.00
应交税费	54 900.00	(2)63 699.00 (13)21 795.00 (20)258 172.50	(1)318 750.00 (11)114 862.50 (9)76 500.00 (10)5 100.00	226 446.00
一年内到期的非流动负债	1 500 000.00	(22)1 500 000.00		
长期借款	900 000.00		(22)600 000.00	1 500 000.00
实收资本	7 500 000.00			7 500 000.00
盈余公积	150 000.00		(24)77 917.50	227 917.50
未分配利润	75 000.00	(24)125 917.50	(23)389 587.50	338 670.00
二、利润表项目				本期数
营业收入			(1)1 875 000.00	1 875 000.00
营业成本		(2)1 125 000.00		1 125 000.00
营业税金及附加		(3)3 000.00		3 000.00
销售费用		(4)30 000.00		30 000.00
管理费用		(5)235 650.00		235 650.00
财务费用		(6)62 250.00		62 250.00
资产减值损失		(7) 2 250.00		2 250.00
投资收益			(8)47 250.00	47 250.00
营业外收入			(9)75 000.00	75 000.00
营业外支出		(10)34 650.00		34 650.00
所得税费用		(11)114 862.50		114 862.50
净利润		(23) 389 587.50		389 587.50
三、现金流量表项目				本期数
（一）经营活动现金流量				

续表

项目	期初数	调整分录		期末数
		借方	贷方	
销售商品、提供劳务收到的现金		(1)2 043 250.00	(6)30 000.00	2 013 750.00
现金流入小计				2 013 750.00
购买商品、接受劳务支付的现金		(14)120 000.00 (18)427 500.00 (19)59 850.00	(2)1 195 749.00	588 399.00
支付给职工以及为职工支付的现金			(18)450 000.00 (19)63 000.00	513 000.00
支付的各项税费			(3)3 000.00 (20)258 172.50	261 172.50
支付的其他与经营活动有关的现金		(12)15 000.00 (14)30 000.00 (16)90 000.00 (18)22 500.00 (19)3 150.00	(4)30 000.00 (5)235 650.00	105 000.00
（二）投资活动现金流量				
收回投资所收到的现金		(8)24 750.00		24 750.00
取得投资收益收到的现金		(8)45 000.00		45 000.00
处置固定资产等收到的现金		(9)526 500.00 (10)450.00		526 950.00
现金流入小计				596 700.00
购建固定资产等支付的现金			(13)151 500.00 (15)567 000.00	718 500.00
（三）筹资活动现金流量				
借款收到的现金		(22)600 000.00		600 000.00
偿还债务支付的现金			(17)375 000.00 (22)1 500 000.00	1 875 000.00
分配股利、利润或偿付利息支付的现金			(21)18 750.00	18 750.00
四、现金净增加额		(25) 869 371.50		869 371.50

第四步，核对调整分录，如果借方、贷方合计数均相等，资产负债表项目期初数加减调整分录中的借贷金额后也等于期末数。

第五步，根据工作底稿中的现金流量表项目部分编制正式的现金流量表（如表 14-8 和表 14-9 所示）。

表 14-8　现金流量表

编制单位：A 公司　　　　×8 年度　　　　（单位：元）

项目	本期金额	上期金额
一、经营活动产生的现金流量：		
销售商品、提供劳务收到的现金	2 013 750.00	
收到的税费返还	0	
收到其他与经营活动有关的现金	0	
经营活动现金流入小计	2 013 750.00	
购买商品、接受劳务支付的现金	588 399.00	
支付给职工以及为职工支付的现金	513 000.00	
支付的各项税费	261 172.50	

续表

项目	本期金额	上期金额
支付其他与经营活动有关的现金	105 000.00	
经营活动现金流出小计	1 467 571.50	
经营活动产生的现金流量净额	546 178.50	
二、投资活动产生的现金流量：		
收回投资收到的现金	24 750.00	
取得投资收益收到的现金	45 000.00	
处置固定资产、无形资产和其他长期资产收回的现金净额	526 950.00	
处置子公司及其他营业单位收到的现金净额	0	
收到其他与投资活动有关的现金	0	
投资活动现金流入小计	596 700.00	
购建固定资产、无形资产和其他长期资产支付的现金	718 500.00	
投资支付的现金	0	
取得子公司及其他营业单位支付的现金净额	0	
支付其他与投资活动有关的现金	0	
投资活动现金流出小计	718 500.00	
投资活动产生的现金流量净额	−121 800.00	
三、筹资活动产生的现金流量：		
吸收投资收到的现金	0	
取得借款收到的现金	600 000.00	
收到其他与筹资活动有关的现金	0	
筹资活动现金流入小计	600 000.00	
偿还债务支付的现金	1 875 000.00	
分配股利、利润或偿付利息支付的现金	18 750.00	
支付其他与筹资活动有关的现金	0	
筹资活动现金流出小计	1 893 750.00	
筹资活动产生的现金流量净额	−1 293 750.00	
四、汇率变动对现金及现金等价物的影响	0	
五、现金及现金等价物净增加额	−869 371.50	
加：期初现金及现金等价物余额	2 109 450.00	
六、期末现金及现金等价物余额	1 240 078.50	

表 14-9　现金流量表补充资料　（单位：元）

项目	本期金额	上期金额
1. 将净利润调节为经营活动现金流量		
净利润	389 587.50	
加：资产减值准备	2 250.00	
固定资产折旧、油气资产折耗、生产性生物资产折旧	150 000.00	
无形资产摊销	90 000.00	
长期待摊费用摊销	15 000.000	
处置固定资产、无形资产和其他长期资产的损失（收益以“−”号填列）	−40 350.00	
固定资产盘亏损失（收益以“−”号填列）		
公允价值变动损失（收益以“−”号填列）		
财务费用（收益以“−”号填列）	32 250.00	

续表

项目	本期金额	上期金额
投资损失（收益以"－"号填列）	−47 250.00	
递延所得税资产减少（增加以"－"号填列）	0	
递延所得税负债增加（减少以"－"号填列）	0	
存货的减少（增加以"－"号填列）	142 950.00	
经营性应收项目的减少（增加以"－"号填列）	−150 000.00	
经营性应付项目的增加（减少以"－"号填列）	−38 259.00	
其他		
经营活动产生的现金流量净额	546 178.50	
2．不涉及现金收支的重大投资和筹资活动		
债务转为资本	0	
一年内到期的可转换公司债券	0	
融资租入固定资产	0	
3．现金及现金等价物净变动情况		
现金的期末余额	1 240 078.50	
减：现金的期初余额	2 109 450.00	
加：现金等价物的期末余额	0	
减：现金等价物的期初余额	0	
现金及现金等价物净增加额	−869 371.5	

注：财务费用＝62 250－30 000＝32 250（元）

经营性应收项目的减少＝(369 000－69 000)＋(450 000－900 000)＝−150 000（元）

经营性应付项目的增加＝(150 000－300 000)＋[(226 446－54 900)－(76 500＋5 100－21 795)]]＝−38 259（元）

4．编制所有者权益变动表

编制完成的所有者权益变动表如表14-10所示。

表14-10　所有者权益变动表

编制单位：A公司　　　　×8年度　　　　（单位：元）

项目	上年或本年金额					
	实收资本（或股本）	资本公积	减：库存股	盈余公积	未分配利润	所有者权益合计
一、上年年末余额	7 500 000			150 000	75 000	7 725 000
加：会计政策变更						
前期差错更正						
二、本年年初余额	7 500 000			150 000	75 000	7 725 000
三、本年增减变动金额（减少以"－"号填列）						
（一）净利润					389 587.5	389 587.5
（二）其他综合收益						
上述（一）和（二）小计						
（三）所有者投入和减少资本						
1．所有者投入资本						
2．股份支付计入所有者权益的金额						
3．其他						
（四）利润分配						
1．提取盈余公积				77 917.5	−77 917.5	
2．对所有者（或股东）的分配					−48 000	−48 000

续表

项目	上年或本年金额					
	实收资本（或股本）	资本公积	减：库存股	盈余公积	未分配利润	所有者权益合计
3．其他						
（五）所有者权益内部结转						
1．资本公积转增资本（或股本）						
2．盈余公积转增资本（或股本）						
3．盈余公积弥补亏损						
4．其他						
四、本年年末余额	7 500 000			227 917.5	338 670	8 066 587.5

同步练习

一、单项选择题

1．中期财务会计报告不包括（　　）。

A．月报　　B．季报　　C．半年报　　D．年报

2．下列报表中，（　　）能够反映企业一定期间内经营成果，表明企业运用所有资产的获利能力。

A．资产负债表　　B．利润表　　C．现金流量表　　D．所有者权益变动表

3．提供企业资产的流动性和偿债能力情况的报表是（　　）。

A．资产负债表　　B．利润表　　C．现金流量表　　D．所有者权益变动表

4．在资产负债表中，资产的排列是依据（　　）。

A．项目收益性　　B．项目重要性　　C．项目流动性　　D．项目时间性

5．下列资产负债表项目中，可直接根据一个总账余额就能填列的项目是（　　）。

A．应收账款　　B．短期借款　　C．预付账款　　D．预收账款

6．在编制中期财务报告时，资产负债表中的"未分配利润"项目，应当根据（　　）填列。

A．"利润分配"账户余额　　B．"本年利润"账户余额

C．"盈余公积"账户余额　　D．"本年利润"和"利润分配"账户的余额计算后

7．年末，"固定资产"账户余额为2 000万元，"累计折旧"账户余额为800万元，"固定资产减值准备"账户余额为100万元，"在建工程"账户余额为200万元。年末资产负债表中"固定资产"项目应当填列的金额为（　　）万元。

A．1 200　　B．90　　C．1 100　　D．2 200

8．期末，"原材料"账户的借方余额为150万元，"生产成本"账户的借方余额为200万元，"材料采购"账户为借方余额为50万元，"材料成本差异"账户的贷方余额为30万元。期末资产负债表中"存货"项目应当填列的金额为（　　）万元。

A．520　　B．370　　C．420　　D．390

9．"应收账款"账户所属明细账的期末贷方余额，在资产负债表的（　　）项目反映。

A．应收账款　　B．预收账款　　C．应付账款　　D．其他应付款

10. “预付账款”账户所属明细账的期末贷方余额，在资产负债表的（　　）项目反映。

A. 预付账款　　B. 预收账款　　C. 应收账款　　D. 应付账款

11. 下列账户的借方余额，应当以“–”号列入资产负债表右方的项目是（　　）。

A. 应收账款　　B. 累计折旧　　C. 固定资产清理　　D. 未分配利润

12. ×6 年 4 月 1 日从银行借入期限为 3 年的长期借款 400 万元，×8 年 12 月 31 日编制资产负债表时，此项借款应当填入的报表项目是（　　）。

A. 短期借款　　B. 长期借款

C. 其他长期负债　　D. 一年内到期的非流动负债

13. ×7 年 1 月 1 日发行在外的普通股为 8 000 万股；×7 年 4 月 1 日新发行普通股 2 000 万股；×8 年 7 月 1 日宣告分派股票股利，以×7 年 12 月 31 日总股本为基数每 10 股送 5 股；×8 年归属于普通股股东的净利润为 4 000 万元。×8 年比较利润表中列示的×8 年基本每股收益为（　　）元。

A. 0.267　　B. 0.281　　C. 0.314　　D. 0.333

14. ×8 年 1 月 1 日发行在外的普通股为 10 000 万股；6 月 30 日定向增发 1 200 万股普通股；9 月 30 日自公开市场回购 240 万股拟用于高层管理人员股权激励；×8 年实现的归属于普通股股东的净利润为 5 600 万元。×8 年基本每股收益为（　　）元。

A. 0.50　　B. 0.51　　C. 0.53　　D. 0.56

15. ×8 年 1 月 2 日某公司发行票面利率为 4%、面值为 800 万元的可转换债券，每 100 元债券可转换为 90 股面值为 1 元的普通股。×8 年年初发行在外的普通股为 4 000 万股，×8 年实现的归属于普通股股东的净利润为 4 500 万元，所得税税率为 33%。假设不考虑可转换公司债券在负债和权益成分的分拆，则×8 年稀释的每股收益为（　　）元。

A. 1.125　　B. 0.21　　C. 0.94　　D. 0.96

16. 下列各项中，属于企业经营活动中产生的现金流量是（　　）。

A. 收到的税费返还款　　B. 取得借款收到的现金

C. 分配股利支付的现金　　D. 取得投资收益收到的现金

17. 企业购买股票支付价款中包含的已经宣告但尚未领取的现金股利，应当在现金流量表的（　　）项目中填列。

A. 支付的其他与经营活动有关的现金　　B. 投资所支付的现金

C. 支付的其他与投资活动有关的现金　　D. 分配股利、利润或偿付利息所支付的现金

18. 在下列事项中，（　　）不影响企业的现金流量。

A. 取得短期借款　　B. 支付现金股利　　C. 偿还长期借款　　D. 摊销无形资产

19. 支付的在建工程人员的工资属于（　　）产生的现金流量。

A. 筹资活动　　B. 经营活动　　C. 汇率变动　　D. 投资活动

20. 引起现金流量净额变动的项目是（　　）。

A. 将现金存入银行　　B. 用银行存款购买 1 个月到期的债券

C. 用固定资产抵偿债务　　D. 用银行存款清偿债务

21. ×8 年共发生财务费用 20 000 元，其中 19 000 元为短期借款利息，1 000 元为票据贴现利息。现金流量表补充资料中的“财务费用”项目应当填列的金额为（　　）元。

A. 19 000　　B. 20 000　　C. –19 000　　D. –20 000

22. “融资租入固定资产”项目属于（ ）。

A. 涉及现金收支的经营活动项目　　B. 涉及现金收支的投资活动项目

C. 涉及现金收支的筹资活动项目　　D. 不涉及现金收支的投资和筹资活动项目

23. 下列各项业务中，会引起现金流量表中筹资活动现金净流量增加的是（ ）。

A. 从银行取得银行汇票　　B. 用银行本票采购工程物资

C. 接受固定资产投资　　D. 接受现金捐赠

24. 下列各项中，属于经营活动产生的现金流量项目有（ ）。

A. 固定资产的购置与处置　　B. 支付在建工程人员工资

C. 转让股票投资取得的收入　　D. 以现金购买办公用品

25. 期末有库存现金 3 000 元，银行存款 2 000 000 元（含未到期定期存款 300 000 元），短期投资 800 000 元(含两个月前买的期限为 3 个月企业债券 400 000 元和 9 个月前买的 1 年期企业债券 200 000 元）。期末报表上应当反映的现金及等价物为（ ）元。

A. 1 703 000　　B. 2 003 000　　C. 2 103 000　　D. 2 303 000

26. 下列属于投资活动现金流出的项目是（ ）。

A. 债券到期收到的现金　　B. 偿还债券支付的现金

C. 购买债券支付的现金　　D. 发行债券收到的现金

27. 采用间接法计算经营活动的现金流量净额时，应当从净利润中扣除的项目是（ ）。

A. 计提的坏账准备　　B. 计提的固定资产折旧

C. 摊销的待摊费用　　D. 处置固定资产的收益

28. 企业支付给离退休人员的各项费用，在编制现金流量表时，应当作为（ ）项目填列。

A. 支付给职工以及为职工支付的现金　　B. 补充资料

C. 支付的其他与经营活动有关的现金　　D. 支付离退休人员费用

29. 下列经济业务产生的现金流量中，属于“经营活动产生的现金流量”的是（ ）。

A. 取得债券利息收入产生的现金流入　　B. 变卖固定资产产生的现金流入

C. 支付经营租赁费用产生的现金流出　　D. 支付融资租赁费用产生的现金流出

30. ×8 年主营业务收入为 2 000 万元，增值税销项税额为 340 万元。×8 年报表中应收账款的年初数为 150 万元，年末数为 120 万元；应收票据年初数为 80 万元，年末数为 0；当年应收票据贴现（不附追索权）发生财务费用 2 万元；×8 年发生坏账 10 万元，计提坏账准备 12 万元。×8 年“销售商品收到的现金”为（ ）万元。

A. 2 450　　B. 2 440　　C. 2 438　　D. 2 436

31. ×8 年主营业务成本为 5 000，增值税进项税额为 610 万元。报表中应付账款年初数为 100 万元，年末数为 120 万元；预付账款年初数为 80 万元，年末数为 90 万元；存货年初数为 120 万元，年末数为 100 万元；用固定资产偿还应付账款 10 万元。×8 年购买商品、接受劳务支付的现金为（ ）万元。

A. 5 650　　B. 5 610　　C. 5 630　　D. 5 570

二、多项选择题

1. 资产负债表的格式有（ ）。

A. 单步式　　B. 多步式　　C. 账户式　　D. 报告式

2. 资产负债表各项目的数据，可以通过以下几种方式获得（　　）。

A. 根据明细账的余额分析获得　　B. 直接从总账的余额获得

C. 根据有关账户的余额分析获得　　D. 根据几个总账的余额合计获得

3. 一套完整的财务报表应当包括（　　）。

A. 资产负债表　　B. 利润表　　C. 现金流量表　　D. 所有者权益变动表

4. 下列资产负债表项目中，可直接根据有关总账余额填列的有（　　）。

A. 应付票据　　B. 交易性金融资产　　C. 存货　　D. 应付职工薪酬

5. 下列资产负债表项目中，应当根据多个总账余额计算填列的有（　　）。

A. 应付账款　　B. 货币资金　　C. 未分配利润　　D. 存货

6. 资产负债表中"货币资金"项目应当根据（　　）账户的期末余额合计填列。

A. 现金等价物　　B. 库存现金　　C. 银行存款　　D. 其他货币资金

7. 下列资产减值准备相关账户余额中，不在资产负债表上单独列示的有（　　）。

A. 在建工程减值准备　　B. 存货跌价准备　　C. 坏账准备　　D. 固定资产减值准备

8. 下列资产负债表各项目中，属于流动负债项目的有（　　）。

A. 应付职工薪酬　　B. 一年内到期的非流动负债

C. 应付债券　　D. 应交税费

9. 下列各项中，应当包括在资产负债表"存货"项目的有（　　）。

A. 材料成本差异　　B. 委托加工物资　　C. 在产品　　D. 发出商品

10. 下列资产负债表项目中，可直接根据有关总账余额填列的有（　　）。

A. 短期借款　　B. 实收资本　　C. 应收账款　　D. 资本公积

11. 资产负债表中的"一年内到期的非流动负债"项目应当根据下列（　　）账户贷方余额分析填列。

A. 长期借款　　B. 长期应付款　　C. 应付账款　　D. 应付债券

12. 下列资产负债表项目中，应当根据明细账余额计算填列的有（　　）。

A. 应收账款　　B. 预收账款　　C. 预付账款　　D. 应付账款

13. 下列资产中，属于流动资产的有（　　）。

A. 交易性金融资产　　B. 一年内到期的非流动资产

C. 货币资金　　D. 开发支出

14. 下列资产负债表项目中，根据总账和明细账余额分析计算填列的有（　　）。

A. 长期借款　　B. 预收账款　　C. 应付债券　　D. 长期应收款

15. 资产负债表中的"存货"项目包括（　　）。

A. 存货跌价准备　　B. 委托代销商品　　C. 受托代销商品　　D. 受托代销商品款

16. 下列各项，影响企业营业利润的项目有（　　）。

A. 销售费用　　B. 管理费用　　C. 投资收益　　D. 所得税费用

17. 下列各项中，属于筹资活动现金流量的有（　　）。

A. 支付现金股利　　B. 取得借款　　C. 增发股票　　D. 发行债券

18. 下列各项中，属于现金流量表中现金的有（　　）。

A. 银行存款　　B. 银行汇票存款　　C. 库存现金　　D. 现金等价物

19. 下列各项中，属于投资活动现金流量的有（　　）。

A. 购建固定资产支付的现金　　B. 转让无形资产所有权收到的现金

C. 收到分派的现金股利　　　　　　　　D. 出售固定资产收到的现金

20. 在采用间接法将净利润调节为经营活动的现金流量时，下列各调整项目中，属于调增项目的是（　　）。

A. 存货的减少　　　　　　　　　　　B. 递延所得税资产减少额

C. 计提的坏账准备　　　　　　　　　D. 经营性应付项目的减少

21. 将净利润调节为经营活动产生的现金流量时，下列各调整项目中，属于调减项目的有（　　）。

A. 长期待摊费用的增加　　　　　　　B. 递延所得税负债增加额

C. 投资收益　　　　　　　　　　　　D. 固定资产报废损失

22. 现金流量表中的"支付给职工以及为职工支付的现金"项目包括（　　）。

A. 支付的退休人员的退休金　　　　　B. 支付的在建工程人员的工资

C. 支付的生产工人的工资　　　　　　D. 支付的行政管理人员的工资

23. 下列各项中，不涉及现金收支的投资和筹资活动的项目有（　　）。

A. 债务转为资本　　　　　　　　　　B. 一年内到期的可转换公司债券

C. 以现金偿还债务　　　　　　　　　D. 融资租入固定资产

24. 以下各项中，应当在现金流量表补充资料中反映的是（　　）。

A. 不涉及现金收支的投资和筹资活动　B. 汇率变动对现金的影响

C. 将净利润调节为经营活动的现金流量　D. 现金及现金等价物净增加额

25. 下列不产生现金流量的业务有（　　）。

A. 本期核销的坏账　B. 分派股票股利　C. 以固定资产抵债　D. 存货的盘亏

26. 现金等价物应当同时具备的条件是（　　）。

A. 期限短　　　　　　　　　　　　　B. 易转换为已知金额现金

C. 流动性强　　　　　　　　　　　　D. 价值变动风险很小

27. 在现金流量表补充资料中将净利润调整为经营活动的现金流量时，需要调整增加的项目有（　　）。

A. 提取资产减值准备　B. 无形资产摊销　C. 投资损失　D. 处置固定资产利得

28. 下列各项现金流出，属于筹资活动现金流量的有（　　）。

A. 偿还应付账款　B. 偿还短期借款　C. 支付融资租赁费　D. 支付借款利息

三、判断题

1. 资产负债表中的资产类应当分别流动资产和非流动资产项目列示，非流动资产在前，流动资产在后。（　　）

2. 企业必须对外提供资产负债表、利润表和现金流量表，会计报表附注可以不对外提供。（　　）

3. 通过资产负债表可以计算流动比率、速动比率，以了解企业的短期偿债能力清算能力。（　　）

4. 资产负债表中的"长期待摊费用"项目可根据"长期待摊费用"总账的余额直接填列。（　　）

5. 待处理流动资产净损失应当作为流动资产在资产负债表列示。（　　）

6. 代销商品款应当作为流动负债在资产负债表中列示。（　　）

7. 资产负债表和利润表均属于月报。（　　）

8. 资产负债表中的"无形资产"项目反映各项无形资产的原价。（　　）

9. 稀释每股收益金额大于基本每股收益金额。（　　）

10. 资产负债表和现金流量表属于静态会计报表，利润表则属于动态会计报表。（　　）

11. 以分期付款方式购建固定资产，其每期支付的现金应当作为投资活动产生的现金流出。（　　）

12. 企业支付的所得税、印花税、房产税、土地增值税、耕地占用税等，应当作为经营活动产生的现金流量，列入“支付的各项税费”项目。（　　）

13. 企业支付给全体职工的工资，应当作为经营活动产生的现金流量，列入“支付给职工以及为职工支付的现金”项目。（　　）

14. 企业资产因自然灾害遭受损失而收到的赔款应当作为经营活动产生的现金流量。（　　）

15. 融资租入固定资产支付的租赁费，在“购建固定资产、无形资产和其他长期资产而支付的现金”中反映。（　　）

16. 企业接受捐赠收到的现金应当作为经营活动的现金流量。（　　）

17. 现金流量表只反映涉及现金的经营活动、投资活动和筹资活动。（　　）

18. 现金流量表补充资料中的固定资产折旧项目只能列示本期计提的计入损益的折旧费。（　　）

19. 企业购入3个月内到期的国债，会减少企业投资活动产生的现金流量。（　　）

四、业务题

1. 某公司5月末部分账户余额如表14-11所示。

表14-11　某公司5月末部分账户余额表　（单位：元）

科目名称	期末余额	科目名称	期末余额
应收账款	358 000（借）	受托代销商品	96 000（借）
预付账款	58 600（借）	应付账款	154 600（贷）
其中：——A公司	60 200（借）	其中：——C公司	157 400（贷）
——B公司	1 600（贷）	——D公司	2 800（借）
其他应收款	7 200（借）	预收账款	66 000（贷）
原材料	216 000（借）	其中：——E公司	68 000（贷）
材料采购	54 000（借）	——F公司	2 000（借）
低值易耗品	162 000（借）	坏账准备	9 400（贷）
工程物资	256 000（借）	其中：——应收账款	8 900（贷）
生产成本	128 000（借）	——其他应收款	500（贷）
劳务成本	72 000（借）	材料成本差异	2 000（贷）
库存商品	360 000（借）	受托代销商品款	96 000（贷）
发出商品	20 000（借）		

要求：根据以上有关账户的期末余额，计算5月份资产负债表中应收账款、预付账款、其他应收款、存货、应付账款、预收账款各项目应当填列的金额。

2. 甲公司×8年12月31日有关资料如下。

（1）长期借款资料如表14-12所示。

表14-12　甲公司长期借款资料

（单位：元）

借款起始日期	借款期限（年）	金额
×8年1月1日	3	3 000 000
×6年1月1日	5	6 000 000
×5年6月1日	4	4 500 000

（2）“长期待摊费用”账户期末余额为50万元，其中一年内摊销的数额为20万元。

（3）“持有至到期投资”账户期末余额为45万元，其中一年内到期的有10万元。

要求：根据上述资料，计算资产负债表中长期借款、一年内到期的非流动负债、长期待摊费用、持有至到期投资、一年内到期的非流动资产各项目应当填列的金额。

3. 甲公司为增值税一般纳税人，采用资产负债表债务法核算所得税，所得税税率为25%，材料按实际成本核算。×8年3月发生的经济业务如下。

（1）销售产品一批，售价为200万元，应收取的增值税税额为34万元，成本为120万元，款未收。

（2）取得罚款收入13万元，款项已收存银行。

（3）结转固定资产清理净损失8.6万元。

（4）以银行存款支付税收滞纳金3万元、非公益性捐赠支出5万元、广告费7万元。

（5）销售材料一批，成本为9.07万元，售价为13万元，应收取的增值税税额为2.21万元，款项已收存银行。

（6）计提3月份销售应当负担的城市维护建设税31万元和教育费附加1.5万元。

（7）计提短期借款利息7.2万元。

（8）甲公司拥有乙公司的10%股权，乙公司宣告上年度现金股利66万元，乙公司的所得税税率为25%。

（9）计提管理部门办公设备折旧12.5万元，以银行存款支付其他管理费用9万元。

（10）3月31日交易性金融资产公允价值上升50 000元。

（11）3月31日计提存货跌价准备50 000元。

（12）计算本月应交所得税。

要求：编制×8年3月利润表，并列出各该项目数据的计算过程。

4. 甲公司×8年发生的有关经济业务如下。

（1）销售商品100件，单位售价为100元，适用的增值税税率为17%，商品已发出，款项已如数收存银行。

（2）销售商品一批，售价为200 000元，适用的增值税税率为17%，商品已发出，款项未收到。

（3）贴现商业汇票一张，票面金额为100 000元，期限为6个月，票面利率为10%，贴现利率为12%，贴现日距到期日还有5个月，该票据未计提利息。

（4）以银行存款支付到期应付票据234 000元。

（5）购买材料一批，价款为200 000元，可抵扣增值税税额为34 000元，采购费用为5 000元，款项以银行存款支付。

（6）一张不带息的商业汇票到期，其面值为117 000元，款项已收存银行。

（7）购买股票作为交易性金融资产，支付价款20 000元。

要求：根据上述业务编制现金流量表的调整分录。

5. 甲公司×8年有关资料如下。

（1）×8年12月31日资产负债表项目如表14-13所示。

（2）×8年主营业务收入500 000元，主营业务成本300 000元。

（3）其他有关资料（除下列业务外，均为正常购销业务）：①增值税销项税额为85 170元（工程领用库存商品的增值税销项税额为170元），增值税进项税额为40 000元；②工程领用库存商品的成本为800元，售价为1 000元；③存货本

表14-13　甲公司资产负债表项目

（单位：元）

项目	年初数	年末数
应收账款	30 000	20 400
应收票据	10 500	18 000
预收账款	15 000	8 000
应付账款	10 000	9 500
预付账款	9 000	8 000
存货	40 000	30 000

期减少中有存货盘亏损失 2 000 元；④因发生制造费用 8 000 元和分配职工工资 10 000 元，使得本期存货增加 18 000 元；⑤应收票据的减少中含有一项票据贴现业务，贴现利息为 1 000 元。

要求：

（1）计算销售商品收到的现金（含增值税销项税额）；

（2）计算购买商品支付的现金（含增值税进项税额）。

6. 甲公司资产负债表及损益表有关资料如下：利润表有关资料（×8 年）如表 14-14 所示，资产负债表有关资料如表 14-15 所示。另外，“坏账准备”账户 ×7 年 12 月 31 日余额为 1 404 元，×8 年 12 月 31 日余额为 1 053 元；“应交税费——应交增值税”账户 ×7 年 12 月 31 日余额为 100 000 元，×8 年 12 月 31 日余额为 200 000 元；“应交税费——应交所得税”账户 ×7 年 12 月 31 日余额为 80 000 元，×8 年 12 月 31 日余额为 60 000 元。

要求：根据上述资料运用间接法计算确定经营活动产生的现金流量净额。

表 14-14　利润表有关资料

（单位：元）

项目	金额
净利润	400 000
折旧费用	120 000
无形资产摊销	40 000
处置固定资产的收益	80 000
出售短期投资损失	35 000
财务费用（借款利息）	5 000

表 14-15　资产负债表有关资料

（单位：元）

项目	×7 年 12 月 31 日	×8 年 12 月 31 日
应收账款	468 000	351 000
存货	600 000	500 000
长期待摊费用	10 000	20 000
应付账款	117 000	351 000
应交税费	180 000	260 000

7. 甲公司 ×8 年的有关资料如下。

（1）当期实现商品销售收入 100 000 元；“应收账款”账户期初余额为 20 000 元，期末余额为 50 000 元；“预收账款”账户期初余额为 10 000 元，期末余额为 30 000 元。假定不考虑增值税和坏账准备因素。

（2）当期用银行存款支付购买原材料价款 48 000 元；当期支付前期应付账款 12 000 元；当期购买原材料预付货款 15 000 元；当期因购货退回收到现金 6 000 元。

（3）当期实际支付职工工资及各种奖金 44 000 元，其中生产经营人员工资及奖金 35 000 元，在建工程人员工资及奖金 9 000 元。另外，用现金支付离退休人员退休金 7 000 元。

（4）当期购买工程物资预付货款 22 000 元；向承包商支付工程款 16 000 元。

（5）当期购入某公司股票 1 000 股，支付价款 14 500 元，其中相关税费 200 元，已宣告但尚未领取的现金股利 300 元。

（6）当期发行面值为 80 000 元的公司债券，扣除支付的佣金等发行费用 8 000 元后，实际收到款项 72 000 元。另外，为发行公司债券支付审计费用 3 000 元。

（7）当期用银行存款偿还借款本金 60 000 元，支付借款利息 6 000 元。

（8）当期用银行存款支付现金股利 30 000 元。

要求：根据上述资料，计算现金流量表中“销售商品收到的现金”、“购买商品支付的现金”、“支付给职工以及为职工支付的现金”、“购建固定资产所支付的现金”、“投资所支付的现金”、“吸收投资所收到的现金”、“偿还债务所支付的现金”、“分配股利或偿付利息所支付的现金”各项目应当填列的金额。

自测试卷

（一）

一、单项选择题（每小题 1 分，共 15 分）

1. 企业确认资产或负债应满足有关的经济利益（　　）流入或流出企业的条件。

A. 可能　　B. 基本确定　　C. 很可能　　D. 极小可能

2. 无法查明原因的现金溢余，经批准后应转入的账户是（　　）。

A. 其他业务收入　　B. 管理费用　　C. 营业外收入　　D. 营业外支出

3. 企业到期的商业汇票无法收回时，应收票据本息应转入（　　）。

A. 应收账款　　B. 坏账准备　　C. 财务费用　　D. 其他应收款

4. 可供出售金融资产公允价值变动形成的利得或损失，应当借记或贷记（　　）账户，在该金融资产终止确认时转出也贷记或借记该账户。

A. 营业外支出　　B. 投资收益　　C. 公允价值变动损益　　D. 资本公积

5. 随同产品出售并单独计价的包装物，其成本应计入（　　）。

A. 制造费用　　B. 生产成本　　C. 销售费用　　D. 其他业务成本

6. 下列各项中，不通过“固定资产清理”账户核算的是（　　）。

A. 固定资产报废　　B. 固定资产盘亏　　C. 固定资产毁损　　D. 固定资产出售

7. 无形资产预期不能为企业带来经济利益的，应当将该无形资产的账面价值予以转销，计入（　　）。

A. 管理费用　　B. 营业外支出　　C. 资产减值损失　　D. 公允价值变动损益

8. 投资性房地产不论采用何种模式计量，取得的租金收入均通过（　　）账户核算。

A. 营业外收入　　B. 投资收益　　C. 其他业务成本　　D. 其他业务收入

9. 企业将自产货物发放给职工作为集体福利，应视同销售货物计算应交增值税，应借记（　　）账户，贷记“主营业务收入”、“应交税费——应交增值税”等账户。

A. 营业外支出　　B. 应付职工薪酬　　C. 盈余公积　　D. 在建工程

10. 可转换公司债券转换为股票时，债券的账面价值与股票面值的差额作为（　　）处理。

A. 债券溢价　　B. 债券折价　　C. 投资收益　　D. 资本公积

11. 未支付的或有应付金额，在冲销预计负债的同时，应确认（　　）。

A. 资本公积　　B. 应付账款　　C. 营业外收入　　D. 营业外支出

12. 企业对于已经发出但不符合收入确认条件的商品，其成本应借记的账户是（　　）。

A. 在途物资　　B. 发出商品　　C. 库存商品　　D. 主营业务成本

13. 下列各项中，会引起留存收益总额发生增减变动的是（　　）。

A. 用税后利润补亏　　B. 盈余公积补亏

C. 盈余公积转增资本　　D. 债务转为资本

14. 下列账户的借方余额，以“-”号列入资产负债表右方有关项目的是（　　）。

A. 应收账款　　B. 累计折旧　　C. 固定资产清理　　D. 未分配利润

15. 支付的在建工程人员的工资属于（　　）产生的现金流量。

A. 筹资活动　　B. 经营活动　　C. 汇率变动　　D. 投资活动

二、多项选择题（每小题 1 分，共 13 分）

1. 某项收入的实现可能导致（　　）。

A. 资产增加　　B. 费用增加　　C. 负债减少　　D. 所有者权益增加

2. 应当以公允价值进行后续计量的金融资产有（　　）。

A. 交易性金融资产　　B. 持有至到期投资　　C. 可供出售金融资产　　D. 贷款和应收款项

3. 在同一控制下的企业合并中，合并方取得的净资产账面价值与支付的合并对价账面价值（或发行股份面值总额）的差额，可能调整（　　）。

A. 盈余公积　　B. 资本公积　　C. 营业外收入　　D. 未分配利润

4. 对存货实行定期盘存制的企业，确定当期耗用或销售存货成本时，主要依据（　　）。

A. 期初结存存货　　B. 本期购入存货　　C. 本期发出存货　　D. 期末结存存货

5. 提取的固定资产折旧可能记入（　　）账户。

A. 制造费用　　B. 销售费用　　C. 管理费用　　D. 营业外支出

6. 下列各项属于无形资产的有（　　）。

A. 商标权　　B. 专利权　　C. 非专利技术　　D. 商誉

7. 下列各项中，不属于投资性房地产的是（　　）。

A. 房地产企业开发的准备出售的房屋　　B. 房地产企业开发的已出租的房屋

C. 持有的准备建造房屋的土地使用权　　D. 以经营租赁方式租入的建筑物

8. 应该计入“管理费用”账户的税费有（　　）。

A. 房产税　　B. 矿产资源补偿费　　C. 车船使用税　　D. 土地使用税

9. 下列项目中，应计入应付引进设备款的有（　　）。

A. 设备价款　　B. 国外运费　　C. 进口关税　　D. 国内运费

10. 债务人以产成品清偿债务时，会计分录贷方涉及的账户可能有（　　）。

A. 主营业务收入　　B. 应交税费　　C. 营业外收入　　D. 资本公积

11. 企业弥补亏损的渠道主要有（　　）。

A. 用以后年度税前利润弥补　　B. 用资本公积弥补

C. 用以后年度税后利润弥补　　D. 用盈余公积弥补

12. 下列资产中，属于流动资产的有（　　）。

A. 交易性金融资产　　B. 一年内到期的非流动资产

C. 货币资金　　D. 开发支出

13. 下列资产负债表项目中，根据总账和明细账余额分析计算填列的有（　　）。

A. 长期借款　　B. 预收账款　　C. 应收账款　　D. 长期应收款

三、判断题（每小题 1 分，共 14 分，对的打√，错的打×）

1. 凡是利得和损失应计入当期损益。（ ）

2. 在我国，企业应收账款的入账金额应按扣除商业折扣和现金折扣后的金额确认。（ ）

3. 可供出售金融资产发生减值后，利息收入应当按照票面利率计算确认。（ ）

4. 在权益法下，投资企业应于被投资单位宣告分派利润时，按持股比例计算应分得的利润，确认投资收益，并调整长期股权投资的账面价值。（ ）

5. 如果持有存货的目的不同，则确定可变现净值的方法也不同。（ ）

6. 正常报废和非常报废的固定资产均应通过“固定资产清理”账户核算。（ ）

7. 不再能够为企业带来经济利益的无形资产，其摊余价值应当全部转入当期损益。（ ）

8. 期末企业应将投资性房地产的账面余额单独列示在资产负债表上。（ ）

9. 企业只有在对外销售应税消费品时才交纳消费税。（ ）

10. 企业发生的借款费用，可直接归属于固定资产的购建的，应当予以资本化。（ ）

11. 修改后的债务条款如涉及或有应收金额，债权人应将或有应收金额计入未来应收金额之中。（ ）

12. 用盈余公积弥补亏损，会导致留存收益减少。（ ）

13. 企业资产因自然灾害遭受损失而收到的赔款应作为经营活动产生的现金流量。（ ）

14. 企业接受捐赠收到的现金应作为经营活动的现金流量。（ ）

四、计算及会计处理题（57 分）

1. ×7 年 1 月 1 日，甲公司以其库存商品对乙公司投资，占乙公司注册资本的 20%，采用权益法核算此项投资，当日乙公司所有者权益总额为 1 000 万元（假定为公允价值）。投出商品的成本为 180 万元，公允价值和计税价格均为 200 万元，增值税税率为 17%（不考虑其他税费）。×7 年乙公司实现净利润 600 万元；×8 年乙公司发生亏损 2 200 万元，甲公司账上有应收乙公司长期应收款 80 万元；×9 年乙公司实现净利润 1 000 万元。

要求：根据上述资料，编制甲公司对乙公司投资及确认投资收益的会计分录。（13 分）

2. ×2 年 12 月 31 日，甲公司以现款购置了不需要安装的设备一台，原价为 650 万元，预计使用寿命为 8 年，预计净残值率为 5%，采用年限平均法计提折旧。假设×6 年末，该设备的销售净价为 102 万元，估计未来现金流量现值为 140.4 万元。×8 年年末，公司进行复核时发现，原先影响该设备减值的因素已经好转，此时的销售净价为 240 万元，估计未来现金流量现值为 280 万元。

要求：计算该设备整个使用年限内的各年应计提的折旧额、相关年度应计提的减值准备，并将结果填入设备折旧及减值计算表。（12 分）

设备折旧及减值计算表

日期	内容	金额（元）
×3 年 1 月 1 日 ×3 年 ×3 年 12 月 31 日	原价 计提折旧 账面价值	
×4 年 ×4 年 12 月 31 日	计提折旧 账面价值	

续表

日期	内容	金额（元）
×5年	计提折旧	
×6年	计提折旧	
×6年12月31日	计提减值前的账面价值	
×6年	计提减值准备	
×6年12月31日	账面价值	
×7年	计提折旧	
×8年	计提折旧	
×8年12月31日	账面价值	

3. 甲公司将一项专利使用权转让给乙公司，取得转让收入50 000元，发生人工费1 000元，用银行存款支付资料费2 000元，营业税税率为5%，本期应摊销的专利权的价值为35 000元。

要求：编制与转让专利使用权有关的会计分录。（5分）

4. 甲公司为增值税一般纳税人，×8年发生如下经济业务。

（1）2月5日，以闲置的土地一块置换急需用的原材料一批，并收到补价300万元存入银行。换出土地使用权的账面余额为2 000万元，累计摊销200万元，未计提减值准备，在交换日的公允价值和计税价格为2 500万元，适用的营业税税率为5%；换入原材料的公允价值为1 880.34万元，可抵扣增值税税额为319.66万元。假设该交换具有商业实质。

（2）6月30日，上述库存原材料的账面成本为800万元，市场价值为750万元。由于原材料价格下降，造成市场上利用该材料生产的产品售价总额由1 050万元下降到950万元，但生产成本仍为970万元，将上述材料加工成产成品尚须投入170万元，估计销售费用及税金为15万元。

（3）8月15日，因欠某企业的原材料款1 000万元不能如期归还，遂与对方达成债务重组协议：①用银行存款归还欠款50万元；②用上述原材料的一半归还欠款，相应的公允价值和计税价格为350万元，适用的增值税税率为17%；③用作为交易性金融资产的所持股票80万股归还欠款，其账面余额为240万元，债务重组日的收盘价为500万元。假设在债务重组中没有发生除增值税以外的其他税费，已解除债权债务关系。

（4）12月31日，用上述原材料生产的产品的预计售价为700万元，相关的销售费用和税金为20万元，预计生产成本为600万元，原材料的成本为400万元，市场购买价格为380万元。

要求：

（1）编制2月5日以土地置换原材料的会计分录；（5分）

（2）编制6月30日计提存货跌价准备的会计分录；（4分）

（3）编制8月15日债务重组的会计分录；（6分）

（4）编制12月31日计提存货跌价准备的会计分录。（3分）

5. 甲公司×8年实现利润5 000万元，所得税采用资产负债表债务法核算，×8年以前适用的所得税税率为15%，×8年年初改为25%，有关资产减值准备的计提及转回等资料如下表所示。

项目	年初余额	本年增加数	本年转回数	年末余额
存货跌价准备	160	0	100	60
长期股权投资减值准备	1 400	100	0	1 500
投资性房地产减值准备	140	50	0	190
固定资产减值准备	0	300	0	300
无形资产减值准备	0	150	0	150
合计	1 700	600	100	2 200

税法规定，计提的各项资产减值准备均不得在税前扣除，甲公司除计提的资产减值准备作为暂时性差异外，无其他纳税调整事项。假定在可抵扣暂时性差异转回时有足够的应纳税所得额。

要求：

（1）计算×8年度的应交所得税和所得税费用；（5分）

（2）计算×8年12月31日递延所得税资产的余额（注明借方或贷方）；（2分）

（3）编制与×8年度所得税相关的会计分录（不要求写出明细账）。（2分）

（二）

一、单项选择题（每小题1分，共12分）

1. 企业提供的会计信息应有助于财务会计报告使用者对企业过去、现在或者未来的情况做出评价或者预测，这体现了（　　）会计信息质量要求。

A. 相关性　B. 可靠性　C. 可理解性　D. 可比性

2.（　　）到期前，收款人需要资金时可以向银行申请贴现。

A. 现金支票　B. 银行汇票　C. 银行本票　D. 商业汇票

3. 随同产品出售但不单独计价的包装物，应该在发出时将其实际成本计入（　　）。

A. 其他业务成本　B. 销售费用　C. 管理费用　D. 主营业务成本

4. 以经营方式租出的固定资产应由（　　）折旧。

A. 出租方提取　B. 租入方提取　C. 双方均不提取　D. 双方均可提取

5. 下列项目中，应确认为无形资产的是（　　）。

A. 自创商誉　B. 内部产生的品牌　C. 研究阶段的支出　D. 购入的专利权

6. 将自用房地产或作为存货的房地产转换为采用公允价值模式计量的投资性房地产时，公允价值大于账面价值的差额计入所有者权益，处置时转入（　　）账户。

A. 营业外收入　B. 投资收益　C. 利润分配　D. 其他业务成本

7. 以现金结算的股份支付在可行权日后，应付职工薪酬的公允价值变动计入（　　）账户，企业不再调整等待期内确认的成本费用。

A. 生产成本　B. 管理费用

C. 公允价值变动损益　D. 营业外支出

8. 以下哪种情况导致固定资产建造过程的中断超过3个月时可以继续资本化（　　）。

A. 施工技术要求　B. 劳动纠纷　C. 发生安全事故　D. 资金周转困难

9. 未支付的或有应付金额，应冲销预计负债，同时应确认（　　）。

A. 资本公积　B. 应付账款　C. 营业外收入　D. 营业外支出

10. 售出商品附有退货条款，但无法确定退货可能性的，应在（　　）确认销售收入。

A. 发出商品时　B. 收到货款时　C. 签订合同时　D. 退货期满时

11. 法定盈余公积和任意盈余公积的主要区别在于（　　）。

A. 计提的依据不同　B. 计提的比例不同　C. 用途不同　D. 计提的基数不同

12. “应收账款”账户所属明细账的期末贷方余额，在资产负债表的（　　）项目反映。

A. 应收账款　B. 预收账款　C. 应付账款　D. 其他应付款

二、多项选择题（每小题 1 分，共 12 分）

1. 下列项目中，属于费用要素的有（　　）。

A. 主营业务成本　B. 其他业务成本　C. 营业外支出　D. 利润分配支出

2. “应收账款”的入账金额应包括（　　）。

A. 货款　B. 增值税款　C. 商业折扣　D. 代垫的运杂费

3. 下列项目中，应计入企业存货成本的有（　　）。

A. 制造费用　B. 关税

C. 入库前的挑选整理费用　D. 运输途中的合理损耗

4. 下列各项，应通过“固定资产清理”账户核算的有（　　）。

A. 固定资产报废　B. 固定资产出售

C. 固定资产盘亏　D. 固定资产对外投资

5. 对使寿命有限的无形资产进行摊销时，其摊销额应根据不同情况分别计入（　　）。

A. 管理费用　B. 制造费用　C. 财务费用　D. 其他业务成本

6. 下列各项中，属于投资性房地产的有（　　）。

A. 自行经营的饭店　B. 以经营租赁方式租出的写字楼

C. 闲置的土地　D. 持有准备增值后转让的土地使用权

7. 企业在生产经营过程中，因购入货物而发生的债务有（　　）。

A. 应付账款　B. 长期应付款　C. 应付票据　D. 预收账款

8. 在核算借款费用时，可能涉及的账户有（　　）。

A. 在建工程　B. 制造费用　C. 研发支出　D. 财务费用

9. 债务人以非现金资产抵偿债务的，其公允价值与账面价值的差额，应计入（　　）。

A. 投资收益　B. 营业外收入　C. 营业外支出　D. 公允价值变动损益

10. 下列各项税费中，可能影响企业利润总额的有（　　）。

A. 所得税　B. 资源税　C. 教育税费附加　D. 城市维护建设税

11. 下列事项中，可引起所有者权益减少的有（　　）。

A. 分派股票股利　B. 向投资者分配利润

C. 盈余公积补亏　D. 发生亏损

12. 下列资产减值准备相关账户余额中，不在资产负债表上单独列示的有（　　）。

A. 在建工程减值准备　B. 存货跌价准备

C. 坏账准备　D. 固定资产减值准备

三、判断题（每小题 1 分，共 12 分，对的打√，错的打×）

1. 负债增加则资产一定增加。（　　）

2. 企业收到的商业汇票，不论是否带息，均按面值入账。（　　）

3. 购货时取得的现金折扣应冲减所购货物的成本。（　　）

4. 应计折旧额是指应当计提折旧的固定资产原价扣除其预计净残值后的余额。（　　）

5. 无形资产摊销额应冲减无形资产成本。（　　）

6. 出租给本企业职工居住的宿舍，具有自用房地产的性质，所以不属于投资性房地产。（　　）

7. 将自产产品用于在建工程，因会计核算时不作为销售处理，因此不需要交纳增值税。（　　）

8. 符合资本化条件的资产的各部分分别完工时，即可认为各部分资产已达到预定可使用状态，停止与各部分资产相关的借款费用资本化。（ ）

9. 债务人确认的债务重组利得与债权人确认的债务重组损失可能不一致。（ ）

10. 可供分配利润 = 当年实现的净利润 ± 年初未分配利润或年初未弥补亏损。（ ）

11. 以盈余公积向投资者分配利润，不会引起留存收益总额的变动。（ ）

12. 以分期付款方式购建固定资产，其每期支付的现金应作为投资活动产生的现金流出。（ ）

四、业务处理题（共 64 分）

1. ×5 年 1 月 2 日甲公司以银行存款 2 700 万元对乙公司投资，占乙公司注册资本的 20%，采用权益法核算此项投资，当日乙公司可辨认净资产公允价值为 14 500 万元。×5 年乙公司实现净利润 800 万元；×6 年 4 月乙公司宣告分配×5 年现金股利 300 万元，×6 年乙公司发生净亏损 100 万元，因可供出售金融资产业务增加资本公积 40 万元。×7 年 1 月 1 日丙公司收购了其他投资者对乙公司全部投资，同时以 1 800 万元收购了甲公司对乙公司投资的 50%，自此，丙公司持有乙公司 90%的股份，并控制乙公司。甲公司持有乙公司 10%的股份，并失去影响力，改按成本法核算。×7 年 3 月 1 日乙公司宣告分派×6 年现金股利 450 万元，×7 年乙公司实现净利润 500 万元。

要求：编制甲公司的会计分录。（12 分）

2. ×8 年 9 月 5 日对原价为 2 000 万元、已计提折旧 500 万元、已计提减值准备 100 万元的厂房进行改扩建。在改扩建过程中领用工程物资 700 万元；领用生产用材料 100 万元，购进该材料的增值税进项税额为 17 万元；发生改扩建人员工资 200 万元；用银行存款支付其他费用 83 万元。该厂房于×8 年 11 月 20 日达到预定可使用状态，估计可收回金额为 2 400 万元，预计下一次改扩建的时间为 10 年后的 11 月份，尚可使用年限为 15 年，预计净残值为 50 万元，改扩建后的厂房采用双倍余额递减法计提折旧。

要求：

（1）编制上述与厂房改扩建有关业务的会计分录；（8 分）

（2）计算改扩建后的厂房×8 和×9 年应计提的折旧额。（6 分）

3. 甲公司为增值税一般纳税人，原材料按实际成本核算。×8 年发生如下经济业务。

（1）用银行存款支付耕地占用税 30 万元。

（2）销售自产应税消费品一批，售价为 180 万元，成本为 120 万元，应收取的增值税税额为 30.6 万元，应交消费税税额为 18 万元，款未收到。

（3）收购免税农产品一批，并已验收入库（生产用材料），用银行存款支付价款 24 万元（增值税扣除率为 13%）。

（4）收购未税矿产品一批，并已验收入库（生产用材料），价款为 12 万元，可抵扣增值税税额为 2.04 万元，代扣代缴资源税税额为 2.25 万元，款项已用银行存款支付。

（5）购买并使用印花税票 3 万元。

（6）将自产应税消费品用于非增值税应税项目，成本为 120 万元，计税价格为 127.5 万元，适用的增值税税率为 17%、消费税税率为 10%。

（7）委托某一般纳税企业加工材料一批，加工费为 7.5 万元，可抵扣增值税税额为 1.275 万元，由受托方代收代缴消费税 0.75 万元，材料收回后直接对外销售，加工费和税金均用银行存款支付。

（8）销售原材料一批，售价为 9 万元，成本为 8 万元，应收取的增值税税额为 1.36 万元，款未收到。

（9）出售办公用房一栋，原价 2 250 万元，已计提折旧 1 650 万元，取得收入 1 432.5 万元存入银行，适用的营业税税率为 5%，用银行存款支付清理费用 9 万元。

要求：根据上述资料编制有关会计分录。（18 分）

4. 甲公司的所得税税率为 25%，×8 年有关所得税账务处理的资料如下。

（1）实现税前利润 300 万元。

（2）收到国债利息收入 50 万元。

（3）当年按税法核定的全年计税工资为 180 万元，全年实际发生的工资为 200 万元。

（4）当年营业外支出中含 10 万元税款滞纳金支出。

（5）按权益法确认的投资收益为 12.75 万元。按税法规定，该项投资收益应在被投资企业分派股利时计入纳税所得，本年度被投资企业未分派股利，被投资企业的所得税税率为 15%。

（6）当年按会计方法计算的折旧费用为 6 万元，按税法可在税前扣除的折旧费用为 3 万元。

要求：

（1）采用资产负债表债务法计算 ×8 年应交的所得税；（3 分）

（2）计算 ×8 年应确认的递延所得税资产或递延所得税负债金额；（4 分）

（3）计算 ×8 年所得税费用，并编制相关会计分录；（4 分）

（4）计算 ×8 年实现的净利润。（1 分）

5. 甲公司 ×8 年的有关资料如下。

（1）当期用银行存款支付购买原材料价款 48 000 元；当期支付前期的应付账款 12 000 元；当期购买原材料预付货款 15 000 元；当期因购货退回收到现金 6 000 元。

（2）当期实际支付职工工资及各种奖金 44 000 元，其中生产经营人员工资及奖金 35 000 元，在建工程人员工资及奖金 9 000 元。另外，用现金支付离退休人员退休金 7 000 元。

（3）当期购买工程物资预付货款 22 000 元；向承包商支付工程款 16 000 元。

（4）当期购入某公司股票 1 000 股，支付价款 14 500 元，其中相关税费 200 元，已宣告但尚未领取的现金股利 300 元。

（5）当期发行面值为 80 000 元的公司债券，扣除支付的佣金等发行费用 8 000 元后，实际收到款项 72 000 元。另外，为发行公司债券支付审计费用 3 000 元。

（6）当期用银行存款偿还借款本金 60 000 元，支付借款利息 6 000 元。

（7）当期用银行存款支付现金股利 30 000 元。

要求：根据上述资料，计算现金流量表中“购买商品支付的现金”、“购建固定资产所支付的现金”、“投资所支付的现金”、“吸收投资所收到的现金”、“偿还债务所支付的现金”、“分配股利或偿付利息所支付的现金”各项目应填列金额。（8 分）

主要参考文献

［1］ 财政部. 2006. 企业财务通则（2006 年 12 月 4 日财政部发布，自 2007 年 1 月 1 日起施行）

［2］ 财政部. 2006. 企业会计准则——应用指南（2006）（2006 年 10 月 30 日财政部发布，自 2007 年 1 月 1 日起施行）

［3］ 财政部. 2007. 企业会计准则（2006）（2006 年 2 月 15 日财政部发布，自 2007 年 1 月 1 日起施行）

［4］ 财政部. 2007. 企业会计准则解释第 1 号（财会[2007]14 号，自 2007 年 11 月 16 日起施行）

［5］ 财政部. 2008. 企业会计准则解释第 2 号（财会[2008]11 号，自 2008 年 8 月 7 日起施行）

［6］ 财政部. 2009. 企业会计准则解释第 3 号（财会[2009]8 号，自 2009 年 6 月 11 日起施行）

［7］ 财政部. 2010. 企业会计准则解释第 4 号（财会[2010]15 号，自 2010 年 11 月 5 日起施行）

［8］ 财政部. 2012. 企业会计准则解释第 5 号（财会[2012]19 号，自 2012 年 7 月 14 日起施行）

［9］ 财政部. 2014. 企业会计准则解释第 6 号（财会[2014]1 号，自 2010 年 1 月 17 日起施行）

［10］ 财政部国家税务总局. 2013. 关于将铁路运输和邮政业纳入营业税改征增值税试点的通知（财税［2013］106 号，自 2014 年 1 月 1 日起施行）

［11］ 财政部会计司. 2010. 企业会计准则解释 2010. 北京：人民出版社.

［12］ 中国注册会计师协会. 2012. 会计（2012 年度注册会计师全国统一考试辅导教材）. 北京：中国财政经济出版社.

［13］ 中华人民共和国公司法（2005 年 10 月 27 日中华人民共和国主席令第 42 号发布，自 2006 年 1 月 1 日起施行）

［14］ 中华人民共和国企业所得税法（2007 年 3 月 16 日中华人民共和国主席令第 63 号发布，自 2008 年 1 月 1 日起施行）

［15］ 中华人民共和国消费税暂行条例（2008 年 11 月 10 日中华人民共和国国务院令第 539 号发布，自 2009 年 1 月 1 日起施行）

［16］ 中华人民共和国营业税暂行条例（2008 年 11 月 10 日中华人民共和国国务院令第 540 号发布，自 2009 年 1 月 1 日起施行）

［17］ 中华人民共和国增值税暂行条例（2008 年 11 月 10 日中华人民共和国国务院令第 538 号发布，自 2009 年 1 月 1 日起施行）

［18］ 中华人民共和国资源税暂行条例（2011 年 9 月 30 日中华人民共和国国务院令第 66 号发布，自 2011 年 11 月 1 日起施行）

配套资料索取说明

购买本书的读者可在 www.ptpedu.com.cn 注册后下载配套学习资料。

采用本书授课的教师，可发邮件至 13051901888@163.com 或 education_book@163.com 索取配套教学资料。

姓　　名：__________ 性　　别：____ 职　　称：__________ 职　　务：__________

办公电话：__________ 手　　机：____________ 电子邮箱：______________

学　　校：________________________________ 院　　系：______________

通信地址：________________________________ 邮　　编：______________

本课程开设于_____学年_____学期，原采用_________出版社出版_________主编的《________》为本课程教材，________专业____个班共________人使用该教材。

证 明 人：________ 办公电话：_________ 手机：___________ 电子邮箱：________

21 世纪高等院校经济管理类规划教材

已出版教材

书　名	主　编	书　号	编 辑 推 荐
管理学——原理与实务（第 2 版）	李海峰	978-7-115-35395-5	2013 年陕西普通高校优秀教材二等奖；提供课件、教案、实训说明、教学体会、案例分析集、习题集及参考答案、补充阅读，作者开通有教学博客
企业战略管理	舒　辉	978-7-115-24542-7	江西省第五届全省普通高等学校优秀教材二等奖；理论、案例和实践相结合，实用性强；提供课件、教案、习题库及答案、案例库及案例分析
人力资源管理	乔　瑞	978-7-115-23955-6	注重案例分析，强调实训与实践对读者能力的培养；提供课件、教案、实训资料、习题答案、案例分析
政治经济学原理	张　莹 李海峰	978-7-115-24306-5	形式活泼、简明扼要，题型丰富题量充足；提供课件、教学大纲、习题集及参考答案
西方经济学	陈喜强	978-7-115-23789-7	形式活泼、简明易懂，案例丰富；提供课件、教案、习题答案
微观经济学	胡金荣	978-7-115-23443-8	简明易懂，关注热点问题，吸收前沿理论；提供课件、教案、习题答案、案例分析
劳动经济学	杨爱元	978-7-115-33309-4	80%以上案例取自中国 2010 年至 2013 年社会现实事件；提供教案、课件、参考答案、补充教学素材、模拟试卷
会计学	胡华夏	978-7-115-28927-8	从培养会计信息使用者的角度出发，不追求会计核算方法和技术细节介绍；提供课件、教案、习题答案和模拟试卷
财务管理	王积田	978-7-115-28482-2	吸收相关学科的最新成果，与企业财务管理实践接轨；提供课件、习题答案、试卷
中级财务会计（第2版）	吴学斌	978-7-115-33887-7	四川省“十二五”普通高等教育本科规划教材；涉及营改增等最新知识点；章后设置大量习题并提供电子版习题集；提供课件、教案、案例库、试卷等资料

续表

书　　名	主　编	书　号	编 辑 推 荐
财务会计实训教程（上、下册）	裴永浩	978-7-115-32580-8	上册包括实训常用知识和实训要求，下册提供实训用账簿、凭证、报表等；提供答案、部分电子稿、课件、教案
审计理论与实务	崔　飚	978-7-115-31064-4	紧扣资格考试大纲，注重案例解读；提供课件、教学大纲、习题集及参考答案、模拟试卷
应用统计学	潘　鸿	978-7-115-24982-1	精品课程配套教材，突出统计方法和技术的应用；有教学支持网站，提供课件、实训资料、上机操作用数据、习题答案、电子教案、常用数表、补充阅读资料
国际贸易理论与实务	朱金生	978-7-115-25875-5	包括蓝色贸易壁垒、《2010 通则》等新内容；提供课件、教案、实训资料、习题答案、试卷、案例分析、视频资料
报关实务	朱占峰	978-7-115-28352-8	提供上百个课件用视频和课件、教案、习题答案、模拟试卷等资料；内容紧跟《报关员资格考试大纲》，侧重实务
电子商务概论（第 2 版）	白东蕊	978-7-115-32117-6	2013 年度山西省省级资源共享课程配套教材；强调实践与实训；提供课件、教案、实训资料、习题库及答案、案例集及案例分析
商品学	陈文汉	978-7-115-35374-0	将服务商品纳入研究范围；大量采用 2013 年的现实案例；提供电子课件、教学大纲、习题答案、模拟试卷
金融法	李良雄 王琳雯	978-7-115-30980-8	吸收截至 2012 年 12 月的最新法律法规，高度融合职业资格考试要求，提供课件、教案、习题答案、补充练习题
保险学	刘永刚	978-7-115-31048-4	以大量案例解读相关内容，提供课件、教案、习题答案、教学补充案例和模拟试卷
证券投资学（第 2 版）	杨兆廷 刘　颖	978-7-115-34302-4	河北省省级精品课程配套教材；根据 2013 年证券业变化调整相应内容，集合证券业从业资格考试重点，提供多媒体课件、电子教案、习题答案等资料
证券投资学	陈文汉	978-7-115-28271-2	针对非金融类读者，内容紧跟时代；提供课件、教案、案例分析、习题答案、模拟试卷
外汇交易原理与实务	刘金波	978-7-115-26077-2	新颖实用，实践内容丰富；提供课件、教案、答案、试卷、习题册、实训指导
国际金融理论与实务（第 2 版）	孟　昊	978-7-115-34697-1	新增国际资本流动管理等内容；素材根据 2014 年 2 月前信息全面更新；提供课件、大纲、教案、习题库、试卷库、案例库
投资银行学	郭　红	978-7-115-26112-0	知识与技能并重，注重能力培养；提供课件、习题库及答案、试卷、案例库及案例分析
财政学	谭建立	978-7-115-23630-2	山西省省级精品课程配套教材；提供课件、教案、习题答案、案例分析
财政学	唐祥来	978-7-115-31521-2	以丰富的案例提升学习兴趣，提供课件、教案、习题答案、补充教学案例和模拟试卷
现代社交礼仪	闫秀荣	978-7-115-23572-5	图文并茂；提供课件、小短片影视资料、教案（包括实训资料）、习题集（包括案例分析）、试卷及参考答案
商务沟通与谈判	张守刚	978-7-115-23786-6	能实现学生课堂教学与课外学习的统一，提供配套教学网站、教案、课件
组织行为学	丁　敏	978-7-115-27265-2	精品课程配套教材，注重实用性；提供课件、教案、模拟试卷
生产运作管理	程国平	978-7-115-28840-0	内容全面、注重实务、案例丰富；提供课件、教案、习题答案、模拟试卷和教学案例集